临海年鉴

LINHAI YEARBOOK（总第38卷）

临海市地方志编纂室 编

2023

方志出版社
Publishing House of Local Records

图书在版编目（CIP）数据

临海年鉴. 2023 / 临海市地方志编纂室编. —北京：方志出版社，2023.9
ISBN 978-7-5144-5814-5

Ⅰ. ①临… Ⅱ. ①临… Ⅲ. ①临海－2023－年鉴
Ⅳ. ①Z525.54

中国国家版本馆 CIP 数据核字（2023）第 182502 号

责任编辑：刘方圆
责任校对：张玉霞
责任印制：梅中英
出 版 者：方志出版社
地　　址：北京市朝阳区潘家园东里 9 号（国家方志馆 4 层）
邮　　编：100021
网　　址：http://www.zgfzcb.cn
发　　行：方志出版社图书营销中心（010-67110500）
印　　刷：云南美嘉美印刷包装有限公司
开　　本：889 毫米 ×1194 毫米　1/16
印　　张：22.88
字　　数：694 千字
版　　次：2023 年 9 月第 1 版
印　　次：2023 年 9 月第 1 次印刷
定　　价：258.00 元

■ 临海市地方志编纂委员会

主　　任：蔡建军

副 主 任：宋江涌

成员单位：市委办、人大办、市府办、政协办、组织部、宣传部、政法委、发改局、教育局、财政局、人力社保局、文广旅体局、统计局、档案馆、地方志编纂室、社科联、古城街道、大洋街道、江南街道、大田街道、邵家渡街道、杜桥镇、白水洋镇、东塍镇、桃渚镇、尤溪镇、汛桥镇、沿江镇、汇溪镇、小芝镇、上盘镇、涌泉镇、永丰镇、括苍镇、河头镇

■《临海年鉴（2023）》编辑部

主　　编：金志平

副 主 编：江　咏

编　　辑：江　咏　上官莹莹

编辑说明

一、《临海年鉴》是由中共临海市委、临海市人民政府主办的地方综合性年鉴，首次编纂于1985年，每年编纂一部，内部印行；2020年起，由临海市地方志编纂室承担编纂工作，正式出版发行。

二、《临海年鉴（2023）》以马克思列宁主义、毛泽东思想、邓小平理论、“三个代表”重要思想、科学发展观、习近平新时代中国特色社会主义思想为指导，坚持辩证唯物主义和历史唯物主义的立场、观点和方法，如实反映全市经济社会发展的基本情况和建设成就，为社会各界了解、研究临海提供翔实的地情资料。

三、《临海年鉴（2023》记事时限为2022年1月1日至12月31日，凡文中直书月、日的，均指2022年内的日期。附录中的工作报告为2022年工作回顾和2023年工作安排。

四、《临海年鉴（2023）》采取分类编辑法，结合临海实际，分类目、分目、条目三个层次，以条目为主要的信息载体。

五、《临海年鉴（2023）》由卷首、正文、卷末三部分组成。卷首设彩插、特载、专题、大事记、临海概览等；正文设中共临海市委员会、临海市人民代表大会、临海市人民政府、政协临海市委员会、中共临海市纪律检查委员会 市监察委员会、民主党派 工商联、群众团体、法治 军事、开发区、农业、林业、港航口岸和渔业、工业、建筑业 房地产业、旅游业、商业贸易、市属国有企业、金融、财政 税务、经济管理、城乡建设、基础设施、自然资源和规划、科学技术、教育、文化、医疗卫生、社会事务管理、人力资源和社会保障、应急 救援、生态建设、镇 街道等32个类目，各类目按事务属性设置分目；卷末设附录、索引。

六、《临海年鉴（2023）》所用数据以统计部门提供的为准，未列入统计范围的，以业务主管部门提供的为准。数字用法、标点符号用法分别采用国家标准《出版物上数字用法》（GB/T 15835—2011）、《标点符号用法》（GB/T 15834—2011），计量单位采用国家技术监督局1993年12月发布的《量和单位》系列国家标准。农田土地面积沿用“亩”为计量单位。

七、《临海年鉴（2023）》文字资料由各承编单位专人撰写或提供，并经单位领导审核，署作者名；照片由承编单位提供的不署名，由个人提供的署拍摄者名。“府城蝶变”部分未署名的图照由市社发集团提供。

数说 临海

2022 年，全市实现生产总值（GDP）**878.52** 亿元，全市三次产业结构比 **6.7：45.1：48.2**，人均 GDP**78756** 元。

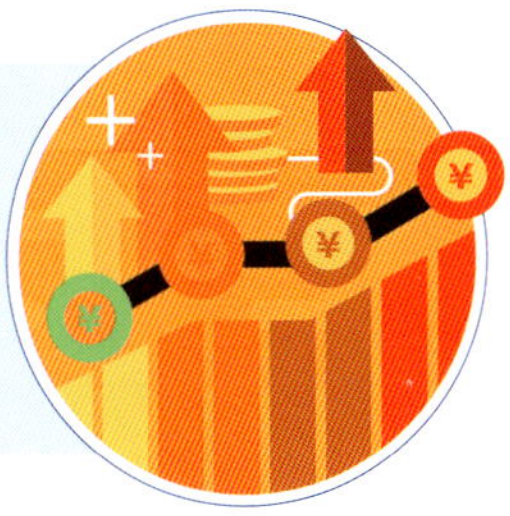

2022 年，实现规上工业总产值 **1124.22** 亿元，完成外贸自营进出口总额 **384.20** 亿元，实现社会消费品零售总额 **269.99** 亿元，实现旅游总收入 **56** 亿元。

2022 年，全市实现财政总收入 **104.51** 亿元，其中一般公共预算收入 **62.11** 亿元。一般公共预算支出 **122.60** 亿元，其中民生支出 **99.02** 亿元。

2022 年，城市建成区面积 **50.29** 平方千米，园林绿地面积 **1972** 公顷，人均公园绿地面积 **12** 平方米。

2022 年末，全市通车公路里程 **2442.97** 千米，铁路通车里程 **160** 千米。全年全社会用电量 **65.87** 亿千瓦时，其中工业用电量 **42.12** 亿千瓦时。

2022 年，全市居民人均可支配收入 **52573** 元，城镇常住居民人均可支配收入 **65777** 元，农村常住居民人均可支配收入为 **37261** 元。年末全市汽车保有量 **31.23** 万辆，其中私人汽车 **29.04** 万辆。

活动 成就

① 2月17—20日，临海市第十七届人民代表大会第一次会议召开，选举产生新一届市人大常委会主任、副主任，市人民政府市长、副市长，市监察委员会主任，市人民法院院长，市人民检察院院长 （王　翔　摄）

② 2月15—19日，中国人民政治协商会议临海市第十五届委员会第一次会议召开，选举产生新一届市政协主席、副主席 （王　翔　摄）

③ 2月28日，国家级台州湾经济技术开发区（台州综合保税区）授牌成立 （王　翔　摄）

④ 12月15—16日，全省清廉民营企业建设现场推进会在临海举行 （市委宣传部　供图）

①

②

湾经济技
（台州综
中共台州湾经济技
台州湾经济技术开
台州综合保税
宋海龙
③

全省清廉民营企业建设现场推进会
2022年12月
④

①

②

③

① 4月8日，临海市“共富工坊”企业联盟成立

（市委宣传部 供图）

② 11月20日，“奋力突破跨越 奋进第一方阵”临海市第二届项目谋划擂台赛举办

（市委宣传部 供图）

③ 7月2日，临海市制造业集中投产月活动暨华海制药科技产业园投产仪式举行

（浙江临海经济开发区 供图）

④ 9月19日，浙江正特股份有限公司在深交所上市

（市委宣传部 供图）

⑤ 4月19日，浙江联盛化学股份有限公司在深交所上市

（市委宣传部 供图）

④

⑤

第28届全国摄影艺术展览
暨“山海台州 江南长城”摄影艺术周
中国·台州（临海）2022
第28届全国摄影艺术展览
“山海台州 江南长城”
摄影艺术周
①

2022柴古唐斯括苍越野赛
TSAIGU K
②

① 7月7日，第28届全国摄影艺术展览暨“山海台州 江南长城”摄影艺术周在临海开幕（市委宣传部 供图）

② 11月5日，2022柴古唐斯括苍越野赛举行（市社发集团 供图）

③ 4月11日，朱自清走进临海100周年系列纪念活动启动仪式暨“朱自清文学奖”新闻发布会在台州初级中学举行（王 翔 摄）

④ 8月23日，大树文物与历史建筑学院办学协议签约仪式暨成立大会举行（王 翔 摄）

③

④

① 1月8日，杭台高铁（临海站）通车仪式举行（卢 蔚 摄）

② 2月28日，义新欧班列“台州号”在头门港区组货首发（台州湾经济技术开发区 供图）

③ 11月，临海入选全国“四好农村路”示范县创建名单。图为Y067溪胜线（市交通运输局 供图）

④ 11月2日，方溪水库正式进入蓄水阶段（市工投集团 供图）

③

④

府城蝶变

台州府城是一座活着的古城。2016年起，市委、市政府坚持“景城共建、主客共享、文旅融合、品质发展”理念，实施AAAAA级创建“一号工程”，持续推进古城有机更新、景区风貌提升、历史文化挖掘，先后实施16个大类310余个项目建设，拆除不协调建筑6.5万平方米，立面改造8万平方米。2022年7月，台州府城文化旅游区被文化和旅游部公布为国家AAAAA级旅游景区。国庆期间，旅游区接待游客58万人次，高居全省第二。

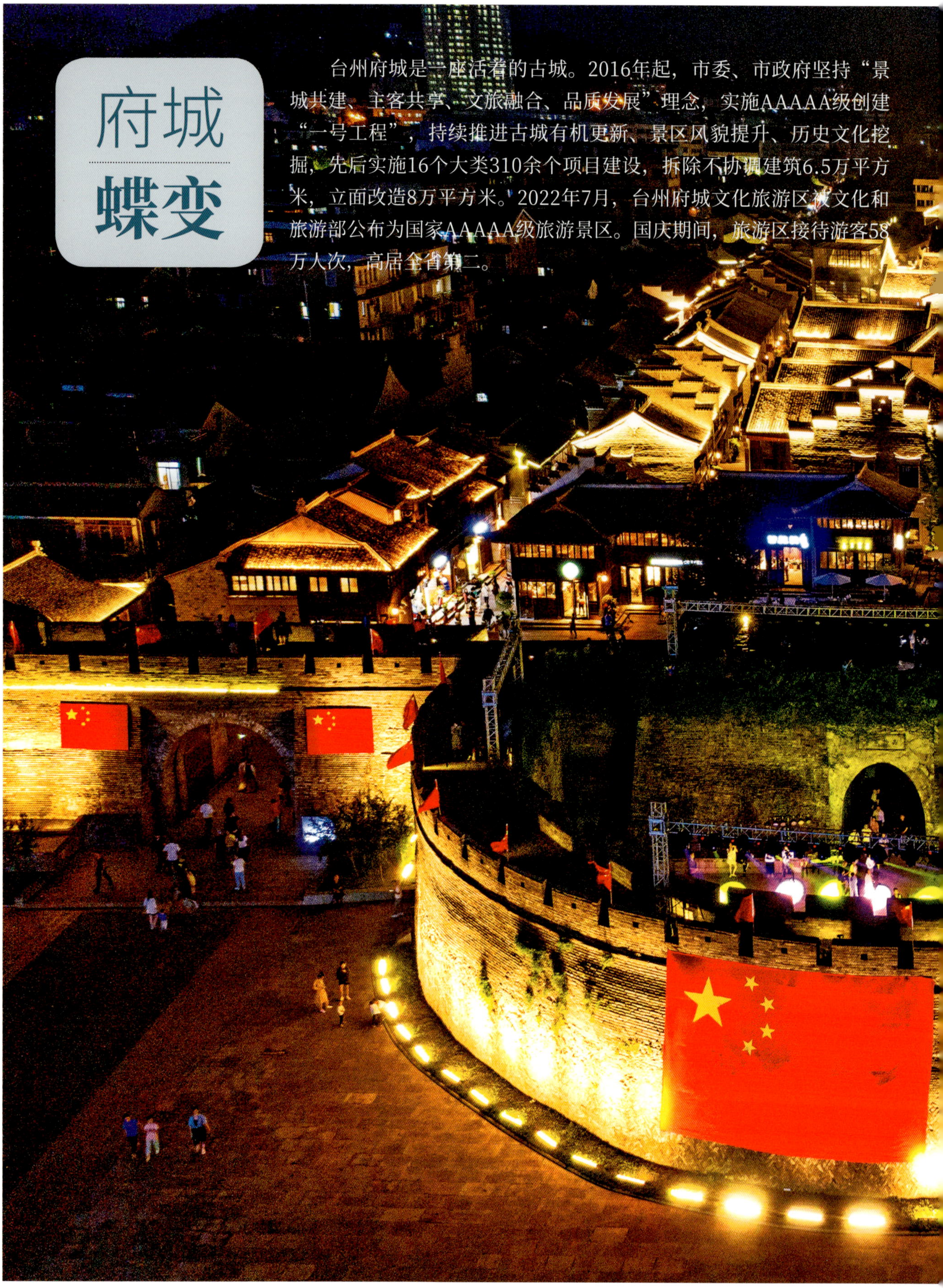

台州府城文化旅游区夜景

①

②

③

① 全国重点文物保护单位——恩泽医局旧址 （郭斯肯 摄）
② 东湖 （曲苏伟 摄）
③ 梅园 （刘旭明 摄）

STARBUCKS COFFEE

紫阳街南段历史文化展示区

①

②

全国重点文物保护单位——台州府城墙
（① 金孝木 摄 ② 郭斯甫 摄
③ 市社发集团 供图）

街巷改造前后对比

前

糖画
吹糖人
临海人的草糊
草糊
草糊
后

旅游基础设施改造前后对比

目 录
Contents

特 载
Features

专 题
Special Records

大事记
Chronicle of Events

临海概览
Linhai Overview

中共临海市委员会
The Linhai Municipal Committee of the CPC

临海市人民代表大会
Linhai People's Congress

临海市人民政府
Linhai Municipal People's Government

政协临海市委员会
Linhai Municipal Committee of the CPPCC

中共临海市纪律检查委员会 市监察委员会
Discipline Inspection Commission of the CPC Linhai Municipal Committee, Supervision Commission of Linhai

民主党派　工商联
Other Political Parties and the Federation of Industry and Commerce

群众团体
Mass Organizations

法治　军事
Rule of Law and Military Affairs

开发区
Development Zone

农　业
Agriculture

林　业
Forestry

港航口岸和渔业
Ports and Fishery

工　业
Industry

建筑业　房地产业
Construction Industry　Real Estate

旅游业
Tourism

商 业
Commerce

市属国有企业
Linhai State-owned Enterprises

金 融
Finance

财政　税务
Finance and Taxation

经济管理
Economic Management

城乡建设
Urban-Rural Development

基础设施
Infrastructure Construction

自然资源和规划
Management of Natural Resources and Planning

科学技术
Science and Technology

教　育
Education

文　化
Culture

医疗卫生
Medical Condition and Health

社会事务管理
Social Affairs Management

人力资源和社会保障
Human Resources and Social Security

应急　救援
Emergency Rescue

生态建设
Ecological Construction

镇　街道
Towns and Subdistricts

附　录
Appendices

中共临海市委
关于加快推进新时代
历史名城文化临海工程的实施意见

（2022年6月28日）

为深入贯彻党的十九大和十九届历次全会精神，认真落实习近平总书记关于文化建设重要论述精神，按照省委、台州市委文化工作会议和新时代文化浙江、文化台州工程的部署要求，现就加快推进新时代历史名城文化临海工程提出如下实施意见。

一、指导思想

以习近平新时代中国特色社会主义思想为指导，围绕举旗帜、聚民心、育新人、兴文化、展形象的使命任务，以高质量文化发展、高品质文化生活、高水平文化供给、高层次文化融合为导向，全面实施文化先行战略，加快推进新时代历史名城文化临海工程、打造三大文化高地，为建设历史名城、制造强市、共富高地，奋力跻身县域综合实力第一方阵，提供强大思想保证、舆论支持、精神动力和文化条件。

二、总体目标

建设社会主义文化强国浙江典范，将临海打造成为历史文化名城标杆、文化润富先行市、文明实践示范窗口、文化融合创新城市，着力构建府城宋韵文化高地、桃渚古城抗倭文化高地、户外运动文化高地。大力实施文化旅游“百大”项目“百亿”工程，到2025年，新时代历史名城文化临海建设取得实质性进展，文化软实力显著提升，逐步形成具有鲜明临海特色、极富标志性成果的文化强市。到2035年，以人的现代化为核心的文化发展格局全面形成，文化发展主要指标显著提升，文化自信充分彰显，千年古城历史荣光传承再现，力争跻身全省历史名城建设和文化发展水平第一方阵。具体有六大目标：

——在思想理论研究上走在前列。深入学习贯彻习近平新时代中国特色社会主义思想，建设践行创新理论临海样板。到2025年，培育具有全省影响力的理论宣讲品牌，形成一批重大理论文化研究成果。

——在精神力量凝聚上走在前列。构建具有临海特色的红色精神谱系，深化媒体融合发展，在浙江“红色根脉”中彰显临海先行印记。到2025年，打造5个省级以上文化标识，建设国际人文交流基地，培育百万级融媒体传播矩阵。

——在历史文化传承上走在前列。赓续千年府城历史荣光，把临海打造成古今交融、由古向新的历史名城。到2025年，历史名城十大工程基本建成，新增2个以上国家重点文物保护单位，3个以上文化遗存申报世界文化遗产。

——在文化惠民品质上走在前列。高质量建设公共文化服务现代化先行市。到2025年，每万人拥有公共文化设施面积达4550平方米，人均文化娱乐消费支出占比达到15%以上，推出5部以上文艺精品，争取入选全国、省“五个一工程”奖。

——在文明和谐共创上走在前列。突出以人为核心的现代化，全面巩固全国文明城市创建成果，积极争创全国文明城市典范城市。到2025年，全市社会诚信度达96%以上，文明好习惯养成实现率达90%以上。

——在文化创新引领上走在前列。实施“文化融”战略，“十四五”期间，创成国家全域旅游示范市、国家AAAAA级旅游景区，建成国家级文化产业示范基地、文化产业园区（街区）7个以上，期末力争年文化产业增加值占GDP的5.1%以上，旅游业增加值占GDP的8%以上。

三、着力打造三大文化高地

（一）打造府城宋韵文化高地。以“宋韵临海”为主线，实施宋韵文化传世工程，解码宋韵文化基因，提炼宋韵文化标识，建设宋韵精品场景，开展宋韵专题精品活动，让宋韵文化在府城流动起来，传承下去。

（二）打造桃渚古城抗倭文化高地。以“爱国主义”为魂，围绕戚家军这一核心要素，建设抗倭文化历史街区、抗倭文化主题景区，推进桃渚印象国际旅游度假区，让古城成为抗倭文化集中展示区和特色文化集聚区。

（三）打造户外运动文化高地。完善“海水陆空”全域户外运动的发展格局，塑造临海户外运动IP。建设括苍云径、灵湖智慧运动公园、东矶列岛海岛运动公园等户外运动项目。大力发展柴古唐斯括苍越野赛等精品户外运动品牌，赋能和激活运动产业业态。

四、大力推进九项行动

（一）推进创新理论铸魂行动。健全完善党委（党组）理论学习中心组巡听旁听制度、重大决策前专题学习制度等，探索实施基层理论宣讲“0576”工作法，加强青年宣讲团和“灵江潮音”宣讲工作室建设，用好“学习强国”“理论云学堂”等学习平台，系统推进习近平新时代中国特色社会主义思想学习宣传实践。推进“重要窗口”社科调研基地建设，争取立项50个以上省级、台州市级课题。

（二）推进正能量传播强音行动。实施正能量“三链同构”机制。坚持内容赋能、数字赋能，推动讲好“临海故事”正能量宣传工作守正创新。加快推动市新闻传媒集团综合改革和融媒体“三比三看”赋能行动，提升融媒指数，在省域内培育有影响力的融媒体传播矩阵。加大新闻发言人培训力度，加快培养海外社交平台网评员队伍，加强国际传播能力建设，打造台州府城国际采访线。做强网络正面舆论，深化网络正能量品牌建设，培育网络名家工作室。

（三）推进新时代文明立身行动。打造新时代文明实践中心示范，推动六大群众性精神文明创建，健全全国文明城市常态化工作机制，培育“浙江有礼·临海有你”市域文明品牌。加强“中国好人”“浙江好人”等先进典型群像选树，出台《临海市道德典型礼遇帮扶实施办法》。加强志愿服务工作，举办好志愿服务集市日，出台《临海市志愿者注册管理及礼遇办法》。加强农村精神文明建设，推进信用临海和清廉文化建设。

（四）推进历史名城品牌传世行动。加强历史文化挖掘研究，形成一批具有学术权威性和影响力的历史文化研究成果，出版一批具有临海辨识度和传播力的文化系列丛书。以台州府城为重点，加强对历史文化名城、名镇、名村（街区）和重点文物保护单位、历史建筑的保护，打造左手书香气右手烟火味的历史文化名城。积极推动台州府城墙、峙山头“上山文化”、梅浦窑和许墅窑青瓷文化申报世界文化遗产。建立博物馆联盟，建设中国“博物馆之城”。加强非遗文化、优秀民俗文化的传承弘扬。建立“台学”研究中心，开启“台学”研究传承，支持历史文化名城研究会发展。

（五）推进文艺精品创作攀峰行动。推进文艺创作上“高原”攀“高峰”，繁荣文学、音乐、影视、摄影、戏曲等重点文艺领域创作，鼓励和发展网络文学、网络音乐、网络剧等新型艺术类型。推进重大文艺创作平台建设，积极培育台州府城“在地”作家群体。发展基层群众性文艺，持续办好朱自清文学奖及相关活动，提升古城文化节、台州府城公共艺术节等活动成效。完善民营文艺剧团管理和扶持机制，深入开展文娱领域综合治理，推动出版行业规范发展，营造健康有序的文艺生态。

（六）推进公共文化服务惠民行动。实施临海市国家公共文化服务体系示范区创新发展五年行动计划。推进市级重点文化中心、镇（街道）综合文化站、社区文化家园、村文化礼堂和镇（街道）室内灯光球场等公共文化设施建设。加快推动未来社区公共文化空间、城市文化公园、企业文化中心等建设。提升“书香府城”工程，加强全民阅读工作，推进和合书吧、实体书店、跨界融合阅读空间等建设。创新公共文化服务供给机制，推动“文化进万家”。

（七）推进网络文明数智行动。深化市域网络综合治理中心建设，提升网络生态“瞭望哨”工程，重塑“1235”网络舆情整体智治体系。加快构建市域依法治网体系，高标准建设网信执法办案中心。扎实推进互联网企业党建和政治引领工作，培育台州市级互联网党建示范点。建成网络文明数字主题邻里公园，打造网络文化传播品牌。构建网络安全监测防御体系，完善首席网络安全官制度，建设网络安全协调指挥平台延伸系统，筑牢数字化改革网络安全底座。

（八）推进文化产业强链行动。打造文旅融合高质量发展先行区，延伸文化产业链，补短板、强链条，构建现代文化产业体系和市场体系。加快实施文化产业数字化战略，培育流媒体、电子竞技、视频直播、数字文娱等数字文化产业。实施文化企业招大引强战略，大力招引知名文化企业落户临海。加强区域文旅一体化、差异化发展，构建台州府城文化旅游核心区、滨海休闲旅游带、西部生态文化旅游圈等“一心两翼”文旅空间格局。大力发展品牌酒店、精品民宿等。

（九）推进文化人才培根行动。研究出台加强宣传思想文化人才队伍建设的政策文件。建立完善人才引进和培育机制，实施文化领域高层次人才特殊支持计划，探索开展文化领域人才引进“一人一策”，引育一批宣传、理论、新闻、出版、网信、文艺、文化、旅游等高层次人才。加强宣传文化名家工作室、文化创新团队和名家工作站的培育和建设，加大柔性引才力度。探索更为灵活的事业编制招聘办法，创新文化人才评价机制。加强基层文化人才建设，配足配强基层文化队伍力量。

五、深入实施文化旅游“百大”项目“百亿”工程

（一）推进一批文化项目研究。深化文化基因解码，推进历史名城记忆工程，系统梳理临海历史文化谱系。加强红色文化、山海文化、府城文化、诗路文化等特色文化标识的研究阐释和宣传弘扬，编写传统文化系列读物，出版临海博物馆《馆藏文物大系》系列丛书。到 2025 年，形成重点文化研究成果 10 项。

（二）建设一批城乡文化地标。加强现代化城市文化核心区建设，高标准建成市文化中心（市图书馆、市文化馆等），推进市非遗馆、市游泳馆、市体育中心建设。加快乡村图书馆、乡村博物馆、乡村体育场馆、文化公园、体育公园、“15 分钟品质文化圈”建设。到 2025 年，建成城市文化地标 6 个。

（三）实施一批历史名城复兴项目。加快建设历史名城十大标志性工程，全面推进台州府衙文化展示区、紫阳文化研究中心、巾山诗韵、“十伞云庭”、旅游集散中心、桃渚国际旅游度假区、古建博物馆等重大项目。实施文物保护三年行动计划，强化台州府城墙和紫阳街等历史街区保护利用。成立“王士

性研究会”，培树“大明游仙王士性”文化旅游品牌。实施民厨寻味工程，打造中华民厨大赛永久会址，争创世界美食之都。

（四）提升一批文化惠民服务。谋划提升一批重点文化惠民服务，纳入市政府为民办实事项目。优化基层阅读资源配置，打造“灵江潮音”全民阅读品牌。加强文化文艺精品展演，丰富乡村文化服务，深化“艺术乡建”文艺志愿服务，实施文艺家住村共富工程，广泛开展“文艺下基层”“送戏下乡”等主题活动。到2025年，打造文化惠民服务重点品牌4个。

（五）开发一批重点文旅项目。聚焦文旅大项目、大平台建设，做精台州府城文化旅游区，做优西部地区括苍云径和安基滑翔、羊岩养生等旅游品牌；做强东部地区桃渚国际旅游度假区、省级海岛公园东矶列岛及白沙湾等重点功能区块。加快推进江南溪望谷、熊出没文旅产业园、佩弦湖区块等重大旅游项目建设。创建AAAAA景区城，培育一批高品质景区镇。到2025年，建成单体投资超5亿元的重点文旅项目5个。

（六）引育一批优质文化企业。实施文化领军企业“航母”计划，市级重点培育3家文化企业集团。实施文化企业“凤凰”计划，推动骨干民营文化企业上市。实施成长型文化企业“雏鹰”计划，培育4家以上具有高成长性的文化企业。大力发展文化制造业，新增规上文化企业10家。招引国内外知名文化企业到临海设立区域总部或分支机构。到2025年，引育营业收入超5亿元的重点文化企业2家以上。

六、强化组织保障

（一）强化党的领导。各级党委(党组)要贯彻落实党对文化工作的全面领导，把文化建设纳入经济社会发展总体规划，落实党委(党组)主体责任。强化宣传思想文化工作领导小组统筹协调职能，各方形成合力。把文化改革发展成效纳入镇(街道)领导班子考核、共同富裕先行市建设考核，以及意识形态工作责任制专项检查及专项督查，作为评价领导班子和领导干部的重要依据之一。选好配强宣传思想文化领域各级领导班子及其干部人才队伍。

（二）强化文化投入。要进一步加大公共财政对文化建设的投入力度，建立财政投入稳定增长机制，加强对文化改革发展重点领域的支持保障。加大对文化产业、文艺精品扶持力度，分别制定出台相应的扶持政策文件。

（三）强化数字赋能。以数字化改革引领文化领域全面重塑，加强“浙里有戏”“浙里益点”等典型应用场景建设。加快文化企业数字化改革，支持文化制造企业转型升级，推动文化产业以数字化、智能化、绿色化转型发展赋能共同富裕。

（四）强化激励保障。加强文化工作激励保障，建立市文化荣誉制度，设立“台州府城”杯文化大奖。研究出台文化事业单位扶持激励政策，加强国有文化企业发展支持，健全与市新闻传媒集团发展相适应的薪酬机制，奖励初次小升规文化企业。优化完善社科研究经费管理，提高科研经费间接费用比例。在政治上、思想上、生活上加大对优秀文化工作者的关爱力度。

临海历史文化名城保护规划（2021—2035）

（节选）

临海市人民政府
临海市住房和城乡建设局

第二章　临海历史文化名城价值和特色

第六条　临海历史文化名城价值和特色

（1）山海之汇，胜景载文：临海具有三山拱卫、两水汇聚、山海江交汇的自然格局，川泽秀丽、雄奇壮美的独特自然人文景观，是钟灵毓秀、文脉深厚、历史文化资源丰富之地。

（2）千年府治，江南长城：临海是传承至今的千年府治，具有体现中国传统山水观的优越选址，其城墙江南长城是明长城的“师范”和“蓝本”。

（3）烽火戍卫，海防要地：临海是明代浙江海防体系的重要组成部分，具有传承深厚的海防文化。

（4）水陆枢纽，浙东重镇：临海是水陆辐辏的浙东交通枢纽，区位重要、商贸繁盛的浙东重镇。

（5）东南邹鲁，人文荟萃：临海承载着崇文尊儒、家国天下的精神，恩泽世人的医药文化，也是道教南宗祖庭与佛教天台宗的重要发源地，具有丰富独特的非物质文化遗产。

第七条　对临海历史文化名城价值和特色的保护是临海历史文化名城保护工作的核心内容。

第六章　历史城区的保护

第一节　总则

第二十六条　历史城区的保护范围

临海历史城区保护范围以明代台州府城为核心，具体边界为北至北固山北侧边界，西至灵江东岸，南至灵江北岸，东至钱暄路、崇和广场西部以及灵江路西侧道路红线，面积为2.67平方千米。

第二十七条　历史城区的保护结构

历史城区的保护结构为“两山两水、一环三轴四片”，其中：

（1）两山两水：以北固山、巾山、灵江、东湖为代表的古城山水形胜。其中巾山、东湖作为文化景观重点保护。

（2）一环三轴四片：一环指明代台州府城城垣；三轴指紫阳街、府前街、西门街东门后街为代表的古城轴线；四片指三处历史文化街区和一处历史地段。

第二十八条　历史城区保护的总体要求

保护历史城区整体格局与风貌，以及与之相关联的周边环境，协调保护与发展的关系。

历史城区的保护应保留古城生活的真实性，保持古城人口与产业的可持续性，保护古城历史风貌的延续性与多样性，保障古城公共服务的便利性，保障土地利用的集约性。

第二节　历史城区的保护内容

第二十九条　山水形胜的保护

严格保护历史城区及其周边山水格局，重点保护“两山两水”，即北固山、巾山、灵江及东湖。

第三十条　自然山体的保护

（1）严格保护历史城区及其周边山水格局，重点保护“两山两水”，即北固山、巾山、灵江及东湖。

（2）严格保护山体轮廓线、制高点等自然景观特征，严禁开山采石、挖沙取土等破坏山体景观的行为。对于已破坏的山体，通过山体修补、梯级绿化等生态修复手段恢复自然山形山势和植被。

（3）严格控制山体周边用地的建设蔓延。规划历史城区北部的九株松、晒网山南麓，东南部的两水山、下西山西北麓，南部的平岭头、长堂山、灵岩山、花鼓山北麓，西南部的虎头山、凤凰山东北麓的自然山体边界以外100米范围内划定自然山体保护范围，保护范围内原则上禁止新建建筑物，确需建设的，必须编制环评报告，研究建设规模与强度，严禁破坏山体景观和环境的不当功能，保护山体生态环境。对于已建成的建构筑物，择机进行整治改造。

（4）历史文化名城范围内的城市建设应尊重原有历史地形，禁止进行大规模的用地平整。重点保护古城西北部历史上子城所在的高地以及北固山与巾山及其周边的山地地形。

（5）市自然资源和规划局、住房和城乡建设局等相关部门负责对历史城区自然山体的保护。

第三十一条　灵江水系的保护

（1）严格保护灵江水体，运用生态堤岸技术，保护灵江原有生态岸线形态。

（2）灵江两岸禁止建设对水环境造成严重污染的工业项目，严格保护灵江水质，禁止向灵江排放污水，改善水质环境。

（3）灵江防洪标准严格按水利部门要求执行。

（4）结合历史文化名城的历史风貌控制要求，综合考虑与临海古城的视觉关系，整治灵江两岸环境，营建宜人的滨水空间，便于市民游憩娱乐。

（5）市水利局、生态环境局等相关部门负责对灵江的保护。

第三十二条　巾山文化景观的保护

（1）巾山文化景观的保护范围按现状巾山公园边界划定，面积为11.5公顷。建设控制地带范围划定为北至天宁路，西至赤城路，东至东城下及大桥路，南至南城墙，面积为11.3公顷。

（2）严格保护巾山“两峰两塔”“群寺抱山”的整体景观格局。新建、扩建、改建建筑在建筑高度、体量、外观形象及色彩等方面应与历史风貌相协调，严格控制山上建筑与山体所构成的天际线。建筑高度控制严格按照本规划的相关内容执行。

（3）严格保护巾山周边的历史地形，不得进行大规模的用地平整，严禁开山采石、挖沙取土等破坏自然山体的行为。

（4）严格保护巾山上的历史步道，保持其走向、宽度及铺地材质不变，新建步道应在走向、宽度及铺地材质等方面与历史步道相协调。

（5）严格保护巾山、小固山的自然生态环境，重点保护山上林木资源，加强环境整治，根除森林火险隐患，禁止采伐、损毁和擅自移植公园内的11株古树名木。

（6）保护范围内的文物保护单位、尚未核定为文物保护单位的登记不可移动文物、建议历史建筑的保护和修缮应严格遵循《中华人民共和国文物保护法》《历史文化名城名镇名村保护条例》等法律法规的相关要求。重点保护巾山塔群、南山殿、三元宫、“遗巾处”摩崖等文物保护单位。

（7）建设控制地带范围内严格控制建筑的高度、密度、体量及色彩，使其与周边历史环境相协调，建筑高度控制严格按照本规划的相关内容执行。

（8）深入挖掘与巾山上的各类名胜古迹、书院学堂、寺观、祠庙及名人故居等相关的历史文化内涵，结合现存传统建筑或在原址设置标识牌展示相关历史信息。在条件允许的情况下，按照文献资料及传统做法，对巾峰寺、翠微阁、崇正书院等重要建筑进行原址复建，并发展文化展览、休闲旅游的功能，严格限制餐饮规模，严禁低层次或缺乏文化内涵的商业业态植入。

第三十三条　东湖文化景观的保护

（1）东湖文化景观的保护范围划定为现状东湖公园边界，面积为11.8公顷。建设控制地带范围划定为北至江南长城景区入口广场及北山路北侧27米范围，东至钱暄路东侧18米范围及东郭巷东侧8米范围，西至东湖路西侧18米范围，南至回浦路南侧12米范围，面积为6.9公顷。

（2）严格保护东湖“三面环山、一面近郭”的城湖空间格局不变。在东湖与北面白云山、北固山的视廊范围内，新建、扩建、改建建筑在建筑高度、体量、外观形象及色彩等方面应与周边环境相协调。建筑高度控制严格按照本规划的相关内容执行。

（3）严格保护东湖岸线的走向及自然曲折的形态，不得擅自更改。

（4）严格保护东湖公园内的园林景观。景观环境的改造应在植物的种类、色彩、形式以及生态适宜性等方面与周边环境相协调。禁止采伐、损毁和擅自移植公园内的6株古树名木及其他大树。

（5）严格保护东湖湖水的水质及水量，不得向湖内排放垃圾、污水等污染物，维护东湖生态环境。

（6）保护范围内的文物保护单位、尚未核定为文物保护单位的登记不可移动文物、建议历史建筑的保护和修缮应严格遵循《中华人民共和国文物保护法》《历史文化名城名镇名村保护条例》等法律法规的相关要求。重点保护谭纶画像碑及戚继光表功碑、杨哲商烈士墓、湖心亭、半勾亭、九曲桥等文物保护单位。

（7）建设控制地带范围内严格控制建筑的高度、密度、体量及色彩，使其与周边历史环境相协调，建筑高度控制严格按照本规划的相关内容执行。

（8）深入挖掘与东湖内的各类名胜古迹、书院学堂、寺庙祠堂、墓葬碑刻及水利桥梁等相关的历史文化内涵，在原址设置标识牌展示相关历史信息。

（9）结合城市更新工作，对东湖周边超高建筑进行立面改造，宜采取白色、灰白色等色彩，可采取新中式等建设风格，降低超高建筑存在感；远期周边建筑更新参照古城建筑高度管控要求。

第三十四条 传统城市结构的保护

（1）严格保护传统城市轴线，即紫阳街、府前街、西门街，以及若干与传统城市结构相关的重要公共设施，包括县衙、紫阳宫等，其中重点保护台州府孔庙、府城隍庙、龙兴寺、望天台等现存重要公共设施。

（2）进一步加强紫阳街、西门街两侧用地的文化展示与公共功能，酌情提升商业业态品质；府前街两侧用地主要服务于本地居民，保持生活化氛围。

（3）街巷的具体保护要求与措施参照本规划中紫阳街府前街历史文化街区、西门街历史文化街区的相关保护要求。

（4）对府衙、县衙等已消失的重要公共设施，结合现状情况在原址设置标识牌、文化小品、构筑物或公共空间的形式展示相关历史信息。

（5）市历史文化名城保护中心、住房和城乡建设局、古城街道等相关部门负责对城市结构的保护。

第三十五条 城垣形制的保护

（1）严格按照《中华人民共和国文物保护法》《中华人民共和国文物保护法实施条例》《世界文化遗产保护管理办法》等法律法规以及《台州府城墙保护条例》《台州府城墙文物保护规划》的相关要求，保护全国重点文物保护单位、世界文化遗产预备名单台州府城墙及其周边环境。

（2）严格保护城墙主体及马面、瓮城、捍城、空心敌台等城防设施。对于已消失的括苍门、丰泰门以及10座水门，在原址设置标识牌展示相关历史信息。

（3）保护现状望江门、崇和门上的2座城楼，对于已消失的6座城楼，设置标识牌展示相关历史信息，远期对于确需复建的应严格按照文献资料及传统做法进行恢复。

（4）在条件允许的情况下，结合考古发掘对东城墙地下遗址进行保护，采取多种方式积极展示，包括露天展示、博物馆展示及地下断面展示等，择机建设考古遗址公园。

（5）通过考古发掘及文献查询确定子城城垣轮廓，可结合绿地、开放空间设置标识牌展示相关历史信息。

（6）除与城墙保护相关的建设工程外，城墙本体上禁止搭建建筑物，已经建设的项目应责令拆除。

（7）审慎地利用城墙进行防洪。

（8）市文化和广电旅游体育局、历史文化名城保护中心、水利局等相关部门负责对台州府城墙的保护。

第三十六条 历史街巷的保护

（1）严格保护历史城区内的街巷格局，其形态特征包括：中部和南部街巷较为规整、北部和东南部街巷顺应山形地势以及部分街巷沿历史河道水系修建。

（2）历史城区内严控新建或拓宽道路，应通过外围交通截留，发展绿色交通，疏通历史街巷，提升其机动车通行能力等措施来解决历史城区的交通问题。

（3）严格保护一类历史街巷的名称、走向、尺度及传统风貌不变，包括西门街、紫阳街、府前街（镇宁门—巾山西路段）、三井巷、赵巷（赤城路–继光街段）、四顾巷、税务街、大龙须、小龙须、弓巷、大弓巷、小弓巷、段巷、华梧巷、福华巷、福初巷、双桂巷、碗盏巷、三台坊、二元巷、樱珠巷、高达道、右营巷（井头街—朝天门段）、三抚基、三大夫巷。

（4）严格保护二类历史街巷的名称、走向及尺度不变，包括继光街、文庆街、东门后街、赵巷（继光街—天宁路段）、巾子巷、东城下、邓巷、上草巷、中草巷、左营巷、宝城巷、卖糖巷、摆酒营巷、米筛巷

（赤城路—文庆街段）、十伞巷、丹桂巷、更铺巷、县前街、县直街、永安路、富殷里、桂花巷、集城巷、育婴巷、羊巷、棋盘巷、右营巷（巾山西路—井头街段）、德清巷、诸天巷、登瀛巷、九曲巷、井头街、友兰巷、璎珞街、五所巷。

（5）保护三类历史街巷的名称、走向不变，包括赤城路、府前街（巾山西路—西门街）、回浦路、广文路、东湖路、虎龙街、文化路、右营巷南段、米筛巷（紫阳街—赤城路段）、军体路、继光街（广文路以北段）。

（6）严格按照本规划中关于建筑高度控制及城市风貌控制的要求整治改造街巷两侧建筑，其中，紫阳街、府前街、西门街、继光街、文庆街两侧建筑改造更新在满足高度控制的要求下，不得超过现有檐口高度。

（7）街巷内禁止搭建附属物。

（8）全面深入挖掘与历史街巷相关的历史文化内涵，设置标识牌展示相关历史信息。

（9）市历史文化名城保护中心、住房和城乡建设局、综合行政执法局等相关部门负责对历史街巷的保护。

第三十七条　河道水系的保护

（1）全面调查历史城区内原有河道水系的现存状况。可根据城市建设条件，恢复部分历史河道作为城市特色景观。

（2）对近期难以恢复历史河道的地段，通过立碑、街巷铺装标识等方式，展示历史水系的走向；位于历史文化街区、历史地段，及反映历史水塘位置的历史桥应率先进行展示。

（3）根据城市建设条件，可通过景观水系展示历史水系走向，成为城市景观特色。

（4）深入挖掘与池塘、渡口、桥梁及水利设施等相关的历史文化内涵，在原址设置标识牌展示相关历史信息。重点保护现存的西门自记水位台、东湖水闸等。

（5）规划建议加快进行历史城区河道水系的专项研究及保护规划编制工作。

（6）市历史文化名城保护中心、住房和城乡建设局、水利局等相关部门负责对河道水系及相关设施的保护。

第三十八条　景观视廊的保护

（1）保护四类景观视廊，包括街巷看山景观视廊、街巷看制高点景观视廊、最佳观景点景观视廊、城墙看周边群山景观视廊。

（2）严格控制景观视廊范围内的建构筑物的高度、体量、外观形象及色彩等，保护景观视廊的贯通性与可视性。

（3）保护街巷看山及街巷看制高点两类景观视廊，应重点保护北固山、小固山及北部群山的自然山体形态以及大小文峰塔、城门城楼。

（4）重点保护华胥洞、揽胜门、大文峰塔、小文峰塔、望天台为古城观赏点；保护观赏点视廊，融入城区游览线路。

（5）建议控制大文峰塔、小文峰塔、望天台等周边主要视廊的植被高度，做定期、专业的植被清理与修剪工作。

（6）保护城墙看周边群山景观视廊，选取朝天门、丰泰门、兴善门、镇宁门、靖越门、崇和门、揽胜门、望天台等作为最佳观赏点，划定景观视廊保护范围。应加强城墙周边群山景观视廊保护范围内的整体建筑高度控制。重点保护北部的九株松、晒网山南麓，东南部的两水山、下西山西北麓，南部的平岭头、长堂山、灵岩山、花鼓山北麓，西南部的虎头山、凤凰山东北麓的自然山体景观。

（7）市住房和城乡建设局、自然资源和规划局、历史文化名城保护中心、文化和广电旅游体育局等相关部门负责对景观视廊的保护。

第三十九条　地名文化的保护

（1）地名文化的保护应符合《地名管理条例》（2021年）的管理要求。临海市人民政府应加强地名文化遗产保护，并将符合条件的地名文化遗产依法列入非物质文化遗产保护范围；做好地名档案管理工作。

（2）深入挖掘与古城内里坊、历史街巷、重要公共建筑、河道、池塘、桥梁等相关历史地名的文化内涵，做好收集、记录统计工作，制定保护名录；通过文字、录音、录像、测绘、数字化多媒体等技术手段建立历史档案进行记录，并通过书籍、电视、广播、网络等媒体渠道大力宣传传统文化。

（3）通过文献查询及考古勘探确定相关历史地名的具体位置，在原址设置标识牌展示相关历史信息。

（4）市文化和广电旅游体育局、历史文化名城保护中心等相关部门负责对历史地名的保护。

第四十条　重要传统建筑的保护

重点保护历史城区内名人故居及格局较完整的建筑院落（又称“大台里”）。

（1）名人故居、建筑院落中的不可移动文物、（建议）历史建筑参照文物或历史建筑的要求进行保护；名人故居、建筑院落中除文物、（建议）历史建筑以外的建筑，按照传统风貌建筑的要求进行保护。

（2）挖掘名人故居历史文化信息，做好挂牌建档，加强活化利用，以名人事迹丰富临海故事，积极融入历史城区文化游览线路；在不影响历史城区风貌、交通流线及建设活动的前提下，对已消失的名人故居在原址进行挂牌或立碑展示。

（3）针对格局较完整的建筑院落（大台里），重点保护其院落格局的真实性与完整性，保障院落规模不缩减。对于影响院落格局的违建及时进行拆除更新；传统院落内新建、改建、增减的不协调建筑进行改造更新。

（4）市文化和广电旅游体育局、历史文化名城保护中心、住房和城乡建设局等相关部门负责重要传统建筑的保护。

第三节　历史城区保护控制的支撑体系

第四十一条　建筑高度控制

（1）建筑高度控制应遵循“整体研究、严格控制”的方针。对同一地块有多种建筑高度控制要求时，采取“就低不就高”的原则进行控制。

（2）不可移动文物本体、（建议）历史建筑、传统风貌建筑保持其原有建筑高度不变。

（3）紫阳街、府前街、西门街、继光街、文庆街两侧建筑改造更新，不得超过现有檐口高度。

（4）现状民居改造或新建民居建筑的屋顶坡度参照临海当地传统民居，控制在 35 度至 40 度。

（5）文物保护单位保护范围内建筑高度控制应按照文物保护单位保护规划或文物管理部门出具的要求进行严格控制。

（6）历史文化街区核心保护范围与历史建筑保护范围内的建筑，层数原则上不超过 2 层，檐口高度不超过 7 米。

（7）历史文化街区建设控制地带、历史地段保护范围内的、巾山文化景观建设控制地带内的建筑，层数原则上不超过 3 层，檐口高度不超过 10 米。

（8）历史城区内整体风貌与功能符合历史文化名城整体格局保护要求的保留地块及整体传统风貌不完整、环境与功能有待改善的整治地块内的建筑，层数不超过 4 层，檐口高度原则上不超过 13 米。

（9）历史城区内用地功能与古城总体定位不符、严重影响古城整体风貌以及建筑质量较差、亟待调整的更新地块内的建筑，层数不超过 6 层，檐口高度原则上不超过 19 米。

（10）历史城区内主要车行道两侧的建筑高度依据建筑与道路的高宽比、古城风貌协调原则进行控制，具体如下：

a. 北山路、东湖路北段道路红线两侧 12 米内的建筑，层数不超过 2 层，檐口高度原则上不超过 7 米。

b. 广文路、天宁路、望天台路道路红线两侧 18 米内的建筑，层数不超过 3 层，檐口高度原则上不超过 10 米。

c. 赤城路、巾山西路、巾山中路西段、回浦路、东湖路南段道路红线两侧 24 米内的建筑，层数不超过 4 层，檐口高度原则上不超过 13 米。

d. 大桥路道路红线两侧 18 米内的建筑，层数不超过 4 层，檐口高度原则上不超过 13 米。

（11）台州府城墙、北固山及巾山周边建筑高度采取渐退式控制，具体如下：

a. 城墙保护范围以外 100 米范围内的建筑，层数不超过 3 层，檐口高度原则上不超过 10 米；城墙保护范围以外 100 米至 150 米范围内的建筑，层数不超过 4 层，檐口高度原则上不超过 13 米。

b. 北固山、巾山自然山体边界以外 50 米范围内的建筑，层数不超过 3 层，檐口高度原则上不超过 10 米；自然山体边界以外 50 米至 100 米范围内的建筑，层数不超过 4 层，檐口高度原则上不超过 13 米。

（12）历史城区内景观视廊范围内的建筑高度控制以良好的景观效果为依据进行分区控制。保证景观视廊范围内的建筑不遮挡山体及制高点，重点控制山顶及制高点周边一定范围内的建筑，不影响景观视廊的观赏效果。

（13）历史城区内各地块具体建筑高度控制结合自然山体、河流边界、主要城市道路及城市用地边界进行区划调整，详见历史城区建筑高度控制图。

（14）历史城区内建筑高度控制针对历史城区内拆除重建或新建等建设活动，在保留建筑主体前提下进行的修缮、维修、改善、立面改造、结构加固等活动，可保持现状建筑高度。

（15）历史城区以外环境协调区内，建筑高度应进行整体控制，不宜过高，重点保证城墙看西南部群山景观视廊的景观效果。规划结合对自然山体及水体的渐退式高度控制分析，以及结合控制性详细规划的用地布局规划，控制协调区内的建筑高度，具体详见历史城区周边环境协调区建筑高度控制图。

（16）市住房和城乡建设局、自然资源和规划局、历史文化名城保护中心、文化和广电旅游体育局、综合行政执法局等相关部门负责对历史城区建筑高度的控制。

第四十二条　整体风貌控制

（1）历史城区内的城市风貌应按照“整体协调、重点保护”的方针，并以《临海市历史城区风貌控制导则》为依据进行控制。

（2）历史城区内不宜采用快速、大规模的风貌改造模式。

（3）历史城区内的建筑，色彩应以灰白色系为主色调，屋顶形式应以坡屋顶为主，禁止建设体量过大的公共建筑，严格按照保护规划要求控制建筑高度，保证古城整体风貌的协调统一。

（4）历史城区内的建筑色彩宜以暖灰、冷灰、白色、木色为主，以低彩度颜色为主色调，以沉稳凝重的色彩为点缀色。建筑店招、遮阳棚等附属设施不宜采用高饱和度的颜色。

（5）历史城区内的建筑材料宜采用传统青砖、灰瓦、条石、干粘石、蛎灰等材料，不应大面积采用瓷砖贴面；玻璃、钢等现代建筑材料引入须慎重。

（6）并进行总量控制。其中，紫阳街、府前街、西门街及沿城墙带作为临海古城的形象展示面，严禁出现瓷砖贴面、连续玻璃面与钢材材质。

（7）历史城区内建筑屋顶建设不宜采用彩色钢板；窗户、雨棚等设施需要使用玻璃、pc 塑料等材料时，宜选用无色或灰色。

（8）历史城区内建筑更新采用临海传统风貌形式的，应严格遵守传统建筑的体量、高度、院落规模；历史城区禁止拆真建假，不建设过大体量的仿古建筑。

（9）历史城区内新建建筑应传承历史文脉，鼓励创造能够代表临海历史文化特色的新建筑形式。历史城区内不可移动文物、（建议）历史建筑、传统风貌建筑，应采用传统建筑形式修缮；历史城区内其他建筑的维修改造，在与古城整体风貌相协调的基础上，可采用兼具时代特征与地域特点的新建筑形式；历史文化街区、历史地段、文物保护单位等保护范围与建设控制地带之外，因满足新业态要求、需建设较大体量建筑时，应在满足高度控制的前提下，宜采用代表临海历史文化特色的新建筑形式，不得建设与临海传统风貌有明显冲突的建筑；历史文化街区、历史地段、文物保护单位等保护范围与建设控制地带之内，应严格按照相关要求执行。

（10）重点保护历史城区内传统风貌保存比较完整的地区，包括历史文化街区核心保护范围及文化景观保护范围。严格保护文物保护单位、尚未核定为文物保护单位的登记不可移动文物及在建筑风貌上具有代表性价值的建议历史建筑等。

（11）市住房和城乡建设局、自然资源和规划局、历史文化名城保护中心、综合行政执法局等相关部门负责对历史城区整体风貌的控制。

第四十三条　建筑分类保护与整治

（1）对于文物保护单位及尚未核定为文物保护单位的登记不可移动文物，严格按照第八章第一节与第二节的相关保护要求进行保护。

（2）对于历史建筑与本次规划推荐的建议历史建筑，严格按照第八章第六节的相关保护要求进行保护。

（3）对传统风貌建筑，严格保留具有较高历史文化价值的建筑原有院落形式、外观样式、内部结构、建筑材料及雕刻工艺等。已损坏的门窗、梁、柱等建筑构件的替换构件，应在材质、色彩、样式等方面与传统风貌相协调。在保证木构架主体不变的情况下，可对建筑内部进行适当改造，增加必要的现代化设施，改善居住条件。

（4）对与传统风貌相协调的建筑，历史文化街区内协调建筑应进行保留，重点整治建筑立面中与传统风貌不相协调的部分；历史城区内其它片区协调建筑可予以暂留，整治建筑立面中与传统风貌不相协调的部分，必要时可进行更新拆除，禁止大规模更新。

（5）历史文化街区内协调建筑，居民进行立面修缮、翻新、涂料、贴面等影响外观的建设活动，须经历史文化名城保护中心审批后方可实施；同时，住房和城乡建设局与历史文化名城保护中心应予以资金支持与工艺指导。

（6）临海市人民政府应协同历史文化名城保护中心，申请历史文化街区普通建筑专项立面修缮资金，对居民房屋立面修缮予以补助。

（7）对与传统风貌不相协调的建筑，应择机降层及进行立面整治，使其在高度、体量、样式、色彩等方面与周边历史环境相协调。在条件允许的情况下，个别建筑可以拆除更新。新建建筑应传承历史文脉，鼓励创造能够代表临海历史文化特色的新建筑形式。

（8）建筑保护整治可分为以下几类措施：

a. 修缮：适用于文物保护单位和尚未核定公布为文物保护单位的不可移动文物，按照《中华人民共和国文物保护法》（2017 年修正）的要求对不可移动文物进行严格保护。包括日常保养、防护加固、现状修整、重点修复等。

b. 维修：适用于历史建筑和建议历史建筑，应按照《历史文化名城名镇名村保护条例》关于历史建筑的保护要求进行维修。保持建筑原有高度、体量、外观形象及色彩，内部可根据功能需求予以改善更新。

c. 改善：适用于传统风貌建筑，应保持其外观风貌特征，特别是保护具有历史文化价值的细部构件或装饰物；建筑内部允许进行改善和更新，包括对建筑结构、空间布局、内部设施、使用功能做适当调整，以改善居住、使用条件，适应现代的生活方式。

d. 保留：适用于与传统风貌相协调的建筑、工业遗存、既有建筑，除采取日常保养、设施完善、结构加固等方式外，在其体量、色彩、风貌与街区整体风貌相协调的前提下，可改变立面形式与屋顶形式。

e. 整治：适用于与传统风貌不协调的建筑，在更新过程中，优先改造屋顶和立面，杜绝石棉瓦、金属盖板等不协调的屋顶形式，规范外立面用色与材质，控制门窗、栏杆等构件的具体形式，拆除加建，改造改建体量过大、高度过高的建筑，恢复街区风貌，提升环境品质。

对标《历史文化名城保护规划标准（GB/T50357—2018）》4.3 章节中的保护整治方式，进行工序分解，明确以上五类保护整治的具体措施见下表：

建（构）筑物五类保护整治措施的具体规定

表 1

	文物保护单位和尚未核定公布为文物保护单位的不可移动文物	历史建筑和建议历史建筑	传统风貌建筑	与传统风貌相协调的建筑	与传统风貌不协调的建筑
	修缮	维修	改善	保留	整治
清理	○	○	○	○	○
日常保养	○	○	○	○	○
修补	△	△	△	○	○
结构加固	△	△	△	○	○
设施完善	△	△	△	○	○
改变功能	△	△	△	○	○
改变内部格局	×	△	△	○	○
改变主体结构	×	△	△	○	○
改变立面形式	×	×	×	△	△
改变屋顶形式	×	×	×	△	△

续表 1

	文物保护单位和尚未核定公布为文物保护单位的不可移动文物	历史建筑和建议历史建筑	传统风貌建筑	与传统风貌相协调的建筑	与传统风貌不协调的建筑
	修缮	维修	改善	保留	整治
降低高度	×	×	×	△	△
削弱建筑体量	×	×	×	△	△
拆除不建	×	×	×	×	△
拆除重建	×	×	×	×	△

注：○为允许类行为；△为附条件允许类行为；× 表示禁止类行为。

（9）危险房屋（危房）整治措施：

历史城区内危房建筑应遵循《浙江省房屋使用安全管理条例》等相关危房改造相关政策。

历史城区内被评为不可移动文物、历史建筑、传统风貌建筑的房屋，因不能满足安全使用要求而评为危险房屋的，房屋安全鉴定机构应采取维修加固等解危措施，禁止采用拆除措施；县（市、区）住房城乡建设主管部门应起到监督审查作用。

住房城乡建设主管部门应当跟踪督促、指导、协调房屋使用安全责任人采取解危措施，其他有关部门和乡（镇）人民政府、街道办事处应当予以协助。

房屋使用安全责任人和房屋装修经营者对不可移动文物、历史建筑、传统风貌建筑等房屋进行违规拆除的，由县（市、区）住房城乡建设主管部门责令限期改正。

第四十四条　用地布局调整与人口容量控制

（1）强化历史城区内居住生活、文化展示、休闲旅游、商业服务的功能定位，逐步疏散现状历史城区内的大型医疗、污染性工业等用地功能。

（2）强化府前街、紫阳街、西门街等重要历史街巷两侧用地的文化展示、商业及旅游服务功能。

（3）为提升年轻人口比例、保障历史城区活力与生活真实性，需保障产业用地比例、保障公共服务设施配套需求。对严重影响历史城区交通、古城风貌，或现有用地无法满足扩张要求的部门和单位进行规模缩减，必要时进行腾退；对其它对历史城区影响较小的部门与单位建议保留提升。

（4）适度增加历史城区内的绿化开敞空间，积极改善人居条件。

（5）古城内积极发展旅游服务、文化创意产业等吸引青年群体，优化人口结构。

第四十五条　道路交通规划要求与措施

（1）合理调整路网体系，降低历史城区内部巾山西路、赤城路的道路等级，通过大桥路、钱暄路、滨江路、104 国道、括苍大道、观澜路、江南大道等道路疏解历史城区外围交通，减少历史城区内部的过境交通压力。

（2）历史城区内的路网体系应按照“延续历史街巷格局，形成高密度、小间距的路网体系”“倡导慢行交通”“集约利用土地”等原则进行规划。

严格控制新建道路或拓宽历史街巷。如确需新建的，红线宽度不宜超过 7 米。

（3）严格按照本规划相关内容保护历史街巷，适度增加街巷的通行能力。

（4）鼓励采用公共交通、自行车、电瓶车等交通工具，建立完善的慢行道路系统，倡导“慢行交通”的理念。

（5）历史城区内不宜设置大型停车场，社会停车场宜分散布置。可充分利用闲置空地建设小微停车场；鼓励引入机械式停车；可在历史文化名城保护中心指导下，将现状较大体量现代建筑更新为停车楼，解决用地紧张的问题。推动成片区多处停车场的联动管理。

（6）公交站、机动车加油站等交通设施应在高度、体量、色彩及形式上与古城整体风貌相协调。

（7）道路规划总体遵循《临海台州府城文化旅游区旅游交通组织及老城核心区交通管理优化》及相关规划的规定。

第四十六条　市政设施规划要求与措施

（1）逐步完善古城内的给水、排水、电力、电信、燃气、环境卫生等市政工程管线及设施，在保护古城风貌的同时积极改善人居环境。

（2）当市政管线和设施按照常规设置与历史文化街区、不可移动文物、历史建筑及历史环境要素保护发生矛盾时，应在满足保护要求的前提下采取灵活特殊的工程技术措施加以解决。

（3）历史城区坚持“污水零直排”原则，合流制与分流制并存逐步过渡到分流制，将旧的合流管渠改建后作为雨水管道，另外新建污水管道，全面实现雨污水分流。

（4）历史文化街区核心保护范围内的电力、通信等架空线路宜改为地埋电缆，室内线路包绝缘套管。有线电视入户率达到 100%，有线电视线路与电话电缆同沟敷设。

（5）历史城区内不应保留或新设置贮气、贮油设施，不宜设置高压燃气管线和配电站。中低压燃气调压设施宜采用箱式等小体积调压装置。

（6）规划公共厕所为水冲式公共厕所，在现有基础上增加公共厕所数量，并合理布点。逐步改造民居内部结构，使用现代卫生设备。粪便污水经初级净化后，接入污水管道。

（7）逐渐拆除开放性垃圾池，在次要道路、支路和居民区内合理布置符合环卫要求的生活垃圾收集点。

第四十七条　综合防灾规划要求与措施

（1）历史城区内可能存在地震、洪涝、雪灾、雷击、风灾、火灾、恐怖事件、爆炸、拥堵踩踏等各类突发灾害，对于潜在的危害应做好综合防灾规划。

（2）历史文化街区与历史地段内应当制定应急预案，对可能发生的各种性质和规模的灾害科学预测，制定相应的综合性应急救灾规划方案；在灾害发生第一时间内，启动应急预案。

（3）历史城区内结合道路绿地、空旷场地、小型公共空间和公共建筑，建设防灾临时避难场所；结合地势较高平坦的旷地、公园、广场、大型体育场、学校等，建设防灾固定避难场所。

（4）在不影响传统风貌、原有街坊格局、街巷尺度的前提下，采取适当措施打通尽端路，确保道路的畅通与可达性，保障发生灾害时救援疏散速度。道路中私自堆放的杂物、随意搭设的各种电线设施、乱停车现象须及时清除，避免影响灾害时救援效率、及二次灾害的发生。

（5）调动应急反应队伍，灾害发生前提前制定古城防灾减灾专家库，便于灾害发生时立即从专家库中调集专家指导紧急救援。灾害应急指挥部、消防队伍、当地军队、武警、防灾减灾志愿者队伍在平时组织应急救灾演练工作。

（6）提高居民灾害意识，使古城居民掌握防灾减灾救灾能力，实施灾害教育活动。

第四十八条　消防设施规划要求与措施

（1）历史城区采用消防站与社区消防相结合的二级结构方式，社区消防组织主要负责小型火灾及初期火灾的灭火任务，即以社区微型消防站为基本单元，以救早、灭小和“三分钟到场”扑救初起火灾为目标，实现联防。

（2）完善消防设施。历史城区内消防栓设置间距不大于 120 米，历史文化街区内消防栓设置间距不大于 80 米，保护半径不大于 150 米，消火栓压力不小于 0.1 兆帕。在不便于设置固定消火栓的狭窄街道，可沿街改设消防卷盘；消防用水严重不足的，可根据实际情况建设人工消防蓄水池。针对历史城区内存在较多狭窄街巷、难以满足《城市消防规划建设管理规定》与《建筑设计防火规范》中对消防车通道的净宽与净空高度要求的情况，市消防队应配备消防摩托和小型消防车等适用的消防装备。宽度≥ 4 米的街巷可使用一般消防车，宽度在 2—3 米的街巷可使用迷你消防车，宽度在 2—3 米的街巷可使用消防摩托车，宽度小于 2 米的街巷可使用手抬机动消防泵。

（3）发挥全天候全覆盖的智慧消防系统优势，保留现状 6 个覆盖整个历史文化街区的高位火点摄像头，指挥中心实行 24 小时值班制，并依托物联网技术，搭配无线智能烟感器，实现火警现场全态势感知，秒级预警、多级联动。

（4）历史文化街区可安装自动喷淋灭火系统；加强智慧管控，增设可燃气探测器、水压监测传感器。

（5）对木结构的不可移动文物、历史建筑进行重点消防管理，文物建筑和用于生产、展览、商业运营等用途的历史建筑和改造建筑均应按严重危险级配备灭火器。文物建筑和历史建筑内应选择对文物危害性较小的灭火器类型。有条件的情况下在建筑周边设置消防通道，满足小型消防车辆通行的要求。

（6）加强电气线路和管道燃气的设计和改造，降低电气火灾和燃气事故的发生概率。

（7）不可移动文物、历史建筑（含建议历史建筑）、传统风貌建筑以外的其它建筑，可于建筑间增设山墙，起到防火分隔左右，山墙应符合街区传统风貌要求。

第四十九条　防洪排涝规划要求与措施

（1）以“管标降雨排水畅，涝标降雨不成涝、超标降雨可应对”为目标，按照雨水管渠设计重现期2–3年一遇、内涝防治设计重现期20年一遇的标准，对排涝系统进行改造提升。

（2）加快编制防洪排涝专项规划，应满足《城镇防涝规划标准》（DB33/1109—2015）和相关法规的要求。

（3）防洪排涝规划应在保护古城的前提下，遵循近远结合、标本兼治、因地制宜、综合治理的原则。古城防洪不能仅依靠台州城墙，应采取综合防洪策略。灵江防洪标准严格按水利部门要求执行。

第五十条　地下空间的控制要求

（1）历史城区范围按照第八章第五节地下文物埋藏区相关内容进行控制。

（2）历史文化街区核心保护范围内原则上不得开挖地下空间；若因基础设施建设需要必须利用地下空间的，应尽量避开核心保护范围，无法避开的特殊情况，应当征询市历史文化名城保护中心、市文物主管部门的意见，并经市城乡建设主管部门批准。

（3）历史文化街区建设控制地带、历史地段内可适当利用地下空间；不可移动文物、（建议）历史建筑保护范围内禁止修建地下室；民居建筑或院落确需建设地下室的，应提前提交地勘报告；毗邻不可移动文物、（建议）历史建筑的，应当提交对周边保护建筑支护等工程技术措施及影响评估报告；地下建设应以院落为单位展开，不得采用大规模开挖方式。

第七章　历史文化街区与历史地段的保护

第一节　划定原则

第五十一条　历史文化街区的划定原则

（1）应有比较完整的历史风貌。

（2）构成历史风貌的历史建筑和历史环境要素应是历史存留的原物。

（3）历史文化街区核心保护范围面积不应小于1公顷。

（4）历史文化街区核心保护范围内的文物保护单位、历史建筑、传统风貌建筑的总用地面积不应小于核心保护区内建筑总用地面积的60%。

第五十二条　历史地段的划定原则

（1）传统格局和历史风貌保留相对完整。

（2）片区内文物古迹、历史建筑、传统风貌建筑集中成片。

（3）片区具有一定的历史文化价值。

第二节　历史城区内历史文化街区与历史地段的保护

第五十三条　历史城区内历史文化街区与历史地段名录

临海历史文化名城共有3处已公布的浙江省级历史文化街区，包括临海紫阳街府前街历史文化街区、西门街历史文化街区、三井巷历史文化街区；1处已公布的历史地段，为继光街中段历史地段。

第五十四条　紫阳街府前街历史文化街区的保护区划

（1）核心保护范围四至为北至回浦路、巾山西路、二元巷北侧道路红线，南至三抚基北侧道路红线，西至桂花巷、棋盘巷、集城巷东侧，东至赤城路西侧道路红线，面积为25.72公顷。

（2）建设控制地带为核心保护范围外20—180米范围，北至回浦路、井头街南侧道路红线，南至南城墙，西至西城墙，东至赤城路西侧道路红线，面积为13.32公顷。

第五十五条　西门街历史文化街区的保护区划

（1）核心保护范围北至后山路、广文路、西门街北侧道路红线，南至浙江台州酒厂北侧围墙、回浦路北侧道路红线，西至西城墙、台州酒厂西侧院落边界，东至赤城路西侧临街建筑院落边界，面积为12.52公顷。

（2）建设控制地带为核心保护范围外20—120米范围，北至后山路、广文路，南至井头街、回浦路北侧道路红线，西至西城墙，东至赤城路西侧道路红线，面积为6.76公顷。

第五十六条　三井巷历史文化街区的保护区划

（1）核心保护范围四至为北至巾山西路南侧道路红线，南至天宁路北侧道路红线，西至赤城路东侧道路红线，东至台州公路管理处西侧院落边界，面积为5.78公顷。

（2）建设控制地带为保护范围之外30—160米范围，北至巾山西路南侧道路红线，南至巾山脚下、龙兴寺北侧边界线，东至文庆路南沿道路西侧道路红线，面积为4.18公顷。

第五十七条 继光街中段历史地段的保护区划

保护范围为沿文物保护单位及建议历史建筑周边划定的区域，北至回浦路南侧道路红线，南至巾山西路北侧道路红线，东至文庆路西侧道路红线，西至临海市商业学校、临海市老年活动中心西侧院落边界，面积为5.76公顷。

第五十八条 历史城区内历史文化街区、历史地段的一般性保护措施

（1）严格遵循《中华人民共和国文物保护法》《历史文化名城名镇名村保护条例》《浙江省文物保护管理条例》《台州府城墙保护条例》等法律、法规的相关要求，遵循街区保护规划的要求。

（2）在核心保护范围内，不得进行新建、扩建活动，新建、扩建必要的基础设施和公共服务设施除外；在市自然资源主管部门核发建设工程规划许可证前，应当征询市历史文化名城保护中心、市文物主管部门与市城乡建设主管部门的意见。

（3）在核心保护范围内，拆除不可移动文物、历史建筑、传统风貌建筑以外的建筑物、构筑物或者其他设施，应当征询市历史文化名城保护中心意见，并经市城乡建设主管部门批准。

（4）建设控制地带内整治更新应有计划、分阶段进行，不得大拆大建，原则上不再增加建设总量。新建、扩建、改建建筑的高度、体量、色彩、材质等应与核心保护范围内传统风貌相协调。

（5）建设控制地带内新建、扩建、拆除建构筑物，以及在原有建筑物的基础上进行改建、加建等活动前，有关单位和个人应将拟建部分的高度、体量、色彩、使用性质等信息征得市历史文化名城保护中心同意，报市城乡建设主管部门批准后方可执行。

（6）历史文化街区、历史地段内涉及一次性拆除或改造3处及以上建筑的，须经过“临海市古城保护与利用领导小组”指定的权威设计机构认可、并通过由“临海市古城保护与利用领导小组”召开的专家论证会审议后，方可执行。

（7）保护历史文化街区、历史地段内现存的历史环境要素，包括古树、古井、牌坊、坊墙等。

（8）保护和恢复街巷的传统铺装，有条件恢复传统水道体系。按照传统做法布置地面铺装和环境小品，提高历史文化街区的环境质量。

（9）完善排水、消防、供电、垃圾处理与收集等市政设施，必须安排在室外的空调室外机、电信电力等设施应加以隐蔽，与历史风貌相协调。

（10）应加强历史文化街区、历史地段的保护管理，支持成立街区居委会，由对街区有感情的原住民代表参与管理，鼓励增强街区凝聚力的节庆或民俗活动在街区内定期开展。

（11）市历史文化名城保护中心、住房和城乡建设局、综合行政执法局、古城街道等相关部门负责对历史城区内历史文化街区、历史地段的保护。

第五十九条 紫阳街府前街历史文化街区的针对性保护措施

（1）严格遵守《紫阳街府前街历史文化街区保护规划》的相关规定。

（2）持续推进街区不可移动文物、历史建筑的修缮与展示利用工作，增强紫阳街、府前街、永安路、赤城路、回浦路、巾山西路两侧传统风貌建筑的展示利用工作。

（3）恢复府前街历史风貌，整治和修缮府前街两侧建筑界面，保持府前街生活氛围。

（4）增加外围停车设施，街区内根据道路交通规划章节相关要求，划定慢行区。

（5）为内部街巷设置标识，标注街巷位置，介绍街巷历史。

（6）为保护历史文化街区完整性，环城墙建筑拆改原则如下：一、城墙保护范围内，不得进行新建、扩建活动；二、城墙保护范围内，不可移动文物、（建议）历史建筑、传统风貌建筑应当保护改善；三、保留历史街巷两侧与传统风貌相协调的建筑（右营巷、三抚基、西门街）；四、保护范围内其它建筑逐步整治拆除。

第六十条 西门街历史文化街区的针对性保护措施

（1）严格遵守《西门街历史文化街区保护规划》。

（2）严格保护鼓楼、太平天国台门、台州行署大院、台州府孔庙大成殿等文物保护单位，控制文物保护单位周边建筑的高度、体量、色彩、形式，使他们与传统风貌建筑相协调。对太平天国台门、朱虚之将军故居等历史建筑完成抢救性修缮与保护利用工作。

（3）对建设控制地带内台州酒厂应控制并缩小生产规模与占地面积，部分用地功能置换为与历史文化街区相匹配的功能。

（4）进一步推进台州医院科室置换工作，改善街区交通情况。

（5）重点改善西门街、回浦路、府前街北段较为混乱的商业氛围与卫生条件，鼓励小型民宿，小型文化创意产业及特色商业的功能植入。增强街区府城文化相关展示内容。

（6）为保护历史文化街区完整性，环城墙建筑拆改原则如下：一、城墙保护范围内，不得进行新建、扩建活动；二、城墙保护范围内，不可移动文物、（建议）历史建筑、传统风貌建筑应当保护改善；三、保留历史街巷两侧与传统风貌相协调的建筑（右营巷、三抚基、西门街）；四、保护范围内其它建筑逐步整治拆除。

第六十一条　三井巷历史文化街区的针对性保护措施

（1）严格遵守《三井巷历史文化街区保护规划》。

（2）严格保护街区棋盘式的街巷格局，保护街区与巾山之间紧密的空间联系，保护传统道路的格局尺度和传统风貌，严格控制沿街建筑的高度、体量、色彩和材质。

（3）推进街区不可移动文物、推荐历史建筑的修缮与展示利用工作，增强三井巷、赵巷、继光街、天宁路、赤城路、巾山西路两侧传统风貌建筑的展示利用工作。

（4）严格保护街区内现存的三眼井等古井，结合少量质量与风貌较差的建筑的整治和拆除，开辟为环古井小型开放空间。并设置标识牌展示相关历史典故。

（5）街区内根据道路交通规划章节相关要求划定慢行区，并增加外围停车设施。

第六十二条　继光街中段历史地段的针对性保护措施

（1）严格保护街区内不可移动文物及（建议）历史建筑所处环境的历史氛围不被破坏。

（2）历史地段保护范围内，新建、改建建（构）筑物应当在高度、体量、形式、色调等方面与传统历史风貌相协调；建筑高度参照本规划中历史城区建筑高度控制的相关内容；新建、改建道路时，不得破坏道路格局和景观特征。

（3）保护历史街巷的格局、走向、尺度和传统名称。

（4）重点整治继光街两侧建筑的高度、体量、形式、色彩与传统风貌相一致，植入适当的传统文化展示功能，恢复地段的历史氛围。

（5）完善地段的基础设施和公共服务设施，必须安排在室外的空调室外机、电信电力等设施应加以隐蔽，与历史风貌相协调。

（6）尽快编制《继光街中段历史地段保护规划》。

第三节　市域内历史地段的保护

第六十三条　市域内历史地段名录

市域范围内有已公布的历史地段1处，为柴爿巷历史地段；建议新增8处历史地段，包括大田老街历史地段（大田街道）、邵家渡老街（邵家渡街道）、店前老街（白水洋镇）、白水洋老街（白水洋镇）、河头老街（河头镇）、涌泉泾东老街（涌泉镇）、中街村东塍老街历史地段（东塍镇）、上盘老街（上盘镇）。

第六十四条　柴爿巷历史地段的保护区划

街区范围北至解放街道路红线，西至杜川路道路红线，南至南大路道路红线、杜桥大厦院落边界，东至杜东路道路红线，面积为6.5公顷。

核心保护范围为柴爿巷、百里大河两岸传统风貌建筑聚集区，面积为2.1公顷。建设控制地带为保护范围外20—110米范围，面积为4.4公顷。

第六十五条　柴爿巷历史地段的保护措施

（1）严格按照《杜桥镇柴爿巷历史街区保护规划》进行保护。

（2）加强宣传与展示利用工作，融入市域文化展示线路。

第六十六条　市域内历史地段的保护措施

历史城区以外的历史地段，应由各镇结合历史地段保护管理的实际情况，以“保护要素相对集中、历史环境相对完整”为原则分别划定保护范围。

乡镇人民政府等相关部门负责市域内历史地段的保护，历史文化名城保护中心、住房和城乡建设局、文化和广电旅游体育局等部门应予以指导。

第四节　传统风貌建筑与危房整治措施

第六十七条　传统风貌建筑的评定

传统风貌建筑是除不可移动文物、历史建筑外，具有一定建成历史，对历史地段整体风貌和地方特色的建筑物、构筑物。

第六十八条　传统风貌建筑保护要求

临海市域内，尤其是历史文化街区、历史地段、历史文化名镇（村）、传统村落中的传统风貌建筑应予以保护。

对传统风貌建筑，严格保留具有较高历史文化价值的建筑原有院落形式、外观样式、内部结构、建筑材料及雕刻工艺等。已损坏的门窗、梁、柱等建筑构件的替换构件，应在材质、色彩、样式等方面与传统风貌相协调。在保证木构架主体不变的情况下，可对建筑内部进行适当改造，增加必要的现代化设施，改善居住条件。

第六十九条　危险房屋（危房）整治措施

市域内危房建筑应遵循《浙江省房屋使用安全管理条例》等相关危房改造相关政策。

市域内不可移动文物、历史建筑、传统风貌建筑，因不能满足安全使用要求而评为危险房屋的，房屋安全鉴定机构应采取维修加固等解危措施，禁止采用拆除措施；县（市、区）住房城乡建设主管部门应起到监督审查作用。

住房城乡建设主管部门应当跟踪督促、指导、协调房屋使用安全责任人采取解危措施，其他有关部门和乡（镇）人民政府、街道办事处应当予以协助。

房屋使用安全责任人和房屋装修经营者对不可移动文物、历史建筑、传统风貌建筑等房屋进行违规拆除的，由县（市、区）住房城乡建设主管部门责令限期改正。

第十一章　历史文化遗产展示和利用

第一百〇四条　展示和利用原则

（1）以物质文化遗产和非物质文化遗产的保护为前提的原则。

（2）保护与利用和谐统一、可持续的原则。

（3）确保物质文化遗产与非物质文化遗产的展示利用有机结合的原则。

（4）坚持以社会效益为主，促进社会效益与经济效益协调发展的原则。

（5）科学、合理保护与适度展示利用的原则。

（6）利用标识、展示牌、出版物、视频、广告、网络等多种途径充分展示的原则。

（7）学术研究和科学普及相结合的原则。

第一百〇五条　市域历史文化遗产的展示利用结构

临海市市域历史文化遗产展示利用结构为“一核多线、六片多点”。其中：

（1）“一核”为以台州府城为中心的历史文化名城展示核心。

（2）“多线”为基于重要历史交通线路，结合现代交通路网形成的市域展示利用轴线。

（3）“六片”为白水洋文化遗产聚集区、始丰溪文化遗产聚集区、中部盆地文化遗产聚集区、东部山地文化遗产聚集区、东部沿海文化遗产聚集区、灵江中游文化遗产聚集区。

（4）“多点”为市域范围内已公布历史村镇和建议历史村镇、市域范围内历史地段及建议历史地段、市域范围内风景名胜区与自然保护地等历史文化资源。

第一百〇六条　市域历史文化遗产的展示利用措施

（1）加强区域统筹，通过重要历史交通线路串联市域内各类历史文化资源，结合各片区文化主题，对临海古驿道古航道文化、历史村镇文化、抗倭文化、商贸文化、释道文化、自然人文景观文化等进行展示利用，打造具有不同文化特色的游线。

（2）完善交通网络，增强市域内重要历史文化资源的可达性。

（3）提升配套服务设施，设立片区旅游服务接待中心，适量增加公厕、问讯处、停车场、休憩站、垃圾箱等基础服务设施。

（4）鼓励非国有博物馆、展示馆等文化旅游展示设施，提升文化遗产的展示和利用水平。

第一百〇七条　历史城区历史文化遗产的展示和利用

（1）展示主题

历史城区展示主要包括：府城文化、治学文化、宗教文化、民俗商贸文化、山水园林文化、革命文化。

（2）展示内容

表 2

文化展示主题	文化展示内容	
“东南名郡、府城典范”府城文化展示主题	山水形胜	以“两山两水”为代表的山水格局，包括历史城区周边群山、北固山、巾山、灵江及东湖
	城垣形制	台州府城墙、台州府城墙博物馆
	历史街巷	西门街、紫阳街、府前街、三井巷、四顾巷、税务街等历史街巷
	文物古迹	戚公祠、府城隍庙、望天台、鼓楼、太平天国台门、坊墙、牌坊以及若干传统民居
“名人煊赫、崇文重儒”治学文化展示主题	文化内涵	“台临四状元”“一门三巡抚”“兄弟四进士”等名人事迹
	物质载体	台州府孔庙、郑广文祠、洪颐煊故居及三井巷陈宅、傅濂故居、骑尉第、童道源故居、蒋径三故
“释道并重、多教融合”宗教文化展示主题	文化内涵	“紫阳故里”“神龙古刹”“走八寺”等历史典故
	物质载体	龙兴寺、天宁寺、三元宫、兜率寺、泰安宫、普贤禅寺等寺庙道观，基督教堂、巾山路天主堂等宗教空间
“源远流长、丰富众多”民俗商贸文化展示主题	文化内涵	民间文化传统及临海词调、黄沙狮子等非物质文化遗产，繁盛的商贸文化、砥砺奋进的产业文化
	文化空间	刺绣博物馆、剪纸博物馆、鲁迅展馆等展示馆，永利木杆秤、邵家渡大鼓等非遗文化空间，余同丰当铺、安乐天饭店、白塔桥饭店等老字号商铺作坊
	现代商业	紫阳街高品质商业街、五月工坊
	工业遗产	台州酒厂、耀明电灯公司旧址、临海染织总厂
“天人合一、秀丽独特”山水园林文展示主题	文化景观	巾山文化景观、东湖文化景观
	环境要素	古树名木、古井
	河道水系	灵江与东湖，西门自记水位台、东门水闸等设施
“薪火相传、开拓进取”革命文化展示主题	文化内涵	从辛亥革命至五四运动的旧民主主义革命期，从五四运动到新中国成立的新民主主义革命期，从新中国成立至三大改造基本完成的社会主义建设和改革期
	物质载体	郭凤韶故居、杨哲商故居、临海市委党校、东湖烈士陵园等

（3）展示利用路线

按照六大展示主题，同时充分利用历史城区内的历史文化街区、文化景观、文物古迹、优秀传统文化及非物质文化遗产等历史文化资源形成多元展示游线。结合六大文化展示主题，规划主要展示利用路线与次要展示利用路线。其中，主要展示路线包括紫阳街、西门街、东门后街、继光街南段、望天台路、赤城路南段、天宁路西段、北段台州府城墙、东湖路等路线；次要游览线路包括府前街、文庆街、永安路、右营巷、东城下街、井头街、三大夫巷、米筛巷、赵巷、三井巷等路线。

附　表

临海历史文化名城保护要素一览表

表 3

保护层次	保护要素类型		保护内容
历史城区	山水形胜		北固山、巾山、灵江及东湖
	城垣形制		全国重点文物保护单位、世界文化遗产预备名录台州府城墙及其周边环境；城墙主体及马面、瓮城、捍城、空心敌台等城防设施；靖越门、兴善门、朝天门、镇宁门、望江门、朝天门、北固门、揽胜门、崇和门 8 座城门及望江门、崇和门上的 2 座城楼；历史城门（括苍门、丰泰门）与历史水门位置；东城墙地下遗址；子城城垣轮廓及其所在高地的历史地形
	传统城市结构	传统城市轴线	紫阳街、府前街、西门街，以及若干与传统城市结构相关的重要公共设施，包括县衙、紫阳宫等，其中重点保护台州府孔庙、府城隍庙、龙兴寺、望天台等现存重要公共设施
		重要公共设施	台州府孔庙、府城隍庙、龙兴寺、望天台等现存重要传统公共设施以及府衙、县衙等历史上存在的重要传统公共设施的历史文化内涵
	历史街巷	街巷格局	中部和南部街巷较为规整，北部和东南部街巷顺应山形地势，部分街巷沿历史河道水系修建
		一类历史街巷（25 条）	街巷的名称、走向、尺度及传统风貌不变：西门街、紫阳街、府前街（镇宁门 – 巾山西路段）、三井巷、赵巷（赤城路 – 继光街段）、四顾巷、税务街、大龙须、小龙须、弓巷、大弓巷、小弓巷、段巷、华梧巷、福华巷、福初巷、双桂巷、碗盏巷、三台坊、二元巷、樱珠巷、高达道、右营巷（井头街 – 朝天门段）、三抚基、三大夫巷
		二类历史街巷（35 条）	街巷的名称、走向及尺度不变：继光街、文庆街、东门后街、赵巷（继光街 – 天宁路段）、巾子巷、东城下、邓巷、上草巷、中草巷、左营巷、宝城巷、卖糖巷、摆酒营巷、米筛巷（赤城路 – 文庆街段）、十伞巷、丹桂巷、更铺巷、县前街、县直街、永安路、富殷里、桂花巷、集城巷、育婴巷、羊巷、棋盘巷、右营巷（巾山西路 – 井头街段）、德清巷、诸天巷、登瀛巷、九曲巷、井头街、友兰巷、璎珞街、五所巷
		三类历史街巷（11 条）	街巷的走向不变：赤城路、府前街（巾山西路 – 西门街）、回浦路、广文路、东湖路、虎龙街、文化路、右营巷南段、米筛巷（紫阳街 – 赤城路段）、军体路、继光街（广文路以北段）
	河道水系		城内旧河道；东湖水闸、西门自记水位台等现存水利设施；与池塘、码头渡口、桥梁、水门等相关的历史文化内涵
	景观视廊	街巷看山视廊	紫阳街看北固山，府前街看北固山，赤城路看北固山，继光街看巾山、北固山，文庆街看巾山、北固山，文化路 – 璎珞街 – 友兰巷看北固山，三抚基看茅山，税务街看茅山，永安路看茅山，井头街看茅山
		街巷看制高点视廊	税务街看小文峰塔（巾山西塔）、四顾巷看大文峰塔（巾山东大塔）、府前街看镇宁门
		最佳观赏点视廊	华胥洞、大文峰塔、小文峰塔、揽胜门、望天台
		城墙看城外群山视廊	朝天门看西南群山、兴善门看南部群山、靖越门看南部群山、崇和门看东部群山等、揽胜门看北部群山、丰泰门看西部群山
		其它控制性视廊	城墙外围看城墙视廊、东湖观景视廊

续表 3

保护层次	保护要素类型	保护内容		
历史城区	文化景观	巾山文化景观		“两峰两塔”“群寺抱山”的整体景观格局；周边的历史地形；巾山上的历史步道；巾山、小固山的自然生态环境；文物保护单位、尚未核定为文物保护单位的登记不可移动文物、建议历史建筑
		东湖文化景观		“三面环山、一面近郭”的城湖空间格局；岸线的走向及自然曲折的形态；东湖公园内的园林景观，包括6 株古树名木和其他大树；水质水量；文物保护单位、尚未核定为文物保护单位的登记不可移动文物，重点保护谭纶画像碑及戚继光表功碑、杨哲商烈士墓、湖心亭、半勾亭、九曲桥等文物保护单位，建筑与周边历史环境相协调，东湖内的各类名胜古迹、书院学堂、寺庙祠堂、墓葬碑刻及水利桥梁，东湖景观视廊
	地名文化	历史地名		里坊、历史街巷、重要公共建筑、河道、池塘、桥梁等地名
	重要传统建筑	名人故居		洪颐煊故居，陈崇实故居，杨镇毅故居，王观澜寓居处，潘成标故居，孙伦襄故居，蒋径三故居，周萍洄、周劼士故居，华文宪故居，章育旧居，陈函辉故居旧址，项士元、项士襄祖居，邬韩芳故居，郑庭年故居，项炳衍故居，沈敦伍故居，张作舟故居，陈启忠小洋楼，杨哲商故居，宋世荦故居，何奏篪故居，何奏簧故居，周友端小洋楼，王吉人寓居处，洪孟民院士故居，蒋民华院士故居，杜棣华故居，傅斌庚少将故居，王萼故居，卢铎借榻处，朱虚之故居，傅濂故居，冯德培故居，许雪樵故居
		格局较完整的建筑院落		华家里，洪家里，项家里，何家里，洪家，陈家，罗宅，骑尉第，夏家里，侯家里，洪宅，王家里，花家里，项家，蒋家，蒋家里，蒋宅，罗家里，王萼宅，德华医院旧址、周亦文私宅，李宅，夏家，许家，陈宅，何宅，王巡官宅，陈家里，徐家，章家里，张家里，奚家里，章家里，祝家里
历史文化街区与历史地段	西门街历史文化街区	历史街巷	一类历史街巷	5 条：西门街、紫阳街（回浦路—广文路段）、三大夫巷、樱珠巷、右营巷（井头街—朝天门段）
			二类历史街巷	3 条：五所巷、璎珞街、友兰巷
			三类历史街巷	2 条：府前街（回浦路—西门街段）、米筛巷
		不可移动文物	文物保护单位	省级 1 处：大成殿； 市县级 3 处：台州府城鼓楼，太平天国台门及民居，台州行署大院
			尚未核定公布为文物保护单位的不可移动文物	4 处：骑尉第，三大夫罗家里，灵江酒坊，王萼故居
		历史建筑	历史建筑	7 处：罗家里民居（三大夫罗家里），耀明电灯公司旧址，同受和茶食店旧址，方一仁药号，王萼故居，朱虚之将军故居，谢氏骑尉第（骑尉第）
			建议历史建筑	16 处：紫阳街 463 号，三大夫 1 号，米筛巷 70 号，紫阳街 472 号，紫阳街 440 号，西门街 14 号，西门街 135—141 号，府前街 295 号，井头街 2 号，西门街 163 号，五所巷 17、19 号，五所巷 1 号，西门街 265 号，西门街 267 号，西门街 277 号、279 号，三大夫 2 号

续表 3

保护层次	保护要素类型			保护内容
历史文化街区与历史地段	西门街历史文化街区	其它保护建筑	建议工业遗产	1 处：台州酒厂
			优秀既有建筑	2 处：临海邮电局、临海建设银行
		历史环境要素	古树名木 3 棵，古井 65 口，迎春坊、顺政坊、奉仙坊、广文坊、迎仙坊、悟真坊 6 处坊墙	
	紫阳街府前街历史文化街区	历史街巷	一类历史街巷	19 条：紫阳街（兴善门—回浦路段）；府前街（镇宁门—巾山西路段）；大龙须；小龙须；四顾巷；段巷；税务街；弓巷；大弓巷；小弓巷；三抚基；二元巷；三台坊；福初巷；福华巷；华梧巷；高达道；碗盏巷；双桂巷
			二类历史街巷	18 条：德清巷；诸天巷；更铺巷；登瀛巷；丹桂巷；十伞巷；井头街；棋盘巷；育婴巷；羊巷；桂花巷；集城巷；九曲巷；县前街；县直街；富殷里；永安路；右营巷（井头街—巾山西路段）
			三类历史街巷	4 条：右营巷（巾山西路以南段）；回浦路；赤城路；府前街（巾山西路至回浦路段）
		不可移动文物	文物保护单位	市县级 4 处：傅濂故居、元帅殿、更铺巷蒋宅、郭凤韶故居；
			尚未核定公布为文物保护单位的不可移动文物	12 处：三台坊侯宅；巾山西路洪宅；福华巷王家里；大龙须冯杰宅；台州人民银行旧址；紫阳街罗家；余同丰当铺；紫阳街蒋宅；四顾巷蒋家里；搬运工会休息所旧址；孙宁乡宅；十伞巷潘家里
		历史建筑	历史建筑	16 处：白塔桥饭店；老三楼饭店；中国农业银行临海市支行旧址；余同丰当铺旧址；蒋氏民居（紫阳街蒋宅）；搬运工会休息所旧址；中国人民银行台州支行旧址（台州人民银行旧址）；大龙须项氏民居（大龙须冯杰宅）；蒋家里民居（四顾巷蒋家里）；安乐天饭店；孙氏民居（孙宁乡宅）；潘家里民居（十伞巷潘家里）；三抚基许家；侯家里民居（三台坊侯宅）；王家里民居（福华巷王家里）；育婴堂旧址
			建议历史建筑	20 处：中国人民保险公司旧址；紫阳街 261 号本真堂；永安路 30、32 号民居；县前街 7 号文明家庭；小龙须 13 号、永安路 3 号民居；紫阳街 229—235 号民居；紫阳街 209—219 号民居；紫阳街 199 号民居；紫阳街 221 号和记客栈；紫阳街 145–181 号民居；基督教堂；四顾巷 20 号民居；古城乡贤馆；税务街 45 号民居；大弓巷 7、9 号民居；三抚基 82 号、小弓巷 1 号、弓巷 3 号民居；府前街 209、219、223 号民居；三台坊 34 号民居；桂花巷 7 号民居；福初巷 1、3 号民居
		历史环境要素	古树名木 3 棵，古井 97 口，清河坊、永靖坊、紫气东来坊 3 处坊墙	
	三井巷历史文化街区	历史街巷	一类历史街巷	2 条：赵巷（赤城路—继光街段）、三井巷
			二类历史街巷	2 条：继光街、赵巷（继光街—天宁路段）
			三类历史街巷	1 条：赤城路

续表 3

保护层次	保护要素类型	保护内容		
历史文化街区与历史地段	三井巷历史文化街区	不可移动文物	文物保护单位	市县级 1 处：洪颐煊故居及三井巷陈家民宅；
			尚未核定公布为文物保护单位的不可移动文物	1 处：巾山路天主堂
		建议历史建筑		赵巷 60 号民居、巾山电影院、三井巷 70 号民居
		历史环境要素	古井 18 口	
	继光街中段历史地段	历史街巷	二类历史街巷	7 条：卖糖巷、宝城巷、继光街、邓巷、上草巷、中草巷、左营巷
		不可移动文物	邓巷洪家民居；红楼	
		历史建筑与建议历史建筑	红楼；香添巷 4 号民居	
		历史环境要素	古树名木 1 棵，古井 13 口	
	市域范围内 历史地段	已公布的历史地段 1 处：柴爿巷历史地段；建议新增 8 处历史地段：大田老街历史地段（大田街道）、邵家渡老街（邵家渡街道）、店前老街（白水洋镇）、白水洋老街（白水洋镇）、河头老街（河头镇）、涌泉泾东老街（涌泉镇）、中街村东塍老街历史地段（东塍镇）、上盘老街（上盘镇）		
不可移动文物和历史建筑	不可移动文物	全国重点文物保护单位（4 处）	恩泽医局、巾山塔群、桃渚城、台州府城墙	
		省级文物保护单位（14 处）	东湖谭纶画像及戚继光表功碑，卢氏节孝牌坊，下旧城遗址，马氏庄园，王士琦墓，王文庆故居，周至柔故居，王士性墓，五洞桥，台州府文庙大成殿，峙山头遗址，东湖，溪口、涌泉窑址群，郑虔墓	
		市（县）级文物保护单位（115 处）	包桐生墓，方廷英墓，广福桥，下八年项氏宗祠，金满故居，川南旗杆里与旗杆石，沿海烽火台（炮台村烽火台、竹屿山烽火台、市场山烽火台、老人家山烽火台、上塘烽火台），白岩洞寺僧人塔墓，项庆石墓，海东桥，兴善寺大殿，悟真宫，惠因寺遗址与摩崖石刻，玉溪小筑院落，沙门白鹤殿，法轮寺，大田桥，大田城隍庙，鹿尚书民居老台门，钱王宫与开泰桥，牌前郑氏宗祠，秦鸣雷墓址及墓前石马，上湾叶氏宗祠，下湾叶氏宗祠，下湾三透屋民居，蔡潮治水摩崖，南山庙，外叶叶氏宗祠，梁佩书故居，殿前朱氏宗祠，小芝何氏宗祠，涌泉寺井，八叠桥及桥头石塔，下赵古宅，翔龙庙及灵康庙碑，白鹤大帝行宫，大岭石窟造像，东溪单水阁堂，锁龙桥，上宫殿，广福寺，连山桥，屈映光家祠，隔溪吴氏宗祠，庙西金氏宗祠，盖竹洞，永丰桥，水洋佛号石柱，陈国潘大院，二徐祠墓，清潭头石窟造像，琳山农校旧址，洪颐煊墓，秦用成墓，云峰证道寺，罗渡石塔，张布墓前石雕，罗渡罗氏宗祠，谢深甫墓，灵壁筛泉摩崖，朱洗故居，渭溪桥，大园天主堂，开石桥，人家桥，五孔岙窑址，大左庙，黄港桥，侯缄墓，梅浦窑址，郑广文纪念馆馆舍与八仙岩摩崖，杨哲商故居，太平天国台门及民居，元帅殿，鼓楼，“遗巾处”等摩崖，巾山西塔，三元宫及三元宫摩崖，南山殿，更铺巷蒋氏古宅，傅濂故居，邓巷洪家民居，洪颐煊故居及三井巷陈家民居，台州行署大院，东湖烈士陵园，杨哲商烈士墓，阿弥庵僧人塔墓，胡公殿，东塍九间面民居，东峙门土圆粮仓，大汾街双路廊，中共四岔党支部早期活动顺南点，傅公石坊，洞港知青农场屋，仙人褚氏宗祠，百步梁氏宗祠，张岙蔡氏宗祠，延恩寺方丈楼，镇静庙，东溪单村单氏宗祠，屈家屈氏宗祠大殿，后杨杨氏宗祠，枫树岭佛号摩崖，溪东济生桥，花茶亭，下宅桥，许墅会堂，中共四岔党支部早期活动花台门点，吕颐浩墓址，陈函辉墓址，王文庆墓，郭凤韶烈士故居旧址，“一江山岛战役”头门岛指挥部旧址，林炯烈士故居，临东办事处驻地旧址（岗岭小学旧址）	

续表 3

保护层次	保护要素类型	保护内容	
不可移动文物和历史建筑	不可移动文物	尚未核定公布为文物保护单位的不可移动文物（617 处）	紫阳街罗家民居，紫阳街蒋氏民居，卓庆地墓，桩头许氏宗祠，庄前桥，庄基村柯宝秋民居，竹溪摩崖，竹家山孙聚丰民居，朱家店石拱桥，朱坊涂朱氏民居，周学礼墓，周启常宅内水井，周宪墓，中央殿，中溪烽火台，中台董氏民居，中衍村中街路民居，中城黄氏民居，镇龙庙，镇灵庙，镇江庙，真阳庙，真如寺遗址，赵象墓，赵家赵氏宗祠，长加山三孔平桥，长甸捣臼作坊，长甸陈氏宗祠戏台，长春庙，章后洋本保殿，张家渡西楼一号民居，张家渡西楼三号民居，张家渡西楼二号民居，张家渡五透一号民居，张家渡五透四号民居，张家渡五透三号民居，张家渡五透二号民居，张家渡老街，张家渡大道地民居，张家渡村三重台门民居，张家渡村 6–111 号民居，栅下庙，泽公坑头石拱桥，月汇桥，源远桥，余同丰当铺，余君荐墓，于岙新殿，涌泉泾东老街，永镇桥，永庆堂民居，永庆桥，永昌庙，英雄村路廊，隐静院，叶主德墓，姚宅姚氏宗祠，洋高山李氏宗祠，洋渡济生桥，洋岙坑石拱桥，杨锡娇与杨克谐合葬墓，杨文墓，杨韬侯墓，杨光书父子墓，杨杜石拱桥，杨朝侯墓，晏清庙，岩溪坑石拱桥，岩龙寺遗址，岩坑陈氏宗祠，严坑蒋建德民居，延庆寺遗址，学耕楼，绚珠关帝庙，许绍棣故居，许良英故居，徐士瀛墓，修善寺，兴隆庙，兴福桥，新竹园桥，新塘石拱桥，新塘岸王家民居，新桥头桥，新楼金氏宗祠，谢岙石拱桥，泄上石拱桥，小芝中拱桥，小芝下拱桥，小芝上拱桥，小岭大桥，小坑桥，象坎胡氏宗祠，项靖邦墓，项国柱墓，项复宏墓，项礵卿墓，祥里张氏宗祠，香叶廊，香严寺，仙人桥村石拱桥，下周烽火台，下周村周氏宗祠，下宅叶氏民居，下宅桥民居，下宅汇龙桥，下园烽火台，下洋峙前洋井，下洋岩颜可大民居，下洋顾顾氏宗祠，下垟庄朱氏宗祠，下杨岙杨氏宗祠，下晏石拱桥，下西山峰火台，下吴吴氏宗祠，下吴白鹤大帝行宫，下湾峙大队屋，下塘园关圣庙，下塘桥，下塔庙，下山头陈希仲墓，下沙屠中沙宫，下龙桥，下坑外堵桥，下坑桥，下坑里堵桥，下井潭村汪氏民居，下街头殿，下街头村 14 号民居，下甲路廊，下高高氏宗祠，下灯王氏民居，下曹杨氏宗祠，下曹下拱桥，下曹上拱桥，溪下石拱桥，西洋佛号石柱，西垟庄朱氏宗祠，西山庙，西卢庙，西坑桥，西坑凤山桥，西柯岙陈氏民居，西管岙灯塔，西城庙，西陈桥，西陈陈氏宗祠，西安寺路廊，武坑闸老殿，武坑护风桥，五景岙村第鹤楼民居，五峰金氏宗祠，五保殿，吴兴庙，邬赞飏墓，邬景贵墓，乌岩虞氏宗祠，乌石头桥，王宗沐墓，王姓坑石拱桥，王山头王氏宗祠，王萼故居，万金丘路廊，万安毛公墓，外庄桥，外王村路廊，外塘石拱桥，外山石拱桥，外前石拱桥，瓦窑山窑址，土地堂石拱桥，头门大会堂，头加岭路廊，统高山大队屋，桐坑金满洞，铁梁桥，田头大井，田厂石拱桥，天柱庙，塘坤村红殿，坦头吕氏宗祠，坦头老爷殿桥，台州医院行政楼，台州人民银行旧址，苏周堂石拱桥，苏州佛殿前桥，宋岙遗址，松中李氏民居，松若庵，松浦李氏宗祠，寺后关帝庙，四顾巷蒋家里民居，水路张村周正奇民居，水口石拱桥，水口殿，水碓下桥，水碓坑桥，水岙王氏宗祠，水岙石拱桥，水岙前透民居，水岙炮头新屋民居，水岙后透民居，双龙庙，双坑口石拱桥，双井头村石井，双涧庙，双虹坑桥，市场殿，石柱下黄氏民居，石相山烽火台，石牛坑岭脚桥，石年向北庙，石门寺大殿，石门黄氏宗祠戏台，石门殿，石鼓胡氏宗祠，石佛洋徐氏宗祠，石佛岭下石拱桥，石仓路廊，十伞巷孙宁乡民居，十伞巷潘家里民居，十八浒水坝，施岙遗址，沈哲墓，邵东中学旧址，上庄章氏宗祠，上洋头烽火台，上洋石拱桥，上洋娄氏宗祠，上洋行宫，上下坑石拱桥，上五渡路廊，上双溪庙，上山冯青铜器窖藏遗址，上坪头石拱桥，上岭村 2–172 号民居，上岭村 2–152 号民居，上岭村 2–12 号民居，上坑石平桥，上坎前透民居，上坎后透民居，上街卢存心堂，上缸窑石拱桥，上墩头村王天福民居，上大洋下透民居，上大洋上透民居，上百岩戏台，上岙旗杆里，上岙里水井，上岙殿，善家洋石拱桥，山头何下洋民居，山河金氏宗祠，山根王氏凤凰翼民居，山殿石拱桥，沙衣辽村马永曾民居，沙头洋桥，沙基土窑，三台坊侯家民居，三十六碇步石荐桥，三桥头石拱桥，三角水石拱桥，三份石台门里民居，三份前街民居，三份李氏宗祠正殿，三份村下田洋村民居，三大夫罗家里，阮家洋水闸，戎旗村墓葬群，仁美楼，雀儿岙尤淑通民居，庆元楼，庆国寺祖师塔墓，清水坑桥，桥头桥，桥头殿，桥亭中洞桥，桥亭外洞桥，桥亭里洞桥，墙下桥，枪坦山窑址，钱塘庙，前园王氏宗祠，前岩石拱桥，前塘朱氏宗祠，前山朱旭东民居，前山四份民居，前山石拱桥，前里村民居，前坊新屋里民居，骑尉第，奇石庙，七圣殿，浦口会堂，平水大王庙，平坑民居，彭山彭氏宗祠，潘岙朱氏宗祠，潘岙会龙桥，牌门朱氏宗祠，牛头山水库大坝，

续表 3

保护层次	保护要素类型		保护内容
不可移动文物和历史建筑	不可移动文物	尚未核定公布为文物保护单位的不可移动文物（617 处）	宁静庙，南山庙桥，南蒋大会堂，南港路廊，南岙庙，梅园叶氏墓，梅岙农村剧院，马宅马氏宗祠，马顺行墓，马家湾下桥，马湖石拱桥，吕公岙村王献琅民居，吕公岙村王献琛民居，罗彬斋墓，路下洋桥，路岙石拱桥，炉头村邱氏宗祠，楼下郑氏宗祠，娄村赵玟，娄村石拱桥，娄村李氏宗祠，娄村龚氏宗祠，娄村本保殿，龙尾巴石拱桥，龙王堂，龙潭头石拱桥，龙泉陈氏宗祠，龙门里黄氏民居，龙里杨氏宗祠，龙凤桥，六房卢氏宗祠，六斗桥，柳裕亨商铺，留贤石拱桥，岭下三透屋民居，岭下刘氏宗祠，岭下金氏宗祠，岭外钱氏宗祠，岭里钱氏宗祠，岭脚石拱桥，岭脚桥，岭脚金村下透屋民居，岭根王太相民居，岭根王启成民居，岭根王纶祖居，岭根王纶故居，岭根王伯淳民居，岭根密家老民居，岭根里四份民居，岭根村2–92 号民居，凌洋宫，灵岩洞楼阁，灵瑞庙，灵康庙遗址，灵江酒坊，临清庙，临黄古驿道，临海商校井，临海机械厂旧址，临海蚕种场旧址，林正茂墓，林家坑石拱桥，林坝塘戏台，凉风岩石拱桥，莲塘路廊及戏台，利济桥，立本小学旧址，里梅李氏民居，里坑王桥，里家坑石拱桥，里后坑村下坑桥，里岙石拱桥，李晓园及周氏墓，李俊统与王氏墓，李戒全墓，李国泰墓，李昉墓，李宝潭及方氏墓，黎明石拱桥，黎岙大队屋，冷饭堂，乐丰桥，老爷殿下石拱桥，老厂基许氏民居，琅银柱烽火台，蓝树桥，兰田石拱桥，兰田桥，兰桥石拱桥，兰江塘金氏民居，孔丘石拱桥，坑下石拱桥，坑王桥，坑头石拱桥，坑口下拱桥，坑口石拱桥，坑口上拱桥，康谷郑氏宗祠，开石闸，开井窑址，开井金氏宗祠，旧城村李海牛民居，井头翁村 53 号民居，井坑石拱桥，泾东村冯贻标民居，锦衣桥，金侍郎桥，金立爱墓，金坑金氏宗祠，金家辽石拱桥，金伯初墓，金贲亨墓，金鳌里水井，巾山西路洪家民居，巾山路天主堂，界岭村102 号民居，界福庙，街路六角井，蒋云明墓，蒋英墓，蒋懋勋墓，蒋家山新屋里民居，蒋家山蒋氏宗祠，蒋家桥，蒋宏奎墓，蒋亨福与蒋清浦合墓，蒋岙侍卫第，蒋岙千洋民居，江根郑氏宗祠，江根桥，涧五罗氏民居，枧桥闸，鲫鱼殿，继光街夏家里民居，惠明堂，惠峰寺桥，汇头大寨屋，回龙山窑址，灰炉头周氏民居，灰坑石拱桥，黄支罗水碓桥，黄支罗陈氏宗祠，黄坦洋石拱桥，黄坦洋倪氏宗祠，黄坦李氏宗祠，黄坦坑石拱桥，黄伞溪桥，黄龙村郑世宽民居，黄锦龙墓，华树宫戏台，花塘，护国庙，湖田许氏宗祠，胡则唐墓，胡头宋村宋仁焕兄弟民居，胡含英墓，后庄新屋里民居，后溪坑石拱桥，后田金氏宗祠，后山金济生桥，后禄叶氏宗祠正殿，后岭路廊，后泾街老商铺，后地林渭访故居，侯正宝商铺，侯润墓，洪桥石拱桥，洪家项氏民居，洪福宫，洪殿山烽火台，红旗闸，红楼，横溪苏氏宗祠戏台，横溪烽火台，横路董氏宗祠，横坎路廊，荷塘烽火台，河头老街，何元茂墓，何元京夫妇墓，何元豪墓，何玉麟墓，何炜然墓，何君兆墓，哈龙岙钱元献民居，郭綎绣衣坊，桂林桥，广明安钱氏宗祠，广济桥，广惠庙，光明村碇步，官园戏台，官坑石拱桥，更楼村2–18 号店铺，葛奇峰墓，高庄田李氏宗祠，高桥殿桥，高巉本保殿，竿山烽火台，福寿堂，福清堂，福华巷王家里民居，浮岩摩崖，芙蓉山庄旗杆里，芙蓉黄氏宗祠，芙蓉黄公墓，扶炉坑石拱桥，丰坑永丰桥，汾阳庙，汾西李氏民居，汾川李氏宗祠，坟山桥，分水桥，坊前沈氏宗祠，方家岙何氏宗祠，范山石拱桥，法云寺，法华堂，杜渎盐署旧址及傅公祠，独木堂，豆腐岩路廊，洞桥石拱桥，洞桥陈氏宗祠，董文宗墓，董岸村十三间民居，董岸村前透屋民居，冬至口石拱桥，东溪济生桥，东溪单村单氏祖墓，东山徐氏宗祠，东山新屋里民居，东山庙，东山陈村陈氏宗祠，东岙白鹤殿，丁公园李氏下宗祠，丁公园李氏上宗祠，钓鱼亭董志文民居，殿前罗家民居，殿前村 2–85 号民居，殿前陈陈氏宗祠，稻蓬坑广口庙，大园叶氏民居，大园坑桥，大王殿坑桥，大跳闸，大山郭石拱桥，大平岙下拱桥，大平岙上拱桥，大满堂村三楼民居，大路章章氏宗祠，大路王村大队屋，大龙须 23 号民居，大坑殿，大泛石拱桥，大昌布庄，大岙禅堂，大安寺，祠堂桥头石拱桥，穿山七年金氏宗祠，川堂，楚龙庙戏台，赤水村徐长顺民居，澄灵禅寺，程家桥童氏墓，城山巡检司城遗址，呈岐本保殿，陈玉林墓，陈璲墓，陈婆岙王氏宗祠，陈骙墓，潮际灵康庙，朝东岭路亭，昌国寺，柴埠渡石拱桥，蔡云程墓碑，蔡鲁斋墓，埠头朱氏宗祠，北塘闸，北涧杨桥，北涧王氏祠堂，北涧罗氏宗祠，保和宫，保安桥，包山包氏宗祠，搬运工会休息所旧址，柏树下石拱桥，柏树下韩氏宗祠戏台，百步石拱桥，白筑于氏宗祠，白筑于氏民居，白岩下石拱桥，白水洋老街，白石坑石拱桥，白沙驻军营房，白箬石拱桥，白箬屈邵二姓宗祠，白箬坑下拱桥，白箬坑上拱桥，白路头石拱桥，白鲎洞下洞桥，白鲎洞上洞桥，白荷殿戏台，岙里王坑石拱桥，岙蒋大队屋，岙底罗双孔桥，岙陈大寨桥，岸头村镇福庙，庵后殿，安坑福成楼，安坑北西楼，下宅烽火台，后山岗烽火台，分水岭烽火台，烟子墩烽火台，大坑山烽火台，磊石坑烽火台

续表 3

保护层次	保护要素类型		保护内容
不可移动文物和历史建筑	世界文化遗产相关遗产		台州府城墙，溪口、涌泉窑址群，梅浦窑址，台州府城，桃渚所城，下旧城遗址，城山巡检司城遗址，沿海烽火台，谭纶画像碑及戚继光表功碑等
	革命文物	已公布革命文物（6 处）	恩泽医局旧址，东湖烈士陵园，杨哲商烈士故居，杨哲商烈士墓，中共四岔党支部早期小峙花台门活动点，中共四岔党支部早期顺南活动点
		建议新增革命文物（14 处）	郭凤韶烈士故居，林炯故居，“一江山岛战役”头门岛指挥部旧址，临东办事处驻地旧址，白沙驻军营房，临海机械厂旧址，琳山农校旧址，凤凰山烈士陵园，上盘镇烈士陵园，朱虚之将军故居，搬运工会休息所旧址，王观澜故居，王梦之故居 / 中共台属特委驻地，李敬永故居
		建议待定革命文物(8 处)	王文庆故居，周至柔故居，屈映光家祠，王纶故居，王萼故居，周彭赏故居，王素常故居，王吉祥故居
	地下文物埋藏区		15 处：台州府城全域，桃渚古城全域，峙山头遗址，宋岙遗址，施岙遗址，上山冯青铜器窖藏遗址，下旧城遗址，城山巡检司城遗址，梅浦窑址，溪口涌泉窑址群，枪坦山窑址，回龙山窑址，瓦窑山窑址，五孔岙窑址，开井窑址
	历史建筑	已公布历史建筑（90 处）	民国周氏小洋楼，台州军分区司令部小楼，三大夫罗家里，耀明电灯公司旧址，台州医院行政楼，台州影剧院（两湖会馆旧址），同受和茶食店旧址，王萼故居，方一仁药号，朱虚之将军故居，骑尉第，白塔桥饭店，红楼，三台坊侯家民居，老三楼饭店，中国农业银行临海支行旧址，中国人民银行临海支行旧址，余同丰当铺旧址，大龙须 23 号项氏民居，福华巷王家里民居，蒋氏民居，四顾巷蒋家里民居，搬运工会休息所旧址，安乐天饭店，孙氏民居，十伞巷潘家里民居，育婴堂旧址，三抚基许家，中津茶楼，灵江大桥，西门自记水位台，于伯英旧居，王吉人故居，柳裕亨商铺旧址，岙蒋大队屋，铭心堂（十方堂），颜可大旧居，长道地卢氏民居，杜渎盐场署旧址及傅公祠，林渭访故居，周家里民居，卢氏民居，进士第（千洋民居），侍卫第（王南英故居），宋氏民居，张氏民居，蔡氏民居，李氏民居，罗氏民居，庆元楼，仁美楼，益善堂（何氏民居），叶氏民居，章氏民居，戴氏旗杆里，罗氏民居 ，许氏民居，黄氏三台民居，黄氏旗杆里，龙门里黄氏民居，锁浦路廊，大昌布庄旧址，许良英故居，许氏民居，西溪草堂，许绍棣故居，胡氏民居，胡步川故居 ，谢氏民居，吴氏民居，孔丘村历史建筑群，福成楼，福书楼，文思楼，李氏民居，李进德故居，钟秀堂 ，周彭赏故居，前透王氏民居，郑氏民居 (2–12 号)，郑氏民居 (2–152 号)，王氏民居，李海牛旧居，下湾峙大队屋，翁氏民居，回浦中学办公楼旧址，南蒋村大会堂，东塍镇老粮仓，小芝镇老粮仓，龙尖角水电站
		建议历史建筑（56 处）	广文路 74 号何家里民居，赤城路 88 号建筑组，继光街 129 号民居，摆酒营 3 号罗氏民居，东门后街 32 号赵氏民居，香添巷 4 号民居，宝成巷 24 号洪氏民居，台州电影院，赵巷 60 号民居，三井巷 70 号民居，佛灵岩寺大雄宝殿，东城下 66 号，紫阳故里悟真院，紫阳街 463 号，米筛巷 70 号，三大夫 2 号，三大夫 1 号，紫阳街 472 号，紫阳街 440 号，西门街 14 号，西门街 135–141 号，府前街 295 号，井头街 2 号，西门街 163 号，西门街 265 号，章敦茂染坊，西门街 277、279 号，五所巷 17、19 号，五所巷 1 号，中国人民保险公司旧址，府前街 209、219、223 号民居，三台坊 34 号民居，紫阳街 261 号本真堂，县前街 7 号文明家庭，永安路 30、32 号民居，福初巷 1、3 号民居，桂花巷 7 号民居，小龙须 13 号永安路 3 号民居，紫阳街 229–235 号民居，紫阳街 209–219 号民居，紫阳街 199 号民居，紫阳街 211 号和记客栈，紫阳街 145–181 号民居，基督教堂，四顾巷 20 号民居，乡贤馆，税务街 45 号民居，大弓巷 7、9 号民居，三抚基 82 号小弓巷 1 号民居，东城下 26 号民居，摆酒营罗家大院，台州影剧院观影厅，香茗院路廊，新协兴南货店，绚珠李氏民居，振华中学井头村老校舍

续表 3

保护层次	保护要素类型		保护内容
不可移动文物和历史建筑	建议工业遗产	历史城区内（3 处）	台州酒厂，台州印刷厂旧址，耀明电灯公司旧址
		历史城区外（8 处）	临海机械厂旧址，临海电机厂，临海箱板纸厂办公楼，临海县粮种场，临海县特产场（茶叶厂），临海毛纺厂，杜桥酒厂，临海县酱厂
		工业遗产（粮仓类）（42 处）	胡头宋仓库，王山后仓库，白水洋村办公楼宿舍仓库，白水洋村粮食加工厂，白水洋村粮食市场，双港门市部，井头翁仓库，新街粮库，上五渡粮站，东塍粮站，洋渡站，下沙杜站，山前站，赤水站，枧桥站，钓鱼亭站，前里粮站，孔化岙粮站，长甸粮站，横加寺粮站，红光中转站，杜桥粮站，大汾粮站，西洋粮站，溪口粮站，解放街粮库，下街头仓库，小溪粮站，六家岙粮站，洞桥粮站，上盘粮站，杜桥市场粮站，上盘米厂，沈家仓库，小岭粮站，车口粮站，小芝粮管所，石溪粮站，桃渚粮站，天德闸粮站，盈屿粮站，尤溪粮站（遗迹位置）
	优秀既有建筑	历史城区内（9 处）	台州卫生学校（旧址）、临海邮电局、临海建设银行、临海煤气公司、东湖体育馆、临海文化馆、临海图书馆、临海市社保税务银行联合服务大厅、台州学院第一校区（原台州师专）
		历史城区外（2 处）	白水洋电影院、大田电影院
市域文化遗产	山体山脉	人文景观丰富山体	苍山，盖竹山、大尖山等
		与城镇营建相关山体	巾山、北固山、凤凰山、白云山、大岗山、松山、沙塘岗山、棋盘岩、碧云洞山等
	河湖水系	重要自然河湖水系	灵江、洞港、永安溪、始丰溪等
		重要人工水利工程	东大河、牛头山水库等
		农耕水田景观	桃江十三渚等
	风景名胜区、自然保护地	桃渚国家级风景名胜区、浙江括苍山国家森林公园、临海红杉林省级湿地公园、临海国家地质公园	
	历史文化名镇名村和传统村落	历史文化名镇名村（4 处）	中国历史文化名镇 1 处：桃渚镇；浙江省历史文化名镇 1 处：尤溪镇；中国历史文化名村 1 处：岭根村；浙江省历史文化名村 1 处：张家渡村
		传统村落（33 处）	中国传统村落 18 处：岭根村（同时为中国历史文化名村）、坦头村（现隶属于康功村）、呈歧村、孔丘村、善家洋村、龙泉村、大泛村（现隶属于黄南村）、西洋庄村、前塘村、年坑村、岙底罗村（现隶属于康平村）、胜坑村（现隶属于柳溪村）、桥头村石牛坑自然村（现隶属于石桥村）、南蒋村、殿前村、下湾村、黄石坦村（现隶属于九台沟村）、城里村 浙江省传统村落 15 处：安坑村（现隶属于山安村）、安桥村石门自然村（现隶属于乐安村）、黄坦洋村、龙里村（现隶属于黄南村）、洋高山村（现隶属于黄南村）、岙底陈村、茶辽村（现隶属于茶寮村）、芙蓉村、灰坑村（现隶属于坪坑村）、坪坑村、康西村岭头胡自然村、水岙村（现隶属于康功村）、桥坑村、上马村（现隶属于香年村）、新树坑村（现隶属于九台沟村）
		建议历史村镇（13 处）	前山一村、前山二村、前山三村、仙人桥村、洪桥村（隶属于广福村）、泄上村（隶属于白箬村）、大园村、岩坑村、黄支罗村（隶属于天门村）、林家坑村（隶属于井东村）、满塘村（现隶属于茶寮村）、新屋村、兰桥村

续表 3

保护层次	保护要素类型		保护内容
市域文化遗产	文化线路		浙东水陆交通系统片段文化线路、明代抗倭防御体系片段文化线路
	文化遗产聚集区		白水洋文化遗产聚集区、始丰溪文化遗产聚集区、中部盆地文化遗产聚集区、东部山地文化遗产聚集区、东部沿海文化遗产聚集区、灵江中游文化遗产聚集区
非物质文化遗产与优秀传统文化	非物质文化遗产	国家级非物质文化遗产（2 项）	黄沙狮子、临海词调
		省级非物质文化遗产（20 项）	临海词调（国家级）、黄沙狮子（国家级）、板龙（临海市大田板龙）、上盘花鼓、大石车灯戏、剪纸（临海剪纸）、临海泥塑、枧桥鼓制作技艺、戚继光抗倭传说、台州府城民谣、绿茶制作技艺（临海羊岩勾青茶制作技艺）、豆制品传统制作技艺（白水洋豆腐之多技艺）、木杆秤制作技艺（永利木杆秤制作技艺）、蒋家山接骨、草编工艺（岭根草编）、台州府城传统小吃制作技艺、临海民间谜语、缩山拳、临海犀皮漆艺、夹苎脱胎漆艺
		市级非物质文化遗产（45 项）	临海词调（国家级）、黄沙狮子（国家级）、上盘花鼓（省级）、大石车灯（省级）、临海剪纸（省级）、枧桥鼓（省级）、罗氏犀皮漆器（省级）、临海民谣（省级）、大田板龙（省级）、永利木杆秤制作技艺（省级）、羊岩勾青茶制作技艺（省级）、蒋家山接骨（省级）、临海民间谜语（省级）、豆制品传统制作技艺（省级）、戚继光抗倭传说（省级）、台州府城传统小吃（省级）、缩山拳（省级）、草麻编织技艺（岭根草编）（省级）、夹苎脱胎漆艺（省级）、黄沙乱弹、细吹亭、临海根艺、杜桥泥雕、骨牌锣鼓、门神画（李氏门神画）、临海古长城营造技术、古民居建筑技艺、正月十四元宵、章氏骨伤科、杜鹃鸟山歌、大汾庙会、佛像泥塑技艺、台州府城婚俗、大田城隍庙会、迎骆驼、台州府柴株人、纸扎花灯制作、临海金漆画、髹漆技艺（杜桥堆塑）、镴器制作（杜桥打镴技艺）、明式家具制作技艺、邵家渡菜刀制作技艺、传统砖瓦制作技艺、戚家军鸳鸯拳、胡本草堂补元茶制作技艺
		县级非物质文化遗产（179 项）	罗氏犀皮漆器、临海根艺、临海词调、细吹亭、锣鼓亭、雷氏算盘制作、宿仙沙来山歌、杜鹃鸟山歌、大田板龙、枧桥鼓制作、临海泥塑、杜桥道情、杜桥木版年画、黄沙织带、黄沙狮子、黄沙花鼓、黄沙乱弹、黄沙秧歌棒、高郎织绸、汇溪抬阁、屈家板龙、迎骆驼、七郎小哥、东塍沙来、小芝鼓亭、桑篮段、小芝绘画、小芝莲花、上盘花鼓、临海剪纸、倒采茶、大石车灯戏、四角跳马、台州府土话、台州府民谣、紫阳真人传说、马晋三传说、台州筑城传说、戚继光桃渚抗倭故事、马头山传说、太尉殿与戚继光斩子传说、大田布贴画、李氏门神画、芙蓉民俗画、朱氏木雕、骨牌锣鼓、挖花歌、采桑歌、上宅马灯、台州府高跷、临海蛋清羊尾、永利秤、邵家渡草席、台州府灰塑、江南古民居建筑技艺、东塍麦秆扇、上盘咸鱼、纸扎花灯、临海无核蜜橘栽培、涌泉刺绣、桐峙山靛青、柏子油、山舟竹担、张家渡菜刀、羊岩勾青茶、方一仁药店、台州府元宵糟羹、丧礼不择日、大田城隍庙会、大汾东岳庙会、柴爿码计数法、上盘王氏棋艺、蒋家山接骨、台州谢氏家训、临海民间谜语、盖竹洞传说、二徐书院故事、涌泉寺的传说、闹皇船、溪边板龙、铜钿棍、临海道情、打莲花、府城传统儿戏、台州府柴株人、临海翻簧、板龙刻纸、小芝木雕、朱氏佛像泥塑、台州府城传统小吃、台州黄酒酿造技艺、白水洋豆腐制作技艺、白水洋狗肉制作、李氏香包、古塔修复技艺、花轿制作、洞桥香薯面制作、岭根细米面制作、小玉馒头制作、彭山竹器制作技艺、大石垂面制作、马氏蛇伤疗法、峙山木蛇疗法、下童鹿衔草疗法、府城迎亲婚俗、杨氏堪舆术、缩山拳、戚家军鸳鸯阵、台州黑虎拳、府城蔡氏纸鹞、杜桥金漆画、项氏船模制作、杜桥堆塑、古城打铁技艺、杜桥镴器制作、佛像夹苎脱胎工艺、

续表 3

保护层次	保护要素类型		保护内容
非物质文化遗产与优秀传统文化	非物质文化遗产	县级非物质文化遗产（179 项）	明式家具制作技艺、传统镬灶砌作、棉絮弹制手艺、金氏糕水馒头手艺、小芝何氏拜冬、孔丘村清明祭祖习俗、下沈跳马、临海花梗股腌制技艺、邵氏灰塑、郑氏砖瓦制作技艺、临海蟠毫制作技艺、竹蔑麦秆扇制作技艺、白水洋龙窑烧制技艺、胡本草堂中医疗法、台州府城古琴文化、阴阳柔拳、紫阳拳、临海赏石文化、江南结艺、临海木版年画、杜桥木雕、上盘鱼网编织技艺、江南手工膏制作技艺、西门糖艺、灵江陶艺、清刀木雕、永丰饼印雕刻技艺、府城紫阳茶制作技艺、王宝和传统银器制作技艺、杜桥送大暑船、台州府城祭孔大典、赤颊潭祷雨、屈家迎财神、尤溪老爷寿日、白鹤大帝信俗、白箬护龙庙会、上盘渔谣、临海狮舞（括苍、尤溪）、临海龙舞（白水洋、尤溪）、临海内家脊柱功、古城艺术绳编、临海棕编、黄沙麦秆编、临海药香制作技艺、黄沙挂面制作技艺、番薯庆糕制作技艺（古城、尤溪）、古钟表修复技艺、东珈筷制作技艺、乌岩春茶制作技艺、永丰显祥铁艺、临海传统水浸糕制作技艺、临海糕点制作技艺、绿壳茶制作技艺、红木家具制作技艺、临海传统腊肉腌制技艺、尤溪竹编、尤溪豆腐制作技艺、梅浦青瓷传统烧制技艺、台州府城曲梳制作技艺、大汾传统接骨术、临海蛇伤疗法、黄济仁堂中医文化、台州府城历书编写
		台州地区相关非	台州乱弹、农历二十四节气（送大暑船）、台州刺绣、路桥气象谚语、台州道情、院桥高台狮舞、唱宝、台州莲花、台州民间风情剪纸、山兵高腔、温岭
		物质文化遗产	明式家具制作技艺等
	文化空间	非物质文化遗产传习所	临海市非物质文化遗产保护中心、临海词调传习所、黄沙狮子传习所、大田板龙传习所、临 海泥塑传习所、大石车灯戏传习所、上盘花鼓传习所、枧桥鼓制作技艺传习所、临海古长城建筑艺术传习所
		宗祠文化空间	郑广文祠、戚公祠
		宗教文化空间	龙兴寺、天宁寺、三元宫、兜率寺、佛灵岩寺、玉佛殿、湖山寺、元帅殿、石佛岩观音寺、清福庵、城隍庙、泰安宫、静修庵、普贤寺、巾山路天主堂等
		文化场馆	城墙博物馆、鲁迅主题展馆、郑广文纪念馆、方一仁中医药博物馆、珈源钟表科普博物馆、中国人民银行台州府支行陈列馆、禾木天香筷子博物馆、台州酒厂展示馆等；汇溪镇农耕文化博物馆、尤溪人文展示馆、河头农耕文化馆、村镇文化礼堂（如江南街道贺家村、桃渚城里村、邵家渡牛头山村、涌泉镇前坊村、大田街道白石村、上江三村等）
		老字号	岑震元国药店、遂生源国药店、方一仁国药店、毛永隆国药店、广济药房、五洲药房、同康酱园、大华酱园、何义兴酒坊、周德兴牛皮坊、章永茂染坊、雷恒原石印店、傅天一银镂、罗顺福木器店、倪再堂打镴店、蔡永利秤店、同庆和南北货店、王森泰百货店、大生布庄、三一布店、杨茂聚五金店、江泰和油漆店、四明五金店、四明油漆店、一洞天茶馆、大书场茶馆、新华纸店、李文宽笔庄、亚西亚美孚油行、沈茂生烟丝店、三抚基盐仓、竹江岸盐仓、下桥牛行、同受和糕饼店、聚丰园饭店、太白祥饭店、安乐天饭店、大中华饭店、同春园便菜馆、公生园糕饼店、醉月和馄饨店、卖茅桥大米面店、烧饼囡的烧饼店、章香云麦饼店、章礼法汤圆店、一品香糕点、严茂杰眼镜店、卖茅桥蜡烛陶店、徐广茂灯笼雨伞店、河头轿店、丁天顺雨伞店、郑锦文篆刻店、翰墨斋刻字店、北国照相馆、台州东南照相馆、大通钱庄、福顺泰室记民信局、余同丰当铺等

不可移动文物一览表（截至 2021 年 6 月，文物类型、批次等详细信息详见基础资料汇编）

表 4

级别	数量统计（项）	名称汇总
全国重点文物保护单位	4	恩泽医局、巾山塔群、桃渚城、台州府城墙
省级文物保护单位	14	东湖谭纶画像及戚继光表功碑，卢氏节孝牌坊，下旧城遗址，马氏庄园，王士琦墓，王文庆故居，周至柔故居，王士性墓，五洞桥，台州府文庙大成殿，峙山头遗址，东湖，溪口、涌泉窑址群，郑虔墓
市（县）级文物保护单位	115	包桐生墓，方廷英墓，广福桥，下八年项氏宗祠，金满故居，川南旗杆里与旗杆石，沿海烽火台（炮台村烽火台、竹屿山烽火台、市场山烽火台、老人家山烽火台、上塘烽火台），白岩洞寺僧人塔墓，项庆石墓，海东桥，兴善寺大殿，悟真宫，惠因寺遗址与摩崖石刻，玉溪小筑院落，沙门白鹤殿，法轮寺，大田桥，大田城隍庙，鹿尚书民居老台门，钱王宫与开泰桥，牌前郑氏宗祠，秦鸣雷墓址及墓前石马，上湾叶氏宗祠，下湾叶氏宗祠，下湾三透屋民居，蔡潮治水摩崖，南山庙，外叶叶氏宗祠，梁佩书故居，殿前朱氏宗祠，小芝何氏宗祠，涌泉寺井，八叠桥及桥头石塔，下赵古宅，翔龙庙及灵康庙碑，白鹤大帝行宫，大岭石窟造像，东溪单水阁堂，锁龙桥，上宫殿，广福寺，连山桥，屈映光家祠，隔溪吴氏宗祠，庙西金氏宗祠，盖竹洞，永丰桥，水洋佛号石柱，陈国潘大院，二徐祠墓，清潭头石窟造像，琳山农校旧址，洪颐煊墓，秦用成墓，云峰证道寺，罗渡石塔，张布墓前石雕，罗渡罗氏宗祠，谢深甫墓，灵璧筛泉摩崖，朱洗故居，渭溪桥，大园天主堂，开石桥，人家桥，五孔岙窑址，大左庙，黄港乔，侯缄墓，梅浦窑址，郑广文纪念馆馆舍与八仙岩摩崖，杨哲商故居，太平天国台门及民居，元帅殿，鼓楼，“遗巾处”等摩崖，巾山西塔，三元宫及三元宫摩崖，南山殿，更铺巷蒋氏古宅，傅濂故居，邓巷洪家民居，洪颐煊故居及三井巷陈家民居，台州行署大院，东湖烈士陵园，杨哲商烈士墓，阿弥庵僧人塔墓，胡公殿，东塍九间面民居，东峙门土圆粮仓，大汾街双路廊，中共四岔党支部早期活动顺南点，傅公石坊，洞港知青农场屋，仙人褚氏宗祠，百步梁氏宗祠，张岙蔡氏宗祠，延恩寺方丈楼，镇静庙，东溪单村单氏宗祠，屈家屈氏宗祠大殿，后杨杨氏宗祠，枫树岭佛号摩崖，溪东济生桥，花茶亭，下宅桥，许墅会堂，中共四岔党支部早期活动花台门点，吕颐浩墓址，陈函辉墓址，王文庆墓，郭凤韶烈士故居，“一江山岛战役”头门岛指挥部旧址，林炯烈士故居，临东办事处驻地旧址（岗岭小学旧址）

续表 4

级别	数量统计（项）	名称汇总
尚未核定公布为文物保护单位的不可移动文物	617	紫阳街罗家民居，紫阳街蒋氏民居，卓庆地墓，桩头许氏宗祠，庄前桥，庄基村柯宝秋民居，竹溪摩崖，竹家山孙聚丰民居，朱家店石拱桥，朱坊涂朱氏民居，周学礼墓，周启常宅内水井，周宪墓，中央殿，中溪烽火台，中台董氏民居，中街村中街路民居，中城黄氏民居，镇龙庙，镇灵庙，镇江庙，真阳庙，真如寺遗址，赵象墓，赵家赵氏宗祠，长加山三孔平桥，长甸捣臼作坊，长甸陈氏宗祠戏台，长春庙，章后洋本保殿，张家渡西楼一号民居，张家渡西楼三号民居，张家渡西楼二号民居，张家渡五透一号民居，张家渡五透四号民居，张家渡五透三号民居，张家渡五透二号民居，张家渡老街，张家渡大道地民居，张家渡村三重台门民居，张家渡村 6–111 号民居，栅下庙，泽公坑头石拱桥，月江桥，源远桥，余同丰当铺，余君荐墓，于岙新殿，涌泉泾东老街，永镇桥，永庆堂民居，永庆桥，永昌庙，英雄村路廊，隐静院，叶主德墓，姚宅姚氏宗祠，洋高山李氏宗祠，洋渡济生桥，洋岙坑石拱桥，杨锡娇与杨克谐合葬墓，杨文墓，杨韬侯墓，杨光书父子墓，杨杜石拱桥，杨朝侯墓，晏清庙，岩溪坑石拱桥，岩龙寺遗址，岩坑陈氏宗祠，严坑蒋建德民居，延庆寺遗址，学耕楼，绚珠关帝庙，许绍棣故居，许良英故居，徐士瀛墓，修善寺，兴隆庙，兴福桥，新竹园桥，新塘石拱桥，新塘岸王家民居，新桥头桥，新楼金氏宗祠，谢岙石拱桥，泄上石拱桥，小芝中拱桥，小芝下拱桥，小芝上拱桥，小岭大桥，小坑桥，象坎胡氏宗祠，项靖邦墓，项国柱墓，项复宏墓，项磻卿墓，祥里张氏宗祠，香叶廊，香严寺，仙人桥村石拱桥，下周烽火台，下周村周氏宗祠，下宅叶氏民居，下宅桥民居，下宅汇龙桥，下园烽火台，下洋峙前洋井，下洋岩颜可大民居，下洋顾顾氏宗祠，下垟庄朱氏宗祠，下杨岙杨氏宗祠，下晏石拱桥，下西山峰火台，下吴吴氏宗祠，下吴白鹤大帝行宫，下湾峙大队屋，下塘园关圣庙，下塘桥，下塔庙，下山头陈希仲墓，下沙居中沙宫，下龙桥，下坑外堵桥，下坑桥，下坑里堵桥，下井潭村汪氏民居，下街头殿，下街头村 14 号民居，下甲路廊，下高高氏宗祠，下灯王氏民居，下曹杨氏宗祠，下曹下拱桥，下曹上拱桥，溪下石拱桥，西洋佛号石柱，西垟庄朱氏宗祠，西山庙，西卢庙，西坑桥，西坑风山桥，西柯岙陈氏民居，西管岙灯塔，西城庙，西陈桥，西陈陈氏宗祠，西安寺路廊，武坑闸老殿，武坑护风桥，五景岙村第鹤楼民居，五峰金氏宗祠，五保殿，吴兴庙，邬赞飏墓，邬景贵墓，乌岩虞氏宗祠，乌石头桥，王宗沐墓，王姓坑石拱桥，王山头王氏宗祠，王萼故居，万金丘垆路廊，万安毛公墓，外庄桥，外王村路廊，外塘石拱桥，外山石拱桥，外前石拱桥，瓦窑山窑址，土地堂石拱桥，头门大会堂，头加岭路廊，统高山大队屋，桐坑金满洞，铁梁桥，田头大井，田厂石拱桥，天柱庙，塘坤村红殿，坦头吕氏宗祠，坦头老爷殿桥，台州医院行政楼，台州人民银行旧址，苏周堂石拱桥，苏州佛殿前桥，宋岙遗址，松中李氏民居，松若庵，松浦李氏宗祠，寺后关帝庙，四顾巷蒋家里民居，水路张村周正奇民居，水口石拱桥，水口殿，水碓下桥，水碓坑桥，水岙王氏宗祠，水岙石拱桥，水岙前透民居，水岙炮头新屋民居，水岙后透民居，双龙庙，双坑口石拱桥，双井头村石井，双涧庙，双虹坑桥，市场殿，石柱下黄氏民居，石相山烽火台，石牛坑岭脚桥，石年向北庙，石门寺大殿，石门黄氏宗祠戏台，石门殿，石鼓胡氏宗祠，石佛洋徐氏宗祠，石佛岭下石拱桥，石仓路廊，十伞巷孙宁乡民居，十伞巷潘家里民居，十八浒水坝，施岙遗址，沈哲墓，邵东中学旧址，上庄章氏宗祠，上洋头烽火台，上洋石拱桥，上洋娄氏宗祠，上洋行宫，上下坑石拱桥，上五渡路廊，上双溪庙，上山冯青铜器窖藏遗址，上坪头石拱桥，上岭村 2–172 号民居，上岭村 2–152 号民居，上岭村 2–12 号民居，上坑石平桥，上坎前透民居，上坎后透民居，上街卢存心堂，上缸窑石拱桥，上墩头村王天福民居，上大洋下透民居，上大洋上透民居，上百岩戏台，上岙旗杆里，上岙里水井，上岙殿，善家洋石拱桥，山头何下洋民居，山河金氏宗祠，山根王氏凤凰翼民居，山殿石拱桥，沙衣辽村马永曾民居，沙头洋桥，沙基土窑，三台坊侯家民居，三十六碇步石荐桥，三桥头石拱桥，三角水石拱桥，三份石台门里民居，三份前街民居，三份李氏宗祠正殿，三份村下田洋村民居，三大夫罗家里，阮家洋水闸，戎旗村墓葬群，仁美楼，雀儿岙尤淑通民居，庆元楼，庆国寺祖师塔墓，清水坑桥，桥头桥，桥头殿，桥亭中洞桥，桥亭外洞桥，桥亭里洞桥，墙下桥，枪坦山窑址，钱塘庙，前园王氏宗祠，前岩石拱桥，前塘朱氏宗祠，前山朱旭东民居，前山四份民居，前山石拱桥，前里村民居，前坊新屋里民居，骑尉第，奇石庙，七圣殿，浦口会堂，平水大王庙，平坑民居，彭山彭氏宗祠，潘岙朱氏宗祠，潘岙会龙桥，牌门朱氏宗祠，牛头山水库大坝，宁静庙，南山庙桥，南蒋大会堂，南港路廊，南岙庙，梅园叶氏墓，梅岙农村剧院，马宅马氏宗祠，马顺行墓，马家湾下桥，马湖石拱桥，

续表 4

级别	数量统计（项）	名称汇总
尚未核定公布为文物保护单位的不可移动文物	617	吕公岙村王献琅民居，吕公岙村王献琛民居，罗彬斋墓，路下洋桥，路岙石拱桥，炉头村邱氏宗祠，楼下郑氏宗祠，娄村赵坟，娄村石拱桥，娄村李氏宗祠，娄村龚氏宗祠，娄村本保殿，龙尾巴石拱桥，龙王堂，龙潭头石拱桥，龙泉陈氏宗祠，龙门里黄氏民居，龙里杨氏宗祠，龙凤桥，六房卢氏宗祠，六斗桥，柳裕亭商铺，留贤石拱桥，岭下三透屋民居，岭下刘氏宗祠，岭下金氏宗祠，岭外钱氏宗祠，岭里钱氏宗祠，岭脚石拱桥，岭脚桥，岭脚金村下透屋民居，岭根王太相民居，岭根王启成民居，岭根王纶祖居，岭根王纶故居，岭根王伯淳民居，岭根窑家老民居，岭根里四份民居，岭根村 2–92 号民居，凌洋宫，灵岩洞楼阁，灵瑞庙，灵康庙遗址，灵江酒坊，临清庙，临黄古驿道，临海商校井，临海机械厂旧址，临海蚕种场旧址，林正茂墓，林家坑石拱桥，林坝塘戏台，凉风岩石拱桥，莲塘路廊及戏台，利济桥，立本小学旧址，里梅李氏民居，里坑王桥，里家坑石拱桥，里后坑村下坑桥，里岙石拱桥，李晓园及周氏墓，李俊统与王氏墓，李戒全墓，李国泰墓，李昉墓，李宝潭及方氏墓，黎明石拱桥，黎岙大队屋，冷饭堂，乐丰桥，老爷殿下石拱桥，老厂基许氏民居，琅银柱烽火台，蓝树桥，兰田石拱桥，兰田桥，兰桥石拱桥，兰江塘金氏民居，孔丘石拱桥，坑下石拱桥，坑王桥，坑头石拱桥，坑口下拱桥，坑口石拱桥，坑口上拱桥，康谷郑氏宗祠，开石闸，开井窑址，开井金氏宗祠，旧城村李海牛民居，井头翁村 53 号民居，井坑石拱桥，泾东村冯贻标民居，锦衣桥，金侍郎桥，金立爱墓，金坑金氏宗祠，金家辽石拱桥，金伯初墓，金贲亨墓，金鳌里水井，巾山西路洪家民居，巾山路天主堂，界岭村 102 号民居，界福庙，街路六角井，蒋云明墓，蒋英墓，蒋懋勋墓，蒋家山新屋里民居，蒋家山蒋氏宗祠，蒋家桥，蒋宏奎墓，蒋亨福与蒋清浦合墓，蒋岙侍卫第，蒋岙千洋民居，江根郑氏宗祠，江根桥，涧五罗氏民居，枧桥闸，鲫鱼殿，继光街夏家里民居，惠明堂，惠峰寺桥，汇头大寨屋，回龙山窑址，灰炉头周氏民居，灰坑石拱桥，黄支罗水碓桥，黄支罗陈氏宗祠，黄坦洋石拱桥，黄坦洋倪氏宗祠，黄坦李氏宗祠，黄坦坑石拱桥，黄伞溪桥，黄龙村郑世宽民居，黄锦龙墓，华树宫戏台，花塘，护国庙，湖田许氏宗祠，胡则唐墓，胡头宋村宋仁焕兄弟民居，胡含英墓，后庄新屋里民居，后溪坑石拱桥，后田金氏宗祠，后山金济生桥，后禄叶氏宗祠正殿，后岭路廊，后泾街老商铺，后地林渭访故居，侯正宝商铺，侯润墓，洪桥石拱桥，洪家项氏民居，洪福宫，洪殿山烽火台，红旗闸，红楼，横溪苏氏宗祠戏台，横溪烽火台，横路董氏宗祠，横坎路廊，荷塘烽火台，河头老街，何元茂墓，何元京夫妇墓，何元豪墓，何玉麟墓，何炜然墓，何君兆墓，哈龙岙钱元献民居，郭紝绣衣坊，桂林桥，广明安钱氏宗祠，广济桥，广惠庙，光明村碇步，官园戏台，官坑石拱桥，更楼村 2–18 号店铺，葛奇峰墓，高庄田李氏宗祠，高桥殿桥，高巉本保殿，竿山烽火台，福寿堂，福清堂，福华巷王家里民居，浮岩摩崖，芙蓉山庄旗杆里，芙蓉黄氏宗祠，芙蓉黄公墓，扶炉坑石拱桥，丰坑永丰桥，汾阳庙，汾西李氏民居，汾川李氏宗祠，坟山桥，分水桥，坊前沈氏宗祠，方家岙何氏宗祠，范山石拱桥，法云寺，法华堂，杜渎盐署旧址及傅公祠，独木堂，豆腐岩路廊，洞桥石拱桥，洞桥陈氏宗祠，董文宗墓，董岸村十三间民居，董岸村前透屋民居，冬至口石拱桥，东溪济生桥，东溪单村单氏祖墓，东山徐氏宗祠，东山新屋里民居，东山庙，东山陈村陈氏宗祠，东岙白鹤殿，丁公园李氏下宗祠，丁公园李氏上宗祠，钓鱼亭董志文民居，殿前罗家民居，殿前村 2–85 号民居，殿前陈陈氏宗祠，稻蓬坑广口庙，大园叶氏民居，大园坑桥，大王殿坑桥，大跳闸，大山郭石拱桥，大平岙下拱桥，大平岙上拱桥，大满堂村三楼民居，大路章章氏宗祠，大路王村大队屋，大龙须 23 号民居，大坑殿，大泛石拱桥，大昌布庄，大岙禅堂，大安寺，祠堂桥头石拱桥，穿山七年金氏宗祠，川堂，楚龙庙戏台，赤水村徐长顺民居，澄灵禅寺，程家桥童氏墓，城山巡检司城遗址，呈岐本保殿，陈玉林墓，陈璲墓，陈婆岙王氏宗祠，陈骙墓，潮际灵康庙，朝东岭路亭，昌国寺，柴埠渡石拱桥，蔡云程墓碑，蔡鲁斋墓，埠头朱氏宗祠，北塘闸，北涧杨桥，北涧王氏祠堂，北涧罗氏宗祠，保和宫，保安桥，包山包氏宗祠，搬运工会休息所旧址，柏树下石拱桥，柏树下韩氏宗祠戏台，百步石拱桥，白筑于氏宗祠，白筑于氏民居，白岩下石拱桥，白水洋老街，白石坑石拱桥，白沙驻军营房，白箬石拱桥，白箬屈邵二姓宗祠，白箬坑下拱桥，白箬坑上拱桥，白路头石拱桥，白鲎洞下洞桥，白鲎洞上洞桥，白荷殿戏台，岙里王坑石拱桥，岙蒋大队屋，岙底罗双孔桥，岙陈大寨桥，岸头村镇福庙，庵后殿，安坑福成楼，安坑北西楼，下宅烽火台，后山岗烽火台，分水岭烽火台，烟子墩烽火台，大坑山烽火台，磊石坑烽火台

向海图强

——台州湾经济技术开发区的十年跨越（2013—2022）

台州湾经济技术开发区前身是1998年临海市委、市政府在川南设立的沿海工业园区。2001年8月，经原国家计委、国家经贸委批准，成立浙江省化学原料药基地临海园区。2003年起，市委、市政府推进实施省委"八八战略"，作出"东翼展翅"决策部署，一张蓝图绘到底、一任接着一任干，举全市之力实施沿海大开发，发展海洋经济。2005年，临海纳入全省三大产业带之一的温台沿海产业带后，市委、市政府决定设立东部区块，统筹推进医化园区和杜桥、上盘、桃渚三镇建设。2007年3月，头门港区开发建设指挥部成立。2010年11月，省交通投资集团、台州市、临海市三方签约，共同开发头门港及临港产业平台。2011年2月，国务院批复《浙江海洋经济发展示范区规划》，将头门岛作为重要港口物流岛和重要能源资源储运基地列入发展规划，头门港区开发提升为国家战略。2013年12月25日，头门港新区成立，同时撤销温台沿海产业带临海东部区块和台州港临海港区。2017年3月31日，头门港经济开发区被省政府确定为省级经济开发区。2021年6月17日，经国务院同意，浙江头门港经济开发区升级为国家级经济技术开发区，定名为台州湾经济技术开发区。同年12月，国务院批复同意设立台州综合保税区，临海至此拥有两个国家级开发平台。2022年2月28日，台州湾经济技术开发区（台州综合保税区）挂牌成立，陆域面积146平方千米、海域面积1200平方千米，有500平方米以上岛屿128个，海岛陆域面积18平方千米，岛屿岸线总长164千米。

一、区域建制

区域面积 2013年，头门港新区成立，区域范围为上盘镇行政区域和浙江省化学原料药基地临海园区。2017年3月31日，浙江头门港经济开发区设立后，实行省级经济开发区政策。规划面积12.99平方千米，由临海医化产业园、临港产业集聚区、港口物流区3个区块组成。2020年，经省政府批准，开发区规划范围拓展至51.66平方千米，包含临港新城（白沙湾及金沙湾片区）、南洋片区（医化园区）、北洋片区、红脚岩片区、港口片区等区块。2021年10月，经台州市政府同意，台州湾经济技术开发区规划面积明确为129.083平方千米，包括浙江头门港经济开发区面积72.95平方千米（含经国务院批准的核准规划面积7.12平方千米）、浙江临海经济开发区面积54.9平方千米及浙江台州化学原料药产业园区椒江区块面积1.233平方千米。2022年7月，基于台州湾新材料产业园项目建设需要，辖内红脚岩片区规划面积由10.9平方千米调整到13.68平方千米，临港片区由55.6平方千米调整到52.82平方千米，总面积不变。

2022年台州湾经济技术开发区规划面积四至范围一览表

表1

序号	开发区（面积）	区块	面积（平方千米）	四至范围
1	浙江头门港经济开发区（72.95平方千米）	临港片区	52.82	东至北洋大坝，南至台州湾，西至杜南大道—74省道—滨海第一大道，北至短株山脚
		港口片区	3.75	东至东海，西南至台州湾，北至疏港公路
		红脚岩片区	13.68	东至围涂大坝，南至短株山，西至四上线，北至蒲蓝山
		杜桥片区	2.7	半洋工业区：东至杜南大道，北至沿海路，南至外环南路并紧邻台金高速，西至河道 汾西工业园：东至台金高速，南至胜利村山，西至镇域界，北至田地
2	浙江临海经济开发区（54.9平方千米）	东城区块	33.8	东至河阳路、甬台温高速公路和山体，南至大岗山、江石路，西至双林路、府园路、德仁路，西北至山体，北至规划环城北路
		江南区块	7.8	东至山体，南至纬六路、沿岙村，西至临尤公路、汇丰北路，北至江南大道
		钓鱼亭区块	2.1	东至大钓线，南至灵江，西至京福线，北至山体
		临海南区块	11.2	东至椒临分界线、灵江，南至永宁江，西至S38省道，北至灵江
3	浙江台州化学原料药产业园区椒江区块（1.233平方千米）	东至九条河，南至枫南东路，西至八条河，北至九条河		

资料来源：台政办发〔2022〕30号《台州市人民政府办公室关于调整台州湾经济技术开发区管辖范围内规划面积的通知》

管理机构　2013年12月25日，头门港新区管理委员会成立，与浙江省化学原料药基地临海园区管理委员会、台州湾循环经济产业集聚区临海分区管理委员会合署办公。2017年6月28日，设立中共浙江头门港经济开发区工作委员会、浙江头门港经济开发区管理委员会，属台州市委、市政府派出机构，与临海市委、市政府实行“一个机构、两块牌子”，不再保留临海头门港新区管理委员会。8月9日，中共浙江头门港经济开发区工作委员会、浙江头门港经济开发区管理委员会、中共浙江头门港经济开发区纪律检查工作委员会揭牌成立。2022年2月28日，中共台州湾经济技术开发区党工委、台州湾经济技术开发区管委会和台州综合保税区管委会授牌成立。4月22日，台州市纪委市监委派出台州湾经济技术开发区纪检监察工委授牌成立。

二、港区建设

头门港是台州港的中心枢纽港区，位于浙江沿海中部、南北航线与长江航线的“T”字形黄金交汇点。港区两侧自然水深达8—12米，可建1万吨—5万吨级码头33个，可布置万吨级以上深水泊位88个。2004年7月，台州港临海港区规划论证专题研究评审会召开，论证头门可建万吨至十万吨港口，头门建港至此由学术研究进入实质启动阶段。2008年3月，台州港临海港区建设管理委员会揭牌，全面启动头门港起步码头、疏港公路和北洋涂一期围垦等三大工程建设。2013年2月，省交通投资集团与宁波港集团签订战略合作协议，加快头门港开发。2014年6月，头门岛供电、供水工程一期工程完工，其中供电一期工程铺设国内首条20千伏海底电缆，总长13.65千米；供水一期管道总长22.05千米，日供水1.5万吨。12月26日，头门港开港，临海步入海洋经济发展新阶段。2015年8月，浙江省海港投资运营集团有限公司成立，承接头门港开发工作。是年，完成港口吞吐量83万吨。2016年7月25日，金台铁路临海段工程开工。同年8月，台州市政府将头门港15%股权划分给省海港集团，股份比例调整为省海港集团66%、临海市政府34%。2017年，港口全年吞吐量177万吨。2018年11月，台州湾区公铁水多式联运示范工程获批“全国第三批多式联运示范工程项目”，逐步构建以公路、铁路和水路为主的集疏运体系，形成“七纵三横”的公铁综合运输通道。2022年，港口全年吞吐量926.1万吨。

码头工程　2013年3月28日，头门港首座2万吨兼靠3万吨泊位开工，年设计吞吐能力105万

2013年9月24日，码头工程完成首跨面板安装
（台州湾经济技术开发区　供图）

建成后的码头二期工程　（孙金彪　2020年摄）

吨。2014 年 10 月，一期码头工程通过交工验收。12 月 15 日，头门港区获颁港口经营许可证。2017 年 9 月 27 日，台州港头门港区二期工程暨一期码头滚装改造工程开工建设。2018 年 5 月 4 日，头门港首条班轮航线——首钢京唐曹妃甸港至头门港钢材班轮航线开通。班轮运营船型 1 万吨—1.3 万吨级船舶，运营周期为每月三个航次。10 月 28 日，一期码头滚装改造工程主体完工，扩建成 5 万吨级通用泊位兼顾汽车滚装功能，年设计吞吐量 50 万吨货物及 10 万标辆汽车，概算总投资 4274 万元。2019 年 1 月 18 日，吉利汽车滚装运输首航仪式举行，400 辆吉利汽车通过滚装码头出海，结束汽车运输只走陆路的历史，形成铁海路联运的交通大通道。2021 年 1 月 20 日，首台斗轮机完成总装，进入调试阶段，最大生产率堆料每小时 2400 吨，取料每小时 1800 吨。2021 年末，港区二期工程的 2 个 5 万吨兼靠 7 万吨级水工结构码头，年设计吞吐量 530 万吨。2022 年 10 月 10 日，头门港—宁波舟山港集装箱内支线开通，临海从此迈入“港口集装箱运输时代”。

2019年1月18日，吉利汽车滚装运输首航
（台州湾经济技术开发区供图）

集疏运体系　2014 年 6 月 24 日，疏港公路跨海大桥完成最后一根桥梁架设，公路全线实现无缝对接，头门岛从此成为半岛。10 月 17 日，疏港公路一期白沙至头门段通车，全长 15.61 千米。12 月 24 日，74 省道南延线建成通车，与椒江二桥和 75 省道南延三大工程串联。2017 年，实现疏港公路与 83 省道贯通。2018 年 2 月 10 日，83 省道临海杜桥

2022年10月10日，满载内贸集装箱的众盛369货轮缓缓驶离港口　（潘侃俊　摄）

头门港跨海大桥　（2014年摄　台州湾经济技术开发区　供图）

至白沙段工程[1]通车，全长 20.49 千米，成为头门港区第一条直达内陆的集疏运通道。2019 年 1 月 17 日，浙江沿海高速公路临海段建成通车，全长 16.18 千米，总投资约 42 亿元，设立头门港南、头门港互通。2020 年 9 月 26 日，台州湾区公铁水多式联运示范项目开工，项目主要包括金台铁路头门港货站（物流仓储中心）、金台铁路临海东货站（物流仓储中心）。2021 年 6 月 24 日，金台铁路临海段头门支线建成通车。2022 年 2 月 28 日，义新欧班列“台州号”组货在头门港首发，沿头门港货运站—永康东—金华南—义乌西—德国杜伊斯堡一线，跨越 1.13 万千米，最终抵达德国。是年，班列出口发运 43 列，发运柜数 250 柜，货值 2607.69 万美元。

口岸开放　头门岛是解放一江山岛登陆作战指挥所驻地和进攻补给基地，有许多国防工事遗存。2013 年 12 月 3 日，南京军区批复同意报废头门岛部分国防工事。2014 年 1 月，头门岛军事设施处置方案获国务院、中央军委批复同意。2015 年 11 月，国家口岸办将头门港区口岸开放列入国家口岸“十三五”发展规划。2018 年 1 月，市政府向上级政府报送《关于要求转报审批划定临海（头门）港区水陆域开放范围的请示》。2 月，国家口岸办将台州港（头门港区）口岸扩大开放列入国家口岸办年度审理计划。12 月，东部战区函复省政府，划定头门港水陆域扩大开放范围、航道及锚地。2020 年 8 月 8 日，头门港区口岸扩大开放获国务院批复，水陆域开放总面积 199.35 平方千米，范围包括一期、二期码头。2021 年 12 月，台州综合保税区经国务院批准设立，总用地面积 1.77 平方千米，设口岸作业区、保税加工区、保税物流区、保税服务区和综合服务区五大功能区块，提供口岸、贸易、物流、通关等服务功能。2022 年，综保区综合服务中心一期、巡逻通道与围网、海关监管设施及信息化等 3 个国家验收项目建成。

2022年，台州综保区综合服务中心一期建成
（台州湾经济技术开发区　供图）

① 2019 年，83 省道提升为 351 国道。

三、产业园区

产业集聚　2013年，头门港新区投产企业110家，实现工业产值165亿元，完成工业性投资43.7亿元。2015年12月30日，吉利汽车临海基地迁建项目竣工。是年，新区实现工业总产值255亿元，入驻企业176家，其中上市企业8家，国家级高新技术企业13家。2016年6月30日，临海市政府和头门港公司签订协议，回收北洋大道以西208.73公顷土地，负责回收地块的填筑、招商。是年末，南洋涂吹填海上作业完工，园区新增土地580公顷。2017年，医化园区建成以东海第三大道为主的九纵五横道路网；临港产业园区建成以北洋大道、吉利大道为主的五纵九横道路网。2018年，开发区实现工业总产值520亿元，投产企业234家，国家级高新技术企业24家。2019年10月24日，联化科技临海产业园开工建设，总投资52亿元，总用地面积705亩。是年，开发区实现规上工业总产值427.9亿元，位列省级经济开发区（西南片）亩均效益领跑者十强。2021年3月25日，台州宝陛智能物流仓储项目开工，总投资6.5亿元。6月25日，台州新材料产业园海正聚乳酸首期项目开工，投资13亿元，占地面积150亩。是年，台州湾RCEP高水平开放合作示范区列入全省RCEP工作清单。2022年8月27日，永太新能源材料产业园首期项目——浙江福瑞达新材料有限公司年产1万吨含氟新能源材料项目开工建设，项目总用地面积220亩，总建筑面积4.78万平方米，总投资6.6亿元。是年，经开区实现规上工业总产值510.7亿元，完成工业性投资56.7亿元。形成汽车制造、现代医药两大支柱产业，拥有规上工业企业130家，其中上市公司及上市公司全资子公司24家、国家级高新技术企业60家。

台州湾经济技术开发区5亿元以上项目一览表

表2　　　　单位：亿元

序号	项目名称	建设内容	总投资
1	联化科技（台州）有限公司	年产300吨联苯胺四氟唑、500吨甲氧苯硼酸、250吨氯酰胺苯甲醚等10个产品项目	10
2	台州市国华远合建筑工业科技有限公司	年产20万立方米预制混凝土构件建设项目	5
3	丰鹏仓储（临海）有限公司	工业物流园	20
4	联化科技（临海）有限公司	新建10个医药及新材料项目	52
5	浙江沙星博海科技有限公司	年产1600吨环丙胺等项目	13.8
6	台州市路商新能源科技材料有限公司	年产100万辆电动车及800万套减震器	6
7	临海市星河环境科技有限公司	环保物流中心	5
8	浙江联盛化学股份有限公司	半导体芯片专用超高纯电子化学品、生物降解材料、高端化妆品保湿剂等项目	10
9	浙江歌兰斯通科技有限公司	卫浴产品生产基地	5
10	浙江九洲药业股份有限公司（瑞博）	新药定制研发和生产服务（CDMO）项目	30
11	浙江逸腾药业有限公司（天宇）	年产千吨特色原料药项目	25
12	浙江奥翔药业股份有限公司	新建生物药、一类新药、特色原料药、CDMO项目	11
13	浙江宝陛供应链管理有限公司	仓储物流	6.5
14	浙江海创达生物材料有限公司	年产15万吨聚乳酸项目	13
15	浙江东鹏亚模钢股份有限公司	高精度汽车注塑模具及零部件制造生产基地	5
16	浙江福瑞达新材料有限公司（永太新能源）	永太新能源材料产业园	6.6

续表 2

序号	项目名称	建设内容	总投资
17	荣盛新材料（台州）有限公司	台州湾材料产业园	1400
18	临海本立科技有限公司	新建 DFPA、德拉沙星等原料药及药物中间体建设项目	10
19	临海红狮水泥有限公司	500 万吨水泥中转配制站	5.7

资料来源：台州湾经济技术开发区

汽车制造　2012 年 1 月，吉利汽车临海基地迁建项目签约，成为首家落户头门港新区的上市公司。新基地占地 95.73 公顷，建筑面积 31 万平方米，总投资 33 亿元。2015 年 12 月 30 日，吉利汽车迁建项目竣工暨新产品投产仪式，投产帝豪 GS、GL 两款新车型，设计产能 10 万辆。基地投产后，先后带动

建设中的吉利汽车临海基地迁建项目
（2012年摄　台州湾经济技术开发区　供图）

30 余家知名汽车配套企业在园区落户。2016 年 12 月 12 日，吉利汽车临海产业园（30 万辆）扩建项目开工，扩建冲压、焊装、涂装、总装四大车间，建筑面积 20 万平方米。是年，实现产值 108 亿元。2017 年，年产整车 20.24 万辆，实现产值 237 亿元。2018 年 9 月 28 日，30 万辆产能扩建项目竣工达产。是年，浙江豪情汽车制造公司成为台州首家产值突破 300 亿元企业。2022 年，吉利汽车插电混动汽车和纯电汽车项目相继签约落地，实现传统油车向新能源汽车转型，总投资近 10 亿元。其中，插电混动新能源汽车——帝豪 L 雷神克服上海疫情对供应链的影响，80 天实现投产。是年，汽车制造业有规上企业 20 家，实现年工业总产值 149.96 亿元。

现代医药　2013 年，市委、市政府作出打造“绿色药都”战略部署，实施医化园区循环化改造，推动医化产业从传统制造模式转向“密闭化、管道化、信息化、自动化”现代医药制造模式。到 2015 年末，累计完成 125 个车间现代医药制造模式改造。2017 年 4 月，国家循环化改造示范试点工作通过终期验收，

吉利汽车临海制造基地　　（2018年摄　台州湾经济技术开发区　供图）

完成29个循环化改造中央资金补助项目，累计投资23.1亿元。2020年，园区实现工业增加值65.5亿元，形成“中间体—原料药—制剂”产业链，在产中间体和原料药品种超过200个，拥有华海药业、海翔药业、奥翔药业等11家上市企业或上市企业子公司。2021年9月，成为全国8家“工业互联网＋危化安全生产”建设试点单位之一。2021年9月14日和2022年4月19日，浙江本立科技股份有限公司和浙江联盛化学股份有限公司先后在创业板挂牌上市。2022年，医化产业有规上企业43家，实现年工业总产值249.42亿元。

2015年，涂面整理中的南洋（台州湾经济技术开发区 供图）

2022年，南洋医化园区 （台州湾经济技术开发区 供图）

环境保护 2013年起，结合“绿色药都”建设，坚持系统理念，统筹推进“清新园区”“无废园区”“污水零直排”标杆园区创建、综合解决“水、气、固、土、能”问题，先后建成污水处理厂一期改扩建工程、德长环保固废处置中心三期工程、德长环保的危险废物刚性填埋项目、污水空中管廊工程等污染处理设施，智慧园区监控平台和企业排污、空气质量、土壤污染等在线监测预警系统。2016年8月，台州临港热电厂建成投产，年可供电约1.2亿千瓦时、供气108万吨，新区每年减少燃煤6.98万吨，减排烟尘150吨，减排二氧化碳14.4万吨。强化源头防控，实施企业内部雨污分流改造，建设末端废气处理设施，监控房一律迁至厂外，实施统一管理。同时，推广绿色制造工艺，在全省率先通过绿色安全制造信息化示范区验收，建成仙琚药业、海翔川南药业等10个绿色制造信息技术应用示范项目，推广酶催化、微通道、管式反应等先进技术工艺，实现万元工业增加值用水量下降59%以上、工业废水排放量下降61%以上、能耗下降55%以上，所有医化企业达到行业清洁生产标准二级水平。2021年，经过两年多时间的专项整治，提前6个月完成长江经济带突出生态环境问题销号，实施“一厂一策”整治管理的59家企业中除5家停产外全部通过验收，园区单位

2016年，临港热电厂投产　　（孙金彪　摄）

2022年8月15日，航天环保工程技术研究院揭牌仪式举行　　（市委宣传部　供图）

产值废水排放量较2019年下降10.6%，单位增加值二氧化碳排放量较2019年下降14.8%。实施工业余压余热、废水废气废液的资源化利用，建成集中溶剂回收车间18个，企业废溶剂套用30万吨，节约成本10.3亿元，减少废水排放量9.2万吨。建成废气处理RTO余热锅炉5台，实现每年回用蒸汽10万吨。利用非防爆区面积安装光伏发电，年发电量约5333万千瓦时。长江经济带生态环境警示片将临海“环保倒逼转型，以转型促进问题解决”作为正面典型案例，向全国推广。2022年8月15日，航天环保工程技术研究院成立，由临海与航天长征化学工程股份有限公司、省环境科技有限公司三方共建。是年，园区空气TVOC（总挥发性有机化合物）均值浓度212微克/立方米，同比下降28%。杜下浦河、坝脚河出境水质稳定达到V类标准；无废园区创建通过台州市验收。

四、临港新城

临港新城位于台州湾经济技术开发区中部，东至北洋大坝，南至台州湾，西至南洋十路，北至吉利大道，整体分为金沙湾与白沙湾两大城市区块，总规划面积18平方千米，规划人口30万人。2014年6月，新城小学、新城幼儿园等项目集中开工，标志着

哲商小学头门港分校　　（余大荷　2018年摄）

白沙湾海滨公园 （2022年摄 台州湾经济技术开发区 供图）

临港新城建设全面启动。2015年9月，海望家园首期110套安置房分配给新建、达道、白沙三村村民。2017年9月4日，哲商小学头门港分校启用，总用地面积4公顷，建筑面积2.1万平方米。2018年9月，海望家园二期工程建成，总安置面积2.33万平方米。12月28日，环球置业、头门港公司、市海投公司三方签订合作协议，投资开发金沙湾合作区块，土地总面积430公顷，其中待开发经营性商住用地162余公顷。是年，4平方千米城市启动区的场地填筑全部完成，道路、绿化、亮化完工，新城框架基本拉开。2019年5月，白沙湾滨海湿地生态修复项目申获中央财政补助1.8亿元，是全国第一批也是浙江省首个获得中央分成海域使用金资助的海岸带修复项目，实现滨海湿地恢复面积200公顷，岸线修复长度2840米，植被恢复面积28公顷。10月，白沙湾标准海塘工程通过验收，设计挡浪墙顶标高约8.8米，按100年一遇防潮标准设防，总投资3.82亿元。2021年8月11日，台州首条市郊铁路——临海南站至头门港开通运营，线路长度约55千米，运营时间约37分钟，每日开行5对。是年，白沙湾公园首次开放。2022年1月，白沙湾水环境治理工程通过竣工验收，完成清淤面积3364.3亩。是年，首个城市综合体吉利汽车广场建成、吉利技师学院开学。白沙湾公园基本建成，拥有3000亩海水湖、2.5千米沙滩。

六年跋涉　一朝圆梦

——台州府城文化旅游区晋级国家AAAAA级旅游景区

台州府城文化旅游区位于临海市区，总面积3.12平方千米，由台州府城墙、紫阳古街、东湖、巾山4个主要景区组成，距今已有1600多年历史。拥有五级资源实体10个、资源单体458个，其中包括台州府城墙、巾山塔群、恩泽医局旧址3处全国重点文物保护单位，中国历史文化名街——紫阳古街。2002年，台州府城文化旅游区被评为国家AAAA级旅游景区。

2022年11月5日，第七届柴古唐斯越野赛在台州府城文化旅游区开跑
（市文广旅体局　供图）

2016年，以总分第一的成绩通过国家AAAAA级旅游景区资源和景观质量评审，获得创建国家AAAAA级旅游景区“入场券”。市委、市政府将5A创建列为“一号工程”，成立由书记和市长任组长的创5A工作领导小组，抽调市文广旅体局、市历史文化名城保护中心、市文旅集团、古城街道等10余家单位骨干组成工作专班，67个部门各司其职，形成“纵向保障、横向联动”的创建体系，全面落实“一问题一交办，一整改一反馈”，坚持高标准保护、高水平开发，着力将旅游区打造成国内一流的景城共建、主客共享样板景区。2021年12月，中央广播电视总台元旦跨年晚会“启航2022”主舞台设台州府城文化旅游区，全程在临海录制。2022年7月，文化和旅游部发布《关于确定12家旅游景区为国家AAAAA级旅游景区的公告》，台州府城文化旅游区榜上有名，以总分965分位居第二。国庆期间，旅游区接待游客58万人次，居全省第二位。

一、古城焕新

6年来，累计投入30多亿元，推进景区设施建设、景区环境风貌改造、拆迁整治、文化建设等16大类320余个项目建设，平均5天完成1个项目，完成紫阳街南段历史文化展示区建设、巾山西北角广场改造、台州府城墙修缮、十伞巷区块拆迁改造以及停车场、游客服务中心等配套工程，启动实施灵江两岸绿化美化提升工程，构筑沿江美丽生态廊道。活化历史建筑，按照AAAAA级景区标准改造恩泽医局，完成医局与台州府城墙游线连接。保护活化同受和茶食店、人民银行旧址、台州酒坊、状元第等历史建筑600余处（座）。拆除不协调建筑6.5万平方米，立面改造8万平方米，实现古城有机更新和景区风貌提升。数字赋能"智慧景区"建设，建成覆盖全区的"智能监控、智能消费、智能导游"管理系统，开发手机客户端，实现WiFi、全景摄像头全覆盖。2021年，旅游区获评中国华侨国际文化交流基地。2022年，入选浙江省第二批大花园耀眼明珠名单。

紫阳街南段历史文化展示区　　（市委宣传部　供图）

巾山西北角广场　　（郭斯甬　2020年摄）

二、业态提升

2019年，发布《台州府城文化旅游区业态发展总体规划》，配套实施业态发展扶持办法及业态项目招租管理办法。先后引入各类文旅业态200多家，星巴克、新荣记等高端连锁品牌和概念书店、文创中心、主题民宿等新型业态相继进驻；实施“百年老店恢复行动”，将部分面临失传的传统手工艺重新拉回大众视野；发展夜经济，举办“城市放风空间”街景车集市和“城市音乐秀”活动。紫阳街先后获评第一批省级夜间文化和旅游消费集聚区、省级示范智慧商圈、省高品质步行街、“诗画浙江·百县千碗”美食街区（镇）。

元顺秤店（市社发集团　供图）

迎春里民宿
（市社发集团　供图）

2022年7月，城市音乐秀活动
（市社发集团　供图）

三、文化铸魂

遵循“保护优先、合理利用”的原则，构建古城墙保护、历史街巷整治改造、地方传统文化资源融合转化的旅游开发“临海模式”。全力推进台州府城墙申报世界文化遗产工作，活化非遗、传统民俗等文化资源，陆续建成开放15个民办博物馆、12个非遗主题展示馆，常态化举办黄沙狮子、临海词调、戚家军巡城、汉服展演等演出，让文化“可看、可听、可摸、可感知”。同时，构建“一月一集市”“一月一节庆”体系，定期举办柴古唐斯越野赛、台州府城公共文化艺术节樱花市集等活动，提升文化内涵。打造“唐诗之路”全国研学品牌，建成台州府城数字诗路文化体验馆，是浙江数字诗路体验馆中规模最大、互动性最强、唯一具备夜游剧场的研学基地。

2022年9月28日，台州府城宋韵·诗路文化体验馆开馆
（市委宣传部　供图）

戚家军“鸳鸯阵”表演
（市社发集团　供图）

2021年国庆期间，古城派出所民警与志愿者组成“府城E警”开展联合巡逻　（市公安局　供图）

四、景城共建

台州府城是活着的古城，生活着2.8万原住民，充满人间烟火气。围绕建设“景城一体、主客共享”景区目标，以提升原住民生活便捷性和舒适度为出发点，推进实施文旅“微改造、精提升”工程和“四十百千”创建工程，优化基础设施和公共服务，先后完成府城亮化、三线入地改造、生态停车场建设、排污系统改造等工程，出台专门的治安、交通、消防管理制度，推出“府城护卫”巡逻队，实现24小时全区安保，实现城区、社区、景区功能有机融合。邀请20名特色店铺店主、15名府城原住民，分别担任小城故事员、在地讲解员，讲好府城故事，展现“千年台州府，满街文化人”风采。

在全市文化和旅游高质量发展动员大会上的讲话

吴华丁

（2022年10月11日）

多年矢志奋斗，一朝圆梦AAAAA。这是百万临海人民翘首以盼的荣光和自豪，也是临海文旅发展史上的大事和喜事。首先，我谨代表临海市四套班子，对省文旅厅、台州市委市政府、台州学院、台州市文广旅体局以及各位领导的关心支持，表示衷心的感谢！对广大干部群众的辛勤付出，表示崇高的敬意！

荣誉归功集体，辉煌属于人民。自2016年10月拿到AAAAA创建入场券起，省文旅厅领导向国家文旅部大力推荐，多次带队来临一线指导；台州市委市政府领导全力支持，多次跑省进京、沟通协调；台州市文广旅体局专门派工作组进驻临海、精准指导，这些都让我们深受感动、备受鼓舞。回眸创建路，满城皆是追梦人。我们砥砺六载磨一剑，紧扣AAAAA创建"一号工程"，一任接着一任干，一以贯之抓落实。广大干群上下同欲、众志成城，连续奋战2100多个日夜，累计投入30多亿元，全力攻克16类、310个项目。市创5A工作专班、文广旅体局、文旅集团、古城街道、行政执法局、市场监管局、建设局、卫健局、交警大队等67个部门以"项目攻坚年、作风建设年"活动为契机，赛马竞速、比拼争先，生动展现了真抓实干的责任担当。我们传承文脉谋振兴，坚持文化铸魂、文化赋能，以对历史和人民高度负责的态度推动文化振兴、古城复兴，系统整修各类明清民国时期建筑600余处（座），新增恩泽医局、巾山塔群2个全国重点文保单位，非遗主题展示馆、博物馆成为热门"打卡地"，黄沙狮子、戚家军巡城尽显人文风情，充分彰显了历史名城的文化自信。我们景城共建惠民生，聚焦文旅融合促共富，以"古城下的生活"为主题，全面实施"微改造、精提升"工程，把社区建成景区，让景区融入社区，生活百态与缤纷业态融为一体，宝塔古寺与繁华闹市交相辉映，3.12平方千米全域提升、焕然一新，既创建了AAAAA级景区、又建设了美好家园，群众的获得感、幸福感不断增强，精心绘就了人间烟火的诗意画卷。

艰难方显勇毅，磨砺始得玉成。这份来之不易的荣誉，是国家文旅部、省文旅厅对临海文旅发展成就的充分肯定，是对临海人民辛勤付出的最高褒奖，更是对我们进一步做好文化和旅游工作的有力鞭策和鼓舞。跻身国家队、站上新跑道，我们要有更高的志向、更大的担当，把这份荣誉变成临海永久的底色、永远的名片。

推进文旅深度融合，是实现经济社会高质量发展的必然要求。从发展趋势看，文旅产业已成为"文

10月11日，临海新时期文化和旅游高质量发展动员大会召开，会上举行国家AAAAA级旅游景区授牌仪式（市文广旅体局 供图）

化自信”战略的重要组成部分。习近平总书记指出，文化产业和旅游产业密不可分，要坚持以文塑旅、以旅彰文，推动文化和旅游融合发展，在领略自然之美中感悟文化之美、陶冶心灵之美。从经济角度看，文化产业、旅游产业均是全省八大万亿产业之一，既是推进产业升级、城镇建设、乡村振兴的着力点，也是增加就业、提高收入、拉动消费的落脚点，辐射面广、产业链条长、关联带动性强，“一业兴、百业旺”的乘数效应非常明显。从民生需求看，高质量的文旅供给是不断满足人民日益增长的美好生活需要的重要举措。把文旅产业打造成幸福产业，为美好生活赋能，正是对人民群众更大期盼的响亮回应。对此，我们要站在全局和战略的高度，把文旅产业作为践行“两个先行”的重要抓手，在文旅融合高质量发展中促进物质生活和精神生活共同富裕，为全省、台州市提供更多可复制可推广的“临海经验”“临海样板”。

今后5年，临海文化和旅游总的发展目标是：重构旅游产业要素，重塑旅游经济发展格局，加速彰显特色，持续打响品牌，加快形成“一城、一山、一海、一田、一溪”五个骨干景区和N个特色景区，组成“1 + 4 + N”的“5A引领、5星闪耀”旅游新格局，创建国家全域旅游示范区，奋力打造宋韵文化、抗倭文化、户外运动文化三大高地，建设富有文化底蕴的世界级景区和国内一流的旅游目的地，全市文化和旅游高质量发展水平跻身全省第一方阵。“一城”，即府城AAAAA级景区，这是核心，打造古今辉映、跨越千年、宾主共宜、活色生香的“古城下的生活”示范区，建成有国际影响力的一流主客共享样板综合景区；“一山”，即括苍山，打造韵动山水、森养福地的中国户外运动胜地和长三角山地度假最佳目的地；“一海”，即海岛公园，绿色生态开发东矶列岛，陆海联动打造水清岸绿、滩净湾美、海天一色的白沙湾国家级旅游度假区；“一田”，即桃江十三渚景区，打造以自然山水田园资源为依托，以人文民族英雄精神为引领的抗倭文化IP和理想生活之城，构筑一幕山水田城中的盛世休闲度假长卷；“一溪”，即江南·溪望谷，打造最具江南特色的沿溪共富示范带和乡村旅游目的地。具体指标是：实现文化和旅游投资总额、过夜游客接待人数、文化和旅游产业增加值占GDP比重“三个翻番”，力争旅游经济总量及增长走在全省前列。重点做好以下四方面：

（一）以晋级5A为动力，增强景区核心竞争力。一是提升景区品质。创“5A”不易，守“5A”更难。我们要保持“随时迎检、随时通过”的状态，严格对照AAAAA级景区管理标准，全面放大“5A”创成和城市型景区的叠加效应，持续提升体验感、停留时间和消费能级，确保游客享受安全、舒适、满意的旅游服务。当前，要围绕打造“古城下的生活”品牌，加快推进古城院落式有机更新、“巾山—十伞巷”文旅业态培育、中华民厨大赛永久会址等项目，创造旅游“新爆点”。二是彰显文化魅力。文化是府城的灵魂和底色，景区有了“文化”，才会成为人们心中向往的“诗和远方”。一方面，我们要坚持文脉传承，充分挖掘台州府城历史文化元素，加快推进历史名城十大标志性工程，打造更多文化地标。另一方面，我们要坚持释放活力，开展“在地艺术、府城风韵”等“年轻态”、多元化主题活动，真正让“古”的典雅和“新”的活力相得益彰，让精神富有照亮美好生活。三是推进景城联动。围绕“5A+”“府城+”，积极挖掘周边可看、可购、可玩的互补型资源，加快建设“熊出没”文旅产业园、曹家肆水街、市文化中心等项目，推动文旅经济与“夜间经济”“地摊经济”“虚拟经济”等消费模式融合，形成整体优势、实现跨越发展。

（二）以系统跃升为牵引，构建全域旅游大格局。一是打造特色景区。牢固树立“人人事关旅游形象，处处都是旅游环境”的理念，加快推进全域景区化、景区精品化。重点推动主城区争创省AAAAA级景区城，牛头山—灵湖景区、白沙湾景区创建国家级旅游度假区，力争3年内新增国家AAAA级旅游景区2个、省级旅游度假区1个、省AAAAA级景区城1个、AAAA级景区镇6个、AAA级景区村26个，实现“景区城—景区镇—景区村”品牌全覆盖，既托起“一轮明月”，又点亮“满天繁星”。二是建设精品项目。坚持把重大项目作为旅游高质量发展的有力支撑，加快推进江南·溪望谷、括苍云径、桃渚印象等项目建设，到2026年，完成投资150亿元以上，建成一批特色鲜明、带动性强、经济效益好的文旅产品，切实把历史文化、自然资源转化为文旅品牌生态圈。三是升级文旅业态。结合旅游市场个性化、特色化、体验化趋势，加快推动旅游与一、二、三产融合发展，打造一批文化体验、休闲度假、生态观光、健康养生等新业态，进一步释放露营旅游、主题研学、特色民宿等经济活力，拓展旅游产业面、拉长旅游产业链。同时积极拥抱网络化、智慧化，大力发展数字文化、数字产业，加快建设智慧城市、智慧景区，不断提高智慧化治理能力和服务水平。

（三）以“三大高地”为载体，打造文旅融合样板地。一是做好“城”的文章。聚焦打造宋韵文化高地，以“宋韵临海”为主线，实施“宋韵文化传世工程”，建好用好宋韵文化研究中心，高质量推进府城记忆、道宗溯源等重点项目，建设沉浸式体验基地、艺术展陈、精品游线，将府城宋韵文化打造成为具有中国气派、浙江辨识度的临海文化标识。二是做好“海”的文章。聚焦打造抗倭文化高地，以“戚继光抗倭”元素串联桃江十三渚、东矶列岛、白沙湾景区等旅游点位，加快建设抗倭文化历史街区、主题景区、海防研学等多场景业态，精心打造集文化体验、文博考古、红色教育、观光休闲于一体的复合型旅游产品，培育文旅经济新的增长点。三是做好“山”的文章。聚焦打造户外运动文化高地，依托括苍山、安基山、羊岩山等山水资源，以柴古唐斯括苍越野赛、安基山滑翔伞邀请赛、括苍山自行车爬坡赛等系列精品赛事为核心，深度开发越野拉力、徒步毅行等个性化体育项目，量身定制养生休闲、星空露营等高端产品，打造华东地区户外休闲运动胜地。

（四）以实干争先为导向，勇当文旅发展领跑者。一是树牢争先意识。我们要保持“事争一流、唯旗必夺”的进取精神，在文旅业态升级、宣传营销等方面比学赶超、争先创优，着力打造更多全台州、全省乃至全国的特色亮点，真正做文化传承的燃灯者、旅游发展的追梦人、为民谋利的实干家。二是坚持项目为王。我们要延续“项目攻坚年”的如虹气势，把招商做“专”、把项目做“精”，积极构建以特色文化产业园、旅游景区、文旅企业、文旅消费集聚区等为主体的产业项目库，掀起项目建设新热潮、催生文旅融合新气象，打造“景区持续提质、企业活力充沛、业态竞相涌现”的文旅发展新格局。三是强化要素保障。建立健全文旅产业融合发展体系和跨部门、跨行业、跨地域的联动协调机制，加快出台产业平台建设、发展专项资金、专业人才引育、文旅消费提促等系列政策，营造产业化、专业化发展氛围，全力保障全市文旅产业大发展、大提升、大繁荣。

借此机会，真诚希望各位领导、各位来宾一如既往地关心临海、支持临海、推介临海。我们将坚决贯彻好等下陈书记的重要讲话和台州市服务业暨旅游业发展大会精神，以勇立潮头的姿态争创一流，以塑造变革的格局追求卓越，全面推动文旅融合高质量发展，奋力建设“历史名城、制造强市、共富高地”，为浙江实现“两个先行”奋斗目标作出临海新的更大贡献！

大事记

Chronicle of Events

1月

1日 《区域全面经济伙伴关系协定》(RCEP)生效实施，台州海关驻临海办事处为浙江联盛化学股份有限公司签发临海首份RCEP原产地证书。

5日 临海市北固山截洪工程开工。

8日 杭台高铁开通运营，临海段长约47千米，总投资约80亿元，途经河头镇、汇溪镇、东塍镇、邵家渡街道、涌泉镇。同日，临海站新站房启用。

是日 “府城文化”入选浙江首批“浙江文化标识”培育项目。

14日 2021浙江省西兰花新品种大会在临海召开。

是日 临海与台州学院签订校地合作协议。

25日 林场三代护林员(群体)获评2021年度“最美浙江人·浙江骄傲”提名人物。屈卫明入选年度“最美浙江人·最美自然守护者”。

27日 沿江镇新兴村入选全省首批未来乡村建设试点村。

29日 台州湾经济技术开发区企业服务中心启用，可办理275项审批服务事项。

是月 临海紫阳街智慧商圈入选首批省级示范智慧商圈名单。

是月 市中医院外科病区护士长卢晓洁获评2021年度全省“最美救护员”。

2月

3日 临海籍企业家王海港作为北京冬奥会火炬传递第36名火炬手，在八达岭长城完成火炬传递。

9日 台州市首个智能招聘系统——“智慧人才市场”在临海启用。

10日 市青年宣讲团获评2021年度浙江省基层理论宣讲成绩突出集体，为台州唯一上榜集体。

是日 全球通讯社联盟发布《Ancient Chinese coastal city Linhai embraces new tourism boom with cultural cards》《千年古街蒸腾“烟火气”中国历史文化名城临海以文旅融合迎蝶变》，专题报道临海，法新社、西班牙埃菲社、日本朝日新闻、韩联社等415家海外主流媒体官网转载。

14日 中国共产党临海市第十五届纪律检查委员会召开第二次全体会议，审议通过市纪委十五届二次全会工作报告。

15—19日 政协临海市第十五届委员会第一次会议召开，会议选举产生政协临海市第十五届委员会主席、副主席、秘书长和常务委员，张招金当选为政协临海市第十五届委员会主席。

17—20日 临海市第十七届人民代表大会第一次会议召开。选举产生市十七届人大常委会主任、副主任、委员，市人民政府市长、副市长，市监察委员会主任、市人民法院院长、市人民检察院检察长和临海市出席台州市第六届人民代表大会代表。章维青当选市十七届人大常委会主任，蔡建军当选市人民政府市长。

22日　临海被评为2021年浙江省产粮大县。

是日　市渔业管理服务中心揭牌成立。

23日　团市委“志愿汇”入选全国县域共青团基层组织改革案例。

28日　国家级台州湾经济技术开发区（台州综合保税区）授牌，义新欧班列“台州号”组货首发。

是月　临海获评2021年度全省农业水价综合改革工作绩效优秀。

3月

2日　浙江省现代医药化工产业创新服务综合园（北区一期）在台州湾经济技术开发区开工，总投资近3亿元，总建筑面积59141.8平方米。

是日　临海村级集体经济发展农村综合改革国家级标准化试点项目高分通过验收，考核结果为优秀。

5日　詹耀良被评为2021年度“最美浙江人·最美乡贤”。

11日　永太新能源材料产业园项目签约，总投资超100亿元。

是日　佩弦湖区块二期项目征迁房屋评估工作全面完成，共涉及枧桥一村、前洋村全部征迁户935户，完成率100%。

17日　省政协主席黄莉新到临海调研，考察华海药业。

22日　临海发布台州首份区域审判工作白皮书，从审判视角为政府决策提供参考和依据。

24日　浙能台州1号海上风电场开工建设。工程位于雀儿岙岛北侧，总投资42亿元，属于近海风电场，其中涉海面积26.3平方千米，用地面积约27亩。

25日　全市“共富工坊”建设启动仪式暨河头镇“永强·共富工坊”揭牌仪式在河头镇举行。

是月　市医疗保障服务中心启用“医保驿站”，可在非工作时间“不见面办、自助办”11项常用医保业务。

4月

2日　临海获评2021年省“平安县（市、区）”，实现十七连创。

8日　市“共富工坊”企业联盟正式成立，首批35家龙头企业入驻。

11日　“朱自清文学奖”暨走进临海100周年系列庆祝活动新闻发布会在台州初级中学举行。庆祝活动贯穿全年，包括设立“朱自清文学奖”、举办系列讲座、发行文学专辑、推出研学游产品等10项活动。

是日　《浙江日报》以《临海：全力建设历史名城　制造强市　共富高地》为题，报道临海建设发展情况。

15日　临海在全省率先推行地理标志产业全链条保险，为“临海蜜桔”“临海杨梅”“临海蟠毫”“临海西兰花”4张农业“金名片”投下台州首笔地理标志保险。

19日　浙江联盛化学股份有限公司在深交所创业板上市，成为临海市第9家上市企业。

是日　临海获评2021年度浙江省新一轮制造业“腾笼换鸟、凤凰涅槃”攻坚行动优秀单位，是台州唯一上榜的县（市、区）。

20日　2022“智汇台州　百校引才”云招聘（临海）活动启动仪式暨齐齐哈尔大学专场“空中双选会”在市新闻传媒集团演播大厅举行。

24日　市老年乐园获评浙江省首批四星级养老机构，为台州市唯一一家。

26日　全市首个城市健康驿站——白水洋健康驿站投用，总占地面积100亩。

是日　吉利（临海）首款新能源汽车吉利帝豪L雷神Hi·X超级电混正式发售。

28日　“宋韵台州　大雅府城”首届台州府城宋韵文化艺术特展举行，展出诗词书法作品、国画作品、宋代文物展品和雅草盆景约190件。

28日　市人民法院与市自然资源和规划局签订台州首份《关于建立环境资源执法司法协同联动机制实施方案》。

29日　中共台州湾经济技术开发区工作委员会，台州湾经济技术开发区管理委员会，台州综合保税区管理委员会，中共台州市纪律检查委员会、台州市监察委员会派出台州湾经济技术开发区纪检监察工作委员会揭牌。

是月　全市首个工业类集体商标——“桃渚绣衣”集体商标获国家知识产权局批准注册。

5月

4日　《浙江日报》头版以《城市绿岛“吸粉”候鸟安家》为题，报道临海持续15年保护灵湖湖心小岛。

5日　全市镇(街道)综合行政执法队集中揭牌仪式，为17个镇(街道)综合行政执法队伍集中揭牌。

是日　临海入选《2021年中国投资潜力百强县》，位列第18位。

6日　临海籍企业家徐文俊、医务工作者张艳入选“浙江好人·‘疫’线面孔”名单。

9日　方溪水库引水及配套水厂启动建设。11月2日，水库进入蓄水阶段。

15日　林萍家庭被评为2022年全国最美家庭，孔先顺家庭被评为2021年度浙江“最美家庭”。

17日　36集年代剧《海之谣》在央视8套黄金时段播出，该剧以1955年解放一江山岛战役为背景，主要取景地为台州府城墙、紫阳街、延恩寺等地。

25日　市公安局行政审批科被评为“全国公安机关爱民模范集体”，是台州唯一获此殊荣的集体。

是日　省委副书记黄建发到临海市社会治理中心接访群众。

27日　洪池区块排洪应急工程通过竣工验收。工程位于古城街道后山村，概算总投资1.28亿元。

是月　临海入选“2022年度县市电商竞争力百佳样本”榜单，居第63位。

6月

1日　“携手共成长·同心向未来”2022台州—香港青年伙伴说活动在紫阳小剧场举行。

2日　伟星科技产业园项目签约，计划总投资105亿元。

是日　临海市水库系统治理(除险加固)工作获2021年省政府督查激励，全省唯一。

8日　省人大常委会副主任史济锡率省执法检查组到临海开展乡村振兴“一法一条例”和《浙江省综合行政执法条例》执法检查。

9日　临海发出全国第一份地理标志证明商标申请保险——“临海对虾”地理标志申请费用补偿保险。

14日　省水库移民共同富裕示范项目——杜桥镇水库移民物业投资项目签约仪式举行。

25日　台州府城文化旅游区紫阳街历史文化街区入选首批省级夜间文旅消费集聚区。

27—28日　浙江省“十链百场万企”系列活动之生物医药产业链专场在临海举行，10个重点项目现场签约，总金额89.6亿元。

7月

1日　临海林场纪录片《不负青山》在浙江新闻频道播出。

2日　全市制造业集中投产月活动暨华海制药科技产业园投产仪式举行，12个项目集中投产，总投资123亿元。

5日　临海获评2021年度产业集群跨境电商发展试点绩效评价A级试点县(市、区)。

6—12日　第28届全国摄影艺术展览暨“山海台州　江南长城”摄影艺术周在临海举行。

11日　临海获评浙江省市县党政领导科技进步目标责任制考核优秀单位。

14日　《新华每日电讯》头版以《保稳提质　蓄力前行》为题，报道临海经济保稳提质工作。

15日　台州府城文化旅游区成功入选国家AAAAA级旅游景区。

17日　《浙江新闻联播》头条播出《临海：资金扶持专班服务　助推大项目早开工早投产》。

20日　临海国际时尚产业园项目签约，总投资约50亿元。一期项目为永强高端家居产业园，总投资约20亿元，总用地约500亩。

是日　2022赛迪百强县榜单发布，临海居第58名。

22日　伟星新材的“一种晶型可控的耐低温开裂PPR管道及其制备方法”和永太科技的“一种3，4，5-三氟溴苯化合物的制备方法”获中国专利优秀奖。

23日　《浙江日报》头版以

《“翻译官团队”助企业顺利出海》为题，报道临海开展特色产业“浙江制造”标准英文研译工程。

26日　市户外职工驿站总站入选2022年浙江省“最美工会户外劳动者服务站点”名单。

29日　临海方舱医院通过综合验收。医院位于沿江镇山头戴村北侧、余温公路东侧，总投资约2亿元，最多可容纳1300人。

是月　临海现代商贸流通创新发展区入选第二批浙江省现代服务业创新发展区名单。

8月

1日　中午12时，东海开渔，全市近700艘渔船出海。

4日　省委第九巡视组巡视临海工作动员会议召开，省委第九巡视组组长陈惠明作动员讲话，吴华丁主持会议并作表态发言。省委巡视组在临海巡视时间为3个月左右。

8日　临海与台州学院签署共建国际护理学院合作协议。

15日　航天环保工程技术研究院在临海揭牌落户。

16日　浙江协海集团有限公司升级为AAAAA级物流企业，为台州首家AAAAA级物流企业。

18日　市自然资源和规划局（林业局）获评全国绿化先进集体。

19日　全市举行首批本地企业优质项目路演汇报会，13个优质项目集中登台路演。

22日　市四套班子领导及台州湾经济技术开发区班子成员走进部队集体参加“军事日”活动。

23日　台州学院大树文物与历史建筑学院办学协议签约仪式暨成立大会在临海举行。

26日　总投资近10亿元的吉利新能源纯电汽车项目落户临海。

26—29日　“临海·荣光首届中华民厨大赛”举行，大赛永久举办地落户临海。

27日　浙江福瑞达新材料有限公司年产1万吨含氟新能源材料项目在台州湾经济技术开发区开工建设。

30日　市化学原料药行业中小企业数字化改造入选浙江省首批中小企业数字化改造试点县（市、区）创建。

是日　市综合行政执法大队二级主任科员陈优林被授予全国“人民满意的公务员”称号。

31日　全省中小学生爱国主义主题读书教育活动暨“乡村少年爱阅读”活动启动仪式在市农村文化礼堂总部举行。

9月

8日　台州学院临海国学院成立。

10日　全市10家企业被认定为2022年浙江省知识产权示范企业，数量居台州市第一。

14日　台州市化学原料药工业互联网平台入围工业和信息化部国家新型工业化产业示范基地工业互联网平台赋能数字化转型提升试点项目，成为全省入选的3个试点项目之一。

15日　回浦中学男子篮球队代表台州获浙江省第十七届运动会五人制篮球（男子甲组）总决赛冠军。

16日　104国道江南至尤溪段改建工程通车，主线全长15.8千米，项目总投资18.3亿元。

17日　台州学院未来乡村学院在尤溪镇揭牌成立。

19日　市委十五届三次全体（扩大）会议暨市政府全体会议召开，审议通过《中共临海市委关于勇当民营经济示范城市排头兵　奋力谱写“两个先行”临海篇章的决议》。

是日　浙江正特股份有限公司在深交所主板上市，成为全市第10家上市企业。

是日　伟星新材博士后工作站获批。

21日　临海港澳台侨政协委员会客厅揭牌启用，省政协副主席、民革省委会主委吴晶出席活动。

27日　临海入选首批交通强国试点县（市、区）名单，为台州唯一入选的县（市、区）。

28日　台州府城宋韵·诗路文化体验馆开馆，由临海博物馆旧址改建而来。

是月　溪胜路获评2021年省级绿化美化精品道路及省级特色精品道路。

10月

1日　中国运动医学学科带头人、复旦大学运动医学研究所所长、临海籍教授陈世益再次当选APKASS（亚太膝关节、关节镜及运动医学学会）主席，并助力中国成功申办“APKASS-2024双年会”。

1—7日　台州府城文化旅游区接待游客58万人次，创历史新高，位居全省景区第二名。

4日　3家“府城·老邻舍”老年食堂投入使用。“府城·老邻舍”项目首期建设6家，总投资2500多万元，服务覆盖周边1.37万名老人。

10日　头门港—宁波舟山港集装箱内支线开通，临海步入集装箱运输新时代。

是日　古城街道鹿城社区入选首批浙江省共同富裕现代化基本单元“一老一小”场景。

14日　全市首个“承诺即开工”项目——市城市快速路（南区段）项目办结桩基础工程施工许可证，实现提前6个月开工。

120日　浙江宏野海产品有限公司董事长黄元明获2022年“大国农匠”全国农民技能大赛种养能手类二等奖，为浙江省唯一获奖的选手。

21日　“梦享古城　智创未来”中国·临海第四届国际高层次人才创业创新大赛决赛举行。

24日　鹿城社区入选2022年全国示范性老年友好型社区。

27日　临海市选送的《恩泽医局》《紫阳街和紫阳真人》两个视频在首届全省文化基因解码工程短视频大赛中分获三等奖、优秀奖。

11月

1—3日　华海药业、永太科技、奥翔药业等7家临海药企组团参加在德国举办的世界制药原料展览会，达成累计意向成交额近9500万美元。

3—6日　2022年尤溪镇第二届丰收美食节暨首届稻田运动会举办。

5日　2022年柴古唐斯括苍越野赛开跑，1200多名选手参赛，共设115千米、85千米、55千米及26千米组别四项赛程。

6日　临海籍运动员马章志与队友在2022年全国赛艇锦标赛中获U19男女混合四人双桨2000米比赛冠军。

7—8日　市委书记吴华丁率市党政代表团赴南充市嘉陵区考察交流，并捐赠社会帮扶资金。

8日　由市政府承办的“救在身边”项目“一地创新、全省共享”工作推广会在省人民大会堂举行。

是日　临海入选浙江省第二批数字生活新服务样板县名单。

14日　浙江临海经济开发区、浙江永强集团股份有限公司入选第二批省级先进制造业和现代服务业融合发展试点名单。

17日　2022年浙江省暨台州市“全民终身学习活动周”总开幕式在巾山广场举行。

18日　2022年临海市民生实事项目“除颤仪（AED）投放160台”验收合格，为心源性猝死市民的现场救护提供安全保障。

20日　“奋力突破跨越，奋进第一方阵”——全市第二届项目谋划擂台赛举行，大唐临海能源基地（燃煤电厂）项目、临海市大田平原防洪及水资源综合开发项目、临海市新材料城项目、头门港区三岛开发项目获一等奖，另有二等奖8个、三等奖12个。

19—24日　临海运动员在浙江省第十七届运动会射箭比赛中获1金1银1铜。

24日　临海入选2022（第五届）中国县域旅游发展潜力百强市，排名第八。

25日　2022年“中国创新百强县”榜单发布，临海居第22位，排名居台州第一位。

29—30日　全省丘陵山区农业机械化现场推进会在临海举行。

30日　“千年府城　山水临海”——2022年临海城市价值推介会在杭州举行。

是月　“江南·溪山有道”片区共富村试点项目入选浙江省2023年度一事一议财政奖补支持打造共富乡村试点实施类项目名单。

是月　紫阳街入选第二批浙江省旅游休闲街区。

是月　临海市生物多样性（一期）调查成果公布，调查发现临海平革菌、临海绒盖牛肝菌两种具有本土特色的新物种。

12月

1日　省政协副主席周国辉到临海调研，实地走访浙江伟明环保股份有限公司、富春紫光污水处理厂、大洋街道“民生议事堂”等地。

是日　市民张海林、朱丹丹夫妇当选第十一届“浙江孝贤”孝贤人物。

2日　台峤古风清——浙东唐诗之路与台州文化学术研讨会在临海召开。

4日　中国·杜桥眼镜城开业，址设杜桥镇环城北路西段南侧，总建筑面积约8万平方米，店铺589间。

8日　中化学临海新材料产业园项目签约，项目选址台州湾经济技术开发区南洋医化园区，总投资61亿元。

是日　市政府与中国老龄事业发展基金签约，合作实施系列养老项目。

10日　市首届8人制足球联赛在市威炫足球公园开赛。

12日　临海选送的短视频作品《深耕乡土　闪耀担当》获浙江省首届电商直播式“共富工坊”短视频大赛银奖。

14日　市白沙湾滨海湿地生态修复项目通过国家蓝湾验收。

15日　甬台温高速公路改扩建工程台州段开工仪式在临海举行，主线长83千米，其中临海段总投资103.2亿元，全长34.5千米。

15—16日　全省清廉民营企业建设现场推进会在临海举行，省委常委、统战部部长邱启文等领导出席，市委书记吴华丁代表临海作题为《擦亮亲清底色　突出全域共建　奋力打造清廉民企建设临海样板》的交流发言。

16—18日　“府城宋韵　好事来临”台州府城宋韵市集举行，将非遗文化、地方美食融入市集。

18日　延恩寺宋墓入选2022年度浙江考古十大发现。该墓位于涌泉镇外岙村延恩寺后山，墓主为南宋参知政事杨栋，出土“宋少保观文殿学士杨公圹志”石墓志一合，金器、银器、铜器、玉器、铁器、漆木器等计约45件。

19日　全市10家企业远赴中东参加2022中国（阿联酋）国际贸易博览会上的“台州智造商品展”。

20日　南门未来社区、大洋未来社区入选浙江省2022年度第二批未来社区名单。

21日　括苍镇、杜桥镇、小芝镇三镇获评2022年度美丽城镇省级样板，入选乡镇数量居台州第一。

是日　浙江省2022年度数字社会系统“最系列”名单公布，临海“打造‘来浙实践’应用助推高校毕业生高质量就业入选“最优理论”项目名单，大洋社区入选“最暖家园”未来社区名单。

22日　临海获评省域空间治理数字化平台“最佳县级节点”，市自然资源和规划局“地灾智治（三维地质、风险双控）”获评省域空间治理数字化平台“最优场景”。

是日　灵湖“临海客厅”城市新区入选浙江2022年度第三批城乡风貌样板区名单。

29日　临海入选2022年度“四好农村路”全国示范县创建单位名单。

30日　省委第九巡视组向临海市委反馈巡视情况，对抓好巡视整改工作提出明确要求。

是日　桃渚镇城里村入选第二批浙江省自然保护地融合发展镇（村）名单。

是月　临海12家企业上榜2022年浙江省高新技术企业创新能力500强，上榜企业数居台州各县（市、区）第一。

是月　义城港入选浙江省2022年“美丽河湖”名单。

临海概览

Linhai Overview

自然地理

【区域位置】 临海地处浙江东部沿海、长三角经济圈南翼，位于北纬28°40′—29°04′，东经120°49′—121°41′，境域东濒东海，南邻椒江区、黄岩区，西接仙居县，北邻天台县，东北毗邻三门县，是浙江省辖市，台州副中心城市，台州及浙江沿海中部的交通枢纽。陆域面积2251.22平方千米，海域面积1571.48平方千米，海岸线256.07千米（其中，大陆岸线52.18千米、海岛岸线203.89千米；岛屿196个，岛礁总面积18.5平方千米）。2022年城市建成区面积52.62平方千米。

【行政区划】 2022年，全市辖古城、大洋、江南、大田、邵家渡5个街道，杜桥、白水洋、东塍、桃渚、尤溪、汛桥、沿江、汇溪、小芝、上盘、涌泉、永丰、括苍、河头14个镇，628个行政村，37个社区（居委会）。

【人口】 2022年末，全市户籍总户数37.04万户，户籍总人口119.55万人。其中，男性人口61.89万人，女性人口57.66万人，男女性别比为107.3。全年出生6418人，死亡7894人，人口自然增长率-1.23‰。根据测算，全市年末常住人口111.4万人，常住人口城镇化率52.6%。

【气候】 临海境域温暖湿润，属亚热带季风气候，四季分明。2022年，年平均气温18.7度，降水量1287.0毫米，日照时数1998.2小时。全年气温偏高，日照偏多，雨量、雨日均较常年偏少，气候总体呈现暖干特点，降雨"前多后少"。

【山脉】 三面环山、一面靠海，呈"七山一水两分田"地貌。全市陆域部分有山178座、山峰456座、山口66座、山洞35个、山谷20个。森林覆盖率68.5%，浙东南第一高峰括苍山米筛浪是中国大陆21世纪第一缕阳光首照地，括苍山为国家级森林公园。

【水文】 境内有灵江、洞港（含桃渚港）两大水系，其中灵江为浙江省第三大水系，另有一条羊岩水流向三门境内。河流539条，总长1337千米，其中，感潮河段长59.50千米，水闸控制的内河长708千米、山溪性河流长569.50千米。河流主要靠降水补给，受地形和降雨因素影响明显。

【生物】 2021年9月至2022年10月，台州市生态环境局临海分局开展生物多样性调查（一期），查到境内动植物3600余种，其中，陆生高等植物2700余种，陆生脊椎动物近100种，大型真菌160余种，昆虫600多种。发现国家重点保护野生动植物39种，其中，包括国家一级重点保护野生植物——南方红豆杉，国家二级重点保护野生植物32种，国家二级重点保护野生动物6种；发现珍稀濒危野生动植物114种，其中，濒危野生植物81种，濒危野生动物33种；发现两个新物种——临海平革菌、临海绒盖牛肝菌，分别位于江南情人谷和兰辽林场。

历史文化

【建置沿革】 临海历史悠久，底蕴深厚。早在10万年前，就有“灵江人”在此繁衍生息。峙山头新石器时代遗址距今约8500年。夏、商、西周时期为瓯地，春秋战国时属越国，楚灭越后为瓯越自治区域。秦王嬴政二十五年（前222）属闽中郡，汉初先后为东海（东瓯）国和东越国地。西汉始元二年（前85），置回浦县，为临海县制之始，东汉章和元年（87）改名章安。三国吴初，析章安置临海县，今临海地域分属章安和临海。孙吴政权遣大将卫温、诸葛直率甲士万人在此出海远规夷洲（今台湾省），是中国历史上第一次以政府名义出航台湾。三国吴太平二年（257），设临海郡，唐武德四年（621）置台州，临海一直为台州的州、郡、路、府治所和行署驻地。唐武德八年（625），撤章安县并入临海县。1949年5月29日，临海县城和平解放。1986年3月1日，国务院批准临海撤县设市。1994年8月22日，台州撤地设市，市政府迁驻椒江。临海改由省直辖，台州市代管。同年，经国务院批准，临海成为全省首个获得国家历史文化名城称号的县级市。

【人才荟萃】 素有“小邹鲁”和“千年台州府，满街文化人”的美誉。置县2000余年来，留下文武状元、同朝五宰辅、兄弟四进士、父子三巡抚等千古佳话，谢灵运、郑虔、骆宾王、朱熹、戚继光、徐霞客、朱自清等名人大家都在临海留下了历史印记。20世纪初，一大批临海籍志士前仆后继投入辛亥革命的浪潮，走出了王文庆、屈映光、周至柔、陈良4位省长、市长，以及王纶等19位将军。中国共产党成立之后，临海又涌现出浙江早期的女共产党员、长期战斗在秘密战线的吴先清，年仅19岁在南京雨花台英勇就义的郭凤韶，领导东北抗日游击队的满洲省委书记林炯，兄弟革命家张崇德、张崇文，革命夫妻王观澜、徐明清等一批彪炳史册、名扬千古的革命志士。

【文保单位】 有各级文物保护单位（文保点）132处，其中，全国重点文物保护单位4处，省级文物保护单位14处，省级自然化石保护区1处。台州府城墙作为中国明清城墙组成部分被列入中国世界文化遗产预备名单，紫阳街入选中国历史文化名街。

台州府城墙 位于古城街道，是江南地区保存最好的州府一级城墙，兼具军事防御与城市防洪双重功能。始筑于东晋元兴元年（402），扩建于唐武德四年（621），定型于宋，完善于明清，后经多次修缮，现存4621米。城墙虽然规模不大，但西南两面沿江而筑，北面依山就势，逶迤曲折，雄伟壮观，独特的马面形态与露龈造技术等建筑构造方法独树一帜，首创二层空心敌台，具有鲜明特色和不同寻常的历史文化价值，被中国长城学会会长罗哲文誉为明长城的“师范”和“蓝本”。1997年8月29日台州府城墙被公布为第四批省文物保护单位，2001年6月25日被公布为第五批全国重点文物保护单位。

桃渚城 又名桃城，位于桃渚镇城里村，是浙江省保存最完好的明代千户所城。明正统八年（1443）建成，城为不规则方形，东北面城垣蜿蜒于后所山，前对石柱岩，后倚将台山，东临狮子山，西望伏虎山，城池前有护城河。明嘉靖三十八年（1559），戚继光创建东、西两座敌台，后屡有修葺。1963年3月，桃渚城被公布为第二批省文物保护单位。1971年，南城墙1个敌台因修路拆毁。1987年，在东、南、西三面城垣上修砌保护性软墙。2001年6月，桃渚城被公布为第五批全国重点文物保护单位。2004年5月，桃渚城护城河重浚。2012年5月，重建东、西2座敌台角楼，城内街巷、建筑保持明清格局。

巾山塔群 巾山塔群位于台州府城东南隅的巾山上，由千佛塔、东大塔、南山殿塔组成。千佛塔位于巾山西麓龙兴寺内，是临海现存最高古塔。始建于唐天宝三载（744），初称龙兴寺塔，后称多宝塔。现存塔身系元大德三年（1299）重建，是浙江仅存的6座有明确纪年的元塔之一。具有宋元时期江南建筑的典型风格。因全塔各级各面内外共嵌有1036块佛像砖，故又称千佛塔。原为砖木混合结构的楼阁式塔，木构塔檐部分已毁。1989年12月，被公布为第三批省文物保护单位。

巾山东大塔位于巾山东峰之巅，始建于北宋，后屡次重修。现塔系清同治四年（1865）重修塔体（因经费出自大田赤水庠生徐万年，故又称“万年塔”），须弥座为宋代遗存。整塔为砖混结构，塔高21.68米，直径6.25米，其内中空，铭文塔砖遍布周身，有“同治四年”“巾子山塔”“修造郡守刘”“捐造庠生徐万年”等9种。2005年3月，被公布为第五批省文物保护单位。

南山殿塔位于巾山西南坡南山殿前，俗称“南塔”。明万历四十六年（1618）建，为五级六面楼阁式砖塔，塔体中空，每面开窗，壶门五暗一明，暗龛置石佛像。砖塔临江，为水口塔，塔体嵌纪年铭文砖。因多次遭受雷击，今塔刹已毁，塔顶破损。塔总体残高14.85米，直径3.77米。建筑风格与东大塔相仿。2005年3月，被公布为第五批省文物保护单位。

2013年，千佛塔入选第七批全国重点文物保护单位。2019年10月，巾山东大塔、南山殿塔并入第七批全国文物保护单位千佛塔，更名为巾山塔群。

恩泽医局旧址 位于古城街道望天台43号。清光绪二十七年（1901），基督教圣公会向临海王氏购小桃源旧址，由英国传教士白明登等建造。医局现存三座砖木结构二层建筑，其中北面为主楼养病院，整座建筑中西合璧，布局结构合理，充分利用山形地势，是西方传教士在中国建造的早期西式医院的代表性建筑之一。2011年9月，被公布为市文物保护单位。2017年1月，被公布为第七批浙江省文物保护单位。2019年10月，被公布为第八批全国重点文物保护单位。

【非物质文化遗产】 拥有黄沙狮子、临海词调两项国家级非物质文化遗产，22项省级非物质文化遗产。

黄沙狮子 又称上桌狮子，始于北宋，将音乐、舞狮、武艺三大部分巧妙结合。通常在堆叠的五至九重八仙桌上表演，艺人在上面凌空腾挪，令人咋舌。黄沙狮子表演活动一般从农历大年三十开始至二月初二。20世纪90年代初，黄沙狮子恢复演出，参加历次的古城文化节（江南长城节）。2004年，成立黄沙狮子表演艺术团。2005年，演出在央视四套《华夏文明》栏目专题播出。2006年6月，被列入第一批国家级非物质文化遗产名录。近年来，央视四套《华夏文明》栏目与央视一套《共同关注》栏目多次向国内外观众播放黄沙狮子专题节目。

临海词调 又称台州词调、才子词调、仙鹤调，发端于南宋海盐腔，在吸收、融化南戏、昆曲和民间小曲等曲种的声腔、旋律的基础上，结合临海方言演变而成，在江南说唱艺术史上占有重要地位，讲究“字清、腔圆、音准、板稳”8个字，常用曲牌有30多种。明、清时期主要流传于临海，影响至黄岩、椒江、天台、仙居等地。有史可查的最早班社为清嘉庆年间的停云社，入社成员初时多为文人学士、悠闲子弟，后来民间一些出身清贫的劳动者也加入词调班社，分别称为“长衫派”和“短打派”。20世纪30年代开始，临海词调从坐唱的形式演变为戏曲登上舞台，推出了《白兔记》《白蛇传》等移植和创作剧目。1984年1月开始，文化部门对词调进行挖掘、保护。2000年成立临海词调剧团。2005年5月，被列入第一批省非物质文化遗产代表作名录。2008年6月，被列入第二批国家级非物质文化遗产名录。

经济发展

【概况】 临海是中国股份合作经济重要发源地之一，全国首辆民营企业制造的汽车诞生地，中国首家农民专业合作社诞生地。2022年，全市实现地区生产总值878.52亿元，三次产业结构为6.7∶45.1∶48.2。实现财政总收入104.51亿元，其中一般公共预算收入62.11亿元。全市拥有规上工业企业641家，上市企业10家，实现规上工业总产值1124.22亿元。初步形成以现代医药、汽车机械、时尚休闲三大产业为主导，新型建材、眼镜、彩灯为特色产业的“3+X”工业体系。农林牧渔业总产值95.2亿元，拥有柑橘、茶叶、杨梅、西兰花、白对虾、胖头鱼六大“国字号”品牌。临海林场为全国十佳林场，被列入第三批国家农村综合改革标准化试点。完成外贸自营进出口总额384.20亿元，其中自营出口355.21亿元。跻身全国县域经济百强县、全国综合竞争力百强县、全国投资潜力百强县、中国创新百强县、中国营商环境百强县等多个百强榜。

【工业主导产业】 **现代医药** 1999年，浙江省化学原料药基地的前身沿海工业园区在临海东部成立，2001年升级为国家级开发园区，逐步成为世界上最大的医药中间体生产区之一，形成基础化学品—中间体—原料药—制剂一体化的产业链发展模式。2003年，华海药业成功上市，成为全市首家上市公司。2007年，华海药业成为国内首家制剂产品规模化出口欧美市场的医药企业。2022年，全市拥有规上医化企业49家，包括华海药业、永太科技、万盛股份、奥翔药业、本立科技、联盛化学等6家上市公司，实现规上产值323.4亿元。

汽车机械　撤县设市初，临海即有汽车整车、摩托车生产，“鹿城牌”摩托车年产量1万多辆。1998年，首辆民营企业制造的汽车——吉利豪情在临海下线。21世纪初，机车制造崛起成为全市主导产业之一，带动汽摩配件行业进一步发展。2019年，浙江豪情汽车制造有限公司成为台州首家产值突破300亿元的工业企业。2022年，全市拥有汽车、机械相关企业300余家，其中规上企业184家，实现规上产值358.2亿元。

时尚休闲　20世纪90年代，出口导向的节日灯和户外休闲用品业兴起。21世纪初，休闲用品行业发展成全市最大的出口行业。2003年，临海被授予“中国休闲用品礼品生产基地”称号。该行业主要有户外家具及庭院用品、工艺品、节日灯饰、眼镜、服装辅料以及合成革六大类产品。2022年，全市拥有时尚休闲类规上企业239家，包括伟星股份、永强集团、浙江正特3家上市企业，实现规上产值250.6亿元。

【农业金名片】**柑橘**　三国时期，临海即有柑橘栽培。《临海水土异物志》所载“鸡橘子”，即今金柑，元代被列为贡品。20世纪70年代，在沿海一带建立海涂无核橘基地，发展规模化种植，先后成为省柑橘外贸出口基地、全国柑橘生产基地县。20世纪90年代，涌泉等地改田种橘，平地橘园快速发展。1999年，临海被命名为中国无核蜜橘之乡。2002年，“临海蜜桔”注册为地理标志证明商标。2009年和2011年，“临海蜜桔”“忘不了”先后被认定为驰名商标，后者成为全国首个农民专业合作社驰名商标。2020年，“临海蜜桔”入选国家农产品地理标志登记保护名单。2022年，全市柑橘种植面积20万亩，产量30万吨，产值14亿元。

茶叶　临海是中国道茶之源，汉代葛玄于盖竹山（今属汛桥镇）建仙翁茶园。明代，临海芽茶列为贡品。20世纪70年代，临海大规模开山种茶，建立羊岩山等茶场，被列为全国茶叶基地县。主要品种“临海蟠毫”“羊岩勾青”于2005年注册为地理标志证明商标。2010年，临海获“中国名茶之乡”称号。2012年，“羊岩山”商标被认证为驰名商标。2022年，全市茶叶种植面积约5万亩，年产量1188吨，产值1.7亿元。

杨梅　临海杨梅始种于三国时期，民国时居果类之首，汛桥杨梅岭因此得名。20世纪80年代初，引入荸荠、冬魁等良种，开展规模化种植。主要产区为双港、涌泉、大田、城郊、大石、城西等地。2001年，白水洋镇被授予“浙江杨梅之乡”称号。2009年，临海获“中国杨梅之乡”称号，“临海杨梅”被核准为地理标志证明商标。2022年，全市种植面积13万余亩，总产量9万吨，产值7亿元。

西兰花　主产地在上盘、杜桥等地，独特的弱碱性土壤和海洋性气候，使西兰花具备上市季节独特（1月上市国内外罕见）、花球品质好、单位产量高、适宜规模化生产等优势。1989年，上盘镇劳动村率先引种西兰花。2003年，临海获“中国西兰花之乡”称号。2010年，“临海西兰花”注册为地理标志证明商标。2022年，全市西兰花种植面积约7万亩，是全国规模最大的冬春西兰花生产中心和重要的国际西兰花集散基地。2022—2023年，全市西兰花产量10万吨、产值3.5亿元。

【海洋经济】2014年12月26日，头门港开港，临海从此迈入海洋经济发展新时代。头门港可利用岸线长度28.8千米，可建万吨以上泊位84个，后方可围垦土地面积近100平方千米，是一个集“深水良港＋广阔腹地＋区位优势＋产业支撑＋城市依托”为一体的港区，是台州港规划建设的中心港区、台州市对接“七大产业”的重要区域，也是浙江大湾区发展规划总体布局“一环一带一通道”中“甬台温临港产业带”的重要区域。港产城湾融合发展全面推进，自贸区联动创新区、跨境电商综合试验区有序推进，综合保税区、口岸开放相继获批，“公铁水多式联运工程”成为国家示范项目，2个5万吨兼靠7

万吨级码头主体工程建成投用。2022年2月28日，台州湾经济技术开发区（台州综合保税区）挂牌成立。是年，义新欧中欧班列“台州号”实现首发并常态化运行，头门港—宁波舟山港集装箱内支线开通，临海从此迈入“港口集装箱运输时代”，全年完成港口吞吐量926.1万吨。产业园区实现规上工业总产值510.7亿元。三大产业城建设持续推进，台州湾新材料产业园（荣盛项目）基本落地，吉利汽车临海基地实现从传统油车向新能源车转型。公共设施日趋完善，现代港城展露新姿。白沙湾公园通过国家蓝湾验收，首个城市综合体——吉利汽车广场建成，首个职业教育学校——吉利技师学院开学。

社会发展

【科教卫生】 **科技** 临海是全国科技进步先进市、全国科技创新百强市，是首批省级可持续发展创新示范区，高新技术产业增加值连续五年居台州首位，拥有国家级技术中心、国家行业重点实验室等6家，国家重点扶持高新技术企业206家，在全省率先成立县级知识产权服务中心。2022年，全社会研究与实验发展R&D经费支出27.8亿元，技术市场年成交额2.07亿元。

教育 临海拥有从学前教育到大学本科的完备教育体系，有台州学院、台州中学等一批名校，省一级特色示范高中2所，国家、省级中职教育改革发展示范学校各1所，省中职名校1所。有国家、省“万人计划”教学名师4人，省特级教师23人，正高级教师24人，数量均居台州首位。2022年，年教育经费39.13亿元，一般公共预算安排教育经费26.32亿元，占一般公共预算支出比例21.43%。创新台州中学办学体制，设立东、西校区。新增省现代化学校7所，二级以上等级幼儿园12所。

卫生 设市初，初步建成市、区、乡、村四级卫生防疫网络和妇幼保健管理体系，是全省最早达到消灭血吸虫病标准的县（市）之一。2005年，台州医院被评为三级甲等综合性医院。2008年，被评为国家卫生城市。2022年，全市有各类医疗卫生机构687家，各类卫生技术人员1.26万人。公立医院综合改革连续三年获评省优秀县市区，获评为省无偿献血先进县（市、区）、2021年度健康浙江建设考核优秀县（市、区）。

【文体旅游】 **文化** 临海是全国文化先进市，坚持文化与经济、社会和城市建设的融合发展，坚持文化服务民生。2022年，举办朱自清走进临海100周年系列纪念活动，设立朱自清文学奖。上线国内首个全链闭环的基层文化服务治理生态“浙里有戏”App。新建62家农村文化礼堂，实现行政村全覆盖。《临海年鉴（2021）》再获省级精品年鉴称号。加强名城保护，编制《历史文化名城保护规划（2021—2035）》，完成省级文保单位马氏庄园修缮。

体育 临海是全国体育先进市，拥有篮球、田径、藤球等学校体育优势项目，回浦男篮获2016—2017年中国高中男子篮球联赛总冠军，桃渚中学藤球队屡次代表国家出征。2022年，新增体育场地面积4.4万平方米，成功举办第22届全国乒乓球锦标赛、2022柴古唐斯括苍越野赛等活动，夺得国家级金牌3枚，省级金牌21.6枚。

旅游 临海是国家历史文化名城、中国优秀旅游城市，山海风光得天独厚，名胜古迹星罗棋布。坚持文旅融合发展，加快形成“一城、一山、一海、一田、一溪”五个骨干景区和N个特色景区，构建“5A引领、5星闪耀”旅游新格局。2022年7月，台州府城文化旅游区成功创建国家AAAAA级旅游景区。全年接待游客总量达490万人次，实现旅游总收入56亿元。

居民生活

【人居环境】 2022年，环境空气质量优良率99.5%，园林绿地面积2023公顷，17个公园总面积396公顷。香樟、银杏、桂花、兰花、茶花等市树市花成为街道、公园的主要绿化树种与美化花草。市级集中式饮用水水源地水质达标率100%，农村自来水普及率100%，卫生户厕普及率100%。灵湖“临海客厅”成为省级城乡风貌样板区，括苍镇、杜桥镇、小芝镇获评美丽城镇省级样板，创成134个星级美丽乡村。

【交通出行】 2022年1月8日，杭台铁路临海段建成通车，全长47.7千米。年末，全市通车公路里程2442.97千米，其中高速公路134.15千米，村道里程1108.8千米。全市现有甬台温、金台、杭台铁路3条，临海段通车总里程159.6千米。全市汽车保有量31.23万辆，其中私人汽车29.04万辆。

【居民收入】 2022年，全市居民人均可支配收入52573元。城镇常住居民人均可支配收入65777元，农村常住居民人均可支配收入为37261元，城乡居民收入比持续缩小。全市628个行政村年集体经济总收入全部达到10万元以上，实现“两不愁三保障”突出问题清零、集体经济薄弱村清零、年家庭人均收入8000元以下情况清零。

【传统小吃】 **蛋清羊尾** 其主要原料有鸡蛋清、豆沙、干淀粉、糯米粉等，必须现做、现炸、现吃，入选《中国菜谱》。因其取材于“蛋清”、形状似“羊尾”而得名，口感绵软、香甜。

海苔饼 用甜面粉、油酥制作，包进预先拌匀的海苔粉和红糖粉馅料，压扁后用模子在饼面上戳多个小洞洞，然后烘烤即成。

麦虾 将猪肉丝、牛肉丝、萝卜丝、鲜笋丝、鲜虾、蛤蜊、香菇等在锅里炒热，加水烧开，然后用筷子、菜刀等“切”或“夹”入预先调好的麦粉浆入锅，烧开即成。

临海节令小吃一览表

表1

名称	节令及做法
麦油脂	又称“食饼筒”，立夏、除夕的节日食品。馅料多，若贴镬烤成“两面黄”，吃起来香而可口。麦油脂的馅料一般有菜头丝、绿豆芽、蒿菜、肉片、蛋皮、豆腐片、豆面、笋等
糟羹	每年的正月十四夜，民间均要做糟羹。羹可分咸、甜两种。咸羹将肉、冬笋、蘑菇、木耳、鲜蛏、豆腐干、油泡等切成丁粒状，在锅里炒熟，加水烧开，再加入米粉调水，拌入切成末状的芥菜，烧熟成糊状即成。甜羹则是用山粉或藕粉配上莲子、甜枣、桂圆肉、金橘饼等做成
乌饭麻糍	旧称农历四月八日是牛的生日，在这时节以山乌饭树叶浸泡取汁，和入糯米粉，蒸熟后擀皮，内裹豆沙，外抹松花粉，切段如竹筒状。断面金黄乌紫如金皮紫玉，其味甜糯清香，多食不腻
漾糕	漾糕为夏令食品，通常在农历六月六前后制食。分米粉和麦粉两种，炊发后形如大盘，上面撒有红绿丝，松软可口
重阳糕	又称“糯米糖糕”，以梗米粉为原料，蒸熟后捣糊，压拓成方，并嵌入栗肉，上浇糖汁，复撒上橙肉、红绿丝，质软味甜。人们取“糕”“高”谐音，意为人寿年丰，步步登高
擂圆	以糯米粉制圆，大如盅口，不嵌糖，煮熟后放在炒熟的黄豆粉（黄豆炒熟磨粉，拌以红糖）中擂一擂（方言，即滚一滚）即成，软糯香甜，故称擂圆，又称冬至圆
炒米糖	以糯米炊热晒干成“冻米”，夹砂炒发，拌以“糖饮”（即热糖浆）、淡猪油、熟生仁、芝麻等，辊实，切片或丝，为春节各家必备的茶食

临海名片

◇ 国家历史文化名城
◇ 国家园林城市
◇ 国家卫生城市
◇ 全国文明城市
◇ 国家AAAAA级旅游景区
◇ 中国优秀旅游城市
◇ 中国宜居城市
◇ 中国美丽乡村建设典范县
◇ 首批沿海经济开放区
◇ 全国县域经济基本竞争力百强县
◇ 全国基层政务公开标准化规范化试点县
◇ 中国眼镜出口基地
◇ 中国无核蜜橘之乡
◇ 中国西兰花之乡
◇ 中国杨梅之乡
◇ 中国名茶之乡
◇ 中国白对虾之乡
◇ 中国水库胖头鱼之乡
◇ 中国休闲海钓之都
◇ 全国科技工作先进市
◇ 全国文化先进单位
◇ 中国文化遗产保护典范县
◇ 全国体育先进市
◇ 中国休闲用品礼品生产基地

临海市四套班子领导名录（2022年12月）

表2

单位	姓名	性别	职务
市委	吴华丁	男	书记
	蔡建军	男	副书记、市政府党组书记、市长
	陈荣世	男	副书记、政法委书记
	程万林	男	常委、人武部部长
	江　峰	男	常委、市政府党组副书记、常务副市长
	陈建波	男	常委、组织部部长
	高佐明	男	常委、宣传部部长
	潘江波	男	常委、市纪委书记，市监察委员会主任
	宋江涌	男	常委、市政府党组成员、副市长
	马敏娅	女	常委、统战部部长，市政协党组副书记
	元宇峰	男	常委，杜桥镇党委书记
	更泽民	男	常委，市政府党组成员、副市长
市人大	章维青	男	党组书记、主任
	许黎野	女	党组副书记、副主任
	李本浪	男	党组成员、副主任
	李红燕	女	党组成员、副主任
	方德助	男	副主任
	陈先东	男	党组成员、副主任
	李　强	男	党组成员、副主任
市政府	蔡建军	男	市委副书记、市政府党组书记、市长
	江　峰	男	常委、市政府党组副书记、常务副市长
	宋江涌	男	常委、市政府党组成员、副市长
	更泽民	男	常委，市政府党组成员、副市长
	程敏江	男	党组成员、副市长
	赵长江	男	副市长
	林　敏	女	党组成员、副市长
	阮顺富	男	党组成员、副市长
	严齐军	男	党组成员、副市长
	梅光辉	男	党组成员、副市长，市公安局局长
市政协	张招金	男	党组书记、主席
	袁国清	男	党组副书记、副主席
	陈福清	男	副主席
	郭燕飞	女	副主席
	金治苗	男	党组成员、副主席
	卢才超	男	党组成员、副主席
	李　萍	女	副主席
	刘国志	男	副主席
市人民法院	庞翔云	男	党组书记、院长
市人民检察院	庞　威	男	党组书记、检察长

资料来源：市委组织部

中共临海市委员会

The Linhai Municipal Committee of the CPC

市委重要会议

【市委十五届三次全体（扩大）会议】 9月19日，市委十五届三次全体（扩大）会议暨市政府全体会议召开，总结2022年以来工作，部署下阶段任务，审议通过《中共临海市委关于勇当民营经济示范城市排头兵　奋力谱写“两个先行”临海篇章的决议》，动员全市上下落实“创新制胜、向海图强、民营创富、招大引强、环境跃升”五大战略措施，重点抓好“五促五提（科创驱动促产业提升、向海图强促平台提档、攻坚克难促项目提质、深化改革促服务提效、共建共享促共富提速）”，勇当民营经济示范城市排头兵，奋力谱写“两个先行”的临海篇章。

9月19日，中共临海市委第十五届第三次全体（扩大）会议暨市政府全体会议召开　　（王　翔　摄）

【市委常委（扩大）会议】 2月28日召开，专题研究浙江头门港经济开发区升级为国家级台州湾经济技术开发区后相关发展事宜。会议提出抢抓机遇，加快港产城湾一体化发展，建设世界一流的汽车及零部件制造基地、原料药基地、新材料基地，到2026年确保核心区GDP接近500亿元，年均增速30%。

4月2日召开，听取市水利局《临海市“古城崛起　水利安澜”防洪排涝挡潮能力提升攻坚行动方案》和市文物局有关台州府城墙防洪能力提升工程情况汇报，分析研判当前临海防洪排涝形势，对下阶段水利有关工作进行再部署再落实。省水利厅党组副书记、副厅长李锐，台州市水利局党组书记、局长姚加健，省水利水电勘测设计院有限责任公司党委委员、副总经理彭庆卫等出席会议。

8月3日召开，传达台州市委六届二次全体（扩大）会议精神和全省巡视巡察工作会议暨十五届省委第一轮巡视动员部署会精神，研究贯彻落实意见。

12月20日召开，传达学习省委十五届二次全体（扩大）会议暨省委经济工作会议精神，研究部署全市贯彻落实意见。会议强调要抓好岁末年初各项工作，狠抓指标争先进位，强化重点项目攻坚，为明年开年打好基础。科学精准落地落细“新十条”优化措施，突出保健康防重症，强化医疗物资储备，加强发热门诊建设，加大健康宣传引导，全力守护群众健康。

【市委常委会会议】 **十五届市委常委会第1次会议** 1月10日召开，集中观看《2021年长江经济带生态环境警示片》，传达学习推动长江经济带发展领导小组全体会议和省委常委会会议精神，研究全市贯彻落实意见。

十五届市委常委会第2次会议 1月14日召开，传达学习习近平总书记在中共中央政治局党史学习教育专题民主生活会、中央全面深化改革委员会第二十三次会议、全国政协新年茶话会和全国老干部工作先进集体和先进个人表彰大会上的重要讲话精神。传达学习中央农村工作会议精神、党史学习教育总结会议精神、全国党内法规工作会议精神。传达台州市委书记李跃旗在临海调研精神，并研究贯彻落实意见。听取党政领导班子成员2021年度履行“一岗双责”情况的汇报和市人大常委会、市政府、市政协、市法院、市检察院党组关于2021年工作、落实全面从严治党主体责任、开展政治生态分析研判情况的汇报。研究《临海方特熊出没酒店项目投资合作协议》《年产1.5亿片（套）高端智能成像模块项目投资合作协议》相关事项，听取2022年市政府民生实事候选项目相关情况的汇报。

十五届市委常委会第4次会议 1月28日召开，传达十九届中央纪委六次全会、省纪委十四届七次全会、台州市纪委五届十一次全会精神。传达台州市领导干部会议精神。通报河南省郑州市“7·20”特大暴雨事故处理结果，并听取临海应对寒潮及雨雪冰冻天气相关工作情况的汇报。听取关于市“两会”相关工作的汇报。

十五届市委常委会第5次会议 2月7日召开，传达学习中共中央政治局会议精神、习近平总书记在中共中央政治局第三十六次集体学习时的重要讲话精神、对政法工作作出的重要指示精神及中央政法工作会议精神、对全国党的建设研究会第七次会员代表大会作出的重要指示精神及全国党的建设研究会第七次会员代表大会精神。听取临海打造历史名城、制造强市、共富高地各领域十大标志性工程的汇报。

十五届市委常委会第7次会议 2月22日召开，传达学习全省涉海涉渔领域安全生产“春雷行动”动员部署视频会议精神，传达学习全国、全省统战部长会议精神，全国、全省宗教工作会议精神。传达台州市委书记李跃旗在临海调研精神。

十五届市委常委会第8次会议 3月7日召开，传达学习全国、全省组织部长会议精神，省委农村工作会议暨粮食安全工作会议精神。听取关于对中央广播电视总台迎新年特别节目《启航2022》服务保障工作专班开展及时奖励情况的汇报。传达《台州市“百镇千村除险保安”专项行动实施方案》文件精神，研究部署贯彻落实意见。听取《临海市2022年度农村人居环境整治提升行动方案》汇报，研究部署下一阶段工作。

十五届市委常委会第9次会议 3月14日召开，听取全市“大综合一体化”行政执法改革情况的汇报。

十五届市委常委会第11次会议 4月1日召开，传达学习习近平总书记在十九届中央政治局第三十七次集体学习、2022年春季学期中央党校（国家行政学院）中青年干部培训班开班仪式、中央全面深化改革委员会第二十四次会议上的重要讲话精神。传达学习习近平总书记在中央政治局常委会会议上的重要讲话精神、孙春兰副总理在全国新冠肺炎疫情防控工作电视电话会议上的讲话精神及省委书记袁家军的批示精神，研究贯彻落实意见。传达全国宣传部长工作会议，全省、台州市宣传思想工作会议精神和全省、台州市网信工作会议精神。研究《设立“朱自清文学奖”暨走进临海100周年系列纪念活动实施方案》。

十五届市委常委会第13次会议 5月16日召开，传达学习习近平总书记在中共中央政治局会议、中共中央政治局第三十八次集体学习、中央全面深化改革委员会第二十五次会议、庆祝中国共产主义青年团成立100周年大会上和在海南、中国人民大学考察时的重要讲话精神。传达学习习近平总书记在北京冬奥会、冬残奥会总结表彰大会上的重要讲话精神。传达学习习近平总书记在中央政治局常务委员会会议上关于疫情防控工作的重要讲话精神，全国新冠肺炎疫情防控工作电视电话会议和浙江省委常委会相关会议精神。传达学习全国安全生产和全国自建房安全专项整治电视电话会议精神，研究贯彻落实意见。传达学习全国、全省保障物流畅通促进产业链供应链稳定会议精神，研究贯彻落实意见。研究《中共临海市委关于加快推进新时代历史名城文化临海工程的实施意见》。

十五届市委常委会第14次会议 6月6日召开，传达学习全国、省稳住经济大盘电视电话会议及相关的台州市委常委（扩大）会议，全省经济稳进提质攻坚行动工作推进会、台州市“稳企助企、稳进提质”工作部署会暨疫情防控复盘会议，省委副书记黄建发在临海调研，省委常委、组织部部长王成在临海调研精神，研究全市贯彻落实意见。传达学习《省委办公厅关于加强和改进新时代市县政协工作的实施意见》精神，研究贯彻落实意见。传达学习全省城乡社区工作会议、省现代社区建设领导小组第一次会议精神，研究贯彻落实意见。听取创建全省标杆引领类县级党校工作的汇报。

十五届市委常委会第15次会议 6月27日召开，传达学习省第十五次党代会、省委十五届一次全体会议、省纪委关于做好“防疫情、稳经济、保安全 迎接党的二十大胜利召开”专项政治监督工作相关文件精神，以及台州市领导干部会议精神。

十五届常委会市委第16次会议 6月30日召开，传达学习中共中央政治局会议、习近平总书记在中央政治局第三十九次、第四十次集体学习时的重要讲话精神，听取进一步完善全市基层社会治理体系建设以及全市食药安全工作情况的汇报。

十五届市委常委会第17次会议 7月19日召开，传达学习贯彻习近平总书记在中央全面深化改革委员会第二十六次会议、湖北武汉考察时的重要讲话精神，以及就研究吸收网民对党的二十大相关工作意见建议作出的重要指示精神；传达学习省委书记袁家军在台州考察调研期间指示精神，台州市委常委（扩大）会议精神及台州市委书记李跃旗来临调研精神；传达学习全省第十次党史工作会议精神。

十五届市委常委会第20次会议 8月25日召开，传达学习习近平总书记在省部级主要领导干部“学习习近平总书记重要讲话精神，迎接党的二十大”专题研讨班、党外人士座谈会、中央统战工作会议、中共中央政治局第四十一次集体学习时的重要讲话精神以及中共中央政治局会议精神，传达学习经济大省政府主要负责人座谈会、长三角地区主要领导座谈会精神，听取“七张问题清单”工作情况汇报。

十五届市委常委会第21次会议 8月31日召开，研究《中共临海市委关于勇当民营经济示范城市排头兵 奋力谱写“两个先行”临海篇章的决议》和《临海市信访除险保安百日攻坚行动实施方案》。

十五届市委常委会第23次会议 10月25日召开，传达学习中国共产党第二十次全国代表大会、全省领导干部会议及台州市领导干部会议精神，传达学习习近平总书记在中共中央政治局会议、中央全面深化改革委员会第二十七次会议、辽宁考察时的重要讲话精神以及致2022年中国国际服务贸易交易会、2022年全国专精特新中小企业发展大会的贺信精神。听取全市践行全过程人民民主基层单元建设工作情况汇报，研究《关于进一步加强菁英人才创业创新支持，加快建设青年发展型城市的实施意见》和《临海市教育提质三年行动方案（2022—2024年）》。

十五届市委常委会第25次会议 11月25日召开，传达学习习近平总书记在中共中央政治局会议、中共中央政治局第一次集体学习、中共中央政治局常务委员会会议和在瞻仰延安革命纪念地、考察陕西延安和河南安阳时的重要讲话精神，传达学习习近平总书记在第五届进博会开幕式上的重要致辞精神，传达学习《中共中央关于认真学习宣传贯彻党的二十大精神的决定》及省、台州市相关文件精神，学习贯彻省委、台州市委统战工作会议精神，听取关于支持台州中学改革发展意见的汇报，听取2022年粮食安全工作落实情况的汇报。

十五届市委常委会第26次会议 12月9日召开，传达学习习近平总书记致2022年世界互联网大会乌镇峰会的贺信精神，在二十国集团领导人第十七次峰会、亚太经合组织第二十九次领导人非正式会议上的重要讲话精神以及对河南安阳市凯信达商贸有限公司火灾事故的重要指示精神，研究《全市重点部门作风评议活动方案》。

十五届市委常委会第27次会议 12月29日召开，讨论市十五届二次党代会市委工作报告和市纪委工作报告，听取市十五届二次党代会相关工作汇报，听取市十五届市委委员、市纪委委员变动情况的汇报。

办公室工作

【概况】 2022年，市委办公室围绕中心、服务大局，做好综合文稿、办文办会、信息报送、公务接待、档案等工作，推进全市"三大攻坚战""项目攻坚年、作风建设年"，当好市委的"坚强前哨"和"巩固后院"。围绕建设先锋型党办、数字化党办、服务型党办、智库型党办、清廉型党办"五个党办"目标，全面推进"双建争先"工程建设，提升党政机关整体智治水平。健全以"七张问题清单"为牵引的党建统领机制，坚定干部政治信仰，强化理论武装，巩固拓展党史学习教育成果，开展"六学六进六争先"学习实践活动。按照"服务大局、防控风险、强化大势、主动谋略、精准施策、提质增效、积极作为、塑造新局"思路，全力做好对台工作。

【综合协调】 恪守"忠诚、责任、表率"理念，为市委"三大攻坚战""项目攻坚年、作风建设年"等决策部署提出思路对策，协调左右、联系内外、沟通上下，确保落实到位。年内，面对经济下行压力，定期牵头组织发改、经信等单位打好经济稳进提质攻坚战，6月27日临海作为唯一县（市、区）在全省经济稳进提质行动工作推进会上作交流发言。"5A"创建冲刺阶段，全程加强与上级的沟通对接以及创"5A"工作专班、文广旅体局、文旅集团等单位的联动发力，台州府城文化旅游区以全国第二名成绩创成国家AAAAA级景区。面对疫情大考，优化专班工作机制、健全条线防控指挥体系，确保全市疫情防控工作有效有序。

【参谋辅政】 树立文稿精品意识，把文稿撰写、调查研究、信息报送等作为以文辅政的着力点，对材料反复推敲、考证数据。严把行文关、政策关、程序关，切实提高办文办会效率和质量。同时，抓好保密、机要、档案等各项工作。6月，牵头组织召开全市办公室系统专题会，部署信息、保密等工作，提高办公室系统"三服务"能力和水平。出台《党政机关整体智治系统建设方案》，构建综合集成、协同高效、闭环管理的工作运行机制，以开展"作风建设年"为契机，推行干部"争先指数、担当指数、辛苦指数"考核。

【对台工作】 **人才招引。**落实落细各项惠台政策措施，推动在临工作生活台胞享受市民待遇，全年招引医学博士、职业教练和技术专家等5名台胞入职医院、公司、学校等企事业单位。**项目落地。**对接台州宝陞智能物流仓储项目，召开多次协调会帮助企业解决难题。妥善处理临海市养德山舍项目政策处理，推进项目落地。**基层交流。**开展线上线下交流活动5批233人次，接待来访台商台青3批21人次，开展走访活动14次，慰问台胞台属50余人次。邀请台湾知名自媒体人到临海宣传，多条作品播放破百万人次，全年在《人民日报》（海外版）、《菲律宾商报》等国家媒体和海外报刊刊登涉台报道17篇。**台联换届。**召开临海市台胞台属联谊会第八次代表大会，选举产生临海市台胞台属联谊会第八届理事会，陈辉当选会长。

（撰稿　周　峰）

组织工作

【概况】 2022年，全市建强网格"塔群"助力疫情防控，实行专班运作助力项目攻坚，组建123个市级项目攻坚团队，系统推进干部"三大指数"考评，深化年轻干部常态化链式培养，实施年轻干部"5531"三年行动计划，动态储备"95后"干部50名、30岁以下干部100名。提升农村党建示范水平，建强村级头雁队伍，推进党建引领"共富工坊"建设。系统提升重大引才平台能级，新增台州市级企业博士创新站10家。

【干部队伍建设】 **干部"三大指数"考评。**坚持重实绩、重担当、重一线导向，深化完善干部“争先指数、担当指数、辛苦指数”考评，推行“实绩比选、实战选才”，注重到一线发现识别干部，找准用好“狮子型”“老黄牛型”干部，纠治“躺平”思想，激励干部敢于担当、积极作为。**年轻干部培养**。完善“源头招才纳贤、精准滴灌培训、一线实践历练、专项考察检验”的全链培育体系，聚焦全市“两年”建设和换届后工作实际，举办“85后”市管领导干部习近平新时代中国特色社会主义思想进修班、优秀中青年干部培训班和年轻干部周末学堂3个梯队班次。**干部“家底档案”**。健全干部大监督机制，依托个人有关事项报告表，“一人一表、一人一档”建立领导干部“家底档案”，结合干部提拔任用、职级晋升考察及日常监督等，全面排摸梳理核查干部重大信息。年内，实现全市722名领导干部“有关亲属从业及从事经营活动报告表”填报全覆盖，核查领导干部个人有关事项9批次133人，约谈询问信息异常干部11名。结合市委巡察，分两轮对16家单位开展选人用人专项检查，发现反馈干部选任程序不规范、日常监督不到位等问题66个。

【基层党建】 **农村党建**。加强示范创建，扎实推进“十镇争创、百村晋位、村村过硬”工程，打造9个村级高层次党建示范点，以点带面推动整体提升。建强村级头雁队伍，组织50名村社书记参加全市基层党组织书记轮训班、村社“领雁”素质提升班培训，171名村主要干部参加2022年度大专学历提升班。实施“育鹰计划”，在汇溪镇、尤溪镇探索村级“一肩挑”后备人才“三定一档”培育模式，开设村级后备人才“青领”班。**城市党建**。健全街道“大工委”、社区“大党委”机制，构建“社区党组织—网格党支部—党员楼幢长”组织体系，配齐配强专职社区工作者、“1+3+N”网格治理团队，深化“社区吹哨、党员报到”活动，帮助居民解决医疗、家政等“关键小事”。坚持党建统领、多方协同，打造“府城·老邻舍”康养品牌，临海被列为省“一老一小”优质服务提升行动试点单位，在省“一老一小”工作推进会上作典型发言。**两新党建**。开展“全链党建提升”行动，推行“产业链党建工作十法”，重点围绕彩灯、休闲用品、眼镜、医化等产业链打造“一链一品”。**行业系统党建**。统筹机关、国企、公立医院、中小学校等领域党建，打造“一系统一特色一品牌”。**党员违排**。组建工作专班，采取“集中地点、集中档案、集中力量、集中审查”方式，逐份审查万余份党员档案，严格对照党员发展5个环节25个程序，“一人一表”梳理出问题线索清单，核实确定涉及并按要求处置4类违规违纪问题对象共306人。

【党建引领共富】 **共富工坊**。制订《基层党组织引领“共富工坊”建设指引清单》，推动村社、企业等党组织结对共建，推进“党建统领、民营创富、产业入乡”，打造以“党委政府+企业+村集体+农户”为架构的红色“共富工坊”。年内，全市建成“共富工坊”127家，实现农户增收2000多万元。**“兴农·联播”助共富**。串联优质特色农产品、农业龙头企业、电商平台等资源，引入7家本地优质直播电商平台入驻，在羊岩茶场、岭景葡萄观光园等特色产业基地建成党员直播室8个、“兴农·联播”直播基地6家，开设直播等活动60次，累计助农销售农产品超480万元。**共富帮扶团**。整合职能部门、镇街、农合联、社会组织、乡贤人才等力

10月21日，中国·临海第四届国际高层次人才创业创新大赛决赛举行。图为获奖选手合影 （市人力社保局 供图）

量，分领域组建共富帮扶团，与复旦大学张江研究院、台州学院、临海农商银行等对接合作，建立市“头雁”共富研习所，协助做好共富项目招引、产业规划、资金筹措等事宜。

【人才工作】 **体制机制改革**。修订出台《工业企业人才工作积分制评估办法》《人力资源产业园管理实施细则》等12个细则办法，健全完善“市镇企”三级联动人才工作运行机制，在市镇两级设立驻企服务专员，在百强企业设立首席人才官，推动人才工作触角逐步向基层延伸。**引才平台**。建设“一轴两翼三园”平台，对接复旦大学等高校，实施“名校名院名所引进”计划，全年新引进博士28人，伟星新材、顶立科技分别入选国家级、省级博士后工作站，新增台州市级企业博士创新站10家。**人才集聚**。聚焦青年人才招引，实施“在外优秀学子青雁计划”“青年英才聚临海行动”，依托“来浙实践”数字化应用平台，全年组织黑龙江大学、东北石油大学等20余所高校和各上市公司、规上企业开展云上招聘、直播20余场次，累计达成应届毕业生就业意向2078人。**人才服务**。优化人才发展环境，实施人才公寓扩容提质行动，在佩弦湖区块新建人才公寓140套。落实租房补贴、安家补助、购房补贴等人才安居政策，全年累计兑现高校毕业生生活补贴2320万元、高校毕业生就业补贴1985万、高层次人才生活补贴650.9万元，发放人才绿卡38张。

（撰稿　郭伟靖）

宣传工作

【概况】 2022年，全市宣传多项工作形成品牌亮点，取得近60项省、台州第一、唯一等成果，融媒指数连续4个月居全省前十，获2022年浙江新闻奖一等奖2项，浙江省县市新闻奖一等奖4项，打造《00后临海女孩离世捐器官救4人》《浙江教师业绩突出获奖一套房》等5个亿级流量话题，其中《骗子在群里被十几个警察包围》登微博热搜榜第一。《临海市创国家AAAAA级景区　建主客共享共富示范区》案例入选2022年度全省宣传文化领域共同富裕最佳案例，《临海在线党支部：“勋章”亮在网上，服务做在基层》入选省委网信办互联网企业支部十佳特色品牌案例，为建设“历史名城、制造强市、共富高地”提供思想保证、舆论支撑。

【理论武装】 在全省首创基层意识形态工作责任制标准化指引，意识形态工作责任制获台州市大党建重点攻坚项目优秀项目奖，新时代基层理论宣讲“0576”工作法和“三链同构”正能量传播机制两大创新性成果在台州推广。承办全省中小学生爱国主义主题读书活动启动仪式和全省全民终身学习活动周开幕式，全民阅读指数居台州第二。“灵江潮音”宣讲工作室入选省首批宣讲名师工作室，临海市青年宣讲团获评省基层理论宣讲成绩突出集体。省社科联录用研究信息数量26篇，台州市社科课题立项6个，均居台州第一。《“共富工坊”打造产村融合新格局》案例入选省高质量发展智库论坛县域十佳优秀案例。

【媒体宣传】 全年在国家级媒体刊登报道860篇，省级媒体刊登报道1100篇，登上浙江卫视《浙江新闻联播》头条，实现零的突破。“奋进第一方阵”等专

8月22日，全国人大宪法和法律委员会副主任委员、中国法学会副会长江必新在台州湾经开区作习近平经济思想和习近平法治思想专题讲座
（台州湾经济技术开发区　供图）

题报道篇均阅读量破万，点击量超10万人次的稿件31篇。《农民日报》报送的“共富工坊”工作获省委副书记黄建发、省委常委、组织部部长王成和省委常委、常务副省长徐文光批示。央视《经济半小时》《消费主张》《远方的家》等7个专题栏目和大型融媒活动“寻百强看中国”聚焦临海，《非遗里的中国》集中展示临海5个非遗项目，财经频道《欢乐大猜想》临海专辑在黄金时段播出。深挖正能量事件后续，央视《今日说法》栏目播出《“鲸”险救援》专题报道，《天网》栏目连续播出5期“烈日救鲸”等生态守护故事。“涌泉相报”首发报道获评台州唯一的浙江政务融媒体作品一等奖。推出“好事来临”城市形象宣传口号，以6种语言被43个国家415家主流媒体等刊发转载，并首次登陆纽约时代广场。外宣出海战队官方账号粉丝数超14万人，热门推文数量超200篇，占据台州十大最具影响力海外宣传账号五席。

【精神文明建设】“浙江有礼·临海有你”入选省首批文明实践金名片，为台州唯一。“让永不凋谢的志愿之花开遍临海”志愿服务项目获省志愿服务项目大赛银奖。建立台州市首个新时代文明实践志愿服务导师库、项目库和人才库。承接“最美浙江人”数字化应用县级试点。“浙里益点”应用上线浙里办，是台州同类应用投入最少、使用人数最多的数字化项目。卓红强、徐文俊、张艳、金彤、屈卫明、方华芬等6人入选“浙江好人”，屈卫明入选第四季度中国好人“爱岗敬业”候选人，全年共有46人（个）获台州市及以上“最美”系列称号个人及群体，入选阿里公益“正能量”获奖者总数百强县。

【文化临海】“年轻态”群众文化活动入选全省公共文化服务高质量发展典型案例，获台州市宣传思想工作创新奖。多媒体音乐会“江南雅诗·追梦古城”入选省首批文化基因解码成果转化利用示范项目。戚家军鸳鸯阵入选第六批省非物质文化遗产代表性项目名录。“浙里有戏”获全省数字文化系统优秀应用，承办全省示范推广现场展示活动，作为全省唯一县级数改项目在首届全球数贸会未来数字文旅大会上推介，应用经验介绍先后登上《浙江政研》、新华社《高管信息》。5件作品获台州市第十三届曙光奖。累计建成620家农村文化礼堂，开展文化活动近万场，惠及群众200万人次，效能指数排名居全省第四。举办第28届全国摄影艺术展览暨“山海台州　江南长城”摄影艺术周，临海《“鲸”险救援》《摇号人生》等两组作品入展。推出并举办面向全球华人的首届“朱自清文学奖”。

（撰稿　胡元也）

统战工作

【概况】2022年，全市统一战线谋划并实施“揭榜挂帅”“同心共富一件事”等载体，打造光华创新空间、六度空间、殿前村村级议事协商创新实验试点3个国家级统战阵地，6项工作得到上级领导批示肯定，承办7场台州市级及以上重大会议（活动），在省市重要会议上作经验交流14次。数字赋能，编制数字“统战地图”，贯通省级6个新应用13个子场景，搭建“e企廉”“同心共富·贤管家”数字化特色平台，分别纳入“浙里亲清直通”跑道和2022年台州市党建统领整体智治系统目录。市工商联获评全省清廉建设成绩突出单位，民宗局获评全省民宗系统成绩突出先进集体。

【思想政治建设】出台《“同心跟党走·喜迎二十大”主题系列活动的实施方案》，开设“党委书记讲、统战部长说、代表人士谈”系列专栏，承办“喜迎二十大·铸牢中华民族共同体意识”全省微党课巡回宣讲、2022台州—香港“青年伙伴说”、全省“之江问道”大型学术研讨会等活动。承接省委统战部“关于开展政党协商、践行全过程民主的实践和思考”等课题研究，全面从严治教研究获省统战理论和实践创新优秀奖，清廉民企建设获省工商联系统调研二等奖。

【助推共富】深化统一战线助力共同富裕“1513”工程，全面开展“同心共富一件事”活动，实施民营经济人士创富、新乡贤带富、港澳台侨人士助富、党派社团帮富、民族齐富、统战成员齐心安富六大行动，推动河头、括苍等镇同心共富工坊建设，其中侨爱助富、新乡贤带富工作在省市会议作交流。全市100个统战组织（团体）结对75个经济相对薄弱村，帮助增收401万元。全市新

12月15—16日，省委常委、统战部部长邱启文（左四）出席在临海召开的全省清廉民营企业建设现场推进会，实地考察拓卡奔马机电科技有限公司清廉民企建设　（江南街道　供图）

乡贤带富基金总额超3.5亿元，累计帮扶4576万元，惠及万余名群众，杜桥乡贤教育基金重奖优秀教师得到多家媒体关注，河头镇新乡贤带富展馆、古城乡贤馆获评台州市新乡贤“同心共富”实践基地。19个新乡贤助调阵地全部纳入镇（街道）社会矛盾纠纷调解处化解中心受理窗口，参与化解社会矛盾1694起。

【多党合作】 探索实行民主党派基层组织“积分制”管理，推进标准化、规范化建设，累计结对中共基层组织13家，落实活动场所22处，建成社会服务基地16处，作为全省唯一县（市、区）在全省相关会议作交流发言。健全完善市委组织部、市委统战部联席会议制度，常态化推进政党协商，全年开展政党双月协商5次，“五题式服务”获省政协副主席、民革省委会主委吴晶批示肯定。

【民族宗教】 打响“之江同心·石榴红”品牌，培育铸牢中华民族共同体意识教育试点学校，白水洋建成台州首个镇级石榴红妇联组织，民族团结“三融三化”做法获省委统战部肯定。加快宗教中国化示范场所建设，全市小庙小庵小型火灾同比下降80%，代表台州市参加全省宗教活动场所消防安全大比武并获二等奖，创成省平安宗教活动场所1处。

【民营经济统战】 **清廉民企建设。**发布全国首个“通用要求”“评价规范”两项标准，在全省率先实现规上企业清廉民企建设全覆盖，临海农商银行“清廉贷”授信100亿元，浙江工商大学浙商研究院清廉民企建设研究中心落户临海，承办全省清廉民营企业建设现场推进会，相关工作获省纪委书记傅明先、省委统战部部长邱启文批示肯定。**商会组织规范化建设。**出台首个商会建设标准，古城街道商会获评2021—2022年度全国“四好”商会，上盘镇商会获评全省“百家示范商会”。设立民营经济之家、协同助企服务平台，成立民营经济司法服务中心，常态化召开企业家沙龙、政企座谈会等亲清直通车活动，市镇两级共召开政企恳谈会37场次。推进“青蓝接力”工程和红领英才培育活动，制订《新生代企业家培养三年行动计划（2023—2025年）》，完成新生代企业家联谊会换届。

【新乡贤统战工作】 以“五有”标准推进乡贤（联谊）会规范化建设，承办台州市新乡贤半年度工作会议，推广临海乡贤（联谊）会联席会议制度经验。实施“回归、结对、基金”三项工程，引导和支持新乡贤回报桑梓、参与乡村振兴，回归项目累计超100个，投资金额220亿元，提供就业岗位万余个。健全完善市领导联系新乡贤代表人士制度，在全省首创发布乡贤卡，率先成立新乡贤服务中心，挂牌成立上海、杭州新乡贤服务中心驿站。指导杜桥镇成立台州市首家乡贤社区发展基金会，探索构建共建共享共治的未来社区智慧治理体系。

【党外知识分子和新的社会阶层人士统战工作】 完成市知联会、市社联会换届，市知联会、新联会、网联会、社联会获评台州市“精品社团”。推进“知本返乡”“新联助企”“网联天下”“社联共富”四大行动，新建大田街道同心之家“知联书屋”、东溪单乡贤馆“知新书屋”，东溪单知新文化润富基地、社联安迅紧急救援服务基地、临海跨境电商产业园同心e家创成台州市级知新人士“同心共富”示范基地，在4家博物馆挂牌成立知新文创基地。市新联会会长王以德获省“最美政协人”称号。

【侨务工作】 实施“侨家小院”建设提升年行动，开展为侨服务94场，惠及侨胞960余人，市侨家小院获评省五星级侨胞之家。推进“文化出海”行动，开展图书捐赠、临海剪纸等活动30余场，市博物馆创成省级华侨国际文化交流基地，挂牌海外崇和书库1家。打造侨务联络站微阵地矩阵，助力46名在乌克兰人员撤离，协助化解涉侨海外纠纷2起。

（撰稿 朱雅妮）

机构编制

【概况】 2022年，全市机构编制工作以数字化改革为牵引，服务保障市委市政府中心工作，出台《临海市重点工作专班管理办法（试行）》，完成台州湾经济技术开发区机构编制调整，推进基层治理体制改革和“大综合一体化”行政执法改革，助力历史名城、制造强市、共富高地建设。镇（街道）岗位化管理机制建设相关工作经验在中央编办《中国机构编制》杂志刊登，市委编办获国家“节约型机关”称号。

【基层治理体制改革】 实施镇（街道）分类管理，差异化配置职能职责和机构编制资源，推进市直部门编制向镇（街道）下沉。建立镇（街道）编制、中层职数周转管理机制，优先保障重点镇（街道）和重点领域的用编需求。整合升级社会矛盾纠纷调处化解中心，更名为社会治理中心，挂临海市综合信息指挥中心牌子，由市委办统筹管理。推进镇（街道）“1+4+X”机构改革，精简设置镇（街道）下设机构比例10.7%，设置综合信息指挥室，将原“四平台”升级为党建统领、经济生态、平安法治、公共服务等新“四平台”。

【“大综合一体化”行政执法改革】 制定相关配套制度，为改革提供制度保障。按照台州市下沉比例不低于65%的工作要求，做实执法人员下沉工作，锁定编制581名，下沉比例69.17%。推进专业执法目录梳理工作，累计梳理综合行政执法事项1113项、专业执法事项3226项、其他部门执法事项1614项。对赋权的93项事项进行梳理，明确业务主管部门和镇（街道）之间的职责边界，建立举报投诉受理、案件移送协调、执法案件协调会商、“两法衔接”、争议处置等5项制度。

【运行质效评估】 在2021年街道质效评估试点的基础上，设计“5+1”评估指标体系，构建集数字化质效评估、编制调剂、股级统筹、周转管理等功能于一体的镇（街道）机构编制运行质效评估系统，7月上线试运行，实现镇（街道）机构编制运行质效在线评估全覆盖。推动质效评估结果运用，统筹调剂14个镇51名行政事业编制、53名股级职数。

【监督检查】 以机构编制数字化监管平台预警为契机，完善机构编制实名制管理。贯彻落实《中共机构编制工作条例》《临海市机构编制报告制度实施办法（试行）》，做好首次机构编制报告工作。组织开展十四届省委历轮巡视发现机构编制问题整改情况“回头看”、《中国共产党机构编制工作条例》及配套法规制度贯彻落实情况的监督检查，参与选人用人专项检查3次，纠正各类机构编制问题13个。

【事业单位登记管理】 完成事业单位设立登记4家、变更登记73家、注销登记4家、法人证书补换领16家。完成事业单位法人年度报告公示301家，对市食品药品检验检测中心等8家事业单位，开展法人公示信息“双随机、一公开”抽查工作并整改落实。做好统一社会信用代码赋码工作，完成26家机关证书变更、1家群团证书变更和4家临时机构续期。做好中文域名注册、续费工作，完成全市364个中文域名续费。

（撰稿 袁明程）

机关党建

【概况】 2022年，全市机关党建以“双建争先”工作为主线，实施政治铸魂、筑基固本、冲锋亮旗、正风肃纪等行动，强化思想政治建设，夯实机关党组织基础，服务疫情防控、现代社区建设、共富高地建设等中心工作。

机关党组织助力共富工坊建设先后获省委副书记黄建发、常务副省长徐文光批示肯定，机关党员“兴农·联播”经验做法被省委办公厅《每日简报》录用。10月13日，在台州市“党建引领促发展、双建争先促先行”活动推进会上作口头交流发言。

【思想政治建设】 构建以理论学习中心组、机关学习日为主，业务培训和宣讲为补充的理论学习体系。印发《关于进一步做好市直机关理论学习中心组巡听旁听工作的通知》，完成全市26家单位理论学习中心组巡听旁听工作。开展双建先进集体现场展评，召开“双建争先”工作推进会，做细做实“双建”工作。深化蓝本学习法，举办全市党组织书记培训班1期、发展对象培训班4期、入党积极分子培训1期、全市机关大党课2期。开展“喜迎二十大·奋进共富路”党课宣讲、文章评选、主题研讨等“三位一体”活动。

【机关党组建设】 **政治铸魂**。开展“奋斗百年路 启航新征程”微党课视频评选活动、“弘扬林场精神”主题征文等活动，25个党支部50余名机关党员参加微党课大赛，征集机关党建创新课题43个，选送市市场监管局等4家单位参加台州市“温经典 润初心”配音秀展播。8月11日，在全市机关党建调研研讨交流工作会议暨调研工作业务培训会上作书面交流。**铸垒强基**。实施“五型”机关党支部创建行动，成立市直机关疫情防控集中隔离医学观察点临时党支部2个。开展“党支部工作法”创新案例比拼晾晒活动，收集市公安局“‘闭环式谈心谈话’工作法 筑牢党员干警思想根基”等20余个案例，择优推送市级评选10个。擦亮“临机制胜”党建品牌，创成大田市场监管所、台州中学等2家台州市机关党建示范点，市民政局、尤溪镇、括苍镇等3家台州市“清廉文化进机关”示范点，市牛头山旅游度假发展中心党支部、上盘镇机关第三党支部被评为台州市机关先锋党支部。**作风建设**。开展机关“作风建设年”活动，以“开展一次解放思想大讨论”等“五个一”内容为载体，全市1.1万余名机关干部参与，查找并整改作风建设问题236个。

【服务中心工作】 **志愿服务**。召开专题推进会，推动开展“党员进社区、幸福进家门”活动，创新“双百结对”“双报到双服务”等载体，助力构建现代社区1+3+N体系、台州府城文化旅游区创“5A”等重点工作。全市105个机关党组织近8000名机关党员干部参与活动，开展服务5000余场次，解决难题126个，化解矛盾纠纷32起，经验做法在浙江机关党建杂志刊发。临海市2支机关志愿服务队分别位列台州市优胜志愿服务队伍第一和第三。**三级联动**。通过党建统领促进职能部门条线和部门之间在力量、资源、项目等方面跨区域融通，凝聚机关党建合力，助推共同富裕。3个项目入选全省机关党组织系统联动开展“破百难、助共富”活动清单。

（撰稿 林佳妮）

信 访

【概况】 2022年，全市信访工作以“一图一指数”为载体，推进信访工作源头预防治理，重点推进信访积案化解工作，走访诉求总量较近三年均值下降48.3%，获评全省无信访积案县（市区）。深化“党建＋信访”，推进信访责任体系建设，全面推行市、镇两级信访工作联席会议制度，强化领导包案、带案下访制度，对重要信访事项实行提示预警制度，对重大信访事项实行“一案双查”，形成闭环管理。

【条例宣传学习】 年内，推进《信访工作条例》学习宣传贯彻工作，市委常委会进行专题学习，纳入党委（党组）理论学习中心组学习内容。发挥“信访红色代办”队伍作用，到村（社区）、企事业单位、公共场所“摆摊设点”宣传，在集贸市场等人流量大的公共场所悬挂横幅、标语进行宣传。

【积案化解】 按照“一案一专班”“一案一方案”和“三到位一处理”要求，部署开展信访积案清零工作，落实县处级领导和责任单位领导包案责任。市信访联席办实行挂图作战，综合运用专家把脉会诊、组团攻坚克难、社会力量参与、信访听证终结等办法化解积案，实现663件国家级、省级信访积案动态清零。

【源头治理】 以信访领域数字化改革为大场景，依托“府城平安指数”系统平台，定期推送数据分析。深化访源治理、基层治

5月25日，省委副书记黄建发（右二）到社会治理中心接待来访群众

（市社会治理中心　供图）

理、综合治理，对照“重大信访问题清单”整改销号机制，结合镇（街道）领导班子“接续干、理旧账、破难题”专项行动，推进重点领域、重点问题综合治理。

（撰稿　王东升）

政策研究

2022年，聚焦“历史名城、制造强市、共富高地”建设，做好调查研究、党建考核、党建研究等工作，开展一线蹲点调研，在基层实践中推进共同富裕理论创新，《奋进共富：沿江镇新兴村的蝶变与启示》等专报获市主要领导批示肯定。

【调查研究】　全年组织开展10多次调研，完成《2021年度临海民生发展报告》《临海民营经济发展20周年综合调研报告》等系列文稿。组织实施2022年度临海市重点课题调研，形成市级重点课题40多个，其中《县域制造业高质量发展的临海探索》《推进临海“重要窗口”建设的调研思考》获评2021年度台州市优秀调研成果。刊行《临海研究》《临海研究（领导专刊）》8期，汇编优秀调研成果50多个。

【党建工作】　全年提炼40多项党建统领亮点工作案例，13项成果在《台州政研》等刊物发表。分解台州市党建考核责任，制定党建工作责任制考核办法，建立党建考核“月报和半月报”制度。刊行《临海党建》4期，汇编30篇党建文章。

【共富理论研究】　**全局谋划**。研究出台《2022年扎实推动高质量发展建设共富高地工作要点》及四张清单，迭代升级《共同富裕高地建设系统架构图2.0》，印发共同富裕专项政策和改革方案21项。**主题调研**。开展“共富”主题调研活动，形成50余篇调研成果，《奋进共富：沿江镇新兴村的蝶变与启示》等8篇专报获市委书记、市长批示肯定，“乡村实现共同富裕：战略衔接、指标测度与实践路径”等15个课题被纳入省委党校规划课题，《共同富裕背景下村党组织软治理能力的培育逻辑与形塑路径研究》等7篇课题成果获省委党校理论研讨会一等奖或二等奖，《临海“机器换人　绿色生产　推进西兰花产业链延伸”》案例入选农业农村部2022年蔬菜初加工机械化典型案例。**专项调研**。助力搭建数字工坊平台、企业联盟平台、管理服务平台“三大数字平台”，形成专项政策《临海市“共富工坊”扶持办法（试行）》。《“共富工坊”打造产村融合新格局》案例入选第四届浙江省高质量发展智库论坛县域创新案例，《临海市打造“共富工坊”助农增收致富》入选省贯彻落实习近平总书记“三个要”要求攻坚克难案例。**主题宣传**。开设“共同富裕一年间”“共同富裕新征程”专栏报道，刊发《临海共富工作简报》7期，向《浙里共富》《台州共富》报送信息40篇，《中国新闻报》《农民日报》《浙江日报》等台州市级以上媒体录用新闻500多篇。举办临海共同富裕“十大典范”人物评选活动和临海奋力打造共同富裕示范样板等10场共富系列新闻发布会。

【两个一批】　**谋划一批重大改革**。在全省率先推进文艺院团改革，谋划数字化应用“浙里有戏”，出台制度20余项。推进“大综合一体化”行政执法改革，首创“一所”联“一队”特色模式，实现19个镇（街道）全覆盖。开发建设全国首个高校学生实习实践数字化平台“来浙实践”，出台首个社会实践政策《青年学生社会实践政策》，获副省长高兴夫批示肯定，入选省数字社会第八批案例集，获评全省人社系统“最佳应用”。**形成一批创新成果**。在全国首创残疾人“三零”创业帮扶新模式，帮助残疾人“零门槛、零成本、零风险”开设电商店铺和便利店，实现残疾人自我“造血”。该模式获副省长王文序批示肯定，并在湖北咸宁、四川南充等地复制推广。在全省率先建设“共富工坊”，组建企业联盟、国资运营公司、镇级股份经济联合社等创新模式，获省委副书记黄建发等省委领导批示肯定。制定全国首个农合联党建联建标准《产业农合联党建联盟管理规范》，村级集体经济发展项目通过第三批全国农村综合改革标准化试点项目验收。

（撰稿　王　巍）

数字化改革

【概况】 2022年，推动全市重大改革一体融合、集成落实、实战实效。“救在身边”项目入选“一体化智能化公共数据平台”“一地创新、全省共享”清单，并召开现场会向全省推广。“来浙实践”入选省数字社会系统案例集，“浙里有戏”应用场景升级为省级重大应用并在临海召开全省示范推广现场会，两大应用经验做法分别刊载在《中国改革报》、新华社《高管信息》。“化学原料药产业大脑”入选工信部工业互联网平台试点，为企业降低采购成本20%以上。“共富工坊”应用探索搭建资源共享、优势互补、“抱团”打拼、精准服务的政企交流平台，获常务副省长徐文光批示肯定。公权力大数据监督应用三大模型分别入选省纪委9月最佳市级模型和10月最佳县级模型，临海因此获省改革突破奖金奖。

【改革延伸扩面】 **国资国企**。1月，临海市国资国企数字化综合监管系统上线，涵盖集团财务、人力资源、薪酬考核等16个功能模块，加强企业内控管理。**金融机构**。临海农商银行对接台州市金融服务信用信息共享等平台，直连企业征信数据，以及工商、税务、不动产、公安、环保等企业信用信息，通过对企业的准入、审核进行模型校验与测算，自动测算贷款额度，建立“融资＋担保”贷款模式，累计发放贷款金额1.65亿元。**教育领域**。推进教育智能化管理系统建设，涵盖学校管理、基建管理、指标库管理、统计分析、文库管理、其他管理六个模块，全面深化教育督导管理、中小学生安全跟踪管理、“阳光青苗”校园体育＋、“餐省心”学生就餐管理等方面改革。

【“来浙实践”应用】 市委人才办、市人力社保局联合团市委建设，6月7日上架浙里办以来，累计对接用人单位1100余家，采集实践岗位4700多个，达成实践用工关系2600多对，回岗就业意向600多例，好评率99.7%。全国首创《青年学生社会实践积分管理办法（暂行）》《青年学生社会实践政策》《“来浙实践”应用高校接入指南V1.0》和《青年学生社会实践规范管理办法》等，填补社会实践的政策制度空白，破解社会实践人岗匹配难题。

多跨协同。以V字模型为基础，多跨协同组织、团委、教育等8个部门，对接金融机构、高校等社会力量，打通19个数源系统，建设社会实践、实践银行、职业成长3个子场景，搭建青年学生高质量就业前置帮扶平台。**模式创新**。建立多维度数据分析系统，归集学生基本信息，创新生成实践码，以“一人一码”形式，将个人实践意愿与岗位信息通过

“来浙实践”应用驾驶舱页面　（市委改革办　供图）

先进算法进行匹配排序，为学生精准推送高质量的实践岗位，搭建“网购式”社会实践平台。**端口前移**。建立社会实践导师团，线上线下跟踪指导，帮助提高人岗适配度，通过回岗就业意愿采集、实践岗位评价、企业实践评定等功能，动态掌握学生专业、实践经历、企业需求等情况，构建“全链式”服务体系。**制度重塑**。首创青年学生社会实践积分管理制度，以积分为依据，配套出台青年学生社会实践政策，以量化形式将学生社会实践结果与政策激励关联挂钩，释放大学生政策红利，建立“一体化”引才留才模式。

【“浙里有戏”应用】 应用由市委宣传部、市文广旅体局牵头，联合公安、消防、行政执法、市场监管等19个部门、32项业务，归集演出审批、行业监管、文化产业方面78项数据，打造“管戏扶戏”“找戏看戏”“有戏好戏”等三大核心场景，重塑基层文化活动精准治理体系，优化简化演出审批流程，首创《临海市演出场所经营单位“白名单”制度实施方案》，破解演出市场“场地难”问题，审批时长从20个工作日缩减到1天，申报材料从15份纸质材料变为一键线上申请。6月30日在“浙里办”上线，7月中旬正式运行。9月20—21日，“浙里有戏”应用全省示范推广现场展示活动在临海召开。

管戏扶戏。归集整合全市文艺团体注册信息、演出类目等基础数据，将全市300家剧院舞台、文化礼堂等场所纳入“白名单”，通过多部门线上联合审批，实现审批提速。开发AI视频智能监管系统，通过小屏端同步现场到管理后台，对涉政、涉黄、涉恐、涉暴等意识形态安全风险要素进行自动识别并实时预警，形成线上治理闭环。归集现有文化演出帮扶政策体系，自动检索匹配适配政策，实现政策帮扶无感兑现、精准触达。**找戏看戏**。平台汇集本地注册剧团和在本地演出的各类剧目和演出预告信息，个人用户通过“浙里有戏”“供需发布”模块精确发布文化活动需求信息，平台归集剧种、剧团、演员等兴趣标签，分析浏览、评价、关注等历史数据，精准生成用户需求画像，并根据用户需求画像进行供需信息交互撮合，向用户推荐剧团和演出服务企业，实现文艺活动内容智能推送。**有戏好戏**。系统归集场地、服道化、舞台舞美、演出策划等全产业链信息，通过搭建演出全产业链公共平台，丰富文化演出行业“供需市场”，实现文化产业链条的精准补给。平台系统根据企业和个人供需情况，自动计算出生成区域文化产业活力指数，智能分析当前区域文艺演出热门企业和产业链企业，计算区域的文化活力和供需偏差，形成补链强链建议，为打造文艺精品剧目提供决策辅助。

（撰稿　马　洛）

12月11—14日，“浙里有戏”应用参加首届全球数字贸易大会

（市委改革办　供图）

老干部工作

【概况】 2022年，以迎接党的二十大为主题，开展“喜迎二十大”系列活动，展现老干部风采。搭建各类载体，发挥老干部作用，助力全市共富高地建设。迭代升级“医管家”应用场景，提供家庭医生线上签约、上门诊疗、健康指导等服务。至年末，市委老干部局获3项国家级荣誉、2项省级荣誉，市关工委获评全国青少年普法教育先进集体，何西华获省“红船精神优秀五老宣讲员”称号。

【“喜迎二十大”系列活动】 以迎接党的二十大召开为主题，组织开展“建言二十大”“我看中国特色社会主义新时代”等专题调研活动，全市老干部工作系统召开专题座谈交流会20余次，开展“走看促”活动10余场，上门访谈30余人，汇总“金点子”63条。收集老干部歌颂十八大以来新成就书画、摄影、诗词等作品928幅，开设书画展、摄影展12场。开展“喜迎二十大 礼赞新时代”送文化下乡活动，惠及群众近万人次。举办“银耀心向党 最美夕阳红”首届老年广场舞大赛，获《人民日报》客户端、浙江新闻客户端等媒体报道。

【助力共同富裕】 围绕省委老干部局“银耀助力共同富裕示范区建设”十条举措，组建离退休干部银色人才库，挖掘六大类银色人才358人，选送省级银色人才3名。搭建“银色人才共富献计”平台，组建共富政策宣讲团、产业升级帮扶团、文化艺术服务团等3个团队，吸纳志愿者120名，开展志愿服务活动21场次。培育老干部助力共同富裕品牌团队和品牌工作室各1个，推进“银雁领航‘一镇一品’助力乡村共同富裕”示范工程，实施“银发红色宣讲”“银发法官进校园”“星光闪耀在基层”等项目。

【“医管家”应用】 “医管家”应用于2021年12月上架浙里办，打通用户端、服务端、党政端三大关键环节，消除省、市、县和镇（街道）4级和卫健、医保、公安、人社等部门间数据壁垒，为老干部提供各类医疗保健服务。2022年1月25日，全省老干部家庭医生签约服务应用场景“云”上线仪式暨应用推广会在临海召开。此后，针对老干部使用过程中出现的问题，对应用进行10次改造升级，逐步完善功能模块，将家庭医生服务团队从卫生院或社区服务中心的全科医生扩展至市级医院专科医生。至年末，“医管家”应用累计访问11.39万人次，总签约人数7万人，其中离休干部签约80人、退休干部1566人。

（撰稿 高晨瑶）

关心下一代工作

【概况】 2022年，全市各级关工委开展以“奋进新征程 建功新时代”为主题中共二十大精神宣贯活动，举办五老讲党史、“朵朵鲜花送雷锋”、“红歌唱响校园”及红色经典作品诵读等20余场系列活动。弘扬“五老”精神，开展青少年革命传统、爱国主义教育、垦荒精神教育，帮助青少年健康成长。12月9日，台州市关工委基层组织建设年现场会在杜桥召开，市关工委作经验交流。是年，市关工委获评为2022年全国青少年普法教育先进集体，东湖烈士陵园及一江山岛战役头门岛指挥所旧址被列为台州市第五批青少年教育基地。

【五老工作团】 年内，市关工委五老（老干部、老战士、老专家、老教师、老模范）工作团队从7支扩充到9支，成员86名，开展政治引领、思想道德教育、法治教育、家庭教育、奖学助学等工作，帮助青少年成长成才。东塍镇关工委建立各村“五老”人员动态管理台账，以网格为单位，吸收“五老”参与网格管理。

【青少年助学】 年内，市关工委到全市中、小学慰问480名贫困生，发放慰问金45万元。联合临海农商银行发放树人工程爱心基金40万元，资助青少年250名。

【青少年法治教育】 在全市55所中小学开展第十四个法治宣传月活动，3.5万余名学生参与，获评全国青少年普法教育先进集体。开展全市青少年法治教育情况专题调研，在公安局、法院、检察院举办法治报告团成员业务培训。

（撰稿 苏绍康）

党校教育

【概况】 2022年，市委党校确立创建全省标杆引领类县级党校的目标，共举办各类班次50期，培训学员6500余人，其中主体班次16期，学员2100余人。全年课题结题29个、立项41个，立项数居台州第一。获省级科研成果奖13项，发表省级以上理论文章5篇，获全省党校系统机关党建最佳创新项目奖。

【短训】 2022年，举办习近平新时代中国特色社会主义思想进修班3期，学制35天，参训学员187人；市中青年干部培训班1期，学制2个月，参训学员55人；年轻干部周末学堂1期，参训学员44人；市新录用公务员初任培训班1期，学制3周，参训学员124人；市推进共同富裕示范区建设能力提升专题研讨班1期，参训学员60人；市"RCEP促未来产业链、经济发展融合"专题研讨班1期，参训学员84人；村（社）"领雁"素质提升培训班1期，参训学员50人。

【科研】 全年课题结题29个，其中省级12个；立项课题41个，其中省级17个，课题立项居台州市第一。科研成果获奖26项，其中省级13项。发表理论文章5篇，其中省级以上2篇；撰写咨政报告30篇，其中1篇获台州市委书记李跃旗批示。

5月7日，2022年临海市干部教育培训春季班暨"一把手"政治能力提升专题培训班开班仪式举行　（市委党校　供图）

2022年中共临海市委党校省级获奖论文一览表

表3

论文	作者	奖项
共同富裕背景下村党组织软治理能力的培育逻辑与形塑路径研究	徐　珍	浙江省委党校理论研讨会一等奖
共同富裕背景下"书记联合体"乡村基层治理研究——基于ANT视角的个案分析	侯雅婷	
浙江共同富裕的指标体系构建与实证分析	李绍泰	
新型城镇化推动农业转移人口市民化的"浙江实践"研究——基于"脱嵌—再嵌入"框架	吕梦雅	
社区治理共同体：逻辑向度、运行机理及实现路径——基于社会资本理论的分析范式	毛　慧	
民营经济高质量发展促进共同富裕建设的机制与实践——以浙江共同富裕示范区建设为例	丁声威	浙江省委党校理论研讨会二等奖
农民共同富裕：浙江合作经济的实践与超越	徐波波	
需求溢出理论视角下的农村居民全生命周期公共服务体系构建——以浙江省L市D村文化礼堂的实践为例	谢金芳	
乡村治理模式转型与农村共同富裕社会的构建：以台州大田刘村为例	陈开炳	浙江省委党校理论研讨会三等奖
平台社会主义视域下数字乡村嵌入共同富裕的路径探析——基于浙江省的实证研究	唐　云	
嵌入与引领：非公企业党建与民营企业双强发展研究——以临海"红色生产力工程"为例	林明华	浙江省委党校理论研讨会三等奖

续表 3

论文	作者	奖项
“民生议事堂”：政协协商服务基层治理的有效载体	毛　慧	浙江省政协深化“民生议事堂”平台建设论文征评二等奖
全过程人民民主赋能政协协商：生成逻辑、实践形态及价值意蕴	毛　慧	浙江省人民政协理论研究会 2022 年度论文征评三等奖

资料来源：市委党校

2022 年中共临海市委党校省级课题（立项 / 结题）一览表

表 4

课题名称	负责人	立项 / 结题
数字化改革视角下企业数字化转型研究——基于台州市的调查	李绍泰	结题
乡村旅游土地征购中的村民意愿探析——基于扎根理论的实证研究	侯雅婷	结题
数据治理视角下社会矛盾纠纷“智治”的路径研究——以 L 市为例	陈　涛	结题
乡村振兴视域下传统工艺介入机制的重塑——以 L 市为例	唐　云	结题
我国养老保险体系建设的注意力变迁研究——基于 1951—2021 年养老保险政策的共词和聚类分析	谢金芳	结题
整体智治理念下未来社区“微”共同体路径研究——以台州市为例	李　玲	结题
“三位一体”农合联的嵌入式发展与政策供给研究——基于台州的实践探索	徐波波	结题
建国以来我国社会治理的变迁历程与逻辑演进——基于党内文件的分析	毛　慧	结题
共同富裕背景下“行政”和“自治”问题探讨——基于 L 市“书记联合体”的案例研究	侯雅婷	立项
基层社区协同治理的制度创新及构建路径研究——基于社会资本理论的视角	毛　慧	立项
乡村实现共同富裕：战略衔接、指标测度与实践路径	李绍泰	立项
数字赋能乡村智治：实践动因、运作困境与路径优化——以 L 市为例	陈　涛	立项
新型城镇化推动农业转移人口市民化的“浙江路径”研究——基于“脱嵌—再嵌入”框架	吕梦雅	立项
共同富裕背景下“书记联合体”乡村基层治理研究——基于 ANT 视角	侯雅婷	立项

续表 4

课题名称	负责人	立项 / 结题
嵌入性理论视角下非公企业党建与民营企业双强发展研究	林明华	立项
浙江合作经济促进农民共同富裕的实现机制研究	徐波波	立项
共同富裕视域下对未来乡村建设的研究——以 X 为例	郭莹莹	立项
嵌入性视角下数字乡村参与共富裕的路径探析——基于 L 市的实证研究	唐　云	立项
需求溢出理论视角下的农村居民全生命周期公共服务体系构建——以浙江省 L 市 D 村文化礼堂为例	谢金芳	立项
基于微更新理念的“内生式”未来乡村建设：动力、限度与进路——以台州市 10 个试点村为例	李　玲	立项

资料来源：市委党校

【校园建设】 完善“4321”（4 个红色阵地、3 个红色场馆、2 套红色系统、1 支讲解员队伍）立体空间布局，新建成校史馆，革命精神长廊，“八八战略”、社会主义核心价值观等文化墙，提升教学楼、学员公寓楼道文化，临海市红色教育新地标全面建成。启动“数智党校”“绿色学校”建设，建立工作专班。建成智能录播教室，在多功能教室增设 LED 大屏幕，启动心理关爱中心项目建设。出台物资采购、食堂运行、学员公寓运行、会务服务、安全保卫、卫生保洁等管理制度，全面落实校园防疫措施。

（撰稿　黄爱丽）

临海市人民代表大会

Linhai People's Congress

【概况】 2022年，市人大常委会召开常委会5次、主任会议11次，听取和审议“一府一委两院”专项工作报告29个，作出决议、决定13项，组织专题视察3次、执法检查5次，任免国家机关工作人员108人次。对照“四个机关”建设的新定位、新要求，加强自身建设。深化数字化改革，贯通运行行政执法人大e监督、预算国资监督系统，迭代升级人大代表履职服务平台，上线运行“两院”依法履职人大e评。加强制度理论与实践研究，形成13个调研成果，2篇案例文章在《浙江人大》刊发。

【市十七届人大一次会议】 2月17—20日，市第十七届人民代表大会第一次会议在市区举行。大会应到代表385名，实到代表376名。大会听取审议《政府工作报告》《市人大常委会工作报告》《市人民法院工作报告》《市人民检察院工作报告》《关于临海市2021年国民经济和社会发展计划执行情况及2022年国民经济和社会发展计划（草案）的报告》《关于临海市2021年财政预算执行情况及2022年财政预算（草案）的报告》，并通过相关决议。采用电子计票的形式，依法选举市第十七届人民代表大会常务委员会主任、副主任，市人民政府市长、副市长，市监察委员会主任，市人民法院院长，市人民检察院院长。选举37人为市十七届人大常委会委员，83人为临海市出席台州市第六届人民代表大会。表决通过市十七届人大各专门委员会组成人员名单，票决2022年市政府民生实事项目。

【市人大常委会会议】 1月25日，市第十六届人大常委会第五十一次会议召开，听取和审议市政府关于2022年度民生实事候选项目形成情况的报告；听取市十七届人民代表大会第一次会议筹备情况的报告；听取市人大常委会代表资格审查委员会关于市十七届人民代表大会代表资格审查报告；审议市人大常委会工作报告（草案）；讨论提出市十七届人民代表大会第一次会议主席团和秘书长名单（草案）；讨论提出市十七届人民代表大会第一次会议邀请上主席台就座人员名单（草案）；审议决定市十七届人民代表大会第一次会议列席人员名单；讨论提出市十七届人民代表大会第一次会议选举办法（草案）；讨论提出市十七届人民代表大会第一次会议关于变更市人民代表大会个别专门委员会名称的决定（草案）；讨论提出市十七届人民代表大会第一次会议关于市人民代表大会专门委员会组成人员人选表决办法（草案）；讨论提出市十七届人民代表大会第一次会议民生实事项目票决办法（草案）；讨论提出市十七届人民代表大会第一次会议关于大会表决方式的决定（草案）；讨论提出市十七届人民代表大会第一次会议计划预算审查委员会名单（草案）。

4月27日，市十七届人大一次会议召开，听取和审议市人大常委会各街道工委工作报告；审议通过市人大常委会关于各街道工委工作报告的决议（草案）；审议通过市十七届人大一次会议代表议案处理意见的决定（草案），市人大常委会关于接受蒋琪等辞职请求的决定，任命更泽民为市人民政府副市长。

6月29日，市第十七届人大常委会第二次会议召开，听取市政府关于法治政府建设情况的报告，听取和审议市政府关于2021年全市环境状况和环境保护目标完成情况的报告，审议通过临海市第十七届人民代表大会常务委员会关于加强自身建设的决定（草案），听取和审议市人民政府关于提请审议《紫阳街府前街历史文化街区保护规划》的议案，听取和审议市人民政府关于提请审议《西门街历史文化街区保护规划》的议案。会上，同时通过票决确定5个政府组成部门作为2022年工作评议对象，并对市政府落实市人大常委会2021年度审议（视察）意见情况进行满意度测评。

8月30—31日，市第十七届人大常委会第三次会议召开，听取和审议市政府关于2022年上半年国民经济和社会发展计划执行情况的报告；听取和审议市政府关于临海市2022年上半年财政预算执行情况的报告；听取和审议市政府关于提请批准临海市2021年财政决算的议案和临海市2021年财政决算草案的报告；听取和审议市政府关于2021年财政预算执行情况和其他财政收支的审计报告；听取和审议市人大财政经济委员会关于临海市2021年财政决算草案审查结果的报告；听取和审议市政府关于全市防洪排涝挡潮体系工作进展情况的报告；听取和审议市政府关于我市就业工作开展情况的报告；分别听取和审议市法院部分员额法官、市检察院部分员额检察官的履职报告并进行满意度测评；表决通过市人大常委会关于批准临海市2021年财政决算（草案）。

10月27日，市第十七届人大常委会第四次会议召开，传达学习党的二十大精神以及省、台州市、临海市领导干部会议精神；听取市监察委员会关于整治群众反映强烈问题工作情况的专项报告；听取和审议市公安局关于提请的许可事项；听取和审议市人民政府关于提请审议《临海市历史文化名城保护规划（2021—2035）》的议案；听取和审议市人民政府关于企业国有资产管理情况的报告，书面报告全市国有资产管理情况；听取和审议市人民政府办理落实代表建议意见情况的报告并对重点督办件办理落实情况进行满意度测评；听取和审议市人民政府关于台州府城文化旅游区民宿经济发展情况的报告；听取和审议市人民政府关于临海市教育基础设施建设情况的报告。

12月23日，市十七届人大常委会第五次会议召开，听取和审议市政府关于2022年度民生实事票决项目完成情况的报告，并进行满意度测评；听取市政府关于2021年度预算执行和其他财政收支审计查出问题整改情况的报告；听取和审议市政府关于提请批准调整2022年财政预算的议案；听取市政府关于提请审议《三井巷历史文化街区保护规划》的议案；听取市政府关于全市项目投资推进情况的报告；听取市人大常委会关于规范性文件备案审查工作情况的报告；审议通过《临海市第十七届人民代表大会常务委员会代表资格审查委员会组成人员名单（草案）》；审议通过《临海市人民代表大会常务委员会关于补选临海市第十七届人民代表大会代表的决定（草案）》；讨论提出市第十七届人民代表大会第二次会议议程（草案）；审议关于召开市第十七届人民代表大会第二次会议的决定（草案）；对票决的5个政府组成部门进行工作评议。在结束会议各项议程后，新任命的国家机关工作人员进行宪法宣誓。

【推动社会经济发展】 立足于稳定经济增长，把“疫情要防住、经济要稳住、发展要安全”摆在监督首位，开展“千名代表助力纾困破难优服务、稳进提质促发展”“六访六促”等主题活动，累计发动全市各级代表万余人次，开展活动983次，收集意见建议1947条，解决高频问题174个。关注向海图强战略实施，跟进台州湾经济技术开发区建设，组织视察头门港码头、铁路货站、台州综合保税区推进情况。专项听取台州湾新材料产业园项目建设推进情况报告，加强预决算审查，听取2021年度部门预算及财政专项支出绩效评价报告，开展市级部门预算重点审查规范化试点，组建预算审查咨询专家库，对市民政局、市文广旅体局部门预算进行重点审查。坚持国有资产管理报告制度。聚焦共同富裕，听取和审议我市就业工作情况报告、现代渔业高质量发展情况汇报，专项审议台州府城民宿经济发展情况，重视“项目攻坚年”活动开展情况，加强对项目投资推进情况监督，组织开展城中村改造历史遗留问题“百日攻坚”行动专题视察。聚焦民生福祉，听取和审议教育基础设施建设情况报告，听取新时代美丽乡村建设情况汇报，实地调研31个重点防洪排涝项目，听取和审议建设全市防洪排涝挡潮体系工作进展情况报告。紧盯支柱产业发展，重点关注医化产业现状、存在问题和发展方向等，组织开展头门港建设推进情况视察，听取审议医化园区环境整治提升情况的报告，听取审议现代农业园区进展情况的报告。

【司法监督】 组织开展相关法律法规贯彻实施情况的执法检查。建立健全法治政府建设专项监督机制，重点听取行政复议和行政诉讼工作情况。票决市发展和改革局、市卫生健康局等5个政府组成部门开展工作评议。出台《临海市公平竞争审查联动协作机制暂行规定》，审查市政府报备的规范性文件53件。听取和审议市人民法院、市人民检察院半年度工作报告、市司法局司法行政工作开展情况报告，评议员额法官7名、员额检察官5名。

6月8日，省人大常委会副主任史济锡（右五）率省执法检查组来临海开展乡村振兴“一法一条例”和《浙江省综合行政执法条例》执法检查

（王　翔　摄）

首次听取市监察委员会关于整治群众身边腐败问题和不正之风工作的专项工作报告，以高质量监督推动解决群众反映强烈的突出问题。围绕普法责任制的落实，在全省首创“一所（律师事务所）联一站（人大代表联络站）”工作模式。

【发挥代表作用】 围绕“联、商、督、促、智”五大功能，19个镇（街道）基层单元全面建成，并常态化运行。建立健全民情民意闭环处理、民生实事征集实施监督、国家机关进站活动等7项制度，全市1596名四级人大代表全面“入站进网”。举办市十七届人大代表初任培训班，实现全覆盖。健全代表履职考核制度，修订完善人大代表工作职责、人大代表述职、人大代表履职档案管理等5项制度，创新履职亮晒工作机制，强化代表履职责任，激发代表履职积极性、主动性。深化实施市政府民生实事项目人大代表票决制，完善人大常委会领导牵头督办机制，对10个大项30个小项民生实事项目实施全程跟踪监督，督促项目落实落地。采取督办领导、领办领导、领衔代表“三见面”的方式强化对代表建议办理的监督刚性。听取和审议代表建议办理情况的报告，开展优秀代表建议和办理先进单位评比表彰，对重点建议办理进行满意度测评。

（撰稿　罗　洁）

临海市人民政府

Linhai Municipal People's Government

市政府常务会议

市十六届政府第 53 次常务会议 1 月 6 日召开，听取 2022 年市政府民生实事候选项目有关情况汇报。

市十六届政府第 54 次常务会议 1 月 25 日召开，听取全省疫情防控“物防”有关工作精神及全市贯彻落实情况的汇报、《临海市产业子基金管理暂行办法》和临海市产业基金管理人资格遴选及专家组建立工作的汇报，讨论《“临”取福利，“海”购虎年 2022 年临海市春节促消费活动实施方案》事项、《政府工作报告（送审稿）》。

市十七届政府第 1 次常务会议 3 月 7 日召开，讨论《临海市 2022 年度农村人居环境整治提升行动方案》，听取十伞巷区块历史文化展示区项目情况汇报。

市十七届政府第 2 次常务会议 3 月 29 日召开，听取 2021 年法治政府建设情况汇报，讨论《临海市综合交通运输“十四五”规划》《临海市工业经济发展“十四五”规划》、临海市“健康大脑 + 智慧医疗”项目。

市十七届政府第 3 次常务会议 5 月 17 日召开，传达学习习近平总书记关于安全生产重要指示精神并研究全市贯彻落实意见，讨论《临海市“共富工坊”扶持办法（试行）》《临海市文化和旅游发展“十四五”规划》，听取审议关于将部分临海市部门行政处罚权交由 5 个街道办事处、12 个镇人民政府行使的情况汇报。

市十七届政府第 4 次常务会议 5 月 30 日召开，讨论并原则通过《临海市促进商贸业发展的若干扶持政策（试行）》《关于实施新一轮制造业“腾笼换鸟、凤凰涅槃”攻坚行动的若干意见》，听取 2022 年度数字化改革相关情况汇报。

市十七届政府第 5 次常务会议 6 月 6 日召开，审议并原则通过《临海市推动经济稳进提质 44 条》。

市十七届政府第 6 次常务会议 6 月 29 日召开，审议并原则通过《临海市青年学生社会实践政策》《关于进一步支持龙头企业做大做强的若干政策》《关于扶持个体工商户纾困发展的若干意见》《临海市旅游市场营销奖励（补助）实施意见（试行）》，听取对口工作、2022 年度民生实事项目资金安排情况汇报。

市十七届政府第 7 次常务会议 8 月 8 日召开，讨论并原则通过《临海市加快培育高新技术企业行动方案（2022—2026 年）》《台州湾经济技术开发区“十四五”发展规划》《关于加快推进为老助餐服务高质量发展的实施方案（试行）》《临海市文化精品扶持与奖励办法》，听取 2022 年度市财政专项资金安排情况汇报。

市十七届政府第 8 次常务会议 8 月 25 日召开，会议听取台州市政府民生实事项目中小学校卫生室（保健室）规范化建设有关情况汇报，审议并原则通过《临海市房屋征收（拆迁）安置房票实施办法》《关于促进房地产市场平稳健康发展的若干意见（试行）》。

市十七届政府第9次常务会议 9月15日召开，听取推进经营性国有资产整合工作有关情况汇报。

市十七届政府第10次常务会议 10月17日召开，审议并原则通过《临海市水资源节约保护和利用总体规划》《临海市区域性股权市场创新试点工作方案》《关于进一步加强菁英人才创业创新支持，加快建设青年发展型城市的实施意见》《临海市深化“千万工程”建设新时代美丽乡村实施意见（2022—2025年）》《临海市人民政府关于支持航运业高质量发展的若干意见》。

市十七届政府第11次常务会议 11月16日召开，审议并原则通过《临海市国有企业投资监督管理办法》《关于深入实施知识产权战略推动高质量发展的实施意见》《关于推进制造强市建设的若干意见》，听取关于贯彻落实国务院、国家市场监管总局文件精神、建立“两个责任”机制的汇报。

市十七届政府第13次常务会议 12月14日召开，审议并原则通过2022年度临海市政府质量奖拟授奖企业名单、《2023年年初企业留工促产工作方案》《2023年临海市“三大攻坚战”活动实施方案》，听取全市安全生产工作汇报。

市十七届政府第14次常务会议 12月21日召开，审议并原则通过《关于支持临海市集装箱运输发展的若干政策意见（试行）》。

（撰稿　鲍卓见）

办公室工作

【概况】 2022年，市政府办公室围绕全市工作大局和市委、市政府中心工作，发挥联系上下、协调左右的“枢纽”作用，加强综合统筹协调，提高参谋辅政水平，做好政务服务，保障政府系统高效有序运作。

【参谋辅政】 **文稿撰写。**坚持“务实、精准、简洁”的文风，把握上级政策精神、领导意图和工作要点、难点和重点，起草文稿做到贴近领导思路，符合临海实际。全年撰写领导讲话、工作汇报、典型发言等综合材料200余篇。**信息报送。**全年共编发《临海政务》46期，刊登各类信息250条（篇），被国务院办公厅、省政府办公厅、台州市府办录用260多条（篇），获省、台州市领导批示19条（篇），省信息考核优秀。**调查研究。**结合“三服务”“万名干部助万企”等活动，深入一线开展调查研究，围绕科技创新、产业发展等重点工作，形成调研文章10余篇，为政府科学决策提供依据。

【综合保障】 **督查督办。**围绕上级党委政府下达的经济社会发展任务和市委市政府的重大决策部署，突出问题导向、瞄准薄弱环节，找准找实督查切入点，以督查推动落实。全年共组织编发督查通报116期、督查专报62期。以“群众满意”为标尺，实时督办，保障人大建议和政协提案办理满意度，170件人大代表建议、264件政协提案全部办复。**办文办会。**全年重点精简三类文件发文数量83件。承办市政府常务会议、市长碰头会等重要会议，严格把关上会议题、上会材料，努力做到“零失误、零差错”，全年印发市政府常务会议纪要14期、专题会议纪要54期。

【专项工作】 **数字政府建设。**全年形成数字化改革理论制度成果15个，“救在身边”被列入“一地创新、全省共享”一本账并全省推广，“浙里好家政”入选省信用数改十大优秀案例，“来浙实践”入选全省人社系统数字化改革最佳应用名单，“浙里有戏”成为国内首个全链闭环的基层文化服务治理平台，全省示范推广现场会在临海召开，并在首届全球数贸会上作案例分享。**政务公开。**全年主动公开政府信息140234条，其中各单位在门户网站上公布信息72054条，内容包括机构信息、规范性文件、政府决策、重点工作、行政执法、财政信息等。通过政务新媒体公开政府信息31334条，通过其他方式公开政府信息36846条。在全省政务公开半年度指数报告中县（市、区）排名第九。

（撰稿　鲍卓见）

行政审批管理

【概况】 2022年，全市政务服务事项总办件量162.9万件，其中100个办事无休日中办结事项1.2万件。政务服务线上线下

1月29日，台州湾经济技术开发区企业服务中心启用，实现企业“办事不出园”（市审管办　供图）

“一网通办”率为97.76%，大厅窗口“一网通办”率为96.52%，公共资源交易平台共完成各类交易项目1206项，总成交金额116.27亿元，节约资金额8.4亿元，增值资金额0.698亿元。公安政务窗口融合改革，实现110项公安政务服务事项“一窗通办”且全部进驻镇级便民服务中心。是年，市行政服务中心获评国家节约型机关。

【政务服务】 **拿地即开工。**印发《临海市工程建设项目“拿地即开工”操作实施办法（试行）》。9月9日，全市首个“拿地即开工”项目成功落地，实现临时不动产权证、建设工程规划许可证、施工许可证1天内“多证联发”，缩短项目建设周期3个月以上，相关做法在《浙江日报》刊登报道。**跨区域通办。**年内，新增江西省抚州市乐安县、江苏省盐城市亭湖区2个通办地区，总计与7个省9个市建立跨省通办合作关系，市级大厅和4个五星级镇街便民服务中心均设置跨省通办专窗，实现424项政务服务事项跨省可办，全年办结各类跨省通办业务5079件。**数字化改革。**126个政务2.0工作台上线，实现镇（街道）政务服务2.0全覆盖，251项政务2.0事项下放到各基层网点，2.0平台的199项高频事项全部同源到289台综合性自助终端。上线1035个政务服务网点，完成事项配置2573项，实现19个镇（街道）659个村（社区）全覆盖。**“办不成事”专窗。**6月，设立“办不成事”专窗，全年共处理各类投诉咨询355件，畅通对外评价渠道，监督服务窗口。

【公共资源交易】 **公管办职能划转。**6月，市政府研究决定，公管办职能由发改局划转到审管办。11月，设立公共资源交易监管科，核增2名全额拨款事业编制。**专项整治。**出台《临海市人民政府办公室关于进一步加强建设项目招标投标活动管理的通知》《临海市2022年工程建设项目招投标领域突出问题专项整治工作方案》《临海市招投标代理机构及其从业人员重点监督名单管理制度（试行）》等文件，重点做好串通投标、虚假应标等线索挖掘移交工作，查处串通投标案件1起，标的金额1226.59万元，行政处罚16.49万元。**优化交易服务。**编写政府采购框架协议招标文件范本，完成省内首个使用框架协议的项目招标，9月率先更新上线“浙江省公共资源交易介质

9月9日，“审批送上门　服务零距离”——临海市首个“拿地即开工”项目落地（市审管办　供图）

CA签章互认驱动”，实现公共资源交易市场主体信息共享和数字证书的全省互联互通、在线使用。推进电子保单保函应用，全年使用电子保函的招标项目247个，覆盖率100%，项目电子保函使用率94%，开具保函数量24067个，释放企业资金27.76亿元。

【基层便民服务】 **基层政务服务示范点**。2022年12月，古城街道古楼村和大洋街道大洋社区建成台州市首批示范村（社区）便民服务站。古城街道两水园区和台州湾经济技术开发区建成台州市首批示范企业服务中心，企业服务中心全年总办件14225件。**基层就近办理**。推动政务服务事项下放，提供“一镇一品”个性化精准服务，为群众提供政务服务近5万次。9月28日，省委改革办官微《竞跑者》刊发《临海市推进涉渔服务下乡进港上船　构建多元化渔政服务体系》，专题报道临海特色渔政服务。是年，镇（街道）便民服务中心共办理各类事项51.8万件，村（社区）便民服务站共办理各类事项83.21万件。

【队伍建设】 **政务服务评价体系**。建立台州市首支政务服务“啄木鸟”专员队伍，由32名民主党派、政府部门和社会各界人士组成，对政务服务工作进行监督评价。推进全省业务办理系统与省一体化政务服务“好差评”系统对接，处理差评191件。**综合受理员队伍**。推进行政办事员队伍职业化建设，与市中等职业技术学校合作办班，按照行政办事员国家职业技能标准“订单式”培养政务人才。全年组织开展市级各类业务培训39场次，镇街培训118场次。

（撰稿　应俊毅　陈乐怡）

机关事务管理

【概况】 2022年，市机关事务中心围绕“一品四化”[①]要求，做好疫情防控、会务、文印、餐饮、医疗、接待等服务工作，加强国有资产管理，规范财务等各项制度，推进节能管控，降低行政成本，确保机关事务正常运行。

【重点工作】 **机关办公环境**。完成市行政中心景观绿化提升改造、市行政中心1号楼1—9层卫生间改造和9楼会议室改造，征用机械厂停车位76个，改造西停车场和3号楼停车场、网球场停车位，安装电动汽车充电桩16个。**安保管理**。推进安保队伍建设省级标准化试点创建，形成服务通用基础标准子体系、服务标准子体系及服务保障标准子体系三大模块，制定78项安保队伍建设标准，涵盖交通管理、信访保障、消防安全等领域。**数字化管理**。整合资源，对接台州内跑服务平台，集成各项后勤服务，推出基建维修申报、会议预约、“一卡通”通行、资产管理等10个应用功能。着手接入省办公用房数字化平台，完成市行政中心、市委党校、市行政审批中心等33家单位办公用房使用面积等数据测绘。推进浙江省公务出行综合管理平台建设，全市执法执勤用车、机要通信用车、应急保障用车等805辆入驻平台，乡镇（街道）覆盖率100%。**节能管理**。新创建11家全国节约型机关，实现全市53家市级公共机构创建全覆盖。市机关幼儿园全省二星级绿色食堂。

【日常保障】 **公车服务**。规范公务用车使用，在全市开展行政事业用车单位自查自纠活动，实现公车数字化管理，全年保障公务用车1.1万次，服务2.93万人次。根据《台州市碳达峰碳中和工作任务清单》加强新车审批管理，全市行政事业单位除特殊用途车辆外，新采购5辆公务用车均为新能源汽车。**幼教服务**。东方苑园区开园，通过省二级幼儿园预评估。机关幼教集团获课题成果奖7项，教职工在市级及以上比赛获奖42项，园本培训项目获台州市中小学（幼儿园）校本研训精品项目称号。**餐饮服务**。参加台州市机关食堂厨艺学习培训交流、台州市机关美食节，推广临海特色菜肴烹制技术，特别是大锅菜的创新提质和成本控制，并探索标准化制作和个性化调整相结合的菜肴烹制理念；丰富菜品种类，一日三餐至少保证15个菜品可供选择，并推出周末“开心带”服务，每周五供应卤鸭、龙虾、牛肉等菜肴，方便机关干部职工外带。

（撰稿　马滨生）

---

① “一品四化”：“一品”即“法治后勤、精诚服务”机关服务品牌，“四化”即管理规范化、服务精细化、保障标准化、运行智慧化。

国旗护卫队在市政广场举行升旗仪式　　（马滨生　2022年摄）

外事工作

【概况】 2022年，全市加强因公出国（境）和境外来临海人员管理，做到出访前有审查、出访中有联系、出访后有报告。政府与民间协同，推进领事保护工作，帮助在乌克兰临海籍人员安全回国。以线上形式保持与友好城市韩国横城郡、美国沃巴什市、意大利萨尔扎纳市在疫情期间的交流，东塍镇中学与韩国横城郡中学缔结姊妹学校。11月6日，近20名外籍选手到临海参加2022柴古唐斯括苍越野赛。

【因公出国（境）和境外来临海人员管理】 疫情期间，响应“百展千企”拓市场抢订单促招引行动，快速办理一批出国团组。2022年，通过“快捷通道”入境来临海外籍人员9批16人次。完成涉外“点对点”接送的联络及数据报送468人次。

【领事保护】 整合政府、企事业和民间资源，提供多层次、多方位领事保护，维护涉外人员和企业的合法权益，帮助在乌克兰临海籍人员顺利回国。参与全市防境外电信诈骗工作，参与海外重点地区的人员劝返工作。协作配合台州海警局临海工作站，维护国家海洋权益。根据《临海市涉外事件紧急处置预案》，协助处置涉外事件5起。

（撰稿　尹丹丹）

金融工作

【概况】 2022年，全市推进多层次资本市场建设，年内两家企业上市，直接融资35.52亿元，上市企业总数达到10家，居台州第一。持续强化金融要素保障，年末本外币存贷款总量3590亿元，按比例增长19.93%，居台州第一。7月，临海被纳入全省资本市场普惠服务试点县（市、区）名单，系台州市唯一。11月，台州市清廉金融建设现场推进会在临海召开。年末，全市有各类银行机构27家，保险机构25家，证券营业网点10家，小额贷款公司2家，农村资金互助社1家，融资性担保公司4家，典当行3家，形成多层次、多元化的现代金融机构体系。

【多层次资本市场】 2022年，联盛化学、浙江正特挂牌上市，全市上市企业总数达到10家，上市企业全年市值均居台州市第一位。亘古电缆报会，海宏液压、伟星光学进入上市辅导程序，海畅气体、富铭工业、泰通医化、伟星光学、沙星科技完成上市股改。截至年末，全市上市企业直接融资总量306.15亿元，其中10家上市公司通过IPO、定增、配股、发债、短融等方式融资31次，融资总额165.11亿元。开展区域性股权市场创新试点，制订资本市场普惠服务试点方案，实施上市企业培育工程，帮助20家企业在台州市“双创苗圃板”挂牌。

【金融要素保障】 2022年末，全市本外币存贷款总量3590亿元，按比例增长19.93%，居台州第一。其中，贷款余额1839亿元，同比增长23.88%。信保基金在保24.21亿元，在保户数3201户，规模跃至台州第二。推出数字化创新产品“小微信保易贷”，担保费率降至每年0.68%。提升金融服务质量，强化“银项对接”“银企对接”，做好重点项目、小微企业金融要素保障，银行机构重点项目走访率100%，走访企业、个体工商户等16085户。出台地方《金融支持实体经济20条》，设立临海农商银行科技支行、湖商村镇银行桃渚支行两个企业融资辅导网格点，设立共富窗口，全年辅导企业348家。

【清廉金融建设】 年内，向金融系统征集清廉金融特色亮点工作27个，推荐清廉金融工作制度1则，典型工作案例10个，其中农商行的《清泉浴德廉心正行》被评为台州市十佳清廉金融实践案例。临海农商银行、工商银行临海支行、泰隆银行临海支行被列为台州市清廉金融示范点，农商银行涌泉支行被评为台州市清廉建设成绩突出单位。

（撰稿　王蕴斐）

6月2日，伟星科技产业园项目签约　（王　翔　摄）

招商引资

【概况】 2022年，全市新落地亿元以上项目30个，总投资1649亿元，其中10亿元以上项目9个，新开工制造业项目9个，实际使用外资7051万美元。

【招商基础】 **招商体系**。组建数字经济、新能源、新材料、高端制剂（医疗器械）四个产业链招商专班，成立"1名市领导+1名科级干部+1支基金（1家专业投资机构）+1个基地+若干名招商专员"的招商队伍，吸纳17名招商精英外出招商，全年招商洽谈对接项目累计300余次，形成意向投资项目39个。**要素保障**。11月20日，召开"奋力突破跨越，奋进第一方阵"第二届项目谋划擂台赛，谋划重大项目162个，评选出24个精品项目，加快政策处理和土地供应。**企业服务2.0**。构建招商项目招引流程图，对重大项目实行一站式服务。建立产业链招商咨询智库，在库专家25名。

【招商方式】 **委托招商**。与全球500强世邦魏理仕以及国经咨询、德国莱蒙国际等中介机构对接，制作汽车机械、现代医药等产业中英文宣传资料，向中介机构全球会员推送。截至年末，储备中介推荐了30多个关联项目。**"基金+基地"招引**。制定出台《临海市产业基金管理办法》，设立总规模100亿元的战略性新兴产业引导基金，首期规模30亿元。对接嘉实海外基金、深创投、梧桐基金等投资机构。参与中浮新材料、华海药业等2个项目直投，基金出资1.96亿元。12月28日，"富海精选二号"子基金完成首期出资9450万元。**活动招商**。组织华海药业、本立科技、奥翔药业、永太科技等20多家医化企业参加台州市医药产业线上论坛、浙江省"十链百场万企"系列活动之生物医药产业链专场活动、跨国企业走进浙江（台州）专场活动等大型招商推介活动，进行投资推介。

【招商项目】 建立招大引强项目动态管理库，年末全市亿元以上在谈项目70个，其中签约落地类项目19个、深入对接类项目15个、继续盯引类项目36个，一对一跟踪推进，确保成熟一个落地一个。围绕台州市临港产业带"五城十链"的建设目标，编制重点产业招商目录和产业链图谱。按照"龙头带产业、产业延链条、链条成集群、集群建园区"的思路，优化调整4条"产业链"，引进上下游企业，推动产业集聚发展。台州单体投资体量最大的产业项目——台州湾新材料产业园基础工程开工建设。实体化运行"留驻办"，定期走访排摸本地重点企业投资意向，引导本地企业在外项目回归或准备外投的项目留在临海。年内，吉利新能源纯电汽车项目签约落地，伟星新材料科技产业园、永强智能家居产业园等一批项目留驻回归。

（撰稿　郭璀璀）

政协临海市委员会

Linhai Municipal Committee of the CPPCC

【概况】 2022年，政协临海市委员会围绕团结和民主两大主题，践行全过程人民民主，发挥专门协商机构作用，全年召开常委会会议4次，党组会议13次，主席会议7次，开展调研视察120余次，提交建议案2件、专题协商纪要6份、调研报告36篇、提案264件，助力临海历史名城、制造强市、共富高地建设。在全省政协主席读书会、全省政协委员工作室推进会上作关于民生议事堂议出共富“金点子”、委员工作室经验做法的典型发言，在台州市“民生议事堂”（“三位一体”）建设现场推进会作典型发言，台州市政协主席读书会作民生议事堂工作和党建工作交流发言。“五专机制助共富”经验做法获评全省9个县（市、区）政协工作创新案例之一。

【市政协十五届一次会议】 2月15—19日，政协临海市第十五届委员会第一次会议在市区举行。会议应出席委员370人，实到委员361人。听取并审议通过市政协主席张招金所作工作报告大会。书面报告政协临海市第十四届委员会常务委员会关于提案工作情况，书面通报表扬市政协2021年度履职优秀委员、市政协十四届五次会议以来优秀提案、市政协2021年度反映社情民意信息先进单位和先进个人、市政协2021年度优秀政协工作者。会议期间，提案审查委员会共收到以提案形式提出的意见和建议298件，经提案审查委员会审查后立案263件。会议通过政协临海市第十五届委员会第一次会议提案审查情况的报告和政协临海市第十五届委员会第一次会议决议。选举产生了新一届政协主席、副主席、秘书长及常委。

【市政协常委会会议】 **政协临海市第十四届委员会常务委员会第二十五次会议** 1月24日召开，听取十五届市政协委员推荐情况通报，协商通过政协临海市第十五届委员会委员名单；审议通过关于召开政协临海市第

9月21日，临海港澳台侨政协委员会客厅揭牌启用，省政协副主席、民革省委会主委吴晶（左）出席活动　　（王　翔　摄）

十五届委员会第一次会议的决定（草案）、政协临海市第十五届委员会第一次会议建议议程和日程（草案）、常委会工作报告（审议稿）、提案工作报告（审议稿）、常委会工作报告报告人名单（草案）；协商通过授权市政协十四届主席会议办理市政协十五届一次会议筹备工作未尽事宜的决定；传达学习省政协十二届五次会议精神。

政协临海市第十五届委员会常务委员会第一次会议 2月19日召开，审议通过政协临海市第十五届委员会关于设置专门委员会的决定（草案）。

政协临海市第十五届委员会常务委员会第二次会议 4月18日召开，与会人员视察国家级台州湾经济技术开发区（台州综合保税区）建设工作，听取台州湾经济技术开发区工作汇报及台州湾新材料产业园项目情况汇报。传达学习全国"两会"、台州市"两会"精神。

政协临海市第十五届委员会常务委员会第三次会议 8月10日召开，听取市委书记吴华丁所作的全市半年度经济社会发展情况通报，市委常委、市纪委书记、市监委主任潘江波所作的全市半年度党风廉政建设情况通报；审议通过《政协临海市委员会专门委员会通则（审议稿）》《政协临海市委员会关于强化政协委员责任担当的意见（审议稿）》；传达学习省十五次党代会、全省政协主席暑期读书会暨加强和改进新时代人民政协工作专题研修班精神。

政协临海市第十五届委员会常务委员会第四次会议 10月21日召开，听取"加快推进低效工业用地综合利用"课题调研情况汇报，并审议通过常委会建议案（草案）；听取市"两办"关于提案办理工作情况的汇报。

【市政协主席会议】 **政协临海市第十四届委员会第五十六次主席会议** 1月28日召开，协商通过市政协十五届常委会组成人员建议名单（草案）、市政协十五届一次会议分组名单（草案）；协商提出市政协十五届一次会议主席团、主席团会议主持人和秘书长名单（草案）和市政协十五届一次会议主席团常务主席名单（草案）、市政协十五届一次会议提案审查委员会组成人员名单（草案）、市政协十五届一次会议各次大会执行主席及主持人名单（草案）、市政协十五届一次会议副秘书长名单（草案）、市政协十五届一次会议各组召集人名单（草案）、市政协十五届一次会议邀请上主席台就座人员范围（草案）及人员名单（草案）、市政协十五届一次会议列席人员范围（草案）及人员名单（草案）、市政协十五届一次监票人建议名单（草案）；听取全会各筹备组筹备工作情况汇报。

政协临海市第十五届委员会第一次主席会议 2月19日召开，协商提出《政协临海市第十五届委员会关于设置专门委员会的决定（草案）》《政协临海市第十五届委员会常务委员会第一次会议日程（草案）》。

政协临海市第十五届委员会第二次主席会议 2月19日召开，协商讨论《政协临海市第十五届委员会领导工作分工（草案）》。

政协临海市第十五届委员会第三次主席会议 3月18日召开，协商通过2022年度重点提案领导督办分工方案及2022年度提案办理民主评议单位，中共临海市政协党组2022年工作要点和政协临海市委员会重点工作任务分工方案，十五届市政协领导及委办联系镇街政协工作制度，十五届市政协专委会与市级有关部门（单位）对口联系工作制度，界别委员工作室委员编排方

8月10日，政协临海市第十五届委员会常务委员会第三次会议召开
（市政协办 供图）

案、“一村一委员”委员联村方案、民生议事堂建设工作方案，“书香政协”委员读书工作的实施方案，“履职尽责彰显担当，携手建设共富高地”倡议书，“委员联村助发展，携手同行共富路”活动方案，政协临海市委员会关于习近平新时代中国特色社会主义思想学习座谈会办法（试行）；协商提出2022年度协商工作计划，政协临海市第十五届委员会常务委员会第二次会议日程、议程和主持人（草案）。

政协临海市第十五届委员会第四次主席会议 4月28日召开，实地视察市公安局文明交通数字体验馆、情报指挥中心、执法管理中心、刑事侦查中心，听取市公安局工作汇报，并开展协商建言。协商通过《政协临海市委员会委员履职考评办法（审议稿）》《政协临海市第十五届委员会委员参加专门委员会活动编排方案（审议稿）》。

政协临海市第十五届委员会第五次主席会议 6月20日召开，围绕“惠企助企、稳进提质”开展协商议政，实地视察临海国际医药产业园，听取临海国际医药产业园建设相关工作汇报并开展协商建言。协商通过《市政协关于惠企助企政策落实情况专项集体民主监督工作报告（审议稿）》《政协临海市委员会专门委员会通则（审议稿）》《政协临海市委员会关于强化政协委员责任担当的意见（审议稿）》《政协临海市第十五届委员会常务委员会第三次会议议程（草案）》；传达学习台州市“民生议事堂”（“三位一体”）建设现场推进会精神，研究市政协贯彻落实意见。

政协临海市第十五届委员会第六次主席会议 8月1日召开，研究市政协2022年度常委会培训有关事宜。

政协临海市第十五届委员会第七次主席会议 9月20日召开，听取“提升城市品质，打造高能级城市”课题调研情况汇报；开展市公安局2022年以来提案办理工作情况民主评议；协商提出市政协十五届四次常委会会议日程和主持人（草案）。

【“请你来协商”】 **“请你来协商”——传承发展台州府城宋韵文化专题协商会** 5月11日召开，听取市文化和广电旅游体育局传承发展台州府城宋韵文化工作开展情况汇报后，与会人员协商讨论，提出一系列好的意见建议。

“请你来协商”——提升职业教育办学水平专题协商会 5月26日召开，市教育局介绍全市职业教育情况。市政协课题调研组、政协委员代表及相关部门负责人针对加强职教办校土地统筹规划建设、深化推进产教融合、加强职业技能培训等方面建议献策。

“请你来协商”——大力发展养老产业，建设老年友好型社会专题协商会 7月1日召开，市民政局汇报全市养老产业发展情况。市政协委员、行业协会代表、村（社区）代表、老年协会代表等围绕协商议题，就完善养老服务保障制度、优化社区居家服务供给、提升机构养老发展水平、促进医养康养有机结合等方面发表意见和建议，与市级有关部门负责人现场对话协商、互动交流。

“请你来协商”——加快推进我市新能源汽车充电设施规划与建设专题协商会 7月22日召开，市发改局负责人汇报全市新能源汽车充电设施规划建设情况。市政协委员、村（社区）、小区业主、充电桩投资企业代表等围绕协商议题发表意见和建议，并与市级有关部门负责人现场对话协商、互动交流。

“请你来协商”——推进医疗信息一体化建设专题协商会 8月29日召开，市卫健局汇报全市医疗信息一体化建设工作相关情况。市政协课题调研组、政协委员代表围绕协商议题，提出针对性的意见建议。

“请你来协商”——加快推进我市低效工业用地综合利用专题协商会 10月12日召开。会前，课题调研组实地走访部分省内先进地区，多次召开座谈会，与相关部门、镇（街道）充分沟通交流。会上，市经信局汇报全市低效工业用地综合利用工作开展情况。与会人员围绕协商议题，提出“建立工业用地全域治理一张图”“开展全域低效工业用地整治，避免‘插花式’的‘腾笼换鸟’”“土地腾挪实行闭环管理”“加快研究制定低效工业用地整治的政策”等意见建议。

【履职活动】 2月24日，西藏自治区政协副主席卓嘎来临海调研政协工作。3月30日下午，全市“请你来协商·民生议事堂”平台建设现场会在河头镇召开。4月，各镇街分别召开“委员联村助发展，携手同行共富路”活动对接会。4月27日，市政协习近平新时代中国特色社会主义思想学习座谈小组第1小组召开学习座谈会，围绕学习贯彻习近平总书记关于加强和改进人民政协工作的重要思想开展学习交流。4月28日，市政协习近平新时代中国特色社会主义思想学习座谈小组第3小组与提案组联合开展学习座谈活动，围绕学习贯彻习近平总书记关于加强和改进人民政协工作的重要思想开展学习交流。5月10日，市政协召开“请你来协商·民生议事堂”建设工作第三次推进会，部署加快推进全市“请你来协商·民生议事堂”平台建设工作。5月13日，全市政协社情民意信息工作部署会暨培训会召开。5月20日，市政协委派民主监督员工作部署会召开。5月25日，市政协召开全市政协系统党建工作、党风廉政建设工作和意识形态工作部署会。6月10日，十五届临海市政协委员专题培训会暨政协讲堂活动举行，省政协副秘书长、研究室主任王四清作专题讲座。7月19日，全市镇（街道）民生议事堂专题协商月活动部署会召开。8月16日，市政协主席暑期读书会举行。8月22日，“请你来协商·民生议事堂”电视专栏首期开播。9月5日至9日，2022年度临海市政协常委培训班在南京大学社会学院举行。9月21日，临海港澳台侨政协委员会客厅揭牌启用，并举办首场活动——“聚识、聚智、聚力”助力建设共富高地分享会，省政协副主席、民革省委会主委吴晶出席活动。11月15日，台州市民生议事堂（“三位一体”）建设现场会在临海召开，会前考察河头镇、尤溪镇民生议事堂和市政协农业组委员工作室建设情况；会上观看临海市政协《请你来协商·民生议事堂》电视专栏第一期节目，民生议事堂第一批优秀案例，临海市政协作典型发言。11月17日，市政协习近平新时代中国特色社会主义思想学习座谈小组第1小组召开学习座谈会，专题学习党的二十大精神及习近平科学的思维方法在浙江的探索与实践。11月24日，市政协习近平新时代中国特色社会主义思想学习座谈小组第3小组召开学习座谈会，专题学习党的二十大精神及习近平科学的思维方法在浙江的探索与实践。12月1日，省政协副主席周国辉带队到临海调研浙江伟明环保股份有限公司、富春紫光污水处理厂，实地走访公司重点区域，听取公司基本情况和运行情况的汇报。

（撰稿　陆含瑛）

中共临海市纪律检查委员会
市监察委员会

Discipline Inspection Commission of the CPC
Linhai Municipal Committee Supervision Commission of Linhai

【概况】 2022年，全市各级纪检监察组织贯彻党的自我革命战略思想和全面从严治党战略方针，坚定不移正风肃纪反腐，加快推进清廉临海建设。依据《纪检监察机关派驻机构工作规则》推进派驻机构改革，健全完善“室组地巡”协作、“组组”联动等工作机制，各派驻（出）机构全年立案82件。市纪检监察工作获台州市党建工作考核第二名，被评为清廉台州建设先进集体，2名干部得到省纪委省监委表彰。驻市人民检察院纪检监察组在全省派驻检察机关纪检监察机构工作交流会上作交流发言。《清廉民企“生态圈”助推构建亲清政商关系》获第三届基层清廉建设（浙江）十大创新经验创新提名奖。

【政治监督】 出台政治监督工作指导意见，搭建“7+N”政治监督基本框架，加强对共同富裕、粮食安全、生态环保等领域的政治监督，全年累计督改问题41个，处理64人，党纪政务处分16人。配合省委第九巡视组对市委开展巡视工作，主动接受台州市委第三提级巡察组对委机关开展提级巡察工作。采用体验式暗访、“回头看”督查、大数据比对等方式常态化开展疫情防控专项监督。开展“防疫情、稳经济、保安全，迎接党的二十大胜利召开”专项政治监督，查处安全生产等领域责任不落实、监管不到位、失职渎职等问题14个，处理24人。根据全市“项目攻坚年、作风建设年”工作要求，开展清风护航“十大行动”“破梗护航”专项监督，保障市委决策部署推进落实，107个重点项目按期完成。协助市委开展“躺平式”单位、“躺平式”项目、“躺平式”干部评定，推行“治躺平”工作机制，发出“躺平”提醒单17张。对全市23家重点部门实施作风评议，对1016家企业开展亲清政商关系问卷调查、涉企服务作风评议，累计查处破坏营商环境腐败和作风问题19个，处理29人，党纪政务处分18人。构建“四全监督、五廉压

2月14日，中国共产党临海市第十五届纪律检查委员会第二次全体会议召开　（市纪委市监委　供图）

责”监督体系，制发“五张责任清单”履责提示卡、主体责任履职纪实手册，实现新任“一把手”廉政谈话全覆盖。开展“为干事者担当　向诬告者亮剑”专项行动，为38名受到不实反映的党员干部澄清正名，严肃查处诬告陷害行为2起2人。

【作风建设】 建立完善高站位谋划、高频次检查、高刚性执纪、高密度通报、高质量治本“五高”工作机制，把中央八项规定作为铁规矩、硬杠杠，以钉钉子精神细查天价月饼、蟹卡蟹票、酒驾醉驾等背后“四风”问题，惩治违规吃喝、收送礼品礼金、发放津补贴或福利等突出问题，纠治私车公养、隔空送礼等隐形变异问题。全市共查处享乐奢靡问题68个，处理127人，党纪政务处分66人。聚焦党中央和省市重大决策部署落实情况，围绕疫情防控、乡村振兴、保护群众生命财产安全等重点领域、重要环节，查处形式主义、官僚主义问题123个，处理197人，党纪政务处分26人。检视反复发生“四风”问题的制度机制短板，及时开展“回头看”，推动破除“潜规则”，督促相关职能部门完善制度13个。通过纸媒、电媒、网媒通报曝光“四风”问题26起，涉及党员干部32人。

【反腐败斗争】 聚焦权力集中、资金密集、资源富集、社会关注度高的领域和岗位，推进建设、国企、开发区、粮食购销、民生、基层微腐败等领域腐败治理，全年立案审查调查614人，党纪政务处分563人，留置15人，移送司法机关13人，查处丁某华、王某明、李某津、卢某兵、柳某、余某森等一批严重违纪违法案件，严惩陈某国、黄某民等一批“蝇贪蚁害”。实施“天网”行动，追回外逃人员2人。精准运用“四种形态”处置1925人次，其中第一、第二、第三、第四种形态分别占比70%、24%、3%和3%。57名违纪违法党员干部主动投案。围绕“案件剖析、责任追究、纪检监察建议、专项监督、警示教育、回访教育”六个方面，做实查办案件“后半篇文章”，督促案发单位查漏补缺、建章立制，发出纪检监察建议书84份，剖析案件214件，3篇案例列为省优秀案例上报中纪委。以案示警，召开全市领导干部警示教育大会，摄制警示教育专题片《暗流》，汇编十九大以来全市重大典型案件警示教育录《抉择》，编印《小廉说案》。

【政治巡察】 制定《中国共产党临海市第十五届委员会巡察工作规划（试行）》，启动新一届市委巡察工作，全年开展3轮巡察，常规巡察16个市级单位和8个镇（街道），巡察228个村（社），共发现问题1818个、问题线索104条，问责党员干部105人。深化“复杂村（社）点题巡察、普通村（社）巡镇带村”模式，开展“开门接访、民情夜访”活动，将发现问题与排忧解难有机结合，做到一般问题即时回复、涉纪问题及时发现。运用好台州市委巡察指导督导成果，规范巡察流程，创新巡察方法。完善巡察与组织、审计、司法等单位的联动机制，“巡审联动”模式入选全省优秀巡察案例。开展巡察整改“清零行动”，对上一届市委巡察整改情况再清查、再督办，巡察反馈问题整改率达100%，推动追回资金1099万元，追责问责22人。推进重大巡视巡察问题清单制度，成立工作专班，向台州市委报送问题清单并动态跟踪销号，提高重大巡视问题清单管控力指数。

【基层监督】 开展基层监督“巩固深化年”活动，制定村级监察工作联络站《工作手册》《工作导图》，做实做深“清风银行”，推动基层监察信息员积分“储蓄—

3月11日，十五届市委第一轮巡察工作动员部署会暨业务培训会召开
（市纪委市监委　供图）

兑换”实体化运行，推进镇（街道）纪检监察机构、村（社）监察工作联络站规范化建设。镇（街道）纪检监察机构全年立案485件，其中自办案件157件。村（社）监察工作联络站共报送问题信息1807条，提出整改意见134条。聚焦中小学（幼儿园）食堂乱象、电信网络诈骗、村经济合作社运行、城镇居家养老服务保障等群众反映强烈问题，开展14项漠视侵害群众利益问题专项治理，查处群众身边腐败和作风问题36个，处理52人，党纪政务处分13人。开展信访举报全员大接访、初信初访质效提升等“六大行动”，探索建立十分制月考核机制。攻坚重信重访，化解疑难复杂信访件36件。探索建立异常重复举报留存工作机制，减少非理性信访举报行为，被列为台州市内首家全省异常重复举报留存工作试点。全年检举控告总量、初次举报量、重复举报量分别同比下降36%、4%、71%，实现“五年五连降”。

【数字化改革】 试点承建社区矫正领域、拆违领域两个公权力大数据监督应用场景，分别被纳入省委改革办2022年全省重大改革（重大应用）“一本账S2”、省公权力大数据监督应用场景“一本账S1”，3个监督模型被省纪委省监委评为最佳监督模型，社区矫正领域相关工作得到省纪委省监委领导批示肯定，场景建设获评全省公权力大数据监督应用“最佳场景”。构建分办督办工作机制，提升红色预警信息和区域性领域性问题信息处置质效，全年产生红色预警633条，查实率达70%，处理231人。开展社区矫正对象从业资格禁止监管突出问题等专项治理23项，推动公检法司、市“三改一拆”办等业务主管部门制定完善制度18个。

（撰稿　马佳昕）

民主党派　工商联

Other Political Parties and the Federation of Industry and Commerce

民革临海市总支委员会

【概况】 2022年，中国国民党革命委员会临海市总支委员会以“同心民革”为主线，深入“四史”和“民革党史”学习，开展“不忘合作初心　矢志不渝跟党走”主题教育，夯实共同思想政治基础。突出思想阵地建设，探索民革“253+X”阵地模式①，在台州府城文化旅游区建成2个民革驿站，承办“一砚知秋”台州府城首届文人生活与艺术特展。9月，省政协副主席、民革省委会主委吴晶到民革总支党员之家调研指导。总支被评为民革全省宣传思想工作先进集体，总支党员之家被评为民革全省示范五好党员之家。以“活力民革”为目标，推进基层组织规范化标准化建设，在全市民主党派中首创拟发展党员交朋友制度，首推的拟发展党员积分制得到吴晶批示肯定，列为台州市民主党派基层组织规范化、标准化建设现场会典型案例，全年发展新党员3名。年末，党员中有各级人大代表、政协委员23名，特约监督员14名。

【职能履行】 **参政议政**。2022年临海“两会”上，民革总支提交团体提案12件、个人提案22件，2件被列为重点提案，1件被列为优秀提案，5人当选政协常委。重点提案《关于建立社区养老模式的建议》获市主要领导批示肯定，并专门组织重点提案协调会研究，下半年全市六家“府城·老邻舍”开业运营，将精品提案转化为民生实事工程。多篇稿件被民革台州市委会作为团体提案提交台州两会。《关于破解乡村治理问题的建议与对策》被2022年民革全省参政议政研讨会录用。**调查研究**。“民革专报‘五题社会服务’书写助力共同富裕新担当”获民革中央副主席、省人大常委会副主任吴晶批示。1篇稿件选送民革中央举办的莫干山论坛，1篇作为党派直通车获市主要领导批示肯定。承接“同心共富工坊”课题，调研成果“产业+工坊+劳动”同心共富的建议得到市委、市政府采纳落实。**民主监督**。参加临海市委双月协商会和市委统战部党派季工作例会上，提出意见建议。参加对口联系单位和有关部门召开的党外人士协商会、座谈会、情况通报会等20多次，为党委政府提供决策参考，并开展专项民主监督。活动多次得到《人民日报海外版》《团结报》“中新网”等媒体报道。**反映社情民意**。全年撰写社情民意信息29篇，其中被中共中央办公厅录用2篇，国务院办公厅录用1篇，全国政协录用5篇，中共中央统战部录用1篇，获国务院领导批示1篇（参与）、省长批示1篇，副省长批示1篇，台州市委书

① “253+X”阵地模式，即2个总支党员之家、5个支部党员之家、3个同心实践服务基地，X指民革驿站。

记批示 1 篇。

【社会服务】 **文明润富**。总支响应市委市政府点题，组建多支特色志愿者服务队，开展新时代文明实践活动，打造临海志愿服务民革品牌。其中，民革普善义工开展理论宣讲、慈善服务、义工培训等大型活动 120 余次，事迹刊载在《团结报》，林萍获 2022 年全国最美家庭和浙江省教育系统“最美志愿者”称号。民革文化志愿者开展“文化进村居、进单位、进企业”的“三进”公益活动 50 多次。民革爱心志愿者慰问黄埔抗战老兵、“四老两户”、结对学生等 60 余人次，开展“感党恩，颂党情”喜迎二十大服务进村（社区）系列活动 8 场。**博爱育富**。以“博爱·牵手”为主题，到镇（街道）开展义诊送健康和心理健康辅导活动，到同心实践服务基地开展“矢志不渝跟党走、民革益富健康行”公益医疗活动 6 次，心理健康辅导学生 30 多人，受益群众 2000 多人次。联合民革省委会医疗服务团开展公益活动 6 次；联合市级医院服务队开展“博爱同心、健康同行”进中心幼儿园活动，服务教师 300 多人；每月两次的“博爱·牵手”健康义诊暨免费筛查巡回医疗大型公益活动，服务群众和职工 5000 多人。**同心聚富**。在 2021 年以“太阳伞产业 + 凤凰村工坊 + 村民加工”方式帮助凤凰村集体经济年增收入 10 万元、附近村民增收 200 万多元的基础上，通过“三直达（项目直达村、就业直达户、技能直达人）”，最大限度让利于民。上半年，永强集团提供产品加工订单 70 万套件。组建临海“同心共富工坊”企业联盟，业务覆盖户外休闲用品、彩灯、眼镜、服装辅料等 7 个行业。牵头协商推进民革同心服务基地投资 1 亿多元发展民宿，创新“农户 + 民宿 + 产业”形式，拓展农户直销农产品渠道，助力基地村民茶叶、草编等农产品销售收入 100 多万元；推进创办临海唯一一家省级“金宿”的民革党员布局“民宿 +”新业态（茶吧 + 农产品展销），与农户签订直购协议，助销杨梅、桃子、葡萄等农产品 1 万余箱，价值近 200 万元。**公正创富**。以临海市法律援助中心民革工作站为依托，以“民革法律援助工作室 +”为抓手，常年提供各类法律服务，参与“送法下乡”“送法进校园”等活动。7 名民革党员担任 20 多家部门单位和行政村的常年法律顾问，每月以视频形式开展法治宣传教育共计 40 多次，免费为群众提供法律援助 20 多件。在市政广场开展“法律夜市”活动，接受群众法律咨询 300 余人次。开展“法助共富、法护平安”乡村振兴你我同行系列活动，为 200 余名群众提供法律咨询服务。**两岸享富**。年内，联合开展台胞台属“浙”里迎中秋活动，向在临就读台生赠送“开学大礼包”暖心行动；带领台生参观台州市科技馆、城市大脑运营中心，体验“科技暑假”了解“智慧台州”活动；赴台商台属企业开展纾困助企、除险保安和“健康同行”等活动共计 20 余次。1 名党员被评为 2022 年度民革全省祖统工作先进个人。

（撰稿　何　畅）

民盟临海市支部

【概况】 2022 年，中国民主同盟临海市支部以建设高素质中国特色社会主义参政党为目标，加强自身建设同参政履职、社会服务工作有机结合，开展学习贯彻中共二十大精神系列活动，新发展盟员 2 名，被民盟浙江省委会评为 2022 年度十佳特色基层组织。年末，支部共有盟员 36 名，其中高、中级职称占 88.9%。盟员中现任台州市人大代表 1 名、政协委员 3 名，临海市人大代表 2 名、政协委员 13 名。

【职能履行】 **参政议政**。全市“两会”期间，支部共提交团体提案 12 件，盟员政协委员提交个人提案 7 件，《关于加快推进电动汽车充电设施规划和建设的提案》被选为重点提案，由市长领办、市政协主席督办，市里就议题开展专项调研。**建言献策**。积极参与政党协商，重点关注营商环境优化，连续三年从城市人口发展，企业面临政策、土地、执法等方面主要困境，以及惠企政策落地见效三个视角切入，为民营企业发展献策。**民主监督**。加强与市场监管局和应急管理局两个单位的对口联系，形成“联席座谈 + 专项监督”模式，组织开展非标电动车淘汰置换工作专项民主监督活动。

【社会服务】 以“定点帮扶、长效服务”为主要形式，在汇溪镇孔丘村和永丰镇八叠小学两个结对帮扶基地开展社会服务活动。11 月，以弘扬乡村在地文化为主题，与汇溪镇、民盟中国美院支部合作在孔丘村开展活动。年内，多次到永丰镇八叠小学调研、送教，开展“书香遇粽香·端午文化进校园”等活动。下半年，由于八叠小学撤并，确认永丰镇中学、永丰镇中心校为新的结对帮扶基地，在永丰镇中学建设民盟·同心健康驿站。

（撰稿　阮绵绵）

民建临海市支部

【概况】 2022年，中国民主建国会临海市支部加强思想、组织建设，开展“矢志不渝跟党走、携手奋进新时代”政治交接主题教育，开展喜迎中共二十大系列活动；与市属国有企业党委结对共建基地，开展“同心季、同德季、同向季、同行季”四季主题活动；助力共同富裕，在忘不了农民专业合作社建立同心·民建促共富基地，协助引进柑橘产后数字化服务中心项目，实现2万亩柑橘销售增值。基地获评浙江民建助力共同富裕实践基地。全年发展会员5名。年末，支部有会员38名，其中，企业会员人数21人、行政事业单位会员13人、金融及其他行业4人。会员中有台州市政协委员4名，临海市人大代表2名（常委1名），临海市政协委员8名（常委1名）。

【职能履行】 **参政议政。**2022年，提交台州市政协大会发言材料2篇，临海市政协团体提案9件、个人提案10件，其中《关于加快推进电动汽车充电设施规划和建设的提案》《关于建设“未来村庄”助力乡村振兴的提案》《关于进一步做好国企人才工作的提案》等5件提案被选为临海市政协重点提案和优秀提案。**调查研究。**根据调研计划，开展“大走访，大调研，大服务”等活动，先后提交《打造未来社区的路径与对策研究——以临海市为例》《关于稳妥推进耕地“非农化”“非粮化”整治，筑牢粮食安全根基的建议》《关于全域推进台州市临港产业协同发展的建议》等8篇调研报告，涵盖城市建设发展、企业自主创新、乡村振兴战略、金融改革创新、公共服务提升等方面。其中，《乡村振兴背景下临海市传统村落保护与发展开发中政府职能优化的对策》《关于台州府城创5A大环境下民宿行业稳定发展的建议》得到市主要领导批示肯定。**民主监督。**参与人大、政协及有关部门组织的视察、考察活动，围绕党风廉政建设、五水共治、农村人居环境综合整治等方面开展专项民主监督，提出相关意见建议。做实做细对口联系工作，与市发改局、市医保局共同开展监督调研、撰写调研材料、监督座谈。**反映社情民意。**全年撰写上报社情民意信息39篇，获民建中央录用4篇、省政协录用2篇、省委会录用10篇、台州市政协录用7篇、市委会录用24篇。

【社会服务】 **关爱弱势群体。**在汇溪镇中心校建立结对帮扶基地，“六一”儿童节送去教学用品，发放爱心助学金。与“临海在线”论坛共建志愿服务站，重阳节到颐兴园疗养院开展“九九重阳节　慰问暖人心”活动，春节期间到大洋街道社区慰问贫困户。**为民服务。**12月，新冠疫情防控措施优化调整，浙江海洲制药有限公司董事长、民建会员陈昌略从安徽子公司调配首批6000盒对乙酰氨基酚片给临海，后又通过市红十字会向市卫健局捐赠17040份复方氢溴酸右美沙芬糖浆，总价值约50万元。**关心企业职工。**开展“走访慰问暖人心”活动，走访浙江力高泵业科技有限公司、临海市亚东特种电缆料厂、临海市四通制管有限公司等企业。

（撰稿　周伟晨）

民进临海市委员会

【概况】 2022年，中国民主促进会临海市委员会强化理论武装，开展“矢志不渝跟党走、携手奋进新时代”政治交接主题教育，代表民进台州市委会拍摄《心有繁星　沐光而行》“会史微课堂”，科技经济支部“初心之路”被省委会确定为学习教育经典线路。11月18日，台州市民主党派基层组织规范化标准化建设现场会在科技经济支部召开。《以规范化标准化推进参政党基层组织能力建设——民进临海市科技经济支部规范化标准化建设工作案例》编入台州市民主党派基层组织规范化标准化建设优秀案例集。市委会获评民进中央宣传部、《民主》杂志宣教工作优秀集体，金敬耀获民进浙江省委会2022年度优秀基层组织负责人称号。全年发展新会员5名。年末，市委会下设7个支部，会员148名。会员担任省、台州市人大代表1人，台州市政协委员3人（其中常委1人），临海市人大代表1人，临海市政协委员13人。

【职能履行】 **参政议政**。提交省人大建议2件，台州市人大建议3件，临海市人大建议2件。市委会供稿的《学生需要减负，体质更要增强》作为民进台州市委会在台州市政协大会书面发言提交，市委会供稿的4篇材料作为民进台州市委会团体提案提交大会。此外，会员提交个人提案4件。林咸刚《关于推进新时代文明实践中心的建议》和沈碧琼《关于加强科技型企业培育　打造高质量发展生力军的建议》列为台州市政协六届一次会议优秀提案。在临海市政协全体会议上提交团体提案13件、个人提案7件，《关于统筹推进"亩均论英雄"改革和"腾笼换鸟、凤凰涅槃"攻坚行动的建议》《关于推进我市医疗信息一体化的建议》2件提案被列为重点提案，医疗信息一体化列为市政协年度重点协商议题。**调查研究**。《推进社会矛盾纠纷多元化解的实践与思考》《关于我市高等职业教育工作的调研》《关于加强我市能源双控工作的调研》《关于推进我市医疗信息一体化的建议》等课题被民进台州市委会立项并结题。《关于推进我市社会心理健康服务体系建设的建议》《关于加快推进我市适龄女性免费接种HPV疫苗工作的建议》以"直通车"形式上报市委市政府，其中《关于推进我市社会心理健康服务体系建设的建议》获市主要领导批示肯定。**民主监督**。参加中共临海市委、市政府、市政协召开的协商会、通报会、座谈会、意见征求会，就优化营商环境暨民营经济高质量等提出意见建议。11名特约人员参与相关部门监督、视察和评议等活动。**反映社情民意**。社情民意信息被民进中央录用2篇，被省委会录用1篇，专报省政协2篇。

【社会服务】 **助力共同富裕**。在东塍镇岭根村开展"同心聚力共同富裕"新春大走访大调研专题实践活动。对接浙江民进博士团等人才组织，为临海医药健康企业提供科技指导。参与民进中央发起的"安龙农产品走进民进——我为消费助农下一单"系列活动。开展健康共富基层行活动，在华海药业川南分厂举办"一切为了劳动者健康"职业病防治法宣传周大型义诊活动，到江南街道贺家村、大田街道大田刘村开、上盘镇下尤村、汇溪镇仙人桥村送医疗、金融、急救心理等社会服务活动。**特色服务品牌**。台州中学支部结对西湖双语学校，临海中学支部、回浦中学支部开展"结对乡村学校，共促教育均衡化发展"社会服务，到永丰镇中学、桐杵中学等校支教。文化教育支部到各中小学举办"守护心田　温润你我"防性侵讲座、青春期心理健康教育，联合临海市守护心田社会工作心理服务中心开展"与爱'童'行　温暖相伴"志愿服务活动，到尤溪、杜桥、上盘、桃渚等镇慰问困境儿童，开展心理帮扶。杜桥支部到杜桥镇中心幼儿园开展"民进·护明眸"活动，举办爱眼护眼知识专题讲座。

（撰稿　周丹红）

农工党临海市委员会

【概况】 2022年，中国农工民主党临海市委会加强思想建设，开展"不忘合作初心，继续携手前进"主题教育，组织中共二十大精神专题学习。推进基层组织规范化标准化建设，"三加（党派＋阵地、党务＋活动、党派＋社团）组织建设模式作为民主党派组织建设案例报送台州统战部和农工党省委会，在台州市民主党派基层组织规范化标准化建设现场会上作典型发言。市委会被省委会评为2022年度社会服务工作先进基层组织，王玲兰被省委宣传部评为最美浙江人。党员在国家级刊物、省级刊物各发表论文6篇，省级课题立项2项、通过验收4项，取得专利2个。年底，市委会下辖5个支部，党员135名，其中医卫界72人、生态资源界22人、文教界14人，高级职称117人。党员中省人大代表2人、台州市人大代表1人、临海市人大代表6人，台州市政协委员2人、临海市政协委员13人（其中常委2人）。

【职能履行】 **参政议政**。市委会向市政协十五届一次会议提交团体提案12件、个人提案12件，其中《加快建立联村调解工作站打通调解工作"堵点"》《府城宋韵文化魅力及传承活化的建议》《建设"未来村庄"助力乡村振兴》3件提案被列为重点提案并获评优秀提案。在台州市政协六届一次会议上，市委会《宋时有月照台州，打造台州宋韵文化圈》作为大会书面发言材料。在省人大十三届六次会议上，提交《关于优化生育政策，加快构建生育友好型社会的建议》1件。**调查研究**。围绕共同富裕、基层康复医疗能力、公域品牌、知识产权等课题开展调研，形成《台州宋韵文化美学意蕴及旅游开发策略》《推动基层康复医疗能力提升，助力共富新举措》《深化全民阅读工程赋能共同富裕示范区建设》等调研报告6篇，上报《家庭医生签约服务存在困难和对策》直通车1篇。**民主监督**。参加市委、市政府、市政协召开的双月工作协商会、座谈会、情况通报会和意见征求会等，提出意见建议。**反映社情民意**。党员撰写的3篇信息中共浙江省委办公厅选送至中办，4篇被台州市政协录用。

【社会服务】 年内，在河头镇岩坑村开展农工党临海市委会同心共富服务示范点创建，组建医养健康服务队、红色研学服务队、农技专家服务队，定期开展农技教学、医疗等服务活动，帮建康养惠民服务基地、红色革命研学基地、共富助农服务基地，挖掘红色旅游资源，打造绿色水果品牌。到共建基地——沿江镇黄土山村、崇和门、东塍和杜桥等地开展农技、医疗和法律等服务活动，受益2000余人次；向群众赠送科技、医疗保健资料2000余份；急救培训50余人。市一医院支部倪桂莲带领团队围绕"健康中国十五项专项行动——实施心脑血管疾病防治行动"，通过开办卒中防治学校、举办现场义诊讲座、推行卒中早筛早查等方式开展脑卒中防治科普宣教，主导的《预防先行，多举措推进脑卒中防治》案例被列为2022年度健康浙江行动30个示范样板之一。

（撰稿　赵景娇）

九三学社临海市委员会

【概况】 2022年，九三学社临海市委员会坚持以思想建设为引领，《同心向党赋》朗诵节目参加九三学社省委"同心接续　砥砺前行——喜迎二十大"经典展示。年内，新发展社员5名，郭政被社中央评为2021—2022年社会服务先进个人，工业支社被社省委评为2022年度组织建设先进基层组织。

【职能履行】 **参政议政**。以"两会"为重点履职平台，在市政协全体会议上提交集体提案11件、个人提案21件，《关于加快推进电动汽车充电设施规划和建设》《关于高质量打造农村公路　促进农村畅路奔富》被评为市政协十五届一次会议优秀提案。积极参政议政。**调查研究**。向各级提交调研报告4篇：《构架农业技术人才培养体系，打造共同富裕产业集聚区》《加强数字化改革，打造古城文化旅游新格局》《全域推进"无废城市"建设》《关于课后校内精准托管的调研》。**民主监督**。参加中共临海市委、市政府、市政协、市委统战部等召开的征求意见会、情况通报会、座谈会等会议20余次，建言献策。11名社员兼任各类特约监督员、民主监督员，1名社员兼任特约检察员。不定期与市科技局、市卫生健康局、市统计局、市港航口岸和渔业管理局等对口联系单位就年度重点工作开展座谈协商。10月25日，副市长、委员赵长江带领社员骨干走访调研市港航口岸和渔业管理局，交流对口联系工作。

【社会服务】 **关爱儿童**。6月1日，工程支社到东塍镇溪东小学开展庆祝六一活动，送去书籍、学习用品。年内，工程支社先后到河头镇、括苍镇、古城街道等地走访慰问4户困境儿童家庭。**送医送教**。7月和12月，医卫支社分别到涌泉管岙村和沿江西岑村开展送医下乡活动。郭政领衔的体教融合理念和做法向全国推广，林瑞蔡名师工作室指导杜桥和六中青年教师开展教科研活动。**助力共富**。协助岙底罗村推进"香年栖谷"文旅项目中的万盛空间项目征迁工作，出资联系市测绘院帮助完成涉征地农户的山林面积测量工作，与村里共同成立攻坚团队，完成5户宅基地、18户自留田共23户的政策处理工作。实地研究豆腐柴种植技术，带领村民制作销售翡翠豆腐（又名神仙豆腐），拓展销售渠道。联系国内豆腐柴种植专家，推动豆腐柴山下试种。

（撰稿　邱清波）

市工商联（总商会）

【概况】 2022年，市工商联围绕"两个健康（非公有制经济健康发展和非公有制经济人士健康成长）"工作主题，以数字化改革提升服务能力，深化清廉民企建设，护航民营经济高质量发展。“e企廉”应用场景被省工商联纳入“浙里亲清直通”跑道，承担浙商在线数字化应用子场景试点建设，获第三届基层清廉建设（浙江）十大创新经新提名奖。清廉民企建设工作获省委常委、纪委书记傅明先和省委常委、统战部部长邱启文批示肯定，被省委办评为全省清廉建设成绩突出单位，被省工商联评为服务“两个健康”工作成绩突出集体、民营企业调查点工作先进单位。围绕“奋进新征程·建功新时代”教育主题，开展“听党话、感党恩、跟党走”系列活动，实施商会党建引领行动，商会党支部增至15家，党员增至244人。编印《临海商界》4期5000册。古城街道商会被评为2021—2022年度全国“四好”商会，上盘镇商会被省工商联评为“百家示范商会”。完成新生代企业家联谊会换届，实施青蓝接力工程，印发《临海市新生代企业家培养三年行动方案（2023—2025）》。

【优化营商环境】 **清廉民营企业建设**。年内，发布《清廉民营企业建设通用要求》《清廉民营企业建设评价规范》团体标准，完成数字化项目——e企廉场景建设和清廉民营企业工作宣传片拍摄工作，实现全市641家规上企业清廉建设全覆盖，首批认定130家清廉建设成绩突出单位。12月15—16日，全省清廉民营企业建设推进会在临海召开，省委常委、统战部部长邱启文出席并作重要讲话，临海市委书记吴华丁在会上作经验交流发言，市工商联清廉民企工作在会上作书面交流。健全完善清廉民企“三员”（清廉指导员、企业纪检员、清风观察员）制度基础上，建立“红色班组”“红色车间”等1350余个，打造清廉文化廊、场、室、展厅等2120余处，形成伟星新材“五廉五行”、万盛股份“廉单元”、永强集团“五色莲藤”、誉博“清廉守护心灵窗户”等一批清廉民企特色文化。**政企面对面恳谈**。年内，与市税务局、市商务局、市人民银行临海支行联合召开政企面对面恳谈会3场次，倾听企业家诉求，现场答复问题，针对部分疑难问题会后编发“商务专题诉求20答”“留抵退税新政解读”等。召开镇（街道）政企恳谈会34场次。通过企业家沙龙、政企座谈会等多种形式的亲清直通车活动，推进银企、科企、税企等深入对接。**优化营商环境调研活动**。邀请23家企业参加民企评司法服务座谈会，相继开展“工商联怎么干，企业家说了算”、企业家说营商环境等系列调研活动。围绕企业所需的用气用电用工等问题开展调研走访，累计走访企业112家。《深入推进清廉民营企业建设，促进民营经济发展壮大》被评为2022年全省工商联系统优秀调研成果。**亲清护航引导企业合规经营行动**。设立民营经济之家、协同助企服务平台，成立临海市民营经济司法服务中心。联合司法部门实施“法治培训、法治体检、法治纾困”三大行动，开展企业合规工作，不起诉案件6件80人，不逮捕6件6人，处理惩治侵犯民营企业合法权益犯罪18件21人；开展企业调解工作，受理调解案件600多件，成功320件，成功率54%。合规工作得到省检察院检察长的批示肯定。

【助力共同富裕】 **共同富裕专项行动**。扩建永丰镇凤凰桥村同心共富工坊，实现村集体年经济增收10万元，村民年总增收约200万元。工作被全国“万企兴万村”行动领导小组办公室作为实践案例推广。**“万企兴万村”行动**。围绕“产业发展、就业增收、人才培养、消费带动、公益帮扶”五大重点开展“万企兴万村”行动，夯实社会组织和常执委企业帮扶结对四川贫困村脱贫工作机制，引导企业到四川投资。**招商引资**。年内，接待市外商会返乡投资考察3批次27人，发放寄送招商宣传资料600余份。联合临海农商银行安排100亿元“清廉贷”专项资金，向清廉民企建设评价得分为合格以上的企业及其中高层管理人员推出“清廉百强贷”“清廉优秀贷”“清廉合格贷”三项专属信贷产品，构建清廉民企建设—评价—评价结果运用的工作闭环。全年37家清廉民营企业获“清廉百强贷”5.73亿元。

（撰稿　林　通）

群众团体

Mass Organizations

临海市总工会

【概况】 2022年，市总工会聚焦思想引领，开展“守好红色根脉·班前十分钟”“双十引领”等活动，学习宣传党的二十大精神，弘扬劳模精神、劳动精神、工匠精神。围绕全市经济稳进提质工作大局，开展工会助企纾困“十大行动”。开展“名师带徒”等活动，帮助职工成长成才，以技提薪，助力全市共富高地建设。全国模范职工之家永强集团工会结对共建河头镇“共富工坊”联合工会，解决500余名周边村民就业，推动工坊增收1000余万元。推进户外劳动者服务站等实事项目建设，深化能级集体工资协商，关心关爱职工，切实维护职工权益。开展“强组建　优服务　促共富”建会入会集中行动，健全完善联系指导新业态头部（重点）企业工会制度，新建基层工会138家，其中新业态26家，新增工会会员9896人，其中新业态会员6150人，实现“八大群体”工会组建全覆盖。年末，下辖2个产业工会，5个行业工会；13个局（系统）工会工作委，19个镇（街道）总工会和1个台州湾经济技术开发区总工会，共有1667个基层工会组织，会员20.23万人。

【思想引领】 年内，在全市46家产改试点企业、300多个班组开展“守好红色根脉·班前十分钟”活动，引导全市职工群众听党话、跟党走。弘扬劳模精神、劳动精神、工匠精神和垦荒精神，设立“致匠心”“美好的奋斗”等专栏，开展“献礼二十大·逐梦共富路”全市工会系统学习宣传党的二十大精神主题教育，举办全市职工象棋比赛、“中国梦·劳动美”全市职工诗书画摄影微视频比赛，承办“80”“90”后和“00”后台州市青年职工演讲比赛。开展“双十引领”活动，举办示范性文体活动10余场次，开展“五送”圆心愿、“四千工程”进农村文化礼堂活动35场次，新建省级职工书屋1家、台州市级职工书屋3家。

【助企纾困】 实施全市工会助企纾困“十大行动”，稳就业、促消费、减负担。开展“工创美好生活、职达共同富裕”工会就业创业服务系列活动，全年举办线上线下公益性招聘会16场次，提供就业岗位6500多个。举办转岗再就业职工技能培训10期，为400名职工提供免费再就业技能培训。探索职工再就业服务数字化改革，入选2022年“工惠就业”数字化改革省市县（市、区）联建单位，在全省工会提升职工生活品质工作交流会上作经验介绍。举办“幸福来‘临’·欢乐起杭”临海疗休养旅游（杭州）推介会，拍摄临海疗休养宣传片《临境之城》，新华网播放量120万次，全年组织职工疗休养出行2.3万人，拉动消费6888.5万元。落实工会经费返还、缓减政策，全年缓减工会经费879.01万元，返还小微企业工会经费248.25万元。

【提技提薪】 选取10家企业作为“以技提薪”试点企业，探索形成技能等级提升、技术入股分红、技术贡献奖励、技能竞赛奖励、股权投资激励、职务岗位晋升等六大"以技提薪"标准化操作模式，相关工作得到省领导批示肯定。9月8日，台州市"以技提薪·共富先行"产业工人队伍建设改革工作现场推进会在临海召开。聚焦职工成长成才，建立可量化、可测评、可操作的指标评价体系，培育台州市级产改十大样板1个，十大案例1个。推进产业工人提能强素，全年开展各类立功竞赛活动19场次，举办技能竞赛42场次。深入开展"名师带徒"活动，完成师徒结对113对。实施农民工学历与能力提升行动，完成学历提升169人，能力提升13人，培育浙江工匠7人、台州工匠10人。

【实事项目】 推进职工服务阵地"两化"运作，组织开展"工惠乐学"公益培训85场次，惠及职工3000余人，相关工作作为浙江工会"两性两化"十大案例之一，在全国职工服务阵地"两性两化"运作推进会上作典型经验推广。市总工会文化活动中心入选全省工会职工服务阵地"两化"运作试点单位。推进职工驿站等工会户外劳动者服务站点建设，全年新建"司机之家"5个，户外劳动者驿站10个，获评全国最美工会户外劳动者服务站点4家，省级最美站点2家。开发"驿站导航"数字地图，打造5分钟"区域共享服务圈"，为新就业群体提供免费充电、饮水就餐、如厕休憩等服务。依托站点开展"工会进万家·新就业形态劳动者温暖行动"等关爱活动20余场，覆盖职工5000余名，相关工作在全省工会深化新就业形态劳动者工会工作集中行动专题视频会议上作经验介绍。

【权益维护】 以宣贯新修订《工会法》为契机，推进普法宣传、法律咨询、法律援助、法律监督、法律体检等工作，全年共开展线上线下普法宣传70场次，提供法律援助7次，调解劳动争议1件，对331家企业进行劳动用工"法律体检"，从源头上预防化解劳动纠纷。引导职工通过职代会、厂务公开等途径，依法表达合理诉求，调整成立全市厂务公开领导小组，召开市推行厂务公开工作领导小组第一次会议，全市职代会、厂务公开制度建制率92%以上。深化能级工资集体协商，开展平等协商要约行动，推动实现薪资"平均分配"变"竞技增收"，全年签订能级工资合同892份，惠及职工14万余人，产改试点企业能级工资集体协商开展率100%。

（撰稿　李优瑾）

共青团临海市委员会

【概况】 2022年，团市委围绕市委、市政府中心工作，坚守为党育人的主业主责，推进"青年马克思主义者培养工程"，构筑青少年精神支柱，引领青年建功立业，投身全市"历史名城、制造强市、共富高地"建设。做好青少年民生"关键小事"，构建青少年社会支持体系，切实维护青少年权益。推进团组织"全域建强"完成19个镇街团组织换届，通过项目化竞职选聘兼职副书记，吸收金融、院校等7个领域的39名青年进入镇街团委班子。推进"全团带队"，命名表彰"郭凤韶中队"2支，哲商小学张也驰获评2022年度全国优秀少先队员。实施"积分入团"省级专项改革试点，打造"双积双评三公示"入团量化评价体系。市青年宣讲团获评台州市唯一的浙江省基层理论宣讲成绩突出集体。年末，团市委下属市青年企业家协会、市志愿者协会、市青少年服务中心、市青年联合会，全市共有直属团（工）委120个，团总支6个，团支部1328个，团员38023名。

【思想引领】 年内，召开学习贯彻庆祝中国共产主义青年团成立100周年大会精神座谈会，二十大精神专题学习会等专题学习会36场。推进"青年马克思主义者培养工程"，建强青年理论宣讲团和鹿鸣少年宣讲团，组织"学习宣传贯彻党的二十大精神——这句话我最有共鸣"等青年宣讲会，举办临海青年"爱学习　说先行"千场巡回宣讲等年轻化、分众化的宣讲活动260余场，覆盖青少年群体3万余人次。相关工作被《中国青年报》、学习强国等连续报道，点击量超10万人次。开展"青网计划"青年网络清朗行动，建强以"临海青年""临海少年"为核心的全媒体矩阵，建好"青年之家"，加强青少年网上思想舆论阵地建设。

【建功立业】 **助力历史名城建设。**实施青年文化添彩行动，开展"府城樱花纪"青年交友、小城X计划、青雁计划等品牌活动，使具有临海特色的唐风宋韵文化"潮起来"。以青年美学助推乡村二次改造升级，深化尤溪、括苍试

7月19日，临海市青年（大学生）创业创新分享会暨"来浙实践"应用上线仪式举行（团市委 供图）

点"青春小镇"建设，举办"老街·新潮"尤溪咖啡文化市集、"桃醉一夏"老街焕新计划、"bling 一夏"黑布林采摘节等青年文创活动23场。**助力制造强市建设。**围绕"菁英聚古城、新潮起灵江"目标，出台《临海市青年发展型县域建设实施方案》，深入实施十大青年工程，举办2022"创青春"浙江省青年创新创业大赛、浙江省青年共同富裕创享会、2022台州——香港青年伙伴说等活动，成立"台州—香港青年伙伴联络站"，全面构建城市与青年互相成就的舞台。发挥"来浙实践"数字化平台叠加效应，在实践中前置就业、人才政策，打通从岗位对接、职业成长、政策扶持的对接通道，引导1.5万名大学生走进临海、建设临海。**助力共富高地建设。**出台《临海市青春共富工坊建设实施方案》，与临海市农商银行共同推出"共富青年贷"，首期授信10亿元，围绕青春经理人、青年农创客、村两委青年三类群体，结合电子商务、养生养老、文化创意、运动健康、乡村旅游等业态，实体化运行青春共富工坊5家。开展共同富裕青年先锋大行动，实施青年多栖成长计划，打通"本土培育+人才引进"双向通道，定制青雁领航、青农提升、青创兴镇、青匠传承四大培养路径，推动社会各界资源向青农创客倾斜，新挖掘青年农创客75人。12月，临海桐坑茶叶负责人王军获得浙江省第三届"青牛奖"。

【权益维护】 **青少年民生"关键小事"。**在市行政审批中心设立青年办事专窗，打造青年办事一站式平台，发布《临海青年办事一本通》，涵盖毕业、结婚、创业就业等7个环节24个项目，提供团员档案补办、青年创业贷款申请、青年发展事项咨询等服务。依托青少年宫、镇街党群服务中心、农村文化礼堂、社会研学基地等资源，开设"爱心暑托班"、公益课堂，"点单式"输送课后服务，暑期乡村少年宫研学等各类活动，覆盖青少年6200人次。推进青少年宫提档升级工程，实体化运行青少年宫分宫，谋划亲青恋、亲青筹、亲青创等活动，做实"亲青小哥"等项目，加强新业态新就业青年群体联系服务。**青少年社会支持体系。**深化"12355"平台建设，24小时提供线上专业心理咨询服务，全年接听750余来电，化解危机个案5起，2个案例被省亲青帮录用为青少年心理健康阳光护航典型案例。发挥法律兼职团干部、"青律联"社工组织作用，常态化开展普法展演、禁毒教育、交通法规等法治宣教活动，累计举办线上线下活动142场，覆盖青少年2万余人，吸引16万人次观看。实施"爱心圆梦工程""希望工程圆梦行动"等项目，加强公益诉讼志愿服务，新吸纳公益诉讼志愿观察员6人，推出《守护你的守护》临海市公益诉讼宣传片。**青年志愿服务队。**实施"青"字号品牌提升行动，培育青年突击队、青年文明号、青年岗位能手等品牌项目，推出"青律护青苗"、法治课堂等青少年法律志愿服务项目，推进"亲青托"助力"双减"常态化托管志愿服务行动，开展进校园、进社区、进机关、进企事业单位志愿服务123场，服务青少年6630人次。推进"青春战疫"行动，组建临海"战疫"青年志愿者预备营，面向社会公开招募疫情防控青年志愿者139人，志愿防疫服务总时长1026个小时。

（撰稿 王筱琼）

临海市妇女联合会

【概况】 2022年，市妇女联合会围绕市委、市政府中心工作，整合优势资源，推动妇女创业创新，开展巾帼岗位建功、巾帼志愿服务，助力共同富裕、乡村振兴、文明创建等中心工作，维护妇女儿童权益，引领家教家风建设。在全省率先完成乡镇（街道）妇联组织换届，成立河头镇共富工坊妇联，建设台州首个聚焦全民族团结进步妇女组织。以项目推动执委履职，确定“七彩助梦·向阳花开”困境儿童关爱等妇女儿童服务项目44个，通过“四必访四必应”发现并解决问题660个。年末，辖19个镇（街道）妇联，53个机关、事业单位妇女组织，662个村（社区）妇联。

【服务中心】 **思想引领。**开展“巾帼心向党　喜迎二十大”临海市群众性主题宣传教育活动，创新文艺式、实践式、课堂式、沉浸式“四式宣讲法”，扩大宣讲覆盖面。中国共产党临海历史馆成功创建台州市女性红色教育基地。**项目比拼。**响应省妇联“共同富裕巾帼在行动”号召，结合市委中心工作，发布19个“古城崛起、突破跨越”巾帼建设特色品牌项目和11个妇女儿童发展资金项目，比学晾晒，一体推进。**志愿服务。**组建巾帼志愿服务队23支、1756名志愿者，融入中心大局，开展“焕新·家”公益行动、文明创建巾帼在行动等志愿服务500余次。

【巾帼建功】 **创业创新巾帼行动。**搭建“妇字号”企业与政府职能部门交流平台，召开巾帼助企纾困座谈会。注册“府城女子”商标，打响“妈妈的味道”“妈妈的手作”品牌。建好共富工坊，打造农村妇女“家门口就业圈”。白岩山茶叶专业合作社山头株基地获评台州市“巾帼科技农创示范基地”。**乡村振兴巾帼行动。**发起“巾帼农人·大地之美”系列活动，10余篇巾帼题材原创文学作品在学习强国平台发布，自然课堂·巾帼直播间点击量70万。探索“美丽庭院+”模式，举办“山谷有声”音乐会、春耕科普直播活动，推出7期“妈妈的味道”之古城新味、“庭院里的美好生活”专栏，助力巧女以美食、美景、手作为媒创业致富。实施“乡村向未来、美丽女主人”全景式乡村巾帼人才素养提升计划，开展“家门口创就业”巾帼大培训148场次。**岗位建功巾帼行动。**推出巾帼农人、女企业家、三八红旗手等事迹展播，深化巾帼文明岗创建。开展女大学生暑期筑梦实践行动，深化就业规划、交流研学、岗位体验打通就业平台，激励女大学生在临实践、留临发展。

【权益维护】 **化解婚恋纠纷。**联合市民政局常态化开展集体颁证仪式，建立婚前教育、孕前教育、学前教育“人生三节课”，为家庭和谐稳固铺路。规范化建设婚调室，6家婚调室完成司法备案。实施“百镇千村除险保安”家庭婚恋纠纷排查化解专项行动，建立警情、访情、舆情、网情“四情并查”机制，《临海市上盘镇胡某婚恋纠纷案》入围省妇联关于婚姻家庭纠纷调解优秀案例。**关键对象帮扶。**提升“女性健康公益保险”参保率，为全市16—60周岁符合参保条件的低保、低边等困境妇女购买“浙江女性健康公益保险”。开展“女童保护”项目，举办教育宣讲、体验科普等系列活动。**守护机制建设。**出台“共享法庭”妇女儿童权益保护联动工作、侵害未成年人案件强制报告制度、特殊人群受性侵司法救助等三大机制，设立“和合家·共享法庭”。**创建工作。**召开儿童之家三年建设情况新闻发布会，推进市妇女儿童服务中心建设，确定大洋街道等9个儿童友好城市建设试点单元。完成共35家1—3星级妇儿驿站创建工作，其中大洋街道灵湖社区妇儿驿站创成首批省三星级妇儿驿站。依托全市“6+102”家职业体验型、示范型儿童之家，推出假期宝贝、爱粮节粮·童萌暑期实

11月23日，临海市家庭教育研究会成立　（市妇联　供图）

践体验行、“童看临海”儿童城市观察员城市调研等系列活动，服务儿童5.7万余人次。**关爱帮扶**。实施“焕新环境、心灵守护、点亮教育、馨护成长、幸福启航”五大行动，打响“焕新·家”公益品牌，完成首批82户家庭改造工程，为“4·28”疫情中在临海隔离的儿童送去温暖陪护礼包。

【家教家风】 **家教指导**。推出真人漫画《请记住孩子的笑容》专题栏目，剖析青少年违法犯罪背后的家庭教育失职缺位等问题，被“浙江女性”公众号全篇转载，点阅量上万。建立家庭教育指导专家团和公益讲师队伍，组建临海市家庭教育研究会。开展家教家风基层巡讲、“幸福启航·与爱同行”集体颁证暨婚姻家庭课堂。**家风引领**。寻访推荐好家庭典范，评选台州市级及以上“最美家庭”7户、临海市级44户，在《今日临海》开设“最美家庭”专栏，创作清廉微电影《妈妈de玻璃罐》并参加全国清廉微电影大赛评选。首建清廉家庭展示馆，开展“廉心童话第一扣”主题活动，发布《家庭廉洁养成公约》。**绿色共享**。举办临海首届健康家庭大奖赛，与台州市生态环境局临海分局联合开展环保宣传进社区28场次，发放绿色家庭系列宣传品3500份。

（撰稿 毛艳芳）

临海市科学技术协会

【概况】 2022年，市科协围绕市委市政府中心工作，履行“四服务”职责，团结带领广大科技工作者，推进科创科普各项工作，开展课题研究、建言献策，形成专家建言5篇。5月31日，在省科协人才工作会议上作工作交流。7月5日，在台州“百名院士进台州”工作推进会上作典型介绍。《经济日报》专题报道临海院士助力高质量发展工作。强化基层科协组织建设，完成镇（街道）科协换届选举工作。12月12日，在台州市科协学会工作会议暨学会党建工作推进会上作典型交流发言。市农技协联合会被命名为第一批中国农村专业技术协会科普教育基地。

【科技合作】 年内，推进“百名院士进台州”专项行动，徐强、钱前、杨树锋、闻邦椿等国内外院士开展11场次“临海行”活动，徐强院士的汽车排放升级及新能源汽车传感器系统产业化项目、李培武院士的红外光谱仪品质鉴定及产业化等2个项目落地，其中徐强院士创业项目列为市委书记领办项目。落实陈学庚、龙乐豪院士等2个柔性合作项目。推进“千博助千企”专项行动，出台《临海市博士创新站建设管理办法》，累计新增14家市级企业博士创新站，其中台州市级5家，先后开展入企服务80次、发布企业需求74个。9月17日，与台州学院联合开展千名博士助千企“双服务、双走进”活动，举行服务团授旗出征仪式，6名台州学院博士专家与企业开展交流互动。推进“百家学会联千企（村），千名专家助万企（村）”行动，中国药理学会、中国生物工程学会、中国茶叶学会等专家开展助力发展活动。10月，华海药业与中国生物工程学会签约新建国家级学会服务站。推进“三长带三会”试点工作，评定“三长”领衔示范项目9个。

【科普工作】 **科普宣传**。整合全国科技工作者日、全国科普日、科技周等载体，举办中国科学院老科学家科普巡讲进校园12场次、闻邦椿院士赴台州中学赠书讲学等活动，全年开展各类活动120多场次。联合市文联及科普作家协会，编辑《院士风采录》。举办青少年科学嘉年华、科技创新大赛等赛事活动，承办第八届全国青年科普创新实验暨作品大赛（分赛区），在第八届台州市青少年机器人大赛中获得6个一等奖，回浦中学获WRCT世界机器人大赛浙江城市选拔赛冠亚季军。**科普阵地**。新增省级、台州市级科普教育基地各1家、3家，新建台州市少年科学院分院2家、联建汇溪湿地科普驿站。“羊岩勾青茶”地理标志被评为特色茶文化科普园。**科普活动**。全覆盖开展科技科普进企进校进文化礼堂活动，推进“银龄跨越数字鸿沟”、科普助力“双减”专项行动，累计完成“银龄跨越数字鸿沟”培训3.84万人次，群团助力“双减”144场次、4.51万人次。“科普中国”App新增注册5159人、传播量13万多次。开展“科学之光”科普学堂进“儿童之家”、“科普大集市”、线上春耕科普直播活动。

【科技助农】 **“农函大”培训平台**。整合全市涉农教育资源，构建农函大+农技协、农函大辅导站+农村文化礼堂、田间课堂+

实训基地"三位一体"农村实用人才培养模式，承办省农函大第四期乡村振兴科普带头人培训班，累计组织开展柑橘、西兰花种植技术等农函大培训500多人次，获评2020—2022年度浙江省农函大先进分校。**"学协会"智力平台**。发挥各级学会辐射效应，联合中国茶叶学会开展"科创中国"茶科技助力共同富裕产业科技服务团下基层活动，现场指导茶企抗害救灾；联合省茶叶学会在羊岩山茶文化园开展省红茶标准化加工技术培训班、颗粒型优质绿茶产业提升培训班；联合省植物病理学会开展"果树病虫害防控技术"示范与推广；联合省植物保护协会举办西兰花种植户专题培训班。**"农技协"服务平台**。组织开展助力春耕行动，举办农技协振兴乡村共富裕研讨会、名优水果高素质农民培训班等，市农技协联合会被命名为第一批中国农村专业技术协会科普教育基地，全省仅2家。

（撰稿　任丹丹）

临海市归国华侨联合会

【概况】 2022年，市侨联创新工作举措，服务中心大局，凝侨心、汇侨智、聚侨力，助力打造"历史名城、制造强市、共富高地"。承办台州市侨务系统文化宣传月启动仪式暨"跟着习总书记读好书"讲书大赛，举办"海创未来·初新有你"临海—香港青年伙伴活动。侨爱助富工作在全省侨界助力乡村振兴现场会作经验交流。开展侨家小院质量建设提升年活动，实施"一院一品"，小院实行项目化运作、清单化服务，举办"亲情中华·文化古城""同走共富路·侨胞大联学"等主题活动。承办"喜迎二十大·奋进新征程"台州市侨务系统文化宣传月启动仪式暨"跟着习总书记读好书"讲书大赛活动。中央电视台、人民网、新华网、中新网、浙江卫视等媒体多次对临海侨务工作进行报道。

10月，俄罗斯台州商会会长颜玲富个人捐资10万元设立西岙村侨助工坊

（市侨联　供图）

【共同富裕】 围绕"共同富裕，侨来建功"主题，实施"同心共富一件事"。以侨爱共富平台、侨爱助富工坊建设为抓手，探索"企业+村集体+农户""侨宿+农户""侨企助富联盟"等共富帮扶新模式，全年开展"侨助共富"等系列活动19场次，建成"同心·侨助工坊"6个，吸纳2000余名群众就地就业，人均月增收800元。永强集团、正特股份、龙威灯饰、辉辉灯业等侨企组建共富平台，留学生企业忘不了柑橘专业合作社、侨宿"鹿寻·三抚一宅"等发挥优势，助力农村振兴，实现农民增收。开展侨界政协委员献策行动，收集助富建言18条。阿联酋·临海海联驿站、柬埔寨临海商会、耀达集团等侨团侨企结对村（社区）12个，落地带富项目5个。开展"侨爱圆梦"公益助学项目，侨界政协委员长期结对资助11名贫困学生。侨助教育捐助资金150余万元。

【文化出海】 接待海内外侨团及侨领侨商来中国华侨国际文化交流基地——台州府城文化旅游区参观考察。联合市委宣传部、市文广旅体局向印度尼西亚临海海联驿站——巴厘岛汉语文化中心捐赠图书2000余册，设立首个海外崇和书库。归国留学生"临海剪纸"传人杨雨潇为西班牙巴塞罗那孔子文化学校的华裔青少年网上教授剪纸。制发临海人文抖音短视频48期次。台州府城文化旅游区被定为亲情中华网素材库取景拍摄地，印尼·临海海联驿站在巴厘岛开展"临海周"主题宣传活动，阿联酋·临海海联驿站助力2022"文化中国·水立方杯”中文歌曲大赛阿联酋赛区总决赛。市博物馆被评为浙江省华侨国际文化交流基地，张秀娟剪纸博物馆被授予台州市侨务系统“文化出海”实践基地。

【服务联谊】 开展“同心助力稳进提质”大走访等活动，走访服务侨企33家、梳理重点服务项目10个，帮助侨企协调解决人才引进、惠企政策申报等问题6个。组织开展“今年中秋不回家·侨干代您看家人”等活动，走访慰问侨户212户，受理热线咨询电话17个。桃渚的罗马尼亚台州商会副会长柯登富主动参与乌克兰撤侨行动，受到使馆和各级侨联的肯定。4月9日，临海市侨企永太科技主动对接，向上海市驰援防疫物资。

（撰稿　唐跃华）

临海市文学艺术界联合会

【概况】 2022年，市文联下属作家、书法、美术、摄影、音乐、舞蹈、戏剧、曲艺、诗联学会、根艺美术、民间文艺家协会等11个协会和网络作家协会、女书法家协会和音乐文学学会3个二级协会，共有会员1700余人，其中国家级会员113人、省级会员205人。各级会员获国家级奖项7项，在国家级媒体发表作品14件，出版、编写作品5部。有公安文联和乡镇等基层文联20家、文艺创作基地2家。

【文艺活动】 4月11日，首届“朱自清文学奖”暨走进临海100周年系列庆祝活动新闻发布会举行，举办系列讲座、现场采风创作等活动。7月6日，第28届全国摄影艺术展览暨“山海台州　江南长城”摄影艺术周在临海开幕。共有298件纪录类、艺术类、创意和商业类、多媒体类作品入选本届全国摄影艺术展览。“山海台州　江南长城”摄影艺术周展陈320余件幅优秀摄影作品，包括“新时代·新台州”主题展、“新时代·新青年”台州青年摄影师联展、浙江省摄影家致敬系列：徐永辉摄影作品展等主题展等。是年，举办“艺术乡建·‘三新’农村共富”临海市文艺家驻村暨星级美丽乡村创建工作培训会，选派134名文艺家驻村，开展20余场文艺惠民活动；围绕“喜迎二十大”主题，举办“强国复兴有我——临海市书法篆刻献礼二十大”主题创作展、“献礼二十大　笔墨写芳华”网络书法展、“喜迎二十大，我为大家读首诗”诵读活动等；承办“钟情桃江　印象桃渚”摄影大赛，参与“巾帼农人　大地之美”线上系列宣传活动；举办临海市第三期文艺人才培训班等培训交流活动100余场，组织采风活动16场，累计参与500余人次；组织文联系统骨干参加中国文联十一大、中国作协十大开幕式上的重要讲话精神网络专题培训班；开展“文联万家　诗画江南”暨“小鹿点单”临海市文艺家走进文化礼堂等各类文艺志愿服务活动210余场，服务群众万余人次。

【文艺创作】 年内，编辑出版《括苍》文学杂志4期，刊发作品150余篇，计约40万字，图片近百幅。会员作品获国家级奖项7项、省级48项；在媒体发表63件，其中国家级14件、省级49件；会员出版、编写作品5部；1人获台州市文艺精品扶持，3人作品获奖励。其中，作协李鸿的散文《与一本书的邂逅》等5篇作品在《四川文学》《作家天地》等省级刊物发表，张驰诗歌《大陈诗章》（节选）等3首作品在《时代文学》《知音》等省级刊物发表，李达飞诗歌《铁匠在天上打铁》在《青年文摘》发表，《腊梅》等3首作品入选全国性诗集，陈引奭、梁天许、杨红枫等人的9篇作品在省级刊物发表；书协朱晓峰等12人作品入选2022年浙江省书法“年度百家”，侯海蓉作品入选全国第五届草书展、第六届中国书坛兰亭雅集42人展等，董灵星作品入展中书协主办的2021“书圣故里中国临沂”中国书法临书大会，胡天峰作品入展首届长三角书法篆刻大展，张斌、朱骥中、方匡水、杨培迪等10多人作品入展第二届“卫夫人杯”全国书法篆刻大展等各类省展；音协金丹的作词歌曲《平安抲鱼歌》在央视CCTV-15“民歌中国”栏目播出，作词歌曲《风动艺尚》获第十二届全国村歌大赛十大金曲奖，《小村故事》等3首作品在中国音协主办的《词刊》《歌曲》杂志发表，杨冰滢的歌词《小路大路幸福路》在中国音协《词刊》发表，胡灵敏、章海霞等22人30首歌词作品在省音协《花港词刊》发表；民协杨吕富获第十届中国（浙江）工艺美术精品博览会金奖；舞协陈晓萍编排的舞蹈《虎妞妞》获浙江省小舞蹈家才艺大赛银奖；诗联学会姚海宁作品《登一江山感怀》获省文旅厅主办的“党旗百年红”诗词征集活动一等奖。

（撰稿　胡　炜）

临海市残疾人联合会

【概况】 2022年1月18日，出台《临海市残疾人事业发展“十四五”规划》。11月4日，市残疾人联合会第八次代表大会召开，选举赵长江为市残联第八届主席团主席，产生市残联第八届执行理事会理事长。8—10月，市委第一巡察组对市残联党组进行为期两个月的巡察。9月2日，市孤独症人士及亲友协会成立。12月30日，编办批复同意，市残疾人综合服务中心增挂“临海市听力语言康复中心”牌子。年末，市残疾人联合会下辖盲人协会、聋人协会、肢残人协会、智力残疾人及亲友协会、精神残疾人及亲友协会、孤独症人士及亲友协会等6个协会，镇（街道）残疾人工作专职委员配备率100%，全部纳入劳务派遣制。成立全市首家助残志愿者服务站——河头镇丰昕助残志愿服务站，安排人员日常值守，打通助残进社区最后一公里。

【无障碍设施】 **省定民生实事。**依托江南街道颐兴园老年公寓新建1家“残疾人之家”，通过省市两级验收并投入使用，庇护人数15人。完成2家残疾儿童康复机构规范化提升工作，通过省残联组织的考核评估。完成13家（任务数11家）重要公共服务场所无障碍设施改造。**省级无障碍社区。**制订《大洋街道联合居社区创建浙江省无障碍社区实施方案》，投入20余万元，完成198户困难残疾人家庭轮椅坡道修建、坐便器改造、室内外扶手安装等无障碍改造，发放无障碍宣传资料1000多份，创成省级无障碍社区。

【社会保障】 全市困难残疾人生活补贴和重度残疾人护理补贴目标人群覆盖率达到100%。残疾人城乡居民医疗保险覆盖一、二级残疾人和低保户家庭残疾人，实现残疾人城乡居民养老保险全覆盖，财政直接给予最低档次补助。为全市27908名持证残疾人办理人身意外伤害、疾病住院医疗、重大疾病三项补充商业保险，理赔人数520人，理赔金额180余万元。为380名残疾人家庭落实浙江省残疾人家庭“顶梁柱”保险项目，减轻残疾人家庭遭受意外或大病时的经济负担。573个村（社区）“居家养老服务照料中心”增设为“一二级残疾人和精神、智力三四级残疾人”送餐服务，受益3677人。

【教育就业】 发放残疾学生和残疾人家庭子女教育助学补助556人120.58万元。完成职业技能培训1217人，新增各类残疾人就业849人。党政机关、事业单位、国有企业招录和安置残疾人就业1人。31名大学应届残疾人毕业生，除5名学生继续升学外，100%就业。开发残疾人“公益性助老员”公益性岗位149个，为村（社区）老年人提供送餐服务。首批推出“智能售货机＋残疾人”虚拟岗20个，1名重度残疾人认领1台智能售货机，销售额的5%作为工资福利发放给残疾人。7月，联合大田街道党工委开展“同芯助残”党建联建，帮扶残疾人创业。继续发展“临”掌柜残疾人电商创业平台，电商创业1215人。《临海市创新“三零”电商模式助力残疾人共同富裕》被评选为台州市“九富”最佳实践案例一等奖。《“临掌柜”残疾人电商创业项目》入选省直机关工委“破百难、助共富”清单。《临海市助力残疾人“三零”创业，打造困难群体“提低”新模式》案例入选全省高质量发展建设共同富裕示范区最佳实践（第二批）。

【康复服务】 3月21日，出台《关于明确助听器补贴范围和标准的通知》（临残字〔2022〕4号），规范残疾人基本型辅助器具服务。年内，完成全市27349名持证残疾人基本服务状况调查工作。成立助残公益联盟，首批6家公益组织、20多家爱心企业共结联盟，共享助残资源。提供残疾儿童康复救助356人，其中抢救性康复服务318人，资金补助650万余元。完成假肢装配、助听器适配、轮椅发放、髋膝关节置换手术等各类辅助器具发放及补助703人次，资金补助约100万元。完成精神残疾人住院补助1333人次和精神残疾人服药补助2329人次。残疾人精准康复服务率86.69%，残疾人基本辅具适配率100%，持证残疾人家庭医生签约服务率达87.7%。完善康复服务载体建设，建成爱心辅具共享驿站、残疾人心理健康服务站、残疾人社区康复服务站各

4家。新办理残疾人证1776本。开展22家“残疾人之家”与基层党组织结对共建助残志愿服务行动。

【法治维权】 提供残疾人法律援助30起。认真落实扶残惠残维权政策，通过容缺受理全程代办、打破属地申请限制等措施，保障残疾人合法权益。以残疾人节日为契机，开展依法信访、法治维权等方面的宣传教育，发放宣传资料1200多份。

【文体宣传】 5月，开展全国助残日系列活动，举办“艺心筑梦　扶残共富”残疾人才艺线上大比拼活动，13名残疾人自排自演作品在新华社新华联播网户外终端LED大型电子屏连播6天。7月4日，成立临海市残疾人体育创建工作领导小组，推进残疾人体育事业。年内，举办爱耳日、爱眼日、国际盲人节等各类残疾人节日活动，举办“喜迎亚残会·牵手市残会”百场文体活动进社区18场、农村文化礼堂“四千工程”残健融合22场和特殊艺术巡演11场。潘明月参加中国残联举办的残疾人朗诵培训班暨生命礼赞诗歌朗诵会，残疾人歌手董仁平参加浙江省首届好声音大赛，在台州市第四届残运会获22金14银2铜。

（撰稿　杜海霞）

临海市红十字会

【概况】 2022年11月，临海市红十字会第三次会员代表大会召开，选举产生新一届理事会、监事会，聘请吴华丁、蔡建军、陈荣世为市红十字会名誉会长，选举林敏为市红十字会会长。年内，实现村（社区）红十字基层组织全覆盖，每个镇（街道）新增1—2个红十字基层组织示范点、1个标准化博爱家园，完成台州市民生实事项目“除颤仪（AED）投放160台”，实现捐赠收入108.75万元。张也驰获评中国红十字会青少年“会员之星”，陈文菊、陈思思被评为省五星级红十字志愿者，朱临萍获省红十字应急救护工作成绩突出个人和省“最美救护人”称号。

11月3日，临海市红十字会第三次会员代表大会召开

（市红十字会　供图）

【“三献”工作】 2022年，共招募137名造血干细胞志愿者加入中华骨髓库，开展无偿献血相关活动12次，完成器官（遗体）无偿捐献9例。

【“三救”工作】 **救护培训。**2022年，分领域实施救护培训项目，开展“救在身边”——“交通救护伴行”“校园守护”“安老护老”“助力企业安全生产”等系列培训，累计培训救护员18185人，普及176884人。完成在人员密集场所布设160台AED，探索建立“AED+救护志愿队+智能管理”三位一体的应急救护响应体系。融入健康素养进农村文化礼堂三年行动计划，向农村文化礼堂提供应急救护技能公益讲座“菜单式”服务，实现农村文化礼堂心肺复苏、AED使用、冠心病、糖尿病、脑卒中等应急救护知识和技能培训全覆盖。**人道救助和项目援建。**开展“红十字博爱送万家”活动，投入资金11.36万元，惠及113户贫困家庭。为器官捐献子女们申报省红会“小桔灯”项目助学金2.1万元，为多名白血病患儿申请国家彩票公益金“小天使”项目专项资金。全年发放临时救助金1.8万元。救助血友病感染艾滋病患者金某某，下拨救助资金8.2万元。

（撰稿　王益青）

法治 军事

Rule of Law and Military Affairs

人民武装

【概况】 2022年，临海市人武部坚持党管武装，以强军目标为统领，突出举旗铸魂，深化“忠诚维护核心、矢志奋斗强军”主题教育，开展“回望初心庆‘七一’，铸牢忠魂迎‘二十大’”系列庆祝活动，以第22个“全民国防教育日”为契机开展国防教育，到学校、村社宣讲9场，建成民兵训练基地军史长廊。聚焦国动主业，狠抓练兵备战，依案组织部机关带专武干部、应急分队带背景综合演练，参加东部战区四级联动二级部署演练等，开展重要防卫目标、国防坑道普查，全面核查国防动员重要潜力数据。推进军事训练转型发展，超额完成基干民兵基础和专业训练。组织临海市第二届应急分队大比武暨“四会”教练员比武活动，角逐出3个优胜单位、10个单项团体、25个单项个人。7月7日，承办并参加台州军分区第五届岗位练兵比武暨“四会”教练员比武活动，取得2个团体第一名、5个个人名次，被评为比武“优胜单位”。全市防御台风“轩岚诺”“梅花”期间，响应市委、市政府号召，组织民兵参与滩涂巡防、装填沙袋、转移群众等工作。注重基层基础，出台临海市《关于加强和规范基层人民武装工作的意见》，夯实后备力量建设工作基础。顺利完成男兵征集任务，全市应急、支援两类队伍集中点验和检查验收，承办台州市预定新兵役前教育训练规范化观摩会。强化后勤保障，完成民兵训练基地综合训练场升级改造、靶场扩建、功能教室扩容等。镇(街道)武装部“三室一库”(办公室、资料室、民兵活动室和物资器材库)、村(社区)民兵连“一部一室”(民兵连部、民兵活动室)全部到位，物资器材库全部单建，应急专用装备器材全部纳入地方应急管理保障体系统一保障。年内，市人武部被省军区表彰为全面建设先进人武部。

【新任民兵连连长、党支部书记集训】 针对村级换届选举后，村(社区)民兵连长队伍存在成分较新、经验不足的问题，市人武部在2月组织新任民兵连连长、党支部书记进行为期3天的集训，开展抢险救灾、民兵战备、民兵组织、征兵和民兵整组等经常性武装工作的授课辅导，组织“弘扬一江山精神、锤炼能打仗民兵”思想教育、基层党组织建设规范学习、祭扫烈士陵园和重温入党誓词等学习教育活动，参观优秀民兵连部建设。

【练兵比武】 6月中旬，举办临海市第二届应急分队大比武暨“四会”教练员比武活动，各镇(街道)民兵按班建制参赛，设置水上搜救行动、战场救护、警棍盾牌等3项团体比武科目和防毒面具使用、单兵战术基础、轻武器实弹射击、3000米跑4项单人比武科目，共产生3个优胜单位、10个单项团体、25个单项个人。

【军事日活动】 8月22日凌晨4点，市四套班子领导和人武部首长机关赴头门港参加“军事日”活动，观摩实弹射击、聆听国防教育、参观武器装备、开展拥军慰问、听取部队建设情况、共话军地发展等活动。

【台州市预定新兵役前教育训练规范化观摩会】 台州市预定新兵役前教育训练规范化观摩会在临海召开，全区9个县(市、区)人武部到市民兵训练基地参会。市人武部结合属地兵役工作特点，采用动静态结合方式举办观摩会，演示组织生活会模拟、军体训练操课组织、“从戎之剑”赠剑仪式举行等活动规范，展示纪实短片、场地设施、规范资料、图文指示、廉洁征兵制度等经验成果。

【国防教育“四进”】 年内，市人武部到市委党校、台州中学、回浦中学、临海高级职业中学、灵江中学、中等职业技术学校、大田中学、汛桥中学等地，开展国防教育进校园、军训、主题春游活动、“国防在我心中”主题演讲、举行国防教育主题角揭牌仪式等活动。各镇(街道)武装部在村文化礼堂开展全民国防教育文艺汇演，邀请新入伍的战士家属代表、部分基干民兵代表、网格员代表及群众观看。

(撰稿 应家乐)

政法工作

【概况】 2022年，全市以“除险保安”为主线，实行全域闭环管控，开展除险保安百日攻坚十大行动，平安护航二十大，维护社会稳定。建立由市主要领导任组长的平安建设重点工作领导小组，组建专班实体化运行，决战平安临海“十八连创”。平安驿站工作得到副省长、公安厅厅长王成国肯定。深化政法干警依法履职保护机制建设，实施及时备案、快速联动处置、不实举报澄清正名等机制，支持和激励政法干警依法履职。

【平安临海建设】 2022年，组建专班，专人专项推进消防安全、电信诈骗、交通事故三大重点领域专项整治。建立平安连创、金鼎加星机制，明确“三个凡是”，即凡是出现亡人事故的，属地和行业主管单位主要负责人要第一时间赴现场处置；凡是平安考核一次扣3分以上，专项工作指标年度排名台州市末位的，一律进行责任倒查；凡是较大以上事故承担主要责任的，单位平安考核一律“一票否决”。通过加强消防监管、落实涉诈人员管控和劝返、增加路面见警率等方式，结合“扫尘除患 守护平安”“百日除百患”“百镇千村除险保安”等专项行动，落实镇(街道)属地责任和相关部门行业责任。2022年，全市累计消除相关问题隐患12万余个，百万元以上电信网络诈骗起数下降88%，省平安办挂牌的电信网络新型违法犯罪高发问题顺利摘牌，亡人交通事故数同比下降19.04%，火灾事故数同比下降25.23%。

【维护社会稳定】 以平安护航党的二十大为主线，加强涉稳风险闭环管控，探索建立涉稳风险“一库一网一平台”，开发闭环管控网上系统，推行“滚动排摸+定期研判+三色交办+销号跟踪”闭环管理模式，确保风险及时发现、及时研判、及时处置。把全市所有非工业性投资和民生实事项目全部纳入重大决策社会风险评估范畴，推进涉众型重大政策决策风险评估工作，在台州市率先将风险评估项纳入市委常委会、市政府常务会议议题审批单，把牢政策决策审核关口。党的二十大期间，成立市除险保安指挥部，推进扫黑除恶、平安大巡防、安全生产大整治等行动，实现“六确保、六严防、六个零发生”目标，完成平安护航任务。

【基层治理】 **顶层设计**。成立全省首个网格服务管理中心，配套出台专职网格员管理办法、网格倒查事件分级标准等文件，全市网格基数从1115个扩至1870个，配有网格长1027名、专职网格员1418名、专属网格网格员452名、兼职网格员1870名、网格指导员743名、包联干部1982名。**队伍管理**。自主开发网格服务管理信息系统，建立“市考镇管村聘”“红线退出”等制度，调整淘汰专职网格员125名。**事件倒查**。以巡视巡察标准开展网格倒查工作，组建3个网格倒查小组，将涉及18个主管部门72类案(事)件纳入倒查范围，全年倒查案事件10起，追究责任14人。**平安驿站**。在全市治安复杂、纠纷突出、隐患集中的重点区域，试点建设10家“平安驿站”，实现资源在驿站集成、情绪在驿站疏导、矛盾在驿站化解、隐患在驿站消除。

【执法监督】 出台《构建执法司法“大监督”格局的实施意见》《临海市委政法委员会对市政法部门执法活动进行监督的实施办法》，在“平安临海”公众号开设“执法监督我参与”栏目，聘任21位执法监督特邀督察员。全年完成4项台州市政法领域执法司法责任体系改革和建设重点项目。推进8个多跨制度专项工作，组建市工作专班，成立8个专项工作组，推进跨部门跨领域难题协同破解、立规建制，建立配套制度或机制41个。开展涉法涉诉信访积案化解清零行动，开展重点案件处置协调，综合采用司法、行政、救助等手段推进案结事了，追加司法救助资金29.8万元，化解案件63起，救助金额共计111万。

（撰稿　叶　颖）

法　院

【概况】2022年，市人民法院共受理各类案件18196件（含2021年旧存1869件），办结16688件。设立民营经济司法服务中心，优化营商环境。持续开展诉源治理，推进矛盾纠纷“一窗受理”和“共享法庭”实质运作。12月7日，台州市委法院工作会议召开，市委书记吴华丁作为台州唯一县（市、区）代表，围绕诉源治理、“一窗受理”工作作交流发言。开展司法作风突出问题集中整治活动，查纠整改轻微违规行为87起。开展律师与法官互评工作，推动法律职业共同体建设。

【刑事审判】年内，受理刑事案件973件，审结952件，其中适用速裁程序171件。审结故意伤害、“两抢一盗”、“黄赌毒”等案件267件；依法严惩电信网络诈骗、非法集资、养老诈骗等涉众型经济犯罪案件22件45人；审结贪污、受贿等职务犯罪案件15件15人，其中副处级以上干部2人；审结童某敏等7人恶势力犯罪集团案件，推进常态化扫黑除恶斗争。依法落实宽严相济刑事政策，对374名被告人适用缓刑、管制、单处罚金等非监禁刑。

【民事审判】年内，受理民商事案件8507件，审结8645件，涉及争议金额7.81亿元。审结医疗损害、劳动争议、交通事故等案件986件；审结追索劳动报酬、劳务合同等案件185件；审结建设工程、商品房买卖等案件205件，结案标的额1.14亿元，化解涉祥生房地产开发有限公司、碧临房地产开发有限公司案件80件；审结婚姻、继承等案件1153件，建立家庭婚恋矛盾纠纷化解互助机制。

【行政审判】年内，受理各类行政诉讼案件146件，审查行政非诉案件217件，行政机关负责人出庭应诉率保持100%。助力法治政府建设，通过行政争议调解中心实质性化解行政争议26起。行政机关败诉率2.74%，同比下降87.5%。

【执行工作】年内，执结案件7095件，到位金额6.08亿元。执行完毕案件结案平均用时40.98天。开展打击拒执犯罪行动，移送公安侦查48件，受理自诉案件15件。完善失信联合惩戒机制，累计纳入失信被执行人名单5964人次，限制高消费6609人次，执行曝光19期195人。部署开展专项行动，全年集中执行16次，执结涉民生案件398件，涉企案件889件，到位标的1.97亿元。贯彻善意执行理念，依法为360家企业恢复信用，灵活采取“活封”“活扣”等手段，帮助162家中小微企业渡过难关。

【司法管理】优化营商环境。审结破产案件124件，盘活账面资金3.08亿元，处置房产面积6.62万平方米、土地152.67亩，

5月25日，临海市民营经济司法服务中心在市工商联揭牌成立

（市人民法院　供图）

安置职工159名。运用破产重整制度挽救浙江芝宇食品有限公司，化解债务2400余万元。探索开展个人债务清理，帮助21名债务人“重获新生”。联合市工商联打造集约多元解纷、一站式诉讼服务等功能的民营经济司法服务中心及东部分中心，为民营企业提供司法服务。**保障市场公平**。5月和12月，经最高人民法院核准，先后获批部分知识产权案件管辖权和涉外商事案件管辖权，年内审结知识产权案件131件、涉环境资源案件233件。联合起草浙江省地方标准《消费纠纷诉调对接服务规范》并顺利通过评审，为全省消费纠纷化解提供“临海样板”。**诉源治理**。推进“一窗受理”，实现矛盾纠纷“一窗口受理、一站式服务、一揽子解决”。全年“一窗受理”纠纷5915件，化解2671件，成功率45.16%。推进“共享法庭”实效化运作，参与指导调解8053件，化解矛盾纠纷6477件。联合市工商联、市消保委、市妇联、市农商银行等单位建立特设共享法庭11个。

【司法监督】 落实市人大及其常委会的各项决议、决定和审议意见，认真办理代表意见建议53条。完善代表联络制度，主动邀请人大代表旁听庭审、参与执行50余人次。定期向市政协常委会通报法院工作，主动接受政协民主监督，办结政协提案2件。支持配合检察机关依法履行法律监督职责，邀请检察长列席审委会8次，回复检察建议41条，审结再审案件15件，依法改判14件，不予再审1件。拓宽司法公开广度，公布裁判文书10703份，召开新闻发布会4场。

（撰稿　陈涵轶）

检　察

【概况】 2022年，市人民检察院共批准逮捕330人，提起公诉1258人，不批准逮捕184人，存疑不诉58人。提前介入职务犯罪案件调查10件，对市监委移送的职务犯罪案件提起公诉13人。探索党委领导下的涉案企业简式合规改革，牵头组建领导小组，保障合规机制运行，获省检察院主要领导批示肯定。全年共受理信、访、网、电1124件，7日内回复率及3个月过程性或结果回复率均达100%，领导包案办理群众信访20件，全部息诉息访。办理司法救助42件49人，发放救助金42.6万元，其中救助困难妇女22人。构建外部监督团队，选送35名代表委员和专业人士纳入台州市检察听证员库，聘请11名行业专家为特邀检察官助理，聘请10名民主党派、无党派人士为特约检察员。2名干警分别获评省“十佳公诉人”和“优秀办案检察官”。

【法律监督】 加大对刑事立案、侦查活动的监督，监督立案17人，监督撤案33人，追诉2人，发出纠正违法通知书24件。落实认罪认罚从宽制度，执行同步录音录像规定，办理案件1334件。加强刑事审判监督工作，提出抗诉2件，检察长列席审判委员会8次。强化刑事执行检察监督，开展社区矫正专项检察监督，建议对违法违规的社区矫正对象收监执行8人，办理被判刑人员未被吊销教师资格证、违规担任企业高管等线索52件。做强民事检察，4起案件在省检察院获评优质案件。做实行政检察，受理行政违法行为监督案3件，制发检察建议3件，受理行政非诉执行监督案件2件，制发检察建议2件，行政机关均整改并回复。推进行政争议实质性化解，有效化解行政争议5件。做好公益诉讼检察。共立案办理公益诉讼案件48件，其中行政公益诉讼案件27件，民事公益诉讼案件21件。

【重点工作】 实施数字化改革“一把手”工程，检察长带头主办数字监督案件16件。做优数字化改革应用场景，行刑共治项目被列入“全省重大改革（重大应用）一本账S3”。会同公安局、市场监管局等建立行政执法与刑事司法数字化衔接工作机制，出台《业务数据管理办法》。累计调取分析执法司法信息55万条，有效办理省级数字专项监督案件79件、市级专项监督案件56件，5个专项监督案件在省市检察院录用交流。做优融合式一体化监督路径，升级临海未成年人司法保护。涉未成年人“四大检察”全面推进。监督撤案4人，监督立案3人，绝对不诉4人，支持起诉4人，制发检察建议8件。

（撰稿　杨伟信）

公　安

【概况】 2022年，市公安局坚持党的二十大安保维稳主题主线，统筹推进疫情防控、维稳安保、护航发展，维护全市安全稳定。全年共立各类刑事案件4256起，破结1238起，刑事拘留1361人，移送起诉1959人。其中，盗窃案件立案1369起，绑架案、命案破案率100%。立治安案件6659起，查处违法人员3781人。推进系列专项打击行动，发起公安部、省厅集群战役各1起，侦办部督案件3起、省标案件6起，重大刑事案件保持全破，缉捕各类逃犯435人。侦破涉枪案件3起，缴获枪支16支，抓获人员25人。深化警务机制改革，建立交流轮岗、新警分配、机关民警下基层等机制，全局警种办案率提升至69.47%、起诉率同比上升98.3%，派出所办理刑事案件负面清单改革得到副省长、公安厅厅长王成国批示肯定。健全完善执法“巡查、通报、整改、复查”四位一体、风险三色预警、超时抄告通报工作机制，实现负面清单案件“一站式”办理，全年伤害类案件办结率提升至95.66%，起诉精准率提升至95.1%。推进公安机关大部门大警种制改革，在完成派出所“两队一室”设置的基础上，升级改造古城派出所、江南派出所、大洋派出所、大田派出所等科所队的部分硬件设施和设备，其中古城派出所改造面积4000平方米。完成16个派出所智能装备库建设并投入使用。新采购16辆警车，全部配发至一线实战单位。是年，市局被评为省执法质量先进单位、知识产权保护工作成绩突出集体、平安护航建党100周年成绩突出集体，行政审批科被授予全国公安机关爱民模范集体，110报警服务台被评为省巾帼文明岗，大田派出所获评全省模范公安基层单位，汛桥中队被评为全省优秀公安基层单位。2个集体立二等功、3个集体立三等功，2人立二等功、31人立三等功。

【打击黄赌违法犯罪】 实施黄赌整治攻坚行动，以警情发生规律为依据梳理涉黄赌线索212条，成案率83%。纵深严打，侦破涉黄赌刑事案件71起，查处涉黄赌行政案件453起，查获涉案人员1921人，打处数同比上升23.96%。完成乱点整治11处，黄赌警情同比下降26.06%，降幅近年最大。

【“猎狐”行动】 深入推进“猎狐2022”专项行动，重点围绕境外“猎狐”逃犯的生物、社会、经济“三维”信息，共排查关系人300余人、社交账号400余个，核查银行卡近2000张。年内，成功抓获3名境外“猎狐”逃犯，成绩居台州第一。

【打击网络违法犯罪】 全年依法查处涉政网络谣言12起，批评教育12人；侦破涉网赌博、枪爆、贩毒、淫秽色情、黑灰产案件85起，抓获各类涉网犯罪嫌疑人256人。侦破重大网络犯罪案件2起，其中，牙某江等人非法利用信息网络案入选浙江省“十大网络犯罪案件”。开展“清网”“护网”专项行动，对全市网站开展检查330家次，清理僵尸网站141个，行政处罚7家未履行网络安全保护义务的网站。

【打防电信网络犯罪】 推进打击治理电信网络诈骗违法犯罪各项工作，实现电诈发案率、案损率双下降，阻断被骗资金14.42亿元，核减涉缅重点人员63人，核减数全国最多，顺利通过省联席办电诈挂牌整治，完成反诈App安装50%目标数。

【打拐专项行动】 树立“打防治并举，以防为主、以打为要、以治为基”的理念，细化行动措

6月7日，临海交警大队开展护航高考工作　　（市公安局　供图）

施，做实血样采集，做细案件办理，构建多部门协同、社会广泛参与的群防群治工作体系。年内，完成 2759 名涉拐重点人员血样采集，帮助 12 个家庭团圆，成功侦破陈某仙等人收买被拐卖儿童案，抓获犯罪嫌疑人 5 人。

【交通安全整治】 推动道安办实体化运作，深化“党政牵头、公安主导、部门联动、全民参与”的交通安全综合治理格局。全年共接处交通警情 5.3 万余起，查处各类交通违法 58 万余起，其中现场处罚 20 万余起，查处酒驾 2557 例、失驾 1828 例，刑事拘留 447 人，行政拘留 338 人，吊销机动车驾驶证 576 例。全年共发生 30 日内亡人交通事故 80 起死亡 80 人，亡人数同比下降 27.27%，降幅居台州第一，全口径亡人数创近年新低，一次死亡 2 人以上的交通事故“零发生”。

【为企服务】 坚持以“11087 · 亲清在浙里”为企服务品牌建设为抓手，深化“枫桥式”护企优商模式，建立“为企服务站”13 家，辐射服务 100 余家企业，相关做法在全省助推营商环境现场会上作经验交流。全年立涉企案件 18 起，破案 10 起，抓获犯罪嫌疑人 20 人，移送起诉 12 人，为企业挽回经济损失 171.1 万元。侦办经济犯罪案件 77 起，挽回经济损失 2200 余万元。

【政务服务一体化工作体系】 年内，在全省率先建成公安政务服务（网办）中心。自主研发升级浙里拍照（临海版）公安业务辅助受理设备，全面集成全警种拍照功能、各领域证件自定义拍照模块、居民身份证全流程电子化功能，实现人像“一次采集、全警共享”。政务 2.0 办理率达到全省平均值的 1.6 倍。“一窗通办”实现率指数入选全省“公安大脑”最佳指标指数。市局行政审批科获评全国公安机关爱民模范集体。

【“公安大脑”建设】 年内，推进红树林生态联勤警务站建设，入选全省第一批“公安大脑”核心应用“揭榜挂帅”项目并通过验收，建成融生态“景”、公安“警”、部门“勤”及“宣传、教育、展示、管理”为一体的生态联勤警务新模式。通过智能感知设备网及护林巡防，有效排查各类森林火隐 104 起，实现库区零火情、零火灾；通过古树名木“E 网通”智能管理，有效保护全市 1570 株古树名木。推进“浙警智治”台州（临海）平台试点建设，围绕“一图一网一中心”建设目标，建成三维实景底图，新增 140 个、升级 89 个智安小区，同步设计派出所驾驶舱，实现不同账号设置个性化展示端，187 个“智安小区”无刑事案件“发生”。

临海市红树林生态联勤警务站指挥调度系统 （市公安局 供图）

【全警实战大练兵】 完善教官人才库建设，成立 4 个以个人命名的工作室，全局有市级以上教官 13 人，其中省级 4 人、台州市级 9 人。开展全市治安基础业务、执法办案、防爆处突、窗口一体化等专题培训会及各警种内部比武竞赛。在台州市局举办的 21 项大比武中，取得 19 项团体前三，21 项个人前三，总成绩居台州第一。获公安部个人赛个人二等奖 1 个，获省厅个人一等奖 1 个、个人二等奖 1 个，获市局团体一等奖 9 个、二等奖 6 个、三等奖 6 个，个人一等奖 12 个、二等奖 4 个、三等奖 5 个。

【“三能”主题教育实践活动】 探索建立“三能”积分评价体系，开展“三能榜样 . 我在基层”主题宣传活动，选树先进典型，其中 4 篇“三能”工作经验报道被《人民公安报》专题刊发，全局获省部级荣誉 3 个集体，11 人次；获地厅级荣誉 5 个集体，16 人次。根据“三能”典型民警为原型，拍摄反诈微电影《老王的反诈故事》，被国家反诈中心录用，其首映礼入选公安部践行重要训词精神典型案例。

（撰稿　程思叶）

司法行政

【概况】 2022年，完成行政规范性文件审查57件、备案49件，市政府专题会议议题纪要审查62件，其他政府法律事务54件、合同32件，市政府重大行政决策17件。新收行政复议申请220件，立案前化解26件，立案办理194件；办理以市政府为被告或被申请人的应诉案件53件次。受理各类矛盾纠纷案件12623件，成功调解12581件，调解成功率99.67%，其中涉及非正常死亡案件155件，调解成功率100%。办理法律援助案件689件，其中刑事451件、民事167件、行政1件，线上线下解答法律咨询1036人次。全市17家律师事务所共代理案件6322件，6家法律服务所共代理案件1138件；办理各类公证3736件。

【法治建设】 推进法治领域巡察，"裁执分离执毕率""败诉率"等指标纳入市委法治巡察范畴，推动问题指标落实整改20余条。创新"一所联一队"临海模式，设立卢俊、陈其省、娄宛青3家冠名行政执法协调监督联络室。印发《临海市公平竞争审查联动协作机制暂行规定》，加强公平竞争审查，优化营商环境。创建重大行政决策"一件事"全流程跟踪机制。完善法治文化公共设施建设体系，食品安全体验馆、老兵之家、"税立方"被命名为台州市行业和法律知识"双普基地"，许墅村创建"全国民主法治示范村（社区）"。

【社会治理】 发挥行政复议化解行政争议主渠道作用，为佩弦湖区块城中村改造等重点项目提供法律指引。聘任第一批行政复议员10名。联村调解工作站被评为台州市司法行政系统创新推进项目，全年直接调解或指导调解各类纠纷案件2982件。对接市纪委承办的社区矫正公权力大数据监督应用，承接台州市社区矫正安全风险防范项目建设。推进监地衔接工作，协同相关监狱快速调处2起涉监纠纷。

【法律服务】 深化律师行业"扬帆行动"等专项工作，累计为3047家企业开展法治体检。新设立省灯饰行业协会、临海市东塍镇商会、临海市眼镜行业协会等5家公共法律服务工作站。创建"一所联一站"工作模式，推动公共法律服务与人大基层单元功能深度融合。公职律师制度覆盖14个政府部门，覆盖率53.8%。联合市公安局设立全省首家律师远程视频会见中心，接待律师会见259人次。推进"让群众打得起'官司'"爱民实践活动。升级打造"律调E事通"项目。

（撰稿　屈华萍）

矛盾纠纷化解

【概况】 2022年，市社会治理中心深入推行"一窗受理、调解对接"机制，制定《案件规范办理标准》，确保"件件有着落，事事有回应"，累计受理各类事件9576件，办结9273件，办结率96.46%；成功调解矛盾纠纷2660件，其中疑难纠纷311件。12月7日，市委书记吴华丁在台州市委法院工作会议作为唯一县（市、区）代表就一窗受理、调解对接工作进行交流发言。

【打造调解品牌】 开展除险保安暨"红色调解"活动，组织"全市调解大讲堂"，组建"红色助调团"，推动调解力量下沉。开展"温暖矛调"行动，对调解成功案件的双方当事人赠送"舒心礼"，发

6月30日，临海市社会治理中心揭牌成立（市社会治理中心　供图）

放“舒心信”，对无抗拒意愿的双方拍摄“舒心照”，《浙江法治报》《台州日报》予以报道。开展“调解英雄榜”及优秀调解员系列宣传，2名调解员获评2022年度省一级人民调解员。

【风险预警研判】 党的二十大期间，市除险保安作战指挥部入驻中心1个月，每日研判会商重大疑难复杂案件。其间，与市信访局联合开展2轮督查。编印《临海社情要讯》5期，发布预警事件17件，专报1期。

【镇级综合信息指挥室】 制订镇级综合信息指挥室《建设构想》《规范建设指导意见》《工作规程》《运行质效评价标准》，重新架构系统账号体系，新开设基层智治综合应用账号497个。年底，所有镇（街道）均完成综合信息指挥室定人定岗、办公区整合、制度上墙等工作，第一、二批8个省级重大应用在镇级贯通，全年受理各类事件2973件，办结2518件，办结率84.7%。

（撰稿　卢雨微）

开发区

Development Zone

台州湾经济技术开发区

【概况】 国家级经济技术开发区——台州湾经济技术开发区地处浙江中部沿海，台州湾北岸。交通条件优越，228 国道、351 国道、台金高速、沿海高速、金台铁路建成通车；海洋资源丰富，共有 500 平方米以上岛屿 128 个，海岛陆域面积 18 平方千米，岛屿岸线总长 164 千米，头门岛是国务院批复的《浙江海洋经济发展示范区规划》中重点建设的港口物流岛和重要能源资源储运基地。2022 年，经开区有规上工业企业 130 家，上市公司及上市公司全资子公司 24 家，国家级高新技术企业 60 家，省级研发中心 24 家，省级研究院 10 家，形成医药化工、汽车制造两大支柱产业。实现规上工业总产值 510.7 亿元，完成工业性投资 56.7 亿元，完成批发业贸易额 59.55 亿元。全域推进“红色港湾”党建品牌创建，发挥“红领英才”工作室引领作用，新建企业党支部 3 家，组建 40 支企业党员志愿服务队。

3月11日，永太新能源材料产业园项目签约　（王　翔　摄）

【平台建设】 2 月 28 日，义新欧班列“台州号”首发，义新欧班列“台州号”开通，全年出口发运 43 列，发运柜数 250 柜，货品总值 2607.69 万美元，服务企业 58 家。年内，总投资 5000 万元的口岸开放基础设施项目全面建成，头门港区口岸开放通过台州市预验收。总投资 4 亿元的综保区综合服务中心一期、巡逻通道与围网、海关监管设施及信息化等 3 个国家验收项目全面完成。铁路监管区一期一阶段项目基建部分基本完成。11 月 8 日，台州综投公司完成股权变更，由临海市海洋开发投资有限公司收购台州星展供应链服务有限公司持有的台州综投公司 35% 股份。10 月 10 日，头门港—宁波舟山港集装箱内支线开通。全年完成港口吞吐量 926.1 万吨，同比增长 51%。

【产业发展】 **三大产业城。** 台州湾新材料产业园（荣盛项目）基本落地，被纳入省 2023 年“8+4+1”经济政策清单，项目所在地2个村庄及配套码头雀儿岙共437户村民完成搬迁签约，水、电、路等配套工程加速推进，11月22日举行产业园奠基仪式。新医药健康城完成化工园区扩区，4月19日联盛化学上市，朗华制药自2021年6月投产完成产量6.5万吨，实现产值6500万元。全年园区在建技改项目44个、总投资105亿元，其中，列入台州市三比三看的11个医化在建项目完成年度投资11.76亿元。未来汽车城方面，吉利汽车实现从传统油车向新能源车转型。引入梧桐资本，计划利用其导入动力电池、驱动电机及电控、智能网联领域等新能源汽车零部件企业。**科技创新**。省现代医药化工产业创新服务综合体完成验收。全年新增高新技术企业12家、省级科技型中小企业22家、国家科技型中小企业45家、省级以上研发机构9家（6家省级研发中心、1家省级企业研究院、2家省级重点企业研究院）。**招商引资**。新落地10亿以上项目4个，亿元以上项目4个，其中永太新能源项目实现当年开工当年投产。

【城市建设】 年内，完成白沙湾人工沙滩工程，白沙湾公园基本完成建设，通过国家蓝湾验收。首个城市综合体吉利汽车广场建成，首个职业教育学校——吉利技师学院开学，洲际假日酒店、台州湾青年创新港、银厦紫荆公寓（企业人才公寓）、华海人才公寓等城市配套设施推进建设。康居工程二期开工，同步启动雀儿岙、田岙、短珠、蒲兰头村拆迁安置前期工作。金沙湾区块生态修复和绿化提升完成投资超8000万元。

【绿色安全】 医化园区长江经济带突出生态环境问题完成销号，相关整改经验被国家长江办简报专题刊发。无废园区创建通过台州市验收，在全省率先试点开展减污降碳工作。完成国务院安委办危化重点县2022年二轮专家指导服务，全年未发生较大以上事故及有较大影响力的安全生产事故。基本完成安全生产双重预防机制数字化建设，得到应急管理部肯定。

9月，吉利技师学院开学　　（台州湾经济技术开发区　供图）

【人才服务】 推进现代医药化工服务创新园重点项目建设，3月，创新服务综合园（北区）项目开工建设，总用地面积82.78亩，总建筑面积59141.8平方米，计划投资3亿元，分两期实施。其中一期投资1.8亿元，建筑面积为35126.3平方米，年底基本完成建设。加强与浙江大学、复旦张江研究院等高校平台合作，深化台州学院头门港产业学院建设，9月浙江吉利技师学院开学，招生679名。面向重点企业提供"一站式"人才寻猎、评估、招聘服务，全年分别完成国家级、省级引才计划申报数4人和6人，台州市"500精英计划"进入现场答辩4人，国家级博士后工作站进站5人。组织企业积极参加"百川入东海，人才聚古城"青年引才、2022"智汇台州·百校引才"秋季校园招聘会（黑龙）等活动，配合开展"云招聘"、专场直播带岗、"高校双选会"等线上引才活动，全年新引进大学生2168人，其中青年大学生1881人。推进人才工作数字化改革，推广"来浙实践"应用场景、"云招聘"等平台，拓展台州人才码应用场景，扩大人才码覆盖面，无障碍实现"一码通办、尽享服务"。

（撰稿　金海燕）

浙江临海经济开发区

【概况】 2022年，经过新一轮整合提升，浙江临海经济开发区区域范围涉及大洋、江南、大田、邵家渡、东塍、沿江、涌泉、汛桥“四街四镇”，规划面积54.9平方千米。有规上工业企业326家，其中上市公司5家，实现规上工业产值381.1亿元，完成税收收入43.9亿元。实际利用外资1699.94万美元。获评省开发区产业链“链长制”试点、第二批省级先进制造业和现代服务业融合发展试点单位。高端医药高新技术产业园区列入省级新园区创建名单。六度空间获批国家级众创空间，实现全市“零”的突破。

总部经济商务区　（2022年摄　浙江临海经济开发区　供图）

【重点项目】 7月，华海制药科技产业园第一条生产线年产60亿片固体制剂建设项目试投产。7月21日，全国首座熊出没文旅产业园——临海熊出没文旅产业园招商发布会举行。文旅产业园主体工程全部结顶，分“动漫营地”“动漫嘉年华”“亲子乐园”“水上乐园”“主题酒店”五大主题区域，入驻氦气球体验项目、风洞体验项目、冰雪王国、星立方家庭娱乐中心、萌宠乐园等多个特色项目。12月，佩弦湖生态环境综合治理项目（一期）朱自清纪念馆完成施工招标并开工建设。是年，新区城市综合体、总部经济商务区二期5幢全面结顶，进入内部装修阶段；联东U谷智能制造产业园一期、二期、四期工程基本结顶，三期建设有序推进；台佳电子新建年产1.518亿片高端智能成像组件项目研发楼结顶。

7月21日，熊出没文旅产业园招商发布会举行

（浙江临海经济开发区　供图）

【招商引资】 年内，开发区新签约熊出没酒店、台佳电子新建年产1.518亿片高端智能成像组件、永强高端家居产业园、伟星科技产业园、第四届国际高层次人才创业创新等项目。完成联东U谷·临海智能制造产业园第7—14批招商工作，新增通过联审企业19家。完成科创中心第6—7批招商工作，在孵企业25家。

【城市建设】 年内，完成国庆片区未来社区实施范围内收储企业的搬迁腾空和佩弦湖片区二期城中村改造项目1000余户协议签订，超额完成塘里村城中村改造历史遗留问题“百日攻坚”行动目标任务。

（撰稿　林倩倩）

【概况】 2022年，全市以农业“双强”行动为牵引，强化政策扶持、农技服务、“非粮化”整治、高标准农田建设、政策性保险等措施，稳定粮食产量，打好猪、菜、果保供组合拳。全年累计粮食播种面积1.91万公顷、总产量12.07万吨，获评省产粮大县、粮食五优联动示范县。实施农业品牌战略，在京广线宣传“临海杨梅”“临海蜜桔”，编制发布地理标志农产品团体标准19件，签约台州首笔地理标志保险，成为首批中国杨梅优质生产基地县。推进“三新”农村共富五大提升行动，推进共同富裕，全年建成共富工坊150家，实现142个相对薄弱村全部转化。

2022年临海粮食作物播种面积、产量和畜禽养殖一览表

表5

粮食作物	面积	产量	畜禽养殖	存栏量/产量
一、谷物	16596（公顷）	110935（吨）	年末生猪存栏	10.82（万头）
1. 稻谷	15512（公顷）	106379（吨）	能繁母猪存栏	1.39（万头）
早稻	4832（公顷）	29358（吨）	生猪出栏	13.16（万头）
单季稻	6211（公顷）	47704（吨）	年末牛存栏	4397（头）
连作晚稻	4468（公顷）	29317（吨）	其中 奶牛	109（头）
2. 小麦	873（公顷）	3587（吨）	牛出栏	1930（头）
3. 大麦	14（公顷）	71（吨）	年末羊存栏	1.25（万只）
4. 玉米	198（公顷）	899（吨）	羊出栏	0.78（万只）
二、豆类	955（公顷）	2835（吨）	年末禽存栏	364.28（万只）
1. 大豆	281（公顷）	941（吨）	禽出栏	1282.40（万只）
2. 杂豆	674（公顷）	1894（吨）	年末兔存栏	12.57（万只）
三、薯类	1585（公顷）	6980（吨）	兔出栏	7.62（万头）
1. 马铃薯	922（公顷）	3180（吨）	肉类产量	30730（吨）
2. 甘薯	663（公顷）	3800（吨）	其中猪肉产量	10938（吨）
合计	19136（公顷）	120750（吨）	禽蛋产量	4928（吨）
			牛奶产量	620（吨）

资料来源：市统计局

【农业保供】 **粮食生产**。年内，4000亩新建高标田项目开工率100%；“非粮化”整治优化57041亩，整治优化进度100%；累计发放粮油生产补贴资金4691.77万元、实际种粮农民一次性补贴资金686.12万元、耕地地力保护补贴资金2455.56万元。**畜牧业**。牧原三场基本建成投产，合丰农牧数字化羊场完成可研评审和环保备案，引入台州之洋生态养殖项目。改造提升300头以上规模场27家，创建9家省级美丽牧场。**数字化改革**。推广“亲农在线”应用，完成19个镇街的柑橘、杨梅、茶叶产业基础数据采集和42117农户主体入库，推进柑橘产业地图编制。牧原1场建成数字化标准示范场，完成临海3场数字化防疫—精密智控项目建设。

【机械强农】 出台《临海市实施农业“双强”行动大力提升农业生产效率行动方案（2022—2025年）》，西兰花产业全程机械化项目列入省农业“双强”“一县一策”重点突破试点，移栽机与采收机样机开展试验使用；开展省级综合性（水稻、茶叶、畜牧）农业“机器换人”高质量发展先行县创建，基本完成水稻、畜牧两个产业基地创建；实施12个粮食绿色高产创建项目，面积1.12万亩；新建水稻育秧中心5家，新建区域化、智能化粮食烘干中心6家。浙江西兰花新品种大会连续四年在临海举办。全省丘陵山区农业机械化现场推进会、全省水稻钵苗机插高质高效栽培技术培训班暨项目实施现场交流研讨会在临海召开。台州翼龙绿色农产品有限公司的西兰花产业链案例入选全国蔬菜初加工机械化典型案例。是年，全市拥有农业机械总动力38.01万千瓦，机耕面积3.04万公顷，机播面积1.22万公顷。

1月，浙江西兰花新品种大会现场　　（市农业农村局　供图）

【农业管理】 **肥药“双控”**。落实中央环保督察化肥减量整改，安排510万元财政资金专项用于整改。全年完成测土配方施肥面积73万亩次，推广主要农作物配方肥和按方施肥技术25.6万亩；完成年度农用地土壤安全利用工作任务，实现安全利用率99.8%；深化畜禽健康养殖，推动养殖废弃物资源化利用和无害化处理，扩面推进兽用抗菌药减量化、饲料环保化行动。是年，全市农业折纯化肥使用量1.79万吨，农药使用量701吨。**农产品质量安全**。开展农产品质量安全专项整治和抽样检测，推进国家农产品质量安全市创建。扩大抽检品种覆盖面，基本实现规模生产

杜桥镇南溪村共富工坊　　（杜桥镇　供图）

主体全覆盖，全年完成定量检测682批次，合格率99.41%；推行农产品合格证制度，全市共有合格证实施主体195家，实现县级以上规范化合作社、家庭农场、农业龙头企业可追溯率100%，开具合格证4.9万张。**农业执法。**以“绿剑护农”执法行动为主题，开展种子、农药、动监、屠宰等专项行动，全年检查农资、兽药等经营企业1415家次，出动执法人员4251人次，累计查办农业行政处罚案件60起、罚款9.27万元。

【农村经营管理】 **共富工坊。**出台《临海市“共富工坊”扶持办法（试行）》，全域推进“政府+企业+农户”架构的共富工坊，成立开发工坊数字平台，组建全省首家助力工坊的企业联盟、专门服务工坊的国资公司和镇级农村经济合作组织。全市累计建成共富工坊150家，吸纳农村劳动力5900余名，带动增收低收入群体478人。**消薄提升攻坚战。**以“消薄、提中、强村”为目标，推进村级持股扩面，采取“国资+村集体”模式组建强村公司，开展镇级“飞地抱团”持股项目，其中沿江镇“抱团联建”共同富裕创业创新园项目完成政策处理。年末，142个相对薄弱村全部转化完毕，所有行政村集体经济年收入达到20万元且经营性收入达到10万元，总收入30万元且经营性收入15万元的行政村数量达到431个。**低收入农户增收。**年内，扶贫救助基金支出34.38万元，帮扶1241人。健全防返贫监测体系，对低收入农户实行三色风险预警管理，数据上报率100%；深化“一户一策一干部”帮扶机制，实行月度走访机制。

（撰稿　官玲红）

林 业

Forestry

【概况】 2022年，全市森林面积226.6万亩，森林覆盖率67.11%，森林蓄积量856万立方米，获评为2022年度林长制工作考核优秀县（市、区）市。市自然资源和规划局（海洋局、林业局）获全国绿化先进集体、省湿地保护修复工作成绩突出集体、省林业科技工作成绩突出集体等称号，市林场入选全省首批林业碳汇先行基地创建单位，市林场三代护林员（群体）获2021年度“最美浙江人·浙江骄傲”提名人物奖。

【森林资源管理】 **林长制。** 市镇两级均成立林长制办公室，在全市设立各级林长741人、林区警长103人，其中市级林长4名、镇街级林长63名、村级林长674名，全年累计开展巡林检查1300余次。出台林长制市级会议、信息公开、市级部门协作、工作督查、考核办法等5项配套制度，明确26个市级协作单位的责任分工。**森林采伐限额管理。** 全年共发放采伐证277份，其中占限额发证146份，采伐总蓄积18580立方米，占用采伐限额15595.25立方米，采伐限额使用率17.68%。**林地审核审批管理。** 全年办理各类长期工程占用林地73个，面积173.7公顷，收取森林植被恢复费5929万元。加大对毁林开垦、盗伐、滥伐等违法行为的打击力度，全年查处涉林违法案件49起。

【植树造林】 全市完成新增百万亩国土绿化5322亩，森林抚育16458亩。植树节期间，全市组织开展义务植树活动30余场，累计3.05万人参与，种植各类树木12万余株。年内，创建“一村万树”示范村5个，完成“一亩山万元钱”建设任务1.56万亩。

【野生动植物保护】 多部门联合开展“清风行动”，全年检查农贸市场、花鸟市场、饭店等10次100余家，打击野生动植物非法经营活动。开展“爱鸟周”暨野生动植物保护宣传，在白塔社

1月19日，森林防火实战演练在括苍镇张家渡村举行

（市自规局　供图）

区、绿化村、三江村等地开展野生动植物和湿地保护志愿宣传活动11场，发放宣传品2000余份，在各单位、景区及学校大屏幕投放宣传视频30余次，在各大商超、街道、公交站牌等地张贴“拒食野生动物”海报300多张，在永丰镇中学开展“野生动植物保护进校园”活动。开展野生动物救护，全年出动救护378次。开展森林、草地、湿地生态系统外来入侵物种普查工作，截至年末完成踏查面积21651公顷，发现外来入侵物种27种，其中植物22种、昆虫2种、病原微生物1种、无脊椎动物1种、脊椎动物1种。

【自然保护地】 完成《桃渚风景名胜区总体规划（2021—2035年）》上报稿编制，并根据国务院修改意见修改完善。桃渚风景名胜区参加浙江省纪念风景名胜区设立40周年成果展，桃渚镇获评“浙江省自然保护地融合发展镇（村）”。浙江临海红杉林省级湿地公园完成道路改建3.7千米，驳岸修复390米。开展湿地逐地块调查，推进省重要湿地矢量落界及省重要湿地绩效评价工作。

【森林防火】 **防火设施**。全年投入400万元用于森林防火视频监控预警体系建设和280个“以水灭火”森林消防蓄水桶建设。提升全市21支半专业森林消防队装备水平，争取省级林业资金80万元，新购高效森林消防水泵、便携式增压水泵、手提式风力灭火机等设施设备。市林场全场安排防火线清理96.66千米，防火林道清理77千米，新增5台无人机用于林区森林防火巡护。严格落实清明、“五一”、国庆、森林防火期等重要时间节点和牛头山库区、市林场、括苍山、桃江十三渚风景区、部分坟墓集中区等重点区域火源管控。**防火宣传**。共印发森林防火宣传折页1.1万份，发放宣传品9000份，群发森林防火警示短信2万条，投放朋友圈广告曝光次数达10万次。

【有害生物防治检疫】 完成越冬代马尾松毛虫虫情调查，设固定标准地31块和临时标准地5596块，调查松树11.26万株，调查松林面积60.88万亩，监测覆盖率99.2%。完成松材线虫病疫木除治，共清理枯死松树204874株，清理总重量6.897万吨。加强林木、花卉、苗木检疫，共实施苗木产地检疫2000余亩，发放检疫证书511份，检疫要求书190份，检疫苗木847266株，木材174.6立方米。全面落实古树名木普查与保护，完成11株古树“一树一策”方案编制和保护施工。

【公益林保护】 全市共发放75.30万亩公益林生态效益补偿，发放补偿资金总额2155万元，37231受益户，集体556户。

（撰稿　翁冰芯）

港航口岸和渔业

Ports and Fishery

【概况】 2022年，出台《关于支持航运业高质量发展的若干意见》，支持航运物流业发展。全市保有沿海运力43艘，61.44万载重吨，货物周转量168.33亿吨千米，完成港口货物吞吐量1117.33万吨，协海集团成为台州首个国家AAAAA级物流企业。全市水产品总产量12.91万吨，实现渔业总产值36.89亿元。红脚岩渔港疏浚工程、东矶渔港改扩建工程等全面完工，红脚岩渔港整体迁建工程有序推进。严格执行海洋伏季休渔政策，770艘规内渔船做到“应休尽休”。开展水生生物增殖放流，全年放流水生生物5534万尾。

【口岸开放】 口岸监管场所卡口、围网、现场业务用房、后方联检大楼及查验单位集体生活用房全面建成，同步开展验收工作。争取上级口岸验收，同意头门港区基于在用最大可乘潮通航4.8万吨级散货船的起步工程航道先行开放。

【水产养殖】 以国家级健康养殖示范区为平台，实施渔业“双强”行动，加强设施渔业、现代种业等基础工程投入，入选浙江省健康养殖和生态养殖示范区创建县，创建2家省级渔业健康养殖示范场。“临海市打造现代渔业设施化养殖样板”入选“浙江乡村振兴创新实践优秀案例”。年末，全市水产养殖面积1779公顷。做好水产养殖防台预案，录入海上养殖安全码119人。普及海水养殖围塘和浅海紫菜政策性保险，覆盖保险面积2546亩。

【水产质量管理】 年内，开展食用农产品“治违禁　控药残　促提升”三年行动和蛙类养殖环节质量安全专项整治和水产质量安全隐患排查，全年开展水产品药残抽检定量137批次、定性抽检215批次，检查养殖企业60家次。完成全市18家规模养殖主体尾水零直排工作，组织开展健康养殖培训3期，学员200

3月，“临海市打造现代渔业设施化养殖样板”入选浙江乡村振兴创新实践优秀案例。图为宏野白对虾设施化养殖项目

（市港航口岸和渔业局　供图）

2月22日，临海市渔业管理服务中心成立

（市港航口岸和渔业局　供图）

余人次。

【千万工程】 完成年度海上“千船引领、万船整治”任务、涉氨冷藏船专项整治任务、海上“病老”渔船专项淘汰整治、减船转产和“船图不符”“船证不符”专项排查工作。全年创建引领船23艘，整治升级191艘，整治涉氨冷藏船2艘，淘汰“病老”渔船17艘，压减海洋渔船数量26艘，压减渔船功率5447.6千瓦，船长12米以上渔船完成核查645艘。

【安全生产】 建立双定人联船、驻点管理和三色管理等制度，完善市镇村（公司）三级应急指挥调度体系，实现渔船网格化、精准化24小时管控，保障安全生产、有序生产。全年检查渔船2874艘次，整改585艘次，查处“三无”渔船198艘，立案385件，未发生渔业安全生产事故，“一打三整治”“海上渔船安全”考核取得台州市“双第一”。对全市近海、港湾、滩涂、内河等流域的禁用渔具进行分片包干清理，共清理取缔绝户网16517顶/张。全年开展航运企业预警检查10家次，安全（标准化）检查69家次，港口企业检查184家次，各类巡（检）查362次。

【渔政】 2月，临海在全省率先设立渔业管理综合服务中心，3个渔业执法中队、4家渔业公司、渔港管理站、渔业协会等集中办公，集管理、执法、服务于一体。内设船长驿站、共享法庭、渔商共治办等7个功能室，其中共享法庭调处渔事纠纷130起，培训船东船长842人次、渔民1600人次，举办案件庭审直播2次。

（撰稿　徐依琳）

工业

Industry

【概况】 2022年，全市工业以汽车机械、现代医药、时尚休闲三大产业为主导，与建材、眼镜、橡塑等特色产业形成“3+X”产业体系。2022年，全市实现工业总产值1151.8亿元，同比增长9.6%；有规上工业企业641家，实现规上工业增加值260.41亿元，同比增长20.75%。进一步提升产业集群整合度，医药健康、汽车机械产业入选省先进制造业集群，医药健康产业入选省“新星”产业群。基本完成三大城布局，编制完成新材料城、未来汽车城、健康医药城规划及实施方案。荣盛新材料项目扩园认定通过省级评审，基本完成政策处理工作。出台《制造业高质量发展若干意见》《关于进一步支持企业稳产增产的通知》《推动工业稳进提质的若干意见》等稳增长政策，精准施策帮助企业渡难关、促发展。出台《关于进一步深化“亩均论英雄”改革3.0的实施意见》，开展高耗低效企业专项整治，全年完成220家企业整治，腾出用地3391.45亩、用能37751.76吨，双双居台州市第一。

【三大主导产业】 2022年，三大主导产业实现规上产值932亿元，同比增长10.4%，占规上工业总产值的80.9%。**汽车机械。**全市拥有各类汽车机械企业300多家，主要产品为工程液压阀和汽车管路，其中规上企业184家，实现规上产值358.2亿元，占全市规上工业产值比重31.1%。**现代医药。**形成基础化学品—中间体—原料药—制剂一体化的产业链发展模式，其中化学原料药产量约占全省的1/3，批量生产的化学原料药及其中间体有500多个品种，其中心血管、精神类、喹诺酮类药品占世界主导地位。医化园区是国家级医药中间体和原料药生产区，全国首批循环化改造示范园区，是世界规模最大的医药中间体生产区之一。全市拥有规上医化企业49家，实现规上产值323.4亿元，同比增长22.3%。**时尚休闲。**产业主要

8月26日，临海市人民政府与吉利汽车临海产业园签约新能源纯电汽车项目
（市委宣传部 供图）

分为户外家具及庭院用品、工艺品、节日灯饰、眼镜、服装辅料以及合成革等六大类。其中，户外休闲、眼镜、彩灯等产业形成全产业链发展格局，户外休闲产业占比50%以上，是中国户外家具及庭院休闲用品出口基地、国家外贸转型升级基地之一；是全国眼镜生产出口基地，彩灯产品出口100多个国家和地区，市场占有率居世界前列。全市拥有时尚成品及配套协作企业500多家，其中规上企业239家，规上产值250.6亿元，同比下降12.3%。

【数字经济】 2022年，实现规上制造业数字经济核心产业增加值10.3亿元，总量居台州第二。与浙江中控、浙江兰卓开展数字经济暨“产业大脑”战略合作，浙江头门港经济开发区被纳入省首批化工产业大脑共建试点园区，化学原料药产业大脑入选省第一批行业产业大脑建设试点“揭榜挂帅”项目公示名单。出台《临海市关于加快“新智造”发展的实施意见》，化学原料药中小企业数字化改造纳入全省首批中小企业数字化改造试点县创建。出台《临海市制造业数字化改造行动计划》，超额完成台州市第一批规上企业数字化改造52家。全年新增5G基站740个，总量居台州第二。

【工业性投资】 全年完成制造业投资90.2亿元，同比增长20.7%；实现技术改造投资54.6亿元，同比增长11.5%。119项千万元以上工业项目，累计完成投资53.4亿元；建立《“零增地”技改项目清单》，统计在库“零增地”技改项目100项，完成投资18.2亿元，完成年度计划的202.2%，居台州第一。6月27—28日，主题为“数智赋能、创新驱动、多链协同”的浙江省“十链百场万企”系列活动之生物医药产业链专场活动在临海举办，是台州首个承办“十链百场万企”系列活动的城市，现场签约10个重大项目，总投资90亿元，其中，年产奥泽沙星等特色原材料药1180吨项目、心血管类药物XQ-001工艺开发项目等4个项目落地临海。

【企业培育】 全要素保障培育链主型龙头企业，华海药业入选浙江省雄鹰企业，新增伟星集团、永强集团两家销售百亿以上企业2家。推进企业专精特新转型，完善市级专精特新“小巨人”培育库，新增国家专精特新“小巨人”企业3家、单项冠军企业2家。伟星股份入选省未来工厂试点，联盛化学入选省智能工厂（数字化车间），四兄绳业、奇升橡胶入选省级重点新材料首批次应用示范指导目录。加快企业绿色转型，推进绿色制造体系和服务体系建设，伟星股份评为国家级绿色工厂，伟星新材、拓卡奔马评为省级绿色低碳工厂2家，创建台州市级绿色低碳工厂9家。

【企业服务】 全市深化“万名干部助万企”活动，助企干部共收集各类问题118项，破解率100%。推进企业服务综合平台建设，走访企业924家，收集各类问题126项，问题破解率100%。企业登录企业码625.3万次，三服务总扫码12.4万次。全年发放新春红包补贴、2513龙头企业奖励等多项补助，减轻各类企业负担21.1亿元。

（撰稿　周海瀚）

建筑业　房地产业

Construction Industry　Real Estate

【概况】 2022年，全市完成房地产投资总额118.52亿元，完成建筑业产值248.6亿元，其中省内建筑业产值230.87亿元。重点推进灵湖名著、锦园、星悦城、雍璟墅、山海麓园、临江府、珑悦府、亿金府、观澜府等房地产开发项目建设，国庆村一期安置房工程、华海制药科技产业园职工宿舍区建设工作有序推进，佩弦湖一期安置房工程如期交付。全年审核通过住房保障申请301户，累计发放1156户公租房租赁补贴242.4万元。台州医院东院区、国宾台获省"钱江杯"优质工程奖，建筑许可考核在上半年台州市营商环境建筑许可考核中名列第一。年末，全市共有房地产业企业51家，其中二级房地产业企业36家、三级房地产业企业8家、四级房地产业企业3家、暂定级房地产业企业4家。建筑业企业282家，其中特级建筑业企业1家、一级建筑业企业28家、二级建筑业企业133家、三级建筑业企业57家、劳务分包企业63家。在浙江省建筑市场监管公共服务系统注册的建设人员9827人，其中建造师2003人、职称人员1578人、现场管理人员3499人、技术工人2747人。

【房地产市场】 全年办理商品房预售许可26件，总建筑面积89.1万平方米，其中住宅面积53.23万平方米。全市商品房销售面积总计81.07万平方米，网签商品房约8123套，其中住宅3849套。二手房网签面积共计25.21万平方米，成交3577套，其中住宅成交19.62万平方米，共计1867套。

【安全质量监督】 年内，全市竣工房建工程项目192个，建筑面积492.52万平方米；竣工市政工程22个，工程造价5.95亿元。开展季度大检查4次，主体结构（包括二次结构）、质量通病防治、支模架、深基坑、起重机械等专项检查43次。土方开挖5000平方米以上建筑工地全面安装PM10监测仪，在建工地全

7月，台州医院东院区项目获省"钱江杯"优质工程奖

（市委宣传部　供图）

5月5日，星悦城一期商业综合体项目通过主体验收

（市建设局　供图）

部安装视频监控。全年办理建设工程消防验收备案170个，消防验收77个。

【创先争优】 年内，共有9个工程项目获台州市建设工程“括苍杯”，其中台州医院新院区项目（2号医疗综合楼、3号能源综合楼）、国宾台获浙江省建设工程“钱江杯（优质工程）”荣誉。有39个项目采用装配式建造，完成建筑面积169.5万平方米，其中房地产和公建项目装配式建筑面积71.12万平方米。获浙江省建筑业碳达峰碳中和奖补资金560万元。

【白蚁防治】 11月25日，传统村落和历史文化名城名镇名村白蚁防灭治专项整治工程两标段施工完成验收，提早半年完成省目标考核任务。年内，全市共签订白蚁预防联系单24份，预防实施新建房屋面积122.84万平方米，监测控制技术应用比例达100%。同时，灭治白蚁565户，发放药包近4000包，灭治面积6.23万平方米。

【既有住宅加装电梯】 年内，共有9台加装电梯项目通过联审，其中未开工6台，在建2台，完工交付4台（包含2021年通过联审3台）。

【施工审批】 制定《临海市工程建设项目报批手册》，赠送企业“开工大礼包”。试点推行“拿地即开工”“分阶段施工许可”“承诺即开工”改革，探索低风险小型项目工程质保险，压缩审批时间，缩减企业生产成本。

（撰稿　赵佳婷）

旅游业

Tourism

【概况】 2022年7月，台州府城文化旅游区成功晋级国家AAAAA级旅游景区。国庆长假期间，台州府城文化旅游区共接待游客58万人次，在全省258家AAAA级以上景区中位居第二。是年，全市累计接待游客总量490万人次，实现旅游总收入56亿元。出台《临海市旅游市场营销（补助）实施意见（试行）》，发放旅游企业纾困补助3540.6万元，发放文旅消费券1312万元。全国摄影艺术展览、中华民厨大赛、柴古唐斯括苍越野赛等系列文旅活动吸引5亿人次参与。括苍镇创成省AAAA级景区镇，河头镇、上盘镇创成省AAA级景区镇，创成A级景区村62家。

【项目建设】 全年完成旅游项目投资38亿元，居台州第一。谋划实施历史名城十大工程建设，巾山诗韵工程、十伞巷、新旅游集散中心、括苍云径、白沙湾和东矶列岛海岛公园等项目稳步推进，临海文化中心项目正式启动。

【文旅活动】 4月11日，朱自清走进临海100周年系列庆祝活动启动仪式暨“朱自清文学奖”新闻发布会在台州初级中学举行。7月6日，第28届全国摄影艺术展览暨“山海台州　江南长城”摄影艺术周在临海开幕。全国摄影艺术展览入展作品298件，分纪录类、艺术类、创意和商业类、多媒体类，首设“云上展馆”，线上与线下同期展示。“山海台州　江南长城”摄影艺术周主题展由“新时代·新台州”主题展览、“南疆北土·台州记忆”个展和浙江摄影家致敬系列等板块组成。8月27—29日，2022首届“临海荣光—中华民厨大赛”举办。11月5日，第七届柴古唐斯括苍越野赛开跑，1200余名选手参赛。12月，2023年央视跨年晚会到东湖、长城二次取景拍摄。第28届全国摄影艺术展览。

【文旅产业】 紫阳街美食街区入选“诗画浙江·百县千碗”美食街区（镇）名单，街区核心面积约19.2万平方米，入驻商户227家，其中特色美食类商户104家，荣家小吃（紫阳街店）、白塔桥饭店入选第三批“诗画浙江·百县千碗”省级美食体验（示范）店。白水洋豆腐列浙江省百县千碗十佳豆腐榜首。是年，三抚一宅被评为白金宿1家，新增银宿2家。培育非遗共富工坊12家，实现销售总额3000万元，带动就业近千人。

【牛头山旅游度假区】 年内，继续实施灵湖景区“微改造、精提升”项目，3个旅游业态用房、2个旅游厕所、1个运动驿站建成投用，启动大岗山、曹家肆区块文旅项目。12月，灵湖“临海客厅”入围首批省级城市新区风貌样板区灵湖景区。实施逆溪、临牛线两侧环境综治和景观节点打造，联通衔接熊出没文旅产业园和佩弦湖区块，构筑灵湖——佩弦湖城市绿心。

（撰稿　陈乐怡　陈　唯）

商　业

Commerce

商业贸易

【概况】 2022年，全市实现社会消费品零售总额269.99亿元，居台州各县（市区）第2位，其中限上社会消费品零售额94.52亿元，网络零售额141.17亿元。出台《临海市促进商贸业发展的若干扶持政策（试行）》，成立以市长为组长的商贸业发展专班，增加政策补贴2000万元，惠及企业300家。实施月度新增纳统倍增计划，培育大型商贸流通企业，重点推进工业企业主辅分离、危化品无库经营等项目纳统进度，全年完成纳统企业39家。开展招商引资行动，招引12家商贸企业入驻。

【省级县域商业体系示范县】 以“千年台州府城、县域商业样板”为发展目标，完善商贸基础设施，发展现代物流，重点推进紫阳街高品质步行街改造提升、大型商业载体智慧化升级等项目，增加中高端消费设施供给。7月14日，临海现代商贸流通创新发展区入选浙江省现代服务业创新发展区。7月25日，临海获评全省首批县域商业体系建设示范县，8个项目入选省示范企业建设项目，获中央服务业专项资金补助1000万元。

【省级供应链体系试点城市】 年内，推进省级供应链创新与应用试点城市创建工作，重点打造医药健康、时尚休闲、现代农业3个百亿级数字化产业供应链体系，8家企业入选省级供应链创新与应用试点企业，4家企业列入浙江省内外贸一体化“领跑者”企业培育名单，获中央、省专项资金支持共880万元。

【省级数字生活新服务样板县】 通过创建紫阳街省级智慧商圈，建设完善浙里数字消费街区、浙里好家政等省级数字化服务平台，推进全市生活性服务业数字化转型，入选省商务系统数字化改革“优秀案例”、省信用数改十大优秀案例，11月28日获评省数字生活新服务样板县。全年创建省数字生活新服务特色镇4个。

【数商兴农】 全年以电商新业态为抓手，开展“数商兴农”直

11月5日，“临海共富 甜美嘉年华”直播大赛在涌泉镇举办

（市商务局　供图）

7月15—24日，2022年临海美食音乐节在台运广场举办

（市商务局　供图）

播活动1100余场，培育电商直播式“共富工坊”23家，建成省级示范2家，获浙江2022首届电商直播式“共富工坊”短视频大赛银奖。11月5日，举办“临海共富　甜美嘉年华”直播大赛，28组团队现场直播带货，吸引15万余人次收看，实现成交额37.6万元。5月，获评全国“2022年度县市电商竞争力百佳样本”。

【促消费活动】 年内，先后推出春节促消费、“临海券·轻松购”、新能源汽车团购等促消费活动，组织企业开展临海美食音乐节、体育旅游休闲节、惠民团车节等节庆促销活动，累计发放消费补贴4960万元，拉动消费10亿元以上。

（撰稿　洑潇娴）

对外贸易

【概况】 2022年，全市实现自营进出口384.20亿元，其中自营出口355.21亿元。有进出口实绩企业975家，有出口实绩企业945家。6月20日，临海在全省三季度稳外贸攻坚暨出入境便利化工作会议上作交流发言，介绍商务出入境服务经验。

【顶层设计】 6月17日，市长蔡建军主持召开第一次府区（市政府与台州经济技术开发区）联席会议，推动开放型经济工作。7月19日，出台《临海市开放型经济工作实施方案（2022—2025年）》，建立由市长任组长的开放型经济工作专班领导小组，专班办公室设台州湾经济技术开发区管委会，统筹推进全市开放型经济各项工作部署。年内，出台《关于支持企业出国（境）抢订单拓市场的若干意见》等，加大外经贸政策力度。降低出口信保统保平台整体费率28%以上，降低企业出口风险成本，帮助多家企业挽回出口损失4200多万元。

【开放平台建设】 2月28日，国家级台州湾经济技术开发区（台州综合保税区）授牌成立。同日，义新欧班列“台州号”在头门港顺利首发。7月31日，浙江（台州）RCEP经贸合作论坛暨海洋经济重大项目签约仪式举行，临海共签订9个项目，其中开放型经济项目3个，年贸易额85亿元。10月10日，头门港—宁波舟山港内支线首航开通，标志着临海开启“港口集装箱运输时代”。11月，台州以台州湾经济技术开发区为主体，成功创建RCEP高水平开放合作示范区。

【跨境电商】 依托临海跨境电商产业园，建设产业公共直播间，举办直播运营培训、亚马逊孵化班、跨境电商峰会等活动，帮助外贸企业对接国际知名电商平台，实现数字出海，累计新培育跨境电商企业68家。全年实现跨境电商进出口额24.8亿元，总额居台州第一。

【外贸参展】 **双参展渠道。**开辟线上“云参展”和线下“代参展”双参展渠道，破解疫情期间外贸企业“参展难”问题，全年累计组织206家次企业“云参展”实现意向成交额9240万美元，14家次企业“代参展”实现意向成交额8205万美元。6月20日，德国科隆露营设备及园林生活博览会“临境式代参展”启动仪式在临海美好生活体验馆举行，由省商务厅与德国科隆展览有限公司共同主办，实现中国户外家具及庭院休闲用品出口基地与德国专业展会的现场联通，打响全省“代参展”组团出海第一枪。**百企参百展。**11月，7家医药企业组团赴德国参加2022世界制药原料展览会，实现意向成交额9500万美元。12月15日，市“百

6月20日，德国科隆露营设备及园林生活博览会暨全省“临境式代参展”启动仪式在临海美好生活体验馆启幕　（市商务局　供图）

企参百展”行动正式启动，第一批10家企业组团赴阿联酋参展抢单，抢抓放开疫情管控后的黄金期，推动企业抱团出海。

【外贸服务】 **商务出入境。**针对疫情期间企业出入境难题，建档急速办理“白名单”，提供绿色通道办证、包机包舱等出入境服务。全年累计办理商务出境115人次，出具商请函30人次。**外贸监测预警。**推进“订单+清单”工作，利用“订单+清单”监测系统、外贸预警点和外经贸企业联络群，建立政府部门、行业协会和企业三方联动机制，及时预警，跟进服务。11月29—30日，承办2022年全省商务运行调查监测工作培训（二期）。

（撰稿　浊潇娴）

粮食物资

【概况】 2022年，临海获评浙江省“粮食五优联动示范县”。年末，市级物资储备库管理63个品种的救灾物资，总量逾14万件，总价值600余万元。完成粮食购销领域腐败问题专项巡察反馈的28项问题清单整改工作，建立完善各项规章制度68项。

【粮食收购】 年内，严格执行粮食收购政策，对“政府订单”以外的粮食按省定最低收购价收购，准备收购资金1.225亿元，发放预购定金290万元，运费补贴197.9万元。**政府性收购。**全年签订小麦、早稻、晚稻粮食订单5.26万吨，实际收购4.57万吨，其中“政府订单”粮食4.13万吨（小麦184.5吨、早籼谷2.91万吨、晚籼谷1.20万吨），兑现“政府订单”奖励资金2236万元。**五优联动。**实施优质粮食工程，推广优质品种“甬优1540”，种植面积9000亩，计划安排收购3000吨，在最低收购价、优粮优价基础上每吨给予40元奖励。**“浙江粮仓”应用平台。**按省粮食和物资储备局统一部署要求和临海实际，市粮食收储公司于10月完成“浙江粮仓”应用平台信息化改造并投运，实现晚稻收购数据与省局对接。

【粮油储备】 完善地方储备粮轮换购销制度，加强粮油应急体系建设和市场体系建设，与全市43个粮食应急供应网点签订应急供应协议，网点覆盖19个镇街，开展名录库建设，落实强化社会化储粮工作，全市累计上报机关、学校、医院、大中型企业等用

7月20日至8月19日，全市收购早稻2.91万吨，同比增长28.2%，创历年新高　（市商务局　供图）

9月15日，生活物资保障演练桌面推演在临海市应急指挥中心举行
（市商务局 供图）

粮单位515家。

【粮食安全监管】 年内，每月开展“一符四无”粮仓鉴定和安全生产检查工作。7月中旬，组织开展粮食物资系统消防安全和防汛防台应急演练培训。全年收购重金属超标早稻135.4吨、晚稻2901.2吨，均按要求进行处置，确保不流入口粮市场。年末，完成红光粮库成品粮准低温仓改造项目立项审批。

【应急物资储备】 年内，严格执行应急救灾物资的日常管理制度，理顺市本级和镇（街道）两级储备管理体系，全年累计完成物资采购4笔共计1374万元。做好物资社会化、本土化代储工作，落实冻猪肉社会化代储350吨。

【防疫保供】 年内，联系全市12家大型商超、粮食批发市场和蔬菜批发市场等关键点位，落实疫情防控和生活物资保供措施。制订完善保供应急预案，做好生活物资储备运行日常监测，开展应急演练，组织生活物资保障专项桌面推演。防疫防汛等紧急时期，组织应急物资发放30次、保供配送4次，服务1.8万人，实地应急演练2次，发布物资保供专题快报31期。

（撰稿 洑潇娴）

供销合作

【概况】 2022年1月13日，临海入选全省深化“三位一体”改革示范市。3月2日，通过全国农村综合改革标准化试点验收。6月29日，临海市农民合作经济组织联合会第二届第一次会员大会召开，选举产生第二届理事会、监事会成员，依托市供销社设立市农合联执行委员会。是年，全市供销系统实现销售总额26.29亿元，商品总购进完成17.13亿元；总经营收入30.29亿元，完成消费品零售额17.06亿元，其中城镇商品销售总额10.11亿元，乡村商品销售总额6.95亿元；完成电商销售额1.43亿元，其中农产品电商零售额1.39亿元。年末，全市累计建成市、镇两级农合联20个、产业农合联10个，入驻会员1746名，联结发展市级农合联会员201家、镇（街道）农合联会员1017家、产业农合联会员651家。

【“三位一体”改革】 **标准化建设。**自2018年临海被列为第三批全国农村综合改革标准化试点后，期间共制定6项标准，主导参与1项国家级标准，参与1项省级标准，牵头1项市级标准，2022年3月2日以103.5分的高分通过验收。**数字农合联。**构建数字农合联基础平台，为农业生产经营主体提供生产、供销、信用等全产业链服务。截至12月，临海“浙农服”平台入驻会员1382家，平台线上农技专家29人，开展浙农服应用培训2次。**基层农合联规范化建设。**年内，新建无人机植保、粮油两个产业农合联。受省社委托，探索开展基层社承担镇（街道）农合联执委会试点。**农合联运营创新。**对接共富工坊，供销投资公司、乡镇农合联、镇经联社三方共建“强村公司”。年内，在河头、永丰分别组建农合联农业发展有限公司。

【为农服务】 **生产培训。**与台州市农合联联合举办“双强服务·云上春耕”活动，现场推广干籽包衣技术。先后组织2000余农户参加全省促进山区26个县柑橘生产技术和管理水平提升培训、全省农业数字化改革培训、促进农产品经营能力提升活动、农合联“三位一体”改革与乡村振兴培训班、临海市大小麦种植技术培训会等农民培训活动。**供销服务**。12 月 2—6 日，举办网上农博会，实现线上销售额 21.8 万元、订货量超 2289 单。组织线下杭州农博会、展销会等展会和小吃、丰收节等涉农节庆活动，推广临海名特优新农产品。**信用服务**。联合中国人寿开展茶叶、蜜橘、杨梅、水稻特色涉农保险，其中杨梅和水稻为新开拓业务。全年有 17 家农业专业合作社（公司）投保特色涉农保险，保费 17.58 万元，赔付金额 6.5 万元。**农药废弃包装物回收**。全年完成农药废弃包装物回收 85.7 吨，委托第三方焚烧处置 80.39 吨。**对口合作**。与嘉陵区果农达成 3 万公斤粑粑柑供销合作，帮助西部农特产品融入东部市场。12 月 21 日，举办东西部消费协作助乡村振兴活动启动仪式暨粑粑柑专场接车仪式，首批 13201 公斤粑粑柑抵达临海。

【商贸流通】 **食材配送中心**。3 月，市供销社联合浙农茂阳有限公司、社发集团共同组建临海市社发茂阳农产品配送有限公司，年内与 20 家合作社及产业农合联签订采购合同，与 142 家学校、企事业单位签订配送协议。**“供富大篷车”助农活动**。与各镇街偏远、贫困村种植户建立长期供销合作关系，全年先后安排“供富大篷车”配送 10 余次、服务干线 4 条，帮助农户 5100 余人次，助农增收 50 余万元。设立“供富服务站”10 个，分流服务专线 3 条，参与日用品下乡配送服务 10 余次，辐射校园超市 10 家、村级超市网点 180 个。**“兴农 · 联播”直播活动**。引入掌心临海、临海在线、大田公社、邮乐购等 7 家本地优质直播电商平台入驻，建成直播中心 1 个、直播间 8 个、直播基地 6 家，先后上架乌岩春绿茶、汇溪高山鸭蛋等农产品 80 余款，开设直播 40 次、推广视频 261 次。

【社有经济】 **制度建设**。推动出台《临海市人民政府关于加强社有资产监督管理的意见》及《临海市供销系统集体资产租赁管理办法》等配套文件。建立会计核算中心，对控股企业实行“集中管理、统一审核、分户核算”的财务管理制度，完善社有资产管理委员会和内部审计制度。**业务经营**。对接乡村振兴工作，拓展现代农业服务板块，建设现代农业服务中心。**历史遗留问题**。逐步妥善解决“上盘供销社损害利益责任纠纷”“古城出租车公司股权所属不明晰”“通化玉米项目资产流失”“括苍医用垃圾处理中心股权”等历史遗留问题。**助企纾困**。按照全市统一部署，落实降租减压工作，完成第一期减租金额 27.75 万元，第二期减租金额 60.76 万元，惠及个体工商户、小微企业百余户。盘活原邵家渡茧站 3.77 亩土地，用于建设市级托育中心和敬老院。

（撰稿　陈　沛）

烟草专卖

【概况】 2022 年，临海烟草围绕全省系统“生态培基年”定位，推进“三色铸魂　六智赋能”工作部署，全年累计销售卷烟 5.58 万箱，查获涉烟违法案件 422 起，查获违法卷烟 17.87 万条，案值 3373 余万元。参与行业“共筑新生态　献礼二十大”主题活动，共收集创新课题 9 个，输出小微创新项目 25 个。

【卷烟经营】 全年实现销售额 27.23 亿元，单箱销售额 4.88 万元。实现商业增加值 7.69 亿元。年末，全市终端社会库存 1596 箱，户均库存 42.12 条，可销天数 10.62 天，同比提升 3.8 天。全市卷烟零售综合毛利率 14.27%。

【专卖管理】 全年查获假私烟案件 172 起，假冒烟 13.27 万条。其中专车运假案件 17 起，涉案专车 18 辆，查获假私烟共计 12.7 万余条，案值计 2522 万余元。查处重点籍、违法违规大户案件 78 起，取缔大户 12 户。优化许可管理，许可证从最高峰 9666 本净减 98 本。通过后续监管，空壳证零售户退出 505 户，占许可总量的 5.28%。落实新版《台州市烟草制品零售点合理布局规定》，过渡期内办理电子烟零售许可证 21 本。

（撰稿　李梦怡）

市属国有企业

Linhai State-owned Enterprises

临海市社会事业发展集团有限公司

【概况】 2022年3月，临海市社会事业发展集团有限公司成立，由临海市城投集团、临海市文旅集团、临海市大数据公司等企业合并组建，集团业务分文旅、教育、康养、生态环境、公共事业、智慧城市六大社会事业板块。年末，集团总资产约225.7亿元，净资产约124亿元，信用评级为AA+。

【文化旅游】 4月23日，台州府城作为"高能级景区"入选省级第二批大花园耀眼明珠名单。7月15日，台州府城文化旅游区获评国家AAAAA级旅游景区。11月7日，紫阳街入选首批省级夜间文化和旅游消费聚集区。8月27—28日，临海·荣光首届中华民厨大赛举办。大赛吸引13个省市500多名选手报名参加网上海选，68名民厨经筛选后入围现场比赛，最终评选出"五大民菜"（黎川芋糍、西夏烤全羊、遵义传统八大碗、梅菜扣肉、糟鱼肉碎蒸六月黄）和"三大民厨"（孔龙、孔光彩、钱红剑），大赛永久举办地落户临海。

8月27日，首届中华民厨大赛举行　　（社发集团　供图）

9月27日，全省最大的台州府城宋韵·诗路文化体验馆开馆，体验馆坐落于东湖公园景区内，占地面积约2200平方米，依托新华智云"台州府城文旅大数据平台"，设置戚继光、王士性、紫阳真人等虚拟导游，循着"诗歌之路"沉浸式体验临海秀美风光。11月5日，2022柴古唐斯括苍越野赛开赛，全国各地1200多名选手参赛，设115千米、85千米、55千米及26千米四条路线，展现临海的历史文化、旅游资源和风土人情。

【项目建设】 年内，承担建设项目27个，总投资约162.4亿元，完成固定资产投资约13亿元。6月29日，摘取臻阳科创中心地块，打造全市首家电商产业园。9月1日，协成幼儿园、许墅幼儿园投入使用，其中协成幼儿园总用地面积1.13万平方米，设班级12个；许墅幼儿园总用地

12月8日，佩弦湖安置房（一期）项目交付　（市社发集团　供图）

面积约3630平方米，设班级6个。10月8日，乡村会客厅投入运营。11月2日，“熊出没”酒店规划、建筑方案通过评审，同步开展招商工作。12月8日，位于大洋街道临海大道南侧、东渡路东侧的佩弦湖安置房（一期）交付。12月14日，中津浮桥项目完成方案设计。是年，臻城创业园转型为数字经济科创中心，招大引强考核位列国企平台第一。

【民生服务】 6月30日，社发茂阳农产品配送公司成立，在全市范围内开展食品配送业务，配备冷库1.3万立方米、分拣区5957平方米，专业冷藏车22辆。兼具保供功能，疫情期间，平价配送物资82.4吨，总价值155万元。10月4日，首批3家“府城·老邻舍（泉井洋店、紫阳店、大洋店）”居家养老服务中心开业，内设老年食堂、健康小屋、老年活动中心等空间，为辖区及周边老人提供膳食供应、生活照料、保健康复、文化娱乐等照料服务。老年食堂特聘营养师科学搭配营养套餐，每天至少提供25个菜品，给予助餐优惠补贴。年内，服务疫情防控，完成白水洋健康驿站、牛头山健康驿站建设和白水洋定点医院改造工程。采购5000辆无桩自行车，完成在主城区570个无桩站点建设改造。

（撰稿　王远赢）

临海市工业投资集团有限公司

【概 况】 2022年3月，临海市工业投资集团有限公司成立，由市水务集团、市金投公司、市政耀集团整合重组而成，注册资本5亿元。年末，公司总资产258.63亿元，实现经营性收入27.05亿元。获AA+信用评级，是全市唯一一家拥有2个AA+、1个AA信用评级的直属国有企业。

【城乡供水】 全年供水保障率99%以上，供水范围内无大面积、长时间停水；新建、改造管网10千米；完成37个村的农村饮用水达标提标工程改造和10个小区的高层二次供水改造工程。防台防汛、抗旱保供期间，50余人的抢修队24小时待命，全年抢修爆管、漏点60余次。

【业务运营】 年内，实际控制企业实现营收4.85亿元，售水量7951万吨，水费回收率96.35%；新增授信64.79亿元，完成50亿元债券发行承销商招标工作，累计授信总额138亿，可用授信余额63亿元。金投贸易业务完成123笔，实现营业收入1.74亿元。6月1日，临海市工业地产开发经营有限公司成立，承担全市小微工业园区开发建设和管理。11月27日，西部共富小微企业创业园项目成功摘得永丰镇47.9亩工业地块。

【重点项目】 台州湾新材料产业园项目举行开工仪式；方溪水库顺利完成导流洞封堵施工，正式进入蓄水阶段；方溪水库配套水厂及隧洞工程开工建设，厂区完成30%工程量；尤汛分洪工程开工建设；大田平原排涝工程（外排）2号隧道衬砌基本完成，河道整治2.2千米；杜桥镇溪口片和小芝镇供水管网工程完成管道安装6.2千米，完成投资额1000万元，莱坑隧洞岩石穿越全线贯通；污水零直排区建设工程完成投资约24793万元，13个项目通过竣工验收，3个项目基本完成；农村饮用水达标提标工程46个项目完工验收；西湖水厂二期扩建工程完工并网。

【产业基金】 年内，完成临海产业母基金管理人选聘工作，通过公开遴选的方式，确定基金管理人为浙江财通资本投资有限公司和浙江协同创新投资管理有限公司联合体。出资1.89亿元，

11月，西湖水厂二期扩建工程完工并网 （市工投集团 供图）

完成第一支市场化子基金“富海精选二号”投资。出资3.6亿元，设立第一支“基金+基地”专项招商子基金。

【股权投资】 以产业基金直投模式出资2000万元增资入股台州中浮新材料股份有限公司；与永太控股合作拟成立合资公司，落地年产1万吨含氟新能源材料项目；与航天长征化学工程股份有限公司联合成立航天长征（临海）环境科技有限责任公司，试点废盐无害化处置和资源化利用运营产业。

（撰稿 罗永兴）

临海市城市产业发展集团

【概况】 2022年3月，临海市城市产业发展集团成立，由市交投集团、市海投公司、台州综投公司及市城投集团部分业务部门整合而成，形成矿业建材、城市服务、综合能源、综合物流、港口码头、综合保税六大业务板块，注册资金5亿元。7月，获AA+信用评级。年末，集团总资产350亿，净资产170亿元。

【重点工程】 **台州综合保税区** 位于台州湾经济技术开发区北洋区块，紧邻金台铁路头门港站，总用地面积1.77平方千米，实行封闭式管理，是台州市最高形态的特殊开放区域，设口岸作业区、保税加工区、保税物流区、保税服务区和综合服务区五大功能板块。城发集团是保税区投资、建设、运营的主体，年内完成启动区项目包括综合服务中心一期和口岸作业区、巡逻通道与围网工程及海关智能监管信息化工程等国家验收项目建设。

351国道临海邵家渡至白水洋段改建工程（一期） 是临海有史以来规模最大、规格最高的国省道项目，总投资50.05亿元，主线路线长20.3千米，同步建设长4.95千米的大田连接线，合计25.3千米，途经邵家渡街道、大洋街道、大田街道、古城街道及永丰镇。

伏龙大桥 是市区第6座跨灵江的大桥，是省、市重点建设项目，总投资约11亿元。大桥总长1910米，宽40米，设置双向六车道。

湖东区块（大路王、枧西、枧川）棚户区（城中村）改造一期项目是台州市重点工程和“红旗”项目，总投资12亿元，总建筑面积约27.8万平方米，新建住宅17幢以及商业等配套用房。年内，项目完工验收，就地安置1733户村民。

东部平原排涝工程（一期） 总投资3.98亿元，治理河道8条，治理总长32.26千米，新（改）建水闸9座，防渗加固水闸1座，新建桥梁8座。项目建成后，将形成杜桥和上盘镇区20年一遇的排涝能力，有效提高农田区块排涝能力，满足东部区块规划发展需求，促进经济社会可持续发展。

台州湾经济技术开发区银厦紫荆公寓（人才公寓）项目 总投资约2.73亿元，总建筑面积7.6万平方米，主要是新建1幢15层酒店，9幢住宅和356套公寓。

佩弦湖生态环境综合治理项目（一期） 总投资约2.6亿元，主要建设内容包括景观工程、绿化工程、桥梁工程、建筑工程（朱自清纪念馆等）等。工程红线范围面积约647亩，其中水域面积约423亩，新开挖湖区面积约136亩，加深湖区面积约114亩。

104国道临海江南至尤溪段改建工程 9月建成通车，项目总投资18.3亿元，主线全长15.8千米，按双向四车道一级公路标准设计，设计速度每小时80千米。

9月16日，104国道临海江南至尤溪段改建工程通车仪式举行
（江南街道　供图）

头门港交通装配式构件仓储基地（一期）项目　是台州首家以市政、交通预制构件为主要产品的大型交通装配式构件产业基地，总占地面积约为272亩，总投资约6.23亿元，投产后年营收约4.23亿元。12月1日，项目初步设计评审会召开。

台州中欧班列海关监管作业场所项目　占地144.79亩，项目分两期建设，其中一期建设占地33亩的海关查验平台、附属办公用房以及集装箱堆场，预留作业场地49.5亩；二期工程占地面积63亩，建设2条集装箱装卸线及相应规模的堆场。

台州1号公路（临海段）　起于龙湾滨海景区，止于杜南大道，总长约35千米，其中，示范段长约14.7千米。全线设计按2车道旅游公路标准，标准路面宽度12米，设计车速每小时30—60千米，新建道路约12千米。

台州港头门港区进港航道一期工程　12月27日，工程开工，为头门港区进港航道的疏浚工程，航道全长24.1千米，疏浚区段全长约13.7千米，航道通航宽度170米，设计底标高 -11.7米。项目建成后可满足5万—7万吨级大型货轮通航。

【产业经营】　年内，实现营收2.9亿余元，全年达产经营性项目7个，新对接经营性项目超过50个。完成4个战略框架协议、合作协议签订，竞得土地10块，涉及商住、商业、工业、仓储及新兴产业用地。多式联运信息化工程开工建设。

（撰稿　邱玲玲）

金融

Finance

中国人民银行临海市支行

【概况】 2022年，聚焦“稳信贷总量”，将金融支持稳增长作为重要政治任务，优化金融、外汇管理服务，推动全市信贷结构和资产质量双优化，存贷款增速、汇率避险签约额套保率居各县（市、区）第一，贷款利率创历史新低，制造业、小微、科技、绿色、涉农贷款均保持27%以上增长。年末，全市本外币贷款余额1839.00亿元。全部贷款、普惠小微贷款加权平均利率5.37%、5.74%，分别低于台州平均水平39个、35个基点。

2022年12月临海市银行业金融机构本外币存贷款一览表

表6

机构名称	存款余额（万元）	比年初增减数（万元）		同比增长（%）	贷款余额（万元）	比年初增减数（万元）		同比增长（%）
		2022年	2021年			2022年	2021年	
合计	17509750	2386515	1722596	15.78	18390028	3544889	2446007	23.88
中国人民银行临海市支行	106026	53810	–15785	103.05	—	—	—	—
中国农业发展银行临海市支行	56380	–30467	974	–35.08	427431	179997	45693	72.75
中国工商银行临海支行	2445620	315494	212827	14.81	2283047	194542	341593	9.31
中国农业银行临海市支行	1902365	78013	179793	4.28	2402636	421159	311942	21.25
中国银行临海支行	778161	93500	88244	13.66	1181583	291645	204202	32.77
中国建设银行临海支行	640257	93280	–38771	17.05	1022395	170642	118909	20.03
交通银行台州临海支行	108919	13870	31493	14.59	171939	31639	6921	22.55
光大银行台州临海支行	88513	–71938	26274	–44.84	276484	105889	13097	62.07
华夏银行台州临海支行	183455	37159	–11202	25.40	323449	36756	31091	12.82
浦发银行台州临海支行	160159	–54860	12420	–25.51	465840	27460	57222	6.26

续表 6

机构名称	存款余额（万元）	比年初增减数（万元）		同比增长（%）	贷款余额（万元）	比年初增减数（万元）		同比增长（%）
		2022 年	2021 年			2022 年	2021 年	
兴业银行台州临海支行	240639	39099	–18121	19.40	865349	276525	–56113	46.96
浙商银行台州临海支行	364661	–62533	54539	–14.64	617341	91616	143140	17.43
招商银行台州临海支行	61991	–27761	17663	–30.93	143913	–53690	25838	–27.17
民生银行台州临海支行	30095	12977	–11255	75.81	122724	80579	18934	191.19
中信银行台州临海支行	112450	44220	–51044	64.81	379885	128639	39976	51.20
平安银行台州临海支行	56035	28418	9085	102.90	61700	13641	38200	28.38
台州银行临海支行	1933960	314371	178318	19.41	794607	148266	51135	22.94
浙江泰隆商业银行台州临海支行	734463	151118	81785	25.91	660711	92515	35812	16.28
浙江民泰商业银行台州临海支行	363959	82813	26694	29.46	408308	49610	74295	13.83
浙江稠州商业银行台州临海支行	152220	2158	51776	1.44	126922	13216	10830	11.62
温州银行台州临海支行	166370	93906	45459	129.59	100750	58696	16679	139.57
绍兴银行台州临海小微综合支行	100008	–4661	44042	–4.45	98384	28901	18971	41.59
宁波银行台州临海支行	182127	64610	42387	54.98	370965	263140	30016	244.04
金华银行台州临海小微企业专营支行	17125	–4289	10304	–20.03	32600	–3077	7205	–8.62
杭州银行台州临海小微综合支行	9883	7871	2012	391.12	17435	16935	500	3387.08
邮政储蓄银行临海支行	898435	156267	96156	21.06	490569	54492	64251	12.50
浙江临海湖商村镇银行	117911	26050	9383	28.36	110290	185	8547	0.17
浙江临海农村商业银行	5482203	930966	636349	20.46	4540771	902969	817122	24.82

资料来源：中国人民银行临海市支行

【货币政策】 发挥好货币政策总量和结构双重功能，定期组织召开金融机构主要负责人会议、货币信贷专题会议等，落实稳经济一揽子政策及接续政策。指导金融机构主动对接水利、交通、老旧小区改造等重大项目，强化制造业金融支持。成立金融支持乡村振兴工作专班，聚焦农村小微经营主体，创新农村小微现金流量表融资模式，开发信息采集线上小程序，指导临海农商行单列 10 亿元专项支持农村小微信贷产品“农金贷”。加强对科技型企业支持，牵头推动市政府出台《深入实施知识产权战略推动高质量发展的实施意见》。加强绿色信贷考核评价，引导辖内金融机构加大绿色金融供给力度，年末全市绿色贷款余额 185.89 亿元，同比增长 104.04%，占各项贷款余额 10.32%。

【金融维稳】 年内，组织银行监管约谈会 4 次，现场督导 17 次，推进反诈、反洗钱工作，防范和化解金融风险。辖内银行成功堵截电诈 36 起，挽回群众损失 925.34 万元，柜面堵截涉案一级卡取现 14 起，向公安机关移送 20 条涉赌涉诈线索，协助破获 8

起团伙案件。建立和完善打击洗钱违法犯罪长效机制，推动3起洗钱罪宣判。年末，全市不良率0.43%，资产质量居台州前列。

【普惠金融】 深化“三信”创建，指导金融机构创新整村授信30万元信用贷款云获取、共富市民贷等产品，提高信用贷款比重。推进省级移动支付示范县创建，推出“美丽府城，爱购紫阳”等活动，成功创建“紫阳街”省级移动支付示范街，新增10个助农服务点支持移动支付。建设国库样本库，形成一整套8万余字的标准化国库工作管理制度体系。自制国债兑付视频《唤醒沉睡的国债》，观看量达1.1万人次。

【外汇管理】 年内，在全市开展“外汇联络员暖心助企”和“汇及万家”汇率避险活动，累计走访企业1502家次，解决企业问题704个。举办汇率避险宣讲培训52场次，覆盖企业1300余家，指导企业签约避险产品16.16亿美元。54家优质企业纳入外汇收支便利化政策试点，数量居台州第一，全年开展试点业务4902笔10.98亿美元，同比增加80倍。8月1日，为浙江朵纳家居股份有限公司办理台州首笔跨境融资便利化试点外债登记250万欧元，节省资金成本约34万元。

（撰稿　林婧昳）

银行业保险业监管

【概况】 2022年，台州银保监分局临海监管组围绕法人监管和稳经济政策贯彻落实两项重点，强监管、控风险、优服务、促创新，服务临海经济社会发展，全年累计开展政策督导37次，其中窗口指导6次、监管约谈2次、现场走访督导29次，发现问题58个，提出监管意见64条。年末，全市共有银行保险机构58家，其中政策性银行1家、国有大型银行6家、股份制银行9家、城商行9家、农金小法人3家、财险机构15家、寿险机构8家，保险中介法人机构1家，保险中介分支机构6家。

【银行业监管】 督促法人银行完善公司治理机制，强化股东股权和关联交易管理。临海农商银行在全省率先试点制定恢复与处置计划。强化信用风险管控，年末全市银行业不良贷款率0.43%，同比下降0.2个百分点。通过加强监管账户资金管理、监管约谈、强制转移预售资金监管账户等方式，稳妥处置辖内多个房地产项目风险。

【保险业管理】 指导太平洋财险临海支公司做好水稻政策性农险承保工作，定期跟踪政策性农险承保工作进度。年内，高温旱情席卷临海，到白水洋、小芝、桃渚等地调研水稻、杨梅、养殖业等农产品的受灾情况，督促保险公司做到应赔尽赔、能赔快赔。开展“警保合作”，全市17家财险企业将查勘车辆接入“救在身边”平台，实现交通道路救援资源共享。与市监局开展知识产权保险合作，指导人保财险临海支公司为“临海蜜桔”“临海杨梅”“临海蟠毫”“临海西兰花”地理标志等四类对象开发地理标志被侵权损失保险，平安财险临海支公司为“临海对虾”地理标志承保全国首份申请保险。

（撰稿　陈　佩）

中国工商银行临海支行

【概况】 2022年，中国工商银行临海支行围绕全市深化民营和小微企业金融服务综合改革，贯彻落实稳经济一揽子政策，优先把信贷资源配置到实体经济重点领域，支持中小微企业发展。以国家乡村振兴战略为引领，成立乡村振兴工作服务队，落实“一对一”服务机制，推出面向农业经营主体的“兴农贷”产品。年末，支行下辖10个营业网点，包括1个营业部、9个二级支行，员工214人。本外币各项存款余额244.55亿元，各项贷款余额228.30亿元。全年实现中间业务收入6897.63万元，拨备前利润4.94亿元，不良贷款率0.09%。

【服务实体经济】 对照习近平总书记“再创民营经济新辉煌”嘱托，加大对汽车机械、现代医药、时尚休闲三大千亿级产业集群的支持力度，惠及民营企业482家，贷款余额87亿元。响应市委市政府“百大项目、百团攻坚”行动，帮助台州湾经济开发区南洋涂产业园、台州一号海上风电等项目落地，全年累计审批通过项目贷款16个，投放金额31.25亿元。

【普惠金融】 开展“普惠先锋行”活动，推广“e抵快贷”“经营快贷”“税务贷”等大数据普惠金融产品，支持成长型中小企业，解决小微企业融资难题。全年新增普惠型小微企业贷款2.99亿元，惠及小微企业126户。

【履行社会责任】 年内，组建宣讲团，进学校、进社区、进企业普及金融知识，联合市公安局开展“守护钱袋子”反诈直播活动。开展各项公益活动，到台州医院“礼赞白衣天使”，联合市慈善总会开展“重阳敬老”活动。

（撰稿　黄敏霞）

中国建设银行临海支行

【概况】 2022年，中国建设银行股份有限公司临海支行立足“换道提速，增效提质，平安幸福，文明进步”总方针，紧跟分行“三年行动计划”目标进度，细化客户服务，精细化管理，数字化经营，实现各项业务指标稳步提升。年末，支行下辖7个营业网点，在编员工142人。一般性存款余额63.92亿元，各项贷款余额101.15亿元。实现中间业务收入4100万元，不良贷款率0.13%（含信用卡）。拨备前利润1.76亿元。

【业务经营】 年内，建立获客场景，打造建行生活“紫阳街”商圈。利用大额存单转让平台、结构性存款、开放式理财产品等工具，常态化开展商户拓展、住房按揭业务营销，丰富客户来源。围绕基础设施、城乡建设、生态环境、公共服务等领域的重点项目开展精准营销，增强服务实体经济质效。1月，获批金台铁路临海东站货站仓储项目5亿元，全年累计投放2.4亿元。4月，获批浙能台州1号海上风电项目20亿元，11月成功投放。12月，获批甬台温高速扩建工程台州段项目40亿元、海投康居工程二期项目4.12亿元。深化党建和业务融合，在友谊村、山下坦村、东昆村、塘头村等设置裕农通服务点。参与分行“百企共建”“百村共建”活动，搭建党建共建平台，向顶立新材料科技股份有限公司等企业投放贷款4000万元。

【数字化经营】 在设立数据官的基础上，提升网点全体员工运用大数据平台工具的能力，提高长尾客群维护工作效率。利用数据平台拓展营销渠道，筛选优质目标客户，全年新开立对公账户665个，新增贷款客户139户。推广云税贷、商叶云贷、小微快贷等线上普惠金融产品，全年新增普惠贷款4.86亿元、普惠贷款客户127户。

【创业创新】 **机构合作**。对市域医疗机构重点攻坚，与到家医疗机构建立合作关系。年末，支行机构存款较年初增加1.56亿元。**业务联动**。与市域房地产龙头企业深化合作，新增综授39亿元，进而带动个人住房按揭贷款的业务储备。**信贷资产**。全行不良贷款金额较年初下降247万元，不良率0.13%，较年初下降0.06%，成功实现双降。

（撰稿　李俊杰）

中国农业银行临海市支行

【概况】 2022年，中国农业银行股份有限公司临海市支行下辖10个二级支行、1个营业中心、1个分理处，全行员工246人。年末，全行各项存款余额190.24亿元，各项贷款余额240.26亿元。

【业务经营】 全年新开立对公结算账户839户。项目授信近95.17亿元、投放近47.93亿元。净增普惠法人贷款3.75亿元，新增制造业贷款13.96亿元、绿色信贷1.52亿元、农贷普惠3.2亿元。实现中间业务收入7359万元，其中新兴中间业务5646万元。实现拨备前利润6.06亿元，拨备后利润5.65亿元，净利润4.43亿元。存贷利差2.47%，收入成本比14.62%。年末，全行不良贷款余额3610万元，不良率0.15%。全年实现不良处置总额5928.99万元，其中自营清收5307.95万元，核销后收回621.04万元。

【社会责任】 参与地方金融普法宣传、反电诈宣传、文明创建行动等，配合全市“断卡”行动，年内完成涉案账户核减31户；堵截柜面异常取现40笔，金额达160万元；上报反洗钱重点线索4份，协助破案抓获犯罪人员25人。

（撰稿　李士健）

中国银行临海支行

【概况】 2022年，中国银行股份有限公司坚持党建引领，聚焦高质量发展，5月末支行贷款余额首次突破百亿元，助力全市“历史名城、制造强市、共富高地”建设，融入基础设施建设，成功落地“台州一号”海上风力发电、佩弦湖城市有机更新项目。优化制造业客群结构，做强做优普惠金融，巩固扩大跨境金融特色优势。年末，支行在岗员工 138 人，下辖 6 家二级支行。各项本外币存款余额 77.96 亿元（贷存比口径），本外币贷款余额 118.13 亿元；全口径不良资产余额 1645 万元，综合不良率 0.14%。

【助力地方发展】 年内，贯彻市行党委“做大基础设施贷款”的战略布局，融入临海当地发展，叙做浙能“台州 1 号”风电项目、城发佩弦湖有机更新项目、府城提升改造、污水零直排等一批项目，实现与政府 3+1 平台公司授信合作的全覆盖，累计为 17 个重点基础设施项目新增批复金额 100 余亿元。

【业务经营】 **普惠金融**。根据临海当地产业集群，批量拓展客户，重点推进落地杜桥眼镜行业项目、江南汽车零配件项目等特色场景，提升服务户外休闲用品、彩灯、眼镜等当地特色产业的质效。**跨境金融**。用好总行外币白名单政策，精准争揽重点客户，拓展出口海外融资产品，实现跨境人民币业务量 9.70 亿元，同比 83.96%，市场份额 46.89%，居同业第一。供应链融资余额 2.61 亿元，较年初增长 111.66%。**存款业务**。紧盯专项债资，抓住临海平台公司整合契机，抓专项债账户重新招标，争揽专项债资金。紧盯募集资金，将募集资金项目作为专班项目，集全行之力推进。紧盯产品资金，加强对当地龙头企业资金排摸，持续在结构性存款上发力。夯实基础客户上，通过重点突破教育场景项目带动基础客群，叙作东塍镇中心校、东塍镇中心幼儿园等 5 家中小学、幼儿园，合计新增千元以上个人客户数 5000 户。

（撰稿 陶晓辉）

临海农商银行

【概况】 2022 年末，临海农商银行各项存款余额 548.22 亿元，同比增长 20.46%；日均存款 508.44 亿元，同比增长 15.60%。各项贷款余额 454.08 亿元，同比增长 24.82%；日均贷款 407.14 亿元，比上年增加 77.54 亿元，同比增长 23.53%。存、贷款市场份额分别为 31.31% 和 24.69%。贷款五级不良率 0.89%，拨备覆盖率 460.79%。全年实现营业收入 31.28 亿元，净利润 7.46 亿元。“‘心泉’党建品牌推动高质量发展”获评 2022 年农村金融党建创新年度案例。银景丰收驿站被全国总工会评为 2022 年最美工会户外劳动者服务站点。

【普惠金融】 **共同富裕**。融入全市“共富工坊”、社联会、乡贤会等组织平台，向小微企业、创业青年、新市民、在外临商等关键客群，推广“共富”系列贷款和小微信保易贷等产品，建立“共富合伙人”机制。与商务局、工商联、异地商会等开展“政银协作、银企合作”，成立“农为媒”村企联合党建联建，为美丽乡村集体授信 14 亿元。年末，普惠型农户和普惠型小微企业贷款余额 362.20 亿元，比上年增加 68.92 亿元，同比增长 23.50%。**战疫纾困**。单列 50 亿元资金，推出“战疫助企十条”服务举措、“战疫纾困、降本让利”专项活动，全年减费让利 1.7 亿元，其中贷款利息让利 1.25 亿元、手续费让利 4500 万元。**民生服务**。完成社保养老金代发 181 万笔，代发金额 5.6 亿元。打造以“银景丰收驿站”为旗舰，覆盖全市的金融服务“会客厅”，加载老年大学、义诊、金融知识讲堂等功能，全年与 64 家单位联合开展活动 312 场，万余人次

3月，临海农商银行员工走访企业，了解生产经营需求

（临海农商银行 供图）

参与活动。弘扬雷锋精神，发挥“雷锋志愿服务队”“雷锋精神宣讲团”作用，获评全国金融系统学雷锋活动示范点。

【业务经营】 **渠道拓展。**建立“二维”模式，推广丰收互联线上存款产品。年末，线上存款开立5149户，余额14.37亿元。实施收单业务费率改革，实行以存款贡献度为评价标准的阶梯费率规则，引导收单账户资金归集，年末收单账户存款12.96亿元。推广“两卡”应用，换发三代社保卡，强化代发资金留存营销，年末账户存款48.62亿元；拓展信用卡大额分期和移动支付业务，增加“随机立减”等权益类场景，全年发行个人信用卡1.64万张，累计发行9.67万张，透支余额3.58亿元。采取“双线”营销，设立电销中心，构建线上业务营销维护渠道，全年通过电话营销发放贷款2102户1.31亿元；健全“大走访”工作体系，建立以“真实性”与“黏合度”为标准的走访工作模式，全年走访个人客户7.86万户，走访企业客户1.85万户。**产品革新。**利用“浙里贷”“云保贷”两类对私线上贷款功能，提升办贷效率。年末信用类数字贷款产品余额55.93亿元，占个人信用贷款产品余额77.49%。推广纯线上个人信用贷款“共富市民贷”，至年末共生成合同9704户14.19亿元，贷款余额7.41亿元；上线“小微信保易贷”，建立企业贷款全流程在线“融资＋担保”模式。全年发放“小微信保易贷”175户2.30亿元；推出“三新农村共富·强村贷”产品，至年末共向53家农村经济合作社授信2.99亿元，贷款余额1.70亿元。在全国首个清廉民营企业建设团体标准新闻发布会上推出“清廉贷”系列产品，至年末累计发放“清廉贷”36户6.05亿元。**运营优化。**拓展理财产品周期，开展“大美两山”等贵金属专项营销活动，获“浙江农商银行系统十佳卓越行社荣耀奖”。开通基金代销业务。年末理财业务余额8.49亿元。

（撰稿　瞿海峰）

保险公司

【中国人民财产保险股份有限公司临海支公司】 2022年，公司全险种共完成保费收入49645万元，首次跨入4亿台阶，市场份额39.55%。增量保费10459万元，市场增量保费份额68.69%。综合成本率98.81%，赔付率81.63%，支付赔款34099万元。**政保合作。**依托“数字浙江”建设，公司被列入市招投标中心投标保证险供应商名录，实现投标保证险线上化出单。对接市建设局开展安责险业务。与市自规局签订野生动物肇事公众责任险合作协议，与市农业农村局签订地理标志保险合作协议。**续保业务。**建立大项目分级跟踪制度，成功续保市残疾人意外险，华海药业企财险和出口产品责任险，承保市教育局校责险、市城房险、恩泽集团医责险、市低收入农户保险、市未成年人补充医疗保险等重点项目。**农险。**持续做好杨梅、茶叶、西兰花、柑橘“四张金名片”地方特色险种扩面工作，开发桃综合保险。与上盘镇政府合作助推西兰花产业发展，“西兰花价格指数保险”项目入选台州市群众“牵肠挂肚”民生实事改革项目。制订《临海市政策性农业雇主责任保险试点工作方案》，获市政府批准开办，由财政给予补贴保费60%；制定《临海市小微农业经营主体种植业保险试点工作方案》，获市政府批复同意。

【中国人寿保险股份有限公司临海市支公司】 2022年，公司实现总保费收入4.5789亿元，占全市寿险市场份额46.25%。首年期交保费收入8628.87万元，十年期保费收入2455.58万元，短期险保费收入2777.44万元，涉农保险保费收入402万元，全年共处理各类赔案7300余件，监管投诉件0件，柜面服务质量全市居第一。满期给付件数比率98.06%，柜面人员上门服务50多次。公司“寻找生存金领取人”活动在台州电视台二套《阿福讲白搭》栏目播出，获省公司技能大赛第三名。

（撰稿　王　丹　马慧蓉）

财政　税务

Finance and Taxation

财　政

【概况】 2022年，全市贯彻落实党中央“疫情要防住、经济要稳住、发展要安全”的要求，出台《临海市推动经济稳进提质44条》，强化财政支持，全面落实增值税留抵退税、社保降费率缓缴等政策，加快专项债券项目谋划和资金使用，加大政府采购支持中小企业力度，实施社会保险费降费率和缓缴政策，精准惠企，促发展、扩投资、稳增长。11月20日，举办第二届“古城崛起、突破跨越”项目谋划擂台赛，谋划重大项目162个，其中8个项目入选省首批“千项万亿”名单，总投资1330.00亿元，入选数和投资额均居台州第一。全年实现财政总收入104.51亿元，一般公共预算收入62.11亿元，其中税收收入52.03亿元；一般公共预算支出122.60亿元。市财政局获评为国家节约型机关，省变革型财政组织创建优秀试点单位。

【收支管理】 年内，成立财政收入管理工作专班，加强全市财政收入管理。全市一般公共预算收入占地区生产总值的7.1%、占财政总收入的55.6%，税收收入占一般公共预算收入的83.77%。全市实现非税收入83.82亿元，其中纳入一般公共预算管理的非税收入10.08亿元。全年落实直达资金13.63亿元，支出进度达100.0%。全年获批专项债券额度52.81亿元，支持23个重大项目建设，获批额度台州第一、全省第六。

2022年临海市财政收入一览表

表7

预算科目	一般公共预算收入			财政总收入		
	累计完成数（万元）	上年同期实绩（万元）	为上年同期（%）	累计完成数（万元）	上年完成数（万元）	为上年同期（%）
一、税收收入	520320	568174	91.6	944291	1024253	92.2
消费税				20400	23614	86.4
增值税	191840	221764	86.5	383680	443528	86.5
企业所得税	97008	108679	89.3	242520	271698	89.3
个人所得税	44146	31788	138.9	110365	79470	138.9

续表 7

预算科目	一般公共预算收入			财政总收入		
	累计完成数（万元）	上年同期实绩（万元）	为上年同期（%）	累计完成数（万元）	上年完成数（万元）	为上年同期（%）
房产税	32952	26510	124.3	32952	26510	124.3
城镇土地使用税	23009	17402	132.2	23009	17402	132.2
土地增值税	32751	45150	72.5	32751	45150	72.5
耕地占用税	4434	3440	128.9	4434	3440	128.9
契税	43770	71149	61.5	43770	71149	61.5
其他地方各税	50410	42292	119.2	50410	42292	119.2
二、非税收入	100814	92026	109.5	100814	92026	109.5
专项收入	35676	33641	106.0	35676	33641	106.0
行政事业性收入	6047	14935	40.5	6047	14935	40.5
罚没收入	32232	16507	195.3	32232	16507	195.3
国有资源有偿使用收入	27209	25376	107.2	27209	25376	107.2
其他收入	-350	1567	-22.3	-350	1567	-22.3
收入合计	621134	660200	94.1	1045105	1116279	93.6

资料来源：市财政局

2022 年临海市财政支出一览表

表 8

预算科目	累计支出数（万元）	上年实绩数（万元）	为上年同期（%）	预算科目	累计支出数（万元）	上年实绩数（万元）	为上年同期（%）
一、一般公共服务	109542	111341	98.4	十二、交通运输	48657	31891	152.6
二、国防	1020	858	118.9	十三、资源勘探信息等	16926	14842	114.0
三、公共安全	65358	63703	102.6	十四、商业服务业等	3033	3276	92.6
四、教育	262710	250141	105.0	十五、金融	30	242	12.4
五、科学技术	39979	34363	116.3	十六、自然资源海洋气象等	16209	22016	73.6
六、文化旅游体育与传媒	16990	16945	100.3	十七、住房保障	21328	17930	119.0
七、社会保障和就业	116119	101854	114.0	十八、粮油物资储备	1114	1216	91.6
八、卫生健康	81048	98176	82.6	十九、灾害防治及应急管理	5562	7613	73.1
九、节能环保	197976	83833	236.2	二十、债务付息及发行费用	31917	31298	102.0
十、城乡社区	60798	42315	143.7	二十一、援助支出及其他	1812	2287	79.2
十一、农林水	127851	123544	103.5	合计	1225979	1059684	115.7

资料来源：市财政局

2022年临海市政府性基金收支一览表

表9

科目	累计入库数（万元）	上年同期实绩（万元）	为上年同期（%）	科目	累计支出数（万元）	上年同期实绩（万元）	为上年同期（%）
一、社会保险基金收入	102113	243909	41.9	一、社会保险基金支出	102113	244405	41.8
二、政府性基金收入	737356	1017166	72.5	二、政府性基金支出	1101396	976567	112.8
1. 土地有偿使用收入	702631	1000137	70.3	1. 土地有偿使用支出	522271	839279	62.2
其中，国有土地使用权出让金	679090	972604	69.8	其中，国有土地使用权出让金	478751	791987	60.4
				土地相关债券付息及发行	19997	19543	102.3
国有土地收益基金	21341	26392	80.9	国有土地收益基金	21331	26590	80.2
农业土地开发资金	2200	1141	192.8	农业土地开发资金	2192	1159	189.1
2. 彩票公益金	1284	1212	105.9	2. 彩票公益金	2529	2684	94.2
3. 城市基础设施配套费	17001	12000	141.7	3. 城市基础设施配套费	17091	11895	143.7
4. 污水处理费	5027	3800	132.3	4. 污水处理费	30304	31627	95.8
5. 其他	11413	17	67135.3	5. 其他	529201	91082	581.0
—	—	—	—	其中，其他专项债券相关支出	514528	82322	625.0

资料来源：市财政局

【稳进提质】**组合式税费支持**。按照“第一时间＋顶格优惠”的原则，全年减免税费42.83亿元，办理增值税留抵退税15.64亿元。**国有房屋租金减免**。全年减免租金2782万元，惠及承租户956户。**“政企通”平台普及应用**。实现政策奖补全流程“一网通办”，全年通过政企通平台申报项目178个，兑付资金36.91亿元，总量台州市第一。**国有资产专项行动**。整合构建“1+3”市属企业运营架构，全市“AA+”信用国企再增市城发集团、市工投集团、市社发集团3家，总数达到5家，“AA+”城投类企业数量列台州第一、全省第六。

【民生支出】年内，全市民生支出99.02亿元，占一般公共预算支出的80.8%。其中，教育支出26.27亿元，建成大洋街道中心幼儿园协成园区等项目23个，新增公办幼儿园学位2160个、公办中小学学位2320个。台州中学实施“一校两区两制”改革，启用台州中学西校区；卫生健康支出8.10亿元，启动“健康大脑＋智慧医疗”项目建设，推进基层卫生院扩容提质，获评省公立医院综合改革优秀市。全年安排防疫经费2.60亿元，增长3倍，保障免费核酸检测、疫苗接种、集中隔离、防控物资等重点领域；社会保障和就业支出11.61亿元；文化旅游体育与传媒支出1.70亿元，台州府城—紫阳街—尤溪江南大峡谷线路入选全国乡村旅游精品线路，紫阳街历史文化街区成为省首批夜间文化和旅游消费集聚区，宋韵诗路文化体验馆建成开馆。

【共富高地建设】**“一老一小”服务**。投入运营“府城老邻舍”系列综合体，鹿城社区获评为全国老年友好型示范社区，老年乐园获评省首批四星级养老机构，入选普惠托育基本公共服务省级试点市，新建公办托育机构5家，完成托位备案4920个，每千人托位数居台州第一。**共富工坊**。为全市150家共富工坊建设提供财政支持，实现农户增收6000多万元。**乡村振兴**。保障“一事一议”奖补政策、未来乡村创建奖补政策等落实到位，建设高质量发展共富村样本，“江南·溪山有道”片区共富村入围省级一事一议财政奖补支持打造共富乡村试点。

【数字化改革】 年内，实现罚没缴款数字化、一体化、在线化运行，清理、核销所有用票单位纸质票据，实现电子票据用票单位、票据种类、执收单位“全覆盖”。入选“浙里捐赠”应用省级首批试点地区，线上实施“壹元捐”项目。推进国资国企数字化监管。国资国企数字化综合监管平台上线，基本形成以电子交易为主的政府采购模式，全年完成电子化采购项目695个，采购金额21.65亿元，同比增长88.4%。

【资金管理】 年内，出台《党政机关过紧日子负面清单》，规范支出行为，降低行政成本。压减非刚性、非重点项目支出5.0%。建立健全结转结余资金年中收回机制，清理收回资金1.67亿元，统筹用于疫情防控和民生支出。推动零基预算改革与部门整体绩效改革相融合。完善部门整体绩效评价体系，评价结果与部门公用经费预算挂钩。动态调整镇（街道）财政管理体制。加大重点工作考核和奖惩力度，调动镇（街道）争先创优积极性。加大财会检查监督力度。联合纪委、审计等单位开展重点行业会计信息质量检查、镇（街道）财务管理突出问题专项督查等行动。

（撰稿　应　凯）

税　务

【概况】 2022年市税务系统坚持依法依规征好税收好费，坚决守住不收“过头税费”的底线，妥善处理“减”与“收”关系，推动收入实现质的稳步提升和量的协调增长。全年组织税费收入235.77亿元，同比增长14.04%，其中税收收入99.57亿元，同比下降9.66%；社保费和非税收入136.20亿元，同比增长41.1%。

【减税降费】 年内，落实新的组合式税费支持政策特别是大规模留抵退税政策，减轻市场主体负担，为制造业、中小微企业政策性缓缴税收8.9亿元、特殊困难企业缓缴税收2.7亿元。办理各类税费减免（不含社保费）42.83亿元。连续第10年推进“税银合作”小微贷项目，2492户小微企业累计获批贷款20.88亿元。

【税收征管】 构建“税务主导、乡镇协同、社会参与”的税收共治体系，推进社保费“统模式”改革试点，实现金税三期社保费标准版上线。推进数字化电子发票受票扩围试点，开展数电发票“预先服”工作，全市增值税发票电子化率达99.98%。推出“亲农在线”掌上开票，助力农产品特色小镇做大做强。推进“成品油综合智治”监管和成品油行业专项整治。开展征管5C数据清理，推行单证备案数字化工作，开通率达96.6%。推进房产交易掌上办、网上办，掌办率居台州前三。

【依法治税】 构建以“信用+风险”监管为基础的税务监管新体系，对土地增值税、出口退税等重点岗位重点监督，创新构建出口退税防骗打骗体系，有关经验做法获总局《每日动态》经验介绍。创新推进税检合作、税院合作等，开出台州首张司法处置指定代开增值税发票。放大“全国普法工作先进单位”优势，列为台州市行业和法律知识“双普基地”，普法工作获省局劳晓峰局长批示肯定。

【纳税服务】 开展“便民办税春风行动”，落实各项便民服务措施。推出“括苍税风直播间”“税事地图”等，送政策、送解答、送服务。打造“一号拨通、办问协同”的“智能微呼中心”。为纳税人绘制“大数据画像”，在征纳沟通平台精准推送各类税讯，阅读量达61万人次。到“括苍税风”品牌，《税愿》作品登上“央视频”，获全省纳税宣传辅导优质作品第二名。劳模工作室获评“台州市税务系统创新工作室”。

（撰稿　范旭昊）

经济管理

Economic Management

发展与改革

【概况】 2022年，全市贯彻落实党中央“疫情要防住、经济要稳住、发展要安全”的要求和省“5+4”稳进提质政策体系，出台《临海市推动经济稳进提质44条》，打造“1+X”临海稳经济政策体系，强化财政金融支持，促发展、促投资、促消费、稳增长。灵湖样板区入选省级城乡风貌样板区，大洋社区、南门社区创成省未来社区。举办“奋力突破跨越，奋进第一方阵”第二届项目谋划擂台赛，谋划162个重大项目，总投资额超5300亿元。是年，全市实现地区生产总值878.52亿元，按可比价格计算，增长3.6%，其中第一产业增加值59.24亿元、第二产业增加396.16亿元、第三产业增加值423.12亿元，三次产业结构比为6.7∶45.1∶48.2。城镇常住居民人均可支配收入65777元，农村常住居民人均可支配收入为37261元。

6月27日，全省经济稳进提质攻坚行动工作推进会在杭州召开，临海作为全省唯一的县（市、区）代表发言　　（市委宣传部　供图）

【规划管理】 年内，印发临海市2022年度市级专项规划编制目录，包括《临海市城镇社区建设专项规划》等4个规划。印发《临海市工业经济发展“十四五”规划》《临海市文化和旅游发展“十四五”规划》等17个“十四五”规划及《临海市域环境卫生工程专项规划（2020—2035）》等6个中长期规划，上传省规划管理数字化平台。完成2022年度各季度经济形势分析报告。

【项目管理】 开展“项目攻坚年”活动，创新“承诺即开工”“拿地即开工”举措，全年开工项目227个，总投资超600亿元，华海制药科技产业园一期等重大产业项目建成投产，方溪水库进入蓄水阶段，北固山截洪工程等一批水利项目完工，104国道江南至尤溪段改建工程建成通车，双林北路等6条“断头路”彻底打通，351国道邵家渡至白水洋段全线动工，灵江治理工程一期、尤汛分洪、方溪水厂、台州1号海上风电等一批重点项目开工建设，集中破解花街、谢里王、塘里、桑园、大田桥等一批城中村历史遗留问题。举办第二届“古城崛起、突破跨越”项目谋划擂台赛，储备重大项目162个、总投资额超5300亿元，其中50亿元以上项目21个。是年，全市固定资产投资破300亿元大关，同比增长18%，排名台州第二。争取政府投资项目专项债资金52.81亿元，同比增长395.4%，居台州第一。4个项目入选2022年浙江省重大产业项目名单，总投资额710亿元，投资额和入选数量均居台州第一，获得32亩土地指标奖励。

【价格管理】 坚持55个品种的价格监测，每半个月向社会公布一期价格信息。全面贯彻落实粮食安全责任考核制度，对9个品种的粮油交易价格实行一周监测一次。对全市的职业技术学校教育定价成本进行成本监审，以台运交通技术学校、临海市华海技术学校、临海市江南职业技术学校为代表的3家职业学校教育成本进行审核，共核减成本1788.7万元。对临海市新时代学校、临海市学海中学等4家民办中学的生均教育成本进行监审，共核减成本1627.9万元。对临海市净康养老有限公司所属的临海市分路牌陵园生态墓区成本进行审核后核减28.2万元，为政府对分路牌陵园生态墓区公墓定价科学决策提供基础依据。开展2021—2022年度城镇燃气配气成本，核减企业上报数448万元。核定（调整）学海中学高中等3所民办学校收费标准；印发《临海市电力接入工程费用分担机制实施意见》，减轻全社会电力接入环节负担；建立临海市公办幼儿园成本分担机制，确定全市公办幼儿园保教费占保教成本的比例原则上不高于40%；调整民办职业教育收费管理办法，按照最新专业大类细分收费标准。印发城镇污水处理收费标准，根据污染付费原则在全市范围内全面征收污水处理费。核定总部商务区及杜桥镇道路停车收费标准。

【能源管理】 编制并发布《临海市能源“十四五”发展规划》。3月，完成台州1号海上风电场项目入库，全年完成投资103243万元，陆上集控中心相关工程有序建设，海上施工部分完成24根桩基施工，建成后可实现发电量9.34亿千瓦时电。超额完成分布式光伏建设任务，全年新增分布式光伏8.05万千瓦，累计光伏装机容量超26.53万千瓦。落实城镇燃气企业气量签订，保障工商业居民的用气需求和价格稳定；新建公共充电基础设施16座262桩。实施区域能评2.0版本，实施重点企业用能预算管理，精准核定32家重点行业企业的年度能耗、科学细化月度能耗，完成固定资产节能审批用能超25万吨标准煤以上。

（撰稿　朱淑雅）

市场监督管理

【概况】 2022年，全市以数字化改革为牵引，深化商事登记改革，持续优化营商环境，推进四个强市建设，创新监督监管机制，多项工作在全省乃至全国领先，获国家、省、市各级工作试点8个，6次省市级各类现场会在临海召开，市市场监督管理局获浙江省市场监督系统考核优秀，连续九年实现台州市系统考核、市委市政府考核“双优秀”，获全省“双五”竞赛一等奖。

【优化营商环境】 **优化准入环境**。在全省率先推出商事登记“智办”系统，实现营业执照“5分钟办”。在全省率先实施准入准营“一件事改革”，实现食品经营许可证、营业执照集成办理。年末，全市市场主体总量突破12万大关。**优化成长环境**。加强个体工商户政策供给，全年为个体工商户减负近2亿元。全面开展公平竞争审查、推进“双随机、一公开”检查，公平竞争联席会审入选国家总局试点，全市掌上执法率、告知承诺按时核查率、风险预警按时核查率实现3个100%。**优化歇业环境**。出台《临海市市场主体歇业“一件事”改革实施方案》，设置歇业登记“一件事”受理专窗，实现“一次申请、一窗受理、并联审批、一日办结”，相关案例获浙江卫视报道。

【四个“强市”建设】 **质量强市**。加强质量基础“一站式”服务平台建设、加大质量发展资金供给、修订编制质量发展相关政策，市户外休闲用品产业入选2022年度省级重点产业质量提升项目，小微企业质量体系管理提升工作在全省现场会上作经验交流。**标准强市**。年内，新增34个国家、浙江制造标准，铭品电缆集团股份有限公司、临海市四通制管有限公司、台州市永宁轴承制造有限公司、临海市澳法管业有限公司、浙江富铭科技股

7月22日，临海知识产权行政与司法保护中心揭牌成立
（市市场监督管理局　供图）

份有限公司、浙江海宏液压科技股份有限公司7家“品字标”企业，农合联国家级标准化试点通过验收。在全省率先开展“浙江制造”标准英文研译工程，《浙江日报》头版进行报道。**品牌强市**。在全国率先将持证“企业首席质量官”吸纳为政府质量奖评委会成员，省级首席质量官企业联盟入选数量居台州首位。**知识产权强市**。4月20日，举行知识产权白皮书新闻发布会，发布2021年临海市知识产权发展与保护状况（白皮书），系台州首份。7月22日，临海知识产权行政与司法保护中心揭牌成立。年内，伟星新材的“一种晶型可控的耐低温开裂PPR管道及其制备方法”及永太科技的“一种3,4,5-三氟溴苯化合物的制备方法”获第23届中国专利优秀奖，新增2家国家知识产权示范企业、4家国家知识产权优势企业。截至年末，全市高价值发明专利拥有量1460件，国家知识产权示范企业5家，国家知识产权优势企业7家，通过知识产权贯标认证企业142家，专利标准融合发展示范企业6家，中国专利奖获奖数、国家知识产权示范企业数、浙江省创造力百强企业数、专利标准融合企业数、知识产权贯标数等5个核心指标均居台州第一，列中国县域知识产权竞争力百强榜单第22位。地标富农改革入选台州市首批“九富”最佳实践案例。

【监管模式创新】 **冷链物防全链智管**。年内，加强物防管控，进口冷链食品公共集中监管仓入仓（站）数量居台州首位，先后阻断5起6批次阳性食品流入市场，在全省率先通过自主检测的方式切断进口阳性服装传播链。**四大安全联防严控**。依托省建、自建数字化平台系统，探索实施食品领域错时监管、药品领域全科监管、特种设备网格监管、产品质量分级监管，实施食品安全“守查保”错时监管暨“亮剑2022-夏日雷霆”专项行动。全年累计发现并整改各类隐患500余处；实物淘汰备案非标电动自行车1.85万余辆，灭失注销7.5万余辆，拉动全市相关消费近6500余万元。**稽查执法智制融合**。深化“全员执法、统一办案”机制、案源线索统一管理机制、“一单、一表、一报”工作机制，完善县域一体数字化指挥体系，开展局所联合、多地联动执法。全年查处各类案件1571件，其中32起案件入选国家、省、市典型案例，实现行政复议零纠错。

【回应民生诉求】 **民生实事**。推进省、市、县3级民生实事项目建设，全年累计新增食品生产“阳光工厂”10家、新建学校食堂智能“阳光厨房”30家、创建放心农贸市场7家、改造提升农贸市场食品安全快检室27家。打造银泰省级阳光餐饮街区。**民生治漠**。开展网络直播营销违法违规行为专项治理，整治漠视侵害群众利益问题，累计发现违法线索40条，查处相关案件28件，督促网络交易平台删除违法商品信息120余条。**民生维权**。牵头制定全国首个省级诉调对接标准，推进“放心消费”创建。全年受理处置各类消费投诉举报6807件，为消费者挽回损失258万元。

（撰稿　朱绿漪）

统　计

【概况】 2022年，围绕市委市政府中心工作，依法开展各项统计调查工作，保持防惩造假高压态势，确保统计质量。深化统计数字化改革，开展工作一体化统计监督应用试点，推进“最多报一次”改革。打造“党建＋智慧统计”品牌，充实“智慧统计”三大库（数库、智库、人才库）工作内容，提升统计服务效能，发挥全市经济发展核心智库的作用。

【统计质量】 围绕中心工作，开展常规统计调查。严把数据质量关，实行数据生产全流程管控。加大报表审核力度，加强专业间沟通，重点核查数据异常点及数据匹配性，重点关注大企业、大项目，规范数据支撑材料。关注行业分析、上下游产业链研究、国际国内形势，监测波动性指标，对明显不合理指标提前指导、核查，各专业每月保持核查近1/3企业数。开展防范和惩治统计造假弄虚作假专项行动，提升数据质量。开展对市邮政管理局、市文广旅体局等2个部门和古城街道、大洋街道、杜桥镇等3个镇统计巡查，采取查阅相关台账资料、个别谈话了解、“双随机”抽查企业数据质量等方式，全面检查统计各项工作要求落实情况。对54家企业开展统计执法检查。

【数字化改革】 **一体化统计监督应用试点**。进一步完善统计监督体系，强化与巡察机构的协作，落实信息沟通、线索移送等机制，将日常统计监督融入巡察中。常态化开展数据核查，结合大数据比对、报表审核等手段，开展“电询＋实地”的方式核查，及时跟进督促问题地整改落实。推进一体化统计监督重大应用试点，按照方案要求，结合工业、投资等日常统计工作提出优化平台规则设置建议，并及时对各功能模块进行测试，推动各环节流程衔接，为完善平台应用提供实践经验，向省统计局提交平台完善各类建议37条。**“最多报一次”改革**。通过上门走访、远程辅助等方式，动员企业开展最多报一次工作。三季度以来，服务业F203报表连续三个月实现100%报送，各报表总活跃率98.4%，总覆盖率96.4%。

【统计宣传】 领导干部带头学法，统计工作相关文件精神纳入市委理论学习中心组（扩大）学习会、市政府党组（扩大）会议、市委常委会、市政府常务会议议程。开展统计法进党校活动，为中青班作《统计法律法规解读》专题讲座。拍摄制作统计普法《违计》、好书推荐《漫步千年古城 阅读当代经典》、微党课《薪火相传 弦歌不辍》等视频。

【统计服务】 推行“监测早预警、调研作依据、服务走在前”工作模式，健全完善监测体系。完成农业、工业、建筑业、房地产业、服务业等近20个专业的统计报表上报及数据查询反馈工作。加强统计数据的纵横比对，发现问题及时预警，形成统计专报7篇，其中3篇获得市主要领导批示。开展作风建设年活动，通过建立完善走访调研制度、推进统计培训强基工程、强化形势调研促稳经济的措施，走访400家（个）企业（项目）；开展专题业务培训38场次，覆盖近1800人次。开展社情民意调查项目6个和社会调查项目2项。编印《临海统计信息》《统计简明资料》《临海统计年鉴2021》和《临海统计数据要情》。全年撰写统计分析60篇，完成统计课题论文5篇、方法制度论文5篇，《数据要情》20期。

（撰稿 孙 鹏）

审 计

【概况】 2022年，全市审计工作立足“审计监督首先是经济监督”定位，依法履职，全年完成审计项目26个，查出主要问题金额4.07亿元，其中违规金额139万元、管理不规范金额4.06亿元，审计处罚金额139万元。市审计局被评为全省优秀县级审计机关，获浙江省优秀审计项目一等奖1个，审计信息得到省领导批示1次，省级以上媒体录用49篇次。

【专业审计】 **民生领域审计**。开展全市储备粮管理专项审计调查，推动健全完善粮食仓储管理等制度68项，移送案件线索9起，追回违规金额16.09万元，追责12名违规人员。开展美丽乡村建设情况专项审计调查，揭示调整项目村的补助类别不明确、项目建设进度滞后、个别项目因土地性质原因建成后被拆除造成损失浪费等问题。实施全市教育系统经费管理及政策执行专项审计调查，发现食堂管理薄弱等问题，推动多部门在全市范围内联合督查，发现并推动问题整改61个、涉及不规范资金210.6万元，查处腐败和作风问题18个，党纪政务处分7人。**财政预算审计**。开展2021年度本级预算执行情况审计，推动解缴国库或财政专户资金485.88万元、调账或收回财政资金8254.56万元、拨付落实资金1166.03万元。加大对部分项目支出预算执行率偏低、财务管理不到位、绩效评价工作有待加强现象的揭示力度，规范定编定额和资产管理，建立和完善规章制度52项。**专项资金审计**。对全市政府购买服务资金绩效情况进行专项审计调查，发现购买服务项目底数不清、采购程序不规范、项目结果未达预期、项目实施绩效监管不到位等问题，促进全市购买服务项目规范管理。开展全市住房与城市建设专项资金使用和绩效专项审计调查，追回违规支付的城建专项资金60万元，收回市绿道四号线建设资金446.41万元并按规定用途重新分配。**项目跟踪审计**。在杜桥镇、白水洋镇财政决算审计中发现小城镇“线乱拉”整治工程存在虚报工程量、多付工程款等问题，挽回损失221.41万元。相关事项移送市纪委监委及主管单位后，在全市开展同类工程排查，形成监督闭环。开展市“污水零直排区”建设工程、台州市灵江建闸引水工程和临海市阮家洋溪分洪工程等11个重大政府投资项目跟踪审计。推动出台《临海市政府投资项目预结算编审管理办法》，规范政府投资行为。**内审工作**。修订并完善内部审计考核机制，突出对研究型内部审计工作开展情况的评价。年内，2个内审项目获省优秀项目，4篇内审研究论文及案例在全省获奖。

【经济责任审计】 年内，实施市港航局、市文旅集团等6家单位7名领导干部经济责任审计及自然资源资产责任审计。配合市委组织部办理25家单位、45人次离（接）任市管领导干部的经济责任事项交接手续，形成“有权必有责、用权受监督、违法要追究”的审计监督问责机制。

【审计管理】 **市委审计办**。健全完善请示报告、文书报送等工作流程和运行机制。全年累计向市委审计委员会和审计办报送重大事项7篇次，向市委审计委员会报送重要事项和重要文稿28篇次。**审计监督现代化**。采用“纵向分析、横向对比、靶向发力”的大数据审计模式。“同级审”大数据审计案例获台州唯一的省一等奖。出台《关于深化市委巡察机构与市审计局协作配合机制的实施办法》，“巡审联动”入选全省优秀巡察案例。**审计成果利用**。12月，连续第七年召开全市审计整改工作会议，将审计整改纳入各单位目标责任制考核。审计工作报告反映的160个问题基本整改到位，推动出台或修订管理制度34项。聚焦“七张问题清单”，做好审计整改全链条闭环管理，重大审计问题管控力指数排名全省第三。

（撰稿　王光玉）

海　关

【概况】 2022年，台州海关驻临海办事处共受理报关单通关10795份，同比下降3.1%。征收两税17384万元，同比增长96.1%；办理加工贸易手（账）册77本，备案保税金额18606.21万美元，同比分别下降26%和9.8%；签发各类原产地证书10926份，签证金额57362万美元，同比分别下降22.5%和18.5%；企业备案630家。完成出境竹木草制品生产加工企业注册登记19家。

【“护航RCEP”专项行动】 依托“杭州海关RCEP智能享惠服务应用”等平台，打造企业自身的享惠方案，指导企业用足用好优惠措施，尽享关税减让红利。以微信、电话、实地形式调研20家辖区企业，为企业提供进出口关税税率查询和RCEP证书申领建议和指导。3月，台州海关驻临海办事处签发台州首票对马来西亚《区域全面经济伙伴关系协定》（RCEP）原产地证书。签发对象凭原产地证书，出口货物享受零关税待遇。全年签发RCEP原产地证书707份，金额4711.2万美元。

【跨境电商】 编制《跨境电子商务业务操作指南》，培育跨境电商产业。开通海外仓企业线上备案系统，沟通联系杭州电子口岸加速办理企业授权。全年备案跨境电商企业51家，其中报备9810海外仓业务12家。

【出口农产品检疫监管】 **西兰花**。强化西兰花种植基地管理，核出口备案西兰花生产企业，开展安全性检测，优化属地检验、异地通关出口流程，确保西兰花保质保量保安全出口。全年完成出口西兰花检疫监管386批，3775吨。供港西兰花138批，1250吨。**杨梅**。核查果园、包装厂，帮助制订杨梅生产质量控制规范，建立农产品生产记录台账。年内，新增出口杨梅果园注册登记考核2家，换证复审1家。出口杨梅检疫监管8批10.69吨，金额11.49万美元，其中鲜杨梅出口5批4.51吨，金额4.28万美元；冷冻杨梅出口3批6.18吨，金额7.22

万美元。**柑橘。**年内新增出境柑橘果园1家，全市出境柑橘果园增至6家，种植面积6400亩。完成出口柑橘检疫监管36批683.9吨，金额95.36万美元。

【危化品进出口安全监管】实施辖区进出口危化品风险评估，识别高风险因子，针对性地开展监管。全年完成出口危险化学品检验345批8627.3吨，2417.4万美元，同比增长120%；危险货物包装性能检验689批，抽样送检27批，检出不合格2批；货物包装使用鉴定351批，不合格2批。

【进口货物目的地查验】开展进口货物目的地人工查验，推动货物通关提速。全年完成医疗设备、机电设备等进口货物目的地查验15批，其中不合格2批，查获率14.2%。

【出口企业管理服务】**“十地百团助千企”活动。**对辖区医化、橡胶、休闲等行业进行大走访、大调研、大服务，根据企业需求侧提供海的供给侧，落实助企纾困。累计调研企业118家次、走访政府部门15次、召开座谈会17次、解决问题134个。**后续监管。**全年核查出境竹木草制品企业38家、果园7家、包装厂5家、食品企业7家、水产养殖2家，出口退运核查15起；国外通报调查4起；保税核查7起。**“百日大排查、大起底”专项活动。**开展加工贸易保税监管领域“百日大排查、大起底”专项活动，调取复核手册35份，走访企业22家次，电话联系40余家次，远程连线3家企业，发送核查需求3家。要求整改企业6家，制发《整改通知书》1份，约谈企业1家。

（撰稿　王　媚）

海事管理

【概况】台州临海海事处为台州海事局派出机构，以水上安全监管和服务海洋经济发展为主线，实施扁平化管理，内设灵江片区和头门片区。2022年，海事处统筹疫情防控与经济发展，服务头门港区开发、台州1号海上风电等重大涉水工程建设，实施“商渔共治2022”等专项行动，确保辖区民生物资畅通和水上安全。

【专项行动】**商渔共治2022专项行动。**年内，实施商渔共治2022专项行动，与渔业等部门开展常态化联合巡航，组织商渔船船长互登轮面对面话平安、典型案例集中警示教育等活动，发放《中国沿海航行船舶防范商渔船碰撞安全指引》460余册，宣贯沿海航路调整、商渔船防碰撞等知识，增强从业人员海上航行、作业技能，防范化解商渔船碰撞风险。**专项安全治理。**实施“春雷”“猎狐”“战狼”等专项行动，对风险隐患实施清单化管理，确保冬奥、冬残奥、两会、党的二十大、上海进博会等重大活动和春节、清明、国庆等重要时间节点水域安全。

【保障民生物资畅通】年内，为煤炭、石油等重点民生物资船舶开通绿色通道，保障高效进港，协调优先靠离码头、优先装卸载。全年开展煤炭船舶检查89艘次，油船现场监督56艘次，共计保障煤炭船舶安全进出港241艘次、油船309艘次，保障煤炭进出港216万吨、成品油210万吨。

【服务涉水工程建设】**头门港区开发建设。**以智控平台为抓手，加强港区通航水域船舶交通流情况动静态分析，实现进出港船舶全过程跟踪、实时监控，确保港区水域通航安全、有序、畅通，头门港区散杂货年吞吐量首破800万吨。10月19日，保障头门港首条集装箱航线顺利开航，为港区“海铁联运”业务发展奠定基础。**台州1号海上风电建设。**浙能台州1号海上风电项目是《浙江省可再生能源能源发展“十四五”规划》重点项目，海事处动介入、强化协同，从项目前期设计、施工作业安全、主体责任落实等方面保障项目安全有序。

【综合执法】全年共执行现场综合执法任务2169次，触动执法人员4000余人次，其中现场监督检查416次，发现问题及违章等92项，行政处罚369件，处罚金额466.5万元，移送公安海警3人，安全检查初查64艘次，缺陷351项。

【安全管理】年内，开展航运企业、码头、船舶大走访、大调研，排查风险隐患，形成安全风险“一企一清单”，开具问题32项，均按要求完成整改。**恶劣气象预警预控。**全年通过高频、微信群组、现场监管等方式，发布极端天气预警信息24472次。实施“清单化闭环管理”和“重点船舶精准管控”，成功防御11号超强台风“轩岚诺”、12号强台风“梅花”。**渡运安全监管。**突出春运、清明、国庆等重点时段，强化对渡口周边水域巡航巡查，每周实施客渡船现场检查，严防客渡船“带病上岗”及冒险航行。**应急演练。**组织中石化浙江台州石油分公司等

30余家溢油应急联防体运营单位，开展无脚本船舶救生、溢油、消防综合应急演练，浙江电视台、中国水运报等十几家媒体进行播报。**应急救援**。协同海警、农业农村、航运企业、社会救助团体等海上救援力量，构建辖区水上救援体系。全年接海上搜救中心指令8次，出动执法人员24人次，救助水上遇险、生病人员12人。

（撰稿　赵长王）

邮政管理

【概况】 2022年11月20日，市政府出台《关于支持邮政快递业发展的若干意见（试行）》，提出引导快递企业做大做强、支持企业转型升级、推进寄递物流体系建设、优化快递行业管理服务等4方面措施，支持行业发展。是年，全市共有快递分拨中心6家，快递法人企业23家，快递末端网点262个，从业人数超3600人。全市邮政业完成业务总量17.8亿元，其中快递业务量15962.9万件，实现业务收入9.8亿元。顺利完成冬奥会、冬残奥会、全国两会、党的二十大期间寄递渠道安全保障目标任务。建立行业党建工作联系指导制度，中通分拨党支部投资100万余元建成党群服务中心，发挥行业党员在疫情防控先锋模范作用，参与核酸检测样本转运，赴上海支援保供配送。

【行业监管】 **监管措施**。构建寄递企业“全面覆盖、分级管理、层层负责、网格到底、责任到人”精细化管理模式，指导企业把安全生产、疫情防控等工作落实到片区、部门、车间、班组，责任到人。**执法检查**。围绕行业安全生产大检查、邮件快件处理场所规范化提升等开展多次专项行动，全年共出动检查人员2016人次，检查企业、网点885家次，完成隐患整改225处，行政处罚11家次，实现行业安全零事故。**横向联动**。不定期联合市级相关部门和属地镇街开展安全监管综合督导和专项执法检查行动，打击利用寄递渠道实施的各类违法犯罪行为。年内，联合烟草部门共查处违规寄递烟草数量200余条。配合市场监督管理部门，查获假冒侵权案件3起。2家邮政快递企业获评浙江省邮政快递业扫黄打非标兵单位。

【民生实事】 **快递进村**。推动全市快递行业县乡村三级共配体系建设，因地制宜地采取引入第三方服务、邮快合作、快快合作、邮政与菜鸟驿站合作等模式，增加村级服务点，解决“快递进村”的最后一公里难题。年末，全市建成4个镇级共配中心，完成30个村级商业网点（共富驿站）挂牌改造提升。实施快递服务现代农业项目，寄递企业深耕茶叶、杨梅、蜜橘等特色农产品，打造“快递+”项目，开发同城寄递、原产地直供直递等业务。**绿色治理**。联合台州市生态环境局临海分局开展联合行动，推进快递包装绿色化、减量化、可循环。年内实现行业电子面单使用率100%，快递循环中转袋使用比例100%，企业使用符合标准的包装材料比例91.2%，网点绿色包装回收装置设置全覆盖。**暖蜂行动**。开展快递从业人员技能、应急救援、安全寄递知识、扫黄打非等知识培训，实现快递从业人员工伤保险参保全覆盖。解决快递员“急难愁盼”问题，全年协调解决多起欠薪事件，涉及金额200余万元。开展快递员新春送慰问、夏季送清凉、旺季送关怀等暖心活动，设立68个城区“有服务、有标识、有桌椅、有书籍、有充电饮水设备”的“鹿路同心驿站”，建成全市“户外职工驿站”48个，为快递员吃饭、饮水、休息等提供便利。

（撰稿　王弘扬）

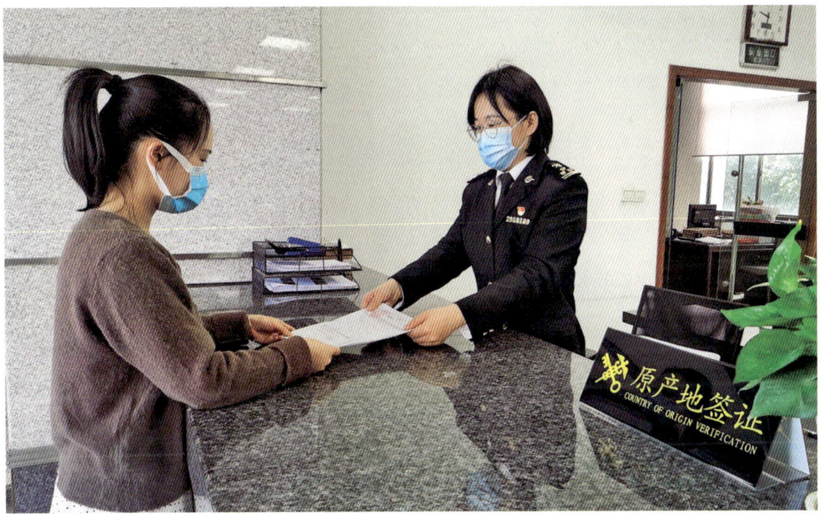

3月18日，台州海关驻临海办事处签发台州首份RCEP项下出口马来西亚原产地证书　（台州海关驻临海办事处　供图）

城乡建设

Urban-Rural Development

城市建设

【概况】 2022年，全市推进历史名城建设，在全域共建中提升城乡风貌，完善基础设施。制定完善城中村改造系列政策，开展城中村历史遗留问题“百日攻坚”行动，谢里王、花街、桑园、塘里、大田桥、杜东等一批城中村历史遗留问题有效破解。灵湖“临海客厅”成为省级城乡风貌样板区，大洋社区、南门社区创成省级未来社区。双林北路、临江大道西接线等6条“断头路”顺利打通。在建人防工程50个，竣工人防工程16个。括苍镇、杜桥镇、小芝镇获评美丽城镇省级样板。

【基础设施】 伏龙大桥完成总工程量85%，推进崇和云道、中津浮桥、临海大道下穿工程（东渡路段）建设工程前期工作。完成生活小区污水零直排区建设80个，超额完成45个省考核任务目标。农村生活污水处理设施行政村覆盖率87.36%，实现标准化运维全覆盖。完成洛河公园（一期）海绵城市建设工程，新增绿地20公顷，建成城乡绿道29千

12月22日，灵湖“临海客厅”入围首批省级城市新区风貌样板区 （龚永石 摄）

米。新建联网路1条，新增公共停车位2217个。完成临海市城区停车智能化系统BOT项目三期建设，优化公交路线4条。完成公共自行车无桩化建设二期项目，投入使用230个站点、2000辆自行车。编制完成《临海市东部管道燃气特许经营权解决方案》，成功签订《临海市管道燃气企业一体化整合协议》，新建和改造燃气管道约73千米。

【五大攻坚】 征迁国庆片区、五峰村更新区块和佩弦湖融合区块、十伞巷、花街村寺后区块共4423亩，累计签约1534户，拆除20万平方米。10宗776亩土地完成做地开发，其中5宗138亩完成出让，实现出让金收入22.71亿元。完成杭台铁路临海站入城口、金台铁路临海南站入城口风貌整治。大洋社区、南门社区通过未来社区创建验收。新开工装配式建筑169万平方米、装配式住宅66万平方米。提前打通6条“断头路”，完成15座“桥头跳”整治。完成6宗107亩村留地开发利用项目。

【城乡风貌】 12月22日，灵湖“临海客厅”入围首批省级城市新区风貌样板区。临海“魅力古城”传统风貌区和临海“现代港城”特色产业风貌区被列入2023年度省城乡风貌样板区试点创建名单。新增1个传统村落风貌保护提升省级优秀村庄，1个省级白蚁防治示范项目。括苍镇、杜桥镇、小芝镇创成省级美丽城镇样板镇，数量居台州首位。68个美丽城镇新建项目全部开工，完成投资20.8亿元。

（撰稿　朱利波）

美丽乡村

【概况】 2022年，全市推进“三新”农村共富五大提升行动，实施“三新”共富乡村综合改革，推进全域农村人居环境整治和新时代星级美丽乡村建设，获评全省农村生活垃圾分类处理工作优胜县（市、区），新兴村、紫升村、向阳村入选省第二批未来乡村名单。小芝镇大来岙村、尤溪镇坪坑村通过省级美丽宜居示范村验收。建立“农旅联盟”，发展美丽乡村休闲旅游，培育农村新业态，“蜜境”尤溪休闲游入选2022年“浙里田园”休闲农业与乡村旅游精品线路。“江南·溪望谷”精品示范带成为省“宅基地改革+乡村建设”典型案例，汇溪镇浚头村获评省美丽庭院特色村。

【农村人居环境整治】 开展全域农村人居环境整治提升行动，构建“三有”（有人干事、有钱办事、有章理事）机制及“三查”（月度镇街自查、双月市级抽查、半年度第三方专业机构普查）考评机制，开发数智管理应用，全年督查整改垃圾清理、乱堆乱放、乱搭乱建点位15万个，在临海电视台《农村人居环境红黑榜》专栏督查曝光播放30期。推进“三大革命”，农村生活垃圾分类处理行政村覆盖率100%，创建省高标准生活垃圾分类示范村6个、台州市级垃圾分类示范8个，省星级公厕40个、示范公厕3个等待验收。

【星级美丽乡村】 年内，创成134个星级美丽乡村，其中五星级4个、三星级21个，对9个基础设施较为齐全的样板村实行“一村一清单”对标建设。举办“百团大战、营在乡村”乡村营造大赛，按照“一村一共富团”，组织设计专家、乡村经营者、农创客、乡贤等主体参与星级创建，134个村全部成立共富团。推进3个台州市美丽乡村精品村建设，创建省新时代美丽乡村达标村83个，全市累计创建571个，创建率90%以上。

【闲置农房】 全年盘活利用

江南·溪望谷　　（江南街道　供图）

闲置农房1510幢，重点打造尤溪镇坪坑村、汛桥镇新民村、小芝镇柳溪村3个示范村；建立完善闲置农房保障制度，出台《关于“三新共富·强村贷”贷款管理办法》。

【乡村改革】 **“三新”共富乡村综合改革。**按照“1+X+Y”的乡村布局规划，全市划分“一带九区”打造共富样板。实施“临港·向洋湾”精品示范区、“江南·溪望谷”精品示范带两个试点项目并完成详规编制，临港片区年内完成签订搬迁安置协议921户、安置572户，江南片区香年新村一期年内完成726户搬迁安置、二期（套式安置）40亩土地完成出让，可安置143户。**数字“三农”改革。**推进一体化智能化公共数据平台建设，编目“信息进村入户服务平台”“农安临海”“共富工坊数字化平台”，推动数据共享。全线贯通“浙江乡村大脑2.0”应用、“浙农”系列应用，全年完成“浙农码”赋码2.34万次、用码157.9万次。

（撰稿　宫玲红）

住房改革

【概况】至2022年末，全市共有15725家单位89615人建立住房公积金制度，住房公积金归集总余额440439.13万元；住房公积金贷款余额435736.85万元。向在职人员发放住房货币补贴14568.89万元，审批全市机关事业单位退休人员住房货币补贴10115人，补贴金额18370.92万元。

【住房公积金管理】 **住房公积金归集。**年内，归集住房公积金174589.73万元；住房公积金归集余额440439.13万元；净增单位289家；平均缴存人数81610人。**住房公积金提取。**年内，提取住房公积金130130.11万元。**住房公积金贷款。**年内，办理住房公积金贷款2344笔，发放贷款81988.43万元。住房消费额212118.54万元；个贷率98.93%；逾期贷款率为0。

【住房货币补贴】 全年审核全市机关事业单位退休人员住房货币补贴252人，补贴金额385.76万元，审核在职职工住房货币补贴82人（其中住房公积金补贴36人），补贴金额44.68万元（不含住房公积金补贴）。

【资金运行管理】 **业务审核管理。**通过规范住房公积金提取、贷款业务审核管理，严把资料审核关，发挥“互联网+”作用，处罚骗提骗贷职工。**资金贷后管理。**每月汇总逾期名单，全程跟踪逾期贷款还款情况，重点催收跨月逾期贷款、恶意逾期等逾期现象。通过协商、上门催收、联系单位配合催收、司法拍卖等方式，控制贷款逾期率。**资金使用管理。**根据《台州市住房公积金个人住房贷款管理实施细则》规定，严格按照住房公积金的用途、限额等规范执行。**楼盘准入管理。**审查开发商的资质、征信、财务状况和销售情况，实地踏勘楼盘位置和结顶情况，与符合条件的房地产企业签订三方协议。

（撰稿　周学羽）

城市管理

【概况】 2022年，推进实施垃圾分类、“印象台州”有机更新工程，打造一街一景的府城风韵，创建园林式居住区（单位）、绿化美化示范路、和合街区等，提升城市宜居水平、管理精细化水平，连续3年获评台州市城市精细化管理优秀县（市、区）。全域推进“大综合一体化”改革，5月4日全市镇（街道）综合行政执法队集中

5月4日，临海市镇（街道）综合行政执法队集中揭牌仪式举行

（市综合执法局　供图）

揭牌，推动实现执法队伍和编制"双下降"、执法事项和力量"双下沉"。

【重点工作】**"大综合一体化"改革**。年内，划转省综合执法事项1358项，梳理地方拓展目录364项，综合行政执法事项占比28.09%；撤销四支专业执法队伍，形成全市"1+8+1"行政执法架构；锁定执法力量编制581名，执法力量下沉比例提升至69.17%；承建省级"证据共享"应用试点，办理全省首个"云"案件和首例跨部门电子证据流转的非法采砂案。**垃圾分类**。推进"撤桶并点·两定四分"提质扩面，完成25个物业小区、69个居住小区共153个点位的撤桶并点工作，创成10个省级高标准示范小区、1个示范片区、5个示范拉风小区。易腐垃圾处理能力提升至每年1.52万吨，新增渣土消纳能力180万方，全年累计无害化、资源化处理生活垃圾42.41万吨。

【市容市貌】**市政设施**。增补停车位3200余个，非机动车划线3.2万余米，维修红白隔离桩2000余个，隔离护栏6万余米；整治道路病害3000余处，完成人行道改造2.5万平方米。开展市政桥梁安全监测、桥头跳与窨井跳专项整治，完成城区59座桥梁常规检测，完成桥头跳整治15座。**市容环境**。围绕人行道、城乡绿道、公厕等4大类工程实施"印象台州"有机更新工程，完成特高频口袋公园、秀野中路提升改造、市绿道新建工程等15个项目建设，完成台州府路、沿江路等园林景观大道更新工程，新建公厕4座。**园林绿化**。引进罗汉松、墨西哥鼠尾草、欧石竹等39个品种、3.74万株景观植物，完成城区30余处花坛的景观提升改造。创成省级园林式居住区（单位）、绿化美化示范路、高品质示范街区和街容示范街等项目6个。

【城市安全】**燃气监管**。开展"燃气燃烧器具整治""城镇燃气百日攻坚"行动，累计出动2万余人次，检查燃气使用场所4500余家和居民2万户，实现可燃气体报警装置安装100%，实现燃气零事故。**防台排涝**。修编《2022年度古城门封堵应急预案》，制定城区道路积水管控"一点一策"方案，全年累计完成老城区约4千米箱涵的清淤检测，城区积水点改造30余处，排水管道疏通清理240余千米，检查井、雨水篦2.5万余个，淤泥清理3600余吨。

【民生服务】**"零次跑"服务**。全面推行企业审批服务以及用水、用气"跑零次"行动，服务覆盖4个城市管理领域11个涉企审批事项，全年服务企业734余家，六小行业1350户。**和合街区**。全年新创建"和合街区"7处，通过"面对面"普法宣传、民主恳谈、纠纷调解等，畅通群众诉求，鼓励群众参与自治，提升街区治理效能。**物业管理**。完成无物业小区清零73家，创建"红色物业"小区10个，培育"党建强、发展强"物业服务企业3家，物业服务企业信息公开率达100%，业委会（物业管理委员会）成立率90%以上。

（撰稿　金敏佳）

4月15日，消防救援人员开展靖越门防汛演练（市综合执法局　供图）

城市创建

【概况】2022年，全市推进全国文明城市常态长效建设，对标全国文明城市复评标准，紧盯薄弱环节，查短板、补漏洞、强弱项，推进创建问题整改，共交办创建问题6075个，下发督查通报22期，督查交办单1期，整改率100%。发布《全市机关企事业单位交通违法行为的通报》12期。

【项目建设】2022年，全市下达巩固提升全国文明城市创建成果项目计划130个，投入资金

4950万元。其中，工程类项目2个，投入资金95万元；整治维修类项目27个，投入资金735万元；宣传类项目62个，投入资金1478万元；设备添置类项目7个，投入资金115万元；工作经费项目32个，投入资金2527万元。

【问题整改】 **日常督查**。共梳理交办问题4689个，整改率100%。**专项督查**。开展农贸市场、物业小区专项督查，梳理问题667个，整改率100%。**网格督查**。开展全市网格排名督查，梳理问题719个，整改率100%。

【专项行动】 **市容市貌整治**。城市治理系统采集有效案件4万余条，结案率100%。推行"首违不罚+公益减罚+轻微速罚"柔性执法模式，启用违停新系统，处理违法数据2万余条，违停处罚率同比下降87.95%。同时，拓展智治化领域，实行物联网设备应用在线监控巡查，实现对违章停车、流动摊贩等10类问题自动采集上报。强化"空中城管"场景应用，启用无人机开展日常信息采集工作，对市容秩序、环境卫生、店外经营等城市问题常态化巡查监管，融合运用于疫情防控、森林防火、执法办案、节假日巡防等专项领域。全年出动无人机100余架次，发现并处理问题7000余件。**交通秩序整治**。全年查处行人、非机动车闯红灯6.79万余例，机动车斑马线未礼让行人1.57万余例，开车打手机1.51万余例。**五小行业整治**。市监、卫健等部门开展多频次联合执法，检查餐饮店、中小型超市、小作坊、农贸市场等1万余次。

（撰稿　吕　玲）

11月，古城街道花街村寺后区块房屋拆除，遗留15年的花街城中村改造历史遗留难题全面破解（古城街道　供图）

三改一拆

【概况】 2022年，全市累计拆除各类违法建筑面积70.75万平方米，完成三改总面积29.57万平方米，其中实施旧厂区改造6.885万平方米、旧住宅改造13.74万平方米、城中村改造8.945万平方米。拆后土地利用率85.18%。小芝镇、汇溪镇、尤溪镇、括苍镇、涌泉镇获评台州市"2022年度创先争优示范乡镇"。杜桥镇杜北村、桃渚镇石桌塘村、上盘镇上岙里村、永丰镇尚贤村等4个村通过台州市农村违法建筑专项整治验收。

【四边三化】 通过"四边三化"全域整治和精品示范路创建，溪胜线获评"2021年省级绿化美化精品道路及特色精品道路"双精品示范道路，系台州市唯一。5月，浙江电视台民生休闲频道《四边三化"浙"十年》栏目组到东塍镇岭根村、小芝镇溪胜线等点位取景拍摄，临海"四边三化"整治后生态环境的变化。10月4日，浙江电视台民生休闲频道1818黄金眼播出临海宣传片。

（撰稿　王良都）

基础设施

Infrastructure Construction

水 利

【概况】2022年4月2日，市委专题召开常委（扩大）会议，邀请省水利厅党组副书记、副厅长李锐等领导专家到会指导，研究出台《临海市“古城崛起 水利安澜”防洪排涝挡潮能力提升攻坚行动方案（2022—2023）》（临市委办〔2022〕37号），加强顶层设计，以2个汛期见效（开工）为节点，加大水利基础设施补短板力度。6月，市水库系统治理（除险加固）工作获省政府督查激励，为全省唯一。11月，市水利局被评为省水土保持目标责任制工作成绩突出集体。是年，全市完成水利投资9.86亿元，完成全省争先创优投资任务数164%，完成率居全省第一，获台州市经济目标责任制“幸福水城”考核第一。通过精准调度，最大限度发挥水利工程防灾减灾效益，成功抵御罕见高温干旱气候和“轩岚诺”“梅花”台风灾害。

【现代水网建设】**重大水利工程**。8月28日，方溪水库工程顺利完成导流洞封堵施工，正式进入蓄水阶段。10月27日，尤汛分洪工程正式开工。12月14日，海塘安澜工程（桃渚、涌泉片海塘）完工。年内，台州市灵江治理工程（临海段）和临海市海塘安澜工程（南洋海塘）提前3个月开工。大田平原排涝二期工程（外排工程）许安2号隧洞完成上中下台阶开挖及一期支护和底板浇筑、二次衬砌等；主城区河道累计完成整治3.9千米，1号截洪沟等6条河道建设有序推进。东部平原排涝工程（一期）大跳闸等8座水闸和蒲兰头桥完工，新开河道和川南节制闸基本完工，桥梁工程进场施工。洪池区块排洪应急工程通过竣工验收。北固山截洪工程完成建设并通过完工验收。**项目前期工作**。

8月28日，方溪水库工程完成导流洞封堵施工　　（钱梦华　摄）

台州市灵江治理工程（临海段二期）项目建议书获省发改委批复。大田平原排涝二期工程（分洪截洪工程）项目建议书通过省水利厅行业审查，项目建议书获省发改委批复，可行性研究报告通过省水利厅行业审查。东部平原排涝工程（二期）项目建议书通过省水利厅行业审查。海塘安澜工程（南洋涂海塘）可行性研究报告通过行业审查意见。古城墙段防洪能力提升工程通过可研技术审查。

【水旱灾害防御】 推进水旱灾害防御基础能力提升“十大攻坚行动”，开展水利工程安全度汛大检查大整治专项行动7次。修编完善全市抗旱保供水等方案，累计下达抗旱水库调度单5次、调水约1920万立方米，缓解中东部农业灌溉用水紧张问题。推动水旱灾害防御转型升级，完成18个水雨情监测站点建设，投入运行洪水风险图提升应用和“掌心问汛”，形成以政府主导、部门协同、全民参与的水旱灾害防御共建共管机制。

【民生实事】 年内，临海有六大类水利项目被列入省政府民生实事。其中，海塘安澜工程（南洋海塘）提前3个月开工建设，22座病险水库除险加固工程、4座山塘综合整治工程、28座泵站提升改造工程、1.5千米中小河流综合治理项目、100千米农村供水管网改造工程均在10月底前全面完工，水库除险加固数量居全省第一。

【水生态治理】 **河湖长制。**完成全市870名河湖长信息线上检查、更新和河湖长公示牌更新。**美丽河湖建设。**创建义城港省级“美丽河湖”、十三罗溪和两头门溪台州市级“美丽河湖”、邵家渡街道“水美乡镇”和12个“美丽池塘”，同步推进16条河道综合治理和河湖塘库清淤工作。**小水电流量泄放和农业水价改革。**全面完成农村水电站生态流量监测设施提升改造工作并投入试运行。3座泵站机埠、1个改革灌区、1个农民用水管理主体、1个改革示范村入选全省农业水价综合改革“五个一百”优秀典型案例，在全省农业水价综合改革工作年度绩效评价获得优秀。**水土保持。**全年完成水土流失治理9.8平方千米。

【水行业管理】 **水利工程管理。**对210个水利工程实行物业化管理，对37座水库进行视频监控系统链路及平台维护，完成对白岙等47个水利工程不动产权证书颁发。另外，专门成立临海市东部海塘水闸事务中心，推动东部沿海16条海塘、31个水闸一体化管理、调度。东部平原排涝工程（一期）——新开河道工地被评为2022年度台州市水利文明标化达标工地。**水资源管理。**区域取用水情况动态分析应用通过初验，创建5个节水示范单位和5个省级节水载体。**行政审批执法。**全年累计办理行政许可审批189项；及时制止各类水事违法案件37起，立案查处1起，移送综合行政执法局17起，涉水违法出动调查160人次，办理全省首例经由“行政执法证据共享”应用的案件，打破执法证据跨部门信息壁垒。

（撰稿　陈楚楚）

交　通

【概况】 2022年末，全市公路通车总里程2442.968千米，其中5条高速公路134.148千米；3条国道167.378千米，3条省道118.386千米；农村公路2023.056千米，其中45条县道481.868千米、77条乡道432.308千米、840条村道1108.88千米，占总里程的82.8%，实现全市100人以上自然村通硬化路，农村公路行政村或自然村覆盖率100%。全市公路密度以国土面积计算每百平方千米107.06千米，以人口计算每万人20.03千米。是年，临海成功创建“四好农村路”省级示范县并入选全国示范县创建单位名单。351国道西白岩双幅隧道代表浙江接受交通部检查，机电设施技术状况被评定为一类，总成绩位列全国第二。省公运中心以临海隧道机电运维市场化管理模式为样板向全省推广。

【重点工程】 全年完成综合交通投资28.11亿元，年度计划完成率达114%。104国道临海江南至尤溪段改建工程建成完工；351国道临海邵家渡至白水洋段改建工程（邵家渡至永丰段）、余姚至温岭公路临海汇溪至沿江段改建工程等项目持续推进；甬台温高速改扩建工程北段和临海东站货站（物流仓储中心）多式联运南铁路仓储工程开工建设；临海至台州市区快速路、351国道临海头门港疏港公路二期工程、104国道临海河头至江

“四好农村路”X901大青线　（市交通运输局　供图）

南段改建工程等18个项目前期工作有序推进。余温公路工程和351国道的2个标段工程获台州市“示范施工合同段”称号，两个项目的监理办获“示范监理合同段”称号，在台州市12家在建工程的“品质工程”创建工作中，余温公路工程排名第三，351国道工程排名第四。“四港联动”项目入选首批浙江交通强国试点县（市、区）名单，系台州唯一。

杭台高速铁路　1月8日通车。杭台高铁是沟通杭州都市区与温台沿海城市群的一条快捷通道，设计时速350千米。其中临海段长约47千米，总投资约80亿元，途经河头镇、汇溪镇、东塍镇、邵家渡街道、涌泉镇。同日，临海站新站房启用，建筑总面积2.69万平方米，其中站台面积1.02万平方米，从原来的两个站台5条线路增加到6个站台10条线路。

104国道临海江南至尤溪段改建工程　9月16日通车。工程起自104国道临海西过境与七一河路交叉处，由北向南经江南街道和尤溪镇，终于董家岙隧道与黄岩段衔接，主线全长15.8千米，总投资18.3亿元。工程按双向四车道一级公路标准设计，设计时速80千米。

【公路管养】　在全省率先推行“特桥特养”养护新模式，实行“一桥一策、一桥一档”管理；在全省率先启用隧道运维市场化管理，利用智能管控平台实施“145管理体系”。**养护工程**。投资约1.45亿元，实施18个年度项目，主要包括完成国省道干线公路大中修23.522千米、全寿命专项养护大中修4.954千米、国省道桥隧维修加固8座、改造提升桥梁护栏12座以及县道张米线边坡落石处治30处、维修县道三类桥梁16座。**日常养护**。投入养护资金约1800万元，完成路面灌缝500千米、病害路面铣刨处置39500平方米、修复桥梁伸缩缝170米、维修钢质护栏2.55千米、修剪绿化490千米、路肩草坪730千米、清洗隧壁39.27千米。**“四好农村路”建设**。累计投资1.5亿元，完成新改建农村公路21千米、路面维修209千米、改造危桥病隧8座，路面沥青灌缝435千米。**民生实事**。完成省、市级民生实事项目国省道“桥头跳车”治理35座。

【道路运输】　年内，新增新能源公交车、新能源出租车143辆；新增优化5条公交班线，新增2个公交首末站，新增1条微公交线路，打造1条敬老爱老城市公共汽电车线路；加快多式联

建设中的余温公路临海汇溪至沿江段改建工程　（袁少琪　2022年摄）

运建设，以“台州湾区公铁水多式联运示范工程”项目为牵引，推动全市大宗货物及中长途货物“公转铁”“公转水”，推进建设金台铁路临海东站物流中心和金台铁路头门港站物流中心。年末，全市有危险品运输企业15家，危货运输车辆621辆；普货企业1451家，普货运输车辆3184辆；客运企业11家，客运车辆187辆；公交企业7家，公交车434辆。全市有一类机动车维修企业13家，二类机动车维修企业74家，三类机动车维修企业276家，一类、二类、三类维修企业与交通运输部汽车电子健康档案系统进行数据对接，数据上传率超80%。

【综合行政执法】 结合交通运输行业“百日除百患”专项整治行动、“扫尘除患、守护平安”活动、交通运输系统除险保安百日攻坚行动等专项行动，全年查处违法违规案件1194起，其中公路超限治理1032起、公路安全保护27起、道路货运76起、出租客运30起，其他29起。**运输管理执法**。对客运、危险品运输企业进行重点监管，整治车辆超速、疲劳驾驶、不按规定填报电子运单等行为，共抽查车辆2905辆，其中客运车辆957辆、危险品车辆1948辆，整改62起；处置监管工单76条，转处罚28条，责令改正8条。**路政执法**。对国省道干线公路沿线两侧进行专项整治，全年清理利用公路附属设施悬挂横幅269处，拆除非公路标志标牌154处，整改占道乱堆乱放207处。重点打击超限超载、污染公路等违法行为，查获“百吨王”20辆，查处超限车辆44辆次、超载车辆988辆次，其中移交交警679辆次，查处公路污染20起。

（撰稿　龚相英）

电　力

【概况】 2022年，出台《临海市电力接入工程费用分担机制实施意见》《临海市公共建筑空调负荷参与新型电力负荷管控的实施意见》，减轻社会用电负担，保障用电安全。是年，全社会用电量65.87亿千瓦时。市供电公司获评浙江省AAA级“守合同重信用”企业，变电运检中心获评2020—2021年度浙江省青年文明号。

【电网建设】 配合头门港零碳产业园建设，投运全省首个县域分布式电源群调群控系统。成立专班对接台州湾新材料产业园项目，跟进台州1号海上风电等新能源项目。110千伏汇丰变、35千伏桐峙变建成投运，推进220千伏珊瑚变以及110千伏经纬变、高新变等项目建设。实施“配网攻坚年”行动，完成20条负面清单线路改造，故障时户数同比压降49.44%。建立小区地下配电设施“一对一”网格包干制度，完成全市166个小区地下配电房的防涝补强工作，成功抗击“轩岚诺”“梅花”台风。

【供电服务】 落实《临海市推动经济稳进提质44条》，惠及中小企业用户723家，节省投资621.78万元。与华海药业签订台州电e票最大额度信用证融资协议，年均融资1.6亿元。执行最新两部制电价政策，减少工业企业电费支出518万元。全面实现160千瓦及以下小微企业“三零”服务城乡全覆盖。建成

9月14日，12号强台风“梅花”影响临海，桃渚供电所抢修人员迅速消除10千伏东洋L183线线路隐患，保障9个村居民的供电平稳

（程梦珏　摄）

4月15日，临海电力实业有限公司施工班组完成白水洋方舱医院、白头门港方舱医院的接电工程　　（陈贝灵　摄）

7个C级供电营业厅“无人厅”，在台州率先完成“空调进教室”项目。

（临海市供电公司　包正刚）

邮　政

【概况】 2022年，中国邮政集团有限公司浙江省临海市分公司完成业务总收入21781.37万元，列全省县（市）分公司第13位。实现经营利润2663.21万元，列全省县（市）分公司第14位。邮储银行临海支行全年实现自营收入14215万元。

【业务经营】 **业务收入**。全年实现金融业务收入10565万，寄递业务收入8056万元。至年末，有快包客户418户，对市人民法院、台州药材、蓝筹、临海电业公司、恒源祥、粒尘企画、诚开商贸等特快大客户收入均超20万元。华海项目物流业务实现收入翻番。参与义新欧“台州号”组货工作，开发浙江正特国际业务，实现收入近40万元。农村电商分销业务收入1071.79万元。**降本增效**。年内，通过与第三方共配公司合作实行城区、大洋、大田甩点抛投，实现压降成本，减少投递车辆7辆，降低投递单价。**农产品助销**。紫阳街农产品馆设置四川嘉陵农特产品展柜，通过社区团购、邮乐直播等方式，助销嘉陵区农特产品5万元。11月10日，分公司承办的临海特色产品进机关展示展销活动在台州市政府食堂举办。

【网点设施】 **县域商业体系**。改造提升农村寄递物流基础设施，推进电子商务进农村和农产品出村进城，至年底完成4个镇级共配中心、15个便民服务站、30个村级服务站的建设。**经营网点**。以台州学院广文邮局为试点单位，推行“众创众享”“加盟制”经营模式。采取“邮企、邮校”合作方式，进驻吉利临海产业园、恩泽医院和浙江汽车职业技术学校。**网点设备更新**。投入283万元实施大洋、东塍、小芝网点装修和连盘、市场网点危房改造。新增37辆寄递电动三轮车，替换9辆汽油车。更换2辆超年限金融运钞车，邮件处理中心投入97万元，购置水平机、爬坡机、摆臂机等设备，提高邮件处理能力。

【绿色邮政】 推动分公司快递包装绿色转型，累计使用可循环包装箱900个，电商快件不再二次包装率100%，回收瓦楞纸箱数量（营业＋寄递）9.16万个，

10月9日，台州学院广文邮局开展“邮政守护地球家园”绿色邮政宣传，推出回收快递废旧纸箱换寄递优惠券等活动

（邮政临海分公司　供图）

设置包装废弃物的营业揽投网点24个，实现网点全覆盖。实现省内循环中转袋绑定率、营业窗口一联面单使用率100%，主要电商平台特快专递产品一联面单使用率96.96%，电商快包一联面单使用率99.96%。

（撰稿　蔡冰倩）

电　信

【中国电信临海分公司】2022年，电信临海分公司下属15个支局调整为23个支局，划分成29个片区。**网络建设**。年内，开通5G基站153个，全市累计开通5G基站729个，累计开通5G套站442套，实现城区、乡镇以及重点融合应用区域5G规模组网。建设SA结构全新5G核心网，2022年完成全地区边缘DC覆盖，构建以5G技术为核心的大连接、高带宽、低延时的全域物联感知网络。推进新一代千兆光网建设，互联网出口带宽达4000Gbps，全市有FTTH端口288740个，城市楼宇光纤通达率和行政村光纤通达率均达到100%，实现全市光网全覆盖。**信息化建设**。2022年，利用电信云网融合优势，公司DICT团队完成276个项目，智云护航团队提供重要客户关键人家庭服务99次，自施工项目82个。助力地方政府数字化转型，与140个村合作共建“美丽＋平安”，助力乡村基层治理。完成2022柴古唐斯括苍越野赛、市党代会、市两会等重要活动、会议的通信保障工作。

（撰稿　林佳娴）

【中国移动临海分公司】2022年，中国移动临海分公司下辖20个营业厅，获评中国移动浙江公司明星县市。**网络建设**。年内，围绕“双千兆”城市标准，加强信息通信网络基础设施建设。千兆5G建设方面，全年新开通5G基站418个，累计开通5G基站1515个，实现行政村100%覆盖，乡镇以上区域连续覆盖，市域范围内甬台温高铁、杭绍台高铁全线覆盖。千兆光网建设方面，新建节点机房15个，累计建设86个；新增全业务端口36100个，总端口51.13万个，完成千兆光网全覆盖。**数字化改革**。与市人力社保局共建台州首个学生社会实践平台——“来浙实践”数字化应用，获副省长高兴夫批示肯定；与市商务局共建紫阳街“数字街区”应用，发放超100万元消费券。

（撰稿　林　萍）

【中国联通临海分公司】2022年，中国联通临海分公司以高质量党建引领高质量发展为主题，塑造“清廉浙江，联通先行”品牌形象，分公司网络支撑中心获省级“清廉示范点”称号。**网络建设**。年内，开通5G四期工程基站165个，室分开通280个，累计开通5G基站997个。实施彪马公寓、湖畔尚城、柏叶中路、商业街、春天华庭等28个LAN个小区升级改造，FTTH接入具备千兆带宽接入能力。开通白水洋镇黄沙小区、杜桥镇汇头村、杜桥镇独木堂村、杜桥镇金星村、杜桥镇横灯村、杜桥镇沙巷村等44个村社宽带。**智慧城市**。参与临海市化学原料药产业大脑等10多个智慧城市项目建设，合作单位从教育、卫健扩展到大数据、应急、环保、社发、城发等。

（撰稿　金柳涛）

自然资源和规划

Management of Natural Resources and Planning

【概况】 2022年，以“优空间、促发展、保生态、惠民生”为主线，全面提升自然资源规划综合服务保障能力，持续优化国土空间，守牢耕地保护红线，保障重点项目、城市更新用地需求，高效推进生态修复，全省地质灾害防治工作座谈交流会在临海召开，“地灾智治”场景应用获评省最优场景。市自规局获全国绿化先进集体等国家、省、市荣誉17项，4次在省市座谈会上作经验交流发言。

【国土空间优化】 9月30日，“三区三线”①成果获自然资源部批复并启用，最大程度优化全市发展空间，保障“十四五”期间项目需求。做优“一城六区”空间格局，完成佩弦湖科技城、健康城详细城市设计，启动灵湖北岸文化中心、两水区块旧工业区等重点区块研究。科学布局农村空间，开展村庄规划“一评估两覆盖三提升”专项行动，完成全市村庄规划评估成果上报。实施驻镇规划师制度，打通规划服务“最后一公里”，完成白水洋等8个驻镇规划师结对签约。

【要素保障】 开展“百日破百难”攻坚行动、“项目攻坚年”活动，全力保障重点项目用地需求，全年累计向上争取新增用地指标2459亩、供地9726亩、工业用地供应5457亩、盘活存量建设用地5822亩、消化批而未供土地3843亩、用海审批1.2万亩，获林地定额指标2949亩，六项指标居台州第一，保障伟星、永强、华海等一批重点项目落地。健全用地管理机制，出台《临海市临时改变房屋用途实施办法(试行)》《关于进一步规范村留地管理的实施意见(试行)》《临海市套式安置住宅管理办法(试行)》等多项

11月30日，临海城市价值推介会在杭州举办　（市自规局　供图）

① “三区”指城镇空间、农业空间、生态空间，“三线”指永久基本农田保护红线、生态保护红线、城镇开发边界。划定“三区三线”是科学编制国土空间规划最根本的前提和最重要的基础。

8月6日，永丰白毛启动集中连片整治　　（市自规局　供图）

政策。

【耕地保护】 完善耕地保护责任体系，编制耕地保护专项规划，在台州率先建立田长制，应用推广“耕地智保”场景，实现耕地动态监管全覆盖、无死角，全年累计完成巡查38170人次。攻克耕地占补平衡难题，推进垦造耕地，新立项3896亩、入库2492亩。推进卫片执法、农村乱占耕地建房、“大棚房”清理整治、耕地“非农化”整治等专项整治工作，加大监察执法力度。

【生态修复】 开展新一轮全域土地综合整治行动，推进实施9个省级全域整治项目，其中5个项目通过验收，江南向阳项目获评省级精品工程。开展永农集中连片整治，上盘北洋“千亩方”项目完工验收，永丰白毛等5片1.3万亩项目立项开工。加快废弃矿山治理，落实“一矿一方案”，完成8个项目整治并销号。推进“蓝色海湾”建设，白沙湾滨海湿地生态修复项目通过验收，北洋涂围填海项目生态修复年度任务按时完成。

【民生实事】 在台州率先开展二手房“带押过户”业务，全面实施二手房交易预告登记，不动产登记高频事项实现“网办”“掌办”全覆盖。建立三大企业服务专区，在台州率先出台不动产分割登记管理办法，通过合理容缺受理和流程再造牵头完成全市首例“拿地即开工”项目。在全省率先启动集体土地所有权更新及数据汇交工作，作为唯一县级市代表在全省作交流发言。地质灾害风险隐患双控试点、“地灾智治”场景应用等获省厅高度肯定，省域空间治理2.0平台临海节点获评省最佳县级节点。

（撰稿　翁冰芯）

科学技术

Science and Technology

【概况】 2022年，全市新增国家高新技术企业55家、省级科技型中小企业247家、省级研发机构12家，获省级科学技术奖4项，入选省级“尖兵”“领雁”计划2项，获评浙江省市县党政领导科技进步目标责任制考核优秀单位。

【科技投入】 **研发投入**。年内，规上工业研发费用38.26亿元，554家企业投入研发。**高新投入**。实现高新技术产业增加值总量191.21亿元，高新技术产业投资占固定资产投资21.1%，均居台州第一；高新技术产业增加值占规上工业增加值73.4%。**财政投入**。全年本级财政科技拨款4亿元，占财政经常性支出比重为15.18%。兑现科技创新奖励资金11743.73万元，其中省级财政资金1179万元，本级财政资金10564.73万元。全市企业享受研发经费加计扣除32.63亿元，高新技术企业享受税收减免4.93亿元。

【科技项目】 **核心技术攻关**。华海药业、永太科技被列入省“尖兵”“领雁”研发攻关计划项目，共获省配套资金1080万元。台州市社发（医药卫生）科技计划项目立项19项，临海市级科技计划项目（医药卫生、农业领域）立项50项。**科技成果转化**。全年技术交易总额达20.65亿元。224个新产品被列入省级新产品试制计划。吉利汽车研究院、拓卡奔马各获省科技进步奖二等奖1项、宏元药业、中联重机各获省科技进步奖三等奖1项，总获奖数居台州第一。

【创新主体】 **科技企业**。全年新增国家高新技术企业55家，累计达到206家。新认定省级科技型企业247家，累计达到867家。入选省高新技术创新能力500强12家、台州市高新技术企业创新能力十强3家，总量均居台州第一。**研发机构**。新认定省级重点企业研究院3家，累计5家，其中中联重机被认定为省级重点农业企业研究院；新认定省级企业研究院2家，累计23家；新认定省级研发中心7家，累计65家；新认定台州市级研发中心28家，累计246家；新认定临海市研发中心35家，累计60家。全年兑现创新券98.25万元，62家企业申领创新券，开展检验检测、合作研发、研发设计等197次。

【创新平台】 **重大战略平台**。对接台州湾科创走廊和省“三大科创高地”，谋划建设灵江科创廊道和佩弦湖科技城。市高端医药高新技术产业园区列入省级高新园区创建名单。与航天工程公司、省环境科技公司三方共建航天环保工程技术研究院，由中国工程院龙乐豪院士担任顾问。**区域合作平台**。与上海大学国家大学科技园共建技术转移中心，推进复旦大学张江研究院临海科创园累计招引落地科技型人才企业41家，对接高端项目316个。推进临海国际科创中心（上海）建设，健全完善“飞地招引孵化、临海落地产业化”的人才项目招引落地工作机制。**创新服务平台**。省级现代医药化工产业创新服务综合体通过三年期满验收，打造全

8月28日，浙江农林大学科技特派员团队在羊岩茶厂开展农业科技服务
（市科技局　供图）

链条式产业创新服务。六度空间和光华创新空间入选国家备案众创空间名单。

【科技合作】 6—8月，组织科技项目知识产权及投融资线上推介会3期；8月，开展“一起益企　科创赋能”智能制造专场企业技术需求对接活动；11月，开展“新材料领域”外籍院士专家进企业活动。全年组织高校专家实地走访企业80多家，征集企业技术需求88项，促成3项科技合作。全年实现发明专利产业化73项，实施资金补助556.44万元。对81家科技型企业总额8.9亿元科技金融贷款实施贴息补助475.53万元。

【培训宣传】 1月，举办建筑业科技统计年报会议，对建筑业企业进行研发优惠政策宣讲及研发费用归集业务培训；6月，举办以“百年回望：中国共产党领导科技发展”为主题的科技（科普）活动周；8月，举办跨境电商经营主体高新技术企业申报业务培训会，开展“特派在一线，播种在绿田”科创周活动，在羊岩茶厂、上盘镇对农户进行播种、生产技术培训。实现19个镇街科技特派员“全覆盖”，科技特派员对农户进行农技授课60次。

（撰稿　陈璐昀）

教　育

Education

【概况】 2022年底，全市有中小学、幼儿园319所，在校生17.89万人。其中，幼儿园180所，省三级及以上幼儿园176所，等级幼儿园占比95.14%，在园幼儿3.26万人，学前三年毛入园率98.02%；义务教育学校117所，在校生10.64万人，其中小学81所，在校生6.88万人，初中36所，在校生3.76万人，九年义务教育完成率100%，初中毕业升高中段比例99.27%；普通高中12所，在校生1.88万人，其中省一级特色示范高中2所、二级特色示范高中3所。职业高中9所，在校生2.10万人，其中国家级和省级中职教育改革发展示范学校各1所，省中职名校1所；特殊教育学校1所，15班，在校生148人，“三残”儿童少年入学率100%。进城务工人员随迁子女在义务教育学校就读13569人，通过购买民办学校学位等方式，在公办学校就读占比100%。有成人文化技术学校19所，其中省现代化成校2所，完成社会培训成果信息存入学分银行信息数51.18万人。拥有国家、省“万人计划”教学名师4人、省特级教师23人、正高级教师24人，台州市名师名校长116人，数量均居台州首位。市教育局获评为国家节约型机关、全国第29届青少年爱国主题读书教育活动优秀组织奖、省中小学教师专业发展培训绩效考核优秀单位，东塍镇中心校、沿江镇中心校获评首届省清廉学校。

【办学条件】 **教育投入。**2022年，年教育经费39.13亿元，国家财政性教育经费30.03亿元，一般公共预算安排的教育经费26.32亿元，一般公共预算教育经费26.27亿元，教育事业费25.91亿元。一般公共预算教育经费占一般公共预算支出比例为21.43%。**经费扶持。**年内，加大农村教育投入，小学、初中生均公用经费分别达到2511.88元、3509.92元。**办学设施设备。**推进“百校达标”工程，完成年度投

9月8日，临海国学院在台州学院临海校区广文书院揭牌成立

（王　翔　摄）

市机关幼儿园东方苑园区　（2022年摄　市教育局　供图）

资 9.81 亿元，安排教育建设项目 78 个，完成台州中学西校区一期、大田中学宿舍楼、大洋街道中心幼儿园协成路分园等项目建设 23 个，推进哲商现代实验小学西校区、临海小学东校区、白水洋中心校东校区和灵江中学（初中部）改建等项目建设。实施幼儿园改薄扩容提升项目 21 个，其中列入民生事实项目 4 项，完成新改扩建幼儿园 4 所，新增学位 920 个。添置计算机 2400 台、多媒体 500 套、图书 22 万册，新建新型教学空间 17 个，临海获评台州市首批人工智能教育实验区，杜桥知溪小学入选全国“空间应用优秀”学校。**办学水平。**新增省现代化学校 7 所，新增二级以上等级幼儿园 12 所，通过复审 44 所。实现公办普通高中特色示范学校全覆盖。推进“互联网 + 义务教育”结对帮扶民生实事工程，结对学校 59 对。

2022 学年临海市中小学办学条件一览表

表 10

项目 / 学校	占地面积（平方米）			校舍建筑面积（平方米）			图书（册）	数字终端数（台）		
	计	其中：绿化用地面积	其中：运动场地面积	计	其中：教学用房	其中：行政办公用房		计	其中：教师终端数	其中：学生终端数
高中叠加合计	1123298.15	397063	270815.68	631890.94	253096.28	45034.98	1311551	8767	2712	6055
初中叠加合计	1186668.96	268670.53	368401.24	598332.39	267936.58	35019.89	1623787	10430	3062	7119
小学叠加合计	1812791.51	393336.15	663326.71	801188.51	479514.69	58447.83	2366303	17800	4355	13309
特教叠加合计	20855	7299.25	1792	12878	3265	417	2000	169	49	120
台州中学	238469	168092	25637	111975	51316	5298	220235	1078	582	496
回浦中学	170752	51226	36727	88163	41169	6583	169950	1739	691	1048
大田中学	128756	42844	37666	74691.77	29511.43	5004.84	162807	856	243	613
第六中学	102253	39157	22690	63095	26827	5369	142000	760	220	540
杜桥中学	93257	8000	25755	66658	28523.4	4326.6	118143	590	220	370
市外国语学校	64255.46	23598	14825	42409	18075	4516	108687	673	201	472
灵江中学	40466	5760	24823	30515	17176	1215	127993	609	3	606
台州初级中学	61548	14696	9920	37096	11675	2157	53000	368	103	265

续表 10

项目 学校	占地面积（平方米）			校舍建筑面积（平方米）			图书（册）	数字终端数（台）		
	计	其中		计	其中			计	其中	
		绿化用地面积	运动场地面积		教学用房	行政办公用房			教师终端数	学生终端数
回浦实验中学	53333	11480	17965	27046	15927	2000	82430	564	143	412
台州学院附属中学	60893	10497	26680	31804	16119	916	99710	600	180	420
临海中学	13414	200	3945	12514	6853	2298	74720	450	110	197
市第五中学	16929	4342	6000	12230	7697	2494	59000	336	139	197
杜桥实验中学	42387.8	9650.08	15113.68	32165.6	14322.99	1669.73	72583	478	128	350
大洋中学	52240	18284	13739.25	27862.95	9490.7	2567.2	57454	393	108	285
大田初级中学	44872	9073	18009	17153	8835	1207	82889	409	117	292
邵家渡中学	23382	5265.5	12000	14720	8900	720	41923	279	94	185
东塍镇中学	69588	12000	23000	35461	14819	2600	79978	608	212	396
杜桥镇中学	22000	2500	10000	17422.86	11899.23	670.32	71920	483	123	360
杜桥镇大汾中学	16700	1586	5010	5657	2677	412	17751	126	41	85
杜桥镇山项中学	21312	3000	7483	6728	3080	448	28301	184	55	114
杜桥镇西洋中学	20677	2000	7520	8155	3449	0	21500	142	40	102
杜桥镇川南中学	18326	3040	6288.28	6557	2880	749	20610	134	42	92
杜桥镇溪口中学	7148	1806	750	2749	494	156	3060	21	7	14
白水洋中学	42025.67	15260	20850	23126.2	10962.2	1795	75744	418	135	260
白水洋镇双港中学	21539	4200	2669	5006	2120	440	5480	79	21	58
上盘中学	47085	14586	12035	15887	6738	350	54724	340	107	233
桃渚中学	72678	11904	17780	29315	13567	1649	68246	502	149	353
桃渚镇连盘中学	18200.6	1201	2500	4834.6	1265.08	634.25	7984	74	17	57
桃渚镇中城中学	13300	2290	2080	5955	1181	206	9000	49	10	29
桐峙中学	39748.56	10250.2	10487.03	11838.45	5997.94	828.89	36020	215	64	151
城西中学	45949.21	17500	13510	19707.52	10987.56	420	63917	353	138	215
永丰镇中学	38336	10502.45	6180	18322	5086	518	28740	182	55	127
涌泉中学	35124	7500	11655	17012.56	4818	729	45271	277	75	202
大石中学	36078	10098	7033	11740	6155	169	30742	231	60	159

续表 10

项目 学校	占地面积（平方米）			校舍建筑面积（平方米）			图书（册）	数字终端数（台）		
	计	其中		计	其中			计	其中	
		绿化用地面积	运动场地面积		教学用房	行政办公用房			教师终端数	学生终端数
汇溪镇中学	9136	3460	2745	2670	1116	376	9330	69	24	45
汛桥镇中学	20000	6000	6272	5464.25	2510	737.5	20660	129	42	74
沿江镇中学	21075	7055	4820	7555.19	2726.4	552	21505	164	66	98
沿江镇西岑中学	23129	8029	6482	8549	3391	477	23360	167	40	127
尤溪镇中学	11870	2500	3368	6174	1892	474	14221	120	50	70
哲商小学	30454	2300	18180	12793	10573	1490	68695	466	161	305
临海小学	51443	5380	30300	29327	23672	2243	125642	1000	250	750
古城小学	22106	2235	9414	10620	6900	1320	40061	310	77	233
临海师范附属小学	18753	1289	7850	6564	6139	300	37476	266	60	206
回浦实验小学	24762.18	6438	13063	15124	12371	2283	59356	392	85	307
鹿城小学	33149	8287.75	8876	17619.97	8644.1	1181	35918	296	59	200
巾山教育集团	41295	11210	12495	21979	16745	1580	75894	662	150	500
古城街道	221962.18	37139.75	100178	114026.97	85044.1	10397	443042	3392	842	2501
大洋中心校	41333	11899.65	17000	19594	13140.6	1759.44	68102	569	128	441
大洋实验小学	43397	18000	18500	23464.6	13435.3	2308.66	64000	515	115	400
回归小学	10064	550	4300	4820	2897	230	18823	112	25	87
大洋街道	94794	30449.65	39800	47878.6	29472.9	4298.1	150925	1196	268	928
哲商现代实验小学	119880	23410	30393	48680	25223	2882	94961	534	144	390
哲商现代实验小学（东校区）	39868.01	10741.43	15784.32	14229.01	11604.65	750	48995	382	81	301
哲现	159748.01	34151.43	46177.32	62909.01	36827.65	3632	143956	916	225	691
江南中心小学	38380	13000	14821	14042	9372	664	54000	410	109	301
江南第二小学	17955	3200	4700	9480.51	3507.25	863.36	23100	160	35	125
江南街道	56335	16200	19521	23522.51	12879.25	1527.36	77100	570	144	426
大田中心校	63254	9123	20000	15530.44	12864.2	696	87698	484	101	383
大田街道大田二小	42957	8120	12930	25109.09	11289.6	1000	43182	336	72	264

续表 10

项目 学校	占地面积(平方米)			校舍建筑面积(平方米)			图书(册)	数字终端数(台)		
	计	其中		计	其中			计	其中	
		绿化用地面积	运动场地面积		教学用房	行政办公用房			教师终端数	学生终端数
大田街道奋进小学	5831.12	2040	1000.96	1075.89	410	60	2190	21	4	15
大田街道	112042.12	19283	33930.96	41715.42	24563.8	1756	133070	841	177	662
邵家渡中心校	32569	11399	15817	16666	10812	2000	48270	424	99	322
邵家渡滩头小学	10531	1082	5400	2978	2495	66	16950	78	19	59
邵家渡街道	43100	12481	21217	19644	13307	2066	65220	502	118	381
白水洋镇中心校	50775	7384	21529	30334	16382	1830	67134	607	161	446
白水洋镇店前小学	8951	1659	1552	5234.85	1584	120	5954	46	17	29
白水洋镇黄坦小学	4800	300	900	2326	564	40	2550	28	11	17
白水洋镇双港小学	26330	2100	8030	17044	6112	3765	21020	213	51	162
白水洋镇双楼小学	10371	3623	977.5	3000.72	819	70	2480	33	13	20
白水洋镇祥里小学	12004	990	2540	9265	1962	368	8330	94	26	68
白水洋镇	113231	16056	35528.5	67204.57	27423	6193	107468	1021	279	742
东塍镇中心校	29280	3650	18422	13100	10320	880	48642	440	115	325
东塍镇第二小学	29984	4252	11000	11678	8015	1234	28280	213	49	164
东塍镇溪东小学	3586	387	1864	1946	1476	140	7400	68	12	56
东塍镇东溪单小学	5640	1436	2952	2225	1360	90	7350	59	10	49
东塍镇康谷小学	10281	5806	1872	2603	1050	128	5460	49	14	35
东塍镇岩潭小学	8800	1155	2664	3281	1685	80	6651	60	15	45
东塍镇	87571	16686	38774	34833	23906	2552	103783	889	215	674
杜桥镇中心校	19381	2500	12260	12448	10433	1162	47080	462	150	312
杜桥镇杜桥二小	56677	20331	24821	31997	17169	4148	75734	654	147	507
杜桥镇杜桥三小	48657.63	17030	11780	11698	7850	280	35200	302	68	234
杜桥镇草联小学	7876	718	4240	2976	2776	75	13200	101	18	83

续表 10

项目 学校	占地面积（平方米）			校舍建筑面积（平方米）			图书（册）	数字终端数（台）		
	计	其中		计	其中			计	其中	
		绿化用地面积	运动场地面积		教学用房	行政办公用房			教师终端数	学生终端数
杜桥镇川南小学	29851	10448	12460	15765	8292	749	41697	305	57	248
杜桥镇大汾小学	26681	8004	11881	11775	7873	562	32680	278	60	218
杜桥镇山项小学	6800	1200	4310	3315	2932	152	13210	115	24	91
杜桥镇市场二小	20703	8160	5900	5059	3914	250	18768	157	30	127
杜桥镇市场小学	21366	1773	7800	9655	7104	120	27980	238	50	188
杜桥镇松浦小学	9323	2000	4925	4112	3212	110	14872	117	21	96
杜桥镇西洋小学	14012.85	4070	7291.85	5274	4856	48	21762	181	35	146
杜桥镇溪口小学	13320	1500	5500	4233	2720	210	16280	140	30	110
杜桥镇知溪小学	14312	4200	3229	8766	2029	1335	10697	96	18	78
杜桥镇溪口小学岙里教学点	4468	360	880	1964	1344	48	3600	26	10	16
杜桥镇	293428.48	82294	117277.85	129037	82504	9249	372760	3172	718	2454
河头镇百步小学	10800	456	1400	3876	658	181	5907	36	12	24
河头镇岭景小学	20003	3500	2100	5303	1936	120	6236	45	11	28
河头镇中心校	23000	6800	2300	5550	2159	563	12152	90	21	57
河头镇实验小学	26672	3330	3800	8578	2530	124	15057	125	35	90
河头镇	80475	14086	9600	23307	7283	988	39352	296	79	199
汇溪镇中心校	14300	4560	5100	4024	3106	224	14600	132	37	95
汇溪镇	14300	4560	5100	4024	3106	224	14600	132	37	95
括苍镇中心校	21094	2200	14750	13289	8332	855	47728	299	81	218
括苍镇爱国小学	13532	1736	3500	5282.43	1444	177	9816	57	17	40
括苍镇苍石小学	6325	1000	1400	2690	848	236	4300	39	14	25
括苍镇	40951	4936	19650	21261.43	10624	1268	61844	395	112	283
上盘镇中心校	32016	6380	10500	13878	8699	751	46125	268	88	180
上盘镇滨海小学	15299	2580	7400	8842.69	4119.69	370	39720	172	37	135
上盘镇城山小学	9004	3151.4	1806	4095.8	1309.8	118.6	5807	50	10	40
上盘镇新城小学	6388	560	3119	2946	2358	240	14937	65	15	50

续表 10

项目 / 学校	占地面积（平方米）			校舍建筑面积（平方米）			图书（册）	数字终端数（台）		
	计	其中		计	其中			计	其中	
		绿化用地面积	运动场地面积		教学用房	行政办公用房			教师终端数	学生终端数
上盘镇轻长小学	10563	1220	3522	4713	3092	272	24539	84	24	60
上盘镇	73270	13891.4	26347	34475.49	19578.49	1751.6	131128	639	174	465
临海头门港新区中心校	40422.86	14148	7935.98	23484	6837.96	2261.67	36365	303	62	241
头门港	40422.86	14148	7935.98	23484	6837.96	2261.67	36365	303	62	241
桃渚镇中心校	40271.86	6910.68	18630.31	21792.83	13037.73	3132.43	83977	583	131	452
桃渚镇北涧小学	5634	418	2102	1979	1312	100	5360	55	15	40
桃渚镇方山小学	9162.53	954.8	3866.94	2518.35	1936.61	81.15	12195	90	24	66
桃渚镇连盘小学	20019	1520	11350	6499.33	4908.7	412.36	39365	219	51	168
桃渚镇龙头小学	3640	302	2259	1938	1283.73	271.83	6933	53	14	39
桃渚镇戚城小学	6996	700	3200	5148	2888	370	16343	105	25	80
桃渚镇中城小学	12252.47	1325.44	6254.85	5223.7	3906.77	207.33	17406	135	30	105
桃渚镇	97975.86	12130.92	47663.1	45099.21	29273.54	4575.1	181579	1240	290	950
小芝镇中心校	25778	4000	15338	10098	6392	592	29879	247	71	176
小芝镇车口小学	10522	1751	924	2708	764	108	3128	33	7	26
小芝镇乌岩小学	19000	5000	5200	2864	2250	96	6886	74	17	57
小芝镇	55300	10751	21462	15670	9406	796	39893	354	95	259
汛桥镇中心校	14718	2526	6200	4840	3882	280	19803	189	56	108
汛桥镇峙下小学	4836	305	1525	1917	1215	60	4407	49	10	39
汛桥镇	19554	2831	7725	6757	5097	340	24210	238	66	147
沿江镇中心校	20039	2850	7770	11297	7388	497	41784	275	65	206
沿江镇实验小学	8671	1250	3560	2680	1995	95	8530	70	15	55
沿江镇西岑小学	8400	850	4690	3232	2431	210	20851	127	27	99
沿江镇长甸小学	16807	5882	3166	6799.3	3190	326	10132	68	12	56
沿江镇实验小学下岙教学点	2980	98	1240	1424	880	80	7850	34	5	29
沿江镇	56897	10930	20426	25432.3	15884	1208	89147	574	124	445

续表 10

项目 学校	占地面积（平方米）			校舍建筑面积（平方米）			图书（册）	数字终端数（台）		
	计	其中		计	其中			计	其中	
		绿化用地面积	运动场地面积		教学用房	行政办公用房			教师终端数	学生终端数
永丰镇中心校	19962	3390	6100	10262	6175	1200	20068	196	86	110
永丰镇江溪小学	7794	600	1288	2544	788	100	3400	57	12	20
永丰镇实验小学	24149	5474	5280	7323	4485	180	17342	130	34	95
永丰镇沿溪小学	20000	6800	2000	3288	1552	72	4980	48	14	34
永丰镇	71905	16264	14668	23417	13000	1552	45790	431	146	259
涌泉镇中心校	37637	13172	14400	20667	13897	603	50568	310	83	227
涌泉镇实验小学	13183	3620	4320	6031	3030	240	21647	124	29	95
涌泉镇五星小学	6600	2700	2800	1917	1315	60	6175	66	11	55
涌泉镇中心校石村教学点	5095	600	1284	1202	530	50	2244	27	8	11
涌泉镇	62515	20092	22804	29817	18772	953	80634	527	131	388
尤溪镇中心校	17014	3975	7541	7673	4725	860	24437	172	53	119
尤溪镇	17014	3975	7541	7673	4725	860	24437	172	53	119
学海中学	47850	7000	28122	35994.63	13701.4	1349.27	88266	1245	224	1021
白云高级中学	13000	600	5295.01	12565.12	3240.04	1335.01	46088	280	70	210
新时代学校	23537.69	1286	7724.67	13798.75	5300.81	880.29	56792	294	31	263
大成中学	24351	2312	7807	14732	4348	481	35200	268	75	169
西湖双语实验学校	86010	16500	20462	47395.3	10657.3	1995	40590	430	120	310
书生实验学校	39342.12	5507	12423	40957.71	20882.48	1290	82000	500	151	349
广泽学校	33761	4050	15883	19422.5	14375	1369	88814	527	81	446
培文中学	114692	33000	21089	44630.37	7598.9	7162.97	30000	213	107	106
培文阳光实验学校	49191	15046.3	18399	34742	8700	460	36000	191	60	131
民办	431734.81	85301.3	137204.68	264238.38	88803.93	16322.54	503750	3948	919	3005

资料来源：市教育局

2022学年临海市职业高中办学条件一览表

表11

项目 / 学校	占地面积（平方米）			校舍建筑面积（平方米）	图书（册）	数字终端数（台）		
	计	绿化用地面积	运动场地面积			计	教师终端数	学生终端数
叠加合计	595601.98	143317.55	132947.35	413699.04	649651	6519	1352	4969
市中等职业技术学校	125000	37000	20000	57902.6	146167	1375	368	1007
市高级职业中学	131014	45854.9	30775	62986.44	155492	1290	308	982
东湖职业技术学校	42900	8580	14300	36410	1850	270	50	220
海商职业技术学校	57200	5200	5400	65500	80695	646	46	600
豪情汽车工业学校	139353.98	37782.65	27718.35	108396	171917	1643	190	1294
华海技术学校	40000	2000	5600	31665	43450	256	98	158
江南职业技术学校	33317	4400	8954	28658	30080	684	184	500
台运交通技术学校	7037	100	5000	8466	10800	231	80	112
警备育才学校	19780	2400	15200	13715	9200	124	28	96

资料来源：市教育局

【队伍建设】 **教师学历**。全市中小学有教职工14856人，其中专任教师12006人。小学专任教师4110人，学历达标率100%，高一层次学历比例99.76%；初中专任教师2925人，学历达标率100%，高一层次学历比例达98.50%；普通高中专任教师1451人，学历达标率99.79%；职业高中专任教师1266人，学历达标率94.39%。**师德教育**。全面开展中小学（幼儿园）教师师德专题教育，获省“春蚕奖”5人、台州市教育工作成绩突出个人称号42人，评选市优秀教师90人、优秀班主任50人、优秀教育工作者23人、师德标兵15人、最美教育人55人。**教师评聘**。年内，新引进教师152人，其中通过提前签约形式引进应届本科优秀生和硕士生41人。实现教职工带编交流255人。完成教师资格注册7364人，教师资格认定1412人。新增正高级教师5人，评审高级教师143人、一级教师288人。**师资培训**。年内，组织第二期领航名师培训，举办第一期硕士学位培训班，完成中小学思政课教师培训5期，各类累计培训教师1.4万人次。**教师荣誉**。新增浙江省特级教师8人、新增台州市“特支计划”第二层次人选1人、第三层次1人、台州市名师工作室1家。

【教育质量】 **职业教育**。推进“双高”项目建设，探索“订单式中高职一体化”人才培养模式，中职学生技能大赛获省级一等奖1个、台州市一等奖9个。建成省现代化社区学校2所，省市级培训品牌项目6个，河头镇成校《“指尖河头”智慧老人学堂》入选首批教育部“智慧助老”优质项目名单。**义务教育**。全面实施义务教育“公民同招”政策，深化“公参民”学校转制规范工作，调整台州学院附属中学等5所转制学校招生政策。**学前教育**。实施学前教育体制机制改革，设立镇（街道）学前教育专干。全年新增省二级以上幼儿园12所，二级及以上在园幼儿占比70.67%，同比提升15个百分点，关停“低小散”民办幼儿园9家。**德育工作**。临海中学获台州市成语大赛冠军。在台州市“学宪法讲宪法”演讲比赛中获一等奖1人，知识竞赛一等奖1人。强化基层团组织规范化建设，入选“浙江省成绩突出少先队辅导员”1人，大洋小学获评“浙江省成绩突出少先队集体”。**“双减”工作**。探索“基础服务”+“拓展服务”的服务模式，构建阅读、体艺、科技、社会实践等多层级多领域课程，全市121所义务教育学校（其中小学84所、初中37所）全面开展课后托管服务，覆盖率100%，新增省级劳动实践基地1家，台州市级研学教育基地3家，国粹（戏曲）助力“双减”的相关经验入选浙江“双减”工作动态。**体艺工作**。深入开展阳光体育运动，严格落实体育与健康课程，回浦中学获得耐克中国高中篮球联赛浙江省冠军、浙江省锦标赛五人制甲组亚军、耐克中国高中篮球联赛东区冠军、耐克中国高中篮球联赛全国季军、浙江省省运会男子篮球五人制甲组冠军。举办第二十八届中小学生文艺会演；参加台州市第十五届中小学生艺术节，获一等奖23个、二等奖34个、三等奖35个；实施“戏曲进校园”活动，市教育局与浙江小百花越剧院（浙江小百花越剧团）签约建设浙江省戏曲教育共同富裕示范区项目，孵化出浙江省“雏鹰计划万里行”儿童剧活动基地、浙江小百花越剧院教学点。活动纪录片《戏曲进校园、传承在身边》和《扎实推进戏曲进校园，打造国粹助力“双减”落地增效的临海样板》登录“学习强国”平台。

（撰稿　蔡晓锋）

文 化

Culture

文化体育

【概况】 6月28日，市委出台《关于加快推进新时代历史名城文化临海工程的实施意见》，提出构建府城宋韵文化、桃渚古城抗倭文化、户外运动文化“三大高地”，把临海打造成历史文化名城标杆、文化润富先行市、文明实践示范窗口、文化融合创新城市。7月4日，首次以市委名义召开文化工作会议，提出全面实施文化先行战略。9月27日，三大文化高地研究会授牌成立。是年，临海运动员在第十七届省运会获得15.23金6银4铜。

7月4日，全市文化工作会议召开　　（市文广旅体局　供图）

【文化遗产保护】 年内，继续推进台州府城墙二期修缮工程，完成马氏庄园、套主城修缮等文保项目，开展梅浦窑址的考古勘探。9月27日，台州府城·数字诗路文化体验馆开馆，由临海博物馆旧址改建而来，占地面积约2200平方米，依托新华智云“台州府城文旅大数据平台”，挖掘临海相关的718位诗人，2332首古诗，312个地点和典故标签，以诗词为经纬，叠加地点维度，设置戚继光、王士性、紫阳真人等虚拟导游，循着“诗歌之路”领略临海风光。8月26日，上盘镇旧城村传统产业展示馆、东塍镇岭根村村史馆、尤溪镇人文展示馆等7家博物馆被列为浙江省第二批乡村博物馆。是年，涌泉延恩寺南宋杨栋墓入选2022年度浙江考古重要发现。墓葬为双室砖石墓，考古人员在墓葬西室挖掘出金银器、玉器、漆木器等计约45件，其中“宋少保观文殿学士杨公圹志”石墓志一合，保存完好，约1500字。戚家军鸳鸯阵入选第六批省级非物质文化遗产项目名录。

【文体惠民】 全年建成69家农村文化礼堂、105个品质文化生活圈、3个城市书房、1个文化驿站，再望书苑文化驿站入选浙江省最美公共文化空间。建成1个村级全民健身广场、1个社区多功能运动场、1个足球场、6家百姓健身房和11个微型便民体育公园。全市新增体育场地面积20.1万平方米，人均体育场地面积达到，每人2.64平方米。全年

2022年，省文物保护单位——马氏庄园修缮工程完工。图为马氏庄园外台门 （彭连生 摄）

修缮后的马氏庄园正房 （彭连生 摄）

组织各类文化活动、非遗演出、送戏下乡累计2000场次，送电影下乡8000场次，送书下乡3.26万册，服务群众200万人次。“江南雅诗 追梦古城”多媒体音乐会入选浙江省首批文化基因解码成果转化利用示范项目。“年轻态”群众文化活动入选浙江省公共文化服务高质量发展典型案例，为台州唯一。

【数字化改革】 6月30日，国内首个全链闭环的基层文化服务平台——“浙里有戏”应用上架浙里办App。应用提供“管戏扶戏、找戏看戏、拿手好戏”三大核心场景，系统重塑营业性演出数字化审批流程，审批率从1%提高到90%，审批时长从20天缩短至1天，被列为省文旅厅数字化改革第二批试点项目，获评省数字文化系统优秀应用，是唯一一个在未来数字文旅大会做案例分享的县（市、区）数字化改革项目。

（撰稿 陈乐怡）

新闻传媒

【概况】 2022年，市新闻传媒集团贯彻市委、市政府工作部署，创新新闻传播方式，奋进第一方阵”等专题报道篇均阅读量破万，为临海跻身全省县域综合实力第一方阵提供坚强的舆论支持。获2022年浙江新闻奖一等奖2件，浙江省县市新闻奖一等奖4件。推动媒体融合，形成“一核多平台多集群”媒体新格局，“掌心临海”抖音号粉丝量超62万人次，播放量1000万人次以上11条。融媒指数连续4个月居全省前十，7月问鼎全省第一，实现历史性突破。获评2021年度“美丽浙江”融合传播协作先进集体的单位、2022年度浙江省县级融媒体中心优秀天目号。

【媒体融合】 新闻报道广泛应用大数据技术及VR、AR、H5等技术，形成“固定点位直播+动态直播+慢直播”的综合直播形式，全年新媒体直播120余场，观看最高超38万人次。“掌心临海”App改版，做大矩阵集群，增设报料平台、疫情诉求、新闻报料等版块，发放多轮消费券，开展营商环境、廉政、农民丰收节等网上答题活动。年末，“临海发布”微信公众号用户数超30万户，“掌心临海”App用户数超31万户，“掌心临海”抖音号粉丝量62万人。

【新闻宣传】 创新设立组团式采访机制，一个优秀新闻题材生产出不同体裁的作品。2件作品获省新闻奖一等奖、1件作品获三等奖，为历年之最。在台州新闻奖和省县市新闻奖的评选中，获各类奖项26件，涵盖全媒体所有平台。短视频工作室通过“掌心临海”抖音号推出短视频1000多条，其中400余条阅读量超过100万人次，单条最高播放量达4326万人次，最高点赞量57.2万人次。时评工作室关注社会热点、民生民情，当好舆论导向的评论员，围绕市党代会、市“两会”“百日攻坚”等重大事件及中心工作推出系列评论50余篇。全年在央视、央广播发稿件23篇，浙江卫视《浙江新闻联播》发稿稿件197篇，《浙江日报》发稿22篇，浙江之声发稿105篇，台州新闻综合频道《台州新闻》发稿201篇，《台州日报》发稿56篇，台州新闻广播发稿98篇；新华社新媒体端发稿2篇，《人民日报》新媒体端发稿2篇，中央广播电视总台新媒体端发稿1篇，“学习强国”App发稿179篇，浙江卫视“中国蓝新闻”App头条和视频号发稿175篇，浙报集团“天目新闻”App首屏推荐27篇，“美丽浙江”抖音号发稿24篇。

【媒体经营】 媒体经营朝多元化方向发展，承接2022年“两会”氛围营造整体方案的策划和执行、市财税局小型演播室搭建工程、2023年春节氛围布置等项目，开展7场次对农直播带货活动。拍摄团队承接的《临境之城》疗休养宣传片在新华网等国家级新媒体平台播出，阅读量超130万人次；《千年府城　文明临海》专题片在中央文明网展播。

【智慧产业】 年内，完成头门港、白水洋健康驿站一期、二期智能化项目施工建设及验收。承建沿江方舱医院智能化项目中的9个子系统，在浙江省智慧广电“数智共富杯”创新大赛（台州赛区）比赛中获融合项目创新组优胜奖。承建全市“五统一”视频监控项目、全市227个智安小区（1500个摄像头）等建设任务。9月28日，中国广电5G电话卡开启内测，至年末办理广电5G卡2500张。

（撰稿　吕菁菁）

图书发行

【概况】 2022年，临海市新华书店统筹防疫情、稳安全、抢时间、保发行，做好政治读物发行、教材发行、“乡村书屋+新华书店”惠民工程、全民阅读等工作，实现全店图书总销售码洋11226.82万元。被全国青少年爱国主义读书教育活动组委会评为第29届读书活动新华书店系统发行先进单位。

【网点平台建设】 年内，推进“农家书屋+新华书店”乡村书房建设，先后入驻尤溪“老街三寻”、括苍镇和东塍镇农家书屋。推出“钱塘鸿书”平台，建立统一会员身份，提供门店充值、扫码付款、扫码点餐等服务，实现线上线下同步销售，支持闪送和自提，覆盖各门店周边3—5千米。提供芸台购模式，推出推荐书目，满足中小学生暑假阅读需求。广文书院被中国书刊发行业协会评为“年度社区书店”。

【图书征订发行】 **教材征订发行**。年内，春秋两季发行教材346.2万册，教辅62.3万册。《大雅临海·经典诵读》学前至八年级读本，共9个分册，发行10.38万余册。《家乡临海》发行2.5万余册。**主题出版物征订发行**。成立专门的发行领导小组，在

9月1日，大洋小学“中华文明‘浙’里璀璨”——《我的家乡在浙里》导读活动在广文书院举行　（市新华书店　供图）

卖场设置主题出版物专台。全年发行《习近平在浙江》64839册、《干在实处　勇立潮头——习近平浙江足迹》58656册、《习近平谈治国理政》第四卷44695册、二十大文件学习资料近8万册等。

【全民阅读活动】 年内，在店内组织开展“新华约读”“国学讲堂”“晓敏姐姐讲故事”等阅读活动，线上借助天猫直播、“钱塘鸿书”小程序、微信社群等渠道进行“云分享”阅读。开展图书“七进”活动，举办“乡村图书驿站”系列活动20余场，不定期邀请知名作家走进校园，，分享创作经历、指导写作、交流优秀作品。在全市中小学校开展“永远跟党走　奋斗新征程”为主题的全国爱国主义主题读书教育活动，发行读本10余万册。暑假期间，举办全市学生读书月暨“阅读伴我成长”暑期读书活动，精选推荐书目，通过到校流动供应、线上芸台购、纸质订单3种模式，送书上门。8月31日，协助举办“浙江省中小学生爱国主义主题读书教育活动暨‘乡村少年爱阅读’活动”启动仪式，组织中小学生参加读书教育活动，发行各类读本6万余册。

（撰稿　朱鲸颖）

史志工作

【党史工作】 **组织编纂《灵江奔涌向东海——临海改革开放新时期党史专题集（一）》。**通过创建浙政钉专题编写工作群、召开专题编写网络视频培训会、到各承编单位调研等多种方式，作资料搜集、史料核实、体例规范等方面的指导及审核，筛选出21篇文章汇编成《改革开放新时期临海党史专题集（一）》（24.8万字）。**撰写《中国共产党浙江临海历史》第三卷（1978—2012）初稿。**三卷编写组人员参加台州党史三卷编写业务培训会，学习《中国共产党的九十年》《中国共产党简史》等相关资料，提高政策理论水平，厘清三卷编写的思路和方法。其间，同步推进基础资料征集工作，逐年对市档案馆的改革开放时期档案资料进行查阅、复印，搜集报刊资料、年鉴、部门（乡镇）志，整理资料长编，完成45个目的初稿。**做好资政编研。**开展“八八战略”在临海的忠实践行全记录资料征集研究，撰写《以文化人、向海图强，开拓提升临海发展新格局》文章；梳理改革开放后临海的重要决策、重大事件、重大成就等，完成《临海县委县政府重要报告汇编（1979—1985）》初稿（23.95万字）、2009年至2012年的大事记初稿（22.3万字）。**召开全市党史工作会议。**深入贯彻落实省第十五次党代会、省第十次党史工作会议精神。7月市委常委会专题听取党史工作汇报；11月24日，召开全市党史工作会议，市委书记吴华丁在会上强调，做好新时代全市党史工作，要坚持以史明向、以史立言、以史资政、以史塑新，对照构建“大党史＋大党建”工作格局要求，落实“健全机构、稳定队伍、充实力量、提高素质”具体方针，推动党史研究工作资源共享、专兼互补、协同合作、整体推进，不断提高党史工作制度化、信息化、专业化水平。**深化党史学习教育。**承办全省第十三次青年党史工作者学术沙龙；联合有关高校、市教育局、团市委、市社发集团、市博物馆等开展红色研学活动，“跟着红色地图学党史”现场教学达上万人次；与市委宣传部、团市委一起依托市青年宣讲团、市“灵江潮音”宣讲工作室组织党史学习教育巡回宣讲800余场次；加强对农村文化礼堂的验收指导和规范化管理运行评定工作，向农村文化礼堂集中赠送党史书籍18场次；盘活本地红色资源，重新规划提升中共台州中心县委机关旧址纪念馆展陈形式和内容，通过中国共产党临海历史馆、郭凤韶故居线上720° VR展馆等方式，数字赋能党史宣教场所智慧升级；强化革命遗址和纪念设施保护利用，创建台州市党史教育基地2家；加强信息报送和临海史志微信公众号的推送工作，全年被市级以上刊物及媒体录用党史信息47篇（浙江党史和文献网12篇、“浙江党史”微信公众号6篇、学习强国“浙里学史”频道5篇、台州史志网23篇、《台州史志》期刊1篇），利用“临海史志”微信公众号定期推送临海党史红色故事、最新研究成果及工作动态，做好红色文化传播。

【地方志工作】 **出台方志发展意见。**6月，出台《临海市人民政府办公室关于加快推进新时代地方志事业发展的意见》，明确指出，着力实施方志强基、方志成果转化应用、方志数字化转型、方志人才培育“四项工程”，推动修志工作向基层、部门延伸，拓展提升年鉴编纂工作，开展旧志、谱牒等历史文献整理研究，加强方志数据资源建设和推进数字方志馆建设，鼓励社会力量参与地方志文化建设。地方志工作实现由传统方志向数字方志、由重修轻用向修用并重“两个转型”。**抓好志鉴编纂**。12月，《临海年鉴（2022）》由方志出版社出版发行，全书69.3万字；推进镇（街道）志、部门（行业）志等编纂，《桃渚镇志》被列入中国名镇志文化工程，《尤溪镇志》《临海政协志》《临海人大志》《临海工会志》《临海人物志》等编纂工作启动。**开发利用方志资源**。参与《台州市浙东唐诗之路文化保护利用条例（草案）》意见征集研讨会；“临海史志”公众号平台推送50余篇，引导全社会读志、传志、用志；组织志鉴书籍进文化礼堂活动18场，赠《临海市志（1986—2012）》《临海年鉴（2020）》《临海年鉴（2021）》等；全年被市级以上刊物及媒体录用地方志信息16篇（“方志中国”微信公众号1篇，学习强国3篇、“方志浙江”公众号1篇、台州史志网10篇、《台州史志》期刊1篇）；深化地方志工作数字化改革，地方志编纂室自编志鉴成果数字化率已达100%。**成绩荣誉**。11月，《临海年鉴（2021）》获评2022年度浙江省精品年鉴。临海市地方志编纂室在台州市地方志系统年度工作考核中名列第一；1人获评全省地方志先进工作者，1人入选省地方志“151”人才工程首批方志青年英才。

（撰稿　钟肖鸣）

社科工作

【社科研究】 2022年，获省级课题立项1个、台州市级课题立项6个。报送决策建议10多篇，获台州市委主要领导批示1次。举办台州市社科界第五届学术年会分论坛“民营经济高质量发展促进共同富裕”理论研讨会和“扬清风、树正气、促先行”廉洁文化主题研讨会等研讨活动。与台州学院合作建立临海国学院，《唐广文博士郑虔丛考》获台州市第十三届文化曙光奖。

【社科普及】 举办“喜迎二十大，金声颂华章”演讲朗诵艺术公益普及等中共二十大精神宣传普及活动。举办临海市社科理论界学习党的二十大精神宣讲备课会，举办“好事来临 · 我说二十大”青年宣讲会，开展“共同富裕 · 青年说”微型党课大赛等活动。利用中华传统节日，开展“迎新春 · 乡村振兴”楹联捐赠、“一念安康　雅集端午”端午朗诵雅集等活动。临海市城市规划展览馆和于至楼庭院艺术博物馆入选台州市级社科普及基地。

【学术交流】 加强“重要窗口”社科调研基地建设，课题《临海市涌泉镇乡村产业振兴、打造共同富裕示范区的经验与启示》被《台州社科要报》录用。在临海设立清廉民企建设研究中心。县域案例《临海市全域合建“共富工坊”打造产村融合新格局》入选浙江省第四届高质量发展智库论坛十大优秀案例。承办台州建州1400周年暨台州文博70周年线上学术论坛、浙东唐诗之路与台州文化学术研讨会等学术活动。

（撰稿　许　勰）

档案工作

【概况】 2022年，推进档案资源接收、档案业务提升、档案法规宣贯、争创“国家级数字档案馆”等工作。8月，完成库房档案搬迁。新馆库房使用面积4200余平方米，配备独立机房，配备相关业务设备150余件。全年完成到期档案接收进馆177523卷90254件、实物203件，征集、归集“三重一特”等各类档案3910件；完成开放审核147141件；接待查档3865人次，调阅档案1523卷39211件。

【依法治档】 年内，围绕基础设施、规范建档、安全保密、信息化等重点工作，对20家机关单位、重点建设项目、档案服务机构开展档案执法专项检查。融入“大综合一体化”行政执法改革，综合运用“互联网＋监管”、“双随机”抽查、多部门联合执法等机制提升执法质量。

【档案归集】 **到期档案接收**。9月，启动到期档案大接收工作，向市政府申请专项经费28万元，用于引进第三方中介服务机构协助接收，实行专班人员专业查验。年内完成65家单位17523卷90254件档案进馆接收。**“三重一特”档案归集**。印发《关于做好重大专题档案接收工作的通知》，新接收疫情防控、脱贫攻坚、拓荒精神史料、爱国主义教育

7月1日，临海市民营企业档案工作协作组成立会议召开

（市档案馆　供图）

基地、民营企业等档案共计7000余件，并建立专题数据库。**档案征集**。开展散存红色资源、历史档案等档案征集、归集工作，征集文献资料、字画、图片、音视频、实物等档案2500余件。

【档案审阅】 **部门协同审核**。对满20年的馆藏档案，采取与立档单位“协同审核”方式，会同档案形成或移交单位，集中力量、集中时间、集中地点，由档案馆提供场所和业务培训，各立档单位负责初审，档案馆进行复审和终审，共同推进档案开放审核工作，至年底完成开放审核复审147141件，其中开放15462件。该做法获《记忆浙江》《浙江省馆简报（业务动态）》和《浙江档案》推广。**打通查阅堵点**。做好网上查询、异地跨馆查档、预约查档等服务，开通机关查档直通车，打通档案馆与各单位档案室、档案室与档案室之间的查档通道。

【档案利用】 **档案编研**。完成《只为青绿》林场档案、《1979—1985市委市政府重要报告汇编》和国家重点档案专题保护开发项目——《抗日战争档案汇编·临海卷》初稿编写；推出《府城忆往录》专题，完成3位离休干部口述档案记录；参与拍摄纪录片《不负青山》，获台州市档案编研成果一等奖；完成“跟着档案去旅行”临海岭根——不老的记忆的故事栏目制作。**主题活动**。以“喜迎二十大档案颂辉煌”为主题，开展市镇联动进民企“档案服务周”“府城记忆·兰台印象”摄影作品展、线上档案有奖知识竞赛等活动。**展厅建设**。设立档案文化厅、民营经济厅两个固定展陈和特藏室、音像档案阅览室两个功能区块。年内基本完成展厅装修工程，硬件设备陆续安装调试及展陈内容的深化和设计。

【档案服务】 开展为期两个月的“转作风　促规范　强基础”档案调研服务活动，助推各单位档案工作落实落地。**民营企业档案**。印发《临海市关于加强和改进民营企业档案工作的意见》，助推企业档案规范化建设，华海药业档案室被列为台州市民营企业档案工作示范点。成立临海市民营企业档案工作协作组，首批15家重点民营企业加入。**基层社会治理**。在汛桥镇开展台州市档案服务农村基层社会治理试点，实现镇、村档案100%规范化、数据化管理，顺利通过验收；在全市推进村级档案规范化建设，50%的行政村实现规范化建档工作；开展村级档案数字化备份工作，完成35个行政村档案数字化加工和备份工作，建立村级档案数据库。

【档案数字化】 **数字档案室建设**。年内，全市新增11家省级示范数字档案室、30家省级规范化数字档案室，创建率分别为24%和78%。**档案管理服务一体化平台**。至年末，共有83家一二级单位申请一体化平台账号，并开通机关查档直通车。**电子公文单套制归档试点**。开展党政机关电子公文单套归档试点，与市大数据发展中心协同完成OA系统档案预归档模块开发和对接，在5家单位进行试点。

（撰稿　金晨希　卢逍月）

医疗卫生

Medical Condition and Health

卫生健康

【概况】 2022年，全市有各类医疗卫生机构687家，其中医院、卫生院40家，实有医疗床位7640张，每千人床位数6.84张（含台州医院）；各类卫生技术人员12638人，执业（助理）医师3709人，每千人医师数3.32人；注册护士4481人，每千人护士数4.01人。全市医共体、公立医疗机构实现业务总收入16.67亿元，累计门诊人次631.38万、出院人次70850人，每门诊人次费用149.8元，每出院人次费用8648.15元。公立医院综合改革连续三年获评省优秀县市区，获中央专项改革资金补助413万元。获评省无偿献血先进县（市、区）、2021年度健康浙江建设考核优秀县（市、区）。

【抗击疫情】 年内，先后派出医务人驰援宁波、杭州、上海、衢州、嘉兴、金华、天台等地抗疫。因时因势优化调整疫情防控措施，稳妥实施新冠病毒感染“乙类乙管”政策，全市发热门诊24小时应开尽开，有序转段平稳度峰。

【健康临海建设】 年内，实施健康临海“1+26”项行动，率先在全省启用线上健评信息系统，心脑血管疾病防治行动入选健康浙江行动示范样本，健康影响评价临海模板入选全国健评手册。在全市广泛开展国家卫生城镇，健康社区（村）、健康家庭、健康促进学校、健康企业等创建活动，截至2022年末累计创建健康社区（村）216个、健康家庭4259户、健康主题公园20个、健康步道35条、营养食堂/餐厅20家、健康企业20家、健康促进医院（二级医疗机构及以上）6家，创建率100%，健康促进学校金银铜牌创建率97.89%，连续四年获评为健康浙江建设考核优秀县市区。全市人均期望寿命达到80.87岁。

年末，疫情防控优化调整后，核酸采样小屋改为发热诊疗站，为市民提供药品 （市卫健局 供图）

【人才与重点学科建设】 **人才引育**。实施新一轮卫生医学人才培育工程，医学定向培养本科生16名，转岗培训全科医生12人。年末，全市全科医生注册数521人，每万人口注册全科医生数4.35人。完善临海籍卫生人才地图，累计采集本土人才（藏亲图）576人，市外人才（寻亲图）207人，引进高层次、优秀卫生紧缺人才25人，新增市一医院陈益定省级以上专家工作站1家，市一医院郭世伟名医工作室、市二医院戴加勇名医工作室、市中医院徐海虹名医工作室3家市级名医工作室。**科研创新**。全年发表论文72篇，其中SCI收录17篇，二级杂志46篇。继续医学教育项目获批17项，其中省级2项、台州市级15项（含备案）。**东西部协作**。4名嘉陵区医护人员到临海挂职，市妇幼保健院、市中医院各派1名医疗专家赴嘉陵区开展长期医疗帮扶活动。

【公共卫生服务】 完善基本公共卫生服务体系建设，建立健全公共卫生管理“两专员一中心一团队”工作机制，推进公办村卫生室建设5家。19家基层医疗机构通过慢病一体化门诊验收，加强“两慢病”全周期健康管理，全市高血压、糖尿病、精神障碍等三大慢病规范管理率分别为65.87%、64.99%、89.21%。落实免疫规划，加强传染病防控，全年基础免疫报告接种率95%，报告法定传染病发病率612.82/10万，发病数较2021年同期（6429例）上升6.20%。保持艾滋病低流行水平，完成全国第四轮艾滋病综合防治示范区工作。健全完善家庭医生签约服务，实行城乡居民“三免三惠”健康体检，全年累计签约57.66万人，规范签约率48.09%，老年人、孕产妇等10类重点人群签约42.67万人，重点人群签约率87.14%。强化“红色健康管家”载体，完成医院和社区“红色健康管家”结对，常态化进村入社（区）提供义诊、家医随访、健康咨询、常规体检等专业化健康服务。

【0—3岁托育照护服务】 实施母婴安全行动，印发《妇幼保健机构机制创新工作实施方案（试行）》，推动3岁以下婴幼儿照护监管标准化、制度化，按照“政府引导、家庭为主、多方参与、分类指导”的总体思路，建立健全托育服务工作管理体制和运行机制。发展普惠托育服务，6个镇（街）新开展托育服务，启动大洋、白水洋、邵家渡、杜桥等4个镇（街）公办托育机构建设，列为普惠托育基本公共服务省级试点。至年末，全市累计完成备案托育机构110家，托位总数4940个，千人托位数4.42个。

【计生服务】 年内，全市生育登记审批网上办理率98.05%，发放生育登记服务卡5840例，其中通过浙里办平台办理5726件。全市上报出生6107人，同比减少842人，出生人口性别比112.71。落实生育利益导向政策，加大计生家庭帮扶力度，向全市21196名计划生育家庭奖励扶助对象、1117名特扶对象发放帮扶资金2953.38万元。加强公共场所母婴设施建设与管理，全市母婴设施配置率。

【卫生健康保障】 **项目建设**。完成市一医院门诊楼、住院楼和外场地环境改造工程，推进市二医院新病房大楼扩建工程和河头、括苍中心卫生院迁建工程等项目建设，启动市“健康大脑+智慧医疗”项目、江南街道社区卫生服务中心迁建工程、小芝中心卫生院扩建工程、市一医院创三乙改造提升工程等项目建设。推进章氏骨伤医院、慈宁医院2家民营专科医院建设，核增床位1100张。**双随机、一公开**。落实“双随机、一公开”制度，开展医疗行业乱象、医疗废物整治等专项行动，全年累计抽取国家、省级双随机44次667家次，执行率100%，完成双随机行政处罚案件198起，罚款金额32.38万元。

2022年临海市医院基本情况一览表

表12

机构名称	地址	卫计人员数（人）			实际床位数（张）	诊疗人数（人）		入院人数（人）
		总数	执业医师	注册护士		总数	门诊人数	
台州医院	古城街道西门街150号	4253	1310	2314	3643	4451695	4066983	193630

续表 12

机构名称	地址	卫计人员数（人）			实际床位数（张）	诊疗人数（人）		入院人数（人）
		总数	执业医师	注册护士		总数	门诊人数	
台州医院东院区	大洋东路 599 号							
市第一医院医共体	大洋街道大洋西路 375 号	1089	330	588	750	736603	620198	30065
市第二医院医共体	杜桥镇杜北路	712	240	384	500	910169	763173	25964
市中医院医共体	回浦路 61 号	458	162	217	349	478078	472306	8828
市妇幼保健院	学浦路 298 号	262	101	119	55	286969	274266	4182
临海华厦医院	杜桥镇牌门路 532 号	70	28	28	90	16496	16496	1415
临海怡宁医院	江南街道靖江南路 518 号	20	10	6	80	819	819	825
邦迪医院有限公司	东方大道 263 号	100	36	48	150	7756	7756	1153
美年日昇医院	大洋街道临海大道 333 号	45	16	16	20	198424	198424	0.00
江南医院	古城街道两水开发区	40	11	18	70	16357	16337	710
现代医院	巾山西路 1 号	66	15	44	99	17363	17363	1511
博仁医院	桃渚镇四岔三角路	64	12	38	70	93264	93264	968
广民医院有限公司	江南街道靖江南路 588 号	56	14	30	50	7266	7266	1900
临海华仁医院	崇和路 207 号	36	14	18	20	13874	13874	225
大芬中医医院有限公司	杜桥镇富南路	14	8	3	20	26967	26967	11
章智棣骨伤科医院	杜桥镇府前街 217 号	25	9	7	50	39669	37748	62
东城骨伤医院	大田街道中城东路	80	22	42	139	58219	55655	3172
紫阳老年医院	大洋街道张洋路 127 号	85	13	54	141	23536	23536	718
爱齿口腔医院	杜桥镇解放街 180 号	20	6	12	20	26750	26750	0
博视眼科医院	古城街道临江大道 1558 号	18	5	8	20	3276	3114	866
康宁医院	大田街道砟溪头村	89	19	62	355	12539	12539	3610
长松骨伤科医院	古城街道淤沙路 87 号	23	12	5	55	38987	38987	1613
颐兴园护理院	江南街道靖江南路 187 号	22	11	8	50	450	450	1115

说明：台州医院东院区于 2022 年底启用，故无相关数据　　资料来源：市卫健局

2022年临海市中心卫生院（社区卫生服务中心）基本情况一览表

表13　　　　单位：人

机构名称	卫计人员数			门诊人数
	总数	执业医师	注册护士	
古城街道社区卫生服务中心	57	20	22	175317
大洋街道社区卫生服务中心	44	16	14	112244
江南街道社区卫生服务中心	43	8	14	120835
大田街道社区卫生服务中心	48	16	10	146285
邵家渡街道社区卫生服务中心	54	12	14	122563
白水洋中心卫生院（第四人民医院）	125	26	44	304921
桃渚中心卫生院（第五人民医院）	141	47	50	556304
杜桥中心卫生院	182	34	76	441208
小芝中心卫生院	54	11	15	190878
上盘中心卫生院	67	15	26	201440
永丰中心卫生院	70	15	25	162968
涌泉中心卫生院	57	11	15	148633
沿江中心卫生院	63	11	21	167560
汇溪中心卫生院	28	6	8	84182
河头中心卫生院	57	9	22	187962
括苍中心卫生院	51	11	18	142668
尤溪中心卫生院	33	10	9	76250
东塍中心卫生院	74	21	26	242477
汛桥中心卫生院	32	10	12	114453

资料来源：市卫健局（撰稿　包娅娅）

医疗保障

【概况】 2022年，全市有医保定点医疗机构159家，定点零售药店123家，定点医药机构总数282家。职工医疗保险基金收入14.19亿元，支出13.66亿元，期末滚存结余17.50亿元，基金支付能力15.4个月；城乡居民医疗保险基金收入12.55亿元，支出13.60亿元，期末滚存结余6.73亿元，基金支付能力5.9个月。年末，临海户籍基本医保参保109.88万人，其中职工医疗保险参保33.08万人、城乡居民医疗保险参保75.20万人、临海户籍在外参保1.52万人，户籍参保率99.91%。

【药品集采】 全年开展7批次国家药品集中带量采购和3批次省集中药品带量采购，涉及采购品种322个，占药品总数约10%，省集中带量采购药品50个，药品平均降价50%以上，全年采购金额5170.1万元，节省药品支出9000余万元。

【医疗救助】 健全防范化解因病致贫返贫的主动发现机制、动态监测机制、精准识别机制，符合条件困难群众政策落实率、资助参保率100%。全年落实城乡医保免缴对象资助参保51089人，财政补助个人保费3142万元（其中困难群众参保12624人，财政补助706.944万元），救助医疗费用2400万元。

【基金监管】 年内，有8家医药机构新纳入定点范围。全年实现对全市所有定点医疗机构和零售药店检查全覆盖，开展联合执法检查3次，共查处违规两定机构117家次（暂停资格及以上处罚51家），取消定点协议资格5家，告诫处理63家。查处欺诈冒领医保待遇309人次，追回医保基金26.9万元。通过智能审核拒付、自查自纠追回、部门联合执法和交叉飞行检查扣除医保基金合计1133.52万元。

【积分管理平台】 在台州创新推出医保医师积分管理系统，全市3339名医保医师及163家医疗机构的法人及负责人纳入平台管理。平台开通以来，共组织考试824次，通过556人次，通过率67.48%。2022年度累计扣分1500人，暂停医保医师资质6人。

（撰稿　陈　婵）

社会事务管理

Social Affairs Management

民　政

【概况】 2022年，新增低保对象527户769人，累计发放低保金9100余万元，年末全市低保6478户9391人。以六角井、大洋、南门未来社区和未来乡村建设为突破口，实现全市33个社区综合服务设施全达标，省级社区治理与服务创新实验区项目获评省优秀，成立台州市首家社区发展基金会——杜桥镇乡贤社区发展基金会。市老年乐园成为台州市唯一的省级“四星级养老机构”，在省、台州市康养体系建设现场推进会上作经验交流。深化殡葬改革，完成省级节地生态安葬示范点分路牌树葬区建设，推进实施殡仪馆改扩建工程。全年办理社会组织审批服务1447件，婚姻登记34636件，其他权力事项16305件，社会组织主要负责人政治联审项目开发应用投入试运行。

【兜底保障】 **大救助体系。**运用省大救助系统平台，统筹推进低保、特困、临时救助、受灾、医疗、教育、住房、就业等“1+8+X”大救助项目。实现社会救助一件事联办率达100%，探访关爱率、幸福清单送达率、线上入户调查率均达100%，有效电力户号采集率92%。**“干群连心·助力共富”专项行动。**民政系统干部与全市190户困难群众（每个镇街10户）结对，每季度探访一次，全年走访500余人次，解决困难30余户。**未成年人救助保护。**实现全市19个镇（街道）未成年人保护工作站全覆盖。

【品质颐养】 **省民生实事。**建成1家智慧公办养老院，新增115张认知障碍照护专区床位。实现镇（街道）居家养老服务中心配备无感服务智能终端全覆盖。新增120名持证养老护理员。**台州市民生实事。**完成375户困难老年人家庭适老化改造。建设并投入运营“老省心——府城老邻舍”6家，其中泉井洋店设置两层近800平方米养护专区，配备

府城老邻舍·大洋社区店　　　（市社发集团　供图）

2个护士站、18张智能照护床位以及轮椅、辅助器械等，为老人提供日间照料、中短期托养等服务。至2022年底，全市共建成镇街中心厨房21家、村级示范老年食堂50家，激活农村助餐点163个，打造城市社区15分钟、农村地区30分钟的送餐服务圈。**省级养老机构消防安全监管试点**。年内，完成试点方案制定、工作专班搭建工作，初步完成平台开发并投入试运行，接入全市51家养老机构的烟感、液压检测、燃气报警等设备。

【基层治理】 **城乡社区现代化**。以六角井、大洋、南门社区未来社区和未来乡村建设为突破口，实施重点攻坚项目“十大行动”。6月，“一老一小”优质服务提升行动获批为全省5个现代社区建设试点项目之一。**社区治理**。推进河头镇殿前村的全国村级议事协商创新试点建设。以南门、泉井洋、庄头、解放等社区为建设主体，建成社区服务综合体4家。第三批“省级社区治理与服务创新实验区”结项验收，临海市《构建城乡社区服务共同体建设标准助推共建共治共享新格局》实验创新获评优秀。**地名管理**。挂接农村籍门牌3万多条，数据归集2万多条，完善国家地名信息库数据6960条。《临海市地名志》基本完成出版稿。**社会组织**。年内，推选省、台州市级候选组织6家，推选省、台州市级社会组织领军人物6名。古城街道、大洋街道社会组织服务平台入选2022年浙江省优秀乡镇(街道)社会组织服务平台案例选编。成立台州市首家社区发展基金会——临海市杜桥镇乡贤社区发展基金会。

【殡葬改革】 **公墓建设**。年末，总投资达3.6亿元的中央山公墓首开区建成，16个镇级公益性生态公墓建设项目中括苍镇、汇溪镇开工，河头镇、东塍镇、小芝镇等完成工程招投标。**省级节地生态公墓示范点**。年内，完成省级节地生态安葬示范点分路牌树葬区建设，总占地0.43公顷，投资约600万元，建成墓穴2767穴。**殡仪馆改扩建工程**。年内，土建工程基本完工，二次装修进场施工，全年完成投资5350万元。

（撰稿　孙青青）

慈善事业

【概况】 2022年，市慈善总会围绕“善行浙江”工作部署，开展助医、助老、助学、助困、助残等系列慈善救助项目，与相关部门、无公募组织联合开发“壹元捐”公益基金等慈善项目，开展慈善文化宣传进机关、进企业、进学校、进社团、进村居、进家庭“六进”活动。全年慈善资金收入8141.31万元，其中捐赠收入7150.22万元，慈善资金支出7440.32万元。累计救助困难群众3726人次。

【慈善募捐】 年内，募集善款7150.22万元(含分会收入187.73万元)，其中限定性收入6947.93万元，非限定性收入202.3万元，资金增值529.48万元。其中，“慈善一日捐”活动募集善款152.61万元。

【慈善救助】 **救助项目**。元旦春节期间，开展“心手相连·慈善暖冬”活动，慰问困难群众1082人，发放慰问金101.23万元。拨出资金3.21万元，为19个镇街的256名敬老院老人举办“慈善年夜饭”。全年救助困难老人330人，发放救助资金134.83万元。实施“恩泽医疗救助”“福彩儿童大病救助”“低保尿毒症患者救助”等助医项目，累计拨付救助金171.09万元。开展“圆梦助学”项目，累计发放助学金212.41万元，资助贫困学生1508名。举行“秀希助教基金”发放仪式，奖励白水洋镇优秀乡村教师28人、优秀校长3人，共计6万元。**公益项目**。全年公益项目建设支出6594.57万元，其中：资助台州医院新院区项目建设5151.25万元，救助项目支出499.32万元。接收市利民化工有限公司捐赠的价值17.6万元的18吨西兰花，赠给上海市浦东新区洋泾街道，几万户居民受益。接收省慈善联合总会疫情防控资金7.5万元，转入市卫健局账户。接收家联科技等105万元定向用于白水洋镇岩头王村建设；接收全市爱心企业资金493万元用于东西部对口支援项目；补助黄坦蓝莓扶贫基地新苗及化肥13.55万元、灌溉工程建设23.26万元，基地面积增至400亩、蓝莓12万株，种植区域从2014年基地成立初的1个村辐射到16个自然村、273户。

【慈善合作】 年内，与临海市志愿服务联合会一起设立“壹元捐”公益基金，在“浙里捐赠”平台上线，收到302笔捐款

9月8日，青岛安吉尔时代电器有限公司向全市各镇（街道）、行政村（社区）捐赠空调扇1台和冷热智能净水机1台　（市慈善总会　供图）

2910.66元，专款定向用于市志愿服务联合会帮扶社会贫困边缘、低保、困境、特殊关爱等群体。市妇女联合会牵头发起"焕新·家"关爱儿童公益行动，筹资74万元，先后完成三期"焕新环境行动"，帮助116名符合条件的困难家庭儿童改善家居环境，解决成长难题。元旦春节期间，总会出资16万元对这些儿童进行回访慰问。联合市红十字会、市中医院发起设立"博爱暖人心"关爱偏瘫中医康复医疗救助项目，专项用于救助需康复治疗的家庭困难的脑卒中后偏瘫患者。参与"共富工坊"建设，出资19万元在括苍镇黄石坦村建设共富超市、共享厨房。

【慈善宣传】 9月8日，为庆祝第七个"中华慈善日"，在桃渚镇城里村文化礼堂开展以"携手做慈善　助力共富梦"为主题的慈善宣传和义工服务活动。活动现场接收青岛安吉尔时代电器有限公司无偿捐赠价值近500万元的空调扇和冷热智能净水机，派送到各镇（街道）、行政村（社区、居委会），推进全民健康饮水工程。年内，慈善义工开展敬老助学、助残助孤、社区关爱等公益服务行动，举办"串串门·聊聊天""雏鹰助飞""盛夏送清凉""巧手春泥进百村（校）"等活动，为老人、小孩、家庭困难者等提供义诊、理发、洗脚等志愿服务。

（撰稿　顾薇薇）

退役军人事务管理

【概况】 2022年，全市贯彻落实《中华人民共和国退役军人保障法》，维护退役军人合法权益，促进就业创业，优化拥军褒扬，落实抚恤优待。根据"五有""全覆盖"要求建设退役军人服务保障体系，累计建成市服务中心1个、镇街服务站19个、村（社区）服务站662个、企业服务站10个。创建109家"全国示范型"退役军人服务站、55家"省枫桥式"退役军人服务站。年内，市军队离休退休干部休养所获评为省军休工作成绩突出集体，市烈士纪念设施保护工作入选浙江省县级以下烈士纪念设施保护管理典型案例。

【安置创业】 开设消防设施操作员培训班，组织驾驶证等职业技能培训。举办退役军人线下招聘会4场。组织军创企业浙江库里环保工程有限公司参加全国

6月28日，临海市退役军人、其他优抚对象优待证首发仪式举行
（市退役军人事务管理局　供图）

退役军人春招行动。在台州率先定向招聘退役军人社工。

【优抚褒扬】 全年足额发放优抚对象抚恤金和生活补贴，走访慰问优抚对象、困难退役军人、企业军转干部，发放慰问金。出台《临海市困难退役军人帮扶援助实施细则（试行）》，为困难退役军人提供生活、医疗、住房等方面的援助，为全市困难退役军人（低保、低边）发放生活补助。为全市退役军人、其他优抚对象建档立卡、发放优待证，6月28日举行优待证首发仪式。落实烈士公墓修缮工作，顺利通过全省烈士纪念设施保护管理督查调研。东湖烈士陵园及“一江山岛战役”头门岛指挥旧址被认定为台州市关心下一代教育基地。

【双拥工作】 办好拥军实事，为退（现）役军人及其父母进行免费健康体检；为68名低保对象提供免费的“防癌抗癌专属保险”。开展向荣立三等功军人、优秀士兵送喜报活动，新悬挂或更换光荣牌。举办“粽叶飘香迎端午，军民同乐一家亲”端午活动、庆祝中国人民解放军建军95周年暨“喜迎二十大·永远跟党走”系列活动。

（撰稿　林　瑶）

水库移民管理

【概况】 2022年，全市共有水库移民村505个，水库移民后期扶持36504人，其中直补到人27356人、项目扶持9148人，移民来自市域牛头山、溪口、童燎等3座大中型水库及外地长潭、滩坑、福溪等28座大中型水库。举办水库移民共同富裕技能培训班9期，培训移民613人。临海获评为2022年度全省水库移民工作评估优秀县（市、区）。年末，全市农村移民人均可支配收入36888元，为全市农村居民人均可支配收入的99%。移民参加城乡居民医疗保险25353人，参加城乡居民养老保险15296人，纳入失地农民社会保障范围4814人，纳入农村低保216人。

【移民后扶项目建设】 全市共实施移民后扶项目64个，包括基础设施项目33个，产业升级项目28个，市级项目3个，共安排移民专项资金4544万元，项目总投资6302万元。基础设施建设项目新建机耕道路33.3千米，产业转型升级项目围绕“物业经济”和“美丽经济”，实施南溪村物业购置、塘头村橘园升级改造、哈龙岙村竹笋基地设施提升等项目。

【共同富裕示范项目】 实施浙江省首批水库移民共同富裕示范项目——杜桥镇岙底陈等五村联合购置物业项目，总投资2100万元，争取省级财政资金1500万元。通过建立政、村、银、企多方协同的移民共富机制，采取“跨村发展、股份经营、保底分红”模式，在杜桥镇宝龙广场购置物业商铺，实现杜桥镇溪口水库和童燎水库库区5个移民村整体消薄，惠及移民5611人。

【直补人口管理】 年内，对核定到户到人并登记在册的纳入后期扶持范围的人口24871人和新核定的方溪水库移民直补人口2485人进行复核，全市共核减因死亡、纳入财政供养、服刑等原因退出移民后扶直补人口233人，项目扶持人口转直补人口92人，新建水库补漏登3人，复核后全市大中型水库移民后期扶持直补人口27218人。全年累计发放直补资金27286人，金额1643.57万元。

【方溪水库移民安置】 8月，方溪水库移民后期扶持人口核定结果获水利部批复，2485名方溪水库移民将从2022年起纳入大中型水库移民后期扶持范围，在20年扶持期内享受专项中央财政资金扶持。是年，方溪水库83.32亩留用地开发项目列入省移民重点改革创新项目。

（撰稿　马圣宇）

新居民事务管理

【概况】 2022年，全市发放居住证112863张，流动人口申领台州码149295张，亮码313945人次。安排2437名流动人口随迁子女入读公办学校。2022年末，全市流动人口登记在册数223048人，居住出租房屋36801间，流动人口平均居住登记率95%，平均登记准确率95%，出租房屋登记率100%。

【数字化管理】 依托流动人口数据库、房管通系统和核酸检测反馈数据信息，比对筛选确定应登记未登记、应签注未签注、应注销未注销的流动人口，开展信息核查销号。全年核实未登记流动人口10678人，疑似未注销流动人口17451人，完成未登记、未

7月15日，新居民志愿者到台运广场开展手工针织花卉义卖活动，义卖所得资金用于实现困难群众微心愿　　（市新居民事务中心　供图）

注销流动人口信息清零。

【积分入学】　首度开展积分入学第二批次登记受理，即在规定的积分申请时间内，未及时申请而可提供的学位数超过第一批申请人数的情况下，为有需要的流动人口随迁子女进行不计积分登记，发放积分卡，在第一批申请人完成择校后，由市教育局在剩余学位中就近安排第二批次人员入读学校。全年共接受流动人口随迁子女积分入学申请2761人次，其中小学1562人次，初中1199人次。实际共安排2437名流动人口随迁子女入读公办学校，其中小学1411人，初中1026人。

【居住证】　2022年，续约市图书馆、江南长城旅游发展有限公司、崇和影城、邦迪医院、瑞人堂医药、中贤职业技能培训学校6家合作单位企业，完善居住证在文化、旅游、医疗、教育各方面功能应用。全年累计受理居住证申请122062张，发放112863张。

【志愿服务】　年内，新居民志愿服务队开展为城市“清道夫”送早餐、护航高考、致敬援沪白衣天使、走访留守儿童及孤寡老人等志愿服务活动超1000次，招募新志愿者600人。制订“志愿之花”服务项目5年培训计划，组建爱心编织共富团队，实现新居民低收入群体创收，助力全市200个以上低收入群体实现微心愿。

（撰稿　周　聪）

人力资源和社会保障

Human Resources and Social Security

【概况】 2022年，全市高标准实施人才强市战略，推进稳就业、惠民生、引才智、优服务等各项工作，就业形势保持总体稳定，劳动关系保持和谐稳定，社会保障实现扩面提质。全年城镇新增就业12232人，就业困难人员再就业565人，城镇失业人员再就业1740人，城镇登记失业率控制在2%以内。年末，全市企业职工基本养老保险在职参保28.02万人，城乡居民基本养老保险在职参保19.43万人，工伤职工参保30.30万人，各险种合计支付53.86亿元，累计发行电子社保卡27.8万张。"来浙实践"获评省人社厅最佳应用。市人力社保局获省厅绩效考核优秀等次。

【稳就业】 年内，成立稳就业惠民生攻坚行动工作专班，采取"免申即享"经办模式，落实"免、返、留、扩"一揽子惠企政策，累计减免失业保险费用9124.64万元，受理阶段性缓缴社会保险费3924万元，发放失业保险稳岗返还5983万元。出台《临海市基层公共就业服务队伍建设工作方案》，配备基层公共就业服务协理员689名，实现全市镇（街道）、经济开发区、村（社区）全覆盖。筹建就业见习基地62家，发放高校毕业生就业补贴2270.39万元、创业担保贷款6053万元、担保贷款贴息324.1万元、培训补贴1554.87万元。台州学院成立大学生创业园，东方永安创业园创成省级创业园。发放失业金1733万元，开发公益性岗位163个落实就业128人，累计帮扶就业困难群体5572人，帮扶率100%。常态化开展用工监测分析，全年举办线上、线下招聘会67场次，赴外省内外高校招聘22场次，参与企业1463家次，需求人数47004人。

【社会保障】 首次将企业职工基本养老保险提标扩面纳入镇（街）工作目标责任制考核，全年累计净增企业职工基本养老保险参保15112人，排名台州第二。全市城乡居民基础养老金提高到

9月25日，2022临海市"智汇台州·百校引才"（黑龙江站）秋季校园招聘会在哈尔滨师范大学举办。图为招聘团合影 （市人力社保局 供图）

每月235元，惠及16.29万人。19个镇街便民服务中心社保代办窗口实现全覆盖，设立农商银行社保代办网点76个，下放银行办（受）理事项62项，在全省率先建立“社银联通、服务到村”工作体系，142个办理事项即办率91.55%、44个民生事项“一证通办”100%。全年共办理工伤认定2778起，工伤职工劳动能力鉴定15期，鉴定人次2638人，工伤发生率9.17‰。制订《临海市社会保险基金管理提升年行动实施方案》，结合全省社会保险领域风险排查发现问题清单，完善《临海市社会保险事业管理中心岗位权限管理办法》，整改反馈省、市及其他单位的疑似违规线索4069条，经办风险疑点核查率、整改率达100%。

【人才强市】 人才招引。全年新引进大学生18698人，其中青年大学生9394人。引进院士项目2个、领军项目1个，招引500精英计划创业人才12人、创新人才5人，9家博士后工作站新进站10人、通过中期考核5人、出站7人。伟星新才入选国家级博士后工作站、顶立科技入选省级博士后工作站。10月21日，第四届国际高层次人才创业创新大赛决赛举行，6个项目获奖。所获奖项目除创业扶持资金外，可享受房票补贴、安家补贴、医疗、子女教育等各项政策待遇。**职业技能提升**。深化职业技能提升行动，全年技能培训3.67万人次，新增技能人才12542人、高技能人才4512人、技师388人，兑现各类技能提升补贴2452多万元。评选星级台州技工1338人，推荐浙江工匠7人，全市技能等级认定备案企业库136家。争取省级资金800万元，用于汽车机械产业职业教育专业建设；投入1004万元，升级职技院校特色专业、产业亟须专业实训设备硬件。浙江吉利技师学院新能源汽车工程专业、临海市技工学校的机械制造自动化专业入选省级A类高水平专业群。**优化人才环境**。全年兑现各类人才政策3930万元、高层次人才住房补贴和安家补助计192万元，发放副高以上专业职称人员薪酬补助391万。“台州人才码”申领1.8万人次，“台州人才码”和“‘来浙实践’实践码”实现贯通。

【和谐劳动关系】 实施“根治欠薪治源”“风险隐患清零”“送维权、助安薪”等系列专项行动，受理欠薪案件2741件，为4185名职工追回工资4642.45万元，全市范围内未发生因欠薪问题引发的重大群体性事件和恶性事件，通过2021年度市级政府保障农民工工资支付工作考核暨“无欠薪”县（市、区）复核。全市204个500万元以上在建工程项目全部纳入“安薪在线”平台，累计在线发放工资49.7亿元。处置“全国根治欠薪线索反映平台”线索件763件，涉及人数316人、金额341.24万元，向公安机关移送恶意欠薪案件3起、下达行政处罚14起，协调解决新就业形态劳动用工矛盾纠纷12件。快查、快处各类欠薪案件2138件，涉及人数3257人、涉及金额3680.08余万元，劳动仲裁调解成功率92.9%，仲裁结案率98%。

【人事服务】 出台《临海市事业单位建立管理岗位职员等级晋升制度实施方案》《关于进一步规范事业单位工作人员交流的意见》等文件，晋升八级职员829人、七级职员5人。组织各项人事考试21场，提供考试服务21625人次，机关企事业单位招录职工676名，其中事业单位115名、教育系统135名、卫健系统172名。完成在职人员基本工资调标和离休人员离休费增资程序，审核并办理机关、事业单位退休手续426人。按照省厅“八统一”要求，全市70多家合作网点纳入“政银合作”项目。全年办理行政许可事项111件，“来浙实践”数字化应用访问量超15万人次，好评率99.7%，在省发改委数字社会第9次应用路演中得分第一，入选全省第八批数字社会案例集，其理论体系入选省数字社会系统2022年度“最优理论”，中组部组工信息109期刊录相关经验信息，获高兴夫副省长批示肯定，并在台州市推广贯通。在全省率先应用“智慧人才市场”平台，提供就业岗位5019个，注册求职者18768人，收集简历2230份，匹配精筛简历1219份。

（撰稿　董宇宁）

应急管理

【概况】　2022年，全市发生各类生产安全事故11起，死亡9人，未发生较大以上生产安全事故，未发生亡人自然灾害。新增规范化避灾安置场所43家，居台州第一。在台州首创《防汛防台工作操作手册》《指挥实用手册》，保障应急指挥顺畅、整体联动高效。新创建1家全国综合减灾示范社区、省级综合减灾示范社区各1家。7支乡镇综合应急救援队伍通过省级验收。投入137.47万元，开展防台风综合演练等29场应急演练，8180人（次）参与。市应急管理局获评2022年度浙江省县级防震减灾工作先进单位。

【安全生产】　**安全责任落实**。全面建成应急管理全覆盖责任体系，厘清1688名责任人员的责任清单、重点工作清单，落实常态化履职，实现“市、镇、村、企”四级责任全面贯通。新业态责任具体化，出台《临海市旅游新业态职责分工》，明确滑翔伞、攀岩、漂流、玻璃栈道等旅游新业态各环节的安全监管责任，消除监管盲区。对各类重大安全生产问题进行全面排摸、及时整改，完成1个省级、11个台州市级重大安全生产问题销号。**“除险保安”攻坚战**。结合安全生产“四化”建设，制定8大行业58个领域标准化检查手册，按照“企业自查、网格助查、中介协查、基层检查、部门暗查、市级督查”模式，开展滚动式全覆盖排查，动态整改清零。全年检查16.9万家次，查处隐患17.1万处。发挥保险公司等第三方机构隐患排查作用，鼓励八大高危行业企业参保安责险，全市投保企业1195家，保费约3105.9万元。**重点领域专项整治**。打好三年行动“收官战”，提前完成13个专题专项705项工作任务，消除一批区域性、系统性安全风险。其中危化品领域，在全省率先开展危化品防爆、防中毒专项整治，完成55家危化企业爆炸、中毒风险排查与动态管控，开展“化工园区安全智控应用”试点，协助应急部编制间歇釜式反应安全风险防控指南。应急部专门致信感谢；消防领域紧盯“五大领域”整治，清仓排查37286家居住出租房，全面启动48处C、D级高层建筑重大隐患整改，拆除工业企业违章建筑14500平方米，集中挂牌整治电动自行车充电“乱点”；城市运行领域接入10家燃气场站视频监控，实现数字化全面监管，改造老旧燃气管道13千米，在台州率先完成4518家餐饮场所可燃气体报警装置安装。

【防灾减灾救灾】　**防灾减灾救灾能力建设**。年内，成功防御梅雨期5次强降水和“轩岚诺”“梅花”2个强台风，在抗旱、防寒潮冰冻上调度得力，减少灾害影响。全年新改建水文监测站63处、气象站点68处，完成隐患整改527处，新增规范化避灾安置场所43家。应急物资管理“四化”模式在全省推广。**森林防灭火**。推进森林防灭火源头管控，强化重点时段、重点区域野外用火专项治理，实现全年全市森林火情零伤亡。市专业森林消防队全年完成扑火任务19次,抗台应急任务2次。

【行政执法】 全年查处安全生产违法行为10类35项,办理安全生产行政处罚案件242起,罚款778.53万元;开展双随机抽查任务7次、跨部门联合执法18次,公开曝光安全生产违法典型案件21起。执法监管与普法教育、指导服务相结合,实现"检查一家,服务一家,提升一家"。

【数字化管理】 推进医化园区安全智控应用试点,14家重大危险源企业双重预防机制数字化建设实现全国数据互联。"安迅应急救援"升级为"救在身边"高速救援新平台,被列入全省"一地创新、全省共享"一本账名录,在杭州举行推广会,首批入驻12家,入驻里程4158千米。

(撰稿　杨　寅)

消防救援

【消防救援】 2022年,市消防救援大队对标应急救援"主力军、国家队"职能定位,融入全市社会经济社会发展大局,圆满完成党的二十大消防安保任务,全年成功处置1655起警情,未发生亡人或有较大社会影响的火灾事故,火警数同比下降21.6%,降幅居台州首位。大队党委获评全省消防救援队伍先进基层党组织。

【火灾防控】 年内,市委常委会、市政府常务会先后6次专题听取消防工作汇报,协调解决重点难点问题。消防工作纳入市委重点工作督办内容,建立8个重点镇街每半月消防工作会商制度,推动文广旅体、民政、教育、卫健等部署行业系统标准化管理,开展重点行业领域隐患整治,强化属地和行业监管责任落实。落实火灾事故领导到场和警示教育制度,实行"发生火灾一律停业整顿、相关责任领导现场踏看、周边企业单位全员警示"。围绕"五大领域"整治,针对居住出租房,部署开展为期2个月的整治活动,清仓排查3.7万家,办理处罚235起,停水停电874家,整治合格率达95%;针对高层建筑整治,全面启动48处C、D级高层建筑重大隐患整改,全市高层建筑自动消防设施完好率达到89.61%;针对工业企业,突出以"厂中厂"、多业态厂房和可燃易燃企业为重点,综合运用"改、罚、停、封、拆、拘"等手段,累计处罚30余万元,关停15家,拆除违章建筑3.5万平方米;针对风险较大、问题突出的电动自行车停放充电"乱点",落实镇街领导包干责任,集中挂牌整治82处;针对"九小"场所和人员密集场所,以挂牌整治形式解决一批重点难点问题。针对违法行为,全年办理行政处罚案件228起,罚款258.9万元,临时查封22起,"三停"32家。

【应急救援】 规范"3+1"组训模式,推进全员岗位练兵,开展基础体能、岗位技能和多站联合训练,多次夺得支队片区月体技能对抗赛第一,在全市消防救援队伍冬训、夏训比武中分别获得团体第二、第三的好成绩。落实"熟悉演练日"制度,开展熟悉演练248次,修订数字化预案125份,完成重点单位建模300家,开展固定消防设施测试215家,通信测试300家。综合运用理论授课、集中培训、综合战评、桌面推演等形式,提升指战员灾情预判和科学处置水平。推进多种形式消防队伍建设,常态化开展督导检查、联动演练、轮岗轮训,编发督查通报4期,发现并纠治问题200余个。承办2022年度总队级车辆事故救援技术和支队级绳索救援技术培训班,11人完成培训并获得CRAR中级绳索救援资格证书;组织化工专业队赴医化园区走访调研,参观安全环保指挥监管平台,定期邀请专家专题授课,开展全市多部门化工事故处置联合演练。分站开展灾害事故类型处置攻关,以高层、水域、大跨度、医药化工等辖区灾害事故类型为主,深入分析总结处置程序、装备效能、人员编组等方面的经验。常态化开展实战实训,将训练场地向室外山间水库、拆迁坍塌民房、重点化工企业等偏移,最大限度地模拟真实救援环境,设置开展房屋坍塌、孤岛被困和狭小受限空间救援等科目训练,成功处置"2·14"南发海绵厂、"3·9"临亚厂房等火灾事故。

【消防宣传】 全年开展各类宣传培训、演练730余场,组织"红门体验游"活动60余场,消防宣传车外出宣传130余次,受教育群众达17万余人次;通过微平台发布安全提示1100余期,提示短信5万余条;开展消防蓝码推广活动,共扫码答题3万余人;推进"五进"活动,建设试点单位50家。联合市广电推出《阿消说防范》系列节目,以案说法,普及常识。

(撰稿　王　武)

生态建设

Ecological Construction

气　象

【概况】 2022年，全市气温偏高，日照偏多，雨量、雨日均较常年偏少，气候总体呈现暖干特点。年平均气温18.7℃，高于常年（18.1℃），为2016年以来连续第7个气温偏高年；高温日数54天，酷暑日38天，极端最高气温41.8℃（7月23日）；极端最低气温-4.1℃（12月29日）。年降水量1287.0毫米，较常年（1671.7毫米）偏少23%；雨日148天，较常年少14.1天。全年日照时数1998.2小时，比常年（1690.5小时）偏多18%。年内，临海国家气象观测站站址迁移获省批复同意，市气象科普基地建设项目立项。

2022年主要气象要素一览表

表14

月份	平均气温（℃）		极端气温（℃）		降水总量（毫米）		降水天数（天）		蒸发总量（毫米）		日照时数（小时）	
	历年	2022年	最高	最低	历年	2022年	历年	2022年	历年	2022年	历年	2022年
1	6.9	8	17.7	-2.4	65.7	44	11.8	12	41.3	38.9	104.9	98.1
2	8.5	6.9	24	-0.6	60.2	117.7	12.4	15	40.5	48.3	102.6	91
3	11.9	14.8	32.5	2.1	127.1	188.1	16.6	17	55	63.5	120.6	142.8
4	17.1	18.1	32.7	4.1	112.1	128.2	15.2	12	70.4	84.6	140.3	186.1
5	21.8	19.7	31	10.8	145.4	187.5	16.2	17	79.2	75.8	139.5	138
6	25.1	25.8	36.7	19.3	245.6	210.7	18.8	14	69.2	89.4	111.6	157.5
7	28.9	30.9	41.8	24	200	33.9	14.3	12	112.7	170.5	210.3	295.1
8	28.4	30.4	41.1	23.2	326.4	113.7	16.7	9	109.7	168.5	199	292.2
9	25	25.3	34.4	16.7	183.6	101.3	13	10	92.1	115.8	157.2	215.2
10	20.1	19.6	34.6	9.5	80.9	9	7.7	4	83.2	98.3	163	175.9
11	14.8	17.2	28.6	4.8	69.2	100.3	10	15	55.7	47.8	119	75.1
12	9	7.6	17	-4.1	55.4	52.6	9.4	11	48.1	54.4	122.5	131.2
全年	18.1	18.7	41.8	-4.1	1671.7	1287	162.1	148	857.1	1055.8	1690.5	1998.2

资料来源：市气象局

【主要气候事件】 **年初低温连阴雨。**受年初冷空气活动频繁影响，1月22日至2月23日全市持续低温连阴雨（雪）天气，山区降雪冰冻多发，过程日照时数仅54.2小时，系历史同期第三少。尤其是2月17日，海拔100米以上的地区出现不同程度积雪，括苍山积雪12厘米，安基山、羊岩山8厘米，汇溪山安6厘米、兰田山和尤溪上白岩4厘米，海拔100米地区屋顶、植被少量薄积，积雪导致多处山路封道，高山景区关闭。**三月转暖春。**3月暖湿气流活跃，气温回升快，月平均气温14.8℃，比历年偏高2.9℃，位居历史同期首位，3月14日最高气温更是高达32.5℃，打破1961年有气象记录以来的3月最高气温纪录。气温高，强对流频发，其间共有3次较强降水，其中3月14日下午到夜里年内首场雷阵雨来势汹汹，局地伴有短时强降水、8—10级雷雨大风以及强雷电，括苍、永丰更是出现小冰雹。**梅雨期短雨量少。**6月10日入梅，6月26日即出梅，出梅时间早，梅汛期仅16天，比常年平均少7天。梅期短，水量少，全市面雨量132.7毫米，比常年梅水量偏少约五成，降水多系统性降水，空间分布相对均匀，水量较大的为白水洋龙泉村179.6毫米、括苍山168.8毫米、杜桥医化园区162毫米。**极端高温。**2022年全球大气环流异常，副热带高压明显偏强，6月下旬（6月21日）起临海持续高温。6月21日至8月30日平均气温30.5℃，比常年同期偏高2.1℃，居历史同期首位，35℃以上高温天数达54天，打破1961年有气象记录以来的年高温日数纪录，其中7月23日最高气温升至41.8℃，刷新历史高温纪录。**夏季局地强对流频发。**夏季持续高温，局地强对流频发，多伴有8级以上雷暴大风。7—8月全市共发生10次雷暴大风，气象台发布大风黄色预警信号19期，均为历史同期罕见，其中最为明显的过程为8月21日，局地对流云团不断发展，各镇（街道）普遍出现5—7级阵风，平原最大涌泉24.1米/秒（9级）。**台风晚来个数少。**年内影响临海台风偏少，时间明显偏晚，7—8月常年台风活跃期出现罕见台风"空窗"季。9月，11号台风"轩岚诺"和12号台风"梅花"相继近海北上，全市面雨量分别为54.6毫米和93.2毫米，沿海海面大风持续时间长，范围广，最大风力雀儿岙41.2米/秒（13级），总体上两大"秋台风"影响偏弱，一定程度缓解旱情，利大于弊。**夏秋连旱。**夏季经历高温热浪、台风空窗，秋季接连温高雨少，气象干旱蔓延。7—10月全市总降水量257.9毫米，较常年严重偏少，仅次于1967年，为历史同期第二少，其中10月总降水量仅9毫米，不足常年的二成。同时，7—10月蒸发量高达553.1毫米，降水少，蒸发大，全市山塘水库、河道水网水位持续走低，高山居民饮水困难，柑橘、西兰花等作物产量受损。**秋末强对流多发。**11月28日，冷空气南下前夕，异常回暖，市区最高温度达22.6℃，充足的水汽以及近地面加热，在冷空气的冲击下，11月28日中午至29日形成多轮强对流，雷电活动频繁。其中，29日早晨古城、大洋、江南、小芝等镇（街道）先后出现1厘米左右的小冰雹，28日12时至29日9时全市面雨量24.2毫米，单站较大的为永丰满塘49.9毫米，古城两桥44.5毫米，永丰大洋42.1毫米，大田山里41.4毫米。**"三重"拉尼娜。**2022年是连续第三个冬季为"拉尼娜"事件，秋末起冷空气活动频繁，共有3次较明显的冷空气过程，11月29日到12月2日达寒潮级别，气温断崖式下降，全市平均气温过程降温幅度达13℃，沿海海面风力增至9—10级。此后，多股冷空气连续影响，气温持续偏低，12月18—20日及24—26日早晨最低气温均跌破冰点，19日早晨最低气温下降到-4.1℃，为全年最低。

【防灾减灾】 以做好极端天气和高温干旱气象服务为重点，加强中长期天气形势分析，强化短时临近预报预警，落实分级响应机制，为防汛抗旱决策提供精准气象服务。年内，启动应急响应10轮次，开展联合会商12次，呈送服务材料323期，发布气象灾害预警信号243次，联合发布灾害风险预警31次，发送预警短信571.7万余条，电话叫应120次。建成省级气象防灾减灾标准化村（社区）55个。全年实施人工增水作业27轮次，发射增水火箭弹40枚，燃烧碘化银烟条40根，累计增水1700万吨。

【气象监测】 推进暴雨精细化监测预报预警工程、县域气象监测预报能力提升工程，结合台州市民生实事项目，补齐气象监测能力短板。年内，新建自动气

7月15日，市青少年宫红领巾实践岗小学员到气象局开展研学活动
（金 瑛 摄）

象站18个，升级改造15个，新增全天空仪7个、负氧离子设施3套、激光测风雷达1套，国家站增设北斗通信设施，全域自动站实现分钟传输。制定《临海市气象局“梯次化”预报预警服务业务实施细则（试行）》，修订《临海市气象局重大气象灾害业务服务应急响应预案》。融入防汛防台指挥体系，建立气象、地质灾害、山洪灾害、城市内涝预警和应急响应联动机制。深化“网格＋气象”，气象灾害预警被列入2022年度全市专职网格员网格事务工作清单。

【气象服务】 在涌泉柑橘基地增设自动气象站4个，农田小气候站2个，结合原有站点共建成14套自动气象站，形成立体化精密智感观测布局。依托台州柑橘气象服务联盟、临海农业服务专家联盟，开展“桔园小气候环境调控技术试验与应用”等课题研究，联合申报2023年度创新农作制度试验示范项目。参与尤溪镇第十三届乡村文化旅游节，在七折潭景区新建负氧离子设施1套。圆满完成2022“括苍·柴古唐斯”越野赛期间气象服务保障任务。

【气象执法】 配合“大综合一体化”行政执法改革，完成新增气象行政处罚事项的统一划转。应用“省统一行政处罚办案系统”和“行政执法证据共享系统”，提升电子化执法水平。开展重要节日和特殊时期升放气球安全巡查，处置1起违规升放气球行为。深化气象安全体制改革，完成全市152家“易燃易爆场所”防雷安全全覆盖检查，联合市应急局开展“双随机”抽查12次。

（撰稿 金 瑛 周邦敏）

环境保护

【概况】 2022年，临海城市空气环境质量优良率99.5%，排名台州第一。PM2.5均值每立方米21微克，三个国控断面水质达标率100%，15个县控以上地表水断面达标率100%，牛头山饮用水源达标率100%。

【污染防治】 **蓝天保卫战。**深化工业废气治理，推进VOCs减排，医化、合成革、工业涂装企业和加油站完成VOCs治理10个关键环节290个突出问题整改，推进70个VOCs低效治理设施升级改造；推进眼镜行业源头替代，制定《眼镜行业低VOCs含量原辅材料源头替代补助实施细则（试行）》，推进所有已批水性漆眼镜企业使用水性漆生产，在《中国环境报》、《浙江日报》、省生态环境公众号平台发表《眼镜喷涂行业怎样从“油”变水？新工艺带来新视界》；在台州市率先完成汽修涂装行业整治，实施《临海市汽车维修行业污染综合整治方案》，完成173家汽修企业污染整治；成立专班，出台专项治理方案，推进扬尘污染问题专项治理，通过现场检查、无人机巡查查处扬尘污染案件，建成8个高空瞭望视频监控设施并通过评审，完成230起秸秆焚烧预警处置。**碧水保卫战。**推进工业园区“污水零直排区”建设，启动台州湾经济开发区“污水零直排区”标杆园区创建，提前完成台州市三年攻坚行动方案中的13个工业园区创建任务；着力饮用水水源地环境安全保障，梳理牛头山水库和“千吨万人”集中式饮用水水源集雨区范围内污染隐患问题62个并整改落实，完成牛头山水库饮用水水源保护区优化调整和5千米牛头山水库河湖生态缓冲带建设，启动方溪水库饮用水水源保护区划定；加强海洋污染防治，开展“排口治污、岸滩治乱、海域治违”百日专项整治行动，对入海排污口重新开展排查溯源监测整治，核实非入海排口4个、入海排口17个，完成入海排污口整治不彻底问题整改销号。**净土保卫战。**加强建设用地风险管控，完成土壤污染状况调查项目45个，调查覆盖率100%，污染地块安全利用率100%；建立土壤调查全程质控体系，启动实施全市土壤污染状况调查报告评审、土壤采样检测质量保证和质量控制改革试点工作，完成试点方案编制，实施土壤污染状况调查全程质控项目40余个；推进“无废城市”建设，推进五大类“无废细胞”建设，完成县级验收182个，超额完成两年160个细胞任务。建成废物利用处置项目5个，增加10.45万吨/年的危险废物处置能力，全年危废产量29.2万吨，处置29.3万吨，工业危险废物利用处置率98%以上。完成星河环保废盐资源化利用项目（2万吨/年）。航天环保工程技术研究院落户临海，投资2.15亿元在台州湾经济技术开发区建设2.5万吨/年废盐综合处置利用项目。**生态环境保护督察和七张问题清单整改。**召开全市生态环境保护暨“五水共治”工作会议和2022年省委生态环境保护专项督察工作迎检部署会暨全市水环境质量提升工作推进会，完成中央第二轮督察12个反馈问题中的9个问题的整改、114件交办信访件全部完成整改，其中112件销号。迎接2022年省委生态环境保护专项督察，受理信访交办件10件。完成7张问题清单中低散乱眼镜行业整治、表面处理行业整治及入海排污口整治3个问题的整改销号。在督察·在线平台录入生态环境问题794个，其中省级标准问题713个，完成整改448个，按时序推进整改341个。**巩固医化园区环境整治成效。**年内，推倒重建车间21个，累计推倒重建车间60个。实施杜桥污水厂中水回用工程，探索生态补水模式，完成补水工程建设，结合潮水作用，稳定河道水质。深化减污降碳示范园区建设，编制《头门港医化园区减污降碳协同试点实施方案》，邀请中国工程院院士高翔指导。争创减污降碳全国试点，推选3个绿色典型案例至生态环境部。在全省率先开展国控地下水风险点——医化园区地下水国控风险点水质自动监测站试点建设，实现地下水自动洗井、采样、检测和数据分析评价的自动化，得到环境监测总站肯定。医化园区环境整治工作被国家长江办工作简报录用，省长江办发文向各地推广。

【美丽临海】 制定实施《新时代美丽临海建设规划纲要（2020—2035年）》，培育绿色生产生活方式典型案例——“零碳”括苍山，牛头山村、丁公园村等6个村获批全省第二批低（零）碳村。开展全域、全类群物种多样性调查，区域珍稀濒危物种、新发现物种、新纪录物种底数逐渐清晰，新发现临海平革菌、临海绒盖牛肝菌两个物种、浙江新纪录种49个。建设羊岩山茶叶多样性保护体验基地，打造临海生物多样性转化“两山”品牌。

【环评审批和排污权抵押】 全年共完成环保项目审批257件，办理企业排污许可登记288家，对36个改革区域内的环评采取承诺告知制或备案登记。推进台州湾产业园和新材料产业园项目建设，基本完成低碳产业园环评初稿编制，新材料产业园排污口设置通过评审。开展排污权抵质押工作，完成初始排污权绿色信贷3980万元，排污权绿色信贷额占台州市80%。

【环境执法】 开展“绿剑”行动、“双打”行动、双随机执法检查等各类专项执法，严厉查处环境违法行为，全年共立案查处环境违法行为102件，罚款1433.78万元，行政拘留10起，刑事拘留2起。开展队伍规范化建设，更换7辆执法用车，新配备5台无人机、9套执法箱等装备，在台州市执法技能大比武中获优秀集体一等奖。

（撰稿　王　官）

牛头山水库管理

【概况】 牛头山水库是全市骨干水利枢纽工程和重要清洁水源地之一。水库位于灵江支流逆溪上，距市区12千米，控制流域面积254平方千米，库区年均降水量1745毫米，年均入库径流量2.41亿立方米，正常水位46.5米，是一座以防洪、灌溉为主，结合供水、发电、养殖等综合利用的大（2）型水库。2022年，库区平均总降水量1488.1毫米，总入库来水量1.45亿立方米，同比下降55.6%，发电用水量7617.8万立方米，年最高水位44.66米（6月

14日8时），最低水位36.37米（12月31日8时），年均水位41.31米。

【工程管理】 通过对大坝安全观测数据分析，渗漏管渗漏量最大值每秒0.233毫升；年度垂直位移最大值2.3毫米（下降），大多数均在2毫米以内；径向水平位移最大值3.7毫米（往上游，D4测点），大坝未见明显变形。自动化观测设施中，86支仪器有85支仪器运行正常，一支（SJ22B）损坏暂时无法更换，自动采集模块及数据整编系统均运行正常，综合观测数据分析，大坝总体运行平稳。

【小流域水土流失综合治理工程】 牛头山水库上游生态清洁小流域水土流失综合治理工程位于小芝镇，工程于2021年10月10日开工，主要建设内容包括封育治理面积2510公顷、水土保持湿地面积9.10公顷、村旁绿化美化2处（游步道及管理区绿化）、拦沙堰1座，其间因政策处理原因短暂停工，2022年10月28日完工。

【防台抗旱】 **防汛防台。**主汛期主要受11号台风"轩岚诺"影响，降雨从9月2日18时开始至5日4时基本结束，因台风前期天气高温多晴、土壤干燥，降雨对库区未产生较大的影响，最大入库流量每秒64立方米（9月4日21时，库水位39.40米），加上其间生活供水量56.4万立方米，总计入库水量173.05万立方米。**抗旱。**根据市五水共治办要求，每月适时进行为期3～5天的发电时间，约300万立方米的水量，以供应下游灌溉、环境用水。主汛期7月、8月降水量不足，台风影响不大，两个月的降水量只有178.7毫米（是同期多年平均569.9毫米的31.3%）。经过5次约1800万立方米的抗旱调度用水后，至汛期结束库水位在二级旱警水位39.0米以下，经市防汛抗旱指挥部会商决定停止供应灌溉、环境用水，以城市保供水为主。

牛头山水库　　（牛头山水库管理中心　供图）

【供水发电】 **城乡供水。**年内，供应市区生活用水、周边村、养殖等用水共1.19亿立方米，向下游两大灌区供应灌溉、环境用水7617.8万立方米，其中椒北平原5078.52万立方米、大田平原2539.26万立方米，确保22.6万亩农田旱涝保收。**发电。**全年发电生产安全无事故，累计连续安全生产天数12059天。全年发电量743.73万千瓦时，是计划（1000万千瓦时）的74.3%，其中峰电743.73万度，峰电率100%。

【库区管理】 **林业管理。**3月25日起至4月17日清明防火期间，连续24天开展清明节森林防火专项集中整治行动，划分4个片区，设4个检查站，13个防火检查、巡查卡点，8个重点区域、地段，群防群治。年内，发放《入库须知》及防火手册1800余份，与护林员签订责任状，划分区块，责任到人。连续保持23年安全无火灾。**水质管理。**开展清洁水库行动，全年共清理垃圾26船，消落垃圾18吨。常态化巡查与夜间突击检查相结合，重点打击在库内偷捕、偷钓、电鱼等不法行为，全年出动756批次、4000人次入库检查，驱赶钓鱼人员3800多人次，销毁收缴钓鱼竿渔具692副、电瓶8只、竹排4张、张网8张、橡皮艇2艘。**渡口渡运。**3—7月，由于疫情停航。全年渡船安全航行175航次，接送乘客2627人次。

（撰稿　陈琼瑛）

五水共治

【概况】 2022年，实现全市15个县控以上断面水质、3个国控断面水质、牛头山饮用水源水质达标率均为100%；两个省控交接断面全部达标，水质评价为良好。医化园区生态环境整治工作典型案例被国家长江办工作简报录用，省长江办发文向各地推广。临海获评美丽浙江建设工作考核优秀县，获浙江省2021年度“五水共治(河长制)”工作“大禹鼎”。义城港创成省级“美丽河湖”，尤溪镇入选全省2021年度“五水共治”工作考核优秀乡镇。

【水质提升】 **“三色预警”制度**。根据断面及微型自动站水质情况，下发洪家、龙头口断面，山项横河、草坦微型自动站等“三色预警”提醒单19份。督促有关镇(街)整治，其中洪家断面水质年均值达到Ⅲ类标准；巩固红旗闸微型自动站监测断面总磷消劣治理成果，水质稳定在Ⅴ类。**河道生态治理**。投入2000余万元开展东大河(古城段)水环境综合治理建设，一期项目完工，二期项目完成初步设计批复。**截污纳管**。针对龙头口断面，完成小峙等3村农村生活污水纳厂建设；针对草坦微型自动站，完成草坦、塘下2村农污终端纳厂建设；针对达岛闸微型自动站，完成甲石头村等4个村至金港大道污水管网连接线工程建设。

【“污水零直排区”建设】 **项目投入**。全年投资4.48亿元，完成2个镇(街)年度建设任务、3个镇(街)“查漏补缺”工作、7个镇(街)扫尾工作、2个工业园区和2个工业集聚点零直排建设任务，推进1个标杆园区创建，完成58个生活小区“污水零直排区”创建工作，创成台州市级标杆镇3个。**设施建设**。编制完成“污水零直排区”提质扩面规划，推进截污管网、配套泵站、污水处理厂及污水再生利用设施的建设和改造，消除区域处理能力不匹配现象。**智慧监管**。加强排水许可后监管，完成160多家排水户水质抽查检测。投资3000万元打造供排水一体化智慧水务数字化管理平台，完成19个镇(街)管网信息入库、10个污水厂数据对接。

11月3日，义城港、十三罗溪、两头门溪被评为2022年度台州市“美丽河湖”。图为两头门溪
(市委宣传部　供图)

【治水督查】 **专项督查**。全年开展“迎新春水环境大巡查大整治”“找寻查挖”等各类专项行动36次，发现问题703个，完成整改698个。率先召开县级“五水共治”“找寻查挖”专项行动部署会，向台州市报送自查问题周报15期，自查问题441个，特色亮点20篇。赴三门县、杭州市临安区开展交叉检查，发现问题181个，问题数量和质量均位列台州市第一。**闭环整改**。通过拍摄警示片及交办各类涉水问题41个，督促相关单位完成整改。建立“四张清单”，完善动态数据库，完成“找寻查挖”问题整改510个，其中4个涉及工程项目列明整改计划并按期推进。**制度保障**。建立健全《涉水问题发现机制》《涉水重点问题督办整改销号闭环管理机制》《“五水共治”工作责任落实负面清单管理办法(试行)》，对各镇街设立个性化指标考核，每月通报考核排名情况。

【治水宣传】 全年开展“五水共治”政策宣讲进农村文化礼堂等各类活动45余场次，省治水微信公众号单条录用10篇，省级及以上媒体相关报道40余篇。其中，灵湖公园生态岛获央视新闻直播间、《浙江日报》头版等多家媒体报道，医化园区水环境整治提升、白沙湾滨海湿地生态修复工程等近岸海域水环境保护典型案例多次被省市两级媒体报道。

(撰稿　董雨露)

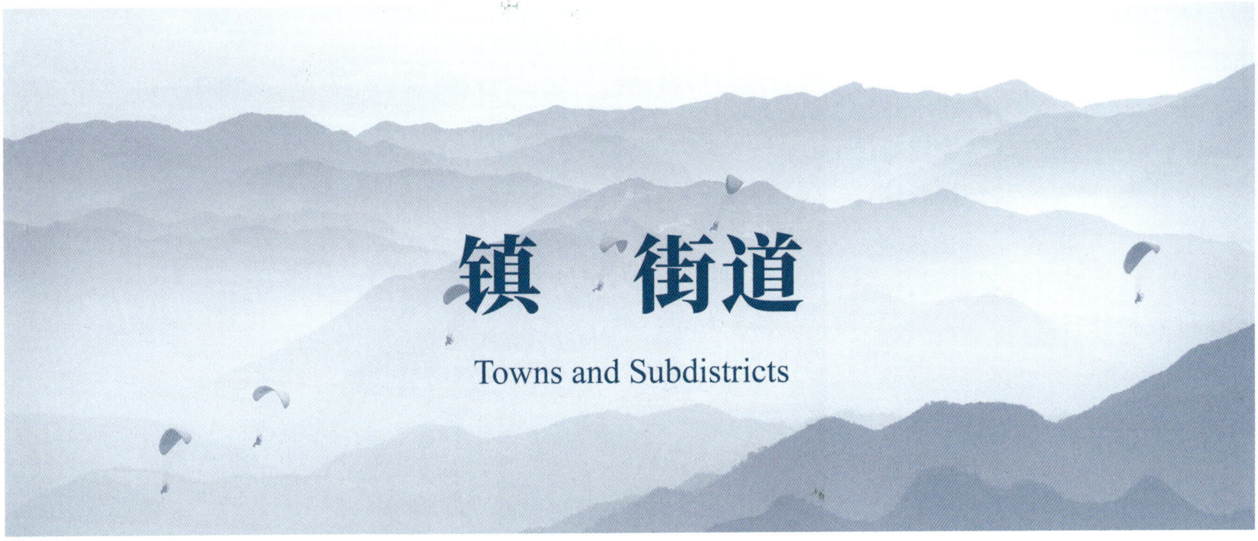

镇 街道

Towns and Subdistricts

古城街道

【概况】 古城街道是临海城市核心区，拥有台州府城墙、巾山塔群、紫阳街、东湖等名胜古迹，辖区地域面积71平方千米，下辖14个社区、17个行政村，年末人口4.22万户，户籍人口11.70万人，常住人口16.64万人。2022年，实现工业总产值49.2亿元，其中规上工业产值33.7亿元，拥有规上企业32家。实现外贸自营出口总额12.2亿元，规上服务业收入11亿元，完成税收收入13.10亿元。代表临海在台州市镇（街道）党（工）委书记工作交流会暨经济稳进提质攻坚行动会议上作交流发言，台州府城文化旅游区创成国家AAAAA级旅游景区，鹿城社区成为台州唯一获评的全国先进基层群众性自治组织，许墅村入选全国民主法治示范村，全年获省级及以上荣誉25项。

以休闲工艺品、机械制造、汽摩配、新材料为主导，共有工业企业336家，工业产值亿元以上企业6家，集聚形成两水工业园区。年内，推进11个工业技改项目，12家企业实现“小升规”，新增国家高新技术企业2家、国家科技型小微企业22家、省级科技型中小企业13家，力高泵业获评国家专精特新“小巨人”企业和国家知识产权优势企业。开展强链补链精准招商，引进亿元以上工业项目2个，完成工业性投资7000万元，吸纳外资150万美元。做好企业引才育才工作，引进台州市“500精英计划”2名、硕博人才21名。

农业生产以水稻、杨梅、柑橘、蔬菜种植为主，有农业从业人员1.42万人，农民合作社16家、市农业龙头企业3家。2022年，推进粮功区内“非粮化”整治和土地综合治理，大户种植早稻464.49亩、单季晚稻886.68亩、连作晚稻262.49亩、小麦686.3亩、油菜355亩，累计发放生产补贴54.38万元。**扶贫消薄**。139户低收入农户全部落实干部帮扶制度，人均收入巩固在1万元以上；17个村集体经济总收入1.56亿元，其中集体经济收入超过100万元的行政村10个，超过1000万元的4个，消除集体经济薄弱村2个，完成率100%。**清廉村居**。应用“浙农经管”各功能模块规范农村集体资产和财务监管，完善村级收益分配机制，涉及极端气温（度）集体经济重大事项决策程序全部纳入数字应用管理，完成4个村的财务审计，创建清廉村居标杆示范村1个，达标村4个。**村容村貌**。深入开展农村人居环境整治行动，整治点位500多处。利用“一事一议”财政奖补建设完成松一、合利道路工程和振兴（两桥）村民广场等3个项目。合利区块农村生活污水入网工程、长塘岸河道整治、岙里水库除险加固等工程开工建设。

项目攻坚。深入开展“项目攻坚年、作风建设年”“百日破百难”系列活动，开工建设一批重点项目，全年完成非工投资7.5亿元。完成351国道改建工程大岭山村拆迁签约，十伞巷历史文化展示区、台州府城旅游服务中心、巾山诗韵等重大文旅项目顺利推进。**基础设施**。灵江治理工程（一期）、城防二期等重大防洪排涝工程开工建设；大庆河综合治理、望江门护岸修复、北固山截洪等基础水利工程竣工验收；勾山区块排水提升工程、国宾台周边道路工程等市政配套工程完成建设；伏龙大桥、城市快速路（南区段）、望江门大桥改造工程等交通基础设施项目按期推进。**城市品质**。靖江壹号商住小区建成交付。实施城市环境“亮化、净化、绿化、美化”四化工程，统筹推进“垃圾分类”“三改一拆”“五水共治”等专项工作，完成39个小区63个点位“撤桶并点”，拆除违建8.3万平方米，建设污水零直排区9.6平方千米，东大河水环境治理工程（一期）完工验收。

古城街道中心幼儿园许墅分园开班招生，鹿城分园加速建设。完成省职业卫生信息化建设试点工作，完成适龄妇女免费“两癌”筛查4195人次、“国免”检查336对。城乡居民基本养老保险参保6246人，城乡居民基本医疗保险参保4.38万人。观澜城市书房、再望书苑文化驿站升级投用，创成两水、许墅两个省五星级文化礼堂，完成14个15分钟品质文化生活圈建设。便民服务中心累计受理各类事项8.3万件，其中网上办件量居全市第一，办结率100%。累计发放各类补助500余万元。

国庆长假期间，紫阳街游人如织　（古城街道　供图）

【“和合台州”建设党建工作先进集体】 2022年，古城街道获评全市唯一的“和合台州”建设党建工作先进集体。以迎接二十大、学习宣传贯彻二十大精神为主线，开展“六学六进六争先”学习实践活动，成立党的二十大精神巡回宣讲团，进项目现场、旅游景点、工厂企业，实现村（社区）党的二十大精神宣讲全覆盖。同时，以创建省红色根脉强基示范街道为契机，推动基层党建提质升级，党员分类管理工作被市委组织部发文推广，万盛股份被列为全省清廉民企建设推进会考察点。

【城中村改造历史遗留问题全面解决】 年内，集中开展城中村百日攻坚活动，分别用51天攻克“卡壳”15余年的谢里王村高坎头区块征迁和82天破解僵持15年的花街村城中村改造历史遗留难题，推动新一轮城市改造升级。

【社区建设】 聚焦“一老一少”、共同富裕、融合治理等方面，加大对社区建设的支持，探索现代社区建设新模式。9月，“府

9月，古城街道完成遗留15年的谢里王村高坎头区块城中村历史遗留问题化解工作，高坎头区块地上建筑物完成清表　（陈金标　摄）

城·老邻舍”系列综合体建成运营，1.5万名老人受益。年内，鹿城社区先后获评全国示范性老年友好型社区、全国先进基层群众性自治组织、首批浙江省共同富裕现代化基本单元“一老一小”场景，打造全国社区治理鹿城样板。南门社区、鹊墩社区被命名为浙江省民主法治社区；南门社区高分创成浙江省第二批未来社区；鹊墩社区、花街社区获评台州市首批“临距里”星级社区服务综合体。

【浙江省现代商贸特色镇】 12月，古城街道获评2022年度现代商贸特色镇，系临海唯一。古城街道依托台州府城文化旅游区以及靖江、崇和门、紫阳街三大商圈，通过完善公共设施，引入新业态，推动商贸物流、电子商务、餐饮住宿、文化旅游等产业发展，拥有三产服务业企业102家，其中批发零售企业84家、服务业企业18家，全年完成限上批零住餐销售额73.6亿元。国庆长假期间，台州府城文化旅游区接待游客58万人次，排名全省第二。

（撰稿 王 乾）

大洋街道

【概况】 大洋街道地处临海城市中心区，是新城东拓的主战场，区域面积50平方千米。下辖21个行政村、13个社区（含6个改制社区），年末人口2.34万户，户籍人口6.99万人，流动人口4.07万人。2022年，实现规上工业产值110.6亿元，外贸自营出口86.6亿元，完成税收收入22.17亿元。限上批发业销售额138.8亿元，完成限上零售业销售额3.3亿元，限上社会消费品零售总额4亿元。

以休闲工艺品、建材、机械、汽摩配为主导，有规上企业54家，其中上市企业6家（含新三板挂牌企业3家）。年内，新增“浙江制造”标准1项，小升规6家，高新企业5家，科技型企业58家；新增高新技术企业5家，国科小32家，省科小26家；完成服务业企业“个转企”30家，新增服务业规上企业7家。伟星新材荣获中国专利优秀奖、省级工业设计中心并入选省第七批大数据应用示范企业，协海集团成功升级AAAAA级物流企业，吉利汽车研究院获省科技进步奖，欧凯嵘创入选省级产业数字化服务商，高宇液压、森林包装入选台州市专精特新“小巨人”企业。累计完成工业性投资2.69亿元，非工投资38亿元。落实小微企业贷款1.32亿元，盘活收储再利用低效土地156亩。

年内，辖内21个行政村均达到村集体经济年总收入20万元以上且经营性收入10万元以上，其中年经营性收入达50万元以上的村占比61%。拥有农民专业合作社39个。深化飞地抱团、片区组团、村社合作等模式，推进产业赋能共富工坊建设，完成开石、桥东彩灯产业资源赋能，建成共富工坊15家，实现每村新增年经营性收入11.12万元。

全年安排各级重点项目97个，累计征地400余亩、供地789亩，征迁面积创历年之最。新引入云城花园、盛东府、珑玺府等商住楼盘5个，总投资48.2亿元。大洋社区未来社区建成并通过验收。双林北路建成通车，成功打通“断头路”；204省道、351国道完成政策处理，水、路“双网”体系基本构成。

台州医院新院区开诊，协成幼儿园开园，临海小学东校区、哲商现代实验小学西校区加快建成。实现城乡居民医疗保险、养老保险、最低生活保障全覆盖，城乡居民基本养老保险参保4871

6月，临海宾馆成功拆迁，启动未来社区建设 （大洋街道 供图）

人，城乡居民基本医疗保险参保3.42万人。全年发放低保金110万元、社会救助资金204.6万元。防疫工作重心转换后，发放医疗包万余份。建成智安小区31个。

【“军团作战”体系】 坚持党建统领，创新“军团作战”体系，以资源互享、力量互融、优势互补的联合作战方式，实现项目共推、难点共破、集体共富。**“书记军团”助攻坚。**36个村（社区）党组织书记集体入驻重点项目一线，通过集成作战、包户攻坚，破解五峰村、庄头村、塘里村、桑园村等多个城中村改造历史遗留难题。**“企业军团”助发展。**引导企业通过订单共享、员工共享、技术共享等方式，缓解年初“订单难”、年末“用工荒”等难题。对接上海等一线城市科研团队，支持企业零地技改，推进技术转化、技术共享。**“社会军团”助共富。**人大代表、政协委员、乡贤、侨胞、企业家等社会各阶层人士组成“社会军团”，从招商引资、就业创业、公益慈善等方面助推共同富裕。永强集团成立台州首家企业出资的非公募基金会，开展创业、就业全周期帮扶，累计捐赠2850万元。通过乡贤回归，引入投资6亿元的远大住建项目，吸纳近1000人就业，增加税收5000万元。

【城中村改造】 年内，开展城中村改造历史遗留问题清零行动，桑园安置房一期完成分房，塘里安置房启动建设。完成庄头社区改制遗留问题处置，后洋区块实现签约、腾房、清表“三清零”，并成功出让。7天完成五峰村144户套式安置100%签约；20天完成前江村集中签约，签约率96%。2月，西林村完成分房，成为全市第一个全面完成立改套的行政村。国庆一期安置房交房，下洋岩安置房完工。国庆村未来社区配套项目完成征地。

【国家级众创空间】 2022年6月，六度空间和光华创新空间入选2021年度国家备案众创空间名单，实现临海国家级众创空间“零”的突破。六度空间是浙江临海经济开发区管委会委托临海市伟星文化传播有限公司成立并负责专业化管理的众创空间，为临海本土行业、创业者搭建与科技公共服务创新平台的桥梁，借助政府政策等杠杆，为创业者提供深层化的配套服务。自2017年成立以来，累计入驻培育科技型创业企业29家，帮助企业获得专利、软件著作权等知识产权74件。光华创新空间成立于2019年，是复旦大学张江研究院与临海市政府校地共建的政产学研共同体，采用“上海—临海—墨尔本”三地联动的“三基地”运行模式，搭建“生物医药、化工与新材料、数字经济、智能制造、现代农业”五大研发平台和“孵化运营、项目引荐、技术转移、科技金融、人才培养”五大服务体系，累计招引科技型创业企业28家。

（撰稿　王　成）

江南街道

【概况】 江南街道位于临海市区南部，区域面积94平方千米，2022年，辖20个行政村、1个居委会、1个农场，年末人口9267户，户籍人口2.96万人，流动人口14781人。全年实现规模以上工业总产值68.90亿元，完成限上社会消费品零售总额35.80亿元，固定资产投资30.40亿元，税收收入5.94万亿元。拓卡奔马机电科技有限公司被列入全省清廉民营企业建设现场推进会参观点。

年内，江南医谷加快推进，华海制药科技产业园一期投产、二期完成征地，江北制药签约落户，高端医疗器械产业园启动征地。联东U谷·临海智能制造产业园、老春和厂区低效用地改造、贺

义城港　（江南街道　供图）

家工业园、小溪村级标准厂房建设稳步推进。辖区内拥有规上企业67家新增高新技术企业5家、国家级科技型企业45家、省科技型企业26家、“浙江制造”产品认证企业4家，完成6家企业小升规。拓卡奔马机电科技有限公司、浙江众邦机电科技有限公司获评国家知识产权示范企业。江南汽车文化广场综合体项目成功落户。粮食种植面积稳定在万亩以上，年产量约4000吨，建成高标准农田825亩。拥有农民专业合作社20家。

临江上城、山海麓园房产项目揭顶，白岩山安置地块成功出让，峰山头安置房有序推进。104国道江南至尤溪段改建工程建成通车，长溪路全线贯通，临江大道西接线房屋拆迁全面完成，城市快速路（南区段）、方溪水库引水及配套水厂开工建设，联东U谷周边道路、贺家区块周边道路等一批交通项目加快推进。向阳村入选浙江省第二批未来乡村，康平村、上江三村建成台州市新时代美丽乡村精品村，贺家村被评为台州市美丽庭院示范村。贺家村等3个小区成为省高标准生活垃圾分类示范小区。义城港入选省美丽河湖。

年内，建成7家品牌共富工坊，在10家企业设立“共富车间”，带动700余名群众实现家门口就业，提供就业岗位2000余个，帮助低保户、残疾人200余人。11月28日，“诗画江南”项目被列入全省第三批新时代美丽乡村共同富裕示范带。街道社区卫生服务中心迁建工程完成图纸设计，灵江中学（初中部）改建一期工程有序推进。建成4家新时代文明实践示范站。发放各类救助金400余万元，惠及困难群众1100余人，利民保参保1万余人。城乡居民基本养老保险参保4039人，城乡居民基本医疗保险参保19383人，本地户籍基本医疗参保率99.5%。

【华海制药科技产业园投产】 7月2日，全市制造业集中投产月活动暨华海制药科技产业园投产仪式在江南举行，台州市委副书记、市长吴晓东，浙江省药品监督管理局局长徐润龙等出席投产仪式。项目是临海国际医药产业园首个入驻项目，产业园规划总面积1200亩，总投资100亿元，集医药研发、制剂生产、医药展览、休闲旅游及文化教育于一体。

【104国道江南至尤溪段通车】 9月16日，104国道江南至尤溪段改建工程通车。工程总投资18.3亿元，起自104国道临海西过境与七一河路交叉处，由北向南经江南街道和尤溪镇，终于董家岙隧道与黄岩段顺接，主线全长15.8千米。工程按双向四车道一级公路标准设计，设计速度80千米/小时。

【江南·溪望谷】 6月20日，“江南·溪望谷”精品示范带项目入选全省强村富民乡村集成改革典型案例——“宅基地+乡村建设”典型案例。年内，流转土地2000余亩、闲置农房300多间，沿线道路白改黑全面完成，乡村会客厅等先行项目建成投用，风貌提升、堰坝改造和文旅业态启动施工，入选全市“三新”共富乡村综合改革试点。

【方溪水库引水及配套水厂工程】 5月9日，方溪水库引水及配套水厂工程动工建设。项目总投资约7.6亿元，建设内容包括新水厂、引水工程、配套管网三部分，其中新水厂厂区选址位于江南街道章家溪村，总占地面积104亩，厂区设计供水规模每日20万吨，一期设计供水规模每日10万吨。

【乡镇（街道）妇联组织换届试点】 年内，在台州率先启动乡镇（街道）妇联组织换届试点工

5月，方溪水厂开工建设　　（江南街道　供图）

作，以执委届末考评、兼职副主席项目化竞选、共富联络人进执委等扎实举措实现选好配强，街道执委队伍"两升一降"。《中国妇女报》第一时间对相关做法作头版报道。在全省率先推出"云指导"换届试点观摩片和执委履新教学片，在全省妇联系统作经验介绍。

【海宏液压新三板挂牌】 4月28日，浙江海宏液压科技股份有限公司在新三板挂牌上市，是专业生产液压元件的国家高新技术企业。8月8日，入选工业和信息化部第四批国家级专精特新"小巨人"企业名单。同年，获"浙江制造"认证。

（撰稿　许鹏程）

大田街道

【概况】 大田街道地处临海城东，辖区面积57平方千米，建成区面积8.8平方千米，年末人口1.40万户，户籍人口4.43万人，外来人口2.8万人，下辖27个行政村、2个居委会。2022年，街道实现规上工业产值75.48亿元，实现税收收入5.96亿元，外贸自营出口41.14亿元。获评浙江省数字生活新服务特色镇、省美丽城镇建设基本达标城镇、浙江省农村文化礼堂建设示范乡镇（街道）、浙江省戏曲之乡。

工业以户外休闲用品、彩灯、机械为主导，有工业企业318家，其中规上企业72家。年产值亿元以上工业企业18家，其中10亿元以上1家。台州首个院士项目在大田落地投产，新台佳电子、亘古电缆项目签约落地，世通物流收回地块完成出让，招引年销售额亿元以上电商企业5家。新增国家高新技术企业3家、国家级科技型中小企业11家，全年累计完成工业性投资4.76亿元，其中工业技改项目投资2.27亿元，新台佳光电有限公司年产1.5亿片（套）高端智能成像组件项目获省自然资源厅重大产业项目奖励指标32亩。

以黄桃、水稻、杨梅、柑橘种植为主，有农民专业合作社40家。年内，全面整治粮功区内"非粮化"现象，大户种植早稻1757亩、单季晚稻824亩、连作晚稻1757亩、小麦280亩，发放生产补贴110万元。全面消除经济薄弱村，11个村集体经济经营性收入达50万元以上。2个水库移民后期扶持项目竣工验收，"一事一议"项目、高标准农田建设项目、杜齐坑山塘工程有序推进。

351国道改建工程大田段政策处理全面完成，南通路"断头路"打通，大青线岭外新村段完成"白改黑"。重点区块加快开发，全年完成商住用地出让103.4亩，朝阳村10号地块完成征地；大田桥城中村改造历史遗留问题破冰见效；金桥郡、诚园小区顺利交房，云庐花园、星都府项目有序推进。

城乡居民基本养老保险参保1.06万人，城乡居民基本医疗保险参保2.7万人。建成9个"15分钟品质生活文化圈"，新增浙江省五星级文化礼堂1家，大田板龙亮相央视节目《非遗里的中国》。建成台州市新时代星级美丽乡村4个，白筑村入选浙江省"一村万树"示范村名单。建成"共富工坊"8家，浙东永安"共富工坊"入选省首批百家电商直播式"共富工坊"典型案例。大田派出所被评为全省模范公安基层单位。

【浙江正特上市】 9月19日，浙江正特股份有限公司在深交所主板上市，代码"001238"，公开发行新股2750万股，发行价格每股16.05元，募资4.41亿元，实现大田上市企业零的突破。年内，公司被认定为国家知识产权优势企业、浙江省成长性最快百强企业、入选第三批省级供应链创新与试点企业。

【浙江省美丽城镇建设基本达标城镇】 12月，大田街道获评浙江省美丽城镇建设基本达标城镇。创建期间，开展"洁净大田"系列创建活动、"三改一拆""五水共治"专项行动、垃圾分类"双定"工作，持续改善街容市貌，创成市级无违建街道，实现垃圾分类处理行政村全覆盖，投资6200余万元建设大田街道污水零直排区（一期），完成全街道4150多户、36家公建单位以及125家工业企业和262家六小行业的排污管道改造。2022年，投资800万元打造小镇客厅、邻里中心、白筑村于氏民居等6个美丽城镇重点项目，对传统建筑进行修缮重建与利用，提升街道整体风貌。投资140余万元，完成省重点文保单位——马氏庄园修缮保护，将历史文化元素融入到美丽城镇建设中。

【浙江省戏剧之乡】 12月，大田街道以越剧入选浙江省第三批戏剧之乡名单。大田街道是浙江省民间文化艺术之乡，越剧是群众最喜爱的剧种之一，大田名城艺术团（原大田剧团）自1952成立以来，每年演出百余场，现有演职人员近40名。通过整合27家农村文化礼堂资源，开展越剧文化走亲等文化惠民活动，浓厚街道戏曲文化氛围。街道还设有大田青年艺术学院，培养戏曲新苗，涌现出王宗泽等多位省、市级创作家、名票。

（大田街道　夏玲芳）

邵家渡街道

【概况】 邵家渡街道位于临海城区东部，甬台温铁路、杭绍台铁路、甬台温高速公路、351国道、83省道、建设中的余姚至温岭公路及规划中的沿海铁路、市域轻轨纵贯全境，是城区的重要交通枢纽。区域面积154平方千米，辖30个行政村，年末人口1.33万户，户籍人口4.42万人，常住人口3.4万人，山、水、田、湖、林等自然资源丰富，是“中国水库胖头鱼之乡”“浙东草莓之乡”。2022年，街道实现税收收入7.11亿元，外贸自营出口2.24亿元。规上工业产值17.94亿元，拥有规上企业24家。

伟星服装辅料等9个重点工业项目完成投资1.3亿元，完成非工业性投资44.4亿元。完成“小升规”2家。佩弦湖科创城区块6050亩、钓鱼亭永强智能家居产业园区块1470亩和铁路站场伟星辅料产业园区块950亩土地纳入“三区三线”城镇开发边界。全年3宗399亩工业用地挂牌出让，其中，浙江永强集团股份有限公司竞得钓鱼亭智能制造产业园首宗用地145.1亩，其余两宗土地分别由浙江伟星光学股份有限公司、浙江伟星实业发展股份有限公司竞得。

全年完成“非粮化”整治150.7亩，调整优化322亩，早晚稻种植1.36万亩，1788亩高标准农田项目通过市级验收。设立街道草莓农事中心，旺达果蔬获全省精品草莓金奖，山大王高山蜜橘入选央视纪录片。拥有农民专业合作社80家。深化农村人居环境整治，累计拆除各类违法建筑3.25万平方米，“污水零直排区”建设通过回头看检查，吕公岙村入选省“一村万树”示范村。牛头山村入选省未来乡村创建名单，灵湖至牛头山休闲农旅线路初步形成。

351国道改建、余温公路、铁路站前广场等项目实现无障碍施工，甬台温高速改扩建工程启动政策处理。城市建设加快推进，实施佩弦湖城中村改造一期完成安置房分配，二期完成集中签约，雍璟墅、灵湖名著、朗城星空等房产项目有序推进，佩弦湖生态环境综合治理、熊出没区间道路、河阳路南延段等项目开工建设。大田平原排涝二期外排工程隧洞工程全线贯通，临邵路、铁路大道污水主管线建成投用，邵牛路、钓鱼亭污水主管线开工建设，大浪坑水库完成除险加固启动蓄水。

钓鱼亭社区卫生服务站建成启用，新建文化礼堂8家、农家书屋13家，枧桥鼓非遗展示馆入选省乡村博物馆，于至楼庭院文化博物馆被评为台州市社科普及基地，兴汇村入选省返乡入乡合作创业村。发放低保户补助、残疾人困难补助、困难家庭儿童补助等各类救助资金678.83万元，207户326名低收入农户全部落实“一对一”帮扶。城乡居民基本养老保险参保9841人，城乡居民基本医疗保险参保3.13万人。

【佩弦湖区块城中村改造二期项目】 二期项目涉及枧桥一村、前洋村1027户近4000人。2021年12月启动征迁工作。2022年3月11日，征迁范围内全部房屋完成评估。5月9日启动提前签约，至7月13日集中签约结束，累计完成签约1013户，签约率98.64%，发放拆迁安置补助36.79亿元。

【佩弦湖区块城中村改造一期项目安置房分配】 一期项目是街道历史上首个城中村改造项目，安置房星辰家园位于临海大道南侧、东渡路东侧，建设住宅主楼17幢，配套设施齐全，有商业用房、物业用房、养老服务用房、基层社区用房、幼儿园、文化礼堂等，房型分为140平方米、110平方米、80平方米3种。12月8日，11幢1216套房屋、1073个停车位、1030间储藏室由市社发集团移交街道办事处。12月26日，473户安置户参加安置房分配，获配住房1078套、停车位1075个、储藏室585个。

【全市首个矿地综合利用项目矿山成功拍卖】 项目位于船至村，开采矿种为流纹质含角砾岩屑晶屑凝灰岩，面积82.5亩，实际出让资源储量91.10万立方米，生产规模每年35.16万立方米，采矿权出让期限为自采矿许可证颁发之日起2.5年。12月30日，矿山采矿权在浙江省矿业权网上交易系统进行公开拍卖，起始价1800万元，经过83轮次激烈竞价，由宁波豪成矿业有限公司以6400万元竞得。

（撰稿　夏康珲）

杜桥镇

【概况】 杜桥镇是全国发展改革试点镇、国家卫生镇、省级中心镇、中国眼镜进出口基地和省首批小城市培育试点镇。全镇陆地面积184平方千米，辖107个行政村、4个社区，年末人口5.63万户，户籍人口21.9万，流动人口6.3万人，是台州市人口第一大镇。2022年，全镇实现地区生产总值约210亿元，税收收入18.9亿元，城乡居民人均可支配收入5.6万元。获评都市节点型"美丽城镇"省级样板镇、台州市高质量发展建设共同富裕先行市先进集体。

全年实现工业总产值411.8亿元，规上工业产值323.78亿元，服务业增加值75.8亿元。完成外贸自营出口93.5亿元，其中镇本级8.4亿元。获台州市制造业发展竞赛优秀乡镇第一名。拥有规上企业122家，对接服务亿元以上企业21家，累计减负2.5亿元。完成"个转企"46家、"小升规"10家，净增小微企业1070家，联盛化学挂牌上市。新增环评审批企业153家，完成环保"三同时"验收32家。新增国家级高新技术企业9家，省、市专精特新中小企业9家，国家级、省级科技型、创新型中小企业103家，完成"零地技改"项目7个。省级、台州市级企业研发中心增至10个。新增规上服务业企业11家，创建浙江省电子商务示范村7个。商业银行分支机构数增至15家，年末存贷款规模达458.6亿元。

全年完成粮食播种4.4万亩，总产量超2万吨，超额完成市定任务。"非粮化"整治稳步推进，调整补划粮食生产功能区1.3万亩，整治优化耕地222亩，建成高标准农田1007亩。农业"双强"全面落实，总结推广"水稻西兰花"轮作模式，示范种植1.8万亩，面积近全市一半。主要农作物耕种收综合机械化率超90%，西兰花产业全程机械化项目被列为省农业"双强""一县一策"试点。省西兰花新品种大会连续四届在杜桥召开。拥有农民专业合作社91家。

全年排定市、镇重点项目90个，其中实施类项目59个，前期类项目31个，完成项目投资15亿元。**城镇空间优化**。高质量完成"三区三线"划定，联动推进凤凰山区块等城市设计专项规划，新编、修编重点区块控制性详规7个。**城市更新提速**。中国·杜桥眼镜城开业，龙浦湖公园（一期）建成投用。城市商贸综合体宝龙（杜桥）广场AB区块通过分户验收，C区块主体基本建

杜桥镇镇区全貌　　（杜桥镇　供图）

成。**商住、旧改加速。**杜南下卓旧村改造(彩虹一号)安置房顺利分房,金色学府临街商铺即将分配,小蟾洋旧村改造项目、杜东(桑一)(桑二)安置房项目加速实施,杜东岙里旧村改造项目顺利摘牌。**城市功能完善。**杜桥火车站场(二期)站前广场、351 国道公路驿站建成投用,盈杜线(眼镜城段)白改黑、南溪村至南山村海防执勤道路工程竣工通车,C589 知建一桥、二桥危桥改造工程完工,外环东路(三期)、外环西路(一期)、新兴路东延段加快建设。**公建配套设施。**10 千伏镜湖镜田联络工程和 10 千伏镜汾双回工程建成投用,西湖水厂(二期)扩建工程并网供水,溪口至小芝供水工程加快建设。农业服务大厅主体完工,农业养殖培训基地、综合服务站加快建设。新建 5G 基站 160 个,基本实现 5G 信号全覆盖。**治危拆违。**全年累计拆违 15.1 万平方米。**“五水共治”。**新编百里大河洪家断面水质提升方案,完成百里大河西洋支河、市场横河(垦岙段)综合整治工程,全年完成河道清淤 15 万立方米。建成投用污水处理厂提标扩容(二期)、污水零直排(一期)(二期)、西堑至滨海路段污水主管线等项目。**要素保障。**深入实施全域土地综合整治行动,完成建设用地复垦 220 亩、低效用地再开发 98 亩。

高质量完成 21 项民生实事项目,杜桥中心菜场被评为省级放心农贸市场。**共富工坊。**重点推进产业赋能式“共富工坊”建设,累计建成“共富工坊”21 家,实现农民人均月增收约 3000 元。岙底陈等五村“飞地抱团”物业投资项目入选省级示范项目,每村新增年经营性收入 28 万元。南溪村入选浙江省高质量就业村名单。全镇百万村覆盖率达 73%。**教育事业。**杜桥中学扩建、知溪小学迁建、大汾中学食宿楼项目建成投用,杜前幼儿园、龙南幼儿园建成开园,中心幼儿园山项分园扩建加快建设,川南分园扩建、川北分园改建、杜桥三小加快推进。推动实施新一轮三年乡贤教育奖励基金,奖励优秀师生共计 405.8 万元。**文体事业。**推进“15 分钟品质文化生活圈”建设,镇邻里中心建成投用,川南图书馆启动建设,星级农村文化礼堂实现全覆盖,全年组织文化下乡活动 25 场。**医疗事业。**推进市二医院扩建、章氏骨伤医院迁建项目,市二医院入选全国首批千家县级医院综合能力提升工程名单。**社会保障。**全年共发放低保善款 1458 万元,发放临时救助金 46.7 万元,临时救助 159 人。完成特殊困难老人居家适老化改造 54 户,杜桥敬老院即将投用。城乡居民基本养老保险参保 6.71 万人,城乡居民基本医疗保险参保 16.93 万人。

【中国 · 杜桥眼镜城开业】 12 月 4 日,中国 · 杜桥眼镜城综合体开业,有店铺 599 间,固定摊位 55 个,浙江眼镜城 376 户商户全部搬迁至新眼镜城。项目总投资 12 亿元,用地面积 7.47 万平方米,建筑面积 7.6 万平方米,完成国际眼镜商城、城市精品酒店、国贸商务中心、电商中心、休闲娱乐风情街区、高端品质住宅区等六大区块建设,集展示、交易、文化、旅游、办公、金融、商务、居住等多项复合功能于一体,为实现“一城、一园、一廊”眼镜特色产业布局提供重要支撑。

【新乡贤助力共同富裕】 年内,分类梳理乡贤助力“双招双引”数据库和乡贤回归清单 5 项、17 条,引荐、洽谈、对接项目 30 余个。支持新乡贤牵头谋划溪口水库村“共富飞地”计划,推动南溪等五村“飞地抱团”物业投资项目签约落地,争取省、市专项资金 1500 万元,每村新增年经营性

12月4日,中国 · 杜桥眼镜城开业 (杜桥镇 供图)

收入28万元。实施新乡贤“共富工坊”工程，鼓励支持村集体与新乡贤企业结对，运营“共富工坊”21家，共完成订单600万元，吸纳富余劳动力150余人。推动实施新一轮三年乡贤教育奖励基金，奖励优秀师生共计405.8万元。12月8日，杜桥镇乡贤联谊会在台州市新乡贤助力共同富裕工作现场会作交流发言。

【都市节点型“美丽城镇”省级样板】 围绕“五美”目标，完成《杜桥城区总体规划》《杜桥城区各单元控制性详细规划》《杜桥建成区建筑色彩规划》等多个专项规划的编制，明确共性指标41个、个性指标58项，投入6亿元，完成步行街、杜前公路立面改造、松山公园提升改造等49个项目建设，实现“三线入地”23千米，道路亮化5.2千米，划定停车位3200个，杜南大道、解放街等城区道路实现全时段绿波改造。12月21日，杜桥镇创成台州唯一的都市节点型“美丽城镇”省级样板。

（撰稿　李阳阳）

白水洋镇

【概况】 白水洋镇地处临海、天台、仙居三县市交界处，为临海西大门，是中国民间文化艺术之乡、全国综合实力千强镇、国家卫生镇、省中心镇、省级杨梅农业特色强镇，镇域面积222平方千米，下辖60个行政村、1个社区，年末人口3.32万户，户籍人口10.16万人。2022年，全镇实现财政总收入1.34亿元，税收总收入8436万元。外贸自营出口3.85亿元。

工业以塑料日用品、医疗器械等产业，发展以运动休闲旅游为主的第三产业。全年实现规上工业产值11.76亿元，拥有规上企业22家，2家企业获评国家高新技术企业，申报国家级、省级科技型中小企业27家。解决企业融资、用地等问题30余个，发放奖励补贴380余万元。

坚持统防统治，探索杨梅销售政商共建新模式，杨梅年产值超5.5亿元。完成5000亩高标准农田改造，完成磨石岩、渭溪水库等扫尾项目及界岭水库除险加固等工程。举办“梅”好生活音乐露营节，央视二套《家乡的年味儿》在白水洋取景拍摄。拥有农民专业合作社161家。

杭绍台高速公路建成开通。埠头村项目、永安公馆项目完成建设，白水洋村办公大楼、耀达城市综合体项目有序推进。改造提升“四好农村路”，黄坦公路、梅树下至后廖公路开工建设。建设丁公园、黄南等美丽乡村，大泛村中国传统村落保护项目稳步推进。深入开展农村人居环境整治，纵深推进“三改一拆”“五水共治”“垃圾革命”等专项行动。城乡居民基本养老保险参保3.73万人，城乡居民基本医疗保险参保7.14万人。

【“一村一艺”文体润富】 以“乡村艺课”打造乡村振兴的“文化粮仓”，立足白水洋实际，实施“一村一艺、一月一赛”文体润富工程，每个村至少培育一项文艺特长、打造一支文艺队伍。文艺培训纳入镇成人文化学校课程，经费由镇财政全额保障。完成61个行政村文化礼堂建设，实现全覆盖。在全市率先成立村级宣传员队伍，出台《白水洋镇村级宣传员管理考核办法》。相关经验做法被《经济日报》《台州日报》头版头条报道。

【“红色根脉”强基工程】 建成镇级党群服务中心，提升打造企业党员活动室和红色车间。党建赋能“共富工坊”，上游村杨梅共富工坊助农增收超亿元，黄坦洋永强共富工坊帮助山区百名老人及妇女实现就近就业。培育红色旅游、农业产业、运动休闲示范带党建联建7个，“运动休闲小镇”党建联建“聚人气、促振兴”的经验做法被《农民日报》报道，《体育接棒开跑共同富裕》登上《台州日报》头版头条。获台州市乡镇（街道）党委书记抓基层党建重点任务落实情况抽样点评会综合排名第一。

（撰稿　何　宇）

东塍镇

【概况】 东塍镇位于临海城区东面，镇域面积168平方千米，土地总面积25.9万亩，辖33个行政村，年末人口2.14万户，户籍人口6.39万人，外来人口17386人，是中国最大的节日灯生产基地和重要的休闲用品出口基地。2022年，全镇共有规上企业60家，实现规上工业产值41.71亿元，税收收入3.33亿元，外贸自营出口24.60亿元，限上零售业销售额3565万，限上批发业销售额9227万元。获评省级美丽城镇达标镇、浙江省数字生活新服务特色镇。

工业以节日灯、休闲用品为主导。年内，新增规上企业5家、国家高新技术企业2家、省级科技型中小企业28家。建成台州市级、临海市级企业研究开发中心3家。完成16家企业"数字化"改造。推进18家企业"旧厂房"升级改造，实施面积26.7万平方米；年产1万立方米深海钻采隔水管系统固体浮力材料产业化项目、年产100万套海洋浮动结构体项目开工，完成工业性投资2.3亿元。新增2家限上贸易企业，建设山与秋民宿、鹿寻·呈岐山居民宿、桐坑山庄等旅游民宿综合体。

农业特色鲜明，共有农民专业合作社184家，拥有福禄豆面、桐坑绿壳、白岩香茗等知名品牌。台州市桐坑茶叶有限公司获"浙江名红茶"称号，桐坑绿壳红茶获评第六届台州市优质名茶评选红茶组金奖（第一名）。呈岐青创农场获评省级示范性青创农场。杜宇坑等7处水库新建工程及小岭果蔬专业合作社等5处高效节水工程基本完工，山头株等3座水库除险加固工程通过验收。推进"非农化""非粮化"整治，新增5个粮食生产功能区，完成17个粮功区调整优化，586亩绿色示范方农田通过验收。

建成东溪单村高层次党建示范村、邻里中心、人大联络站、民生议事堂。完成麻山村等7个"一事一议"项目、白箬村等5个美丽乡村项目，泄上古村落改造工程等6处古村落保护项目通过验收。推进岩二村村民广场、下街村休闲长廊、灯城村农桥及道路工程建设。

全域土地综合整治工作加速推进，杭绍台铁路、余温公路项目后期工作进展顺利，甬台温高速改扩建工程开局有力。全年完成商业用地出让6亩、工业用地出让35亩。创成台州市级"污水零直排"标杆镇，投资900万元完成庙西等4村污水管网及污水处理设施建设。全面改建镇级垃圾分类中转站，新建彩灯街等3处中转站，川津路主路等3个垃圾分类点投用。推进上街村益祺加油站、康岭片寺岙公墓等项目。全年拆除违章建筑8.13万平方米，整治"两路两侧"问题点位32个，完成大房村台州市"无违建村"创建工作。深化落实"河长制"，排查整改河道问题1601起，整改3处农污终端及36处企业污染问题点位。实施环境整治"三清三整三提升"，共清理市镇点位5700处，村自查点位2000余处。

年内，镇乡贤会发放教育奖励金87万元。东塍中学获台州中学录取人数连续5年稳居临海公办中学第一名。东溪单小学被评为第五批省级民族团结进步创

桐坑茶厂　　（东塍镇　供图）

东塍彩灯　　（东塍镇　供图）

建重点培育单位，东塍镇中心幼儿园获评省教育现代化学校。建成东塍镇乡贤馆、岭根村史馆省级乡村博物馆。实现农村文化礼堂全覆盖，后杨村、麻山村被评为省级五星文化礼堂。全年发放生活保障金、补助金、奖扶金1025万元；实施60周岁以上农村低保户适老化改造23户。城乡居民基本养老保险参保2.21万人，城乡居民基本医疗保险参保4.35万人。

【“彩灯共富”综合服务平台】 年内，建成集历史沿革、企业展示、技能培训、产品体验、业务交流、扶贫车间于一体的“彩灯共富”综合服务平台。30家企业与500户家庭建立劳动合作关系，150家企业提供600个岗位，2000人达成就业意向。10家企业加入临海市共富工坊企业联盟，成为首批会员，派单量约占全市25%；20家工坊被纳入临海市首批“党建引领　共富工坊”系统，约占全市1/6。为低收入农户量身打造“初心共富工坊”，建设全新供需对接平台，实现困难群体就业兜底帮扶，全年累计发放工资361万元。

【第五批省级民族团结进步创建重点培育单位】 东溪单小学依托民族资源优势，开展铸牢中华民族共同体意识教育试点工作，打造校园慈孝文化墙、慈孝教室和慈孝走廊。建设两支慈孝石榴红队伍，开展主题宣讲、志愿服务慈孝行活动，获台州市青年理论宣讲线上挑战赛二等奖和台州市暑期“小红萌志愿服务行动”先进集体称号。年内，相关工作经验获省民宗委主任鲍秀英批示肯定。12月，获评第五批省级民族团结进步创建重点培育单位。

【矛盾纠纷化解】 年内，依托镇社会矛盾纠纷调解中心，融合老吴调解室、新乡贤和合调解服务团等助调力量，构建基层矛调创新模式，其中吴世良调解工作室获评省级金牌人民调解工作室。全年共调解案件166起，成功率99.4%；受理解决企业劳资纠纷87起，追薪金额102万元。

（撰稿　胡永宽）

桃渚镇

【概况】 桃渚镇位于临海东部沿海，陆域面积136平方千米，海洋面积600多平方千米，海岸线30千米。辖55个行政村，年末人口3.02万户，户籍人口9.77万人，是全国重点镇、台州市中心镇。2022年，全镇实现规上工业总产值4319万元，限上零售业销售额1.36亿元，其中社会消费品零售总额7612万元，完成外贸自营出口2123万元，税收收入2506万元，城镇居民人均可支配收入69652元。

辖内有工业企业36家，其中规上企业1家。全年完成工业性投资1483万元，非工业性投资2.18亿元。浙江海轮绳网有限公司等5家企业成功申报国家科技型中小企业，中太机械有限公司等3家企业成功申报省科技型中小企业。

全镇春粮种植面积1126亩，早稻种植面积近13000余亩，晚稻种植面积为3234亩。3763亩高标准农田与12521亩粮食功能区通过验收，整治“非粮化”耕地1227亩。全面推行林长制、田长制，新增森林抚育面积1420亩，义务植树1500株，双联村创成省级“一村万树”示范村。牧原临海一场存栏能繁母猪2000头、生猪1.7万头，牧原临海三场存栏能繁母猪3000头、生猪1.1万头，牧原一、三场年出栏约8万头。拥有农民专业合作社106家。完成建房审批194户351间，涧大岙村新村完工。

海山广场改造完成，海山书院建成投用。修复低洼破损路18处，治理“桥头跳”12处，亮化美化绿化道路约13千米，东湾桥、英雄桥完成验收。拆除各类违章建筑8万平方米。推进“三改一拆”、垃圾分类、五水共治、农村人居环境综合整治等专项行动，累计拆违8.02万平方米，处置两路两侧问题点位183处，5个村通过“无违建村”验收，完成镇区5个居住小区垃圾分类点建设。小峙村、沙门村污水治理工程和双淮村二级污水管网工程竣工验收，获评台州市“污水零直排区”建设标杆镇。引入“数字乡村”监管平台，线上反馈和线下整治销号相结合，推进农村人居环境综合整治，全年共整治环境问题点位3.2万个。

加强应急体系建设，改建3处标准化村级避灾安置场所，新增避灾面积600平方米。开展企业安全隐患大排查大整治专项行动，共检查企业185次，查处隐患396处。完成全镇449家居住出租屋问题排查整改。开展“春雷行动”和“三无”船舶打击取缔、废旧蟹网整治等重点工作，查获“三无”船舶41艘，清理各类地笼网1700张。提升基层公共文化服务水平，全面开展“新时代文明实践评议”活动，实现农村文化礼堂全覆盖。社会保障提标扩面，全镇城乡居民基本养老保险参保3.99万人，城乡居民基本医疗保险参保74069人，发放失独家庭养老保险13人次，落实生活补助款15人次，完成60岁以上重点人群体检人数12303人。65岁以上老人专项管理率达到59.8%。全镇739户1251人最低生活保障均按时足额发放到位，实现“两不愁三保障”突出问题、家庭人均年收入9000元以下情况全部清零。帮扶低收入农户，建档立卡低收入农户756户1265人，其中低保户640户1022人，其他经济困难户116户243人。镇机关干部结对帮扶189人。

【为民水厂管道改造】 为民水厂长期以童燎水库为饮用水，存在水源水质不高、基础设施老旧等问题。2012年以来多次提议接通牛头山水库，提升饮用水水质，水龙头，由于资金、线路等问题始终未能落实。年内，镇党委、政府积极对接市水务集团，召开6次专题会议，协商西湖水厂牛头山水库水通桃渚为民水厂的调试方案，在年底接通牛头山水库水，桃渚近10万名群众因此受益。

【蒲兰头自然村搬迁】 3月，为确保台州市“万亩千亿”新材料产业园建设顺利推进，构建“乡镇主体、部门配合、乡贤支援”的三级联动工作格局，党政主要领导牵头，抽调72名精干组建攻坚团队，组成4个攻坚组和1个综合协调组，攻坚蒲兰头自然村整村拆迁工作，完成全部194户房屋评估，用时一个月实现拆迁协议签订100%。

【中国最美田园风光】 桃江十三渚是桃渚国家级风景名胜区的重要组成部分，区域面积600余亩，水将田畦切割包围成大小不一、形状迥异的13个洲渚，星罗棋布地散落在桃江之上，被诗人舒婷誉为“中国最美田园风光”。2021年10月，桃渚镇从省农科院引进油菜花品种“迎春一号”，种植面积500余亩，开花早、花期长。2022年1月至4月，油菜花盛开期间，累计吸引游客50万人次，最高日接待量万余人次，并登上央视《朝闻天下》栏目。

（撰稿 陈绍翊）

尤溪镇

【概况】 尤溪镇位于临海西南部，南连黄岩长潭水库，西融括苍山国家森林公园，镇域面积137平方千米，下辖18个行政村，年末人口8090户，户籍人口2.48万人，是国家生态镇、全国环境优美镇、国家卫生镇、省美丽乡村示范镇、省历史文化名镇、美丽城镇省级样板镇。是临海“全域旅游”先行者，素有“城市后花园”的美称。2022年，全镇实现规上工业总产值23.24亿元，完成限上批发企业销售额43.76亿元，外贸自营出口4.5亿元，税收收入1.2亿元。承办台州市两新工委书记会议暨上市公司、园区、新业态新就业群体党建工作现场推进会，“开辟特色农业创富路”入选省政协专题协商典型案例。

全年完成工业性投资4332万元，拥有规上企业5家，新增1家规上企业、2家国家科技型中小企业、3家省科技型企业，伟星股份入围省未来工厂试点企业名单，伟星服装辅料智造工业互联网平台入选省级重点工业互联网平台。大丰纺织年产2万锭纺纱器技改项目实现投产。

尤溪镇鸟瞰

（尤溪镇　供图）

104国道江南至尤溪段改建工程建成通车，搁置近30年的江南水街建成通车，义城路西延段竣工验收，镇区一、二级污水管网全面完工。完成坑王水库、岭下水库除险加固工程，完成尤汛分洪政策处理并启动施工。乡贤馆建成投用，实施入镇口“两山转化”主题公园建设。完成汇龙村文化礼堂建设，实现行政村文化礼堂全覆盖。坪坑村创成省美丽宜居示范村和首批省美育村，汇龙村、紫升村、义城村创成省AAA级景区村，义城港获评省级美丽河湖。

全年发放乡贤教育奖励基金26万余元，发放低保补助金296.4万元、残疾人两项补贴175.6万元。城乡居民基本养老保险参保9547人，城乡居民基本医疗保险参保1.72万人。拓宽群众增收渠道，建立全市首家“府城女子梦工坊”云创基地，打造党员、巾帼两大直播基地，建成花联欧拓、伟星等4家共富工坊。拥有农民专业合作社23家。“娃娃乐”儿童保护品牌入选全市县域社会治理现代化十大标志性项目。

【省美丽河湖——义城港】义城港是灵江的第二大支流，发源于尤溪，12月入选2022年度浙江省美丽河湖。近年来，尤溪镇统筹推进义城港沿线生态环境提升、绿道景观建设、村庄环境整治等工作，利用沿线空地、民居围墙，布置滨水公园、文化长廊、休闲驿站等节点内容，融合休闲、旅游、文化、环保等元素，打造集水利、生态、产业、历史“四位一体”的“美丽河湖”，带动周边经济发展。“尤溪水生态推动共同富裕”入选全省“五水共治”助力共同富裕成果案例。

【文旅融合】境内旅游资源丰富，拥有江南大峡谷、下涨村居两个国家AAA级旅游景区。年内，建成开放七折潭景区，打造人文展示馆、纽扣博物馆两家省级乡村博物馆。尤溪老街驿站获评台州唯一省首批一级旅游驿站，义诚驿站获评二级旅游驿站。小镇客厅获台州市首届文旅项目谋划设计大赛“微改造、精提升”设计类优胜奖。举办第十三届乡村文化旅游节暨“尤溪有戏”生活季、首届蓝莓采摘节、第二届丰收美食节、山谷有声音乐会等节庆活动。台州府城—紫阳街—尤溪江南大峡谷线路入选全国乡村旅游精品线路，“蜜境”尤溪休闲游入选“浙里田园”休闲农业与乡村旅游精品线路。

【校地合作】9月17日，台州学院未来乡村学院和未来乡村学院实践基地在尤溪揭牌成立。深化校地合作，将台州学院的学科优势和专业特色融入乡村共富的具体实践，探索建设未来乡村、实现共同富裕。年内，双方合作成立全市首个“头雁”共富研习所，共建沙衣辽番薯新品种培育

9月17日，台州学院未来乡村学院揭牌成立（尤溪镇 供图）

基地，杨万勤教授专家工作站落地，合作打造农产品区域公用品牌“尤溪有物”并入选台州城市伴手礼名单。

（撰稿 马亦喷）

汛桥镇

【概况】 汛桥镇位于临海东南，距市中心7千米，因临海至黄岩古道上有一桥，每逢汛期潮水由灵江涌入桥下而得名。行政区域面积51平方千米，辖14个行政村，农民人口6088户，户籍人口1.96万人。2022年，全镇实现规上工业产值71.7亿元，外贸自营出口37.78亿元，批发业36.9亿元，税收收入8.01亿元。获评台州市美丽城镇建设市级样板。

全年完成工业性投资2.9亿元、非工业性投资4060万元。拥有规上企业15家，新增国家高新技术企业2家，国家科技型中小企业10家、省科技型中小企业5家，新授权专利102件。深化“腾笼换鸟”，盘活闲置厂房用地50亩，完成低效厂房改造4家。华海药业位列中国医药工业百强，入选省第三批“雄鹰行动”培育企业，获评2022年浙江省知识产权示范企业、浙江省2020—2021年忠实践行“八八战略”奋力打造“重要窗口”立功竞赛先进集体。协同引进硕博人才63人，新增国家级“引才计划”专家1人，申报台州500精英人才7人。

抓好国土空间规划编制，划定启用“三区三线”。提速建设美丽乡村，汛桥村民公寓（二期）完成地质勘探，利丰村美丽乡村精品村建设完成招投标，统高山美丽乡村精品村二期完成预算编制。推进“三新”农村共富行动，建成杨梅、蒋家山、峙下3家“共富工坊”。拥有农民专业合作社34家。全面推进市镇重点项目建设，农村生活污水治理工程、朝文水库除险加固工程等一批项目落地。优化基础设施建设，二级污水管网二期项目全面完工。全年共拆除各类违章建筑1.29万平方米，完成自建房安全隐患排查5900户，发现并整改危房2户。

汛桥中心幼儿园建成开园，新增农村文化礼堂2家，实现全覆盖。严守意识形态主阵地，做强“堂前宣讲”品牌。开展“我们的节日”系列活动，推进新时代文明建设，徐文俊被评为“浙江好人·疫线面孔”。侨家小院获浙江省三星级侨胞之家称号。全年发放各类救助补助资金361.4万元。城乡居民基本养老保险参保6519人，城乡居民基本医疗保险参保1.39万人。建成省规范化数字档案室、台州市五星乡镇便民服务中心。

【“临海·溪山有道”片区共富项目】 立足汛桥“半城半山、一江三溪”的地理特征和“洞天福地”历史文化资源，整合利丰村、汛桥村、光明村、新民村、立柴湾村5个村资源，谋划“临海·溪山有道”片区共富项目，以闲置农房盘活利用、农业标准地改革为抓手，变闲置为利用，变资源为资产，定制化打造“医、康、养、住、游、学、购、销”主题服务，构建独具区域特色的大健康产业生态圈、农文旅融合产业园，打造一条南北纵向的片区共富示范带。10月，入选省财政厅2023年度一事一议财政奖补支持打造共富乡村试点实施类项目，获得省财政资金2000万元。同年，获全市“奋力突破跨越，奋进第一方阵”项目谋划擂台赛三等奖，第一批总投资近5000万元的27个项目基本完成施工设计。

【“四清两改一分类”专项行动】 深化农村人居环境整治，创新开展“四清两改一分类”专项行动，累计投资近660万元，整改问题点位1.2万个以上，多次在全市农村人居环境整治提升工作检查中位居优秀。投资460万元建成65个四分类固定投放点，率先在全市完成垃圾分类全域“撤桶并点”工作，连续四季度在2022年台州市生活垃圾分类工作综合评价中位居板块前两名，汛桥村、光明村创成台州市垃圾分类示范村。通过省爱卫办组织的国家卫生乡镇创建暗访，利丰村、蒋家山村、杨梅港村获评浙江省卫生村，汛桥村、利民村、杨梅村、峙下村获评浙江省健康村。

（撰稿　阮浙瑶）

沿江镇

【概况】沿江镇地处临海南部，灵江西南岸，距离市区约23千米，东南与台州市区毗邻，距离台州市区约10千米，因沿灵江而得名，素有“临海南大门”之称。镇域面积77平方千米，辖30个行政村，年末人口1.43万户，户籍人口4.93万人。2022年，全镇实现规上工业总产值40.34亿元，外贸自营出口9.09亿元，完成税收收入2.9亿元，减免缓缴约4061万元。

年内，全镇有50家规上企业，上报研发经费1亿元，完成制造业投资1.89亿元，完成率居全市第一。其中，朵纳家居、双马塑业位列全市年度工业50强，朵纳家居挂牌新三板。全镇申报国家级高新技术企业7家，新增省级科技型中小企业18家，新增国家级科技型中小企业38家，新授权专利227件。

成立“沿江镇股份经济合作联合社”，圆满完成6个相对薄弱村消除任务。拥有农民专业合作社59家，加强农产品品牌建设，结合党建联建、直播平台线上线下相结合助力现代农业发展。完成1528亩高标田建设，调整优化五大粮食功能区532亩耕地。建成共富工坊8家，其中春树共富工坊参选省级示范直播共富工坊。推进土地全域整治工作，完成项目验收总计464亩。持续优化城镇品质，推进实施“三改一拆”“两路两侧”等专项行动，数字化推进人居环境整治工作，完成问题点位整治4939个、市级点位260个，通过省级美丽城镇验收。完善镇村基础设施，实施村级“一事一议”项目，长甸区块二级污水管网通过竣工验收，里屋水库、孔化呑水库除险加固项目完工，完善饮用水二级管网，确保全镇自来水供应无压力。

年内，镇便民服务中心、矛调中心建成投用。累计发放各类救助补助款1102.71万元，社会事业和民生支出38.56万元。城乡居民基本养老保险参保1.68万人，城乡居民基本医疗保险参保3.52万人。完成总投资350万元的南蒋传统古村落村大会堂、南蒋小学、南蒋村四合院保护性修复工程，完成二徐书院、陈国潘大院古建修复项目。建成石牛、下百岩农村文化礼堂，实现全覆盖。

【项目攻坚】年内，开展“百日破百难”“实干创新、突破跨越”项目攻坚年活动，完成6个市级项目、39个镇级项目攻坚任务，“沿江经验”亮相一季度台州市乡镇书记交流会。圆通速递温台区域总部基地项目建成投产；总投资10亿元的朵纳智能家居供应链产业园实现“拿地即开工”；提前完成余温公路50户民房、18家企业征迁任务“清零”；40天完成涉及6个村、四百余户农户，总面积达427亩的土地征收工作；60天完成临海方舱医院91亩政策处理和建设验收；投资约15亿元的宝湾供应链管理（临海）有限公司成功摘牌，总面积173亩；新兴村未来乡村建设试点村完成数字化项目招标及施工，并被评为2022年浙江省未来乡村创建成效优秀村。

【亲清政商关系】沿江聚焦民营经济发展，深入推进“清廉民企”建设，辖内规上企业全面完成清廉制度上墙公开，选树清廉典型，并向中小企业延伸，助推优化营商环境。2月15日，邀请全镇80余名企业界人士参与镇“政企同心　砥砺同行”亲清政商关系座谈会，面对面、点对点倾听企业诉求，帮助企业解决人才引进、项目审批、扩建扩产等难题。

【企业平安驿站】年内，中通平安驿站建成投运，址设沿江镇中通台州分拨公司，占地约500平方米，位于长甸、西岑、杜岐三个工作片中心区域，同“最多跑一次”改革相衔接，开辟行政服务专区，相关联勤单位提供“一窗受理、分类代办”等服务，打造“15分钟政务服务圈”，辐射周边17个行政村，村民2万余人，覆盖23家规上企业，企业员工5000余人。

（撰稿 朱柯科）

汇溪镇

【概况】 汇溪镇地处临海市中北部，为中国古建筑工匠之乡、省生态镇，镇域面积61平方千米，辖15个行政村，年末人口7095户，户籍人口1.96万人。2022年，全镇实现规上工业产值2.44亿元，外贸自营出口1.02亿元。税收收入3055万元。获评省美丽乡村示范乡、省“五水共治”工作考核优秀乡镇。

工业以休闲用品、彩灯配件为支柱，有规上工业企业5家，高新技术企业1家，科技型企业13家。全年完成工业性投资2661万元、非工业性投资4400万元。宏信工业园区、欣茂灯饰、宝立休闲用品等7万平方米厂房建成投产。新增限上批发业1家，限上零售业1家，实现限上服务业“零”的突破。

以高山西瓜、高山大米、有机油茶等生态农业主导，高山西瓜种植面积800余亩，水稻种植面积1300余亩。推进3个粮食功能区非粮化工作，完成镇粮功区调整1636亩。拥有农民专业合作社28家。推进“千万”工程建设，两头门村被评为省美丽乡村特色精品村，浚头村被评为“浙江省‘一村万树’示范村”和省美丽庭院特色村。深化垃圾分类工作，两头门村获评省高标准农村生活垃圾分类示范村。“五水共治”“三改一拆”“治危拆违”等专项工作纵深推进，完成15个行政村污水提标整治工程，汇溪至大田污水二级主管网及一体化泵站建成投用。坚持资源整合、片区共建、乡村共富的发展思路，推进孔丘历史文化古村落、美丽河湖、善家洋古村落等项目建设。

以“一轴、两带、四区”为总脉络，实施全域美丽行动，推进美丽城镇建设。全年安排市镇重点项目31个、村级项目30个，年度投资达3.7亿元。荷花仙子桥廊桥竣工并顺利通桥，两头门绿道“湿地科普驿站”建成使用，善家洋村民宿启动建设。启动汇溪段甬台温高速公路改扩建工程政策处理工作，在全市率先完成公墓报批，仙人桥火星岩公墓启动建设，镇首座综合功能站项目完成招投标。累计完成批而未供土地处置消化8宗101亩，完成土地整治项目19亩，新立项46亩旱改水项目并开工建设。基础设施建设不断完善，完成仙人桥至黄支罗、黄支罗至界牌等项目建设，修复危桥2座。完成白岩岙山塘综合整治、仙人桥水毁修复等水利项目建设。完成电力双回路延伸线、黄泥坦至上枫林电力线、仙人桥老线改造等电力项目建设，建成2座5G基站。浚头安置小区一期项目完成主体建设，镇敬老院项目完成主体建设。提炼汇溪人居环境整治工作“十法”，在全市专题推进会中作交流发言，4个村获市“洁美乡村”称号。

中小学成绩创历史新高，汇溪中学在全市B类学校中名列前茅，汇溪中心校六年级质量检测成绩达到全市A档，汇溪中心幼儿园通过浙江省二级幼儿园复评。发放乡贤同心基金30万元。汇溪中心卫生院建成慢性病一体化门诊，深化“最多跑一次”改革，创成三星级便民服务中心。跨市设立人大代表联络站，帮助在甬群众代办事项30余件。完成2个地块失土保险，发放低保、特困等各类困难人群政策性兜底保障资金235.5万元。完成1800余名在甬汇溪籍参保农医保群众免费体检工作。创建浙江省“新时代枫桥式退役军人服务站”，救助困难退役军人36人。城乡居民基本养老保险参保8570人，城乡居民基本医疗保险参保1.28万人。

【古建行业产教融合联盟】 5月28日，汇溪镇联合台职院等6所高校、10家企业成立古建行业产教融合联盟，通过产教合作、工学交替、定岗实习及现代“学徒制”等模式，靶向培养实用型、技能型古建工匠，并与“大树文物与历史建筑学院”形成战略合作意向。同时，结合国匠课堂、各类技能比武大赛等形式，提升传统农村工匠技能。

【“青领”选培计划】 9月16日，举办首期村级“一肩挑”后备人才“青领”班开班典礼，探索实施“青领”选培计划，从现任优秀村干部、农村致富带头人、古建筑行业人才中选拔一批纳入“青领”学员信息库，建立“一人一档”成长档案，以组团开班的形式进行集中培育村级“一肩挑”后备人才，通过定期培训、定人帮带、定岗锻炼的“三定”培养方式，

【工匠领航】 擦亮“中国古建筑工匠之乡”招牌,发挥古建工匠资源优势,引导古建产业回归,推动古建+文旅融合发展,助力乡村共富。年内,古建文化广场项目完成主体建设,引进文创团队,推出“溪小匠”研学品牌。“国匠工坊”获台州市返乡创业大赛三等奖,古建产业园项目获“奋力突破跨越 奋进第一方阵”临海市第二届项目谋划擂台赛三等奖。“工匠领航”助力乡村共同富裕的经验在《浙江经济》等媒体刊发。

(撰稿 吴舒静)

小芝镇

【概况】 小芝镇位于临海东部,镇域总面积86平方千米,下辖21个行政村,年末人口1.12万户,户籍人口3.6万人,常住人口2.3万人。地处牛头山水库源头,森林覆盖率70.6%,是全国环境优美镇、全国生态文明先进镇、国家卫生镇、省生态镇、省森林城镇。2022年,全镇实现规上工业产值2.37亿元。外贸自营出口6799万元,税收收入2482万元。获中国最美村镇、省级美丽城镇样板镇、省级垃圾分类示范片区、省健康乡镇称号。大来岙村创成省级美丽宜居示范村,溪胜线获评省级精品特色道路、省级绿化美化精品道路。

以机械铸造、工艺品加工为主导,共有工业企业66家,其中规上企业7家。全年完成工业性投资1790万元,新增规上企业1家、省级科技型小微企业5家、国家级科技型小微企业4家、国家级高新技术企业1家。

以水稻、柑橘种植为主,有农民专业合作社99家、家庭农场16家,其中台州市示范性农民专业合作社6家、临海市级示范性家庭农场1家,临海市级龙头企业3家。全年大户种植小麦1212亩、早稻5848亩、油菜433亩、单季晚稻2464亩、连作晚稻5774亩,发放生产补贴386.9万元。小芝镇细米面产业园、农旅文化综合体项目开工建设,南胡村、杏中村、包山村一事一议项目完工,乌岩村、石桥村、龙岙村、乌石头村、南胡村、杏中村移民项目通过验收,罗上宅村省级土地整治示范项目基本完工。高标准开展农村人居环境整治,创新实施“垃圾换树苗”行动。对接落实华能农旅光伏共富项目。

邻里中心、小镇客厅相继建成投用,完成车口公路驿站提升改造、虎山路“三线入地”改造、镇西路全线亮化及人行道铺设工程。全镇首个住宅小区“阳光珺府”交房,住宅364套。乡村振兴培训中心开工建设,胜坑、石牛坑传统村落保护项目基本完工。大岩、高塘、十八田、小芝岭脚4座水库除险加固工程完工,大来岙村、小芝村、乌石头村等6个村燃气主管道接通,完成市级标准垃圾中转站美化提升工程。全年拆违面积10635平方米。

成功注册“桐峙草帽”集体商标,建成共富工坊6家、共富驿站1个,带动316户农户年增收超2万元。城乡居民基本养老保险参保1.57万人,城乡居民基本医疗保险参保2.57万人。桐峙中学毕业生升入省重点高中41人,小芝中心幼儿园改扩建项目完成政策处理,发放永强教育基金20万元。小芝卫生院GE16排螺旋CT、全自动生化分析仪等设备投产使用。

【专项工作】“全域彩化”加速推进,完成虎山路常山胡柚行道树、3.5千米樱花大道波斯菊种植。至2022年末,乡贤累计捐资1500余万元,种植各类彩色树种2万余株,美化乡村道路35千米,

2022年,住宅小区“阳光珺府”交房 (小芝镇 供图)

“彩化”面积3500余亩，完成南入镇口、岙胡樱花园、南丰红枫园等30个美丽节点的打造。

【省级美丽城镇样板镇】 12月，小芝镇获评浙江省美丽城镇建设样板镇。自创建以来，以建设“诗画田园 乐活小芝”为目标，实施“生态立镇、农业兴镇、旅游强镇”三大战略，持续提升改造镇村环境，加强公共基础设施建设，先后完成镇区虎山路“三线入地”改造，镇西路“三化”建设，建成邻里中心、小镇客厅、乡村图书馆，建成大来岙、乌石头、乌岩等7村绿道12千米，将具有小芝特色的山水景观串连成线。以美丽城镇创建为载体，推动自然资源转化成产业，整合提升胜坑、石牛坑传统古村落、峙山头古人类遗址、芝圃集·老粮仓综合体等旅游资源，打造“古村度假游”“古遗址寻根游”“农业研学游”“生态度假游”四条农旅精品路线。

【省级双“精品”路】 9月，溪胜路获评为省级绿化美化精品道路及省级特色精品道路，成为省级“双精品”路。溪胜路全长7.38千米，始于溪下村，终于胖坑村，串联隐藏在山谷间的下蒋、上蒋、外蔡、跃进等古村落。建设“四好农村路”过程中，融入绿色生态文化理念，提高道路养护工作标准，做好路面、路肩及周边护栏修整等工作，精心打理道边花草树木，做到畅通、便捷、风景优美。同时，深入挖掘道路周边村镇文化与特色产业，将胜坑草堂民宿等周边特色景点串联成线，进而实现“人在景中游，画由景中生”效果。

（撰稿　蒋雨希）

上盘镇

【概况】 上盘镇位于临海东部沿海，区域面积145平方千米，下辖30个行政村、1个社区，年末人口1.55万户，户籍人口5.9万人，外来人口近3万人。2022年，全镇实现规模上工业产值251亿元，完成限上社会消费品零售总额4544.3万元，外贸自营出口3.5亿元，实现税收收入7.5亿元。

全年完成工业性投资22.7亿元。有规上企业80家，眼镜加工为主的企业主要集中在里岙工业园区，台州天和光学眼镜股份有限公司年税收超1000万元，浙江誉博眼镜有限公司获评“浙江制造”产品认证企业。

推进国家农业产业强镇创建，实施西兰花交易一条街项目。全年渔业产量约3.2万吨，落实定人联船制度，确保190艘渔船平安有序生产，依法打击涉渔“三无”船舶41艘。新塘岸、联合等8个村210亩土地综合整治项目通过验收，新城、下畔等4个村1130亩高标准农田建成投用。沙基、新滨、联合3个村1600亩西兰花种植基地产业、北洋“千亩方”永久基本农田集中连片整治等工程建成完工。拥有农民专业合作社107家，建成共富工坊7家，带动100余名村民实现就近就业。持续优化农村人居环境，累计投入800万元，实现全镇生活垃圾无害化处理。4月19日，在浙江迎亚运村庄环境综合整治提升行动暨新时代美丽乡村建设工作视频会议上作经验交流。

开展“百日破百难”攻坚行动，全年开工项目28个，总投资超1.5亿元。老塘岸桥改造工程建成通车，白沙渔业码头、田岙岛陆岛交通码头建设有序推进。上盘镇至杜桥污水处理厂一级污水主管网工程，金港大道至甲石头村、沙基村、金杏灯村、涂岙村等4个村污水管网连接线工程建成投用。外岙美丽乡村、下畔等3个村移民项目以及如宝等7个村农村饮水管道改造项目推进

外岙村清风馆展厅　　（上盘镇　供图）

建设。保障台州湾新材料产业园项目建设，提前2个月完成短朱北以及田岙、雀儿岙2个海岛村242户搬迁签约，完成新城、旧城、短朱北3个村2300亩土地征收政策处理。推进“台州一号”公路（临海段）政策处理，完成涂岙村川礁山15.5亩，金杏灯村鹿峙山31亩山林土地征收。推进康居工程二期签约进度，完成签约120户。完成220千伏珊瑚输变电工程政策处理。

镇中心幼儿园建成投用。小镇客厅和邻里中心项目主体修缮通过验收，水路张村、外岙村、旧城村文化礼堂被评为五星级文化礼堂，旧城村建成省级乡村博物馆，老塘岸等3村建成省级体育休闲公园。全年发放低保金358.12万元，残疾护理和生活补贴252万元。城乡居民基本养老保险参保2.82万人，城乡居民基本医疗保险参保4.45万人。实施国家免费孕前检查、“两癌”筛查、胃癌检查、肠癌检测、60岁以上免费流感疫苗和60岁以上自理能力筛查等民生项目。

【国家卫生乡镇】 12月16日，浙江省爱卫会办公室发文，上盘镇被评为国家卫生乡镇。2020—2022年，上盘镇开展国家卫生乡镇创建工作，对照健康促进与教育、镇容环境卫生、环境保护等8个方面，持续改善镇容镇貌，实现城镇绿化覆盖率超30%，道路亮化率99%，辖内中小学校健康教育开展率100%，学生健康基本知识知晓率90%以上，群众对镇区卫生状况的满意率95%以上。

【省AAA级景区镇】 融合西兰花、白沙保卫战等地方特色元素，建设白沙保卫战纪念馆、西兰花展馆，定期举办特色节庆、花鼓演艺、民俗风情等体验性、参与性活动，培育“乡村旅游+”新产品新业态、新模式。完善旅游基础设施，新建旅游厕所1家，设置旅游标识、标牌30余处。开展美丽乡村、美丽庭院、美丽商铺、美丽田园、美丽河流等美丽载体建设，串点连线成面，提升城镇“颜值”，实现从“美丽乡村”到“美丽经济”的蜕变。12月28日，获评浙江省AAA级景区镇。

【红脚岩区块整村搬迁攻坚】 上盘镇短朱北自然村作为红脚岩“万亩千亿”新材料产业园前期政策处理的主阵地，2022年需完成搬迁102户414人。上盘镇党委政府组建签约攻坚团队，逐户开展政策讲解，规范评估相关程序，3月2日实现102户村民全部签约，提前一个月完成协议签订任务，得到市主要领导批示肯定。

（撰稿　李俊伟）

涌泉镇

【概况】 涌泉镇位于临海市东南部，全镇行政区域面积124平方千米，下辖32个行政村，年末人口1.59万户，户籍人口5.4万人。**工业**。2022年，实现规上工业产值34.97亿元，实现规下营业收入2.68亿元，外贸自营出口6.8亿元，税收收入1.43万元全年完成工业性投资1.02亿元，非工业性投资1.09亿元。2022年，涌泉镇先锋科技与浙江沙星科技股份有限公司成功申报省化工重点监控点①，推动医药化工产业转型升级和绿色发展。**农业农村**。2022年实现柑橘总产值6.5亿元，总产量5.6万吨，全镇直接和间接柑橘产业从业人员达2万余人，柑橘种植户人均年收入10万元。实施农业“双强”行动，临海市柑橘采后处理中心全省第一条六通道柑橘数字化分选线投入运行，为华东地区最大，每小时可分选柑橘1.5万余公斤。推进“非农化”“非粮化”整治，完成在建高标准农田2943亩。农合联党建基地荣获台州市新时代基层党员教育培训示范基地。拥有农民专业合作社377家。**城镇建设**。12月15日，甬台温高速公路改扩建工程台州段开工仪式在涌泉举行。年内，先后完成杭绍台铁路小三改工程、甬台温高速公路改扩建工程灵江特大桥开工点政策处理、甬台温高速公路改扩建工程红线内房屋拆迁测量评估、先行用地坟墓搬迁以及公墓建设报批等工作。全年累计拆除违章建筑2.54万平方米，整治两路两侧点位32个，消防通道点位20个。组织排查全镇自建房24332间，修理低保户危房6户，涉及补助资金8.26万元。**民生实事**。创建台州市四星级便民服务中

① 化工重点监控点是指处于省政府公布的化工园区和专业化工园区之外，符合国家产业政策、技术水平高、规模总量大、税收贡献突出、安全环保措施完善的化工生产企业。

心，全年审批发放计生家庭奖励扶助160.27万元，发放低保、儿童、残疾人生活护理补贴等各类救助资金993万元，惠及704人、496户。城乡居民基本养老保险参保2.02万人，城乡居民基本医疗保险参保3.84万人。

【台州市高质量发展建设共同富裕先行市经济稳进提质先进集体】 2022年，上半年实现规上工业产值同比增长27.71%，增速居全市第一，全年增速13.35%。全年企业研发投入9193.5万元，同比增长38%，先后完成沙星科技自动化升级改造及生产车间升级改造建设项目、浙江先锋科技股份有限公司年产200吨FCS、300吨胞苷技术改造项目以及年产50万套铰链和40万套绳轮式玻璃升降器技改项目等千万元以上项目建设。完成35千伏广管双回输电线路工程、10千伏西翁线、10千伏玉岘线至黄礁后泾线分负荷分流检修工程、10千伏大山线大修工程等项目政策处理工作，解决企业用电超负荷难题。累计打造国家高新技术企业8家、国家级科技型中小企业8家、省级科技型中小企业35家。

【农业农村部第十二批全国“一村一品”示范村镇】 2022年11月，涌泉镇入选农业农村部第十二批全国“一村一品”示范村镇。涌泉为全市无核蜜橘主产地，依托“临海蜜桔”国家地理标志，推动特色柑橘产业高质量发展，拥有6个浙江省名牌产品，1家省级农业龙头企业、4家台州市级农业龙头企业、3家临海市级农业龙头企业。以省级现代农业园区临海市柑橘科技园项目建设为抓手，以柑橘产业技术协同创新中心为平台，持续深化与中柑所、省柑所等科研院所战略合作，打造信息采集、环境智能控制化系统，全力推进柑橘新品种选育、新技术引进和试验示范工作，实现柑橘品种引进改良。推行农机购置与应用补贴政策，加快山地单轨运输机等丘陵山区小型设施机械推广应用，全镇落实农机购置补贴金额600余万元，约占全市的1/3，拥有山地单轨运输机2000余条，占台州市1/2以上，纳为全省丘陵山区农业机械化现场推进会重要参观点位。探索“企业＋合作社＋农户”模式，组建忘不了共富工坊，带动近2万亩柑橘销售增值。

【省美丽城镇建设基本达标城镇】 全年整治市级点位2182个，自查点位8204个，累计投入资金619.41万元，清理垃圾4702吨，先后组织5593人次、368台次大型机械参与整治行动。2022年创成省美丽城镇建设基本达标城镇。

【沙星科技获国家级专精特新“小巨人”企业称号】 浙江沙星科技股份有限公司创建于1996年，位于涌泉镇黄礁岩头，是一家专业从事医药中间体研发、生产及销售的民营企业。2022年，获国家级专精特新“小巨人”企业称号，获批省证监局上市辅导，环丙胺产品被认定为2022年度“浙江制造精品”。

【西庄村获评浙江省数字乡村“金翼奖”百优村】 “数字乡村”平台以“1+N”模式，实现基层党建、三务公开、平安乡村、乡村旅游等多场景应用，西庄村在建设“数字乡村”智能监控平台的基础上，加载智慧治理、垃圾分类等应用，建立党员“1+N”防控体系，以1名党员联系N个群众的模式分片包干，全覆盖、全方位打造网格化管控体系，“1+N”工作情况被纳入党员年度考核。2022年，西庄村荣获浙江省数字乡村“金翼奖”百优村称号。

【“临海共富·甜美嘉年华”直播大赛入选世界电商大会百佳电商案例】 2022年，涌泉镇举办“临海共富·甜美嘉年华”直播大赛，吸引170万余人次收看，收获586万个点赞，两个小时内实现成交额338.2万元，成功入选2022年度世界电商大会百佳电商案例。

【甜美共富工坊入选首批省示范电商直播式共富工坊】 组建甜美共富工坊，探索电商服务产业发展新路径，入选首批省示范电商直播式共富工坊。通过开设数字化作业、电商直播带货等系列课程，发掘一批直播带货达人、优秀主播，培养一批懂技术、善经营的高素质农民，为产业发展提供更多人才支撑。累计举办各类电商培训活动70余场，培训近1600次。2022年，实现柑橘网络销售额约5.2亿元，占总销售额的70%以上。

（撰稿　蔡亚希）

永丰镇

【概况】 永丰镇距市中心7千米，区域面积155平方千米，辖39个行政村，年末人口2万户，户籍人口6.08万人。有耕地面积4.73万亩，园林地面积15.35万亩，是中国特色休闲小水果之乡。2022年，全镇实现规上工业产值9.69亿元，外贸自营出口1.56亿元。税收收入8437万元。创成国家级卫生镇，获评“和合台州”建设“大综合一体化”行政执法改革先进集体。上坪抽水蓄能、“三江·稻梦”共富田园综合体项目在全市第二届项目谋划擂台赛中分获二、三等奖。三江国家城市湿地公园入选浙江省重要湿地。

三江口 （梁春秋 摄）

工业。年内，完成永丰智能制造园区地块招拍挂，新引进亿元以上重点项目2个，发放奖励补贴500多万元。拥有规上企业16家。新增省级、国家级科技型小微企业各5家，完成专利技术交易额2000万元，申请国际PCT商标2件，申报“台州市500精英计划”人才1人。浙江朗杰电子有限公司获评省级研发中心，浙江时间新材料有限公司获评台州市低碳绿色工厂。**农业**。调整优化11个粮食生产功能区，建成高标准农田4765.4亩，完成“非粮化”整治845.14亩，发放耕地地力保护补贴1.77万亩。入选全市农业标准地改革试点乡镇，创成省级千亩示范片、百亩示范方2个，斯敏家庭农场获评浙江省早稻新品种展示示范基地。拥有农民专业合作社62家。承办台州市水稻干籽播种技术现场会，机械化夏种场景在中央电视台《朝闻天下》栏目播出；成立钵苗机插图案化种植示范基地，“中国航天”水稻田成网红打卡点。**特色产业**。全年实现小水果产值3亿元，举办临海市第四届黑布林采摘节，启动小水果产业共富论坛。实现出口额3000万元，全省首批柑橘出口加拿大。蓼岸村、晴天见、漫生活等露营基地跻身乡村游“新地标”，茶寮红枫景区成为全市秋季最佳观赏点。

编制镇中心区控制性详细规划、步川路街景规划、蚕种场工业区块控制性强制详细规划，完成17个村庄规划编制。深入推进“项目攻坚年”活动，实施渡头岩仓生态修复等37个市、镇重点项目，完成项目投资6000多万元，在全市“百日破百难”项目攻坚行动中获B组乡镇第一。351国道临海邵家渡至永丰段顺利施工，历史遗留整治项目全面扫清。完成永丰绿道、永丰生态绿地等项目建设，石鼓村综合农贸市场结顶。浙派民居落地示范、美丽公路、留贤村停车场等项目建成，升级改造下赵至三益、西岙至蒋岙、下塘园至磨头等村路。破解土地难题，推进土地全域整治、建设用地复垦项目，合计新增耕地221亩、水田190亩。开发“农民建房一件事”小程序，实现建房管控“云”监督，全年完成199宗共计1.6万平方米占地面积宅基地审批。推进“数字城管”建设，推出“点靓永丰”小程序，实现“线上、线下”双监督，实现7971个问题点位动态清零；全域推进农村人居环境整治，方家岙村获全市年度考评第八名。建立垃圾分类“收、运、处”一体化体系，推进“三改一拆”“治危拆违”行动，拆除违章建筑4万余平方米，新增星级美丽乡村11个。

精准帮扶299户低收入农户，发放各类救助金900余万元。建成镇级居家养老服务中心。城乡居民基本养老保险参保2.36万人，城乡居民基本医疗保险参保4.33万人。永丰中学在全市中小学生田径运动会中获甲组团体第一，永丰中心校获评“浙江省课外阅读先进集体”。创建省级卫生村12个、省级健康村11个。推行农村文化礼堂理事会制度，新建文化礼堂3个。深化“最多跑一次”改革，集成公安、电力等窗口，创建三星级便民服务中心。

村级矛调工作实体化运行情况较好，创成浙江省民主法治村2个。

【共同富裕】 年内，“共同富裕”产业示范基地等4个共富项目稳步推进。成立“永丰镇股份经济合作联合社”，编制《永丰镇共同富裕样板示范三年行动计划》，完成集体经济相对薄弱村消除任务。留贤村标准厂房建成投入使用，留贤村获评浙江省商贸发展示范村。启动“共富工坊”党建联建暨“三新共富”兴农系列活动，汇聚统战、商会、侨联力量，建成11家“共富工坊”，其中台州市示范共富工坊2家、台州市十佳共富工坊1家，带动就业200余人，实现月均工资3500元，助力村集体经济增收40万元。

【浙江省重要湿地】 年内，三江国家城市湿地公园入选浙江省重要湿地。湿地公园位于三江村，地处灵江、永安溪、始丰溪三条河流的汇合处，不仅是台州市首个国家湿地公园，也是世界上典型的潮汐湿地公园。公园重点特色保护区在永安溪、始丰溪及灵江的三江汇合处，地势低洼，集大片河滩、溪流、河塘于一体，而又处于灵江感潮河段，形成别具一格的湿地景观。

【临海市第四届黑布林节】 全镇有水果种植面积5万余亩，建有全省首个特色水果示范基地，年产布林、杨梅、柑橘、火龙果、猕猴桃等10余种特色水果3万余吨，产值超3.6亿元。7月1日，临海市第四届黑布林节在方家岙村举办，以“黑布林”为媒，以“节会”为介，搭建农旅发展新平台。同日，永丰镇“党员直播基地”揭牌成立，通过直播互动、趣味采摘等方式，拓宽黑布林销售渠道。当天直播观看超8万人次。

（撰稿　章　健）

括苍镇

【概况】 括苍镇因境内括苍山而得名，主峰米筛浪为21世纪中国大陆第一缕曙光首照地，为国家生态镇、国家卫生镇、省旅游强镇，镇域面积183平方千米，辖27个行政村，年末人口1.4万户，户籍人口4.36万人。2022年，实现规上工业产值4.22亿元，税收收入4592万元，完成外贸自营出口2.47亿元，限上批发业销售额9517万元。获评美丽城镇建设省级样板、省AAAA级景区镇，人大代表联络站被列为全省首批人大践行全过程人民民主基层单元培育对象。

全年完成制造业投资1584万元、非工业性投资2322万元。保障项目用地需求，消化处置批而未供土地10.6亩，盘活低效工业用地100多亩。勤达公司厂房重建项目完工，万新厂房扩建项目进入内部装修阶段。拥有规上企业10家，完成“小升规”1家、“个转企”4家，新增八大类企业13家、小微企业58家，培育国家科技型、省科技型中小企业5家，招引青年人才267名。

保障农资供应，发放种粮农民一次性补贴99.7万元。完善农产品供应链体系，设立极速鲜快递收寄点，开发桃品饮料等，开展“兴农联播”，打响高山蜜露桃、高山蓝莓等括苍特色水果品牌，帮助农户增收200多万元。拥有农民专业合作社44家。**土地整治。**大岙、箬溪等村共290亩整治项目完成竣工验收。在完成山头何村试点整治317亩的基础上，全镇完成粮食生产功能区非粮化整治面积2000多亩，全市第一。**共富工坊。**建成共富工坊9家，其中岭溪村建成全市首个“侨爱·共富工坊”，获评台州市级示范共富工坊；黄石坦村建成全市首个农旅融合式共富工坊。

重大项目建设。深入开展“项目攻坚年”活动，全年开工市镇两级重点项目18个，总投资2亿元。方溪水库进入蓄水阶段，台州1号工程提前完成70亩征地任务，在全市率先开工建设占地2公顷的镇级公益性公墓。**基础设施。**叶下线、张米线、小车线白改黑和镇区至高速入口道路改造提升等交通项目顺利完工；马横溪防洪堤坝东侧景观提升等公共服务项目全面完工并投入使用；风游水库和龙潭坑水毁修复等水利工程全面完成；垃圾中转站、小海门农污等11个项目均顺利完工。**专项行动。**持续推进“三改一拆”工作，共拆除各类违章建筑2.08万平方米，累计审批农民建房133户200余间，拆后利用率达92%，创成台州市“无违建”创先争优示范乡镇。推进垃圾分类工作，完成碧水家园小区撤桶并点任务，新增台州市垃圾分类示范村1个、省级高标准农村生活垃圾分类示范村1个。

社会保障。落实防止返贫监测和帮扶机制，新识别的帮扶对象22户25人，风险消除12户30人。累计发放低保、困境儿

括苍镇镇区全貌

（括苍镇　供图）

童、残疾人等各类补助资金614万元。城乡居民基本养老保险参保1.4万人，城乡居民基本医疗保险参保3.25万人。**社会事业。**推进“健康括苍”建设，新增省级健康村9个，括苍中心卫生院迁建工程有序推进。城西中学获评浙江省现代化学校、台州市首批人工智能教育实践学校。全面落实文化惠民工程，建成镇级新时代文明实践所、镇级图书馆。白象儿童之家，获评浙江省示范型儿童之家。推进便民服务中心标准化、规范化建设，完成政务服务2.0改造，实现政务服务线上线下、大厅窗口“一网通办”，累计受理镇村交办事项13162件，一次性办结率达到99.7%，获评“三星乡镇便民服务中心”。

【基层党建】 开展“头雁领航、村村提升”行动，创成红色根脉强基示范村2个、争先村1个。全年开展党的二十大精神宣贯等宣讲活动30场，推出“云镜括苍”系列短视频15个，其中《神奇的房子》获浙里“山乡·书香”第三届农民故事微视频大赛二等奖，“破风见山·人车对抗赛”话题全网破亿。开设“曙光成长营”，青年干部培养相关做法获《农民日报》点赞。镇“侨家小院”获评省四星级“侨胞之家”。推进“清廉括苍”建设，打造“西渡清风”观览线，创成台州市清廉村居建设示范乡镇。

【省AAAA级景区镇】 对接国内优秀文旅设计团队，编制全域旅游规划，打造自然观光、研学体验、运动休闲三大旅游带，加快景区集中连片开发，形成处处是风景、时时有活动的全域旅游格局。以括苍山、黄石坦、张家渡老街三大景区建设为核心，完善提升景区基础设施和配套服务，新建环溪、王庄山、立本等公园3座，改扩建健身场地设施112个，畅通马横溪—永安溪—象鼻岩绿道。以云径括苍项目为龙头，推进括苍山门形象建设等8个一期旅游项目，成功向国家发改委、财政部申请到专项债5.7亿元，系全市唯一发债成功的文旅项目。推出老街焕新计划，修缮染坊、存德堂、工匠馆等老街古建筑。突破空间制约，通过国土空间规划调整，优化国家森林公园生态红线。围绕“专业赛事＋休闲活动”两大主题，以柴古唐斯、山地自行车两大国家级赛事为引领，举办高山蜜露桃节、在地艺术展、星辰露营节等系列特色节庆活动，全网话题热度超过3亿人次，年吸引游客140万余人次；整体打造旅游特色IP、logo，开发旅游周边产品和文创产品70余种，挖掘40余种括苍农特产品，实行统一包装、设计、规划，形成“括苍云味”系列。12月28日，括苍镇获评浙江省AAAA级景区镇。镇域有省AAA级景区村2个、省五星级民宿1家、银宿级民宿4家。

【美丽城镇省级样板镇】 聚焦“五美”（环境美、生活美、产业美、人文美、治理美）标准和“十

7月3日，参加柴古唐斯括苍训练营的选手从括苍小镇客厅出发

（括苍镇 供图）

加X”标志性工程，实施基础设施建设、老街风貌改造等美丽城镇项目22个，总投资1.4亿元。投入资金5500万元用于小城镇环境综合整治，累计拆除各类违章建筑26.8万多平方米，获评台州市“无违建”创先争优示范乡镇。下井潭村完成111户美丽庭院项目，获评省美丽乡村特色精品村。创建工作开展以来，括苍常住人口由3万人增加到3.3万人。12月21日，括苍镇获评美丽城镇建设省级样板。

（括苍镇 杨辉辉）

河头镇

【概况】 河头镇地处临海西北部，镇域面积98平方千米，辖30个行政村，年末人口1.5万户，户籍人口4.18万人。是国家生态镇、国家卫生镇、省茶叶之乡、省美丽城镇样板镇。2022年，全镇实现工业总产值3.78亿元，规上工业产值2013万元，限上社会消费品零售额721.2万元，服务业零售额1171.6万元，外贸自营出口2978万元，税收收入2010万元。获评省AAA级景区镇、台州市清廉村居建设示范镇，镇党委被评为台州市高质量发展建设共同富裕先行市先进集体。

项目攻坚。纵深推进“项目攻坚年”活动，逢春花岗岩废弃矿山生态环境综合治理工程通过竣工验收，百步、上湾、五村等村河道水毁修复工程、后岭水库除险加固工程、花塘河道综合整治工程、岩上科山塘整治工程等14个项目提前完工，镇级公益性公墓项目进场施工。推进全域土地综合整治，完成山上叶、前山四等3个储备补充耕地项目73亩，新立项溪西村土地整治项目106亩，推进10宗近30亩批而未供土地消化工作。推进清洁能源示范区建设，抽水蓄能电站项目被列入省级抽水蓄能电站选点规划；与华润电力签订光伏发电产业项目合作框架协议，全镇光伏资源可利用土地近4000亩。**优化营商环境**。引进1家规模上电商零售企业，新增1家限上餐饮企业。新增小微企业65家、“八大类”企业12家、“个转企”2家，完成3家省科小和3家国科小企业的申报，完成1家高新企业签约。海世达应急装备有限公司生产的全地形车入选应急管理部采购名录，打破浙江在该领域的空白。

粮食生产。完成“非粮化”整治170亩，其中清理腾退106亩，抛荒整治61亩。完成河头岭西村、上湾村粮食功能区提标改

中共台州中心县委机关旧址纪念馆 （2022年摄 河头镇 供图）

造项目,修复及疏通灌水渠880米,清淤1000立方米。**消薄工作**。消除13个相对薄弱村。全镇30个行政村集体经济总收入20万元以上且经营性收入10万元以上首次实现全覆盖,其中13个行政村完成30万元总收入、15万元经营性收入任务。拥有农民专业合作社60家。

高水平推进"四好农村路"建设,杭绍台铁路堆弃场道路修复工程、前山四村至姚宅村道路硬化工程完工。推进"五水共治",百步村农污项目顺利通过竣工验收,下甘农污项目工程建设提前完工,兰桥岭西农污项目按期进场施工,十三罗溪被评为台州市级美丽河湖。推进"三改一拆",共拆除违法建筑1.01万平方米,完成率101%,拆后土地利用率达100%。高标准推进省级"红美村庄"建设,投入300余万元,围绕"一路、一馆、两圈、六点"总体架构,完成中共台州中心县委机关旧址纪念馆改造提升,打造"全村红"沉浸式体验游路线。

社会事业。优先发展教育,发放共富基金助学奖励53.19万元。开展免费孕前优生检查、妇女两癌筛查,通过国卫复审,河头中心卫生院迁建工程完成初步验收。成立河头镇文学艺术界联合会,举办"清雅河头·宋韵迹忆"摄影大赛。**社会保障**。城乡居民基本养老保险参保1.97万人,城乡居民基本医疗保险参保2.9万人。累计发放各类救助补助款870万元,完成60周岁老年人自理能力筛查,村级初筛10836人次。

3月25日,"永强·共富工坊"在殿前村揭牌成立(河头镇 供图)

【共富工坊】 3月25日,率先在全省挂牌运营"共富工坊",由镇政府、村集体直接对接永强等龙头企业,承接相关加工业务,使村民农闲的时候实现在家门口打工。4月6日,成立全省首家镇级股份经济合作联合社。高标准打造河头镇"共富展馆",得到省委副书记黄建发肯定。全年累计建成"共富工坊"5家,探索建立"政府+企业+村集体+农户"模式,实现"强村、富民、助企"三方多赢。殿前村共富工坊被评为台州市级示范共富工坊。殿前村共富工坊被评为台州市级示范共富工坊。

【省AAA级景区镇】 玻璃桥栈道、农耕文化创意创业中心等美丽城镇建设后续项目基本完工,下湾村传统村落保护建设项目完工,获评省AAA级景区镇。

【农村人居环境整治】 深入推进农村人居环境整治行动,设立300多万元专项资金,设置举报、销号、曝光"三大数字化平台",实现全年"优"。殿前村获评全省低(零)碳村。

(河头镇 丁陈宇)

深入学习贯彻党的二十大精神
加快建设历史名城、制造强市、共富高地
为谱写中国式现代化临海篇章而努力奋斗

——在中国共产党临海市第十五届代表大会第二次会议上的报告

中共临海市委书记　吴华丁

（2023年1月9日）

这次大会的主题是：高举习近平新时代中国特色社会主义思想伟大旗帜，认真贯彻落实党的二十大精神、省第十五次党代会、省委十五届二次全会和台州市六届二次党代会精神，全面总结2022年工作，部署2023年目标任务，动员全市各级党组织和广大党员干部群众，踔厉奋发，实干争先，加快建设历史名城、制造强市、共富高地，奋力谱写中国式现代化临海篇章。

一、2022年工作回顾

刚刚过去的2022年，是党的二十大胜利召开之年，是新一届市委开局之年。市委以迎接党的二十大、学习宣传贯彻党的二十大精神为主线，按照"疫情要防住、经济要稳住、发展要安全"的要求，坚决落实党中央、省委和台州市委系列决策部署，紧紧围绕"建设历史名城、制造强市、共富高地"的奋斗目标，全面实施"七大战略"，深入开展"项目攻坚年、作风建设年"活动，持续唱响"实干创新、突破跨越"最强音，朝着全省县域综合实力第一方阵奋勇前行。

历史名城彰显新魅力。一年来的铿锵迈步、驰骋奋进，荣获了全国综合竞争力百强、全国县域高质量发展百强、全国县域经济百强、全国"两山"发展百强、中国创新百强、中国工业百强、全国县域旅游综合实力百强、中国县域旅游发展潜力百强等八张"金名片"，临海的知名度美誉度越来越高，影响力竞争力越来越强。宋韵文化、抗倭文化、户外运动文化"三大高地"建设扎实推进，台州府城宋韵诗路文化体验馆正式开馆，市博物馆入选省华侨文化国际交流基地名单，成功举办中华民厨大赛、朱自清文学奖、柴古唐斯括苍越野赛等活动。全域旅游别样精彩，“5A引领、5星闪耀”旅游新格局加速形成。台州府城文化旅游区创成国家AAAAA级旅游景区，入选省大花园耀眼明珠名单。“中国美食地标之都”高分通过评审，紫阳街入选省级旅游休闲街区名单。城乡面貌迎来蝶变，灵湖样板区入选省级城乡风貌样板区，六角井未来社区渐露新颜，大洋社区、南门社区创成省未来社区，花街、谢里王、塘里、桑园、大田桥等一批城中村历史遗留问题破冰见效。104国道江南至尤溪段改建工程建成通车，351国道邵家渡至永丰段等交通项目加速推进，双林北路等6条“断头路”彻底打通，“城市脉络”更加畅通。成功创建省级“四好农村路”示范市，入选“四港”联动方向试点市、系台州唯一。方溪水库进入蓄水阶段，北固山截洪工程等一批水利项目顺利完工，水库系统治理（除险加固）工作获省政府督查激励、系全省唯一。全省地质灾害防治工作交流会在临海召开。获评美丽浙江建设考核优秀市和省“五水共治”工作优秀市，成功捧回“大禹鼎”。括苍镇、杜桥镇、小芝镇获评美丽城镇省级样板，小芝镇荣获中国最美村镇称号，汇溪镇荣获省美丽乡村示范镇称号，义城港入选全省美丽河湖名单，“江南·溪望谷”精品示范带入选全省“宅基地改革+乡村建设”经典案例。

制造强市跃上新台阶。发展质效显著提升，主要经济指标逐月逐季回暖回升，6月27日，临海作为唯一县（市、区）在全省经济稳进提质攻坚行动工作推进会上作交流发言。产业转型步伐加快，获评全省新一轮制造业“腾笼换鸟、凤凰涅槃”攻坚行动考核激励市。吉利临海基地加速向新能源汽车转型，吉利新能源纯电汽车项目签约落地。千亿级投资、里程碑意义的台州湾新材料产业园基础工程开工建设，为台州有史以来单体投资体量最大的产业项目，一座世界级现代临港产业基地在东海之滨呼之欲出。服务业业态不断丰富，临海入选县市电商竞争力百佳样本、省级供应链创新与应用试点、省数字生活新服务样板市名单。科创之树硕果盈枝，荣获全省市县党政领导科技进步目标责任制考核优秀单位，全社会R&D研发投入强度居全省前列，临海在台州市科技创新大会上作交流发言。航天环保工程技术研究院签约揭牌，台州首个院士项目在临海落地投产，国家知识产权示范企业和优势企业、中国专利奖新增数量及总量均居台州首位。向海图强勇立潮头，国家级台州湾经济技术开发区正式挂牌，义新欧班列“台州号”实现首发并常态化运行，头门港—宁波舟山港集装箱内支线顺利开通，正式迈入港口集装箱运输时代，打开了“临海制造”走向全世界的新通道。项目攻坚突破成势，大手笔谋划、大力度推进项目建设，成功举办第二届项目谋划擂台赛，佩弦湖二期、国庆片区企业收储等一批难点堵点有力攻克，华海制药科技产业园、“熊出没”文旅产业园等一批重大项目刷新“进度条”。招大引强蓄势赋能，系统重塑招商体系，设立100亿元战略性新兴产业引导母基金，构建“基金+基地”招引新模式，组建4个产业链专业招商组。树立“留住本地优质企业就是最好的招商引资”理念，实体化运行“留驻办”，永太新能源材料产业园、伟星新材料科技产业园、永强智能家居产业园等一批好项目留驻回归。开展“国资唤醒”行动，构建“1+3”运营机制，“AA+”信用评级国企增至5家，数量居台州第一、全省第六。高效推进专项债券使用，专项债额度、增幅均创历史新高。

共富高地呈现新气象。“三新”农村共富结出富果，探索推进“片区聚富、特色创富、联村促富”三大农村共富模式，在全省率先挂牌运营共富工坊，相关做法入选省高质量发展智库论坛县域十佳优秀案例，得到省、台州市领导批示肯定，临海在台州市党建引领“共富工坊”建设工作推进会上作交流发言。数字化改革持续深化，打造形成了一批管用实用的场景应用。“救在身边”列入“一地创新、全省共享”一本账并全省推广，“浙里好家政”入选省信用数改十大优秀案例，“来浙实践”入选全省人社系统数字化改革最佳应用名单，“浙里有戏”成为国内首个全链闭环的基层文化服务治理平台，全省示范推广现场会在临海召开，并在首届全球数贸会上作案例分享。纵深推进“大综合一体化”行政执法改革落实落地，实现体系重塑、资源重整、多跨协同。民生保障扩面提标，用心用情办好“十大民生实事”。临海获评全省首批促进残疾人共同富裕就业创业先行区，在台州首创“医保驿站”服务模式，受理率、办结率均达100%。深化教育改革，牵手杭州学军中学合作办学，创新台州中学办学模式，西校区正式启用。

校地合作“喜结良缘”，与台州学院签约共建国际护理学院、大树文物与历史建筑学院、国学院、未来乡村学院，携手开启“千年古城、百年高校”共创辉煌新篇章。连续4年在健康浙江建设考核中取得优秀，获全省公立医院综合改革优秀市，评价得分居台州第1。“府城・老邻舍”系列综合体建成运营，临海在台州市“浙里康养”暨老年助餐服务全覆盖行动推进会上作交流发言。获批全省普惠托育基本公共服务试点，鹿城社区成为全国老年友好型示范社区，城乡社区“一老一小”工作在全省作经验介绍。慎终如始抓好疫情防控，持续完善常态化精准防控与应急处置相结合的防疫体系，坚持以快制快、打早打小，最大限度减少疫情影响。防疫工作重心转换后，全力抓好医疗救治和民生保供，坚决守护人民群众生命健康安全。部署开展“扫尘除患、守护平安”“百日除百患”等专项行动，深入推进信访源头治理和积案化解，圆满完成重要节点维稳安保任务。迭代升级“141”基层治理体系，在全省率先建成网格服务管理中心，创新启动“平安驿站”建设，不断夯实现代化治理基层底座。持续深化道路交通、消防安全、电信网络等领域问题整治，全市刑事、治安、交通事故案件稳步下降，平安临海有望实现“十八连创”。深入推进依法治市，严格执法、公正司法、全民守法取得新进展。

党的建设取得新成效。学习教育有声有色，坚持把学习宣传贯彻党的二十大精神作为首要政治任务，全面开展“六学六进六争先”学习实践活动，理论宣讲深入人心，全媒宣传亮点频闪，“灵江潮音”工作室入选省首批理论宣讲名师工作室。严格落实意识形态工作责任制，持续巩固壮大主流思想舆论。“三链同构”“0576”工作法在台州市推广，全省中小学生爱国主义主题读书活动在临海启动，“浙江有礼・临海有你”入选省首批文明实践金名片。干部队伍能征善战，推行干部“争先指数、担当指数、辛苦指数”考核，评选“狮子型、老黄牛型”干部51名，用好激励手段助推干事担当相关做法在台州市作典型发言。基层堡垒坚强有力，“十镇争创、百村晋位、村村过硬”“全链党建提升”等行动扎实推进。全省党校系统党建工作交流会和台州市上市公司、园区、新业态新就业群体党建工作现场推进会在临海召开，民主党派基层组织规范化标准化建设作为唯一县(市、区)在全省作交流发言，奋力推进“两个健康”建设在台州市作典型发言。政治生态更加清朗，完善以“七张问题清单”为牵引的党建统领机制，不折不扣抓好对“一把手”监督管理、推动构建“亲”“清”政商关系等制度规定的落实。全力配合省委巡视，动真碰硬抓好反馈问题整改。政治巡察“利剑”作用和监督“探头”作用有效发挥。台州府城戚公祠成为省首批廉洁文化教育基地，全省清廉民企建设现场推进会、台州市清廉金融现场推进会在临海召开。党的领导全面加强，市委坚持统揽全局、协调各方，支持人大、政府、政协和监委、法院、检察院依法依章履行职能。加强与民主党派、工商联和无党派人士的联系，巩固和发展最广泛的爱国统一战线。管武强武政治责任进一步压实，动员演练等工作走在全省前列。老干部、关心下一代、群团、外事、侨务、对台、党史、档案、退役军人等工作取得新进展。

上下同欲者胜，风雨同舟者兴。一年来，我们在变化变局中抢抓机遇、在逆境逆势中砥砺前行、在苦干实干中决战决胜，干成了一批具有战略性全局性的大事、攻克了一批多年想干却未干成的难事、办好了一批人民群众期盼已久的实事。成绩的取得，是党中央和省委、台州市委正确领导的结果，是全市各级党组织、广大共产党员和干部群众团结一心、务实拼搏的结果，是各民主党派、工商联、无党派人士肝胆相照、携手共进的结果，是驻临部队、武警官兵、驻临各单位和离退休老同志老领导积极参与、鼎力支持的结果。在此，我代表中共临海市委，向所有为临海改革发展稳定作出贡献的同志们、朋友们，表示衷心的感谢和崇高的敬意！

征途漫漫，惟有奋斗。我们回顾总结过去，是为了更好地奋进新时代、再创新辉煌。前进道路上，必须保持清醒和理智，深刻认识当前发展中的矛盾和问题：对照现代化建设新要求，产业转型升级步伐亟须加快，创新和人才对高质量发展的支撑还不够有力；对照人民群众新期盼，发展不平衡不充分问题尚未解决，优质公共服务供给有待进一步提升，党员干部引领现代化的素质能力还需加强，等等。对此，我们必须坚持问题导向，采取有力措施，切实加以解决。

二、2023年工作指导思想和工作要求

新时代新征程，新蓝图新奋斗。今年是贯彻党

的二十大精神的开局之年，是“八八战略”实施20周年，也是“建设历史名城、制造强市、共富高地”的破局立新之年。党的二十大擘画了以中国式现代化全面推进中华民族伟大复兴的宏伟蓝图，省委、台州市委分别以“两个先行”“三高三新”的奋进姿态，吹响了打造中国式现代化省域范例、市域实践的号角。时势蕴含机遇，智者顺时而谋。我们要进一步找准放大临海改革发展的“坐标系”，做到胸中有谋、手里有招、行动有方。今日之临海，正处大有可为、大有作为的重要窗口期，我们要牢记嘱托、高举旗帜启航新征程。当前，国家疫情防控政策进入优化调整期，虽然会有暂时的阵痛，但新的一年经济和社会秩序必将加快全面恢复，新的周期正在打开，临海民营经济发展的利好在不断积聚，项目投资势能正加快向产业振兴动能转换。我们要时刻牢记习近平总书记的殷殷嘱托，高举思想之旗、精神之旗，抢抓窗口、奋起一跃，在中国式现代化新征程上开好局、起好步。今日之临海，正处优势叠加、厚积薄发的红利释放期，我们要变革重塑、主动作为奋进新征程。随着“双循环”新发展格局的加快构建，长江经济带、长三角一体化、共同富裕示范区建设等国家级和区域性重大战略的多重叠加，临海四通八达的交通区位优势、港产城湾的独特要素优势、千年府城的文化底蕴优势将更加凸显。我们要充分发挥比较优势，保持奋进者姿态、激发创造性张力，沐春风而兴、乘东风而上，以思想上的早接轨实现行动上的快通车，把时代变量、战略势能转化成现代化建设的最大增量。今日之临海，正处蓄力蝶变、突破跨越的转型关键期，我们要破局突围、奋勇争先领跑新征程。临海发展正加快从依靠要素拉动向创新驱动、从总量扩大向量质双升转变。我们要站到云端看临海、站位明天看今天，在千帆竞发、百舸争流的区域竞争中练就直线加速跑、弯道竞速跑的胆识和本领，保持“干就干最好、做就做极致”的拼劲和闯劲，敢于和最好的比、勇于和最强的赛，昂首挺进现代化建设最前沿、攀上高质量发展最高峰，争创更多的“第一”“唯一”。

今年全市工作的指导思想是：高举习近平新时代中国特色社会主义思想伟大旗帜，认真贯彻落实党的二十大精神、省第十五次党代会、省委十五届二次全会和台州市六届二次党代会精神，坚定捍卫“两个确立”、坚决做到“两个维护”，忠实践行“八八战略”、奋力推进“两个先行”，把党中央、省委和台州市委作出的决策部署付诸实践、见诸行动，深入实施“七大战略”，全面开展要素保障、招大引强、项目快进“三大攻坚战”，在破局立新中加快建设匠心独具、别有韵味的历史名城，开放包容、活力奔涌的制造强市，特色彰显、令人向往的共富高地，以实干实效奋力谱写中国式现代化临海篇章。具体要求是“五个坚持”：

万山磅礴、定有主峰，必须坚持感恩奋进、看齐紧跟。坚持以对习近平总书记更加深厚的忠诚之心、爱戴之情、捍卫之志，始终坚守至深至纯的绝对忠诚，更加坚定自觉地把“两个确立”“两个维护”铭刻在内心、落实到行动。要聚焦贯彻习近平总书记考察浙江重要讲话精神尤其是在浙江工作期间4次考察临海的重要讲话精神，在深学笃行中不断挖掘“八八战略”这一取之不尽、用之不竭的宝贵思想财富，从中汲取奋勇前行的智慧和力量，坚定不移沿着习近平总书记指引的道路团结奋斗、拼搏奋进。

共同富裕、民之所盼，必须坚持开拓创新、勇于探索。坚持把扛起中国式现代化临海使命与打造共同富裕的高品质县域样板结合起来，扎实推进“扩中”“提低”，带领全市人民奔向共富幸福驿站。要从县域层面为中国式现代化伟大实践探路示范，加快构建具有临海特色的民本善治、藏富于民的共富社会形态，形成更多具有临海辨识度的实践创新、模式创新，让共同富裕更加真实可感，把中国式现代化的美好愿景转化为现实图景。

时代洪流、奋楫者先，必须坚持破局开路、攻坚闯关。坚持实干开路、实绩说话，不畏山高路远、激流险滩，保持敢闯敢试、敢为人先的锐气，鼓足负重爬坡、逆势超越的勇气，提振破解难题、化解矛盾的底气，勇闯“无人区”、勇趟“深水区”，把一个个不可能变为有可能、一个个困难点变成出彩点，让重实干、强执行、勇破难成为临海铁军的最强音。

政之所兴、在顺民心，必须坚持人民至上、执政为民。坚持以人民为中心的发展思想，牢记习近平总书记“民之所忧，我必念之；民之所盼，我必行之”的教导，坚守一枝一叶总关情、一点一滴践初心的情怀，聚焦群众“急难愁盼”，主动回应“槽点”、纾解“痛点”、打通“堵点”，办好群众牵肠挂肚的民生实事，做好群众切身有感的关键小事，把人民对美好生活的向往照进现实，让“江山就是人民，人民就是江山”在临海呈现更加生动的时代写照。

事业兴衰、关键在党，必须坚持党要管党、从严治党。坚持以政治建设为统领，以清廉临海建设为抓手，始终保持严的基调，推动全面从严治党向更深层次迈进。要不断增强自我净化、自我完善、自我革新、自我提高能力，以党风带动政风、用担当诠释初心，以党员干部的“辛苦指数”换取临海发展的“质量指数”和人民群众的“幸福指数”。

三、2023年主要工作任务

功崇惟志，业广惟勤。“躺平”必然后退，慢进必被超越，奔跑才有希望。要以实干为笔、汗水为墨，谋系统破题之策、行精准破壁之举、扬乘风破浪之势，以领跑姿态策马扬鞭再奋蹄、擂响战鼓勇破局。

（一）聚力科创驱动，在积蓄发展强劲动能上破局立新。坚持科技创新在现代化建设全局中的核心地位，走深走实“科技新长征”，力夺省“科技创新鼎”。

搭建高能级创新载体。载体的质量决定创新爆发的能量。树立“造塔尖、谋重器”理念，积极对接省“三大科创高地”建设，深度融入台州湾科创走廊，高起点布局建设佩弦湖科技城和灵江科创廊道。以开展众创空间和孵化器聚集提升行动为抓手，加快推进复旦张江临海创新研发和中试基地、航天环保工程技术研究院等平台建设，让小空间集聚大能量。

激发各企业创新活力。企业是当之无愧的创新主体。开展新一轮科技企业倍增行动，形成“雏鹰企业、科技型中小企业、高新技术企业、创新型领军企业”梯次并进的创新矩阵，打造一批“单项冠军”“隐形冠军”和专精特新“小巨人”企业，新增国家高新技术企业40家以上、国家级科技型中小企业300家以上。引导企业加强与“双一流”高校和“国字号”科研院所合作对接，推动更多创新成果转化到企业、落实为项目、孵化成产业。支持和鼓励企业加大研发投入，加强核心技术攻关，让企业唱好主角，掌握更多“独门绝技”。

优化全方位创新生态。人才是最大的“富矿”，聚天下英才而用之，须以一流的创新生态为依托。树立“梧高凤必至，花香蝶自来”理念，构建“产学研用金、才政介美云”十联动的科技创新生态体系，以“最优生态”吸引“最强大脑”。紧盯“高精尖缺”需求库，分类推进创新型、技术型、实用型人才培养，加强名师名医名家名匠工作室建设，打造聚才“磁场”、成功“福地”，为每一位勇攀高峰的科研人、创新创造的企业家、追梦圆梦的创业者构筑创新共同体。迭代升级人才新政，扩容提升“来浙实践”数字化应用场景，全面推进省级才创园、青创空间等建设，让更多“千里马”竞相奔腾、圆梦古城。

（二）聚力迭代升级，在壮大实体经济根基上破局立新。坚持把发展实体经济作为“最强王牌”，坚定走好工业立市、产业强市之路，创成省制造业高质量发展示范市。

强化链式集群核心力。产业是立市之本、兴市之基。树立链式思维，聚焦造链补链强链延链稳链，大力实施新一轮“腾笼换鸟、凤凰涅槃”攻坚行动，让传统产业“老树发新芽”，新兴产业“新树长强枝”。“有中出新”提能级，推动现代医药、汽车机械、时尚休闲三大主导产业集群化数智化高端化改造，做优做精彩灯、眼镜等特色产业，实现“加工制造”向“研发智造”“精工质造”整体跃升。“无中生有”拓增量，推动数字经济、新能源、新材料、高端制剂（医疗器械）等战新产业增加值增速达50%以上，崛起为强劲增长极。“新中提质”优业态，加快推进总部经济商务区、星悦城等建设，高品质打造“一街三圈”夜经济地标，推动服务业向多样化品质化升级。

强化园区平台承载力。园区是产业集聚的主阵地、转型升级的主战场。浙江临海经济开发区要围绕“提级扩能、崛起腾飞”目标，聚力做好建强平台载体、招引重大项目、培育优质企业、打造优势产业“四篇文章”，实现空间上集聚、业态上集群，在省级开发区排名中进位赶超。围绕破解城区产业空心化，连片式布局城区新型工业，打造浙东数字经济产业园、钓鱼亭智能制造产业园、江南医谷、铜盘山芯谷四大产业平台，开辟增长“第二曲线”。聚焦亩均效益，下大力气处置低效用地，“一园一品”推进小微企业园建设，高标准推进老旧工业区更新蜕变、涅槃重生。

强化企业舰队竞争力。企业是经济发展的主力军。完善“微成长、小升规”梯次培育机制，大力开展“雄鹰计划”“凤凰行动”，推动企业“长高长壮”，新增规上企业50家以上。实施新一轮“1125”龙头企业培育工程，支持龙头企业开展全产业链垂直整合，在百强榜单中扩容进位。引导更多企业加快上市步伐，做大产值市值，做强资本板块“临海军团”。

强化项目引擎拉动力。项目是实现跨越发展的希望所在、后劲所在。坚持把项目作为发展的“头版头条”，以“非常之心”引项目、“非常之为”争项目、“非常之力”建项目。项目攻坚再发力，加快推进联化科技临海产业园、伟星科技产业园等重大制造业项目，确保投资量、实物量“双量齐增”。招商引资再突破，把招大引强作为“生命线工程”，加快推动中化学临海新材料产业园、永太高性能氟化液、万盛新材料等项目落地。

强化数字经济牵引力。拥抱数字才能拥抱未来。实施数字经济“一号工程”升级版，开展省中小企业细分行业数字化改造试点，推动数字经济核心产业增加值占 GDP 比重达 4.5% 以上。以智能制造提升行动为抓手，围绕“产业大脑 + 未来工厂”核心场景，推动主导产业实现数字化管理、智能化生成、网络化转型，新增省级“未来工厂”1 家、智能工厂（数字化车间）2 家以上。培育发展物联网、大数据、云计算等数字化产业，打造数字经济活力未来城。

（三）聚力融湾强带，在经略海洋逐梦深蓝上破局立新。坚持陆海统筹、向海图强，持续放大台州湾经济技术开发区“国字号”效应，打造充满活力与张力的沿海重要增长极。

打造国际化枢纽强港。奋楫扬帆，港口是龙头。发挥“五区联动”叠加优势，强化“三港协同”引领，加快“三岛联动”开发，提速推进头门港区三期、进港航道一期、上岛铁路等基建项目，打造全省第二出海大通道。构建“大进大出、优进优出”多式联运枢纽体系，建成头门港国际物流中心、铁路物流园等项目，开通水泥、煤炭等国际航线，打造“台州货、临海集、头门出”集疏运物流通道，力争港口吞吐量突破 1200 万吨，集装箱航线吞吐量突破 1 万标箱，中欧班列“台州号”组货突破 1000 标箱，加速迈入大港强港时代。

打造世界级产业基地。向海而兴，产业是关键。加快推进“三大城”建设，打造全省临港产业带最具爆发力的新增长极。新材料城以台州湾新材料产业园为核心，聚焦复合新材料、纳米新材料等领域，全力推进荣盛新材料项目，建设世界一流化工新材料基地。未来汽车城以吉利汽车为龙头，以新能源汽车全产业链为新赛道，加快吉利临海基地转型步伐，积极引进动力电池、驱动电机及电控等汽车零部件企业，构建汽车研发设计、生产制造、销售售后全生态运行场景，建设世界一流汽车及零部件制造基地。新医药健康城依托原料药、制剂一体化优势，大力培育创新药，加速谋划生物医药产业园，建设世界级高端医药制造基地。

打造现代化滨海新城。依海逐梦，港城是支撑。围绕构建优质的生活配套体系，加快推进头门港中小学校、企业人才公寓、青年创新港等公共配套设施建设，实现从单一产业型园区向城市综合型新区转型。对照“依山望海、最美岸线”定位，注重自然山水与生态本底的保护，挖掘整合东矶列岛等独有资源，贯通海岛、渔村、渔港，串联白沙湾、金沙湾，建成台州一号公路（临海段），打造独具魅力的黄金动脉，让湛蓝的天空、绵延的海湾、细软的沙滩映入眼帘。

（四）聚力全域统筹，在推动城乡融合发展上破局立新。坚持以新时代美丽临海建设为抓手，统筹推进“三生融合”，让城市更宜居、更美好。

提升城市品质能级。城市品质代表城市的区域聚合力和综合竞争力。坚持“控外延”与“增内涵”同步，精心修编国土空间总体规划，做优“一城六区”空间格局和功能布局，加快塑造城市新封面、打造城市新名片。以“核心区 + 组团”模式，深化城市发展黄金轴项目，精致打造以灵湖、佩弦湖、文化中心、开发大道两侧为重要组成单元的临海城市核心区。持续推动城市有机更新，提速加码一批“城中村”改造攻坚，高品质推进未来社区创建、老旧小区改造，统筹推进污水零直排、燃气等设施功能补短提升，让市民家园更加美丽、市井生活更有品位。

彰显镇域特色优势。城镇是区域经济发展的有力支撑。杜桥镇要突出“产城人文生治”六位一体融合发展，更大力度、更快速度打造小城市建设标杆典范。白水洋镇、东塍镇、桃渚镇要聚焦人口集中、要素集约、功能集成，加快构建乡村美好生活圈、城镇功能辐射环，打造国内具有一定影响力和知名度的经济强镇、特色佳镇。沿江镇、涌泉镇要抢抓三江口新区建设契机，强化核心片区规划设计，促进区域协同发展、产业集聚互动。汛桥镇、上盘镇要突出精品化理念，打造现代化高品质新型小城镇。尤溪镇、汇溪镇、小芝镇、永丰镇、括苍镇、河头镇要依托自身优势，打造特色型美丽城镇样板镇。继续加大西部和山区镇支持力度，促进区域协调发展。

完善基础设施建设。基础设施是城乡建设的关键一环。以“古城崛起、水利安澜”防洪排涝挡潮能力提升攻坚行动为抓手，积极做好大田平原排涝及水资源综合开发项目前期准备，加快灵江治理、尤汛分洪等水利项目建设，确保方溪水库投入运行。强化互联互通，建成余温公路临海段、伏龙大桥，加快甬台温高速临海段改扩建、西门大桥等项目进度，做好临江大道、环城北路等项目前期，让上班的路更便捷、回家的路更舒心。

筑牢生态保护屏障。生态是永恒的资本。深入践行“绿水青山就是金山银山”理念，坚定不移举生态旗、打生态牌、走生态路。实施美丽临海全域环境大提升行动，深化“河湖长制”“林长制”，构建人城相融、园城一体的城市公园与绿地休憩系统，建设高品质“森林临海”，争创“国家森林城市”，让所到之处步步有景、目之所及皆有绿意。从严落实“三线一单”，常态长效抓好中央生态环保督察反馈问题整改。坚决落实碳达峰、碳中和，加快浙能台州 1 号海上风电场、抽水蓄能电站等新能源项目进度，推动全社会节能减排，争创省级“无废城市”，形成绿色低碳新风尚。

（五）聚力乡村振兴，在推进强农惠农富农上破局立新。坚持农业农村优先发展，厚植“三农”情怀，加快农业农村现代化，绘就乡村振兴壮美新画卷。

突出高质高效，做强现代农业。产业兴旺是乡村振兴的核心。坚持以工业化理念、市场化手段延长农业产业链、价值链，构建具有临海乡土特色和资源优势的现代农业体系，保障粮食和重要农产品稳定安全供给。抢抓精品农业、数字农业“风口”，实施现代农业产业园“提质、扩面、强基”工程，做强柑橘、杨梅、茶叶、西兰花和草莓、葡萄、桃、油茶、南美白对虾等特色优势产业，叫响“临”字号农产品品牌。开展“千亩方”永久基本农田集中连片整治，让“小田”变“大田”、“散户”变“大户”。严格落实耕地保护制度，坚决遏制耕地“非农化”、严格管控“非粮化”。

突出宜居宜业，建设美丽乡村。美丽乡村是乡村振兴的直接体现。以深化“千万工程”为引领，突出“点、线、面”，串珠成链、连线成片。“点”上造精品，聚焦未来乡村和新时代美丽乡村精品村建设，梯度创建一批星级美丽乡村。“线”上成风景，开展全域农村人居环境整治提升行动，实施村庄“微改造”，建成一批具有乡土风情、承载乡愁记忆、展现现代文明的美丽宜居新农村。“面”上出形象，统筹山、海、水、城、溪等资源，坚持规划引领、分类实施，打造“诗画江南”省级共同富裕新时代美丽乡村示范带。

突出富裕富足，实现强村富民。生活富裕是乡村振兴的根本目的。深化农村“三位一体”改革，大力培育新型农业主体，壮大农业龙头企业和农创客队伍，促进农民合作社、家庭农场量质齐升。提质扩面“共富工坊”，开展“农业 +”促富行动，打造更多示范性样板工坊。组建一批强村公司，开展村庄经营，壮大集体经济，实现资源变资产、资金变股金、农民变股东。加快落地“溪山有道”片区共富、“三江稻梦”田园综合体项目，提速推进“临港・向洋湾”和“江南・溪望谷”乡村综合改革试点，打造“三新”农村共富“临海样板”。

（六）聚力改革开放，在增创体制机制优势上破局立新。坚持以改革为“帆”、开放作“桨”，用活改革开放关键一招，形成全面深化改革、全面扩大开放新格局。

更深层次推进重点领域改革。改革是根本动力、破题之策。坚持需求导向、效果导向，推动数字化改革迭代升级，打造更多具有临海辨识度的改革成果。优化升级“城市大脑”，构建数字孪生底座，提升党政机关整体智治水平。深化投融资体制改革，做强做大国有企业，国企混改达 20 家，实现国有企业资产质量和收益能力“双提升”。

更优服务打造一流营商环境。好的营商环境比金子还珍贵。实施营商环境“一号改革工程”，深化“10+N”便利化行动，确保营商环境评价指标继续走在全省前列。深化政务服务提升行动，持续优化智慧政务布局。推行“拿地即开工”，全力办好“围墙外的事”，让企业“拎包入住”。始终坚持“两个毫不动摇”，大力弘扬临商精神，积极构建“亲”“清”政商关系，常态化开展“三服务”，在情感上做到真心、交往上做到公心、制度上做到安心，让本地企业放手经营、外地客商安心投资。

更高水平扩大对外开放合作。开放合作才能赢得美好未来。以海纳百川、兼收并蓄的胸怀姿态全面融入一体化、加快走向全球化、积极链接“双循环”，系统推进开放通道、开放平台、开放体制，加快建设RCEP高水平开放合作示范区。提速推进保税小镇，建好管好综合保税区，着力打造高外向型先进制造业承接地、国际进口大宗商品集聚地、保税服务业态培育地、跨境电商综合改革试验地。用活用好飞地，把飞地打造成科创研发集聚地、未来产业孵化地。

（七）聚力共建共享，在创造人民美好生活上破局立新。坚持把人民群众的"关键小事"当成党委政府的"头等大事"，将民生愿景变成幸福实景。

让人民生活更殷实。美好生活离不开越来越鼓的"钱袋子"。健全为民办实事长效机制，高质量完成"十大民生实事"，让群众有满满的获得感、暖暖的幸福感。实施更加积极的就业创业政策，打造"就在临海"品牌。持续拓宽居民增收渠道，加快形成以中等收入群体为主体的橄榄型社会结构。推动慈善、红十字等社会事业全面发展，实现社会救助从"兜底保障"向"幸福提质"迈进。

让公共服务更优质。公共服务关乎民生、联结民心。聚焦优质均衡主线，以教育提质三年行动为抓手，深化教育体制机制和普通高中招生制度改革，优化调整校网布局，加强教师队伍建设，全面落实"双减"政策，不断提高教育现代化水平。加快推进台州中学改扩建、临海小学东校区等一批教育项目，办好家门口的每一所学校。加快建设职业教育创新高地，培育更多技能型人才。推进省级普惠托育公共服务试点，打造"善育临海"金名片。深化与台州学院的合作，全力支持台州学院在临海发展。全面启动市一、市二、市妇保院三级乙等医院创建，推动健康临海建设实现"五连优"，打造医改县域标杆。全力支持台州医院在临海发展。围绕"保健康、防重症"目标，加强新冠病毒防治医疗资源储备，全力做到"救治有床、看病有药、咨询有热线"，切实巩固公共卫生安全防线，最大限度保障人民群众生命健康。构建"临有颐养"幸福养老服务体系，推进"府城·老邻舍"居家养老服务中心布点扩面，打响"康养临海"品牌，让老年人安享幸福晚年。

让精神食粮更丰富。文化是历史的积淀、智慧的结晶、城市的命脉。深度挖掘、系统梳理千年历史文脉的内涵外延，加强文化遗产保护传承，进一步彰显千年府城的标识性和影响力。弘扬践行社会主义核心价值观，巩固提升全国文明城市创建成果，深化拓展新时代文明实践工作，让"温情温暖千年府、向上向善临海人"蔚然成风。坚持以文促旅、以旅彰文，加速建设"三大文化高地"，深化历史名城"十大标志性工程"，加快推进台州府城旅游服务中心、紫阳文化研究中心、十伞巷文化展示区、巾山诗韵、崇和云道、括苍云径等一批文旅项目，创建国家全域旅游示范市和文旅产业融合发展示范区，打造浙东南文化旅游中心城市。以"宋韵"为底色，打造"醉览宋韵、好事来临"沉浸式夜游，让千年古城更有文艺范、书香味、烟火气。

让平安之基更坚固。健全完善"平安连创、金鼎加星"大平安机制，持续强化平安隐患整治，切实提升本质安全水平，建设更高水平的平安临海、法治临海，确保实现平安临海"十九连创"。加快迭代升级"141"体系，抓好平安大脑落地应用，突出市社会治理中心和镇级综合信息指挥室实战实效，全面激活"平安驿站"，夯实网格智治基础，提升基层最小单元战斗力。高水平构建"大安全、大应急、大减灾"体系，全面提升防灾抗灾减灾能力。坚持和发展新时代"枫桥经验"，增强"一叶知秋"的敏锐性和鉴别力，最大限度将风险隐患消除在未发之时、萌芽之初。强化社会治安整体防控，常态化开展扫黑除恶斗争，深入推进电信网络诈骗综合治理，让人民群众安全感更有保障。

四、深入推进新时代党的建设新的伟大工程

实现奋斗目标，关键在党。要深入贯彻新时代党的建设总要求，全域全面打造新时代党建高地。

（一）锤炼不忘初心、绝对忠诚的政治品格。思想铸魂，政治立本。要旗帜鲜明讲政治，坚持把学习贯彻党的二十大精神作为当前和今后一个时期的首要政治任务，增强"四个意识"，坚定"四个自信"，提高"政治三力"，紧扣"全面学习、全面把握、全面落实"的要求，深入开展"六学六进六争先"学习实践活动，推动党的二十大精神在临海落地生根、开花结果。要学思践悟守初心，坚持理论武装同常态化长效化开展党史学习教育相结合，健全党员干部理论学习和教育培训制度，发挥党校主阵地和大熔炉作用，推动全市党员干部坚定做习近平新时代中国特色社会主义思想的忠实信仰者、坚定维护者、实践引领者。要对标对表抓落实，进一步完善"八八战略"抓落实机制，确保"总书记有号令、党中央有部署、

上级有要求，临海显担当”。全面落实意识形态工作责任制，牢牢把握意识形态工作领导权、管理权、话语权，进一步讲好“临海故事”、唱响“临海声音”。

（二）筑强心系人民、服务为民的战斗堡垒。党的执政根基在基层。要聚焦增强政治功能和组织功能，强化整体智治理念，迭代升级党建统领问题管控机制，推进党建工作方式系统重塑，持续提升抓党建带全局能力。深化“红色根脉强基”工程，整顿软弱涣散党组织，以点带面打造一批基层党建示范带，推动基层党建全面过硬、全域建强。全面实施“头雁领航”工程，育强培优村社书记和“一肩挑”后备人才队伍，加强和改进流动党员教育管理。深化党建联建机制，做深做实党建统领网格智治，推进党建引领现代社区建设，调整优化社区管理体制，不断提升社区治理服务质效。统筹推进机关、国企、医院、学校、“两新”、新就业群体等各领域党建，织密建强上下贯通、执行有力的组织体系。

（三）锻造唯实惟先、善作善成的铁军队伍。干部是干事创业的关键。对照省委“四个坚持、八个不”要求，突出考人与考事相结合、实绩与实效相统一，健全干部察人识人体制机制和考核评价体系，深化“争先指数、担当指数、辛苦指数”考核，常态化评选“狮子型、老黄牛型”干部，进一步强化干部担当能力和斗争本领养成，真正激扬正气、激励担当、激发活力。注重干部梯次培养，深入实施“薪火计划”，储备选拔一批经一线历练的优秀年轻干部，加强干部专业化能力提升，持续推进干部队伍系统重塑、结构优化。坚持快字当头、又快又好，引导广大党员干部扛起担当之责、树立争先之志、弘扬实干之风、干出快进之势，积极变“路径依赖”为“模式创新”，变“事事找惯例”为“大胆创先例”，变“一口绝无可能”为“一切皆有可能”，变“冷水泡茶慢慢来”为“趁热打铁加油干”，不断汇聚迎难而上、迎考而进、迎战而胜的强大动能。深化“两个担当”良性互动机制，持续打好容错纠错、澄清正名系列组合拳，给实干者定心丸，让担当者放手干。

（四）涵养风清气正、海晏河清的政治生态。作风关乎党的形象、关系人心向背。以永远在路上的坚韧和执着，把全面从严治党的责任扛在肩上、抓在手上。完善“四全监督、五廉压责”落实机制，健全权力运行的制约和监督体系，一体推进不敢腐、不能腐、不想腐。始终坚持严的基调，锲而不舍落实中央八项规定及其实施细则精神，坚决防止“四风”问题反弹回潮、隐形变异。严查重点领域违纪违法案件，严惩群众身边腐败和不正之风。认真抓好省委巡视反馈问题整改。深化政治巡察，健全巡察整改和结果运用长效机制。纵深推进“清廉临海”建设，建强清廉单元，共建共创政治清明、政府清廉、干部清正、社会清朗、文化清新的政治生态。

（五）汇聚同心同向、携手共进的磅礴力量。团结就是力量。强化党总揽全局、协调各方的领导核心作用，全面加强市委常委会自身建设。支持人大及其常委会依法履行职能，支持政府依法行政，支持人民政协发挥政治协商、民主监督、参政议政作用，支持监委、法院、检察院依法依章履行职能。深入推进全过程人民民主基层单元建设，推动全过程人民民主落实落细、可感可及。巩固和壮大最广泛的爱国统一战线，最大限度发挥各民主党派、无党派人士和工商联作用。关心重视老干部工作。深化军地协作和退役军人服务保障工作，开创新时代党管武装和国防动员工作新局面。发挥工青妇、科协、文联、社科联、侨联、残联、红十字会等群团组织作用，做好关心下一代、外事、侨务、对台、党史、档案等工作，形成推动高质量发展的强大合力。

同志们，一切愿景，唯有实干方能实现；一切事业，唯有破局方能成就。让我们更加紧密地团结在以习近平同志为核心的党中央周围，在省委、台州市委的坚强领导下，满怀对党的忠诚热爱、对全市人民的炽热情怀、对临海发展的崇高责任，勇担使命、勇闯新路、勇当先锋，为加快建设历史名城、制造强市、共富高地，奋力谱写中国式现代化临海篇章而努力奋斗！

临海市人民代表大会常务委员会工作报告

——在临海市第十七届人民代表大会第二次会议上

临海市人大常委会主任　章维青

（2023年2月9日）

一、过去一年主要工作

2022年，是党的二十大胜利召开之年，也是市十七届人大常委会依法履职的开局之年。一年来，市人大常委会在中共临海市委的坚强领导下，坚持以习近平新时代中国特色社会主义思想为指导，聚焦中心工作、聚情民生关切、聚合代表力量，深入践行全过程人民民主，忠实履行宪法法律赋予的各项职权，全年共召开常委会5次、主任会议11次，听取和审议专项工作报告29个，作出决议、决定13项，组织专题视察3次、执法检查5次，任免国家机关工作人员108人次，圆满完成了市十七届人大一次会议确定的各项任务，为加快建设历史名城、制造强市、共富高地作出了积极贡献。

（一）始终做到绝对忠诚，在强化政治建设中体现人大立场。政治理论武装入脑入心。严格落实“第一议题”制度，坚持不懈用习近平新时代中国特色社会主义思想凝心铸魂，深入系统学习贯彻习近平法治思想、习近平总书记关于坚持和完善人民代表大会制度的重要思想、习近平总书记系列重要讲话和重要指示批示精神，在深学笃行中用党的创新理论引领人大工作。认真学习宣传贯彻党的二十大精神，深入开展“六学六进六争先”学习实践活动，读原文、谈体会、讲党课、做表率，深刻领悟“两个确立”的决定性意义，不断增强“两个维护”的政治自觉。建立常委会专题讲座制度，举办统计知识、科技创新、城乡建设系列讲座，丰富常委会组成人员履职知识，提升履职水平。

坚持党的领导坚定坚决。坚决维护市委总揽全局、协调各方的领导地位，严格落实重大事项请示报告制度，定期向市委报告常委会党组工作情况，请示人大工作和重要事项。常委会党组切实发挥把方向、管大局、保落实的领导作用，统筹安排重大事项决定、依法监督、人事任免、代表工作，做到与市委同心协力、同频共振、同向发力。市委高度重视人大工作，专题听取中央人大工作会议精神贯彻落实情况汇报，专门研究部署践行全过程人民民主基层单元建设，进一步明确了新时代我市人大工作的思路重点和任务举措。

人大制度实践走深走实。对照“四个机关”建设的新定位、新要求，作出临海市人大常委会关于加强自身建设的决定，为新一届人大常委会工作明方向、立规矩、促提升。深入推进人大数字化改革，贯通运行行政执法人大e监督、预算国资监督系统，迭代升级人大代表履职服务平台，上线运行“两院”依法履职人大e评，人大数据基座考核位居台州前列。采取课题研究、专题讲座等形式，加强人大制度理论与实践研究，形成13个切合临海实际的调研成果，2篇案例文章被《浙江人大》杂志刊发。

（二）紧扣中心工作大局，在践行使命担当中彰显人大作为。聚焦稳进提质之需抓监督。立足于稳定经济增长，把“疫情要防住、经济要稳住、发展要安全”摆在监督首位，听取和审议2022年上半年国民经济和社会发展计划执行情况报告，积极开展“千名代表助力纾困破难优服务、稳进提质促发展”“六访六促”等主题活动，累计发动全市各级代表超万人次，开展活动983次，收集意见建议1947条，解决高频问题174个。高度关注向海图强战略实施，持续跟进台州湾经济技术开发区建设，组织视察头门港码头、铁路货站、台州综合保税区推进情况，助推开放型经济发展。专项听取台州湾新材料产业园项目建设推进情况报告，就规划衔接配套、夯实重点环节、精心组织项目建设等提出意见建议。加强预决算审查，进一步强化预算执行情况和审计查出问题整改情况监督，听取2021年度部门预算及财政专项支出绩效评价报告，力促政府完善绩效管理制度，加强资金支出管理。开展市级部门预算重点审查规范化试点，组建预算审查咨询专家库，对市民政局、市文广旅体局部门预算进行重点审查，推进人大预算审查从程序性审查向实质性审查转变。坚持国有资产管理报告制度，要求提交"完整账"和"明白账"，摸清国有资产家底，听取企业国有资产专项报告，针对可持续发展能力不强、负债管理亟需加强、体制机制没有理顺、监管力量严重不足等主要问题，督促政府进一步科学决策投融资、加强风险管控、完善管理体制机制、严格国有企业监管，实现国有资产保值增值。

聚焦共同富裕之要抓监督。围绕就业优先战略有效实施，听取和审议我市就业工作情况报告，建议市政府完善就业政策体系、构建合理就业格局、强化就业主体意识，着力解决就业结构矛盾、择业观念错位、人才回流偏少等突出问题。针对我市渔业发展空间相对不足、基础设施相对滞后的现状，专题听取现代渔业高质量发展情况汇报，要求市政府抓规划绘制蓝图，抓重点以点带面，抓管理引导规范，切实推动渔业增效、渔民增收。聚焦台州府城"后5A"经济发展，把发展民宿经济作为监督重点，专项审议台州府城民宿经济发展情况，就理清部门职责、加快配套建设、发展院落经济等建言献策，推动市政府出台民宿发展扶持政策，理顺管理体制。重视"项目攻坚年"活动开展情况，加强对项目投资推进情况监督，组织开展城中村改造历史遗留问题"百日攻坚"行动专题视察，持续跟进谢里王村城中村改造、十伞巷区块拆迁改造、临海（国际）医药产业园、伏龙大桥等重点项目建设，对发现的问题提出整改意见和建议，及时交办，跟踪督办，强化攻坚，有力地促进了全市重点工程（项目）的推进与落实。

聚焦民生福祉之责抓监督。着眼学有优教，听取和审议教育基础设施建设情况报告，持续跟踪教育"双减"工作，就制度性、结构性、财政性等方面存在的短板，提出均衡快速发展、提高要素保障水平、科学配置教育资源等工作建议，促进教育公平，办好人民满意教育。着眼住有宜居，批准历史文化名城保护规划和紫阳街、西门街、三井巷等历史文化街区保护规划。听取新时代美丽乡村建设情况汇报，要求市政府坚持规划引领、点面结合、强化管理，切实改变我市乡村规划单一、"千村一面"的现状，彻底整治脏乱差。积极回应防汛防台、城区排涝、古城防洪等民生关切，实地调研31个重点防洪排涝项目，听取和审议建设全市防洪排涝挡潮体系工作进展情况报告，对加快项目建设、强化运维体系管理提出明确要求，加快补齐水利基础设施短板。严格落实年度全市环境状况和环境保护目标完成情况报告制度，开展生活垃圾分类工作情况专项视察，组织人大代表全程参与全市农村人居环境整治工作督查。着眼弱有众扶，重点关注"因病致贫、因病返贫"困难群体，排查因病纳入"低保、低边"群体824户，掌握第一手数据，就源头预防、政策创新、政府帮扶等方面提出切实可行的建议，监督政府履行法定责任，提升服务保障水平。

（三）全面筑牢法治基石，在实现良法善治中发挥人大力量。持之以恒推动法治临海建设。建立健全法治政府建设专项监督机制，探索以"小切口"的方式，重点听取行政复议和行政诉讼工作情况，不断完善监督法治政府建设的方式方法。票决市发展和改革局、市卫生健康局等5个政府组成部门开展工作评议，实行正负双向激励，强化评议结果运用。督促落实《临海市行政执法监督暂行规定》，出台《临海市公平竞争审查联动协作机制暂行规定》，加强对行政执法案件质量评查的监督检查。审查市政府报备的规范性文件53件。加强人大信访工作，接待群众来访48人次，受理、转办来信来访12件次，切实维护人民群众的合法权益。

盯牢督实提升监察司法质效。围绕公正司法，听取和审议市人民法院、市人民检察院半年度工作报告、市司法局司法行政工作开展情况报告，督促全面落实司法责任制，不断提升司法效能。坚持数字赋能，建立"全员＋排名""实时＋亮码""考评＋制度"的评价体系，创新"两官"履职评议方式，评议员额法官7名、员额检察官5名。根据全国人大常委会和国家监委统一部署，首次听取市监察委员会关于整治群众身边腐败问题和不正之风工作的专项工作报告，以高质量监督推动解决群众反映强烈的突出问题。

扎实有效推动法律贯彻实施。充分发挥"法律巡视”利剑作用，突出问题导向，聚焦职责落实，开展《中华人民共和国残疾人保障法》《浙江省残疾人保障条例》《浙江省综合行政执法条例》《台州市物业管理条例》和乡村振兴“一法一条例”等法律法规的执法检查，确保各项工作在法治轨道上运行。积极配合台州市人大开展浙东唐诗之路文化保护利用条例、小微企业普惠金融服务促进条例等意见征求工作。全面落实任前法律知识考试、任职表态发言、颁发任命书、宪法宣誓等制度，增强人大选举任命干部的宪法意识和法律意识。围绕普法责任制的落实，在全省首创“一所（律师事务所）联一站（人大代表联络站）”工作模式，开设“律师沟通专线”，提供法律咨询服务，全年共举办讲座19场次，人大代表参与967人次。

（四）注重发挥代表作用，在深化民主实践中展示人大风采。建设基层单元“主阵地”。深刻把握代表联络站迭代重塑的内在要求，围绕“联、商、督、促、智”五大功能，试点先行，因地制宜，全域推进，19个镇（街道）基层单元全面建成，并常态化运行。建立健全民情民意闭环处理、民生实事征集实施监督、国家机关进站活动等7项制度，全市1596名四级人大代表全面“入站进网”，市人大常委会和“一府一委两院”66项核心业务全面“下沉渗透”。做深“一站一特色”“一事一亮点”文章，临海市基层“小单元”赋能全域“大民主”的经验做法在人民网等主流媒体报道，“小城顾事多”“连心杜城”“一网两日”等特色场景，获省、台州市人大专题宣传推介。截至目前，基层单元征询意见8207条，收集民情民意12955条，办结率98.26%，国家机关工作人员进站开展活动509次。

构建服务管理“全链条”。坚持把代表培训作为一项基础性工作来抓，举办市十七届人大代表初任培训班，实现全覆盖。健全代表履职考核制度，修订完善人大代表工作职责、人大代表述职、人大代表履职档案管理等5项制度，创新履职亮晒工作机制，强化代表履职责任，激发代表履职积极性、主动性。深化实施市政府民生实事项目人大代表票决制，完善人大常委会领导牵头督办机制，对10大项30小项民生实事项目实施全程跟踪监督，督促项目落实落地。

打好建议办理“组合拳”。坚持“提得准”和“办得好”相结合，以问题为导向、以督办促落实，不断提升代表建议办理成效。坚持和完善代表建议重点督办制度，确定6件重点建议，由常委会领导带队督办，采取督办领导、领办领导、领衔代表“三见面”的方式强化对代表建议办理的监督刚性。听取和审议代表建议办理情况的报告，开展优秀代表建议和办理先进单位评比表彰，对重点建议办理进行满意度测评。市十七届人大一次会议代表提出的170件建议，全部按期办理并答复代表，代表反馈满意率达99.4%。

（五）持续推进固本强基，在建设“四个机关”中激发人大活力。党建引领更加有力。坚持以高质量党建引领人大工作高质量发展，强化政治机关属性，压紧压实常委会党组、机关党组、机关党总支和机关党支部工作链条和责任体系。认真落实意识形态、党风廉政建设“一岗双责”，相继召开党建、党风廉政和意识形态工作部署会、党风廉政建设警示教育会议。不折不扣执行中央八项规定及其实施细则精神，驰而不息纠“四风”、正作风，支持派驻纪检监察组工作，纵深推进清廉机关、模范机关建设。

队伍建设更加过硬。坚持“更专更精”的目标导向，举办新一届常委会组成人员素质提升培训班，加强宪法法律、业务知识学习，致力打造高素质专业化人大干部队伍。认真开展“学两型、拒躺平”作风建设年活动，主动融入全市经济建设主战场，积极参与城中村改造“百日破百难”攻坚行动、留驻本地优质企业发展等市委中心工作。强化人大工作宣传，用好人大门户网站、微信公众号等宣传主阵地，展现人大履职新作为、代表履职新风采，获台州市人大信息考核先进集体。用心用情做好老干部工作。

基层基础更加牢固。制定《临海市推进开发区人大工作实施方案》，指导台州湾经济技术开发区和临海经济开发区设立人大工作组织机构，建立运行机制，制定监督制度。认真落实乡镇、街道人大工作条例，指导各镇（街道）规范召开镇人代会、街道选民代表会议，5个街道推选产生选民代表425名，镇（街道）人大工作制度化、规范化、法治化水平进一步提高。

各位代表，一年来，常委会各项工作取得的成绩，是市委正确领导的结果，是常委会组成人员和全体代表共同努力的结果，是市人民政府、市监察委员会、市人民法院、市人民检察院和在临各级代表大力支持配合的结果，是市政协委员、各民主党派、人民团体、人大离退休老干部和社会各界热情帮助的结果。在此，我谨代表市人大常委会，表示衷心的感谢！

在看到成绩的同时，我们也要清醒认识到存在的问题和不足，主要是：监督的刚性和实效尚需增强，服务保障代表更好发挥作用仍需拓展，人大在发展全过程人民民主中的优势功效还有待进一步放大，人大干部服务现代化建设能力有待持续提升。对此，我们将采取有效措施，努力加以改进。

二、今年的主要任务

2023年是贯彻党的二十大精神的开局之年，也是实施"十四五"规划承上启下的关键之年。今年，市人大常委会工作的指导思想是：高举习近平新时代中国特色社会主义思想伟大旗帜，全面贯彻落实党的二十大精神，深入学习贯彻习近平法治思想、习近平总书记关于坚持和完善人民代表大会制度的重要思想，按照市十五届二次党代会的部署要求，牢牢把握"四个机关"定位，持续践行全过程人民民主，放大制度优势，发挥职能作用，回应民生关切，凝聚发展合力，为建设历史名城、制造强市、共富高地，谱写中国式现代化临海篇章提供有力法治保障。

今年市人大常委会工作的主要任务是：

（一）高站位把牢工作方向，彰显制度优势的政治力。把握大局提高政治判断力。坚持党的领导、人民当家作主、依法治国有机统一，切实增强政治意识、站稳政治立场、保持政治定力，树牢"四个意识"、增强"四个自信"，坚定捍卫"两个确立"、坚决做到"两个维护"。勤于学习提高政治领悟力。持续学懂弄通做实习近平新时代中国特色社会主义思想，学深悟透党的二十大精神，系统学习习近平法治思想、习近平总书记关于坚持和完善人民代表大会制度的重要思想，努力把学习成果转化为贯彻落实的具体思路、具体路径和具体抓手。勇于担当提高政治执行力。充分发挥常委会党组的政治保证作用，自觉把人大工作放在临海建设历史名城、制造强市、共富高地的大格局中去谋划，放在打好要素保障、招大引强、项目快进"三大攻坚战"的大场景中去推进，不断探索民主监督新模式，拓展决定决议新常态，激发代表履职新动能，做到市委工作重心在哪里，人大工作就跟进到哪里，作用就发挥到哪里。

（二）高质量强化工作监督，体现服务大局的向心力。紧扣经济提质增效强化监督。密切关注宏观经济运行情况，开展"十四五"规划中期执行情况评估，听取和审议2023年上半年国民经济和社会发展计划执行情况的报告。聚焦制造强市建设，专题听取全市工业经济运行情况的报告，促进增强发展的内生动力。聚力陆海统筹、向海图强，持续关注台州湾经济技术开发区建设情况，助力打造充满活力与张力的沿海重要增长极。坚持国有资产管理报告制度，听取市属国有企业资金监管情况的报告和自然资源国有资产管理情况的报告。加强财政预决算全口径、全过程审查监督，重点关注全市财政专项资金绩效评价情况，选取5个政府组成部门开展预算重点审查。紧跟城乡品质提升强化监督。积极践行"绿水青山就是金山银山"理念，落实全市环境状况和环境保护目标完成情况报告制度，推动建立健全生态环境保护长效管理机制。以统筹城乡发展为重点，听取和审议全市国土空间规划编制情况的报告，努力提高城乡融合发展水平。高度重视乡村振兴战略实施，听取和审议农业"双强"行动工作情况的报告，继续跟进现代畜牧业发展等工作推进情况。着眼补齐水利基础设施短板，持续听取和审议市防洪排涝挡潮体系建设进展情况的报告。紧盯民生持续改善强化监督。专题视察农村校网布局调整工作，助推教育事业在正确的轨道上提质增效发展。开展医共体建设情况调研，发挥人大监督、决定作用，着重在体制机制上助推医疗卫生事业发展。着眼高质量打造三大文化高地，听取和审议文物非遗保护工作的报告，继续关注台州府城文化旅游区的扩容提升，全面提高历史名城保护利用水平。

（三）高标准开展法律监督，加强市域治理的法治力。强化法律实施监督。加强和改进执法检查工作，配合台州市人大开展《中华人民共和国归侨侨眷权益保护法》《浙江省华侨权益保护条例》执法检查，组织开展《中华人民共和国未成年人保护法》《中华人民共和国预防未成年人犯罪法》《中华人民共和国残疾人保障法》《浙江省残疾人保障条例》执法检查，促进法律法规在我市全面有效实施。推动法治临海建设。持续开展法治政府建设情况监督，票决5个政府组成部门开展工作评议。听取和审议检察法律监督工作情况报告，依法对市人民法院、市人民检察院开展履职评议。开展“八五”普法中期贯彻实施情况督查，提升立法基层联系点工作实效。继续做好规范性文件备案审查工作。扎实做好人大信访工作。做实重大事项决定。深化推动民生实事项目人大代表票决（票选）制，听取和审议民生实事项目实施情况报告，并开展满意度测评。依法做好重大事项决定和人事任免工作。

（四）高品质强化服务保障，增强代表履职的凝聚力。加强基层单元阵地建设。以代表联络总站建设为牵引，指导19个基层单元规范运行、功能升级。推动人大和“一府一委两院”业务下沉基层单元常态化、市级领导干部和部门负责人进联络站活动规范化、民情民意闭环处理制度化，畅通代表找选民、选民找代表渠道，不断增强基层单元的社会影响力。加强代表履职服务保障。采取多种形式开展系统性、针对性的培训，提升代表履职能力。完善代表履职激励约束机制，邀请代表广泛参与视察调研等活动，不断拓展代表参与常委会、专委会工作的深度和广度。丰富代表主题活动，促进代表履职常态化。加强代表议案建议督办。坚持“高质量提、高质量办”，推动代表议案建议工作提质增效。完善代表建议网上交办、重点建议领衔督办、建议办理集体评议和满意度测评等制度机制，持续开展建议办理“回头看”，进一步提高代表建议办理实效。

（五）高要求建设“四个机关”，提升干部队伍的硬核力。按照建设“学习型、研究型、创新型”人大系统的要求，全面加强自身建设，锻造过硬工作队伍，积极推动人大事业守正创新、与时俱进。紧盯建好政治机关，贯彻新时代党的建设总要求，认真履行常委会党组管党治党政治责任，一体推进政治、思想、作风、纪律、制度建设。紧盯建好权力机关，深化推进街道和开发区人大工作，全面实施街道选民代表会议制度，进一步完善基层直接民主制度体系和工作体系。紧盯建好工作机关，修订完善常委会议事制度、视察调研制度、讨论决定重大事项办法、预算审查监督办法，推动实现人大履职法制化、机关工作规范化、调查研究科学化。推进人大数字化改革实战实效，迭代升级“两院依法履职人大e评”应用场景，继续夯实人大数据基座。完成人大研究会换届工作，加快临海人大志编撰工作。做好老干部服务保障工作。紧盯建好代表机关，组织代表积极参与市委中心工作，大力宣传优秀代表先进事迹，讲好人大故事，彰显代表风采。

政府工作报告

——在临海市第十七届人民代表大会第二次会议上

临海市人民政府市长 蔡建军

（2023年2月8日）

一、2022 年工作回顾

刚刚过去的 2022 年，是极不平凡的一年，面对世纪疫情和百年变局交织的严峻形势，我们在上级党委政府和市委的坚强领导下，坚持以习近平新时代中国特色社会主义思想为指导，全面学习宣传贯彻党的二十大精神，围绕建设“历史名城、制造强市、共富高地”的奋斗目标，统筹打好疫情防控、稳进提质组合拳，较好完成了经济社会发展各项任务。全市实现地区生产总值 878.5 亿元，增长 3.6%；财政总收入 104.5 亿元、一般公共预算收入 62.1 亿元；外贸自营出口总额 355.2 亿元，增长 6.8%；社会消费品零售总额 270 亿元，增长 4.2%；城镇常住居民人均可支配收入 65777 元，农村常住居民人均可支配收入 37261 元，分别增长 4.4% 和 5.4%。跻身全国综合竞争力百强、全国县域高质量发展百强、全国县域经济百强、全国“两山”发展百强、中国创新百强、中国工业百强等多个百强榜单。

各位代表，人间万事出艰辛，历尽天华成此景。过去的一年，我们用汗水浇灌收获，以实干笃定前行，既经历了风雨，又见证了彩虹，更收获了硕果。最让我们自豪的是，临海时隔 3 年重夺台州市经济社会发展目标责任制和党建考核“双优秀”；最让我们欣喜的是，台州府城文化旅游区创 5A 六年磨一剑，一举天下知，成为全国最热门景区之一；最让我们振奋的是，千亿级台州湾新材料产业园基础工程破土动工，单体投资量领跑全省；最让我们难忘的是，全市干群上下一心战疫情、稳增长、渡难关，谱写了难中求成、稳中求进的奋进篇章。

一年来，我们在稳进提质中增强了产业综合实力。稳企助企扎实有效。以超常规力度推动稳进提质，第一时间出台减税降费、助企纾困等一揽子政策，开展“万名干部助万企”等活动，全年累计减轻企业税费负担 42.8 亿元，临海作为唯一县（市、区）在全省经济稳进提质攻坚行动工作推进会上作交流发言。工业经济提质增效。获评全省新一轮制造业“腾笼换鸟、凤凰涅槃”攻坚行动考核激励市。企业培育工程深入推进，国家级专精特新“小巨人”企业创历史新增 3 家，伟星集团入围中国民营企业 500 强，联盛化学、正特股份成功上市，上市公司达 10 家，入选全省区域性股权市场创新工作试点市。化学原料药工业互联网平台成为国家数字化转型提升试点。全社会 R&D 研发投入强度达 3.17%，稳居台州第 1，第 8 次获全省市县党政领导科技进步目标责任制考核优秀单位。航天环保工程技术研究院签约揭牌，六度空间、光华创新空间入选国家备案众创空间名单，实现零的突破。拓卡奔马等 2 家企业入选国家知识产权示范企业，海翔药业等 4 家企业入选国家知识产权优势企业，均居台州第 1。特色农业提档升级。“三位一体”农合联改革国家标准化试点建设项目高分通过验收，现代渔业设施化养殖样板入选全省乡村振兴创新实践案例。农业“双强”行动深入实施，成为省综合性农业“机器换人”高质量发展先行市，西兰花产业全程机械化项目列入省农业“双强”行动试点，全省丘陵山区农业机械化现场会在临海召开。创成中国优质杨梅基地市，白水洋豆腐勇夺省“百县千碗”十佳豆腐冠军，临海蜜橘、猕猴桃、西兰花、对虾等 4 个农产品成为浙江农博会金奖产品。现代服务业提速发展。入选全国县市电商竞争力百佳样本，成为首批省级县域商业体系建设试点市。协海集团成为台州市首家国家 AAAAA 级物流企业。杜桥眼镜城开业运营。台州府城文化旅游区火热出圈，春节假期累计接待游客 71.3 万人次，在全国古城古镇类AAAAA级景区中仅次于丽江排名第二，台州府城—紫阳街—尤溪江南大峡谷线路入选全国乡村旅游精品线路，紫阳街历史文化街区成为省首批夜间文化和旅游消费集聚区，宋韵诗路文化体验馆正式开馆。成功承办第28届全国摄影艺术展，顺利举办首届朱自清文学奖、临海·荣光中华民厨大赛、柴古唐斯越野赛等活动。入选全省资本市场普惠服务试点市，金融机构本外币存贷款总量3590亿元，增幅19.9%居台州第1。

一年来，我们在全员攻坚中掀起了项目建设热潮。项目推进气势如虹。开展“项目攻坚年”活动，创新“承诺即开工”“拿地即开工”举措，全年开工项目227个，总投资超600亿元，其中省“4+1”项目、省市县长项目开工率均为100%，完成固定资产投资312.7亿元，增长18%，位居全省前列。华海制药科技产业园一期等重大产业项目建成投产，351国道邵家渡至白水洋段全线动工，灵江治理工程一期、尤汛分洪、方溪水厂、台州1号海上风电等一批重点项目开工建设。成功举办第二届项目谋划擂台赛，储备重大项目162个，其中8个项目入选省首批“千项万亿”名单，总投资1330亿元，入选数和投资额均居台州第1。内留外引成果丰硕。设立100亿元战略性新兴产业引导母基金，创新“基金+基地”招引模式，引进亿元以上项目30个，总投资1859亿元。树牢“留住本地优质企业就是最好的招商引资”理念，实体化运行留驻办，伟星科技产业园、永强国际时尚产业园、永太新能源材料产业园等一批10亿元以上重大项目落地临海。要素保障坚强有力。全力保障重点项目用地需求，完成供地9726亩，盘活存量建设用地5822亩，较2021年实现翻番。开展“国资唤醒”行动，构建“1+3”运营机制，“AA+”信用评级国企从2家增至5家，国有资产增至1000亿元。专项债获批52.8亿元，居台州第1、全省第6，额度和增幅均创历史新高。

一年来，我们在向海图强中厚植了跨越发展动能。对外开放取得新突破。“五区一开放”全面推进，国家级台州湾经济技术开发区正式挂牌，台州综合保税区和口岸开放通过省级验收，头门港货物吞吐量达926万吨，同比增长51%。公铁水联运体系持续完善，义新欧中欧班列“台州号”实现首发并常态化运行，头门港—宁波舟山港集装箱内支线正式开通，金台铁路头门港支线二期、疏港公路复线等项目前期工作稳步推进。临港产业迈出新步伐。新材料城、新医药健康城、未来汽车城高规格谋划推进，吉利混动新能源汽车项目建成投产，本立科技原料药、奥翔药业原料药、海创达聚乳酸等项目开工建设，大唐能源一体化临海基地、吉利新能源纯电汽车等项目签约落地。医化园区长江经济带生态环境突出问题正式完成销号，整改经验全国推广。现代港城展现新风貌。城市路网、公园绿地等基础设施更加健全，住宅小区、医院学校等配套设施更趋完善。省现代医药化工产业创新服务综合园一期项目建成投用，汽车文化综合体提前完工，台州湾青年创新港、洲际酒店、白沙湾蓝色海湾等项目加快推进，台州1号公路临海段、华海头门港人才公寓开工建设，宜居宜业宜游的现代滨海新城初具雏形。

一年来，我们在全域共建中加快了城乡提质步伐。基础设施持续完善。大力实施“古城崛起、水利安澜”防洪排涝挡潮能力提升攻坚行动，方溪水库进入蓄水阶段，北固山截洪等工程顺利完工，大田平原排涝工程二期、东部平原排涝工程一期等一批重大水利项目有序推进，水利投资完成率居全省第1，水库系统治理工作获省政府督查激励。全面实施交通基础设施建设大会战，成功入选浙江交通强国试点市，104国道江南至尤溪段改建工程建成通车，伏龙大桥、城市快速路南区段等项目加快推进，甬台温高速改扩建工程开工建设，双林北路、临江大道西接线等6条“断头路”顺利打通，50座“桥头跳”完成治理。新改建农村公路21.2千米，创建美丽乡村路200千米，小芝镇溪胜线成为省级“双精品”之路。城乡风貌持续提升。制定完善城中村改造系列政策，开展城中村历史遗留问题“百日攻坚”行动，谢里王、花街、桑园、塘里、大田桥、杜东等一批城中村历史遗留问题有效破解。灵湖“临海客厅”成为省级城乡风貌样板区，大洋社区、南门社区创成省级未来社区。小芝镇被评为中国最美村镇，括苍镇创成省4A级景区镇，上盘镇、河头镇创成省3A级景区镇，新增省级美丽城镇样板镇3个、基本达标镇4个。“江南·溪望谷”精品示范带成为省“宅基地改革+乡村建设”典型案例，沿江镇新兴村等3个未来乡村通过省级创建验收，汇溪镇浚头村获评省美丽庭院特色村。深入开展农村人居环境整治提升行动，累计投入1亿元，整改问题点位10万余个。生态环境持续优化。获评美丽浙江建设考核优秀市。建成区“污水零直排区”建设、灵江流域入河排污口整治基本完成，3个国控断面水质达标率100%，再夺省“大禹鼎”。义城港入选全省美丽河湖名单，三江国家城市湿地公园成为省级重要湿地。“森林临海”建设完成造林5425亩，提升森林质量1.6万亩，建成“一村万树”示范村5个。扎实推进“双碳”工作，临海林场入选全省第一批林业碳汇先行创建基地，邵家渡街道牛头山村等6个村入选全省低（零）碳试点村。

一年来，我们在民生优享中书写了共同富裕答卷。共富成色更足。创新探索片区聚富、特色创富、联村促富三大农村共富模式，在全省率先挂牌运营共富工坊，累计建成126家，实现农户增收6000多万元。新增城镇就业1.2万人，登记失业率控制在2%以内，“来浙实践”入选全省人社系统数字化改革最佳应用。打造“临掌柜”残疾人数字电商平台，获评省促进残疾人共同富裕就业创业先行市。社会保险持续扩面，基本医疗保险参保率99%，基本养老保险参保率96.8%。社会事业更优。实施教育提质三年行动，新增省特级教师8名，新增数居全省第1，建成大洋街道中心幼儿园协成园区等23个项目，新增公办幼儿园学位2160个、公办中小学学位2320个。创新台州中学“一校两区两制”改革，正式启用台州中学西校区，牵手杭州学军中学开展深度合作办学。高考首考成绩创近5年最佳。校地合作持续深化，与台州学院签约共建国际护理学院、大树文物与历史建筑学院。健康临海连续四年获省级优秀，创成国家级卫生镇5个、省级健康镇3个，引入省级名医工作站1家，“健康大脑+智慧医疗”项目启动建设，基层卫生院扩容提质加快推进，获评省公立医院综合改革优秀市。“一老一小”服务品质加快提升，“府城老邻舍”系列综合体投入运营，鹿城社区成为全国老年友好型示范社区，老年乐园获评省首批四星级养老机构，入选普惠托育基本公共服务省级试点市，新建公办托育机构5家，完成托位备案4920个，每千人托位数居台州第一。平安基础更牢。深入开展“扫尘除患、守护平安”“百日除百患”等专项行动，圆满完成平安护航任务，深化“除险保安”攻坚行动，持续开展消防、道路交通、危化品、渔业船舶、食品药品、自建房、特种设备等重点领域整治，火灾事故起数、道路交通事故亡人数分别下降22.4%、27.3%，降幅均居台州第1，电信网络诈骗发案率同比下降12.5%，创成省级食品安全示范市，平安临海有望实现“十八连创”、捧回“二星金鼎”。在全省率先建成网格服务管理中心，创新启动“平安驿站”建设，现代化治理基层底座不断夯实。动态优化调整疫情防控措施，提高科学精准防控水平，发放防疫健康包26万余份，发热门诊满负荷日接诊能力扩增20倍，对发热病人做到应收尽收、应治尽治，坚决筑牢“保健康、防重症”防线，实现疫情防控有序转段、平稳度峰。

一年来，我们在务实求进中加强了政府自身建设。政治方向进一步坚定。始终把政治建设摆在首位，坚定不移把学习贯彻党的二十大精神作为首要政治任务，深入开展“六学六进六争先”学习实践活动，坚定不移做“两个确立”的忠诚拥护者、“两个维护”的示范引领者。全力配合省委巡视组开展工作，切实抓好巡视反馈问题整改。自觉接受人大法律监督和政协民主监督，主动接受司法监督、群众监督和舆论监督，170件人大代表建议、264件政协提案全部办复。行政效能进一步提升。十方面民生实事圆满完成。19个镇（街道）实现政务服务2.0全覆盖，政务服务“一网通办”率居台州前列。镇（街道）财政管理体制完成优化调整。数字政府加快建设，一体化、智能化公共数据平台建设排名台州第1，“救在身边”列入省“一地创新、全省共享”一本账，“地灾智治”获评国家地理信息产业优秀工程铜奖，“浙里有戏”成为省数字文化优秀应用。“大综合一体化”改革形成“1+8+1”行政执法架构，柔性执法治理违停入选省实践成果汇编。作风建设进一步深化。持续夯实政府系统党风廉政建设主体责任和“一岗双责”，认真落实中央八项规定精神，驰而不息纠治“四风”，严肃查处一批群众身边不正之风和腐败问题。

一年来，国防动员、退役军人、双拥、对口协作等工作取得新成绩，民族宗教、外事、侨务、社科、人防、海防、气象、档案、地方志等工作实现新发展。

各位代表，一切困难，只有实干才能破解；一切机遇，只有实干才能把握；一切成绩，只有实干才能取得。经过一年的知重负重、砥砺前行、埋头苦干，我们更加深刻认识到，正是有了以习近平同志为核心的党中央的掌舵领航，正是有了市委的坚强领导、市人大市政协的支持监督，正是有了社会各界的鼎力相助和全市干部群众的团结拼搏，才有了临海这一年的优异成绩。在此，我代表市人民政府，向全市人民和广大建设者，向人大代表、政协委员，各民主党派、工商联、人民团体、社会各界和离退休老同志，向驻临部队官兵和各级在临单位，向关心支持临海发展的海内外朋友们，表示衷心的感谢！

在肯定成绩的同时，我们也清醒地认识到，发展中还存在一些问题，主要是：资源要素配置效率还不够高，新旧动能转换速度还不够快，创新和人才对高质量发展的支撑作用还不够有力；城市功能承载、城乡融合水平与经济发展还不够匹配，生态环境、安全生产、民生事业、基层治理等领域仍有弱项，提升城乡品质还需要花较大工夫。对此，我们将高度重视，不遮掩、不回避、不退缩，敢于迎难而上、敢于较真碰硬，在发现问题中直面矛盾，在解决问题中勇毅前行。

二、2023 年目标任务

赓续奋斗路，启航新征程。今年是贯彻党的二十大精神的开局之年，是“八八战略”实施 20 周年，也是临海厚积薄发、破局立新的关键之年。我们必须保持定力、把握机遇，敢打头阵、勇当先锋，推动临海再造新优势、迈上新台阶、开创新局面。

今年政府工作的总体要求是：高举习近平新时代中国特色社会主义思想伟大旗帜，认真贯彻落实党的二十大精神、省委十五届二次全会、台州市六届二次党代会和临海市十五届二次党代会精神，坚定捍卫“两个确立”、坚决做到“两个维护”，忠实践行“八八战略”、奋力推进“两个先行”，把党中央、省委、台州市委和临海市委作出的决策部署付诸实践、见诸行动，深入实施“七大战略”，全面开展要素保障、招大引强、项目快进“三大攻坚战”，在破局立新中加快建设匠心独具、别有韵味的历史名城，开放包容、活力奔涌的制造强市，特色彰显、令人向往的共富高地，以实干实效奋力谱写中国式现代化临海篇章。

建议 2023 年经济社会发展的主要预期指标为：生产总值增长 6.5% 以上；财政总收入和地方财政收入均增长 6.5% 以上；固定资产投资增长 15% 以上；外贸自营出口总额增长 5% 以上；社会消费品零售总额增长 5% 以上；城镇、农村常住居民人均可支配收入分别增长 6.5% 和 7% 以上；完成节能减排降碳任务。

实现上述目标，必须坚持着眼大局、顺应大势。我们要登高望远、审时度势，聚焦聚力“创新、改革、开放”三条主赛道，精准把握数字经济创新提质、营商环境优化提升、地瓜经济提能升级三个“一号工程”，以大开放引领大跨越、以大平台造就大产业、以大项目推进大发展。必须坚持民之所望、政之所向。我们要把人民对美好生活的向往作为奋斗目标，了解民情不问“百度”问“百姓”，收集民意不用“指尖”用“脚步”，解决民忧不踢“皮球”踢“点球”，用心用情用力办实事、解难事、做好事。必须坚持争当第一、争创唯一。我们要牢固树立“不在上游、就是下游，不争第一、就是落后”的卓越意识，满怀激情干事业，奋勇争先创一流，主动与强者比、同好的赛、向高处攀，干就干到最好、做就做到极致、走就走在前列。必须坚持改革创新、破局立新。我们要敢想敢谋，火力全开，主动求新求变，勇于打破常规，变“路径依赖”为“模式创新”，变“事事找惯例”为“大胆创先例”，变“一口绝无可能”为“一切皆有可能”。

重点做好以下六方面工作：

（一）以创新深化激发活力，塑造临海之先。坚持科创首位战略不动摇，紧密对接省“315”创新体系建设，持续走深走实科技新长征，奋力夺取省“科技创新鼎”，争创国家创新型县（市）。

深化科技创新。实施创新平台跃升工程，深度融入台州湾科创走廊，高标准建设灵江科创廊道、佩弦湖科技城、高端医药高新技术产业园。加强与“双一流”高校和“国字号”科研院所合作对接，加快推进航天环保工程技术研究院、复旦张江临海新材料新能源产业化基地等项目建设。开展大众创新平台建设，探索“孵化 + 投资 + 产业”新型发展模式，新增省技术创新中心、省级创业孵化示范基地、省级双创示范基地各 1 家以上。

壮大创新主体。实施研发投入攻坚工程，持续开展规上企业“R&D 清零”提升行动，力争全社会研发经费投入占 GDP 比重达 3.2% 以上。实施科技企业“双倍增”升级版，推动创新资源向优质企业和项目集中，着力攻克一批关键核心技术，新增国家高新技术企业40家、省级研发机构6家，入库国家科技型中小企业300家。实施科技领军企业培育计划，健全“微成长、小升高、高壮大”梯次培育机制，新增国家专精特新“小巨人”企业3家、隐形冠军企业1家、省专精特新中小企业35家。

强化人才驱动。坚持“引人入胜、聚才兴市”导向，深入实施“引人留人”三年行动计划，新增省级以上博士后工作站1家，引进国家级省级领军人才7人、台州市“500精英计划”人才10人，落地顶尖人才团队创业项目1个。加强“高精尖专特新”技能人才培养，建设“浙派工匠”培育基地，开展职业技能培训2.5万人次以上、新业态新模式从业人员培训1000人次以上。加快推进青年发展型城市建设，迭代升级“来浙实践”数字化应用场景，全力推进省级才创园、青创空间建设，打造青年圆梦之地、筑梦之城。

（二）以产业升级优化结构，夯实临海之基。坚定不移走产业强市之路，积极争取、有效用好省“8+4”经济政策体系，推动产业整体提质增效，加速形成产业制胜新优势。

壮大先进制造业。聚焦省“415X”先进制造业集群建设，加快推动现代医药、汽车机械、时尚休闲三大主导产业集群化数智化高端化改造，做优做精彩灯、眼镜等特色产业，争创省制造业高质量发展示范市。全面实施数字赋能跃升行动，加快建设浙东数字经济产业园、钓鱼亭智能制造产业园、江南医谷、铜盘山芯谷等平台，建成省级“未来工厂”1个、数字化车间3个，实现数字经济核心产业增加值增速10%以上。坚定不移推进“腾笼换鸟、凤凰涅槃”攻坚行动，深入实施“四个一百”工程，培育高成长、创新型中小企业100家，完成“零增地”技改项目100个，新增传统企业数字化改造100家，整治低效企业120家，加快推进万洋众创城、大田刘村等8个老旧工业区改造。出台“1125”企业梯度培育政策，推动优势企业做大做强，新增产值50亿元以上企业1家、10亿元以上企业2家、规上企业58家。大力开展“雄鹰计划”“凤凰行动”，争取实现股改3家、辅导3家、报会3家、上市1家，直接融资50亿元以上。

发展特色农业。打好稳产保供“组合拳”，压实“米袋子”“菜篮子”责任制，新增高标准农田6000亩，确保粮食播种面积稳定在28.5万亩。优化畜牧产业规模和布局，加快牧原一场、牧原三场等产能提升，抓好浙江合丰、台州之洋等重点养殖项目建设，确保生猪存栏稳定。持续擦亮柑橘、茶叶、杨梅、西兰花四大农业金名片，支持桃、草莓、葡萄、油茶、白对虾等特色产业发展。推进农业数字化转型，实施种养殖基地数字化改造，打造省级数字农业工厂1个，全力创建深化农村“三位一体”改革实施市。加快水产养殖业绿色发展，争创省级健康养殖和生态养殖示范区。开展农民合作社、家庭农场提升行动，累计创成市级以上示范性家庭农场、示范性合作社340家以上。

做优现代服务业。实施旅游业提质升级行动，着力构建“5A引领、5星闪耀”旅游新格局，发挥台州府城文化旅游区龙头带动作用，开工建设台州府城旅游服务中心、华侨地块地标级酒店等项目，加快推进十伞巷历史文化展示区、括苍云径等项目建设，建成投用中津浮桥，全力争创国家全域旅游示范区。提档升级现代商贸业，开业运营星悦广场、台运靖江广场、杜桥宝龙广场，确保“熊出没”小镇开园。用好出口信保统保平台，办好第10届中国（临海）户外家具及庭院休闲用品展览会，持续做大外贸主体规模。

（三）以开放提升拓展空间，推动临海之进。聚焦港产城一体发展，以更高水平推进港口大开发、产业大升级、港城大建设，加快绘就向海图强新图景。

加速打造内畅外联的现代港区。充分发挥“五区”叠加优势，加快推进“五个自由”贸易改革，实现台州综合保税区开关运营，推动大宗商品贸易结算中心等标志性项目落地建设。深化与省海港集团合作，推进头门岛、雀儿岙岛、田岙岛三岛联动开发，谋划打造能源资源储运、化工生产储运、国际冷链进口三大基地，建设投资、产值、贸易均超千亿的国际港口。完善集疏运体系，开工建设头门港区三期、金台铁路头门港支线二期等重大项目，建成进港航道一期工程，高效运行义新欧班列，常态化运作集装箱航线，加快开通印尼—头门港、东南亚—头门港等近洋散货航线，力争港口吞吐量突破1200万吨、集装箱吞吐量突破1万标箱、义新欧班列“台州号”组货1000标箱。

加速打造三大千亿级产业基地。高标准推进新材料城、新医药健康城、未来汽车城三大产业城建设，打造集“创新、制造、服务”三核一体的千亿级临港产业带。新材料城围绕改性塑料、可降解材料等领域，以台州湾新材料产业园为核心，联动推进永太新能源材料产业园、海创达聚乳酸等重大项目建设，打造世界一流新材料基地。新医药健康城协同推进原料药制剂一体化、医疗器械多元化、生物制药产业化，深化医药CDMO监管创新，打造世界级高端医药制造中心。未来汽车城以吉利汽车为龙头，布局新能源赛道，推动吉利新能源纯电汽车下线，引进动力电池、驱动电机、智能网联领域等汽车零部件企业，加快建设新能源汽车产业园，打造世界一流汽车产业基地。

加速打造三生融合的临港新城。坚持“生产、生活、生态”三生融合、一体推进，开工建设临港新城中学扩建、临港新城小学改扩建等项目，提速建设台州湾青年创新港、华海人才公寓、康居工程二期等公共服务设施，建成洲际酒店，实现从单一产业型园区向城市综合型新区转型。以台州1号公路临海段建设串联白沙湾、金沙湾等核心片区，植入系列文化空间，加快建设红滩灯塔、心花路放、海路之心等六大特色景观，打造依山望海的“最美生态廊道”。

（四）以项目攻坚突破跨越，彰显临海之速。牢固树立“项目为王”理念，打好要素保障、招大引强、项目快进“三大攻坚战”，全力扩大有效投资，不断积蓄发展动能。

招大引强增后劲。实行规划一盘棋、招商一张图，瞄准行业头部企业和链主型企业，深化“基金+基地”、产业链招商、中介招商等模式，充分发挥4个专业招商组作用，按图索骥开展靶向招商，全力争取一批行业龙头企业落户临海，确保江北药业、梧桐数字科技产业园等一批项目落地开工，全年招引亿元以上产业项目超30个，吸引外资7000万美元以上。健全本地优质企业培育库和项目库，加强优质项目服务保障和要素倾斜，推动永太高性能氟化液、万盛新材料等项目签约落地，全力支持企业留驻临海高质量发展。

拔钉破难抓推进。持续深化“百日破百难”攻坚行动，健全重大项目领导挂钩联系、赛马比拼、四色评价等制度，全面推进164个重大项目建设，完成固定资产投资360亿元以上，省“千项万亿”、台州市重点建设项目投资完成率超100%，新建项目开工率达100%。优化项目落地全周期服务，深化“拿地即开工”等举措，确保朱门山渔港、灵江治理工程二期、临江大道、铁路大道提升改造工程等项目开工建设，伟星科技产业园、永强国际时尚产业园等重点产业项目开工。提速建设351国道邵家渡至白水洋段、甬台温高速临海段改扩建、城市快速路南区段、尤汛分洪、华海制药科技产业园二期、联化科技产业园等项目，建成通车余温公路临海段、伏龙大桥，投产运营台佳电子、红狮水泥等项目。

突破瓶颈强保障。打好要素保障组合拳，建立专项债券项目谋划包装、快速落地、良性循环的梯度储备机制，争取地方政府专项债券50亿元以上。深化第二轮国企改革，提高国资配置效率和运营效率，新增1家“AA+”信用评级国企。深入实施“土地保供优供”工程，着力破解土地制约，力争全市供应土地1万亩，获取新增建设用地指标2500亩，新立项垦造耕地4000亩，新增耕地占补平衡指标7400亩，完成5个千亩方项目。

（五）以品质引领建设城乡，擦亮临海之美。坚持城乡统筹，积极实施城市更新行动，全面推进乡村振兴，加快实现城乡“各美其美、美美与共”。

提升城市能级。加快城市东拓南进、拥江揽湖发展步伐，持续优化城市片区空间和功能布局。全面拉开佩弦湖区块框架，完善路网等基础设施，加快建设曹家肆水街、文化中心、哲商小学佩弦湖校区、佩弦湖中学等项目，引入多元化商贸新业态，打造“商业新中心、城市新地标、文旅目的地”。以伏龙大桥为牵引，一体推进伏龙区块改造和两水区块提升。持续推动城市有机更新，重点攻坚前江、五家殿、泾头项、杜前等城中村改造，高品质推进未来社区创建、老旧小区改造。以“绣花”功夫优化城市治理，建立完善城市交通、市政服务、环境卫生等长效管理机制。推进街景美化，打造示范和合街区4个，新建口袋公园3个，提质改造公园绿地2万平方米，把城市边角改造成城市会客厅、休闲微空间、网红打卡点。

统筹城乡发展。推动各镇立足优势、差异化发展，支持杜桥镇围绕跻身省镇域综合实力第一方阵目标，做大做强支柱产业，增强城镇综合承载能力，实现省级小城市命名。加快白水洋镇特大镇培育，着力优化拓展城镇功能。鼓励东塍镇、桃渚镇、汛桥镇、上盘镇走特色化、精品化发展之路。持续加大西部区域政策扶持力度，加快推动永丰镇、括苍镇、河头镇协调联动发展。全力支持尤溪镇、汇溪镇、小芝镇创建特色型美丽城镇。鼓励沿江镇、涌泉镇积极融入三江口新区建设，强化核心片区规划设计，促进产业集聚互动。对标“一统三化九场景”，创成省级未来乡村3个。稳步推动景区村创建，创成AAA级景区村5个。

优化生态环境。深入打好污染防治攻坚战，抓好中央、省环保督察反馈问题整改。进一步巩固医化园区整治成效，争创全国“减污降碳”协同试点。坚定实施“双碳”目标，加快台州1号海上风电等新能源项目建设，大力推动节能减排。争创省级“无废城市”。深化“千万工程”，更大力度推进农村人居环境整治提升行动，建成台州市美丽乡村精品村3个、示范镇1个。深化垃圾分类工作，打造高标准垃圾分类示范社区6个。深入开展“五水共治”碧水行动，推进“污水零直排区”建设提质扩面，持续改善水环境质量。提质增效“森林临海”建设，完成森林质量提升1.5万亩，争创“国家森林城市”。

（六）以共建共享改善民生，呈现临海之治。牢固树立以人民为中心的发展理念，全面优化人的全生命周期公共服务供给，让发展成果广泛共享、幸福生活切实有感。

增强共同富裕普惠性。深化农户持股、飞地抱团、片区组团等模式，重点推进品牌带动式、产业赋能式共富工坊建设，累计建成共富工坊170家，实现农户增收1亿元。启动“溪山有道”片区共富项目，加快推进“江南·溪望谷”乡村综合改革试点建设，打造“三新”农村共富“临海样板”。落实落细稳就业政策，做好城镇就业困难人员、高校毕业生、退役军人等重点群体就业，新增城镇就业1.3万人。完善农民工工资支付制度，实现欠薪案件动态清零。加强社会保险扩面征缴，强化基本医保、大病保险、医疗救助保障。做好残疾人服务保障工作，建成市级公办示范性残疾人托养中心。

增强公共服务优质性。以创建全国义务教育优质均衡发展市和全国学前教育普及普惠市为目标，优化教育资源布局，建成投用哲商现代实验小学西校区、临海小学东校区等学校，加快推进台州学院附属中学、临海中学迁建，确保新增学位4000个以上。持续深化台州中学办学模式改革，推进回浦中学等大规模学校办学模式改革。加快产教融合步伐，高标准建设浙东职教城，打造职业培训基地和企业职工培训平台，创成省现代化职业学校5所。全力支持台州学院、台州医院在临海发展。开展新一轮健康浙江行动，争创全国慢性病综合防控示范区。全面实施县级强院工程，分批分类推进市一医院、市二医院、市妇保院创建三级乙等。巩固全国文明城市和国家卫生城市建设成果，争取高分实现全国文明城市两连冠，顺利通过国家卫生城市复审。强化“一老一小”照护服务体系建设，完善“府城老邻舍”系列养老服务综合体功能，扎实推进省级普惠托育基本公共服务试点建设。迭代升级市级政务大厅和村（社区）便民服务站，构建市镇村三级一体化数智政务服务体系。

增强社会治理稳定性。以平安临海“十九连创”为目标，加快构建“大安全、大应急、大减灾”体系，健全风险分级管控和隐患排查治理双重预防机制，严密排查整治消防、道路交通、危化品、食品药品、建筑等领域安全隐患，坚决遏制较大以上事故发生。迭代金融风险监测防控体系，守住不发生区域性金融风险底线。以平安护航亚运会为主线，持续做好风险动态清零、闭环管控等工作，全力维护社会稳定。持续升级“141”体系，全面激发“平安驿站”运行实效，构建新型网格智治格局，加大信访积案破解力度，加强矛盾纠纷溯源治本、就地调处、多元化解，努力打造基层治理“临海样板”。持续开展违法犯罪整治行动，保持高压严打态势，不断提升人民群众安全感。

三、着力建设人民满意政府

始终把政治建设摆在首位，忠诚拥护“两个确立”、坚决做到“两个维护”，争当学懂弄通做实习近平新时代中国特色社会主义思想排头兵，不断提高政治判断力、政治领悟力、政治执行力。

（一）打造更有情怀的政府。有情怀的政府，必定是坚守为民初心、一心一意为民办实事的政府。我们要把爱民之情时时记在心上，把为民之责实实扛在肩上，把利民之举事事抓在手上，将临海人民的喜怒哀乐作为政府工作的“晴雨表”“风向标”，始终聚焦群众所思所想、所急所难、所需所盼，从必须办、办得了、能办好的事情做起，把实事办实、好事办好，在持续增进民生福祉中赢得群众的信任和支持。

（二）打造更重实干的政府。实干，是政府的核心竞争力；干成事，是政府最大的价值。我们要把实干作为最基本的态度和要求，把发展抓实、把项目干实、把工作做实。言必行、行必果、善始善终、善作善成，干出有好口碑的政府；不空谈、不虚做、不搞形式主义、不搞形象工程，干出有好信誉的政府；打赢一批硬仗、破解一批难题、攻克一批关口，干出有好威望的政府。

（三）打造更硬作风的政府。干部队伍是成就事业的关键，干部能够搬石头，群众就能搬山头；干部能流一身汗，群众汗水就能汇成河。我们要以“咬定青山不放松”的韧劲对待目标，以“不破楼兰终不还”的决心对待任务，以“春风拂面杨柳风”的热情对待群众，以“静我凡心立功名”的淡定对待名利，把该挑的担子挑起来，把该扛的责任扛起来，把该抓的事情抓起来，加快打造一支作风过硬、敢于担当、善于破难的干部队伍。

（四）打造更加法治的政府。尊崇宪法、敬畏法律，增强以法治思维、法治理念解决问题的能力，推动政府工作全面纳入法治轨道。依法公开决策、执行、管理、服务等过程，主动接受社会各方监督，打造公开透明、公平公正的阳光政府。认真执行人大及其常委会决议决定，大力支持政协履职，健全完善与人大代表、政协委员的沟通对接机制，自觉接受人大法律监督、政协民主监督，高质高效办结人大代表建议、政协委员提案。

（五）打造更为自律的政府。坚决扛起全面从严治党主体责任和“一岗双责”，一体推进不敢腐、不能腐、不想腐机制，打造风清气正的干事创业环境。认真落实中央八项规定精神，推进精文减会、基层减负。牢固树立“过紧日子”思想，从严压减一般性、多头性、不必要开支，强化预算刚性执行，严格“三公”经费管理，集中财力办大事。完善财政支出绩效评价制度，强化项目建设、政府采购、公共资源交易等重点领域监管。

各位代表，没有等出来的精彩，只有干出来的辉煌；唯有今天的只争朝夕，才有明天的建功领跑。让我们紧密团结在以习近平同志为核心的党中央周围，在临海市委的坚强领导下，保持奋斗姿态、赶考状态，实干笃行、争先攀高，为加快建设历史名城、制造强市、共富高地，奋力谱写中国式现代化临海篇章而努力奋斗！

中国人民政治协商会议临海市第十五届委员会常务委员会工作报告

——在政协临海市第十五届委员会第二次会议上

临海市政协主席　张招金

（2023年2月7日）

一、2022年工作回顾

2022年是中共二十大胜利召开之年，是临海市委团结带领全市人民，迎难而上抢开局、战疫情、拼经济、惠民生，全力建设历史名城、制造强市、共富高地，奋力谱写“两个先行”临海篇章的一年，也是十五届市政协工作的起步之年。一年来，在市委的坚强领导下，市政协常委会坚持以喜迎中共二十大、学习宣传贯彻中共二十大精神为主线，高举习近平新时代中国特色社会主义思想伟大旗帜，牢牢把握团结和民主两大主题，积极践行全过程人民民主，筑同心凝共识，聚合力促发展，政协事业取得新进步新发展。我市政协在全省政协主席读书会、全省政协委员工作室推进会上作典型发言，“五专机制助共富”经验做法获评2022年全省9个县（市、区）政协工作创新案例之一，实现了本届政协工作的良好开局。

一年来，我们强化思想政治引领，在捍卫“两个确立”、做到“两个维护”上坚定坚决。深入学习贯彻中共二十大精神。第一时间召开政协党组理论学习中心组学习会、主席会议、常委会议，专题学习中共二十大精神。制定出台《关于认真学习宣传贯彻党的二十大精神和市委部署要求的意见》，积极开展“喜迎二十大，同心跟党走”“矢志不渝跟党走、同心奋进新征程”系列活动，教育引导各族各界代表人士把思想和行动统一到中共二十大决策部署上来。组织开展二十大精神专题宣讲和读书系列活动，持续兴起学习宣传的热潮，切实把学习成果转化为奋进新征程、建功新时代的精神动力。

持续加强理论武装。党组理论学习中心组引领学。坚持以党组理论学习中心组学习会为引领，主席会议、常委会议、界别组学习会为配套，持续深入学习习近平新时代中国特色社会主义思想，笃学深悟习近平总书记最新重要讲话和指示批示精神，促进学思用贯通、知信行合一。专题座谈交流学。建立习近平新时代中国特色社会主义思想学习座谈制度，组建16个学习座谈小组，每季度开展专题学习研讨，进一步提高政治站位，把握政治方向，站稳政治立场。线上线下互动学。深入推进“书香政协”建设，线上依托“临海政协·掌上履职”平台，主席会议成员带头领读，引导委员崇学善思；线下精心打造“崇和系列”读书平台，在市协商中心设立书房、市政协机关设立书吧、界别委员工作室设立读书角、镇（街道）民生议事堂设立书柜，打造多元化的读书矩阵，推动政协机关干部和委员读书与思想进步、履职增效共融互促。一年来，举行市政协党组理论学习中心组学习会12次，学习座谈小组专题学习64次，举办主题读书活动和网上专题学习会60余场次，委员参与1200多人次，交流发言1600多条次。

全面加强政协系统党的建设。健全党建工作体系。制定出台《关于全面推进新时代政协党的建设工作的实施意见》，着力构建“五引领五同心”党建工作体系，不断提高政协党建质量。建立“双联结对”制度，市政协党组成员联系党外常委和委员、党员常委联系党外委员，经常性开展联系走访、谈心谈话。深化党的组织建设，设立7个专委会履职临时党支部和13个界别委员履职临时党小组，实现政协党的组织和党的工作“两个全覆盖”。我市政协党建工作在省政协同心苑“喜迎二十大·主席谈党建”专栏和台州市政协系统党建工作推进会上作典型经验介绍。坚决落实全面从严治党要求。压实党建工作和意识形态工作责任，抓实抓严党风廉政建设，切实以党建强政治、带队伍、促履职、增团结。认真配合做好省委巡视工作，坚决支持配合市纪委市监委派驻第一纪检监察组履行监督责任，清廉机关建设底色更浓、成色更足。

一年来，我们主动融入工作大局，在围绕中心、助推发展上履职尽责。2022年，共召开常委会议4次、主席会议11次，开展调研视察120余次，提交建议案2件、专题协商纪要6份、调研报告36篇、提案264件。

助推历史名城建设。聚焦城市能级提升，开展“提升城市品质，打造高能级城市”主席会议重点课题调研，提出提升城市人口集聚能力、加快推进城市片区改造、打造科创智造高地等建议。组织界别委员视察协商城中村改造提升专项工作。围绕群众文化发展、城市主干道亮化、河道环境整治、城市绿心地带建设等议题，运用课题调研、对口协商、提案办理等载体，综合履职、多维发力，为塑造城市优美形态汇聚智慧。聚力打造具有辨识度的宋韵文化临海品牌，召开“传承发展台州府城宋韵文化”专题协商会，提出打响宋韵品牌、推进文旅融合等建议，为打造“三大文化高地”鼓与呼。聚焦台州府城“后5A”旅游发展，就提振夜经济、加强旅游服务领域国有房产租赁运营等议题，深入调研，精准建言，为文旅融合发展注入新活力。

助推制造强市建设。持续关注沿海开发，组织政协常委会专题视察、重点课题调研等履职方式，助力国家级台州湾经济技术开发区（台州综合保税区）建设发展。围绕实体经济发展壮大，抓住破解要素制约的关键问题，把“加快低效工业用地综合利用”作为常委会调研课题和“请你来协商”重点议题，深入开展调研，举行座谈协商10余次，形成调研报告和常委会建议案，提出创新出让联建改造模式、实施定量不定位分割登记等一批既有前瞻性、又有操作性的对策建议，得到市委主要领导批示肯定。积极助推产业提升发展，就杜桥眼镜产业发展，跨国连线俄罗斯、印度等国外眼镜市场代表，开展专题协商。就佩弦湖科技城建设、国际医药产业园建设、“未来工厂”建设、现代物流产业发展、数字产业发展等议题，开展调研视察、协商监督。围绕营商环境优化，组织开展“助企惠企政策落实情况”专项集体民主监督，形成专项民主监督报告，就抓好现有政策落地、新一轮政策谋划等，向市政府及有关部门提出反馈意见。主动投身“作风建设年、项目攻坚年”活动和“纾困破难优服务、稳进提质促发展”行动，协力推进港口开发、企业留驻及产业链招商等专班工作。发挥界别委员工作室、助企惠企协商驿站等平台优势，帮助企业排忧解难，提振发展信心。

助推共富高地建设。将助力共富作为履职靶心，向全体委员发出倡议书，开展“委员联村谋发展，携手同行共富路”专项行动，组织广大委员专门学习悟共富，专题协商谋共富，专项监督促共富，专业特长助共富，专设主题话共富。着眼创富发展，开展“助力共同富裕示范区建设”专题协商议事月活动，在共同富裕的大场景中找准协商议事“小切口”，委员们联合业内专家走进基层，与界别群众、镇街党政负责人，就产业创富、文化润富等68个议题开展专题协商，提出意见建议159条，被镇街党政决策采纳88条，向市级报送“金点子·好建议”70余条，得到市委市政府领导的批示肯定和有关部门的采纳落实。着眼养老服务，组织多方力量，深入村社调查研究，赴多地学习先进做法，多次开展“走出去”现场协商、“联起来”网上协商、“请进来”会议协商，收集建议意见187条。召开“大力发展养老产业，建设老年友好型社会”专题“请你来协商”，市委主要领导与委员、行业代表、群众代表面对面协商，提出了健全普惠型养老服务体系、优化养老助餐服务管理等建议，助推养老事业从“老有所养”向“老有颐养”进阶。着眼民生优享，开展“加快推进我市新能源汽车充电设施规划与建设”专题协商，市政府主要领导与委员共话发展、共商对策，让公共服务契合时代发展、百姓需求。积极回应职业教育办学水平提升、医疗信息一体化建设等民生关切，多领域调研、多主体协商、多维度建言，助力民生改善。持续开展“基层走亲、连心解忧”“侨台有爱、助你圆梦”等系列活动，受到基层群众欢迎。

一年来，我们践行全过程人民民主，在深耕主业、做精协商上有质有效。坚持以平台为依托，以质量为导向，完善协商平台体系，提升协商议事质效，推动政协协商同基层协商有机衔接、同基层治理有效结合。共谋小眼镜大文章、开辟特色农业创富路等一批民生议事堂案例入选全省政协协商议事典型案例汇编。台州市政协民生议事堂建设现场会在我市召开。

完善协商平台体系。坚持“不建机构建机制”原则，按照“六有”要求，高标准建成市级协商中心、界别委员工作室、镇街民生议事堂（三位一体）、村社协商驿站，形成“一心一室一堂一站”多层立体协商体系，推进协商平台、履职小组、协商活动三大全覆盖，实现履职倍数效应。全年共组织协商活动115场次，提出意见建议600多条，专门协商机构潜能效能充分释放。

加强协商制度建设。深化理论研究。围绕政协协商民主体系建设开展系列课题研究，5篇论文获得省、台州市政协理论研究会奖励。规范协商工作。制定出台“民生议事堂”平台建设实施方案、指导意见等系列制度，促进协商运行更加科学，程序更加规范。加强专班指导。成立民生议事堂（“三位一体”）建设工作领导小组，设立指导服务中心，统筹指导民生议事堂高质量建设运行。

提升协商质量成色。坚持开放协商。依托民生议事堂、委员工作室、社情民意信息联系点等多跨应用场景，多渠道汇集民意，切实增强协商开放度、活跃度。协商选题从经济发展要事到民生关键小事，协商场所从田间到车间、从线下到线上，协商对象从普通农户到部门负责人、从村干部到企业代表，推动协商建言更有效地商在“民生小事”关键处，更精准地议在“平头百姓”心坎上。强化数字赋能。主动跟进数字化改革浪潮，综合运用“协商在线”开展网络议政，推进政协协商场内场外、线上线下互动共促。开通运行线上委员工作室18家，常态化为群众提供金融、教育、医卫、法律等方面咨询服务。《人民政协报》头版头条报道了我市政协金融委员工作室的经验做法。突出示范引领。评选民生议事堂协商优秀案例、示范案例，在临海电视台开设“请你来协商·民生议事堂”专栏，制作专题协商议事月活动综述专题片，全景式、多视角展现政协协商议事全过程，着力营造有事好商量的良好社会氛围。

一年来，我们加强团结联谊，在凝聚共识、汇聚合力上同向同行。深化社会各界合作共事。认真落实《为民主党派和无党派人士在政协更好发挥作用创造条件的若干意见》，积极为民主党派和无党派人士创造良好的参政议政条件，联合开展考察、调研等履职活动，增进协调，密切交流，让他们参政有舞台、建言有机会、协商有渠道。密切同党外知识分子、非公有制经济人士、新社会阶层人士的沟通联络。定期走访民族宗教界委员，促进民族团结、宗教和谐。

高质量创建委员会客厅。建成首家省级港澳台侨委员会客厅，汇聚港澳台侨代表人士40多名，举办“聚识、聚智、聚力”助力建设共富高地分享会等主题活动5场次。加强同港澳台同胞和海外侨胞的团结联谊，讲好临海故事，织牢乡情纽带，凝聚奋进共识。

汇集民意扩大共识。讲好政协史、政协事、政协人，人民政协报、学习强国、省政协同心苑等宣传平台报道我市政协履职活动及委员风采46篇。加强反映社情民意信息工作，编报社情民意信息128篇，更好地汇聚民意、增进共识。深化协商中心、政协文化中心、书画展示中心、政协联谊中心建设，举办“献礼二十大”主题书画摄影作品展等各类活动10余场次。精心编著《浙江文史记忆·临海卷》等史料50多万字，切实以文化人、以史聚力。关心支持政协联谊会工作，向他们通报工作，听取意见建议。

一年来，我们着力强基固本，在深化机制、提升质效上用心用力。强化委员责任担当。出台《关于强化政协委员责任担当的实施意见》，引导广大委员知责思进、担责有为。重视发挥委员主体作用，通过完善机制、加强履职培训、优化目标考核等方式，全面激发委员履职活力。健全政情通报等制度，为委员履职创造条件、搭建平台、强化保障。开展委员能力提升行动，组织政协常委集中培训、委员轮训。健全委员履职评价机制，修订委员履职考评办法，引导委员更好地发挥在政协工作中的主体作用、本职工作中的带头作用、界别群众中的代表作用。

深化界别工作“四机制”。紧紧抓住界别这一政协工作的“牛鼻子”，持续推动界别工作“四机制”迭代升级。精准对接委员所能与村级所需，将所有委员按照专业专长划编到镇、联系到村，一人一村，一联五年，打通委员在界别和镇街双线履职的通道。建立组团服务机制，开展跨界别、跨领域履职，委员们走村入户，捐资捐物，出钱出力，献计献策。委员们有情有义，履职有声有色，用行动书写了一个个有温度、接地气的履职好故事。教育组履职工作的专题报道入选《人民政协报》政能量榜单。

着力提升履职水平。扎实做好提案工作。坚持“提质量、控数量”原则，完善重点提案党政领导领办制度，提高办理协商层级，健全交办、办理、督办机制，实现提案建议采纳率和落实率“双提升”。改进民主监督工作。建立完善委派民主监督员制度，向全市66个部门单位派出民主监督小组，找准工作难点和薄弱环节，多维度明察暗访，多角度建言献策，帮助改进工作、改善服务。加强机关队伍建设。深入推进“五型机关”建设，积极参与疫情防控、城中村改造等重点工作和重点项目建设，切实强化责任担当、锤炼过硬本领，展现新一届政协人的良好风貌。

各位委员！过去一年，市委市政府一如既往高度重视政协工作。市委常委会专题听取市政协工作汇报并研究部署政协工作。市委书记吴华丁同志亲自出席市政协专题议政性会议通报工作，亲自参加“请你来协商”活动，领办重点提案，多次作出重要批示。市委副书记、市长蔡建军同志也多次参加政协有关会议和活动，作出批示。市委市政府其他领导领办重点提案13件，出席政协会议、活动56次。这些都是对市政协工作的有力支持，是对广大政协委员的充分信任和极大鼓舞。

各位委员！过去一年我们取得的成绩，是中共临海市委高度重视、坚强领导的结果，是市人大常委会、市政府和社会各界大力支持的结果，是各位老领导、老同志热情关心的结果，也是政协各参加单位和广大政协委员共同努力的结果。在这里，我代表市政协常委会表示衷心的感谢！

在总结成绩的同时，我们也清醒地看到，工作中还存在一些需要加强和改进的方面。主要体现在："数字政协"平台建设和应用贯通有待进一步加强，民主监督机制有待进一步完善，委员联系界别群众的渠道有待进一步畅通等。我们将在今后工作中切实加以改进，认真研究解决。

二、2023年工作任务

2023年是全面贯彻落实中共二十大精神的开局之年，也是我市加快建设历史名城、制造强市、共富高地的破局立新之年。市委标定的航向，就是政协前进的方向。市政协常委会将坚持以习近平新时代中国特色社会主义思想为指导，深入学习贯彻中共二十大精神，认真落实市十五届二次党代会决策部署，坚持发扬民主和增进团结相互贯通、建言资政和凝聚共识双向发力，更加有为服务大局，更加有力助推发展，充分发挥专门协商机构作用，争当新时代加强和改进人民政协工作排头兵，为加快建设历史名城、制造强市、共富高地，奋力谱写中国式现代化临海篇章贡献政协智慧和力量。

一、夯实思想政治基础，以更高站位贯彻落实中共二十大精神。深入学习贯彻落实中共二十大精神，把学习成果转化为履职尽责的实际成效。在笃学深悟上下功夫，完善政协党组理论学习中心组引领学、常委会议和主席会议集体学、习近平新时代中国特色社会主义思想学习座谈会交流学、网络平台线上学、委员培训研讨学的学习制度体系，深学细悟中共二十大精神，把忠诚捍卫“两个确立”、坚决做到“两个维护”落实到履职工作全过程、各方面。在凝聚共识上下功夫，深化开展“矢志不渝跟党走，同心奋进新征程”学习贯彻中共二十大精神系列活动，组织开展委员线上线下交流交心、界别群众宣传宣讲等活动，筑牢团结奋斗的共同思想政治基础。在加强党建上下功夫，完善责任体系、组织体系、制度机制，全面提升新时代政协党建质量，更好担负起把市委的决策部署落实下去、把各方面智慧力量凝聚起来的政治责任。

二、聚力服务中心大局，以更强担当助推我市经济社会高质量发展。自觉把政协工作置于全市发展大局中去思考、去谋划，做到党政中心工作推进到哪里，政协履职就跟进到哪里。聚焦创新深化、改革攻坚、开放提升，锚定“七大战略”“三大攻坚战”，发挥政协优势，切实履行职能，竭忠尽智为临海发展促合力，增助力，添动力。围绕重大课题深入调研，就科技创新、文旅融合、乡村共富等开展专题调研。围绕重要决策协商议政，就临港产业带建设、数字经济发展、外贸产业提能升级、“一街三圈”夜经济地标打造等开展专题协商。围绕重点任务和政策落实开展

民主监督，就营商环境优化组织专项集体民主监督，就养老服务体系建设、学前教育发展、食品药品安全监管等民生关切开展视察监督。

三、全面发展协商民主，以更实举措深入实践全过程人民民主。加强人民政协专门协商机构制度化、规范化、程序化等功能建设，更好发挥人民政协在发展全过程人民民主中的重要作用。完善协商议政制度。深化民生议事堂"三位一体"指导服务中心建设运行，做优做强做特协商履职平台。探索高质效的协商组织方式，构建完善的协商制度，提高深度协商互动、意见充分表达、广泛凝聚共识水平。完善民主监督机制。以"民主监督提升年"活动为抓手，把握协商式监督的性质定位，加强同党政工作有效衔接，深化会议监督、视察监督、专项监督等监督实践，健全民主监督工作全链条、全过程、全方位机制，加强委派民主监督员工作制度化规范化建设，提高民主监督水平。

四、坚持履职为民初心，以更多行动呼应人民对美好生活的向往。推动委员更好联系界别群众。以"界别工作加强年"活动为载体，完善委员联系界别群众制度，深化拓展委员联村服务，更好构建政协组织委员、委员引领界别群众的工作格局。精准开展"六送下乡"活动，更好彰显界别特色优势，更多满足实际需求，切实当好界别群众贴心人。扩大界别群众有序政治参与。探索邀请界别群众和基层群众代表列席政协常委会会议、参加"请你来协商"活动，促使各方意见得到充分表达，让更多的群众成为临海改革发展的参与者、实践者、推动者。积极推动民生实事落实落地。通过提案线索"征"、发动委员"投"、实地视察进行"督"、协商座谈深入"议"等方式，促进民生实事项目选准、落地见效。

五、用好统一战线法宝，以更大格局画出团结奋斗最大同心圆。积极构建凝心聚力工作矩阵，努力使政协每项工作都成为团结载体、每个界别都成为团结纽带、每位委员都成为团结因子，为中国式现代化临海实践汇聚磅礴力量。凝聚委员共识。更多地安排委员听取政情通报，更多地组织委员深入一线，看新成就、新变化，增进委员知情明政、加深理解认同；加强委员联系走访，开展谈心谈话，让有影响力的委员影响更多有影响力的人。加强合作联谊。密切各方人士的沟通联系，深化与市级民主党派联动调研、联合监督、联络联谊等工作机制，培育鼓励不同意见观点交流交融的协商文化，以民主协商扩大共识、以和谐共赢深化合作。用好委员会客厅。放大省级港澳台侨委员会客厅效应，常态化开展学习交流、协商建言等活动，团结引领更多的海外乡贤回报祖国、建设家乡。

六、始终坚持从严从实，以更高标准推动政协队伍树好新样子。加强委员队伍建设，健全委员线上线下相结合的学习培训机制，持续深化委员读书活动，健全委员履职考核激励机制，进一步提升政治素质和履职能力，真正做到"懂政协、会协商、善议政、守纪律、讲规矩、重品行"。加强政协机关队伍建设，以"五型机关"建设为抓手，进一步完善工作机制，全面提升机关干部的服务力、协调力、执行力，全力服务保障政协工作和委员履职。加强政协工作者队伍建设，以"能干事、干好事"为标准，着力提升政协工作者的政治素质和业务能力，充分调动工作积极性，全力服务保障界别委员工作室、民生议事堂工作顺利开展。

2022年临海市国民经济和社会发展统计公报

2022年，面对世纪疫情和百年变局交织的严峻形势，全市在市委市政府的领导下，坚持以习近平新时代中国特色社会主义思想为指导，全面学习宣传贯彻党的二十大精神，忠实践行“八八战略”、奋力打造“重要窗口”，围绕建设“历史名城、制造强市、共富高地”的奋斗目标，统筹打好疫情防控、稳进提质组合拳，较好完成了经济社会发展各项任务。

一、综合

据初步核算，2022年全市实现生产总值（GDP）878.52亿元，按可比价格计算，比上年增长3.6%，其中第一产业增加值59.24亿元，增长4.3%；第二产业增加值396.16亿元，增长3.5%；第三产业增加值423.12亿元，增长3.5%。三次产业结构由上年的6.5：45.0：48.5调整为6.7：45.1：48.2。按常住人口计算的人均生产总值达到78756元，比上年增长3.6%，按人民币对美元年平均汇率（1美元＝6.7261元）折算为11709美元。

二、农业

全年实现农林牧渔业产值95.2亿元，按可比价格计算，比上年增长4.3%，其中农业产值44.02亿元，增长7.2%；林业产值2.02亿元，下降7.8%；牧业产值10.68亿元，下降4.7%；渔业产值36.89亿元，增长4.4%。

全年经济作物播种面积21.29千公顷，增长1.4%。粮食作物播种面积19.14千公顷。粮食作物与经济作物播种面积的比例为52.7：47.3。全年油料产量1854吨，增长15.0%；棉花产量10.3吨，下降6.4%；甘蔗产量4857吨，下降0.5%；蔬菜及食用菌产量44.49万吨，增长3.7%；瓜果产量7.24万吨，增长0.5%。全年茶叶产量1387吨，下降0.2%；园林水果产量39.82万吨，下降1.2%，其中柑橘类产量27.23万吨，下降1.7%。

全年完成营造林面积355公顷，其中人工造林面积355公顷，人工更新面积50公顷。森林抚育面积1097公顷，四旁零星植树30万株；全年木材产量1.77万立方米，竹材42.3万根。

全年肉类总产量3.07万吨，比上年增长4.5%，禽蛋产量4928吨，增长42.3%，牛奶产量620吨，增长15.2%。生猪出栏13.16万头，增长12.3%，年末生猪存栏10.82万头，增长10.5%；家禽出栏1282.40万只，增长6.1%，年末家禽存栏364.28万只，增长12.9%。

全年水产品总产量12.91万吨，比上年增长4.3%。其中海洋捕捞产量10.81万吨，增长18.4%；海水养殖产量1.41万吨，增长15.8%。

全年完成水利总投入9.86亿元。年末全市拥有水库90座，水库总库容4.6亿立方米，堤防总长度70.5千米。

三、工业和建筑业

2022年全市实现工业增加值334.03亿元，按可比价格计算，比上年增长2.6%。主营业务收入2000万元及以上工业法人企业（以下简称规模以上工业企业）家数为641家，实现规模以上工业增加值260.41亿元，增长2.9%。分经济类型看，股份合作制企业2.56亿元，比上年增长3.0%；有限责任公司42.00亿元，增长24.1%；股份制企业49.84亿元，下降2.1%；私营企业151.48亿元，下降0.9%；港澳台投资企业7.09亿元，增长11.2%；外商投资企业7.44亿元，增长12.8%。

全市规模以上工业增加值总量排在前五位的行业中，医药制造业实现增加值93.63亿元，比上年增长33.0%；橡胶和塑料制品业增加值21.44亿元，下降4.3%；化学原料和化学制品制造业增加值18.36亿元，下降20.3%；家具制造业增加值18.29亿元，下降21.5%；其他制造业增加值16.70亿元，下降12.6%。轻工业增加值177.02亿元，比上年增长8.9%，重工业增加值83.39亿元，下降8.2%。轻重工业比例为68.0：32.0。高新技术产业增加值

191.21 亿元，比上年增长 6.0%，装备制造业增加值 53.07 亿元，下降 0.9%，战略性新兴产业增加值 107.83 亿元，增长 24.0%。

全市规模以上工业企业产品产销率为 96.8%，新产品产值 490.55 亿元，比上年增长 10.8%；实现利税总额 114.44 亿元，增长 5.7%，其中利润总额 85.31 亿元，增长 4.6%；亏损企业亏损额 12.66 亿元，增长 50.6%。

全年实现建筑业增加值 62.27 亿元，按可比价格计算，比上年增长 9.2%。112 家建筑企业全年完成建筑业总产值 248.60 亿元；其中竣工产值 184.70 亿元。全年房屋建筑施工面积 2668 万平方米。

四、固定资产投资和房地产业

2022 年全市固定资产投资比上年增长 25.3%。其中，第一产业增长 43.0%，第二产业增长 26.0%，第三产业增长 24.9%。从分类别看，工业性投资增长 26.2%，基础设施投资增长 48.8%。从投资主体看，非国有投资增长 23.0%，国有投资增长 33.1%。全年房地产开发投资增长 27.9%，其中住宅投资增长 27.3%。全年房屋施工面积下降 0.2%，房屋竣工面积增长 76.2%，商品房销售面积和销售额分别下降 24.3% 和 37.4%，待售面积增长 31.1%。

五、交通和邮电业

2022 年全市各种运输方式完成的货运量 4061 万吨，比上年增长 2.4%，其中公路货运量 2650 万吨，下降 5.7%。货物周转量 200.5 亿吨千米，增长 5.8%，其中水上货物周转量 168.3 亿吨千米，增长 12.0%。客运量 283.6 万人，下降 23.1%，其中公路客运量 122 万人，下降 12.8%，铁路客运量 162 万人，下降 29.5%。公路旅客周转量 1.7 亿人千米，下降 8.9%。全年港口完成货物吞吐量 1117 万吨，增长 23.2%。2022 年末全市通车公路里程 2442.97 千米，其中高速公路 134.15 千米，村道里程 1108.8 千米。全市现有铁路 3 条，临海段通车里程共 159.6 千米，其中甬台温铁路临海段全长 33.7 千米，金温铁路临海段全长 78.2 千米，杭绍台铁路临海段全长 47.7 千米。年末全市汽车保有量 31.23 万辆，其中私人汽车 29.04 万辆。

全年完成邮电业务收入 15.21 亿元，比上年增长 11.8%，其中邮政业务收入 1.95 亿元，增长 11.3%，电信业务收入 13.26 亿元，增长 11.9%。年末固定电话用户 10.90 万户，比上年末下降 5.6%；年末移动电话用户达 142.03 万户，比上年末增长 2.7%。固定电话普及率由上年末的 10.3 部 / 百人下降到 9.8 部 / 百人；移动电话普及率由上年末的 123.8 部 / 百人上升到 127.3 部 / 百人。年末全市互联网宽带接入用户数达 49.27 万户，增长 8.6%，移动互联网用户 126.31 万户，增长 6.4%。

六、国内贸易和旅游业

2022 年全市实现社会消费品零售总额 269.99 亿元，比上年增长 4.2%。按经营地统计，城镇社会消费品零售额 237.57 亿元，增长 4.4%，乡村社会消费品零售额 32.42 亿元，增长 2.8%。

在限额以上企业中，粮油食品类实现商品零售额 3.45 亿元，比上年增长 83.8%，中西药品类实现商品零售额 3.73 亿元，增长 23.3%，家用电器和音像器材类实现商品零售额 1.80 亿元，下降 2.8%，汽车类实现商品零售额 36.02 亿元，下降 1.8%，石油及制品类实现商品零售额 25.67 亿元，增长 21.7%。

年末拥有各类商品正常经营交易市场 48 个，其中消费品市场 43 个，生产资料市场 4 个，服务市场 1 个，年成交额超亿元的市场 10 个。

全年居民消费价格总水平（CPI）比上年上涨 2.1%，其中服务项目价格水平上涨 0.7%，消费品价格水平上涨 3.1%。分类别看，教育文化和娱乐类上涨 1.7%，生活用品和服务类上涨 2.2%，医疗保健类上涨 0.4%，交通通信类上涨 5.4%，衣着类上涨 1.8%，居住类上涨 1.1%，食品烟酒类增长 2.0%，其他用品和服务类增长 1.8%。

七、对外经济

2022 年全市完成外贸自营进出口总额 384.20 亿元，比上年增长 7.2%，其中自营出口 355.21 亿元，增长 6.8%，自营进口 28.99 亿元，增长 13.6%。2022 年有自营出口实绩企业 975 家，比上年末增加 36 家。出口分企业看，自营生产企业实现出口 324.13 亿元，增长 6.0%；外贸公司出口 17.54 亿元，增长 14.9%；外商投资企业出口 13.54 亿元，增长 16.2%。出口分大类产品看，户外休闲用品礼品类出口 142.10 亿元，下降 4.8%；医药化工类 123.27 亿元，增长 19.1%；光电产品类 25.48 亿元，增长 23.4%；机电类 21.29 亿元，增长 18.7%；眼镜出口 4.03 亿元，增长 50.9%。其中机电及高新产品出口 143.42 亿元，同比增长 6.3，占全市出口比重 40.4%。全年实际利用外资5041万美元，外商直接投资合同项目7个。

八、财政和金融

2022年全市实现财政总收入104.51亿元，比上年下降6.4%，其中一般公共预算收入62.11亿元，下降5.9%。主体税种中，增值税完成38.37亿元，下降13.5%，企业所得税完成24.25亿元，下降10.7%，个人所得税完成11.04亿元，增长38.9%。一般公共预算支出122.60亿元，增长15.7%，其中节能环保支出增长迅速，增长136.2%，交通运输、城乡社区、住房保障、国防、科学技术分别增长52.6%、43.7%、19.0%、18.9%、16.3%。

年末全市金融机构本外币各项存贷款余额分别是1750.98亿元和1839.00亿元，分别比上年增长15.8%和23.9%。金融机构人民币各项存款余额1730.08亿元，增长16.1%，其中境内住户存款1112.42亿元，增长20.3%。年末金融机构人民币各项贷款余额1829.76亿元，增长24.0%。年末金融机构人民币存贷比为105.8%，比上年上升6.7个百分点。

九、科学技术和教育

列入省级科技项目2项；全年专利授权4665件，其中发明专利授权438件。全年共签订各类技术合同269项，技术交易额20.65亿元。年末全市共有上市企业10家。

年末全市地方国有企事业单位共有各类专业技术人员1.39万人，其中高中级职称人员7522人。年末拥有农民技术职称人员2.50万人。全年地方财政科技投入4.0亿元，比上年增长16.3%。

全市有普通中学48所，在校生5.64万人；普通小学81所，在校生6.88万人。全市普通高校录取5991人。义务教育普及得到巩固，小学入学率、小学巩固率、初中入学率和初中巩固率均为100%，初升高比例为99.27%。15年教育普及率98.5%。全市共有幼儿园180个，在园幼儿数3.26万人，特殊教育在校学生148人。全市共有中小学（幼儿园）专任教师1.08万人，幼儿园和普通小学专任教师大专毕业及以上达标率分别为99.2%和99.8%；普通初中、普通高中和职业高中专任教师本科毕业及以上达标率分别达到98.5%、99.8%和94.4%。

十、文化、卫生和体育

2022末全年送电影9065场次，送演出下乡43520场次。台州府城文化旅游区成功晋级国家AAAAA级旅游景区，临海文化和旅游发展迎来新的发展阶段。公共文化服务供给丰富，举办朱自清先生走进临海100周年系列纪念活动，设立朱自清文学奖，向全球华文作家开启征稿。国内首个全链闭环的基层文化服务治理生态“浙里有戏”App上线，开启数字文化云服务时代。今年共新建62家农村文化礼堂，累计建成数613家。完成省级民生实事96个品质文化生活圈、2个城市书房、1个文化驿站建设任务。年末拥有国家级非物质文化遗产项目2项，国家级2项，省级22项，台州市级52项，市级190项。拥有全国重点文物保护单位4处，省级文物保护单位14处，市文物保护单位95处，市级文物保护点19处，市级历史建筑90处，省级自然化石保护区1处。中国世界文化遗产预备名单1处，中国历史文化名街1处、历史文化名镇1处、历史文化名村1处、传统村落18处，浙江省省级历史文化名镇1处、历史文化名村1处、传统村落15处、历史文化街区3处。年末共有电影放映单位9个，其中电影院8个，剧院1个，电影放映8.7万场次，观众58.9万人次，票房收入2369.6万元。年末公共馆藏图书117万册，全年借阅书数量27万册。市博物馆年末文物藏品9539件，计5万余件，其中一级品5件（套），二级品124件（套），共接待国内外游客54万人次，其中未成年人16万人次，接待讲解团133个，免费义务讲解133场次。全年公共广播节目播出时间6600小时，公共电视节目播出时间5283小时。年末全市拥有有线电视用户36.98万户，广播和电视人口综合覆盖率均达到100.0%。

2022年末全市有各类医疗卫生机构687个，其中医院、卫生院40个，实有医疗床位7640张。全市拥有各类卫生技术人员10492人，其中执业医生和执业助理医生3941人，注册护士4969人。年末每千人拥有卫生技术人员9.41人，其中每千人拥有执业医生和执业助理医生3.53人。全市婴儿死亡率2.10‰，5岁以下儿童死亡率2.67‰。全年有1.48万人次参加无偿献血。全市有卫生防疫技术人员165人，社区卫生服务站6个。

体育事业发展有质有量，实现2022年体育场地面积增加4.4万平方米。成功举办第22届全国乒乓球竞标赛、2022柴古唐斯括苍越野赛和各镇街篮球联赛等活动。全市全年共夺得国家级金牌3枚，银牌1枚，铜牌4枚；省级金牌21.6枚，银牌6枚，铜牌10枚。

十一、环境保护、能源消耗

全市共有环境监测站1个，环境监测人员40人。全市地表水满足水域功能达标率为100%，市级集中式饮用水源地水质达标率100%，城市环境空气PM2.5年均浓度21毫克/升，环境空气质量优良率为99.4%。全年全社会用电量65.87亿千瓦时，比上年增12.67.3%，其中工业用电量42.12亿千瓦时，增长1.5%，居民生活用电量13.47亿千瓦时，增长22.5%。规模以上工业企业万元增加值综合能耗比上年上升2.38%。

十二、行政区划、人口、就业、社会保障和人民生活

2022年末，全市总面积2251平方千米，其中城市建成区面积52.62平方千米。所辖5个街道，14个镇，628个村委会，9985个村民小组，33个社区居委会，695个居民小组。

年末全市户籍总户数37.04万户，比上年末净增加568户，户籍总人口119.55万人，比上年末减少3434人。其中男性人口61.89万人，女性人口57.66万人，男女性别比为107.3：100。全年共出生6418人，死亡7894人，人口出生率和死亡率分别为5.36‰和6.59‰，人口自然增长率为-1.23‰，比上年降幅扩大0.73个千分点。总人口中城镇人口52.50万人，乡村人口67.06万人。根据测算，全市年末常住人口111.4万人，常住人口城镇化率52.6%。

年末全市有职业介绍机构30个。年末全市参加失业保险职工17.8万人，全年共发放失业保险金1729.5万元。参加职工养老保险40.84万人，其中在职参保28.30万人，离退休人数12.54万人，全年共支付养老金40.01亿元；城乡居民养老保险参保人数达36.47万人。工伤保险年末参保人数达29.79万人。

年末全市共有社会福利事业单位12个，床位6489张，年末在院人数2957人。最低生活保障人数0.94万人，安排低保资金9107.1万元；五保供养297人，安排农村五保供养资金700.5万元。

据抽样调查，2022年全市居民人均可支配收入52573元，比上年增长4.5%，剔除价格因素实际增长2.3%。城镇常住居民人均可支配收入65777元，增长4.4%，剔除价格因素实际增长2.3%。农村常住居民人均可支配收入为37261元，比上年增长5.4%，剔除价格因素实际增长3.2%。城乡居民收入差距倍数为1.77。城乡居民居住条件继续改善。年末城镇居民人均住房建筑面积45.51平方米，农村居民人均住房建筑面积73.33平方米。

注：

[1] 公报中生产总值、各产业增加值绝对数按现行价格计算，增长速度按可比价格计算。公报中所列各项数据为年度初步统计数据，如与统计年鉴数据不同以统计年鉴数据为准。部分数据因四舍五入的原因，存在着与分项合计不等的情况。

资料来源：

本公报中营造林面积、森林抚育面积、四旁零星植树、木材竹材产品产量、建成区面积等数据来自市自然资源和规划局；水产品产量数据来自市港航口岸和渔业管理局；水利总投入、水库数量和库容、堤防长度等数据来自市水利局；公路里程数据来自市交通运输局；商品交易市场数据来自市市场监督管理局；货物进出口、实际利用外资、外商直接投资等数据来自市商务局；财政数据来自市财政局；货币金融数据来自中国人民银行临海市支行；科技项目、发明专利、技术合同交易等数据来自市科技局；上市企业数据来自市金融办；农民技术职称人员数据来自市科学技术协会；教育数据来自市教育局；电影、文化馆、公共图书馆、博物馆、广播电视、非物质文化遗产、体育等数据来自市文化和广电旅游体育局；卫生数据来自市卫生健康局；环境监测数据来自市生态环境局；用电量数据来自市供电公司；户籍人口数据来自市公安局；国有企事业单位各类专业技术人员、社会保障等数据来自市人力社保局；医疗保险数据来自市医疗保障局；行政区划、社会福利事业单位、低保、养老机构等数据来自市民政局；粮食播种面积、城乡居民收支、住房面积、物价等数据来自国家统计局临海调查队；其他数据来自于市统计局。

2022年临海市水资源公报

临海市水利局

一、概述

2022年临海市年降水量1490.3毫米（折合水量32.3535亿立方米），比上年减少33.85%。

2022年全市总水资源量为16.9261亿立方米，其中地表水资源量16.7305亿立方米，地下水资源量3.3013亿立方米，分区地下水与地表水资源重复计算量3.1057亿立方米，分区地下水与地表水资源不重复计算量0.1956亿立方米。

2022年全市供水量为2.8584亿立方米，较上年增加0.0497亿立方米。

2022年全市总用水量为2.8584亿立方米（不含环境配水），其中农田灌溉用水量1.4724亿立方米，占51.51%；林牧渔畜用水量0.1486亿立方米，占5.20%；工业用水量0.4544亿立方米，占15.90%；城镇公共用水为0.1168亿立方米，占4.09%；居民生活用水量0.5498亿立方米，占19.23%；生态与环境用水量为0.1164亿立方米，占4.07%。另外，环境配水量0.0097亿立方米。

2022年全市总耗水1.5829亿立方米，平均耗水率为57.78%。其中农田灌溉耗水量为1.018亿立方米，占总耗水的64.31%；林牧渔畜耗水量0.1323亿立方米，占总耗水的8.36%；工业耗水量0.1281亿立方米，占总耗水的8.09%；城镇公共耗水量为0.0452亿立方米，占总耗水的2.86%；居民生活耗水量0.1634亿立方米，占总耗水的10.32%；生态与环境耗水量为0.0959亿立方米，占总耗水的6.06%。

2022年全市年退水量为0.4973亿立方米，其中入河退水量为0.2735亿立方米。

全市平均水资源利用率为16.89%。

注：1. 多年平均降水量和多年平均水资源量等数值已采用省水文局最新成果，并与浙江省、台州市水资源公报协调一致。

2. 为与统计系统及浙江省、台州市水资源公报口径一致，人均指标计算时采用当年人口统计常住人口。

二、降水量

2022年临海市年降水量1490.3毫米（折合水量32.3535亿立方米），比上年减少33.85%。

2022年临海市降水量与2021年及多年平均值比较

表1　　单位：毫米

年份	2022年	2021年	多年平均
临海市	1490.3	2252.8	1700.3

全市流域分区降水量与上年及多年平均值比较

表2　　单位：毫米

项目	三门湾	永安溪	始丰溪	灵江及椒江左岸	温黄平原
2022年	1563.0	1603.3	1547.1	1445.4	1326.7
2021年	2252.0	2165.9	2113.5	2300.0	2375.4
多年平均	1695.5	1741.7	1638.1	1698.6	1761.3

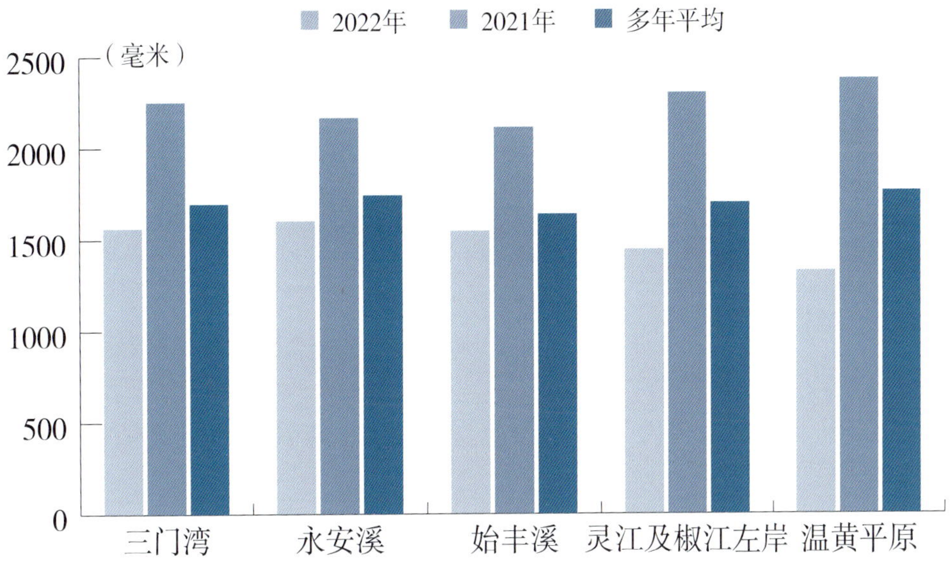

图 1　全市流域分区降 水量与上年及多年平均值比较图

三、水资源量

（一）地表水资源量

2022 年全市地表水资源量 16.7305 亿立方米（折合水深 770.6 毫米），比上年减少 48.60%，与多年平均相比减少 22.00%。

2022 年临海市地表水资源量与 2021 年及多年平均值比较

表 3　　单位：亿立方米

年份	2022 年	2021 年	多年平均
临海市	16.7305	32.5474	21.4490

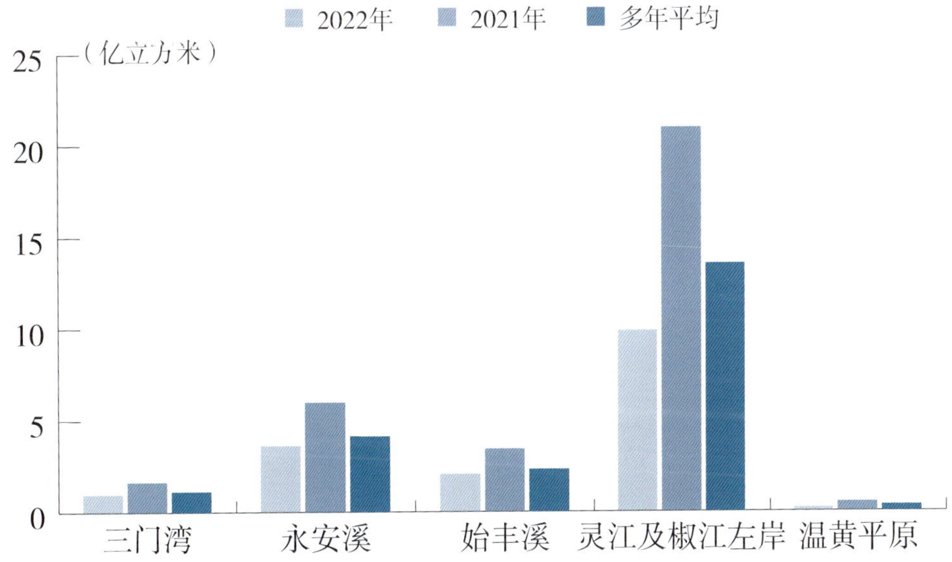

图 2　全市流域分区地表水资源量与上年及多年平均值比较图

全市流域分区地表水资源量与上年及多年平均值比较

表 4

单位：亿立方米

项目	三门湾	永安溪	始丰溪	灵江及椒江左岸	温黄平原
2022 年	0.9811	3.6196	2.0629	9.8770	0.1899
2021 年	1.6440	5.9914	3.4249	20.979	0.5081
多年平均	1.1260	4.1340	2.3100	13.5450	0.3340

（二）地表水与地下水不重复量

2022 年全市地下水资源总量为 3.3013 亿立方米，而地表水与地下水不重复量为 0.1956 亿立方米。

2022 年地表水与地下水不重复量与 2021 年及多年平均值比较

表 5

单位：亿立方米

年份	2022 年	2021 年	多年平均
临海市	0.1956	0.3149	0.0137

（三）总水资源量

2022 年全市总水资源量为 16.9261 亿立方米，比上年减少 48.49%；比多年平均减少 20.22%。

2022 年临海市总水资源量与 2021 年及多年平均值比较

表 6

单位：亿立方米

年份	2022 年	2021 年	多年平均
临海市	16.9261	32.8623	21.2157

全市流域分区水资源总量与上年及多年平均值比较

表 7

单位：亿立方米

项目	三门湾	永安溪	始丰溪	灵江及椒江左岸	温黄平原
2022 年	0.9811	3.6196	2.0629	10.0530	0.2095
2021 年	1.6440	5.9914	3.4249	21.2589	0.5431
多年平均	1.0470	3.8690	2.4160	13.5580	0.3257

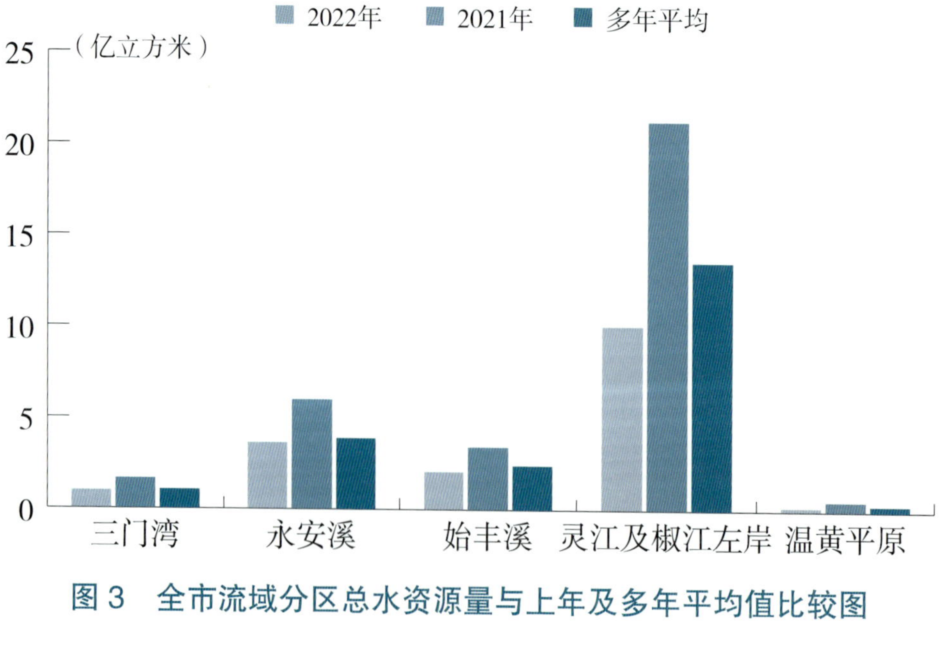

图 3　全市流域分区总水资源量与上年及多年平均值比较图

2022 年临海市流域分区水资源量一览表

表 8

流域分区	降水量（亿立方米）	地表水资源量（亿立方米）	地下水资源量（亿立方米）	地下水与地表水资源不重复计算量（亿立方米）	水资源总量（亿立方米）	产水系数	产水模数（万立方米 / 平方千米）
三门湾	1.7771	0.9811	0.2346	0	0.9811	0.55	86.3
永安溪	6.3667	3.6196	0.643	0	3.6196	0.57	91.2
始丰溪	3.8213	2.0629	0.386	0	2.0629	0.54	83.5
灵江及椒江左岸	19.9639	9.8770	1.9973	0.176	10.053	0.50	72.8
温黄平原	0.4245	0.1899	0.0404	0.0196	0.2095	0.49	65.5
合计	32.3535	16.7305	3.3013	0.3149	16.9261	/	/

四、供水、用水、耗水和退水量

（一）供水量

2022 年全市总供水量为 2.8584 亿立方米，其中地表水源供水量为 2.8566 亿立方米，占总供水的 99.94%；地下水源供水量 0.0018 亿立方米，占 0.06%；其他水源供水量 0 亿立方米。其供水水源组成见图 4。

图 4　2022 年临海市供水组成

地表水源供水中，蓄水工程供水量 2.1505 亿立方米，占地表水源供水的 75.28%；引水工程供水量 0.4726 亿立方米，占地表水源供水的 16.55%；提水工程供水量 0.2335 亿立方米，占地表水源供水的 8.17%。地表水供水水源组成见图 5。

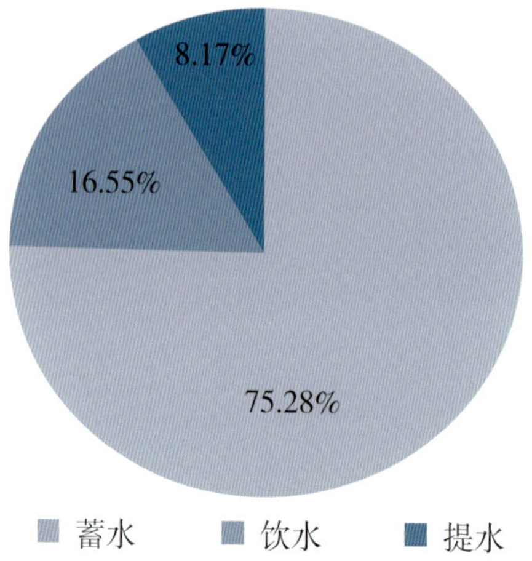

图 5　2022 年临海市地表水供水水源组成

2022 年临海市供水量及与 2021 年比较（不含环境配水）

表 9　单位：亿立方米

年份	2022 年	2021 年	比 2021 年增加
临海市	2.8584	2.8087	0.0497

全市流域分区供水量与上年比较

表 10　单位：亿立方米

项目	三门湾	永安溪	始丰溪	灵江及椒江左岸	温黄平原
2022 年	0.2058	0.2704	0.3562	1.9796	0.0464
2021 年	0.2028	0.2676	0.3516	1.9393	0.0571

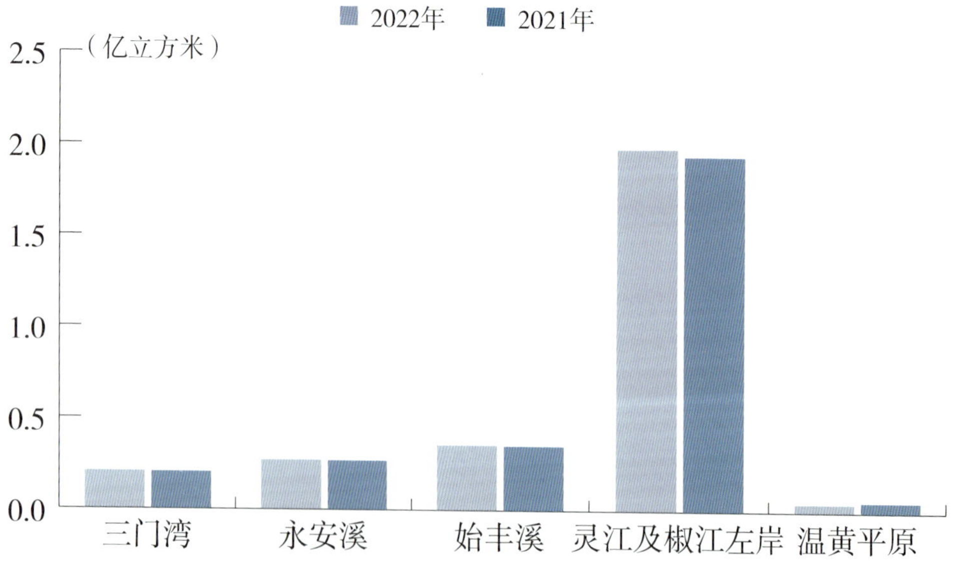

图 6　全市流域分区供水量与上年比较图

（二）用水量

2022 年全市总用水量为 2.8584 亿立方米（不含环境配水），其中农田灌溉用水量 1.4724 亿立方米，占 51.51%；林牧渔畜用水量 0.1486 亿立方米，占 5.20%；工业用水量 0.4544 亿立方米，占 15.90%；城镇公共用水为 0.1168 亿立方米，占 4.09%；居民生活用水量 0.5498 亿立方米，占 19.23%；生态与环境用水量为 0.1164 亿立方米，占 4.07%。

此外，环境配水量 0.097 亿立方米。

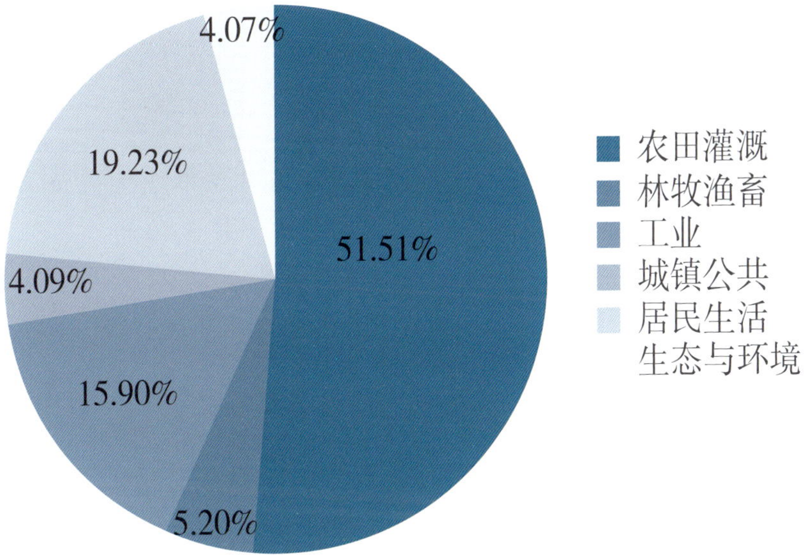

图 7　2022 年临海市用水组成图

2022 年临海市用水量及与 2021 年比较（不含环境配水）

表 11　　单位：亿立方米

年份	2022 年	2021 年	比 2021 年增加
临海市	2.8584	2.8087	0.0497

全市流域分区用水量与上年比较

表 12　　单位：亿立方米

项目	三门湾	永安溪	始丰溪	灵江及椒江左岸	温黄平原
2022 年	0.2058	0.2704	0.3562	1.9796	0.0464
2021 年	0.2028	0.2676	0.3516	1.9393	0.0571

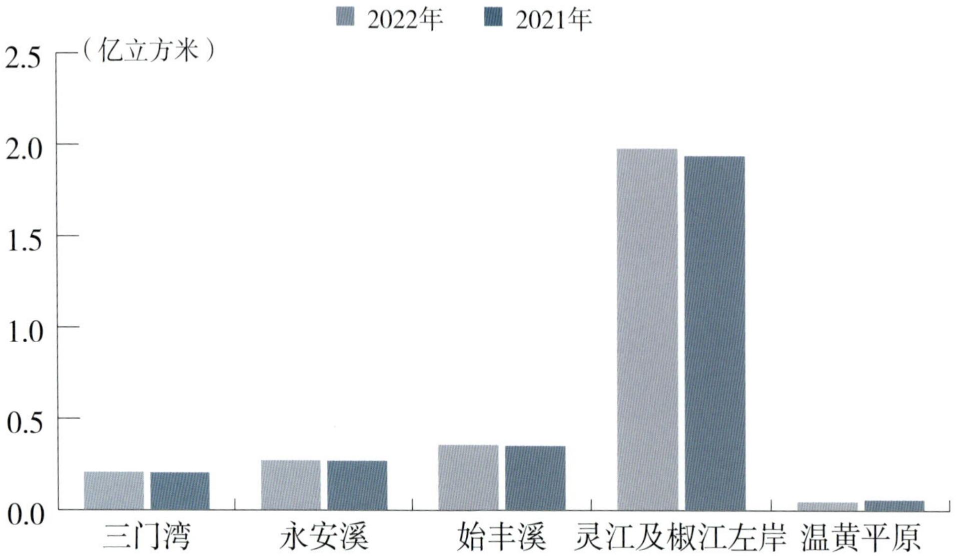

图 8　全市流域分区用水量与上年比较图

全市流域分区用水量

表 13　　单位：亿立方米

分区	农田灌溉用水	林牧渔畜用水	工业用水量	城镇公共用水	居民生活用水	生态与环境用水	总用水量	环境配水
三门湾	0.1026	0.0092	0.0351	0.0085	0.0403	0.0101	0.2058	
永安溪	0.1371	0.0073	0.0433	0.0149	0.0507	0.0171	0.2704	
始丰溪	0.1849	0.0101	0.0594	0.0183	0.07	0.0135	0.3562	
灵江及椒江左岸	1.0235	0.1197	0.3104	0.0724	0.3815	0.0721	1.9796	
温黄平原	0.0243	0.0023	0.0062	0.0027	0.0073	0.0036	0.0464	0.0097
全市合计	1.4724	0.1486	0.4544	0.1168	0.5498	0.1164	2.8584	0.0097

（三）耗水量

2022 年全市总耗水 1.5829 亿立方米，平均耗水率为 57.78%。其中，农田灌溉耗水量为 1.018 亿立方米，占总耗水的 64.31%；林牧渔畜耗水量 0.1323 亿立方米，占总耗水的 8.36%；工业耗水量 0.1281 亿立方米，占总耗水的 8.09%；城镇公共耗水量为 0.0452 亿立方米，占总耗水的 2.86%；居民生活耗水量 0.1634 亿立方米，占总耗水的 10.32%；生态与环境耗水量为 0.0959 亿立方米，占总耗水的 6.06%。

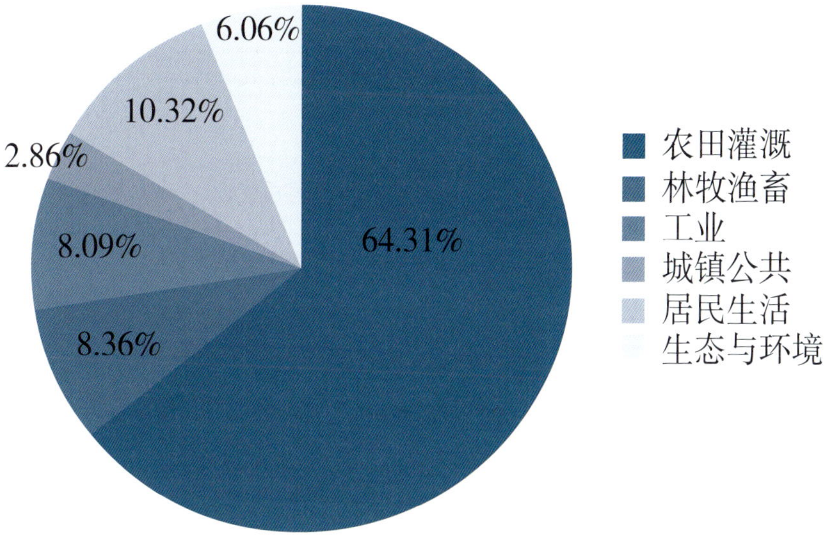

图 9　2022 年临海市耗水组成

2022 年临海市耗水量及与 2021 年比较

表 14　　单位：亿立方米

年份	2022 年	2021 年	比 2021 年增加
临海市	1.5829	1.5128	0.0701

全市流域分区耗水量与上年比较

表 15　　单位：亿立方米

项目	三门湾	永安溪	始丰溪	灵江及椒江左岸	温黄平原
2022 年	0.1192	0.1566	0.2047	1.0739	0.0285
2021 年	0.1142	0.1509	0.1980	1.0210	0.0287

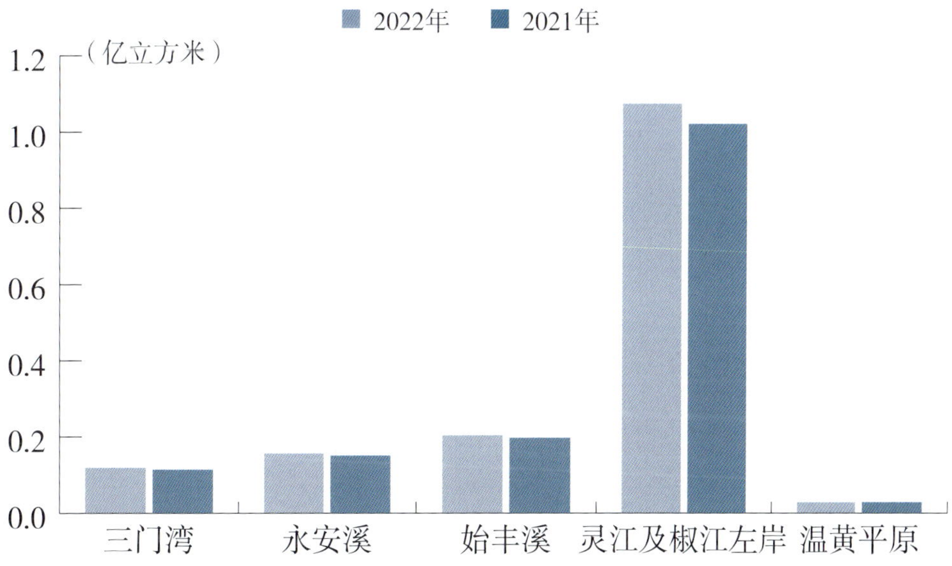

图 10　全市流域分区耗水量与上年比较图

全市流域分区耗水量

表 16

单位：亿立方米

分区	农田灌溉耗水	林牧渔畜耗水	工业耗水量	城镇公共耗水	居民生活耗水	生态与环境耗水	总耗水量
三门湾	0.0708	0.0082	0.0088	0.0033	0.02	0.0081	0.1192
永安溪	0.0947	0.0064	0.0108	0.0056	0.0249	0.0142	0.1566
始丰溪	0.1277	0.0088	0.0153	0.0074	0.0344	0.0111	0.2047
灵江及椒江左岸	0.708	0.1069	0.0916	0.0274	0.0805	0.0595	1.0739
温黄平原	0.0168	0.002	0.0016	0.0015	0.0036	0.003	0.0285
全市合计	1.018	0.1323	0.1281	0.0452	0.1634	0.0959	1.5829

2022 年全市供、用、耗水量情况

表 17

单位：亿立方米

项目	供水	用水	耗水
临海市	2.8584	2.8584	1.5829

（四）退水量

2022 年全市年退水量为 0.4973 亿立方米，其中入河退水量为 0.2735 亿立方米。

2022 年临海市退水量及与 2021 年比较

表 18

单位：亿立方米

年份	2022 年	2021 年	比 2021 年减少
临海市	0.4973	0.5328	0.0355

全市流域分区退水量与上年比较

表 19

单位：亿立方米

项目	三门湾	永安溪	始丰溪	灵江及椒江左岸	温黄平原
2022 年	0.0384	0.0510	0.0679	0.3329	0.0071
2021 年	0.0412	0.0547	0.0728	0.3560	0.0081

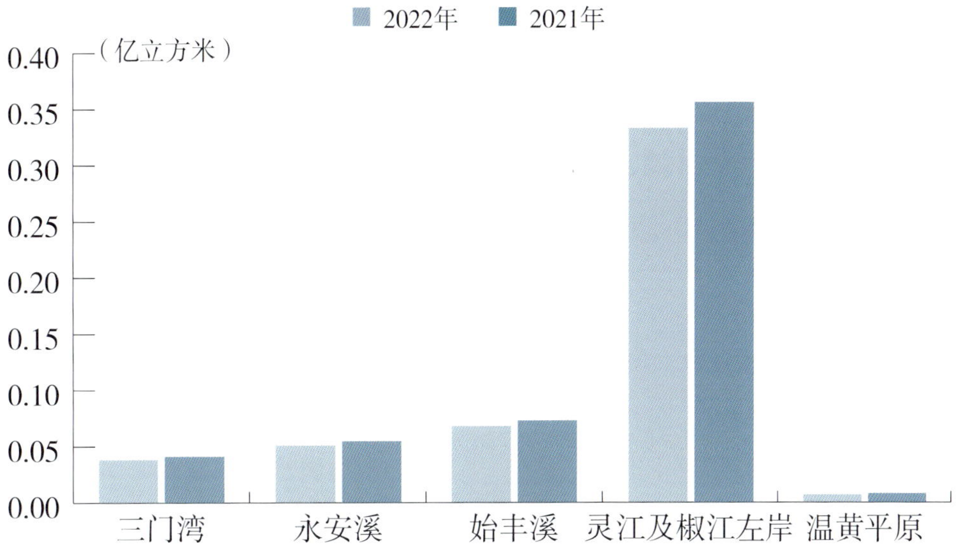

图 11　全市流域分区退水量与上年比较图

五、水的有效利用状况

2022 年全市水资源总量为 16.9261 亿立方米，人均水资源量 1519 立方米，人均综合用水量 256.59 立方米 / 人・年，人均生活用水量为 49.35 立方米 / 人・年。全市平均水资源利用率为 16.89%。农田灌溉亩均用水量为 433.81 立方米。万元工业增加值用水量为 13.60 立方米。万元 GDP 用水量（不含环境配水）32.54 立方米。

2022 年临海市水资源开发利用指标

表 20

项目	农田灌溉用水量（立方米 / 亩・年）	万元工业增加值用水量（立方米 / 万元）	万元 GDP 用水量（立方米 / 万元）	人均综合用水量（立方米 / 人・年）	人均生活用水量（立方米 / 人・年）	水资源利用率（%）
临海市	433.81	13.60	32.54	256.59	49.35	16.89

注：1. 国内生产总值和工业增加值取自统计局快报数据（当年价）；

2. 人口为当年人口统计常住人口。

2022年临海市生态环境状况公报

【城市空气环境质量】 根据自动站监测结果和《环境空气质量标准》（GB3095—2012），2022年临海市城市环境空气质量进一步提升，城市环境空气质量综合污染指数为2.66，同比下降8.0%；优良率为99.5%，较2021年度下降了0.2个百分点；PM2.5年均值为21微克每立方米，同比下降4.5%；PM10月均值为37微克每立方米，同比下降9.8%；二氧化氮月均值为19微克每立方米，同比下降17.4%；臭氧最大8小时平均第90百分位数为124微克每立方米，同比上升6.9%。全年365个有效监测天数中，达到一级（优）和二级（良）的天数分别为219天、144天，占99.5%，三级（轻度污染）为1天，占0.27%；四级（中度污染）1天，占0.27%；五级（重度污染）和严重污染均为0天，首要污染物为臭氧。PM2.5、臭氧年均值达到《环境空气质量标准》（GB3095-2012）二级标准，PM10、二氧化硫、二氧化氮年均值均达到一级标准。大气降水pH值范围为3.87—7.39，平均值为5.52，较2021年降低了2.8%，属轻酸雨区，酸雨发生率为19.6%，较2021年上升了1个百分点。

【城市声环境】 2022年临海市声环境质量较2021年保持平稳，城市区域环境噪声平均等效声级昼间为52.6dBA，同比下降0.4dBA；功能区噪声总达标率为89.2%，同比提高3.5个百分点；交通干线噪声平均等效声级昼间66.1dBA，同比下降0.7dBA，路段达标率100%，同比持平。

【全市地表水环境】 2022年临海市地表水环境质量稳步提升，污染特征为无机污染和有机污染并重的复合型污染，金属化合物污染负荷较轻。全市15个地表水常规监测断面中，全年水功能区平均达标率为100%，较2021年提升了6.7个百分点。其中优于水功能类别的站位有4个，占26.7%；符合水功能类别的站位有11个，占73.3%。Ⅱ类及以上水质断面为8个，占总断面数的53.3%；Ⅲ类断面7个，占46.7%；Ⅲ类断面以上比例达100%。按水域分析，牛头山水库、童辽水库、溪口水库、逆溪、义城港、列入国家“水十条”考核的永安溪和始丰溪水质为优，达到Ⅱ类水质标准；灵江干流、桃渚河网、百里大河和东湖的监测断面水质为良好，达到Ⅲ类水质标准；湖库富营养化状态评价结果：牛头山水库和市区东湖为均为中营养。红光和黄礁2个出境断面水质年平均浓度均达到Ⅲ类水功能要求，浙江省对河流交接断面水质考核结果为良好。

【镇级以上饮用水源】 县级集中式饮用水源地（牛头山水库）和备用水源地（梅岙水库、狮子山水库）水质状况均为优，21项基本指标符合Ⅱ类水功能要求，5项补充项目均符合标准。牛头山水库水质全年平均达标率为100%。千吨万人镇级以上集中式饮用水源地中，按地下水质量标准评价的西北水厂和义城港均达到三类水功能区要求，其它地表水型饮用水源地均符合二类水功能区要求。

临海市民营经济高质量发展的调研与思考

临海市委市政府政策研究室

民者，国之本也。民强则国强，民富则国富。2002年，习近平总书记主政浙江期间，对台州、临海提出了"再创民营经济新辉煌"的政治嘱托。20年来，临海市委市政府深入实践总书记的指示精神，坚定不移地实施"工业立市、产业强市"战略，一以贯之推进民营经济发展，全面激发了区域经济社会发展的创新力、竞争力、生命力，逐步实现了富民强市、跨越崛起的奋斗目标。纵观临海几十年的发展历程，民营经济是临海富民强市的战略抉择和科学路径，是临海区域经济的最大特色和最大优势，也是临海未来发展、实现现代化和共同富裕"两个先行"的必由之路。

一、发展综述

20年来，临海久久为功抓平台建设、企业培育、产业升级、科技创新、服务优化，全方位为民营经济高质量发展保驾护航。我市GDP从101.77亿元增加到819.87亿元，财政总收入从10.8亿元增加到111.63亿元，规上工业总产值从79.42亿元增加到1051.4亿元，农村居民人均收入从4389元增加到35000元，城镇居民人均可支配收入从10657元增加到63000元，连续6年被列入全国经济综合竞争力百强县市，迈进了"百亿百强"新时代。

（一）坚定不移地把"工业强市"战略作为民营经济发展的核心战略。临海从改革开放后全面调整经济结构，走上了以"工业强市"为核心战略的发展道路。2002年，市委明确了工业经济的主体定位，强调进一步树立"工业立市"观念；2005年，市委提出了"工业立市"是临海必须长期坚持的根本方略；2012年，市委提出建设工业强市的战略目标，出台了《临海市工业强市建设五年发展规划》；2021年，新一届市委提出了"制造强市"发展战略，其核心内涵就是继续做大做优产业，推动制造业提质扩量增效。数十年深耕工业，临海交出了工业发展量质齐升的"高分答卷"。临海规上工业总量连续5年居台州市第一，2019年跻身中国工业百强市，2020年列入省制造业高质量发展示范县（市、区）创建名单，连续三年获每年1亿元财政激励资金，2021年规上工业产值超1000亿元。

（二）坚定不移地把平台建设作为民营经济发展的基础支撑。临海始终把平台建设作为基础性工程，自2001开始，全面推进工业园区化战略，致力打造贯穿全域的"两核、多园"的平台体系。

1. 主城开发区：在临海经济开发区的基础上不断扩容提质、优化升级。一是不断优化管理体制。2006年，厘清了开发区的职责、权限，明确临海经济开发区管委会为正科级单位，市级机关各部门派驻开发区的机构为副科级单位，实行双重管理。2021年，临海经济开发区工作委员会、临海经济开发区管理委员会实行合署办公，管理力量进一步凝实。二是不断提升承载力。实施开发区"扩东启南"行动，2006—2022年，对开发区规划面积从30平方千米调整至54.9平方千米，范围调整为"四街四镇"。三是不断集聚发展动能。2000年后开启开发区大建设时期，逐渐形成大洋核心区、铁路经济区、江南新区、临海南工业集聚区等四个主要平台。2015年后，开发区进入壮大时期，接连引入华强熊出没文旅小镇、联东U谷·临海智能制造产业园等高等级平台，稳步推进临海国际医药小镇、总部经济商务区、新区城市综合体、科创中心等重大项目。到2021年底，临海经济开发区拥有企业2000多家，规上工业企业293家，累计完成规上工业产值402.2亿元，工业总产值占全市工业总量的35%以上。

2. 东部开发区：以沿海市级经济开发区为核心，向海图强发展开放型经济。2001年开始，全面整合临海医化产业，在沿海工业园区内成功设立浙东南化学原料药出口基地（属于国家级），次年浙江省化学品原料生产基地（临海园区）批复建立。2012年，抓住医化园区被列为国家园区循环化改造示范试点园区的契机，全力打造“绿色药都”。2013年底，临海头门港新区挂牌成立。2014年12月，临海头门港区正式开港，结束了临海有海无港的历史。2021年，“四区一开放”全面推进，创成台州唯一的国家级经济技术开发区、综合保税区，口岸开放成功获批，自贸区联动创新区、跨境电商综合试验区创建有序推进，实现工业产值416亿元，占全市规上工业比重达40%。

3.特色板块区：针对区域产业禀赋，统筹谋划、集聚提升，重点打造高端制剂园、特色原料药园、汽车及高端装备产业园、灯饰园、眼镜园、时尚休闲园等十大特色产业园区和骨干小微企业园。比如依托华海药业、永太科技等近50家医化企业的现代医药的优势，谋划了江南国际医药产业园；依托城东片区彩灯集聚地优势，建成了狮子山工业园区、彩灯创业园、灯城彩灯创业园、光电产业园四大小微产业园；依托杜桥片区盈昌集团等现有近千家眼镜及配套企业，打造时尚眼镜小镇；发挥永强、正特等企业带动作用，建设时尚休闲小镇。

（三）坚定不移地把企业培育作为民营经济发展的实业根基。临海坚持“抓大、育中、扶小和推上市并重，推动大企业“顶天立地”、中小企业“铺天盖地”，实现企业稳步发展、做大做强。

1.壮大龙头企业。以政策扶持、资金补贴、服务破难等方式促进临海龙头企业进一步做大做强，充分激活行业领军企业的集聚带动效应。2006年，实施“1217”工程（指到2010年，全市实现销售收入50亿元以上企业1家，10亿—50亿元企业20家，亿元以上企业100家，规模以上企业700家），促进企业上规模、上档次。2012年，市委市政府出台《关于加快转型升级建设工业强市的若干意见》，重点建立“百十亿”规模企业结构。2017年实施“2513”企业培育工程，到2021年，实现年销售收入500亿元以上的企业2家，100亿元以上（含500亿元以上）的企业5家，50亿元以上（含百亿元以上）的企业10家，10亿元以上（含50亿元以上）的企业30家。近五年，兑现培育企业奖补资金总计7.2亿元，培育百亿元以上企业1家、50亿元以上企业3家、10亿元以上企业11家。

2.培优小微企业。2015年起，连续两轮实施“小微企业三年成长计划”，集中开展“低散乱”专项整治行动，淘汰落后产能和“四无”企业，推动小微企业优化升级。2021年，新增小升规企业292家、科技型小微企业253家，全市共有在册市场主体突破11万家，小微企业突破3万家。与此同时，2018年，建立小微企业园工作议事协调机构，制定小微企业园高质量发展五年规划，出台《临海市小微企业园管理和评价办法》，全力推动小微企业入园发展。2020年临海列入浙江省小微企业园建设提升重点县（市、区）名单，获得省级财政专项激励资金750万元。目前，总计建成小微企业园11个，接纳入园企业600余家，大洋小微企业创业基地被列入国家级小微企业创业创新示范基地，临海大田科创园等4个园区被评为省三星级小微企业园。

3.推进股改上市。支持企业通过并购重组做大做强，鼓励企业进入多层次资本市场。2000年后，实施规上企业股改计划，优化股权结构，提高管理水平，加快引导传统企业向现代企业转变。2012年成立“上市办”，后改组“金融办”专门指导企业上市相关工作。目前全市拥有上市公司10家，“新三板”累计挂牌企业19家。

4.重视企业培训。2008年，搭建“企业家大讲堂”平台，重点培训发展“创二代”和新生代企业家。2012年，出台《关心关爱企业家实施意见》，每年安排200万元，定期定向举办面向企业家和一线管理人员的多种培训班，比如同上海交大等高校合作，组织“健峰”高级培训班，每年累计培训近300人次。重视荣誉表彰，每年组织评选科技创新、纳税、“亩产论英雄”等方面先进标杆企业，予以高规格表彰奖励。对年度纳税5000万元以上企业主要经营者，市政府授予“功勋企业家”“突出贡献企业家”等称号，还奖励一块400多克价值7万多元的生肖金牌。

（四）坚定不移地把产业提升作为民营经济发展的主导力量。临海突出抓了优势产业整治培育、亩均效益改革和数字化升级，着力构建现代化产业体系。

1.重抓主导产业提质。2004—2016年，市委市政府持续4轮打出壮大主导产业的政策“组合拳”，先后出台《关于加快临海五大主导行业发展的若干政策意见》《临海市传统产业优化升级行动计划》等文件，成立5个专题帮扶小组，建立“一个产业、一名领导、一套方案、一班人马、一抓到底”长效工作机制，推进汽车机械、医药化工、休闲用品、眼镜、彩灯等传统产业优化升级，形成产业集群。2021年，三大主导产业实现规上产值845亿元，同比增长10.2%，占全市规上比重为80.4%。

2. 深化亩均效益改革。深入推进资源要素市场化配置改革，推动资源要素向优质企业倾斜，倒逼低效产能出清，实现产业集聚集约发展。2004年，在省内较早启动工业企业环境资源效益综合评价工作，建立“退低进高”转型发展的长效机制。2014年后，连续三轮出台了深化“亩均论英雄”改革行动，上线启用“亩均论英雄”大数据平台企业端和政务端，实现“亩均论英雄”评价范围覆盖到全部工业企业。2021年，合计完成125家亩均税收5万元以下企业改造提升，单位能耗增加值1.89万元/吨标准煤，同比下降6.9%，规上企业亩均增加值从2017年的83.6万元/亩提升至110.84万元/亩。

3. 突出数字化升级。2017年以来，临海以“智能化改造”为主线，大力发展数字经济。2021年，“两化融合”发展指数从2017年的64.7提高至90.8，从全省三类地区跃升至一类地区，数字经济核心产业制造业增加值13.6亿元，增长61.2%，获评浙江省新一轮制造业“腾笼换鸟、凤凰涅槃”攻坚行动考核激励县（市、区）。深入推进产业数字化，出台加快推进规上工业企业数字化改造实施，全面落实规上工业企业数字化改造补贴兑现。2021年底，累计完成270家规上企业数字化改造，重点制造业企业工业设备联网率达到40%。

（五）坚定不移地把科技创新作为民营经济发展的动力源泉。临海全面开启科技新长征，厚积民营经济发展原动力。截至2021年度，共计8次获得浙江省市县党政领导科技进步目标责任制考核优秀单位，获评数居台州首位。

1. 强化科技投入。充分发挥财政杠杆作用，构建以政府投入为引导、企业投入为主体的科技投入体系。2015年，指导临海农商银行成立台州首家科技支行，率先出台科技型企业贷款贴息政策，对科技型企业进行重点融资支持，目前已建立7家科技支行。2017年，在全省率先出台研发投入补助政策，对科技型企业和“2513”企业提供多元化研发补助，累计兑现研发投入补助1.47亿元，总额居台州首位。2020年，在全省率先开展规上企业“R&D清零”行动，年度研发投入强度达3.07%，系台州唯一突破3%的地区，全社会R&D经费支出连续十年稳居台州首位。

2. 强化主体培育。推进核心技术“攻坚战”，2014年启动市“雏鹰计划”项目，对科技型中小企业研发项目重点支持。近五年，列入省级重点研发计划12项。推进科技企业“双倍增”，出台《临海市加快培育高新技术企业行动方案（2017—2021年）》，建立高企培育备选库，搭建“市级培育库—省级科技型中小企业—国家高新技术企业”梯级培育制度，不断壮大科技企业。目前共有国家高新技术企业206家、省级科技型中小企业773家，高新技术产业增加值连续五年居台州首位。推进研发机构“全覆盖”，2019年，出台《临海市级企业研究开发中心认定管理办法》，对成熟的研发机构重点扶持。目前共有省级研发机构83家、台州市级研发中心217家。

3. 做强科创平台。建设创新创业平台，2009年在全省率先成立军民两用临海市科技成果推广服务中心，2014年，成立军民两用技术产业孵化园，出台《临海市科技企业孵化器管理实施细则》，为小微企业发展提供优质载体；2017年，出台《加快科技型小微企业孵化与培育实施意见的通知》，加快打造创业孵化基地，目前共拥有众创空间9家，其中国家级2家，总量居台州市首位。同年，建成市科创中心，首批12家创业团队通过评审入驻。围绕医化、休闲用品等特色主导产业建设创新服务综合体，其中现代医药化工产业创新服务综合体于2019年列入省级创建名单。与复旦大学共建复旦大学张江研究院临海科创园，打造“上海—临海—墨尔本”三地联动的“飞地”模式，2020年，浙江·墨尔本跨境融合创新中心入选浙江省海外创新孵化中心培育名单，为台州首家。

（六）坚定不移地把优化服务作为民营经济发展的关键保障。临海牢固树立“企业的小事就是党委政府的大事”的理念，不断强化政府服务、优化营商环境，持续助推民营经济健康稳定发展。

1. 坚持改革赋能。深入实施“最多跑一次”改革，率先在台州市全面启动“一窗受理、集成服务”，获得省政府专项激励，实现“最多跑一次”100%全覆盖，创成“无证明城市”。开展基层政务公开标准化规范化试点改革，在全国首创公共资源交易全流程信息主动推送模式，竞价项目当天推送当天办结，累计惠及8000多家企业，年均可为成交主体节约资金近4亿元，成为全国典型。全力推行“标准地＋承诺制”改革，变前期审批为后期监管，实现拿地当天动工建设。

2. 做优营商环境。深入开展优化营商环境“10+N”行动，在全省率先出台《临海市优化法治化市场化营商环境的35条意见》，高水平打造市场化法治化国际化营商环境，2019年临海跻身全国营商环境榜单第40名。持续深化“三服务”活动，建立市级、镇街领导每月走访调研联系企业制度，全力帮扶企业高质量发展。实行驻点招商和重大招引项目领导挂牌联系制度，出台《招商引资“黄金十条”》，为重大项目建设搭建绿色通道。实体化运行留驻本地优质企业发展办公室，出台《关于留住本地优质企业高质量发展的若干意见》，确保好企业、好项目不外流。2022年已成功留驻万盛计划落地山东总投资20亿元阻燃剂项目、永强计划落地宁波总投资20亿元高端家居产业园项目等。

3. 重抓人才招引。出台《临海人才新政三十三条》《关心关爱企业家实施意见》等系列政策，对引进国际一流团队和顶尖人才项目进行“一事一议”，给予最高1亿元资助；设立8亿元的人才创业基金，重点投资初创期、成长期的高层次人才创业企业；对引进高精尖创新人才，按人才年薪的60%给予企业每年最高100万元引才薪酬补助。对引进的高精尖创业创新人才，给予每月最高1万元的租房补贴，来临海购买商品房的，给予最高300万元房票补贴。

4. 强化金融服务。深入推进融资畅通工程，出台《关于大力实施融资畅通工程的意见》等政策，引导金融机构重点支持民营和小微企业。2016年，建立信保基金，通过政府和银行按比例共担风险的模式，目前已累计为3558户企业提供信用保证6278笔，累计担保金额达50.94亿元。2021年，临海被确定为民营和小微企业金融服务综合改革试点市。聚焦服务实体经济、丰富创投生态，制定出台《临海市产业基金管理办法》，设立总规模100亿元的战略性新兴产业引导基金，首期规模30亿元，加快扶持优势产业发展。

二、发展思路

下阶段，临海民营经济高质量发展的总体思路是：深入学习贯彻总书记关于民营经济发展重要论述和指示精神，时刻牢记总书记“再创民营经济新辉煌”的政治嘱托，坚定不移地推进制造强市建设，突出创新制胜、数字赋能、开放发展，全面提升民营经济的动力系统、平台体系、产业结构和核心竞争力，打造新时代民营经济高质量发展新高地，促进共同富裕示范区和社会主义现代化先行市建设。

（一）坚持战略定力，明确民营经济高质量发展的新方位。一如既往地坚持民营经济在临海市经济社会发展中的战略地位，把建成新时代民营经济高质量发展示范市作为“十四五”的奋斗目标。突出临海而立、向海图强，依托国家级发展平台，做大港口、做强产业、做优企业，推动制造业提质扩量增效，力求在2025年全市地区生产总值突破千亿元，规上工业总产值超过1500亿元，成功迈入“双千亿”时代，经济发展水平跻身全省第一方阵。

（二）坚守创新驱动，厚植民营经济高质量发展的新动能。深度对接省“三大科创高地”和台州湾科创走廊，深化与“双一流”高校、“国字号”科研院所合作，用好“两园一飞地”，高水平运营臻城创新园，加快建设佩弦湖科技城，创建省级高新园区和制造业创新中心，实现主导产业创新公共服务平台全覆盖。推动产创研融合，使科技创新“关键变量”成为振兴实体“最大增量”，创成省制造业高质量发展示范市。鼓励企业加大研发投入，建立科技研发平台，进行装备更新、工艺革新和产品创新，引导中小企业联合设立研发联盟和研发中心。支持企业设立海外研发机构、跨境孵化器，建设跨区域创新共同体。强化技术攻关，对接省科技创新“尖峰、尖兵、领雁、领航”四大计划，鼓励支持龙头企业和科研平台对接国家战略任务。

（三）强化数字引领，打造民营经济高质量发展的新形态。以列入省级智能制造试点示范县为契机，以数字经济倍增计划为抓手，全面推进产业数字化升级，打造全省产业数字化赶超区。全面开展重点产业数字化改造，组织实施一批“机器换人”、智能化技术改造、数字化车间试点示范项目，确保到2025

年，规上企业数字化改造实现全覆盖，数字经济增加值占全市生产总值比重达到45%左右，争创国家智能制造试点示范项目。依托产业大脑，实现数据全域协同，帮助企业实现自动化生产、智慧化经营和数字化决策，实现行业整体提质降本增效。开展小微企业“数字化转型伙伴行动”，全面推行数字园区建设，积极构建全市数字化小微园集成大脑平台，打造小微企业“上云用数赋智”服务中心。深入推进“企业上云”行动计划，加快建立一批区域级、行业级、企业级的工业互联网平台。

（四）深化改革开放，重塑民营经济高质量发展的新优势。深化要素市场化配置改革，纵深推进“亩均论英雄”改革，推动资源要素向优质企业集聚。积极融入“双循环”新发展格局，深度参与“一带一路”、长三角一体化建设，全方位接轨大上海，深层次融入甬台一体化合作先行区建设。加快优势企业和优势产能“走出去”，推进资本和创新资源跨境合作。继续办好一批专业性、国际性展会。高标准建设台州综合保税区、自贸区联动创新区，启动运营跨境电商综合试验区，创建台州湾RCEP高水平开放合作示范区。

（五）加快平台建设，做强民营经济高质量发展的新引擎。充分发挥重大平台的主阵地作用，着力构建两大经济开发区为引领、特色产业园为支撑、小微企业园为补充的平台体系。台州湾经济技术开发区要全面建设经开区、综保区、省级“万亩千亿”新材料产业园、头门港三岛联动开放区四大主阵地，全力争创台州湾RCEP高水平开放合作示范区。浙江临海经济开发区要坚持工业强基、产城融合，科学利用好佩弦湖片区、伏龙片区、江南片区、东城片区等区块，重点推进江南国际医药产业园、大田铜盘山智能制造产业园、钓鱼亭国际时尚休闲产业园等建设，打造城市高能级平台。统筹制造业布局和发展空间，推进十大特色产业园建设，加快打造“专、精、特、新”的特色化骨干平台。小微企业园要以列入省小微企业园建设提升重点市为契机，坚持“一园一业”“一园一品”，高标准分类推进全市小微企业园建设，打造一批升级版小微企业园。

（六）狠抓产业发展，构建民营经济高质量发展的新链条。深入实施补链强链优链工程，开展“腾笼换鸟、凤凰涅槃”攻坚行动，带动全市产业在物流、装备、研发、加工、配件等上下游产业链中卡位补位，构建自主可控、安全高效的标志性产业链。深入推进传统制造业改造提升2.0版，打造汽车机械、医药健康、时尚休闲三大千亿级产业集群。围绕台州市“五大城”建设，重点打造新医药健康城、未来汽车城和新材料产业城。实施品牌提升工程，做强农业四张金名片。

（七）建好企业梯队，培育民营经济高质量发展的新力量。实施“百亿领航、十亿带动、小微成长”计划，打造航母型、旗舰型、瞪羚型企业梯队。深化“2513”企业培育工程，实施规上企业扶持计划，做好中小企业运行监测和培育管理，加大政策扶持力度，引导企业做大做强。实施“专精特新”培育计划，遴选一批专注于细分产品市场、技术工艺领先、产品质量优异、创新能力较强的中小企业，打造一批“单项冠军”企业。加大新生代企业家培育力度，持续壮大优秀民营企业家队伍，建立健全民营企业家关爱机制，增强企业家的安全感、自豪感、使命感。

（八）突出国资赋能，激发民营经济高质量发展的新活力。进一步发挥财政资金杠杆效应，充分利用100亿元战略性新兴产业引导基金作用，撬动和吸引金融资本和社会资本支持民营经济发展。全速培育台州湾新能源汽车产业园、台州新材料产业园、浙东数字经济产业园、江南国际医药产业园等基地，全面构建“基金+基地”的招商引资新模式，打造区域高质量发展的“驱动引擎”。开展政府性股权投资基金管理、资产管理、金融股权投资等相关金融服务业务。积极对接考察外部优质项目，助力民营企业撬动外部投资，为民营企业提供基础资金扶持，满足民营企业中长期资金需求。

加快推进新医药健康城建设的调研与思考

临海市委市政府政策研究室

新医药健康城是台州“五大城”建设之一，也是台州“三高三新”建设的强力支撑。临海医药产业有着近三十年的发展和积累，拥有台州湾经济技术开发区南洋医化产业园和江南国际医药产业园两大发展平台，是浙江省医药产业的重要集群之一，也是新医药健康城建设的核心区。目前临海医化产值约占全台州医药产业的60%，近三年现代医药产业产值、利润总额年均增长率达12%和25%以上，一直保持一枝独秀的增长态势。如何抢抓迭代建设温台沿海现代产业带的政策机遇，承接好建设新医药健康城的发展契机，推动医药健康产业高质量发展，是临海突破跨越发展的关键所在，也是台州“三高三新”建设的重要课题。

一、发展基础

（一）产业发展基础扎实，龙头企业实力强劲。临海医药产业形成了“中间体–原料药–制剂”完整的产业链，2021年实现规上产值261.76亿元，同比增长17.5%，增幅位居台州各主导产业首位。其中实现产值十亿元以上企业11家，产值亿元以上（不含十亿上）企业24家，上市企业10家，规上企业45家。医药企业龙头华海药业，今年获评“雄鹰企业”称号，入选“中国医药工业百强榜单”，位列全国第十八位，全省第二，创造了中国首家制剂通过美国FDA认证等“四个首家”。研发型代表企业奥翔药业，近三年研发投入占营收比重超12%；创新型代表企业瑞博制药，获得全国医药行业百强企业。

（二）特色产品优势明显，多领域竞争力凸显。原料药实力雄厚。作为国家级化学原料药出口基地，临海原料药年出口量约占全省1/3、全国1/10，是全国最大抗生素、抗肿瘤药生产基地；共生产中间体和原料药品种200多个，近40种产品全球市场份额排名前三。仿制药成果突出。华海药业15个品种进入国家集采，累计38个品种66个品规通过或视同通过仿制药质量与疗效一致性评价，占据大宗仿制药市场主要份额；今年，华海药业获批仿制生产辉瑞新冠口服药成分之一的奈玛特韦原料药和制剂，奥翔药业与真实生物签署国产新冠口服药阿兹夫定的委托生产协议，成为该药物国内供应商之一。创新药展现潜力。奥翔药业一类新药布罗佐喷钠目前已结束临床Ⅱ期；华海药业生物药管线已有2个项目进入临床III期。

（三）优质资源加快集聚，创新能力不断提升。拥有化学原料药产业大脑、临海现代医药化工产业创新服务综合体、复旦大学张江研究院临海科技创新园、航天环保工程技术研究院4大创新平台。正与南方科技大学、南京工业大学开展合作，筹建国家原料药工程研究中心、临海现代化工研究院，不久将实现10亿元以上医化企业全部建立研究院，产值亿元以上医化企业全部建立研发中心。持续加大创新研发投入，医药行业研发投入占销售收入的比例达3%以上。目前共拥有国家高新技术企业39家、省科技型中小企业48家、专精特新“小巨人”企业7家；建有国家级企业技术中心2个、省级企业技术中心及研究院14个、省级高新技术企业研究开发中心22个、院士工作站2个、博士工作站3个；引聚“国千”“省千”人才80人；拥有国内有效发明专利524件，国际PCT发明专利数40件。

二、存在不足

1. 产业集群层级不高。目前临海医药产业规模不足300亿元，约占全省1/10，产值10亿元以上企业仅6家，尽管已形成了完整产业链，但从产业层级看，创新药、高附加值、低污染的成品药、制剂占比低，制剂在全市医药营业收入中仅占17.9%。大部分企业以原料药和中间体生产为主，产业链延伸不足，转型升级压力较重，导致企业规模难以做大，有较强竞争力的大型企业不多。

2. 产业结构亟待升级。临海医药原料药和中间体产业高度集中，但产业链条较短，除华海药业外，上游原料基本外采，下游制剂和辅料生产几乎为零；医药原料药产品以出口为主，过度依赖国际市场；医药原料药项目副产品利用渠道不畅，还没有引入有效的废盐处理和利用环节，成为产业发展瓶颈。

3. 发展环境有待优化。随着医化产业不断发展壮大，临海环保容量趋于饱和。受排污总量等因素制约，项目审批仍然比较繁琐、周期长；中试项目仍采用产业化程序报批与监管，不利于企业创新，实验过程中存在违法违规风险；产业扶持、人才引留等政策效应较低，城乡生活配套辐射能力不足。

三、思路对策

临海新医药健康产业城建设的总体思路是：坚持聚焦重点、放大特色、创新制胜，着力汇聚医药健康产业资源及创新要素，协同推进原料药制剂一体化、医疗器械多元化、生物制药产业化发展，构筑“头部引领、集群支撑、链式互补”的产业生态，全力打造台州新医药健康城核心区，建设世界级高端医药制造中心。具体目标是：到 2026 年，医药健康产业产值达到 600 亿元，国家级高新技术企业数量达到 50 家，重点企业研发经费支出占业务收入比重超过 5.5%，规上亩均产值达到 650 万元 / 亩以上。到 2030 年，医药健康产业产值力争突破 1000 亿元。

（一）优化空间布局。构建以佩弦湖科技城为医药健康产业创新核，联动发展台州湾经济技术开发区医化园区、江南国际医药产业园为“两翼”的“一核两翼”发展新格局。佩弦湖科技城重点集聚科创研发、新兴产业孵化、专业服务机构、人才公寓、康养休闲于一体；医化园区重点发展关键中间体和高附加值医药原料药，园区扩园后，可新增用地 5300 亩，用于承接椒江、黄岩等地的医药产业和建设生物医药产业园；江南国际医药产业园重点发展高端制剂和生物医药，打造中国医药国际化发展新平台。

（二）加快产业升级。一是推动链式发展。以延链补链为抓手引导现有原料药企业依托优势品种发展制剂，支持企业重点引进发展抗感染、抗肿瘤、消化系统等方面新的特色仿制药、专利药、创新药原料药，鼓励华海药业、仙琚制药等龙头企业发展生物药、创新药。二是推进绿色转型。全面推进减污降碳协同试点建设，推广应用酶催化、微通道反应、生物法等绿色工艺，鼓励企业更新关键设备、列装先进仪器，实现原料药绿色化发展。三是突出数字赋能。加快数字化新技术、新工艺、新装备的创新和应用推广，大力推进“机器人 +”，加速建设“原料药产业大脑”，着力打造物资联储联备、协同研发创新、新智造技术交易市场等九大特色场景应用，构建多维度实时大数据与精准对接服务平台。

（三）培优企业梯队。一是打造“链主”型企业。引导医药龙头企业面向全球优化产业布局，开展跨国并购、兼并重组，主动嵌入全球产业链、价值链、创新链，提升企业国际影响力。力争到 2026 年，形成产值超 100 亿元的医药龙头企业 1 家，组建产业链上下游共同体 3 个以上。二是推动潜力企业上市。实施“凤凰行动”，聚焦医化行业、企业特点，针对性提供上市辅导，推动医药企业在主板、新三板、创业板和海外上市。力争到 2026 年，新增境内外上市医化企业 2–3 家。三是建立“专精特新”企业培育库。围绕高端辅料、药用包装材料等领域，制定医药企业培育库遴选标准和退出机制，每年遴选一批高成长、创新型医药企业优先予扶持。力争到 2026 年，培育省级以上“专精特新”医药企业 15 家。

（四）提升服务保障。一是推动综合服务平台建设。进一步简政放权，真正做到所有级别的审批服务不出园区；加快建设面向医药产业的公共服务平台体系，完善医药产业投融资、技术转移转化、医疗大数据应用、医药物流等各类公共服务平台，实现从项目研发到应用推广的全生命周期服务。重点推进临海省级现代医药化工产业创新服务综合体建设。二是推进合同研发服务。培育新药研发合同外包服务、定制研发生产等专业外包服务，创新 CDMO 审批路径，吸引国内外知名专业外包服务机构设立分中心。支持创新药生产工艺开发和产业化、已上市药物规模化委托加工等定制服务，推动临床用药、中间体制造、原料药生产、制剂生产等服务专业化。三是推进省级研发中心建设。以华海为创建主体，积极申报省技术创新中心，依托华海药业科研资源，紧密对接产业需求，为医药企业提供全方位、多元化的技术创新服务，促进重大基础研究成果产业化。

（五）实施精准招商。针对高端制剂、生物药、医疗器械等产业链薄弱环节量身定制招商计划，瞄准全球现代医药头部企业，逐一分析研判，寻找招引契机，力争引进一批有带动力的产业链“链主”企业。充分发挥100亿元战新产业基金的引导作用，建立临海现代医药产业发展基金，依托两个重要平台，全面构建“基金＋基地”的招商引资新模式，大力开展离岸孵化和离岸招商。下阶段重点对接印度太阳药业、慕恩生物、瑞德林生物等一批显示度高、带动性强、经济效益优的重大创新药品项目。

2022年中共临海市委重要文件目录

表21

序号	文件号	文件名称
1	临市委〔2022〕1号	关于印发吴华丁同志在中国共产党临海第十五届代表大会第一次会议上的报告的通知
2	临市委〔2022〕2号	关于印发中国共产党临海市第十五届纪律检查委员会向中国共产党临海市第十五届代表大会第一次会议的报告的通知
3	临市委〔2022〕3号	关于召开市委常委会党史学习教育专题民主生活会的报告
4	临市委〔2022〕7号	关于2021年度乡村振兴战略实施情况的报告
5	临市委〔2022〕20号	关于印发《临海市作风建设年活动实施方案》的通知
6	临市委〔2022〕27号	关于加快推进新时代历史名城文化临海工程的实施意见
7	临市委〔2022〕34号	关于印发《临海市关于进一步加强家庭家教家风建设的工作方案》的通知
8	临市委〔2022〕39号	关于党建统领网格智治推进基层治理体系和治理能力现代化的实施意见
9	临市委〔2022〕51号	关于印发《临海市高质量实施"引人留人"三年行动计划(2022—2024年)》的通知
10	临市委〔2022〕55号	关于印发《临海市教育提质三年行动方案(2022—2024年)》的通知

资料来源：中共临海市委办公室

2022年临海市政府重要文件目录

表22

序号	文件号	文件名称
1	临政发〔2022〕1号	临海市人民政府关于加快建筑业高质量发展的若干意见(试行)
2	临政发〔2022〕3号	临海市人民政府关于公布第四批历史建筑保护名单的通知
3	临政发〔2022〕6号	临海市人民政府关于印发《政府工作报告》的通知
4	临政发〔2022〕8号	临海市人民政府关于将部分临海市部门行政处罚权交由汛桥镇、永丰镇人民政府行使的通告
5	临政发〔2022〕13号	临海市人民政府关于印发临海市推进"大综合一体化"行政执法改革方案的通知
6	临政发〔2022〕16号	临海市人民政府关于将部分临海市部门行政处罚权交由5个街道办事处、12个镇人民政府行使的通告
7	临政发〔2022〕17号	临海市人民政府关于公布临海市养犬重点管理区的通告
8	临政发〔2022〕19号	临海市人民政府关于发布陆生野生动物禁猎区和禁猎期的通告
9	临政发〔2022〕20号	临海市人民政府关于印发临海市推动经济稳进提质44条的通知
10	临政发〔2022〕21号	临海市人民政府关于印发临海市实施农业"双强"行动大力提升农业生产效率行动方案(2022－2025年)的通知
11	临政发〔2022〕22号	临海市人民政府关于实施新一轮制造业"腾笼换鸟、凤凰涅槃"攻坚行动的若干意见
12	临政发〔2022〕24号	临海市人民政府关于推进制造强市建设的若干意见
13	临政发〔2022〕26号	临海市人民政府关于调整镇(街道)财政管理体制的通知

资料来源：市人民政府办公室

2022年临海市省级以上先进集体一览表

表23

序号	单位名称	荣誉名称	颁奖部门
1	临海市	2021年度平安县（市、区）	省委省政府
2	临海市	2021年度市县党政领导科技进步目标责任制考核优秀单位	省委省政府
3	临海市	2021年度美丽浙江建设（生态文明示范创建行动计划）工作考核优秀单位	省委省政府
4	临海市	2021年度“五水共治”工作“大禹鼎”优秀县（市、区）	省委省政府
5	临海市	2019—2021年全省无偿献血先进县（市、区）	省委省政府
6	台州（临海）	中国摄影之乡	中国文联、中国摄影家协会
7	市委编办、市法院、市检察院、市总工会、市教育局、市科技局、市财政局、市水利局、市农业农村局、市综合执法局、市港航口岸和渔业局、市审管办	节约型机关	国管局、中直管理局、国家发展改革委、财政部
8	市自然资源和规划局	全国绿化先进集体	全国绿化委员会、人力资源社会保障部、国家林业和草原局
9	市关工委	全国青少年普法教育先进集体	中国关工委、中央政法委、司法部
10	市公安局	平安护航建党100周年成绩突出集体	省委省政府
11	市公安局行政审批科	全国公安机关爱民模范集体	公安部
12	古城街道鹿城社区	2022年全国示范性老年友好型社区	国家卫健委、全国老龄办
13	古城街道鹿城社区居委会	全国先进基层群众性自治组织	民政部
14	省交通集团高速公路、台州管理中心临海市区中心所、邮政储蓄银行、临海市东洋支行、临海农商银行营业部、市机关事务中心保卫科	一星级全国青年文明号	全国创建青年文明号活动组委会
15	古城街道商会	2021—2022年度全国“四好”商会	全国工商联
16	古城街道许墅村	全国民主法制示范村	民政部、司法部

资料来源：市委政府督查室

2022 年临海市省级以上先进个人一览表

表 24

序号	姓名	工作单位	荣誉名称	颁奖部门
1	陈优林	市综合行政执法大队	全国人民满意的公务员	中共中央、国务院
2	郑超艺	市疾病预防控制中心	新冠肺炎疫情援渝工作嘉奖	国务院应对新冠肺炎疫情联 防联控机制综合组
3	王　平	市科技局	全国科技管理系统先进个人	人力资源社会保障部、科技部
4	林叶昂	台州市生态环境局临海分局	2022 年生态环境保护执法大练兵表现突出个人名单（全国第 13）	生态环境部
5	郭　政	台州学院附中	2021—2022 社会服务先进个人	九三学社中央委员会
6	张也驰	市哲商小学	2022 年度全国优秀少先队员	共青团中央、教育部、全国少工委
7	林萍家庭	—	2022 年全国最美家庭	全国妇联
8	詹才勇	市民政局	省人民满意的公务员	省委、省政府
9	侯　建	市公安局	省优秀人民警察	省委
10	周　杰	市公安局	省优秀人民警察	省委
11	龚　健	市公安局	省优秀人民警察	省委
12	罗宇彤	江南街道社区卫生服务中心	新冠肺炎疫情援沪工作嘉奖	上海市委、上海市政府
13	汪美君	汛桥镇中心卫生院	新冠肺炎疫情援沪工作嘉奖	上海市委、上海市政府
14	李靖国	市疾病预防控制中心	新冠肺炎疫情援沪工作嘉奖	上海市委、上海市政府

资料来源：各承编单位

2022 年临海市民生实事项目实施情况表

表 25

序号	项目名称	年度工作目标	完成情况
1	提升养老助残水平	对低保低边等老人家庭进行适老化改造 200 户；新增老旧小区养老服务用房（老年食堂）6 个；为 2.03 万名 60 周岁以上老人免费接种肺炎疫苗，为 8 万名 60 周岁以上老人免费接种流感疫苗；新建残疾人之家 1 家，提升 1 家；提升残疾儿童康复机构 1 个	完成 375 户低保低边等老人家庭适老化改造；新增 6 家老旧小区养老服务用房（老年食堂）；为 3 万名 60 周岁以上老人免费接种肺炎疫苗，9 万名 60 周岁以上老人免费接种流感疫苗；新建江南街道颐兴园残疾人之家，提升白水洋镇残疾人之家；提升残疾儿童康复机构 2 个，分别为贝贝乐儿童康复中心和启晨儿童康复中心
2	关爱少年儿童成长	新建镇（街道）青少年活动中心 1 家；为留守、流动、困境儿童创建示范型儿童之家 40 个；新建中小学校卫生室、保健室 47 个，新增卫技人员（保健教师）47 人	青少年活动中心尤溪分中心已完工并招生，古城分中心年底开工；创建示范型儿童之家 40 个；新建中小学校卫生室、保健室 47 个，新增卫技人员（保健教师）96 人
3	推进教育补短提质	完成 5 所幼儿园建设，启动 5 所幼儿园建设；安排 3 个中小学建设项目，新增学位 1890 个	建成并投用幼儿园 5 所（汛桥镇中心幼儿园、机关东方苑幼儿园、大洋街道中心幼儿园第二分园、杜桥镇中心幼儿园杜前分园、大洋街道中心幼儿园第一分园扩建工程），新增学位 3200 余个。开工建设幼儿园 5 所（杜桥镇中心幼儿园川南分园、河头镇幼儿园、古城街道中心幼儿园鹿城分园、桃渚镇中心幼儿园（戚城园区）、临海市中心幼儿园清华园分院），预计新增学位 1000 余个。实施中小学建设项目 3 个（大洋三小、江南二小扩建、白水洋镇中学综合楼工程），新增学位 2300 余个。其中大洋三小主体完工，江南二小扩建项目、白水洋镇中学综合楼建成投用
4	关爱健康免费筛查	为全市 1500 名 40—70 岁肺癌高危人群免费提供筛查；开展高危人群大肠癌筛查 1775 人；为 7.5 万名临海市户籍 45—70 周岁人群提供胃癌免费筛查服务，降低目标人群胃癌死亡率；为不少于 8 万名职工提供医疗互助保障	为全市 2106 名 40—70 岁肺癌高危人群免费提供筛查；开展高危人群大肠癌筛查 1984 人；为 7.68 万名临海市户籍 45—70 周岁人群提供胃癌免费筛查服务；为 8.49 万名职工提供医疗互助保障
5	强化公共安全保障	建设 3 个联勤工作站，建设 10 个智安小区；在全市重点公共场所配备自动体外心脏除颤仪（AED）148 台，新增应急救护普及培训 6 万人；建立区域性火灾智能报警中心，覆盖紫阳古街商户、住户 1500 余间，安装联网型火灾智能报警 6000 余个；推广自来水延伸工程，为 450 余间商户增设简易喷淋系统	完成 8 个联勤工作站、140 个智安小区建设；在全市重点公共场所配备自动体外心脏除颤仪（AED）160 台，新增应急救护普及培训 7.2 万人；紫阳街古建筑联网型火灾智能报警及喷淋系统建设项目完成招投标。
6	丰富群众文化生活	新增农村文化礼堂 69 家，深化“建管用育”长效机制；打造并开放新型公共文化空间：建设 99 个 15 分钟品质文化圈、2 个城市书房、1 个文化驿站	新增农村文化礼堂 69 家，累计建成 620 家，实现全覆盖，并常态化开展活动；建成 15 分钟品质文化圈 105 个、城市书房 2 个、文化驿站 1 个（再望书苑文化驿站）

续表 25

序号	项目名称	年度工作目标	完成情况
7	守护群众出行安全	路交通安全隐患治理：①完成4个以上台州市、临海市级交通安全隐患点段的治理；②完善和提升150个路段路口的交通标志、标线等交通安全设施；③完成4个以上路段路口增设电子警察等监控设施；④完成30处以上因无照明设施而存在道路交通安全隐患的路口安装照明亮化设施；⑤完成5千米以上路段路口隔离护栏设施安装。2. 对临海大道等约500套路灯进行提升改造	路交通安全隐患治理：完成3个台州市级交通安全隐患点段治理，3个临海市级交通安全隐患点段整治工作与69个交通安全隐患路口路灯安装工程打包实施；对244个路段路口的交通标志、标线等交通安全设施进行完善、提升；6个路段路口增设电子警察等监控设施；完成5.2千米路段路口隔离护栏设施安装。2. 完成临海大道沿线500套路灯的提升改造
8	改善基础设施条件	完成4座病险山塘综合整治；新增公共停车位850个；新建170个无桩站点，采购自行车2000辆	完成大塘山、里安山、人家岙、张家岙等4座病险山塘综合整治；新增公共停车位850个；新增公共自行车无桩站点170个、无桩公共自行车2000辆，全市共建成无桩站点570个，投放无桩公共自行车5000辆。11月，完成一期1000辆公共电动自行车的采购，春节前投入使用
9	推动全民健身运动	新建塑胶灯光篮球场5个；新建微型便民体育公园9个；建设全民健身游步道8千米	新建塑胶灯光篮球场5个；新建微型便民体育公园11个；建设全民健身游步道10千米
10	强化食品安全保障	新建学校食堂智能“阳光厨房”30家；创建放心农贸市场4家；改造提升农贸市场（农批市场）食品安全快检室28家	新建学校食堂智能“阳光厨房”46家；新建放心农贸市场3家，续认放心农贸市场4家；改造提升农贸市场（农批市场）食品安全快检室27家（前江菜场因拆迁未实施改造）

资料来源：市委市政府督察室

2022 年国家级媒体涉临海报道标题目录

表 26

日期	媒体（网络）	栏目 / 版面	标题
1 月 3 日	新华网		浙江临海：解码千年古城的流量密码
1 月 5 日	人民网		2022 点亮古城启动仪式在浙江临海举行
1 月 6 日	新华网		浙江临海白水洋镇：新乡贤调解模式　打造基层治理升级版
1 月 8 日	中国新闻网	首页	全链闭环服务监管“浙里好家政”让民众共享数字红利
1 月 9 日	新华每日电讯	头版头条	改革探路破冰行　写在我国首条民营控股高铁杭台高铁通车之际
1 月 10 日	人民网		浙江杜桥：眼镜产业步入二次腾飞“快车道”
1 月 12 日	人民网		浙江临海：“汛小侨”凝聚侨乡共富实践力量
1 月 12 日	消费日报	头版	浙江杜桥：眼镜产业步入二次腾飞“快车道”
1 月 13 日	CCTV-17	中国三农报道	浙江临海：紫菜迎来开年头茬丰收
1 月 13 日	人民网		台州临海白水洋：创新推出“点线面”新乡贤调解模式
1 月 15 日	中国新闻网客户端		浙江临海“汛小侨”共富实践：凝聚侨心合力促发展
1 月 16 日	中国新闻网客户端		一座国家历史文化名城的“润富”之道
1 月 19 日	中国食品报网		台州临海“外卖封签”使用实现全覆盖
1 月 21 日	中国公安报		一场特殊的生日会
1 月 21 日	新华网客户端		浙江临海：“三抓三聚”推动统战工作创新发展
1 月 22 日	农村信息报		特色“小品种”，乡村振兴“大产业”
1 月 22 日	中国文化报		浙江临海　人间烟火气和灵气
1 月 25 日	中国网		中建八局临海余温公路项目灵江特大桥主桥 0 号块全部顺利浇注完成
1 月 26 日	新华网客户端		“东海宋韵”系列直播首站台州临海　沉浸式体验“活起来”的宋韵文化
1 月 29 日	新华网 新华网客户端		浙江临海开展“山海万里石榴红府城临海是吾乡”活动
1 月 31 日	CCTV-12	天网	“回家”之旅（1）
2 月 1 日	CCTV-12	天网	“回家”之旅（2）
2 月 2 日	CCTV-12	天网	“回家”之旅（3）
2 月 2 日	中国新闻网	首页	浙江台胞留存旧岁“独家记忆”畅叙虎年愿景
2 月 2 日	经济日报	头版	图片新闻（台州临海古长城梅花盛开）
2 月 2 日	人民网		浙江临海：农村市场蔬菜供应充足

续表 26

日期	媒体(网络)	栏目 / 版面	标题
2 月 3 日	CCTV-12	天网	"回家"之旅(4)
2 月 4 日	CCTV-12	天网	"回家"之旅(5)
2 月 6 日	中央电视台客户端		"功夫"奇遇记
2 月 7 日	CCTV-17	中国三农报道	年味"食"足　浙江临海:海鲜面　条条顺
2 月 8 日	中国新闻网客户端	首页	小山村如何追上大时代——浙江临海下涨村的"共富新事"
2 月 9 日	农民日报		站好最后一班岗
2 月 10 日	央广网客户端		浙江临海:农资储备进行时　为春耕生产保驾护航
2 月 11 日	央视新闻客户端		春来早知道　油菜花已开
2 月 14 日	新华网客户端		浙江临海:一张"村务卡",刷出干净账
2 月 14 日	新华社	国内动态清样	记者黄筱联系采访朗华制药,调研新冠口服药
2 月 14 日	央视新闻客户端		春天的第一口饼　尝到了浓浓的麦香
2 月 15 日	中国新闻网客户端		浙江农村的"钱景"与前景:新兴村里话"新兴"密码
2 月 15 日	中国新闻网客户端 新华社客户端		海外主流媒体聚焦临海:中国历史文化名城以文旅融合迎蝶变
2 月 18 日	央视网		浙江:油菜花开春意浓
2 月 22 日	新华网客户端 新华网		浙江临海:构建亲清政商关系　倾力服务企业发展
2 月 24 日	CCTV-13	朝闻天下	浙江临海　风浪来袭　渔船全部回港避风
2 月 24 日	CCTV-2	天下财经	多地降温降雪　浙江临海:海面起巨浪　渔船回港
2 月 25 日	中国新闻网客户端		浙江台州桃渚侨联联系在乌华侨:"祖国永远是坚强的后盾"
2 月 25 日	中国农网		浙江临海:"红心助农"送技下乡
2 月 28 日	人民日报客户端 经济日报客户端		义新欧班列"台州号"组货首发!
3 月 2 日	人民法院报		临海开展涉民生案件集中执行
3 月 2 日	人民日报		图片报道("义新欧"中欧班列"台州号"首发)
3 月 2 日	人民网		台州开启城市执法"云"办案
3 月 2 日	人民网		浙江临海:古城墙下梅花开
3 月 3 日	人民公安报		临海:保安员变身"反诈达人"
3 月 3 日	农民日报		浙江临海　基层历练品格激发干部服务热情
3 月 8 日	中国新闻网客户端		浙江临海"破圈之路":科技创新赋能"制造强市"

续表 26

日期	媒体(网络)	栏目/版面	标题
3月10日	人民网		台州临海：绘就攻坚“春忙图”
3月10日	新华网客户端		“你跳出了时间，成了一颗星星！”这位善良的女孩，这样延续生命
3月11日	人民网		它被誉为北京八达岭的“蓝本”，又称江南长城，距今有1600多年历史
3月14日	人民日报客户端		植树节，我们种下希望！临海杜桥镇团委开展植绿行动
3月16日	中国报道网		临海市古城街道全面突破城防二期征迁工作
3月16日	中国新闻网客户端		浙江临海桃渚乡贤千里寄轮椅　情暖桑梓心
3月16日	中国新闻网客户端		海外华文媒体聚焦浙江临海：左手人文气息　右手烟火味道
3月18日	中国旅游报		以地方古籍文化提升台州府城文旅融合品位的观察与思考
3月21日	中国改革报	头版	为推动长江经济带高质量发展提供“浙江样板”
3月21日	中国政协报		浙江省政协就民营经济高质量发展开展专题调研　以高质量履职服务民营经济高质量发展
3月21日	中国新闻网客户端		浙江临海出台全国首个团体标准　全面推进清廉民企建设
3月21日	中央电视台	天网	《身份成疑》报道临海市公安局江南派出所破获犯罪嫌疑人冒充警察招摇撞骗的案子
3月22日	中国经济网		从“油”变“水”，新工艺带来新“视”界
3月24日	中央电视台	经济半小时	疫情之下我来守护你
3月24日	中国新闻网		浙江临海“乡贤+”模式　汇聚乡村振兴“同心”力量
3月24日	中国新闻网		浙江临海：党员联户支部联建　激活基层治理新动能
3月26日	新华网客户端 新华网		浙江临海：“共富工坊”架起乡村“致富桥”
3月29日	中央电视台	正点财经	春天的味道　浙江：明前螺　青团　菜花饼　春日江南美味多
3月31日	农民日报		浙江临海以党建引领全域旅游高质量发展——农旅融合擦亮乡村游品牌
3月31日	中国妇女报	头版	浙江临海推动妇联改革向纵深发展　镇街妇联换届覆盖更多优秀群体
3月31日	人民网		浙江临海：油菜花开　乐享春光
3月31日	新华网客户端		浙江临海：按下项目“快进键”　筑牢防洪安全屏障
4月1日	中国新闻网		万里云相聚：台阿两地幼儿园线上互动　深化结对共建情
4月2日	中国新闻网客户端		浙江临海东溪单小学开展清明主题宣讲　弘扬慈孝文化

续表 26

日期	媒体（网络）	栏目 / 版面	标题
4月6日	中国报道网		临海市中医院：携手抗疫同心守“沪”
4月7日	人民公安报		临海：“红蓝对抗”锻造接处警精兵
4月7日	中国新闻报		“台二代”在浙开店十年：大陆厨房烹台味收获多
4月8日	中国红十字报		浙江临海师资应邀参加安全教育云直播
4月8日	新华网		浙江自贸试验区建设迎来“十大进展”
4月9日	人民网		台州临海：“共富工坊”企业联盟促增收
4月9日	新华网客户端		临海市各级妇联：汇聚万抹“巾帼红”守护“一片绿”
4月9日	中国报道网		临海羊岩山：万亩茶园披新绿，又到春茶飘香时
4月10日	CCTV-1	今日说法	鲸鱼搁浅
4月10日	新华网		浙江临海：“共富工坊”企业联盟，搭建共富桥梁
4月11日	中国作家网		朱自清走进临海100周年系列纪念活动启动仪式暨“朱自清文学奖”新闻发布会举行
4月11日	新华网客户端		浙江省临海市白水洋镇：以体育破题　跑出共富路
4月11日	新华网		浙江临海：首届“朱自清文学奖”正式启动
4月11日	中国报道网		临海：“浙”里茶香正浓，你我携手共富
4月11日	中国新闻网客户端		《匆匆》诞生地浙江临海设立“朱自清文学奖”
4月12日	华夏经纬网		《匆匆》诞生地浙江临海设立“朱自清文学奖”
4月12日	光明网		《匆匆》诞生地浙江临海设立“朱自清文学奖”
4月14日	中国食品安全报		临海“一站式”集成办理食品销售证照
4月15日	人民网		浙江临海：多栖成长计划助力青创产业全链条发展
4月15日	中国食品报网		浙江临海“一站式”集成办理食品销售证照
4月15日	中国报道网		携手同心抗击疫情临海商会在行动
4月15日	中国报道网		临海古城：“百日”攻坚掀热潮比学敢超破“百难”
4月15日	人民网		她，累倒在防疫一线
4月16日	中国食品安全报		浙江临海“采、产、售”全链条护春茶上市
4月19日	中国新闻报		《匆匆》百年首届朱自清文学奖来了
4月20日	中国新闻网客户端		浙江临海工业经济“开门红”　提速“制造强市”建设
4月20日	人民网		台州临海获浙江省“腾笼换鸟、凤凰涅槃”考核优秀激励
4月20日	人民政协网		《匆匆》百年首届朱自清文学奖来了
4月20日	中国电影报		浙江临海：数字电影下乡普及率位居全省前三

续表 26

日期	媒体（网络）	栏目 / 版面	标题
4 月 20 日	中国工业网		燃油车生产转向插混！吉利汽车临海产业园产值重回 300 亿元
4 月 21 日	中工网		临海："销烟发电"助推绿色发展，八万余条假冒卷烟成供电原料
4 月 22 日	央视新闻客户端		浙江临海一老人不慎落水　危急时刻村民合力施救
4 月 22 日	CCTV-13	新闻直播间	世界地球日　浙江灵湖"心形"小岛吸引近 200 种鸟类栖息
4 月 23 日	CCTV-1	晚间新闻	生物多样性的保护成果逐步显现
4 月 22 日	人民日报客户端		台州临海：通道"摘帽"　检测更畅
4 月 22 日	中国报道网		台州首份县域知识产权白皮书在临海市发布
4 月 22 日	中国报道网		临海：水清鱼跃，健康渔业促绿色生态
4 月 24 日	中国新闻网客户端		浙江临海："宵去温情"以愿早日"消去疫情"
4 月 24 日	CCTV-13	午夜新闻	浙江临海　世界地球日　灵湖"心形"小岛吸引近 200 种鸟类栖息
4 月 24 日	中国报道网		临海市举办"巾帼农人 · 大地之美"系列活动启动仪式
4 月 25 日	中国社会报		重名最多数此村——浙江临海地名趣谈
4 月 25 日	人民网		台州临海：勇当工业经济发展"排头兵"
4 月 25 日	中国报道网		临海市工业经济取得一季度"开门红"
4 月 26 日	人民网		台州临海："兴农 · 联播"助共富行动正式启动
4 月 26 日	中国新闻网		台州、阿拉尔两地职校学子结对融情"石榴籽"相拥
4 月 26 日	新华网		浙江临海："云上 + 线下"推动农村人居环境整治
4 月 27 日	中国新闻网客户端		浙江临海推进"制造强市"建设　勇当工业经济发展排头兵
4 月 27 日	中国报道网		临海：制造强市匠心引领巧手编出好前景
4 月 29 日	人民网		台州临海：以知识产权筑基创新之城
5 月 4 日	中国食品报网		"错时监管"守护夜宵餐饮安全
5 月 5 日	农民日报		"三级帮带"培育直播新农人
5 月 6 日	中国报道网		"红色力量"托起担当为民服务温暖人心
5 月 7 日	人民网		台州临海：深化"产改"助共富
5 月 11 日	中国农网	首页	浙江临海：农合联党建助农增收
5 月 11 日	新华网客户端		浙江省临海市：搭建"同心廉盟"助力解决民生问题
5 月 11 日	中国报道网		临海大田：传廉洁家风，表廉洁之心
5 月 11 日	人民网		台州临海：深入实施"三大行动"　谱写侨界助富乐章

续表 26

日期	媒体（网络）	栏目 / 版面	标题
5 月 11 日	中国妇女报客户端		浙江临海：“千名妇干大轮训”云学堂开讲
5 月 12 日	中国报道网		临海：全市自建房安全专项整治部署会召开
5 月 12 日	新华网客户端		浙江省临海市白水洋镇成立“石榴红”妇联
5 月 12 日	中国报道网		临海市中医院：天使送医下乡村，健康关怀献爱心
5 月 12 日	中国环境报		台州临海探索“水性涂料”新路
5 月 12 日	人民网		白水洋镇成立台州首个聚焦民族团结进步妇女组织
5 月 13 日	新华社客户端		浙江临海：积极探索“行业助残”共富新模式
5 月 13 日	中国食品报网		浙江临海全面启动“一打三整治”护渔执法行动
5 月 15 日	新华网 新华每日电讯 新华社客户端		浙江临海以“党建强”促民营经济“发展强”
5 月 16 日	中国环境报		浙能台州 1 号海上风电场正式开工
5 月 16 日	中国报道网		临海：多方联动海防管控，反走私工作再上新台阶
5 月 17 日	新华网 新华网客户端		浙江临海：统一战线助力改善人居环境提升群众幸福感
5 月 18 日	中国食品报网		临海全流程守护西蓝花品牌
5 月 18 日	中国报道网		临海：反走私综合治理举报奖励实施细则出炉
5 月 18 日	人民网		台州临海：深化“产改”助力共同富裕
5 月 18 日	新华网 新华网客户端 人民网		浙江临海：“0576”工作法　推动基层理论宣讲创新又“走心”
5 月 20 日	中国报道网		临海古城：奋力开创新局面文艺发展谋新篇
5 月 23 日	新华社客户端		他环游世界，为声音建了一个“博物馆”
5 月 23 日	人民网		台州临海打造浙风十礼“金名片”
5 月 24 日	人民日报客户端		临海杜桥：把村庄“一分为二”的新开道路，实现伤亡事故“零发生”
5 月 25 日	经济日报		让每位村民“绣”出致富之路
5 月 25 日	中国报道网		临海：“阳光成长”心理健康教育进校园
5 月 25 日	中国新闻网客户端		台州置州 1400 周年暨台州文博 70 周年　线上学术论坛在台州临海成功举办
5 月 26 日	中国食品安全报		临海全面推行“猪肉无纸化”
5 月 26 日	人民网		一把刻刀下的无声世界
5 月 27 日	人民网		台州临海：“浙里实践”助高校毕业生就业

续表 26

日期	媒体（网络）	栏目 / 版面	标题
5月27日	中国新闻网客户端		东西部协作共建南充嘉陵区重点项目建设跑出“加速度”
5月27日	中工网		浙江临海：“浙里实践”助高校毕业生就业
5月27日	中国报道网		临海中医院：去“甲”存真关爱健康义诊活动
5月27日	中国报道网		临海：企业招聘进校园校企合力促就业
5月27日	中国报道网		浙江临海：以“浙里实践”数字化应用助推高校学生高质量就业
5月29日	新华网		浙江临海：产教融合　人才赋能做好带富文章
5月30日	新华网客户端		浙江省临海市：搭建“共富工坊”助力铺就强村富民路
6月1日	中国报道网		临海科协：用爱与希望呵护童真与梦想
6月2日	人民网		台州临海：“真金白银”助企稳产纾困
6月2日	中国市场监管报	头版	图片新闻（临海市市场监管局开展儿童用妆科普宣传活动）
6月2日	中国青年网		浙藏万里情结对庆六一
6月3日	新华网客户端		携手共成长·同心向未来　丨　2022台州—香港青年伙伴说活动成功举办
6月6日	中国报道网		临海大田：“青少年护航驿站”，保障青少年健康成长
6月6日	中国报道网		临海城建：借古城保护东风助古建行业发展
6月6日	中国新闻网客户端		浙江千年古城传统美食受青睐　成“Z世代”假期新“食”尚
6月9日	农民日报		浙江临海“垃圾换树”推进美丽乡村建设
6月10日	中华合作时报		浙江临海市社：共富路上“莓”好时光
6月11日	农村信息报		临海对虾让养殖户抱上“金娃娃”
6月11日	农村信息报		林东东：数字农业让涌泉蜜橘甜“出圈”
6月12日	中国新闻网		全国说课一等奖获得者分享经验一师职校教师获益匪浅
6月11日	农民日报		浙江临海涌泉镇“农合联”让蜜橘价高质更优
6月13日	中国报道网		临海：职工演讲比赛，展新时代青年风采
6月13日	中国报道网		浙江省唯一，临海这项工作获省政府督查激励
6月14日	中国经济网		浙江临海涌泉镇：“农合联”让蜜橘价高质更优
6月14日	新华社客户端		台州市打造行政执法证据“共享联盟”助推“大综合一体化”行政执法改革
6月14日	中国食品报网		“临海对虾”地理标志申请费用补偿保险出单
6月14日	中国食品报网		浙江临海出台制度规范外卖封签管理
6月15日	中国网	首页	建证美好时代，基业同心同行

续表 26

日期	媒体（网络）	栏目 / 版面	标题
6 月 16 日	新华网 新华网客户端		浙江临海：党建联盟串珠成链　解密乡村共富攻略
6 月 16 日	中国报道网		临海大田："数智"赋能，商会助力人居环境整治见成效
6 月 17 日	人民网		台州临海："量体裁衣"解锁"杨梅 +"的多种可能
6 月 17 日	中国报道网		临海妇保院全省考核彰显业务本色
6 月 19 日	新华每日电讯 新华社客户端		"稳经济问经理"：信心何来，后劲何在？浙江台州民营经济走访见闻
6 月 20 日	中国网		推动绿色金融发展，助力实现"双碳"目标
6 月 20 日	新华网客户端		浙江临海：实训出人才，助力民族子弟谋前程
6 月 20 日	中国报道网		临海大田：把基层文化"种"起来，让群众精神生活双"富裕"
6 月 21 日	人民公安报	头版	新开道路一年多未发生一起伤亡交通事故
6 月 21 日	央视新闻客户端	朝闻天下	关注家政服务业提质扩容　数字化赋能　实现家政服务有效供给
6 月 21 日	新华网		浙江数家企业"临境式"参与德国展会　共觅合作新机
6 月 21 日	中国报道网		尤溪镇第十三届乡村文化旅游节暨"尤溪有戏"生活季即将开幕
6 月 22 日	中央纪委国家监委	首页	浙江临海：村务卡刷出透明账
6 月 22 日	中国侨网	首页	浙江数家企业"临境式"参与德国展会共觅合作新机
6 月 23 日	中国妇女报	头版	巾帼行动贴心又暖心助企纾困未来增信心
6 月 23 日	人民网		台州临海：党建联盟激活乡村共富新动能
6 月 23 日	中国报道网		台州湾开发区：探索"闭环"模式守护一湾清水
6 月 23 日	中国妇女网		浙江临海："焕新・家"关爱儿童公益行动让"小屋焕新"成就"心灵焕彩"
6 月 23 日	中华全国妇女联合会		巾帼行动贴心又暖心助企纾困未来增信心
6 月 23 日	凤凰网客户端		2022 年"创青春"浙江省青年创新创业大赛在台州临海启动
6 月 24 日	检察日报		浙江：听民声暖民心简易听证不简单
6 月 24 日	凤凰网		阳光、智享、优、便民！临海市青年办事窗口启用
6 月 24 日	人民网		台州临海：青年办事窗口彰显服务先锋力量
6 月 24 日	中国报道网		"我在窗口写青春"活动新闻发布会暨青年办事窗口启用仪式成功举办
6 月 24 日	中国报道网		临海市互联网行业联合工会成立
6 月 25 日	中国食品安全报		严打食品违法行为营造良好食安环境

续表 26

日期	媒体（网络）	栏目 / 版面	标题
6 月 25 日	新华网		“网上电网”黑科技上线，“数字眼”保汛期电网安全
6 月 25 日	新华网		浙江临海：实施“铸魂、助飞、提质”工程助推“精神共富”
6 月 26 日	新华社客户端		台州府：千年古城的生活节拍
6 月 27 日	中国经济网		
6 月 27 日	光明网	图片首页	
6 月 27 日	新华网 人民网		从枝头到舌尖快递助力杨梅一路领“鲜”
6 月 28 日	人民网		浙江临海：实训出人才　助力民族子弟争当工业智造主力军
6 月 28 日	中国青年报客户端		这个假期，来浙实践！
6 月 28 日	中国报道网		临海府城中医馆：开业四周年，惠民千万家
6 月 29 日	央广网客户端		浙江省“十链百场万企”系列活动之生物医药产业链专场在临海召开
6 月 29 日	中国报道网		临海：政医企联盟向未来携手共富健康路
6 月 29 日	中国报道网		台州市首家远程康复管理中心落户临海市中医院
6 月 29 日	农民日报		故乡是我生命的底色
6 月 30 日	凤凰网客户端		临海大田：以产城融合迈入发展“快车道”　跑出共富“加速度”
6 月 30 日	新华网 新华网客户端		浙江临海：打好助企纾困“组合拳”　助力经济稳进提质
7 月 1 日	中国医药报		临海市化妆品监管模式升级探索取得成效
7 月 1 日	中国网		创业之梦点亮新生之路——浙江省临海监狱举办第二届创业大赛
7 月 1 日	CCTV-2	正点财经	浙江临海：执法人员查获 5 万斤违禁渔获物
7 月 4 日	光明日报		忆古道往昔，看今日样貌
7 月 4 日	经济观察报		一所职业学校的毕业季：97% 的就业率与“00 后”的急迫感
7 月 4 日	中国改革报		“来浙实践”助推高校毕业生高质量就业
7 月 4 日	人民网		台州临海斥资 170 多亿元推进十大标志性共富工程涉 25 个重点项目
7 月 5 日	中华合作时报		浙江临海市社：暖心减租抗“疫”为租户“减负”
7 月 5 日	中国报道网		临海市通报“共同富裕一周年”工作开展情况
7 月 5 日	中国报道网		看临海大田：如何打造“大”美城镇，“田”至宜居
7 月 6 日	中国新闻网客户端		2022 年浙江临海疗休养旅游推介会在杭州举办
7 月 6 日	中国食品报网		浙江临海开展“夏日雷霆”除险保安错时执法行动

续表 26

日期	媒体（网络）	栏目 / 版面	标题
7 月 6 日	中国食品报网		浙江临海开展首届“童心向党食安‘童’行”活动
7 月 7 日	农民日报	头版	富余劳力如何变富裕动力
7 月 6 日	中国新闻网	首页	第 28 届全国摄影艺术展览浙江临海开幕　298 件作品亮相
7 月 7 日	CCTV-13	朝闻天下	第 28 届全国摄影艺术展览在浙江举办
7 月 7 日	新华社客户端	新华号	第一现场丨浙江临海：检律协作共护法治化营商环境
7 月 7 日	新华网 新华网客户端		税收力量来助力共富路上产业兴
7 月 7 日	中国经济网		富余劳力如何变富裕动力——“三化”解析浙江临海“共富工坊”
7 月 8 日	经济日报		浙江杜桥镇：壮大特色支柱产业　争做区域发展“排头兵”
7 月 8 日	新华网		第 28 届全国摄影艺术展览在浙江举行
7 月 8 日	中国报道网		临海市一医院：加入中国创伤联盟，更好服务地方百姓
7 月 8 日	经济日报客户端		浙江杜桥镇：壮大特色支柱产业　争做区域发展“排头兵”
7 月 9 日	新华网	新华号	第二十八届全国摄影艺术展览亮相浙江临海丨全国影展有史以来首个数字化展厅“云上展馆”上线
7 月 9 日	新华网	新华号	唐风宋韵的生态古街，在台州临海，找到诗和远方
7 月 11 日	人民政协报		家在双峰兰若边——浙东诗路上的巾山
7 月 11 日	CCTV-13	新闻直播间	第 28 届全国摄影艺术展览　多类型影像聚焦时代　首次推出“云上展馆”
7 月 11 日	中新网客户端		【首届中华民厨大赛】美食江湖　临海广发英雄帖
7 月 11 日	人民网		台州临海：为户外劳动者撑起“清凉伞”
7 月 12 日	中国网	首页	探索助企“三路径”打好纾困“组合拳”
7 月 12 日	中国旅游报		加快市场恢复台州府城准备好了
7 月 12 日	新华网客户端		作品变藏品丨“诗路匠心”2022 台州市文化遗产文创设计大赛正式启动！
7 月 12 日	新华社客户端	新华号	中华小吃之都临海发出英雄帖，首届中华民厨大赛即将启幕！
7 月 12 日	中国妇女报客户端 中国妇女网		浙江临海：“府城女子梦工坊”巾帼云创助共富
7 月 13 日	新华网客户端		浙江临海：建设老年食堂，化解“舌尖上的难题”
7 月 13 日	央视新闻客户端		柴叶豆腐　从一片树叶成为一道美食
7 月 14 日	新华每日电讯	头版	村里建起“没有围墙的工厂”　浙江临海“共富工坊”助农就业增收
7 月 14 日	光明日报客户端		临海汛桥镇：一支队伍管执法　基层治理更高效

续表 26

日期	媒体（网络）	栏目 / 版面	标题
7 月 14 日	中国文化报 光明网		素心铿锵，犀心赍彩筹未来——浙江省犀皮漆艺传承人罗献兵的漆彩人生
7 月 14 日	新华每日电讯	头版	保稳提质　蓄力前行
7 月 14 日	中国经济网		浙江临海“共富工坊”助农就业增收
7 月 14 日	中国报道网		临海妇幼保健院：口腔科重装升级，秉初心服务人民
7 月 14 日	中国新闻网客户端		浙江台州学院暑期实践队探访古城文化感受古城风情
7 月 15 日	央视新闻客户端		拔拔面　家门口的麦田灶台边的童年
7 月 16 日	人民日报客户端		拔拔面，你吃过吗？
7 月 16 日	新华网客户端 新华网		台州府城文化旅游区获评国家 5A 级景区
7 月 16 日	新华网		浙江临海：打造“同心耕读”书院，铸牢民族共同体意识
7 月 16 日	CCTV-4	中国新闻	全国新增 12 处国家 5A 级旅游景区
7 月 16 日	CCTV-2	经济信息 联播	文化和旅游部新增 12 家旅游景区为国家 5A 级旅游景区
7 月 16 日	CCTV-13	新闻直播间	文化和旅游部　新增 12 家旅游景区为国家 5A 级旅游景区
7 月 18 日	人民法院报		台州：共享法庭全覆盖司法服务“零距离”
7 月 18 日	凤凰网		骗子拉了个微信群　没想到群里一半是警察！
7 月 18 日	新华网客户端		临海市开展夏日“送清凉”活动
7 月 18 日	中国报道网		临海市台州府城文化旅游区成功晋级 AAAAA 旅游景区
7 月 18 日	人民日报客户端		骗子怎么也没想到，自己的群里竟然有十几个警察
7 月 18 日	人民网		浙江临海：打造“同心耕读”书院铸牢民族共同体意识
7 月 19 日	中国报道网		临海中医院：三伏至，科学养生正当时
7 月 20 日	人民日报海外版		“旅游 +”加出新活力
7 月 20 日	中国报道网		范传应：迎接 LNG 铁运的春天
7 月 21 日	光明日报客户端		《一个小镇和眼镜的故事》
7 月 21 日	新华社客户端 新华网客户端		获奖！台州临海跑出科技创新“加速度”
7 月 21 日	新华网客户端		浙江临海举办统战系统青年干部成长挑战赛
7 月 22 日	人民日报海外版		风电台州（侨乡新貌）
7 月 22 日	央视新闻客户端 新京报客户端		浙江临海一女孩被卡货车车底　辅警跪地 40 分钟为其扇风待救援
7 月 22 日	中国报道网		临海东塍：草编进工坊编织共富路

续表 26

日期	媒体（网络）	栏目 / 版面	标题
7 月 22 日	中国报道网		助力构建城市文商旅新名片
7 月 23 日	上观新闻		“浙江制造”标准翻译成英文后，他们说话更有底气了
7 月 24 日	人民法院报	头版	整合多方力量化解知产纠纷
7 月 25 日	中国新闻网客户端		我在，我看 · 老外眼里的浙江丨“我在羊岩学炒茶”
7 月 26 日	中国网		这个家门口新晋的国家 5A 级景区何以青春永驻？
7 月 26 日	中国报道网		浙大二院临海分院：火热三伏天，防暑降温正当时
7 月 27 日	中国报道网		临海总工会：夏日送清凉，致敬高温下的坚守
7 月 27 日	三农号		浙江临海：“来浙实践”重构大学生实践—就业转换通道
7 月 28 日	农民日报		浙江临海创新党建载体打造“便民服务圈”
7 月 28 日	人民网		台州临海：工业经济“半年红”
7 月 28 日	CCTV-2	天下财经	暑期消夏游　浙江临海：炎炎夏日　峡谷漂流受热捧
7 月 28 日	CCTV-2	经济信息联播	
7 月 28 日	三农号客户端		浙江临海：创新党建载体打造“便民服务圈”
7 月 28 日	央视网		多措并举推动旅游市场回暖复苏浙江临海旅游营收创新高
7 月 29 日	央视新闻客户端		当东海的黄鱼遇上云南的菌菇
7 月 31 日	央视新闻客户端		扑通！打开大山里的避暑方式
7 月 31 日	新华网客户端		浙江临海：“侨”引力激发“富”潜力，这些侨宿不一般
8 月 2 日	CCTV-2	正点财经	开渔季到来　浙江台州：东海“第一网”上岸
8 月 2 日	CCTV-2	第一时间	东海迎来“小开渔”　浙江台州：东海“第一网”上岸　新鲜的“虾兵蟹将”来了
8 月 2 日	央视新闻客户端		灯光点亮　遇见如梦如幻的荷塘夏夜
8 月 4 日	中国经济网		私自下水游泳，警报响个不停临海建立智慧预警系统
8 月 5 日	人民网		台州临海数改一号工程“浙里有戏”上线
8 月 5 日	中国青年报客户端		浙江临海向“躺平”亮剑，“躺平式”中层干部原则上调整交流
8 月 5 日	新华网 新华网客户端		浙江台州：“浙里有戏”应用平台正式上线
8 月 6 日	中国网		国内首个全链闭环的基层文化治理模式在台州上线
8 月 6 日	新华网		浙江临海成立台州乡贤社区发展基金会
8 月 8 日	人民网		台州临海：水利争先创优成绩亮眼
8 月 8 日	央视新闻客户端		高温“烤验”下　水产养殖如何应对？

续表 26

日期	媒体（网络）	栏目 / 版面	标题
8月8日	人民网		台州临海："三项工程"解锁乡贤"共富密码"
8月8日	中国青年网		高温"烤验"下水产养殖如何应对？
8月9日	中国网	首页	联东U谷：拉满建设"进度条"　打造都市型智能制造产业园
8月9日	人民网		台州市以党建"模板"搭建渔业共富"跳板"
8月9日	中国报道网		临海大田：拔钉清障打赢城市"顽疾"攻坚战
8月9日	中国报道网		临海：开展"温暖矛调"行动
8月10日	人民网		台州临海：浙江首笔"无忧"系列食责险出险
8月10日	中国报道网		临海中医院开展"党员公共卫生服务下乡"活动
8月10日	中国报道网		临海市公安局海防大队"打、防、服"一体扎实推进海防综合治理
8月10日	中国报道网		大爱之"橙"临海大田街道开展新时代文明实践集市日活动
8月10日	新华网		"新天仙配"黄金旅游线推广活动走进南京
8月11日	农民日报		浙江临海市"三新"共富模式造福上岸渔民
8月11日	新华日报		"新天仙配"旅游线来宁推介
8月11日	新华网		浙江临海市："三新"共富模式造福上岸渔民
8月11日	中国旅游报		台州府城千年古城展现全新魅力
8月11日	中国经济网		"三新"共富模式造福上岸渔民
8月11日	中国报道网		临海汇溪"红心"鸭蛋成为裕农新特色
8月11日	光明日报客户端		依托农合联党建联盟　探索共同富裕新模式
8月12日	光明网		"浙里有戏"破解浙江临海演出市场管理难题
8月12日	中国文化报		基层管戏、送戏、看戏"一键通"
8月12日	中国网	首页	江南香年溪老村迎蝶变
8月12日	中国报道网		临海市妇保院：省级专家上门坐诊关爱儿童健康成长
8月12日	中国报道网		临海大田：直播跑出"加速度"助农走出共富路
8月12日	中国报道网		临海市中医院：警医联合，筑牢防溺水"安全堤"
8月13日	光明日报客户端		找准优势，小草帽织出共富路
8月13日	中国新闻网		浙江临海："两岸一家亲"台胞感受"智慧台州"魅力
8月14日	中工网		青年"拎包"来创业
8月16日	中国旅游报		山水尤溪
8月16日	中国新闻网	首页	"外婆家的图书馆"走过四年寒暑假，点燃孩子阅读热情

续表 26

日期	媒体（网络）	栏目 / 版面	标题
8 月 16 日	中国报道网		临海：700 亿颗灯珠串起共富路
8 月 16 日	中国红十字报		“人人都是志愿者，人人都是受益者”
8 月 16 日	工人日报客户端		洗衣机竟成伪装牵出贩卖假烟案
8 月 16 日	中国化工报		航天环保工程技术研究院落户浙江台州
8 月 17 日	中国妇女报 中国妇女报客户端		“共享法庭”筑牢妇女儿童权益保障根基
8 月 17 日	人民网		浙江临海：体验人文风貌　青少年作家齐聚古城开展采风创作
8 月 17 日	中新网客户端		才俊云集！文学少年们汇聚临海
8 月 17 日	中新网客户端		朱自清与少年们，跨越百年的文学接力
8 月 18 日	光明云媒客户端 新华社客户端 新华网		诸强并起撼动清华附中男篮统治地位——中国高中篮球联赛男子组综述
8 月 18 日	凤凰网客户端		在临台胞体验“科技暑假”感受“智慧台州”魅力
8 月 18 日	中国旅游报		临海
8 月 18 日	中国报道网		临海市一医院：无偿献血，是他们救死扶伤的另一种方式
8 月 18 日	中国报道网		2022 全国百强镇出炉！临海东塍镇上榜！
8 月 18 日	中国报道网		自强不息，传唱生命赞歌
8 月 18 日	中国报道网		临海古城：克难攻坚，拆除工作再突破
8 月 18 日	中国报道网		临海妇保院：浙有善育育有所培
8 月 18 日	新华社客户端		新华全媒+|连续 8 个寒暑假，14 岁少年到乡村建流动阅读角为儿童送“书香”
8 月 19 日	中国报道网		临海市杜桥镇开出第一张随意倾倒生活垃圾罚单
8 月 19 日	中国报道网		医师节：浙大二院专家来临海开展大型义诊
8 月 19 日	人民日报 微信公众号		少年集市摆摊，却又只借不卖！
8 月 19 日	光明日报客户端		小小村务卡，刷出“透明账”
8 月 20 日	新华网 新华网客户端		浙江临海：“三项工程”解锁乡贤“共富密码”促回归强引领助帮扶
8 月 20 日	人民日报客户端		厉害了！男生坚持寒暑假办移动借阅车
8 月 22 日	人民网		台州临海：助学制度激励学子奋发向上
8 月 23 日	人民法院报		携手共建“和合家”
8 月 24 日	中国报道网		临海：葡萄产业架起乡村振兴“致富桥”

续表 26

日期	媒体（网络）	栏目／版面	标题
8月24日	新华网		新华全媒+丨连续8个寒暑假，14岁少年到乡村建流动阅读角为儿童送“书香”
8月24日	中央电视台	新闻联播	各地全力抗旱保民生保生产
8月25日	新华社客户端		高温干旱持续各地全力做好抗旱保收工作
8月25日	中新网		对标先进学以致用：从台州临海培训归来的他们找到乡村振兴好办法
8月26日	人民网		浙江临海：晾晒席草
8月26日	人民网		浙江临海：“风电”变“风景”
8月26日	新华社客户端		党建联盟“手牵手” 共富路上“抱团走”
8月27日	新京报客户端		浙江临海部分山村用水短缺 消防员架设近四百米输水干线送水进村
8月28日	光明日报		浙江临海：“共富工坊”促增收
8月29日	人民公安报		临海：“汪战队”助力打击违法犯罪
8月29日	中国旅游报		新荣记：舌尖上的“临海味道”
8月29日	人民网		好吃就是硬道理！台州临海举行民厨大赛
8月29日	央广网		临海·荣光2022首届中华民厨大赛隆重举行
8月29日	新华网 新华网客户端		大厨齐聚千年古城，浙江临海举办民厨大赛
8月29日	光明日报客户端		举办书画摄影展 展奋发有为精神风貌
8月29日	光明网客户端		点“米”成金 “穷村庄”变身“绿富美”
8月30日	新华网 新华网客户端		“秀希助教基金”连续10年奖励乡村优秀教师
8月30日	中国报道网		临海：镇校联手助推垃圾三化进展
8月30日	中国教育报		“外婆家的图书馆”点燃乡村阅读热情
8月30日	中国网客户端		建设幸福美好新家园 打造活力开放新港城
8月31日	CCTV-13	新闻直播间	浙江台州 今年第11号台风“轩岚诺” 台风靠近 引导渔船进入安全水域避风
9月1日	农民日报		浙江临海市沿江镇新兴村 文明共富打造乐居型未来乡村
9月1日	新华网		全省中小学生爱国主义主题读书教育活动启动
9月2日	人民日报海外版 人民网		浙江临海：建设生态长廊（侨乡新貌）
9月2日	新华网客户端 新华网		浙江临海：网络文明走进“开学第一课”

续表 26

日期	媒体（网络）	栏目 / 版面	标题
9 月 2 日	人民网		浙江临海：侨宿以“侨”引力激发乡村“富”潜力
9 月 4 日	人民网		台州临海：筑牢防汛防台“安全堤”
9 月 5 日	人民网		台州汛桥：“党建联盟”助农增收
9 月 5 日	中国报道网		临海汇溪：党建引领助力古建产业再提升
9 月 5 日	中国报道网		临海大田：直播跑出“加速度”助农走出共富路
9 月 5 日	中国报道网		临海：葡萄产业架起乡村振兴“致富桥”
9 月 5 日	中国报道网		临海：700 亿颗灯珠串起共富路
9 月 5 日	中国报道网		到临海沐浴碧海清风聆听治水故事
9 月 5 日	中国报道网		临海人防：难忘军旅情中秋送温暖
9 月 5 日	央视新闻客户端		酸甜可口　特早熟蜜橘抢“鲜”出击！
9 月 7 日	新华网		浙江临海：发布“乡贤卡”，推动礼贤、尊贤、尚贤之风
9 月 7 日	人民日报客户端		缝 5 针换回条人命　他说“这波不亏！”
9 月 8 日	人民网		台州临海绿化工作获全国先进
9 月 8 日	光明日报客户端		数字化建设助推乡村振兴
9 月 9 日	中国新闻网客户端		浙江临海桃渚：同心共聚迎中秋侨胞侨眷话乡情
9 月 9 日	人民日报海外版 人民网等		明月何曾是两乡——两岸同胞同叙亲情共迎中秋
9 月 9 日	人民网		台州临海：下农田进果园，劳动成为开学第一课
9 月 9 日	中国报道网		临海国学院揭牌成立
9 月 12 日	人民日报客户端	中国经济周 刊人民号	浙江教师业绩突出获奖一套房
9 月 13 日	中华新闻客户端		90 后教师被奖一套 200 万商品房感言：三尺讲台装着爱
9 月 13 日	人民公安报		临海：“老娘舅”团队“海陆联动”调解纠纷
9 月 13 日	CCTV-13	朝闻天下	浙江临海应对台风“梅花”渔船有序回港
9 月 13 日	中国报道网		临海古城：共赏中秋月共赴团圆节
9 月 13 日	中国报道网		情系教育，临海市古城街道教师节慰问暖人心
9 月 13 日	中国报道网		临海古城：首战告捷攻坚克难治“顽疾”
9 月 13 日	中国报道网		临海汇溪：镇企合作促研学古建注入新活力
9 月 14 日	中国网	首页	重奖一套房，浙江“90 后”老师火出圈
9 月 14 日	中国报道网		数字赋能，临海“科技防台”见成效

续表 26

日期	媒体（网络）	栏目/版面	标题
9月14日	光明日报客户端 光明日报 微信公众号		教师被奖励商品房，也是“尊师重教”
9月14日	光明日报客户端		打卡好生态，美丽公路入画来
9月15日	中国应急管理报		浙江省临海市括苍镇党员干部、基层应急人员转移山村困难群众
9月16日	中华合作时报		浙江临海市社：数字“活水”润泽乡村共富田
9月16日	中国网		全国人民模范调解员吴世良为监狱民警授业解惑
9月16日	中国网		“掌上”银行助力校园智能化
9月16日	中国网		抓住利率优惠窗口，助企低成本海外融资
9月16日	中国新闻网客户端		浙江教育观察：期待不同的尤凡们获奖
9月17日	新华社客户端	新华号	浙江临海：检监有效衔接化解粮食存储风险
9月17日	中国青年网		浙江青年共同富裕创享会暨2022年“创青春”浙江省青年创新创业大赛圆满落幕
9月17日	中国新闻网客户端		乡村教师获重奖引热议浙江探索“流住”优质乡村师资
9月19日	中国网	首页	“共富车间” 铺就“稳稳幸福路”
9月20日	中华合作时报		浙江临海市社：“农商互联”解锁“数字农业”密码
9月20日	中国新闻网客户端		浙江台州临海：激发学子报国之志播下归乡种子
9月21日	新华每日电讯 新华社客户端		“心气在，希望就在”在民营经济“大本营”探寻发展韧性
9月21日	中国报道网		临海市中医院：爱牙日，健康生活从“齿”开始
9月22日	中华工商时报		临海上盘特色商会同心促共富
9月21日	中国网	首页	同心共富 打造“清”商会 同心促共富
9月22日	人民公安报		临海精心治理事故黑点终“摘帽”
9月23日	CCTV-17	中国三农报道	乡聚丰收—1
9月22日	中国新闻网客户端		省级“双精品”！临海这条道路美到藏不住
9月24日	人民网		台州临海：“红色助餐圈”勾勒“银丝幸福圈”
9月24日	人民公安报		走进大田派出所·走近“三能”警队
9月24日	CCTV17	中国三农报道	“GO”味道 浙江临海：与虾为伴 山海间挥洒热情
9月28日	解放日报		杜桥的老师配吗

续表 26

日期	媒体（网络）	栏目／版面	标题
9 月 28 日	新华网 新华网客户端		古城有新韵，一馆看千年，诗路新馆绽放台州府城
9 月 29 日	人民日报客户端	人民号	浙江临海汇溪镇：党建引领激发活力，乡村振兴共富先行
9 月 30 日	中国报道网		临海市中医院开展红色健康管家进社区活动
10 月 1 日	中工网		临海开展联合行动宣传《电子烟》强制性国家标准
10 月 2 日	人民网		台州临海："消费助残"拓宽就业路
10 月 5 日	人民网		台州临海：打造家门口的"红色健康管家"
10 月 7 日	新华网 新华社客户端 人民网 新华每日电讯等		"千年台州府城"焕发生机
10 月 8 日	人民网		台州临海："文化先行"擦亮历史名城底色
10 月 10 日	国家乡村振兴局 微信公众号		浙江临海：全域打造"共富工坊"　促进农村低收入群体增收
10 月 10 日	中国水运网		头门港—宁波舟山港集装箱内支线今日首航
10 月 10 日	中国新闻网客户端		头门港—宁波舟山港集装箱内支线开通　浙江台州迎出海新路
10 月 11 日	经济日报		"枢纽经济"提升城镇发展能级
10 月 17 日	中国报道网		临海市中医院：肠梗阻不再"堵"，中医药解忧愁
10 月 18 日	中国旅游网		浙江临海召开全市文化和旅游高质量发展动员大会
10 月 18 日	国家邮政局		临海局多措并举全力做好党的二十大寄递安全服务保障工作
10 月 19 日	中国农网	首页	浙江省临海市青年党员干部组团深入田间地头
10 月 19 日	中国新闻网 中国新闻网客户端		2022 年浙江首批出口柑橘从台州奔赴加拿大
10 月 20 日	人民网		台州市大力推进农创客入乡村
10 月 20 日	中国桥网 凤凰网	首页	2022 年浙江首批出口柑橘从台州奔赴加拿大
10 月 21 日	农民日报		老人吃饭有个"助餐服务圈"
10 月 21 日	人民网		台州临海：直播式"共富工坊"助农增收
10 月 21 日	中国教育报		点亮"长城文化"赋能"德技并修"
10 月 21 日	新华社客户端	二十大时光	埋头苦干，用新的伟大奋斗创造新的伟业——来自基层蹲点现场的报道
10 月 24 日	凤凰网客户端		重大发现！台州一村子山边挖出"宝贝"，这么完整还是头一次
10 月 25 日	中国报道网		浙江临海全域推进青春共富工坊建设
10 月 25 日	央视新闻客户端		桃江十三渚千亩稻田成熟待收

续表 26

日期	媒体（网络）	栏目 / 版面	标题
10 月 25 日	凤凰新闻客户端		临海古城街道：百日攻坚巧用“四法”　十五年遗留问题一举破解
10 月 26 日	人民网		台州临海养蜂业三招“突围”
10 月 27 日	农民日报		“社区自治 +”模式推动融合型大社区大单元治理
10 月 27 日	CCTV-2	经济信息联播	金秋“丰”景　浙江临海：15.8 万亩晚稻开镰收割
10 月 28 日	CCTV-2	第一时间	
10 月 29 日	中国新闻网客户端		“百团千场”！临海：沉浸式宣讲党的二十大精神
10 月 31 日	中国报道网		全面提升茶叶产业加快实现乡村振兴
10 月 31 日	中国报道网		2022 破风见山括苍山人车对抗赛
11 月 1 日	光明网		直播式“共富工坊”助农增收
11 月 2 日	人民网		台州临海：拧好渔业“安全阀门”
11 月 2 日	凤凰网		台州临海永丰镇：创新“工坊”模式　打造共富样板
11 月 2 日	凤凰网		陈昶：胸中有术
11 月 2 日	经济日报客户端		高速互通　壮美如画
11 月 3 日	经济日报		浙江临海市东塍镇“共富工坊”促产业发展助农民增收
11 月 3 日	中国青年网		浙江临海：打造“网购式”社会实践平台
11 月 4 日	经济日报		浙江省临海市江南街道“共富工坊”建设深入推进打响品牌致富百姓
11 月 4 日	人民公安报		群众心中的“最帅交警”
11 月 4 日	中华合作时报		浙江临海市永丰供销社 19.4 吨柑橘出口加拿大
11 月 4 日	经济日报客户端		浙江省临海市江南街道“共富工坊”建设深入推进打响品牌致富百姓
11 月 5 日	人民网		台州临海：“嵌入式”养老让老人幸福升级
11 月 5 日	凤凰网 人民网 中国新闻网 中国新闻网客户端		2022 柴古唐斯越野赛激情开跑
11 月 6 日	新华网 新华网客户端		浙江临海：以“赛事 IP”激发体育产业蓬勃发展
11 月 7 日	中国旅游报客户端 中国旅游新闻网		柴古唐斯括苍越野赛火热进行临海扩大赛事 IP 影响力
11 月 7 日	中国报道网		医路同行共谋发展
11 月 8 日	新华社客户端		全球连线丨穿越山野，巅峰相见——超“燃”的 2022 柴古唐斯括苍越野赛

续表 26

日期	媒体（网络）	栏目 / 版面	标题
11 月 8 日	人民网		“救在身边”项目“一地创新、全省共享”工作推广会在杭州举行
11 月 9 日	人民网		台州临海：巡视整改扎紧村级“小微权力”的笼子
11 月 10 日	农民日报		临海“运动休闲小镇”体育赛事聚人气促振兴
11 月 11 日	新华社客户端		浙江临海：确保柑橘产业电力供应
11 月 12 日	新华网		
11 月 14 日	中国报道网		临海永丰镇：推进“五水智治”擘画生态蓝图
11 月 14 日	中国报道网		临海市中医院：冬令进补有“膏”招
11 月 15 日	中华工商时报		浙江临海：探索在民企设立“共富工坊”
11 月 17 日	中新网客户端		浙江台州首批西兰花出口　预计 10 天后抵达新加坡
11 月 17 日	新华网客户端		浙江临海：谱写侨务工作新篇章奏响基层助富交响曲
11 月 19 日	新华网		浙江临海：侨眷“搭桥”助力破解共富密码
11 月 21 日	人民网		台州：涌泉蜜橘质高量减价涨 20%
11 月 21 日	中国报道网		赋能蓄势，奔向未来！临海市成功举办第二届项目谋划擂台赛
11 月 21 日	新华网客户端		浙江临海举办第二届项目谋划擂台赛
11 月 23 日	经济日报		共建共融“红色智囊共同体”彰显大作为
11 月 23 日	经济日报客户端		浙江临海：党建引领产业兴
11 月 24 日	中国报道网		临海工会：举办 2022 年第三届消防员岗位技能竞赛
11 月 24 日	人民网 新华网		临海邵家渡街道：民生议事“议”出新乡风
11 月 24 日	中国报道网 凤凰网客户端		临海：青春献礼二十大，竞技体育谱新篇
11 月 25 日	经济日报		浙江省台州临海市建设充满活力的青年发展型城市
11 月 25 日	新华网		浙江临海：深化村级巡察，提升“末端”治理效能
11 月 26 日	经济日报客户端		大赛培育新农人
11 月 28 日	农民日报 中国经济网		临海汛桥镇：党建联建引领乡村振兴
11 月 28 日	农民日报 中国经济网		浙江临海：党建联建促老村蝶变
11 月 28 日	中国报道网		浙江临海：党建引领产业回归农民“致富”变“久富”
11 月 28 日	中国报道网		临海：构建五大体系垃圾分类提质扩面见成效
11 月 29 日	人民网		台州临海：“岗位清单”激活基层干部活力
11 月 29 日	中国报道网		临海市东溪单小学“三融三化”教育提升中华民族共同体意识
11 月 30 日	央广网客户端		领航企业！台州 2 家

续表 26

日期	媒体(网络)	栏目/版面	标题
11月30日	中华新闻客户端		浙江临海:“三化”培育“放心蜜桔”
12月2日	中国安全生产网		浙江临海杜桥镇“一企一档”分类动态监管企业
12月3日	经济日报		产业聚才促创新
12月4日	人民网		台州临海:建设青年发展型城市
12月5日	中国自然资源报		浙江临海:“拿地即开工”助推重大产业项目快速落地
12月7日	人民网		台州:拓印入课堂经典永流传
12月7日	中国报道网		临海:坚持项目示范引领,探索绿色建筑发展
12月8日	中国经济网		“PK 惩罚”不能禁而不止“唯流量”不如高质量
12月9日	农民日报		浙江临海市:人才培训促产业发展
12月9日	人民公安报		警营脱口秀,为全民反诈助力
12月9日	新华网 新华网客户端 中国报道网		浙江临海:巡视整改推动医化园区环境治理蝶变升级
12月9日	新华网 新华网客户端		浙江临海:推进“4+3+3”体系擦亮“知新共富”金名片
12月10日	新华网 新华网客户端		浙江临海:巡视整改筑牢防洪排涝安全大堤
12月12日	经济日报		浙江临海市汛桥镇　“引育用留”促人才工作上新台阶
12月12日	中国报道网		浙江省率先全覆盖:临海清廉民企建设
12月12日	中国报道网		临海:宣讲走“亲”,促进理论走“心”
12月12日	新华网 新华网客户端		浙江临海:依托统战基地,守护“石榴红”家园
12月12日	中国报道网		临海市散发中心开展建设工地砂浆禁现检查
12月14日	人民网		台州临海:“来浙实践”应用服务青年社会实践和就业
12月15日	农民日报		浙江临海:志愿者与困难群众结对
12月15日	农民日报		浙江临海市桃渚镇农村环境整治推进美丽城镇建设
12月15日	人民网		台州临海:“四好农村路”成“乡村振兴路”
12月15日	中国报道网		合力擦亮清廉浙江“金名片”　全省清廉民营企业建设现场推进会在台州临海举行
12月15日	中国报道网		临海市:指尖垃圾分类,心间文明提升
12月15日	凤凰网		台州临海总工会:聚焦能级工资集体协商全力助推共同富裕
12月16日	中国改革报		以最诚之心优化营商环境以最实之措纾解企业难题
12月17日	cctv9	记录	《秋天的故事》 第8集　大橘大利

续表 26

日期	媒体（网络）	栏目 / 版面	标题
12 月 18 日	凤凰网		台州临海：智慧监管信用修复让企业信用更有“价”
12 月 18 日	央视新闻客户端		海苔饼、糟羹、蛋清羊尾…打卡临海千年古街美食，被临海酥脆现烤的海苔饼拿捏了！这个江南小城，“食”全“食”美！
12 月 19 日	农民日报		浙江临海“幼有善育”加速迈向城乡普惠
12 月 19 日	央视财经客户端		“烟火气”重现街头巷尾！浙江早街夜市“回归”，游客络绎不绝
12 月 20 日	经济日报		邮储银行临海市支行为户外劳动者营造“温馨之家”
12 月 20 日	中国旅游新闻网		临海：城墙上的宋韵市集“开市”燃起穿越千年的烟火
12 月 20 日	中华网		临海市电力实业有限公司：党建增效赋能绿色转型
12 月 21 日	光明日报客户端		小芝镇：乡村美　诗意浓　远方近
12 月 22 日	经济日报		浙江省临海市白水洋镇　把艺术注入乡野的共富实践
12 月 22 日	人民日报客户端	法治头条	农村群众出行更加安全更有保障
12 月 22 日	新华社客户端		浙江临海市白水洋镇：“一村一艺”让群众生活更美好
12 月 23 日	中国报道网		临海中医院：战“疫”有方教你防疫“七大招”
12 月 24 日	人民网		台州临海以重大项目助推经济走出“上扬曲线”
12 月 24 日	人民网		台州临海江南街道开展共享“防疫健康包”志愿服务行动
12 月 24 日	中国报道网		放心！临海有 1201 名“红色健康管家”正在守护您的健康
12 月 25 日	人民网		台州临海沿江镇启动“民情 E 通、暖心入格”配送服务活动
12 月 25 日	中国新闻网客户端		从“心”出发，暖心服务送上门！
12 月 26 日	农民日报		“共富工坊”促产业发展农民增收
12 月 26 日	人民网		台州临海：党员代跑服务群众
12 月 26 日	中国报道网		临海邵家渡：“鼓韵莓乡党建联建”引领莓农奔共富
12 月 28 日	凤凰网		台州临海古城：防疫显大爱　服务暖人心
12 月 28 日	凤凰网		台州临海妇保院：云上线下　构建妇幼防疫安全网
12 月 28 日	凤凰网		台州临海：送医上门，送药下乡，做山村群众的健康“医”靠
12 月 29 日	中国新闻网 中国新闻网客户端		探访“中国西兰花之乡”：2022 产季西兰花预计出口 4000 吨以上
12 月 30 日	中国妇女报		“小工坊”惠及“大民生”“新农活”带来新气象
12 月 30 日	中国新闻网客户端		探访浙江临海“中国西兰花之乡”　产品销海外
12 月 30 日	中国经济新闻网		临海：当儿时的游戏送进文化礼堂，老人们都笑得像个孩子
12 月 30 日	中国经济新闻网		街道多了座“乡村博物馆”丨邵家渡枧桥鼓非遗展示馆建成验收
12 月 30 日	中国组织人事报		让“狮子型”“老黄牛型”干部脱颖而出

2022 年省级媒体涉临报道标题目录

表 27

<table>
<tr><th>日期</th><th>媒体（网络）</th><th>栏目 / 版面</th><th>标题</th></tr>
<tr><td>1 月 1 日</td><td>浙江新闻客户端</td><td></td><td>主会场设在浙江！央视跨年晚会为何垂青台州临海？</td></tr>
<tr><td>1 月 1 日</td><td>天目新闻客户端
浙江在线</td><td></td><td>央视跨年晚会为何垂青台州临海？解码千年古城的流量密码</td></tr>
<tr><td>1 月 5 日</td><td>浙江在线</td><td></td><td>启航 2022，临海的山海万里只为与你相遇</td></tr>
<tr><td>1 月 6 日</td><td>浙江在线</td><td></td><td>临海：光伏发电并网护驾企业发展</td></tr>
<tr><td>1 月 6 日</td><td>浙江在线</td><td></td><td>台州临海多部门联合开展电动自行车专项执法行动</td></tr>
<tr><td>1 月 6 日</td><td>浙江新闻客户端</td><td></td><td>我的数字化改革故事丨临海“好家政”让群众共享　“数字红利”</td></tr>
<tr><td>1 月 7 日</td><td>新闻深一度</td><td></td><td>杭台高铁来了　杭台高铁明天正式开通　今天开售车票</td></tr>
<tr><td>1 月 7 日</td><td>浙江在线</td><td></td><td>临海 684 个“共享法庭”　法庭职能延至百姓家门口</td></tr>
<tr><td>1 月 7 日</td><td>浙江在线</td><td></td><td>临海西蓝花　上榜“省特色农产品优势区名单”</td></tr>
<tr><td>1 月 8 日</td><td>浙江在线</td><td rowspan="2"></td><td rowspan="2">总投资 41 亿元浙能台州 1 号海上风电场工程启动</td></tr>
<tr><td>1 月 9 日</td><td>天目新闻客户端</td></tr>
<tr><td>1 月 9 日</td><td>天目新闻客户端
浙江在线
浙江新闻客户端</td><td></td><td>临海紫阳街获评“诗画浙江·百县千碗”美食街区</td></tr>
<tr><td>1 月 10 日</td><td>浙江在线
浙江新闻客户端</td><td></td><td>2022 年全国网上年货节·临海“府城年味”开始啦</td></tr>
<tr><td>1 月 11 日</td><td>浙江新闻客户端</td><td></td><td>这条贯通临海东中西部地区的大动脉有新进展</td></tr>
<tr><td>1 月 11 日</td><td>浙江新闻客户端
浙江日报
浙江在线</td><td></td><td>临海上盘：奋力创建全国农业产业强镇</td></tr>
<tr><td>1 月 11 日</td><td>天目新闻客户端</td><td></td><td>人物丨黄大树：对话古建</td></tr>
<tr><td>1 月 12 日</td><td>浙江在线</td><td></td><td>台州推进水库山塘除险整治行动确保河库安澜</td></tr>
<tr><td>1 月 12 日</td><td>浙江在线</td><td></td><td>临海市大田街道妇联荣获全国妇联系统先进集体称号</td></tr>
<tr><td>1 月 13 日</td><td>浙江新闻客户端</td><td></td><td>临海上盘：千亩“海上菜园”　迎来新年丰收第一茬</td></tr>
<tr><td>1 月 13 日</td><td>新闻深一度</td><td></td><td>封面故事　公众评论员：@ 新浙江人　第二故乡也是温暖的家</td></tr>
<tr><td>1 月 20 日</td><td>正午播报</td><td></td><td>“迎冬奥　保平安”森林火情扑救演练在临海举行</td></tr>
<tr><td>1 月 21 日</td><td>中国蓝新闻客户端</td><td></td><td>春节快到了，临海粮油猪肉储备满当当，过年吃得饱！</td></tr>
<tr><td>1 月 21 日</td><td>浙江新闻客户端</td><td></td><td>巧借“加减乘除”优化户政服务</td></tr>
</table>

续表 27

日期	媒体（网络）	栏目 / 版面	标题
1 月 21 日	浙江新闻客户端		临海大田街道发挥统战优势助力项目攻坚
1 月 21 日	浙江在线		临海市发放家政服务业促销补贴
1 月 21 日	浙江在线		台州临海："自"摆摊攻略为城市管理扩大"朋友圈"
1 月 22 日	浙江新闻客户端		紫阳街，这烟火人间！
1 月 24 日	浙江新闻客户端		新春将至，台州几项省、市重点工程也频频传来喜讯
1 月 25 日	浙江日报		海归青年林东东让涌泉蜜橘从按箱卖到按个卖——一株橘树的甜蜜网事
1 月 25 日	浙江日报		人人争当"最美"　处处尊崇"最美"——浙江 2021 年度"最美浙江人"工作综述
1 月 25 日	浙江在线		临海首座城市高架未来实现临海至台州市区快速通行
1 月 25 日	浙江在线		"异乡人"留在临海过年感受到第二故乡的贴心关怀
1 月 25 日	中国蓝新闻客户端	头条	喜气、温暖、贴心！留在临海过大年，舒服！
1 月 27 日	浙江新闻客户端		非遗传承人直播教你包麦油脂啦！临海新春活动上云端　尽享数字文化大餐
1 月 27 日	浙江在线		临海三代护林员 65 年护青山载誉归来林场上下备受鼓舞
1 月 27 日	正午播报		温情年夜饭：临海消防队　食堂飘出"妈妈的味道"
1 月 28 日	浙江新闻客户端		临海大田街道：聚焦重大项目引领高质量发展
1 月 28 日	浙江新闻客户端		临海大田铜盘山智能制造产业园 3 天征收 367.88 亩土地
1 月 28 日	浙江新闻客户端		"六讲六做"大宣讲丨临海乡音传党音
1 月 28 日	浙江日报		临海大田街道：聚焦重大项目引领高质量发展
1 月 28 日	浙江日报		临海百场文化活动迎新春
1 月 29 日	中国蓝新闻客户端	头条	临海防疫战场上的"排雷兵"：每天 17 小时负压手指按到破皮
1 月 30 日	浙江新闻客户端		虎年春节，留在台州过大年，可以去这些地方看灯光秀
2 月 4 日	浙江在线		临海永丰开展"世界湿地日"宣传
2 月 8 日	浙江在线		森林包装：构建"新生态"
2 月 9 日	浙江日报		台州农信点燃数字化转型新引擎
2 月 11 日	浙江日报		办证快了　订单稳了
2 月 11 日	浙江新闻客户端		临海技术团队上门服务　办证快了　订单稳了
2 月 11 日	中新浙里		# 浙江临海 # 台办"暖心"举措：向在临就读台生赠送"开学大礼包"
2 月 14 日	浙江日报	头版	以产业集群跻身"千亿俱乐部"

续表 27

日期	媒体(网络)	栏目/版面	标题
2月17日	天目新闻		#天目地理志#桃渚古城春暖花黄　这片土地曾是抗倭前线
2月18日	浙江日报		临海打造“智慧人才市场”　让招聘更“聪明”更省心
2月25日	浙江日报		台州城市执法实现“云”办案
2月26日	浙江在线 浙江新闻客户端		祖国永远在你身后!临海侨联紧急排摸在乌侨胞
3月1日	浙江日报		临海大田街道小微企业迸发新动能　破解土地制约　培育优质企业
3月1日	浙江新闻客户端		国家级经开区今后怎么干?临海市委常委(扩大)会议定调了
3月4日	浙江新闻客户端		临海:弘扬雷锋精神　共育文明之花
3月8日	浙江新闻客户端		台州医院消化内科、内镜中心主任叶丽萍　一路拼搏　为了心中医者情怀
3月8日	浙江日报		一路拼搏为了心中医者情怀
3月11日	浙江日报		“你跳出了时间,成为一颗星星”
3月14日	临海在线 浙江新闻客户端		临海设立100亿产业母基金助推区域经济高质量发展
3月16日	浙江新闻客户端 浙江在线		临海大田街道:凝聚“五虎之力”刻画“美丽城镇”新篇章
3月18日	浙江工人日报		“拓卡奔马”依托“产改”　带领千名职工“奔富”
3月19日	浙江日报 浙江工人日报	头版	黄莉新在台州调研时强调为再创民营经济发展新辉煌作出更大贡献
3月19日	中国新闻网客户端		探访台州府城墙　听“城墙守护者”讲述申遗“长跑”故事
3月19日	新华网		浙江临海:“乡贤+”模式汇聚乡村振兴“同心”力量
3月19日	浙江新闻联播		早粳稻新品种在临海示范推广
3月19日	浙江新闻客户端		全省优秀!尤溪镇“五水共治”工作交出亮眼答卷
3月21日	浙江新闻客户端 浙江日报		临海因地制宜发展乡村旅游
3月21日	浙江在线		小芝:实施“垃圾换树苗”行动
3月22日	浙江日报		从“油”变“水”,新工艺带来新“视”界
3月22日	浙江在线 浙江新闻客户端		眼镜喷涂行业怎样从“油”变水?记者探秘革新密码
3月24日	浙江新闻客户端		府城新事丨一片樱花　提升古城新颜值
3月25日	浙江日报		风从海上来,绿电入万家

续表 27

日期	媒体（网络）	栏目 / 版面	标题
3 月 30 日	浙江新闻联播		奋进新征程　建功新时代　春天的回响　浙江：城市大脑加快迭代步伐　让管理更智慧更高效
3 月 30 日	浙江新闻客户端		小姐姐体验“农事机甲”　不走寻常路的“爬山虎”太牛了
4 月 6 日	浙江日报		“万企兴万村”，引入什么、改变什么、留下什么——共富共赢的乡村实践
4 月 9 日	浙江新闻客户端		临海市“共富工坊”企业联盟成立！帮助上万户家庭户均增收 1.5 万元以上
4 月 9 日	中国蓝新闻客户端	头条	临海：“浙”里茶香正浓，你我携手共富
4 月 10 日	浙江日报		临海上盘：建设幸福美好新家园打造活力开放新港城
4 月 10 日	浙江新闻客户端		台州“九富路径”的一线实践
4 月 10 日	浙江新闻客户端		临海大田：高水平建设产城融合现代新城
4 月 10 日	浙江新闻客户端		临海尤溪：千年义诚书写共同富裕新华章
4 月 11 日	浙江在线		台州临海：“共富工坊”企业联盟促增收
4 月 11 日	浙江在线		临海：全力建设历史名城制造强市共富高地
4 月 11 日	浙江在线		临海：基层公权力提前预警监管村级“三务”更透明
4 月 11 日	中国蓝新闻客户端		浙江临海：“共富工坊”企业联盟，搭建共富桥梁
4 月 11 日	浙江新闻客户端		朱自清走进临海 100 周年纪念活动
4 月 14 日	浙江新闻客户端		临海尤溪：乡村博物馆　“解锁”共富密码
4 月 15 日	浙江新闻客户端		临海青年乡栖成长计划　打造村村都有好青年升级版
4 月 15 日	浙江新闻客户端		临海侨企连夜驰援　超 100 万元物资已送达防疫一线
4 月 15 日	浙江在线		尤溪寻鲜记丨当小鲜笋遇上老咸肉
4 月 15 日	浙江在线		临海尤溪：乡村博物馆“解锁”共富密码
4 月 16 日	浙江在线		临海农商银行为河头镇授信 2 亿余元党建结对助共同富裕
4 月 17 日	浙江在线		临海：数字跑腿企业办事不出园
4 月 17 日	浙江在线		临海：严把渔业资源养护补贴发放“廉关”
4 月 17 日	浙江在线		临海大田街道：商会捐赠助力农村人居环境整治
4 月 18 日	浙江工人日报		“力高泵业”依托职业教育　唱响职工“共富歌”
4 月 19 日	浙江日报		乡村“爱迪生”奏响农机“狂想曲”
4 月 19 日	浙江在线		刚刚，这家企业成为台州第 69 家上市公司

续表 27

日期	媒体（网络）	栏目/版面	标题
4月19日	浙江在线		正式签约！吉利新能源汽车项目落户临海
4月19日	浙江在线		一季度信贷新增投放28.12亿元临海农商银行服务实体经济交出“高分答卷”
4月20日	天目新闻客户端		临海工业经济首季“开门红”
4月20日	浙江新闻客户端		3月“浙江好人榜”揭晓台州3人上榜
4月21日	浙江新闻客户端 浙江在线		世界地球日将至临海尤溪贡献“绿色”力量
4月22日	浙江在线		临海一货船撞上高铁桥墩沉没，船上11人全部获救
4月22日	浙江新闻客户端		全省首家县域分布式电源集群控制系统在临海落地投运
4月24日	浙江新闻客户端 浙江在线		临海市今年将建成6家社区养老服务中心
4月24日	浙江新闻客户端		特别策划丨文旅融合激活“千年古城”
4月24日	浙江新闻客户端		临海市古城街道：“四化三阵地”打造统战共富“同心园”
4月24日	浙江新闻客户端		临海熊出没文旅产业园预计明年5月开园目前进度如何
4月25日	天目新闻客户端		攻项目优服务强创新促转型临海勇当工业经济发展“排头兵”
4月25日	浙江在线		在国有林场坚守36年他成为浙江“最美自然守护者”
4月26日	天目新闻客户端		临海这个老年乐园获评浙江首批“四星级养老机构”
4月26日	中国蓝新闻客户端		临海速度！仅20天，首个健康驿站落地建成！
4月27日	天目新闻客户端		临海启动备案非标电动自行车淘汰置换
4月27日	浙江在线		超低油耗、超长极限续航，台州造的吉利新能源汽车发售
4月27日	中国蓝新闻客户端	头条	临海：制造强市匠心引领，巧手编出好前景
4月29日	浙江新闻客户端	头条	临海市区有个“心形”鸟岛几千只“常住民”成“团宠”
4月29日	浙江工人日报		以技助富
4月29日	浙江新闻客户端	首页	致敬全国五一劳动奖章获得者丨徐有祖：步履匆匆为仁心
5月1日	浙江在线		临海：项目一线锻“铁军”
5月2日	浙江日报	头版	致敬！全国五一劳动奖章获得者
5月2日	浙江日报		台州医院呼吸与危重症医学科副主任徐有祖——步履匆匆为仁心
5月2日	浙江在线		绿水青山又多了一道保护伞！台州首份联动机制实施方案在临海出炉
5月2日	浙江新闻客户端	首页	台州青年·我的青春我的城丨杨雨潇：雕刻青春　剪出精彩
5月3日	浙江新闻客户端		建立环境资源执法司法联动机制合力守护绿水青山

续表 27

日期	媒体（网络）	栏目 / 版面	标题
5 月 4 日	浙江日报	头版	临海用心守护 15 载——城市绿岛“吸粉”候鸟安家 01
5 月 5 日	浙江新闻客户端		散文名篇《匆匆》原来是朱自清在临海期间创作的
5 月 6 日	浙江在线		白水洋：环境整治不力就约谈
5 月 7 日	浙江在线		临海尤溪打造“15 分钟品质文化生活圈”
5 月 7 日	天目新闻客户端		有技能，更值钱！看临海如何深化“产改”助共富
5 月 11 日	浙江日报		谱写“我在窗口写青春”的绚丽篇章
5 月 11 日	中国蓝新闻客户端	头条	临海人防：全国防震减灾日，救援演练正当时
5 月 11 日	浙江新闻客户端 浙江在线 浙江新闻客户端		临海方溪水库引水及配套水厂正式启动建设
5 月 11 日	天目新闻 天目新闻客户端		临海民防救援队成立 5 周年，“激流侠”、“镰刀哥”都来自这支队伍
5 月 12 日	天目新闻客户端		聚焦民族团结进步！临海白水洋镇成立“石榴红”妇联
5 月 12 日	浙江新闻客户端		“临海对虾”成为临海新的金名片鼓起了渔民的钱袋
5 月 13 日	浙江新闻客户端 浙江在线		临海这家单位获评全省先进系台州唯一
5 月 14 日	浙江新闻客户端	首页	临海尤溪峡谷里有个宝藏“无蚊村”！神奇现象背后藏着什么奥秘
5 月 14 日	浙江新闻客户端		临海市上盘镇西兰花合作社理事长周荣仙：走出农业的“专精特新”道路
5 月 14 日	浙江在线		全国第 18，临海这项重要竞争力排名“飞”速上升
5 月 14 日	浙江在线		“轮椅义工”吕巍巍的一万小时
5 月 15 日	浙江在线		吴华丁：为促进残疾人全面发展和共同富裕创造条件
5 月 16 日	浙江日报	头版	台州发力新能源汽车产业
5 月 17 日	浙江新闻客户端		临海“0576”工作法推动基层理论宣讲创新又“走心”
5 月 18 日	浙江工人日报	头版	寻找我们身边温暖的“灯”
5 月 18 日	浙江新闻客户端 天目新闻客户端 浙江在线		第 46 个“国际博物馆日”感受“博物馆的力量”
5 月 18 日	中国蓝新闻客户端	头条	走进临海，感受博物馆的力量！
5 月 19 日	浙江在线		百岁老人爱吃梅花糕一天打卡三次大家争着要请客
5 月 19 日	浙江在线		临海市林场兰辽分场：打造森旅融合品牌
5 月 19 日	中国蓝新闻客户端	头条	临海：用心守护十五载，灵湖初夏引鹭来

续表 27

日期	媒体（网络）	栏目 / 版面	标题
5月20日	浙江在线		临海首创“一所联一队”模式为行政执法工作提供法治保障
5月20日	浙江在线		全省首例！临海：打通数据壁垒，执法有了“捷径”
5月21日	浙江新闻客户端		临海“借光计划”校园活动为高考学子加油打气
5月23日	浙江日报	头版	临海35家龙头企业联手助农奔富“新工坊”，没有围墙的工厂
5月23日	天目新闻客户端		临海联手复旦大学打造科创“智核”
5月23日	天目新闻客户端		一镇一品一处一景临海打造浙风十礼“金名片”
5月23日	浙江新闻客户端 浙江在线		临海打造浙风十礼“金名片”
5月24日	浙江新闻客户端		汇总！台州39个新（改扩）建学校，有没有你的学校
5月24日	中国蓝新闻客户端	头条	夏令美食茭白抢“鲜”上线！你不来一口？
5月25日	浙江新闻客户端		临海市关心下一代工作委员会获评“全国青少年普法教育先进集体”
5月25日	浙江在线		临海市东塍镇综合行政执法队：综合查一次执法不扰企
5月25日	浙江新闻联播		黄建发在临海调研：精准高效保订单保客户保市场　全力以赴稳预期保就业促增收
5月26日	浙江日报		台州：全力以赴　打造职教助力共富新标杆
5月26日	浙江日报	头版	黄建发在临海调研精准高效保订单保客户保市场　全力以赴稳预期保就业促增收
5月26日	中国蓝新闻客户端		临海：“借光计划”校园活动为高考学子加油打气
5月26日	浙江在线		临海市关心下一代工作委员会获评“全国青少年普法教育先进集体”
5月27日	浙江新闻客户端 浙江在线		临海上线“浙里实践”数字化应用助高校毕业生就业
5月28日	中国蓝新闻客户端		临海汛溪：产教融合人才赋能做好带富文章
5月28日	浙江在线		临海市组织开展城乡风貌主题宣传月活动
5月28日	浙江在线		颜丽菊：主编《杨梅种质资源图谱》，收录了100份杨梅种质
5月28日	浙江在线		临海：“体验式”教育助力儿童成长
5月30日	天目新闻客户端		永丰：绘就美丽乡村新画卷
5月30日	天目新闻客户端		台州临海市提升粮食生产能力和安全保障水平
5月31日	浙江在线		台州市首个网络创业培训班在临海结业
6月1日	浙江新闻客户端		守护未成年人浙江努力让“1 + 5 > 6= 实”
6月2日	浙江在线 浙江新闻客户端		临海西藏两地34名学生手拉手分批“云入队”共度六一

续表 27

日期	媒体（网络）	栏目 / 版面	标题
6 月 2 日	浙江在线 浙江新闻客户端		6 月，千年江南长城免费游！
6 月 2 日	浙江工人日报		临海工会助力产业工人“扩中”提质
6 月 2 日	浙江工人日报		古建筑保护将后继有人
6 月 2 日	浙江在线 浙江新闻客户端		今年前 4 个月临海给企业发出 3000 多万元“奖金”
6 月 4 日	天目新闻客户端		临海：“真金白银”助企稳产纾困
6 月 4 日	浙江在线		投资 105 亿！伟星科技产业园签约落户临海
6 月 5 日	浙江在线		临海市首个“青少年护航驿站”在大田中心校成立
6 月 6 日	中国蓝新闻客户端		护航高考！临海“爱心送考”车再集结！
6 月 8 日	浙江日报		临海：全域文明之城　共绘美好画卷
6 月 8 日	浙江新闻客户端		这条路计划今年 8 月通车临海到黄岩只需 20 分钟
6 月 8 日	天目新闻客户端		羊岩茶厂农民田间学校入选首批全国共享农民田间学校名单
6 月 8 日	浙江新闻客户端		航天级标准是这样炼成的
6 月 8 日	浙江新闻客户端		临海吉利基地首款新能源车总装下线月底全面上市
6 月 9 日	中国蓝新闻客户端		临海：重读红色家书牢记初心使命
6 月 9 日	中国蓝新闻客户端		“想给青春留个纪念”临海三名学生深夜被困景区多部门联合救援
6 月 9 日	浙江在线		临海吉利基地首款新能源车总装下线月底全面上市
6 月 9 日	浙江新闻客户端		总额度 800 万元临海 6 月 10 日起发放购车补贴
6 月 10 日	浙江日报		浙江汽车职业技术学院
6 月 10 日	浙江新闻客户端		台州医院东院区全面启用这份攻略请收好
6 月 11 日	中国蓝新闻客户端	头条	“农合联”让蜜橘价高质更优
6 月 11 日	浙江新闻	头条	闪亮“浙”五年　浙江：找准数字化新跑道　加快推进农业现代化
6 月 13 日	中国蓝新闻客户端	头条	全国首单！临海给这只“虾”上了个保险
6 月 15 日	浙江在线		台州防汛防台背后有个“智慧大脑”
6 月 15 日	浙江新闻客户端		“红橙黄绿蓝”五色管理台州防汛防台背后有个“智慧大脑”
6 月 16 日	浙江日报		临海：推进项目“加速跑”
6 月 16 日	天目新闻客户端		临海：20 分钟完成车检，一站式服务高效透明
6 月 16 日	浙江在线 浙江新闻客户端		守好红色根脉“班前十分钟”让党的光辉在一线班组闪耀

续表 27

日期	媒体（网络）	栏目 / 版面	标题
6 月 16 日	浙江新闻客户端 浙江在线		猫头鹰高速“搭便车”被卡多部门紧急救援
6 月 17 日	浙江新闻客户端 浙江在线		临海各景区来送毕业季大礼包啦
6 月 17 日	天目新闻客户端		台州白水洋：“量体裁衣”解锁“杨梅 +”的多种可能
6 月 18 日	浙江在线		凤凰行政智审：案件处理一“键”通行
6 月 18 日	天目新闻客户端		台州临海：“以新焕心”点亮百颗童心
6 月 19 日	中国蓝新闻客户端	头条	全省小篮球运动员技能测评推广现场会在台州临海举行
6 月 20 日	浙江新闻客户端		稳经济信心何来，后劲何在？台州民营经济走访见闻
6 月 21 日	浙江在线		临海参与举办休闲用品及园林行业全球性展会
6 月 21 日	浙江在线		推动项目建设擦亮“英雄上盘”党建品牌
6 月 21 日	浙江新闻客户端		这场博览会“临境式代参展”启动仪式在临海启幕
6 月 22 日	中国蓝新闻客户端	头条	3 天成交 6610 万美元！临海休闲用品企业“掘金”德国展
6 月 22 日	浙江新闻客户端		一条老街　N 种玩法丨6 月 25 日—26 日，临海尤溪有戏
6 月 23 日	浙江新闻客户端 天目新闻客户端		2022 年“创青春”浙江省青年创新创业大赛在台州启动
6 月 23 日	浙江党建网		台州临海：党建联盟激活乡村共富新动能
6 月 24 日	浙江日报		临海：爱护耕地小课堂
6 月 24 日	天目新闻客户端		仅需 1 秒！临海人乘公交车也有“新科技”了
6 月 24 日	浙江在线		临海小芝：发展特色富民产业扎实推进美丽城镇建设
6 月 24 日	浙江之声		台州临海“我在窗口写青春”活动新闻发布会暨青年办事窗口启用仪式成功举办
6 月 24 日	中国蓝新闻客户端	头条	临海汇溪：“党建裕农共富稻田”我先行
6 月 25 日	浙江在线		播种“廉”心为青少年扣好人生的第一粒扣子
6 月 26 日	浙江在线		临海举行“我在窗口写青春”活动新闻发布会暨青年办事窗口启用仪式
6 月 26 日	浙江新闻客户端		追着阳光去台州书记邀您游临海
6 月 26 日	天目新闻客户端		台州尤溪乡村文化旅游节启幕六大精品路线迎客来
6 月 27 日	浙江新闻客户端	头条	袁家军：落实落细　深化攻坚　着力巩固经济企稳回升向好势头
6 月 27 日	浙江在线		浙江临海：激活民企“清廉细胞”，增强发展“免疫能力”
6 月 28 日	天目新闻客户端		浙江省“十链百场万企”系列活动之生物医药产业链专场在临海召开

续表 27

日期	媒体(网络)	栏目/版面	标题
6月28日	浙江在线		台州临海:入村志愿宣讲让垃圾分类意识深入民心
6月28日	浙江在线		台州府:千年古城的生活节拍
6月29日	浙江新闻客户端		89.6亿元!全省10个重点项目在临海签约
6月29日	浙江卫视	正午播报	稳进提质八大攻坚行动进行时 浙江开展"十链百场万企"活动 助推产业集群
6月29日	浙江新闻客户端		这张全家福,他们等了39年……
6月30日	浙江日报		签约总额89.6亿元 提振行业信心 加快健圈强链
7月3日	浙江新闻客户端		临海启动制造业集中投产月活动华海制药科技产业园同日投产
7月4日	浙江日报		台州湾经济技术开发区 构建全面开放新窗口
7月4日	浙江新闻客户端		这个七月,临海向全国游客送出这份"大礼包"
7月4日	浙江新闻联播		老人深山走失 无人机水下机器人搜救
7月5日	浙江老年报		老同志发挥优势 助力同心"廉"盟
7月5日	浙江在线		临海全面禁止猎捕陆生野生动物禁猎期5年
7月6日	浙江日报		和合台州 信访答卷——台州各县(市、区)亮点工作巡礼
7月6日	浙江新闻客户端		全国摄影艺术展览在临海启幕!台州再添"国字号"荣誉"中国摄影之乡"
7月6日	浙江之声		斥资3000万元资金提振临海疗休养品牌!2022年临海疗休养旅游推介会在西子湖畔惊艳亮相
7月7日	浙江工人日报		帮助我们的旅行社渡过了难关"
7月7日	浙江日报		全国摄影艺术展临海启幕
7月9日	浙江在线		20余家全国500强浙商前来投资,古城临海魅力何在?
7月9日	浙江新闻客户端		亩产近1000斤!台州从东北引种的350亩春季早粳稻陆续收割
7月10日	浙江在线		临海:多渠道问需精准化支招
7月11日	浙江新闻客户端		临海广发英雄帖邀你参加首届中华民厨大赛
7月11日	天目新闻客户端		防溺水警钟鸣丨临海桃渚:开展防溺水急救培训护航平安暑假
7月11日	天目新闻客户端		成立10天救起3人!临海括苍镇这支义警队,好样的!
7月11日	浙江新闻客户端		办没有围墙的"致富工厂"
7月11日	浙江之声新闻联播		台州临海建设"来浙实践"数字化应用 助推学生高质量实践
7月12日	浙江在线 浙江新闻客户端	首页	临海为橘园穿上"防晒衣"让橘树清凉度夏
7月12日	浙江新闻客户端		临海有个行走的"凉茶摊"摊主们平均年龄不到15岁

续表 27

日期	媒体（网络）	栏目 / 版面	标题
7月14日	浙江在线		临海大桥升级了有了“智慧大脑”和“钢铁臂膀”
7月16日	浙江新闻客户端		台州府城文化旅游区　获评国家5A级景区
7月16日	浙江在线		重点文保单位沦为“养殖场”主管部门表示：立即督促整改
7月16日	浙江日报		台州府城文化旅游区获评国家5A级景区
7月17日	浙江在线		问需企业解难题护航项目促发展江南：助企“三路径”
7月17日	浙江在线		东塍：彩灯“共富工坊”盘活剩余劳动力
7月17日	浙江新闻联播	头条	实战实效　稳进提质·破局亮新招　临海：资金扶持专班服务　助推大项目早开工早投产
7月18日	浙江日报		充分挖掘宋韵文化的精神价值
7月18日	浙江工人日报		青年职工成“学”的主角“讲”的主力
7月18日	浙江卫视	正午播报	台州府城文化旅游区获评国家5A级景区　本月免费开放
7月18日	浙江在线 浙江新闻客户端		骗子怎么也没想到，自己的群里竟然有十几个警察
7月19日	浙江在线 浙江新闻客户端		临海市括苍镇探索同心助富新模式
7月20日	浙江在线		超硬核！临海筑起防汛抗台“智慧堤坝”
7月20日	浙江新闻客户端		“万户旅游共富万家共建共享”这场乡村旅游高质量发展大会在丽水启幕！
7月21日	浙江之声 杭州新闻客户端		临海熊出没文旅产业园明年暑期亮相助力构建城市文商旅新名片
7月21日	天目新闻客户端		临海：“基金＋专班”助企加速跑
7月22日	浙江之声微博		全国首座熊出没文旅产业园明年暑期亮相
7月22日	浙江新闻客户端		景区湖心藏着个心形鸟岛　记者自驾游船近距离探访
7月22日	天目新闻客户端		临海熊出没文旅产业园启动招商
7月22日	浙江新闻客户端		富余劳力如何变富裕动力？——“三化”解析浙江临海“共富工坊”
7月22日	浙江在线		女孩被卡货车车底辅警跪地为其散热等待救援
7月22日	浙江在线		临海：成功举行统战系统青年干部成长挑战赛
7月23日	浙江新闻客户端		我在，我看·老外眼里的浙江丨我在羊岩学炒茶
7月23日	浙江在线 浙江新闻客户端		临海开展特色产业“浙江制造”标准英文研译工程　“翻译官团队”助企业顺利出海
7月23日	浙江在线		景区湖心藏着个心形鸟岛记者自驾游船近距离探访

续表 27

日期	媒体（网络）	栏目 / 版面	标题
7 月 23 日	浙江日报	头版	“翻译官团队”助企业顺利出海
7 月 24 日	浙江新闻客户端		临海市知识产权行政与司法保护中心揭牌成立
7 月 25 日	浙江在线		“熊大熊二光头强”将定居古城，熊出没文旅产业园明年暑期亮相临海
7 月 25 日	浙江新闻客户端		最炎热的时节　临海这群老人在这里坚守了 32 年
7 月 26 日	浙江日报		千年古城，何以青春永驻
7 月 26 日	浙江新闻客户端 浙江在线		临海这个新水厂建成后年供水 3600 万方
7 月 27 日	浙江新闻客户端		台州府城升 5A，非遗展览共时欢
7 月 28 日	浙江新闻客户端		“双第一”！临海连环拳夺取工业经济“半年红”
7 月 29 日	浙江新闻客户端		各地“抢人”新招，看上了实习生，临海这样做
7 月 31 日	浙江在线		红色书画博物馆王金育守护的传承梦
7 月 31 日	浙江在线		临海这个排洪隧洞工程获批将极大缓解下游排涝压力
8 月 2 日	浙江卫视	正午播报	高温影响海水养殖　台州渔技人员深入一线支招
8 月 4 日	浙江日报 浙江在线		私自下水游泳，警报响个不停
8 月 4 日	浙江在线		让“躺平式”干部动起来
8 月 4 日	浙江新闻客户端		“银”姿飒爽临海首届老年广场舞大赛精彩纷呈
8 月 4 日	浙江工人日报		一路爱心洒芬芳
8 月 5 日	浙江在线 天目新闻客户端		国内首个全链闭环的基层文化治理模式在台州上线
8 月 5 日	浙江新闻客户端 浙江在线		临海市浙里有戏应用新闻发布会召开
8 月 7 日	浙江新闻客户端		浙江临海：“浙里有戏”应用平台正式上线
8 月 7 日	浙江在线		网络不是法外之地！临海市为青少年点亮一座“灯塔”
8 月 8 日	浙江新闻客户端 天目新闻客户端 浙江在线		全省第一！临海是如何做到的？
8 月 8 日	天目新闻客户端		全省首批示范台州两地上榜各获 1000 万元补助
8 月 8 日	浙江在线		浙江临海：“浙里有戏”应用平台正式上线
8 月 9 日	浙江新闻客户端		台州学院与临海签署共建国际护理学院合作协议
8 月 10 日	浙江在线		临海市杜桥镇：重拳出击全面整治建筑垃圾

续表 27

日期	媒体（网络）	栏目 / 版面	标题
8月11日	浙江新闻客户端 浙江在线		临海列出“躺平”干部的8种表现形式
8月11日	中国蓝新闻客户端	头条	临海汇溪“红心”鸭蛋成为裕农新特色
8月11日	浙江新闻客户端		闻得到饭菜香的“共享法庭”亲民指数爆表
8月12日	浙江新闻客户端 浙江在线		临海投巨资建立可视化管理系统开启智慧防汛抗台
8月12日	浙江在线		临海中小学、幼儿园开学后将收到这份清凉的“礼物”
8月12日	浙江在线		临海灵湖一元认租摊位拉动万人消费
8月14日	浙江在线 浙江日报		临海全链服务培育乡野主播　青年“拎包”来创业
8月14日	天目新闻客户端		“三能”民警彭永撑
8月15日	浙江新闻客户端		“神译家”蔡亦安：行走于出口企业的“活词典”
8月16日	天目新闻客户端		临海：700亿颗灯珠“闪耀”全球照亮共富路
8月16日	浙江在线		台州这名初中生用一辆手推车点燃乡村阅读激情
8月17日	浙江日报		拓水源降损失保丰收
8月17日	浙江日报 浙江在线 浙江新闻客户端		临海：建好“六个城市”赋能5A景区
8月17日	小时新闻 浙江新闻客户端		朱自清与少年们，跨越百年的文学接力
8月17日	浙江新闻客户端		61余万美金汇入境外骗子账户，14天后竟原路返还了……
8月18日	浙江新闻客户端 浙江在线 浙江日报		国网临海供电：电力助灌溉橘林喝饱水
8月18日	浙江新闻客户端		临海杜桥镇：“三能义警”铸平安
8月21日	浙江在线		临海：“三项工程”解锁乡贤“共富密码”促回归强引领助帮扶
8月21日	中国蓝新闻客户端		临海：水库开闸向河网补水
8月23日	钱江晚报		当个山林“守护神”，真的不容易
8月24日	浙江新闻客户端 浙江日报		找戏看戏，上“浙里有戏”
8月24日	浙江在线		节水抗旱临海用心守护府城“绿肺”
8月24日	浙江在线		临海大田街道：提形象促发展兴文化高质量建设美丽城镇
8月27日	浙江之声微博		首届中华民厨大赛在台州临海开赛
8月25日	浙江新闻客户端	牛看“台”	坚强卓君的斜杠人生“渐冻人”直播带货收获17万粉丝

续表 27

日期	媒体（网络）	栏目 / 版面	标题
8 月 27 日	浙江新闻客户端		13 省市 68 名“厨神”汇集临海！首届中华民厨大赛初赛落幕
8 月 28 日	浙江在线		
8 月 28 日	浙江在线		吉利新能源纯电汽车项目来了！临海 10 个重大项目集中签约
8 月 28 日	浙江在线		临海永丰：“板凳会”上听民声
8 月 28 日	浙江在线		临海：上万亩柑橘出现裂果专家现场指导为橘农止损
8 月 28 日	浙江在线		仅用 120 天！台州一重磅新能源项目开工！
8 月 28 日	浙江新闻客户端		小记者传递涉老反诈“最强音”
8 月 28 日	浙江卫视	新闻联播	创意集市　点亮夜经济
8 月 29 日	浙江新闻客户端 浙江在线		台州又一水库即将完工已具备蓄水条件
8 月 30 日	浙江新闻客户端 浙江在线		“秀希助教基金”连续 10 年奖励乡村优秀教师
8 月 30 日	浙江老年报		临海“银耀”爱心凉茶摊清凉一夏温暖一城
8 月 30 日	浙江新闻客户端		“中华民厨大赛”永久举办地落户临海
8 月 31 日	浙江在线		
8 月 31 日	浙江新闻客户端 浙江在线		这家企业升级为 5A 级物流企业台州实现零的突破
8 月 31 日	浙江日报		壁画绿水青山共富图
8 月 31 日	浙江新闻客户端		“全国乡村阅读榜样”王子悦发出读书倡议！这场全省活动在临海启幕
9 月 1 日	浙江日报 浙江在线		开卷有益书香润心
9 月 1 日	浙江新闻客户端		临海供电：数字化装置助力防汛防台提前预判护航供电设备安全
9 月 1 日	浙江新闻客户端		临海上盘镇篮球运动蔚然成风掀起全民健身热潮
9 月 2 日	浙江新闻客户端 浙江日报	头条	千方百计保订单
9 月 2 日	浙江在线		网络“文明范儿”养成记走进临海“开学第一课”
9 月 2 日	浙江新闻客户端		台州这条国道即将通车今后临海到黄岩仅需 20 分钟
9 月 3 日	浙江新闻客户端		临海农业专家冒雨指导农户抗台协助农户为 20 余亩葡萄大棚加固
9 月 3 日	浙江新闻客户端		病险屋顶山塘预泄预排保障下游村庄近 500 名村民安全
9 月 3 日	浙江新闻客户端		临海汇溪：危房户紧急转移
9 月 4 日	浙江新闻客户端		临海：劝离逗留赶海市民，封堵头门港大坝路口

续表 27

日期	媒体（网络）	栏目 / 版面	标题
9月4日	浙江在线		临海这些综合交通项目，哪些你最期待？
9月4日	浙江在线		临海：礼贤、尊贤、尚贤发布可享多重礼遇的“乡贤卡”
9月5日	浙江新闻客户端		以先贤为镜走清廉之路
9月5日	浙江在线		临海：“浙里有戏”谱写精神共富之曲
9月7日	浙江日报		台州供电：电力抢修人员的“不眠之夜”
9月8日	浙江日报		临海绿化工作获评全国先进
9月8日	中国蓝新闻客户端		月饼刺客退退退！临海集中整治月饼市场
9月8日	杭州新闻客户端		临海国学院揭牌成立
9月9日	浙江日报		下农田进果园，劳动成为开学第一课
9月9日	浙江在线		临海办实“同心共富一件事”凝聚“万人心”
9月10日	浙江新闻客户端	首页	月下相遇“夜经济”临海灵湖创意集市启动
9月11日	浙江新闻客户端		中秋晚会办成反诈课堂
9月11日	浙江新闻客户端		事关临海购房补贴！你想知道的都在这里
9月11日	浙江新闻客户端		拿地即开工，临海市实现首个企业项目“三证同发”！
9月11日	浙江在线		临海：以国土绿化筑牢生态发展之基
9月11日	浙江在线		临海杜桥乡贤捐资亿元兴教 90 后教师获 200 万元住房奖励
9月13日	浙江新闻客户端		综合行政执法人员陈优林：26 年 5 万多千米“扫帚官”用脚步丈量城市
9月13日	浙江新闻客户端		临海：在外作业渔船已全部回港避风安全专项执法检查不松懈
9月13日	浙江新闻客户端		临海：基层“小单元”赋能全域“大民主”
9月14日	上观新闻		书卷气和烟火味，是临海的 AB 面
9月14日	浙江新闻客户端		临海“三轮”书记 6 年台风天逆行上山只为给空巢老人做饭
9月15日	中国蓝新闻客户端		数字赋能，临海“科技防台”见成效
9月15日	钱江晚报		重奖一套房，浙江“90 后”老师火出圈
9月17日	中国蓝新闻客户端		
9月15日	浙江日报		重奖，是为提振乡镇教育士气
9月15日	浙江新闻客户端		全国“人民满意的公务员”丨陈优林：用脚步丈量城市的“美丽守护者”
9月18日	浙江在线		临海发布两项“清廉民企”建设团体标准
9月18日	浙江在线		台州学院未来乡村学院揭牌成立临海乡村发展有了“智囊团”
9月19日	浙江在线		金铮：90 后“秀才”练成“兵”

续表 27

日期	媒体（网络）	栏目 / 版面	标题
9 月 19 日	浙江新闻客户端		刚刚！台州新增 2 家上市公司
9 月 20 日	浙江党建网		台州临海：基层“小单元”赋能全域“大民主”
9 月 21 日	浙江日报		凝聚共富力量携手“镇”兴
9 月 21 日	浙江工人日报		退伍军人　在物流“战场”续写担当
9 月 21 日	浙江在线		临海括苍镇：加速文旅融合提升品质内涵全力打造文旅特色型美丽城镇
9 月 21 日	浙江在线		最高给予 1% 购房补贴落实房票安置台州临海出台十二条房产支持
9 月 23 日	中国蓝新闻客户端		临海：千名博士助千企企业再添新活力
9 月 28 日	浙江日报		临海尤溪：国道穿越山林竹海校地合作助力乡村振兴
9 月 28 日	浙江新闻客户端		临海：打造家门口的“红色健康管家”
9 月 29 日	浙江新闻网		临海港澳台侨政协委员会客厅开展首场活动
9 月 29 日	浙江在线		100 余组家庭参与！台州临海这场垃圾分类游园会好“拉风”
9 月 29 日	浙江新闻客户端 浙江在线		台州府城宋韵 · 诗路文化体验馆正式开馆
9 月 30 日	浙江日报		临海：破题职工“急难愁盼”　深入实施“五大行动”
9 月 30 日	浙江法制报		“小喇叭反诈语音”
10 月 1 日	浙江在线		临海：律所联系“一支队伍”探路先行大综合一体化改革
10 月 2 日	浙江新闻客户端		
10 月 3 日	浙江在线		临海尤溪：“育鹰计划”打造乡村振兴人才库
10 月 3 日	浙江在线		临海：新就业群体成“移动治理力量”
10 月 4 日	浙江日报		挖掘古今文化中的独特魅力——台州打造高品质文化生活圈
10 月 6 日	浙江新闻客户端		老人失足落水民警火速救援
10 月 8 日	浙江日报		临海大田：积极应变主动谋变迈向高质量发展
10 月 9 日	浙江新闻客户端 浙江在线		人气排名全省第二！旅游黄金周，临海缘何“火出圈”
10 月 9 日	中国蓝新闻客户端		心动预警！临海括苍山绝美日出，一起来追光
10 月 10 日	浙江新闻联播		头门港至宁波舟山港内支线首航
10 月 11 日	浙江新闻客户端		农旅融合出新招！临海江南街道“新工坊”敲开乡村“致富门”
10 月 12 日	浙江在线 浙江日报		临海：头门港—宁波舟山港集装箱内支线首航
10 月 12 日	浙江新闻客户端 浙江在线		十年创建三家 5A 景区“山海台州”近悦远来

续表 27

日期	媒体(网络)	栏目/版面	标题
10月12日	浙江新闻客户端 浙江在线		台州府城成功创建国家5A级景区有何工作经验这场大会做了总结
10月12日	浙江新闻客户端		临海打造百亿级文旅产业台州又将多不少好去处
10月13日	浙江在线		
10月14日	浙江新闻客户端		临海的7座大桥有“身份证”养护定制专属“套餐”
10月15日	浙江在线		15分钟办结许可证!临海首个“承诺即开工”项目落地
10月18日	浙江新闻客户端 浙江在线		临海这所“家门口”的小学主体结构已全部完工
10月19日	中国蓝新闻客户端		平均售价5元人民币1个!台州今年首批19吨柑橘出口加拿大
10月19日	浙江卫视	正午播报	浙江今年首批柑橘出口加拿大重19吨价80万元
10月20日	浙江日报		多证联发,项目开工更快了
10月20日	浙江新闻网		江南长城,刚柔相济
10月20日	浙江新闻客户端		临海企业班前会工会带来二十大精神“微课堂”宣讲
10月22日	浙江在线 浙江新闻客户端		赶紧去打卡!临海市博物馆上新文创印章17枚
10月23日	浙江卫视	新闻联播	临海发现距今1.2亿年白垩纪鱼化石
10月23日	浙江新闻客户端		坐在朱自清种植的紫藤花下　这场“沉浸式宣讲”振奋人心
10月26日	中国蓝新闻客户端		临海万亩“头水”紫菜收割“海上菜园”年产3000多吨
10月26日	浙江在线		临海市杜桥镇:环保时装秀垃圾分类“走”出新花样
10月26日	浙江新闻客户端		田间地头、企业车间,临海尤溪镇“沉浸式”宣讲遍地开花
10月26日	浙江卫视	正午播报	临海万亩头水紫菜开收
10月26日	浙江新闻客户端	首页	“头水”紫菜收割　临海万亩“海上菜园”大丰收
10月28日	浙江日报 浙江新闻客户端 浙江在线		台州“清廉贷”助力清廉民企建设
10月28日	浙江新闻客户端		“儿童友好乡村”是什么样的?临海汇溪镇请来中国美院携手共建
10月29日	浙江在线 浙江新闻客户端		临海抗旱保收有成效15.8万亩晚稻喜丰收
10月30日	中国蓝新闻客户端		临海:贯彻落实党的二十大精神着力打造三大文化高地
10月30日	浙江在线 浙江新闻客户端		遇“稻”江南,稻花香里话共富
10月31日	浙江日报		临海上盘:“亲”“清”政商共促发展

续表 27

日期	媒体（网络）	栏目 / 版面	标题
10月31日	浙江新闻客户端		微型党课丨从零走向正无穷
10月31日	浙江新闻客户端		临海古村里，一场当代艺术展开幕了
10月31日	浙江在线 浙江新闻客户端		总投资约62亿元！台州1号公路（临海段）正式开工
11月1日	浙江日报		临海：医保医师赋积分　当好基金“守门人”
11月1日	浙江新闻客户端 浙江在线		括苍山发现鱼化石后临海山头何村人希望就地建个博物馆
11月1日	杭州新闻客户端		临海涌泉：“橘青”宣讲团宣讲进现代化农业加工车间和橘园
11月1日	浙江新闻客户端		数字化改革助共富｜临海：“贤管家”吸引乡贤“归家
11月2日	浙江新闻客户端		临海上盘：做实做细群众事提升群众幸福指数
11月2日	浙江新闻客户端		临海市大田街道：学习贯彻二十大精神，让劳动教育“活”起来
11月3日	浙江新闻客户端 浙江在线	首页	6万亩临海涌泉蜜橘陆续采摘上市今年量少价高
11月3日	浙江新闻客户端		一个省级事故黑点的蜕变
11月3日	浙江在线		迎来省级考核验收临海市大田街道美丽城镇这样创建
11月3日	浙江在线		“涌泉相报”故事一年后两位主人公现在的生活是这样的
11月5日	浙江新闻客户端		穿越“滩、险、弯”遇见“奇、秀、美”！临海赛事IP激活体育产业
11月6日	浙江新闻客户端		全市侨务系统聚力“双招双引”暨“侨助工坊”助力共同富裕现场推进会召开
11月7日	浙江在线 体坛报		时隔两年，柴古唐斯激情开跑
11月8日	浙江日报		临海：一支队伍管执法　高效协同破难题
11月8日	浙江新闻客户端 浙江在线		效果图出炉！台州这个网红主题乐园有新进展
11月8日	浙江新闻客户端		半小时完成施救　“救在身边”道路救援应用浙江全省推广
11月8日	浙江在线		临海市尤溪镇举行第二届丰收美食节暨首届稻田运动会
11月9日	浙江新闻客户端		全流程规范，网络直播有序——浙江省临海市市场监督管理局网络直播营销治理记
11月9日	浙江工人日报		给老人一个“温暖之家”
11月11日	浙江新闻客户端 浙江在线		党建联建看“浙”里丨台州：临海打造“永强·共富工坊”一把小藤椅编出“共富路”
11月13日	浙江之声		台州临海推“浙里有戏”破解文化演出市场管理难题
11月14日	浙江新闻客户端		巡视整改助推临海“巡审联动”机制落地见效

续表 27

日期	媒体（网络）	栏目 / 版面	标题
11 月 14 日	中国蓝新闻客户端		临海涌泉蜜橘上市啦！品尝这一口甜，是时候了！
11 月 15 日	浙江日报		光谱照一照蜜橘添身价
11 月 15 日	浙江新闻客户端		上盘镇“花式”宣讲二十大传播党的“好声音”
11 月 15 日	浙江在线		涌泉蜜橘丰收季
11 月 16 日	浙江新闻客户端	首页	临海小小西兰花飘洋过海　出口新加坡
11 月 17 日	浙江日报		临海西蓝花搬上世界餐桌
11 月 17 日	浙江新闻客户端		临海老干部志愿服务集市温暖开集
11 月 17 日	浙江在线		台州人文地理丨橘子味的涌泉
11 月 17 日	浙江在线		临海：“特殊”督导员守护一方净土推动垃圾分类进展
11 月 18 日	浙江新闻客户端		台州人文地理丨从抗倭到平倭　戚继光的高光时刻
11 月 18 日	中国蓝新闻客户端		浙江临海硬核装备亮相央视，造型酷炫、功能全面
11 月 20 日	浙江日报	头版	考人也考事，看显绩也看潜绩
11 月 20 日	浙江新闻客户端		横跨灵江，伏龙大桥雏形已现，预计明年 7 月建成通车
11 月 20 日	浙江在线		横跨灵江，伏龙大桥雏形已现
11 月 20 日	浙江在线		临海一学校花样解锁乡土文化密码，海选“方言百晓”
11 月 20 日	小时新闻		项目好不好，“牵出来遛遛”，临海市举办第二届项目谋划擂台赛
11 月 21 日	浙江日报		临海市大田街道：在产城融合中推动高质量发展
11 月 21 日	天目新闻		“涌泉相报”刷屏一年后　店主成了全村蜜桔电商代言人
11 月 22 日	浙江在线		项目好不好，“牵出来遛遛”，临海市举办第二届项目谋划擂台赛
11 月 23 日	浙江新闻客户端		台州市民主党派基层组织规范化标准化建设现场会在临海顺利召开
11 月 23 日	浙江卫视 中国蓝新闻客户端	新闻联播	新时代新征程新伟业　全域打造“共富工坊”　临海全力推进低收入农户增收
11 月 24 日	天目新闻客户端		案子变段子，浙江临海反诈警官脱口秀“笑”果十足
11 月 24 日	中国蓝新闻客户端		浙江临海：党建引领产业回归农民“致富”变“久富”
11 月 24 日	中国新闻网客户端		浙江临海举办第二届项目谋划擂台赛：晒实绩促发展
11 月 25 日	浙江新闻客户端		临海尤溪：微改造精提升为创建美丽城镇提供“新样板”
11 月 25 日	浙江老年报		临海：启动志愿服务集市
11 月 25 日	浙江在线		临海尤溪：微改造精提升为创建美丽城镇提供“新样板”
11 月 26 日	浙江之声新闻联播		台州临海全域打造“共富工坊”助农就业增收
11 月 27 日	浙江之声		

续表 27

日期	媒体（网络）	栏目 / 版面	标题
11 月 27 日	浙江在线		玩转“海水陆空”，来临海就对了……
11 月 28 日	天目新闻客户端		永丰：“五水智治”绘就生态新画卷
11 月 29 日	浙江日报		临海工业用地供应创新高
11 月 29 日	浙江老年报		大孝至美　平凡闪光
11 月 29 日	中国蓝新闻客户端		层林尽染，寻找隐藏在古道里的醉美意境
11 月 29 日	浙江党建网		台州临海：“岗位清单”激活基层干部活力
11 月 29 日	浙江新闻客户端		临海古城街道：小城树品牌履职“顾”事多
12 月 1 日	浙江新闻客户端 浙江在线		临海：十年“绣花功”“绣”出府城高质量蝶变
12 月 2 日	中国蓝新闻客户端		无人机巡检 + 徒步巡查！电力人登上浙东南第一高峰除冰保供电
12 月 2 日	浙江在线 浙江新闻客户端		临海上盘千亩菜花滞销！政府企业牵线搭桥，帮其拓宽销路
12 月 2 日	浙江新闻客户端		带着房贷办过户台州农行试点成功
12 月 3 日	浙江在线		来尤溪赴一场峡谷初冬之约
12 月 4 日	浙江新闻客户端		家门口的诗与远方丨找戏看戏临海有戏
12 月 5 日	浙江新闻客户端		估算总投资 5.2 亿元！临海古城墙段防洪能力将提升
12 月 5 日	浙江新闻客户端		微改造精提升临海紫阳街争创国家级旅游休闲街区
12 月 6 日	浙江在线		护航大项目打好“预防针”临海专项监督力保农民工工资“零拖欠”
12 月 6 日	天目新闻客户端		临海：纵深推进“清廉林场”建设
12 月 7 日	浙江在线		临海大田：打通“断头路”，畅通“民心路”
12 月 8 日	浙江新闻客户端		合作办学！临海牵手杭州学军中学
12 月 8 日	天目新闻客户端		用一份匠心，熬一块好糖！浙江临海古法红糖上市
12 月 8 日	中共浙江省纪委		" 桃李廉团 " 画廉心
12 月 9 日	浙江新闻客户端 浙江在线		总投资 61 亿！这个项目签约，为临海产业提档升级
12 月 9 日	浙江新闻客户端		浙江临海：巡视整改擦亮清廉临海底色
12 月 9 日	浙江在线		合作办学！临海牵手杭州学军中学
12 月 12 日	中国蓝新闻客户端		对话临海养老，带你解锁“享老”幸福密码
12 月 14 日	浙江日报		临海：从文明出发向幸福前行
12 月 14 日	浙江新闻客户端		1300 余家委员工作室，架起服务群众“连心桥”

续表 27

日期	媒体（网络）	栏目 / 版面	标题
12 月 14 日	中共浙江省纪委		临海：扬清正家风强队伍建设
12 月 14 日	浙江日报		临海：建设清廉民企　护航“两个健康”
12 月 15 日	浙江日报		桃渚：五言五绝道不尽
12 月 15 日	天目新闻客户端		临海：从文明出发向幸福前行
12 月 15 日	浙江新闻客户端		浙江沿海大通道扩容提速猫狸岭将告别高速“堵王”
12 月 15 日	浙江新闻客户端		和谐清风润工行——工行浙江省台州临海支行创建“清廉金融”示范点纪实
12 月 15 日	浙江在线		总投资 3.57 亿元！临海这个项目通过国家蓝湾验收
12 月 16 日	浙江日报		临海全域打造“共富工坊”助农增收
12 月 16 日	浙江新闻客户端 浙江在线		临海：江南喀纳斯醉美红杉林
12 月 16 日	浙江日报		业界研讨清廉民企建设
12 月 16 日	浙江省统战部网		合力擦亮清廉浙江“金名片”全省清廉民营企业建设现场推进会在台州临海举行
12 月 16 日	浙江省教育报		临海携手“小百花”提升校园美育
12 月 17 日	浙江日报		水源保护综合治理
12 月 18 日	浙江在线		全省清廉民营企业建设现场推进会在台州举行
12 月 19 日	天目新闻客户端		投资 3 亿余元，临海白沙湾海滨公园换“新颜”
12 月 20 日	天目新闻客户端		新冠疫苗第二剂次加强针来了临海市民积极接种
12 月 21 日	浙江工人日报		“三学”聚焦“三好”　临海收费中心所推动职工思政建设更红更实
12 月 21 日	浙江新闻客户端 浙江在线		拼经济临海决战这些项目
12 月 22 日	江南邮报		临海：紫阳街争创国家级旅游休闲街区
12 月 22 日	浙江新闻客户端		晋级为国家 5A 级旅游景区后台州府城号品牌列车又重新启航
12 月 23 日	浙江新闻客户端		你“药”我有！台州“邻里互助药品共享”太暖了
12 月 24 日	中国蓝新闻客户端		放心！临海 1201 名“红色健康管家”正在守护您的健康
12 月 26 日	浙江日报 浙江新闻客户端		临海：党员代跑服务群众
12 月 26 日	天目新闻客户端		白水洋实施“一村一艺、一月一赛”文体润富工程
12 月 27 日	中国蓝新闻客户端		临海医疗服务送山区，暖心关怀共克时艰！
12 月 29 日	浙江新闻客户端		临海：联合执法保障药价

资料来源：市委宣传部

索引

Index

说明

1. 本鉴索引分为主题索引和图照索引、表格索引，采用主题分析法编制。

2. 主题索引按首字的汉语拼音音序排列，首字相同的按第二个音序排序，以此类推。标引词后的阿拉伯数字和拉丁字母（a，b，c）分别表示内容所在的页码和栏别（即左、中、右栏），图照索引按页码先后排序。

3. 临海市的党政机关、企事业单位、社会团体以及在临海市发生的事件名称，除容易产生歧义外，均省略“临海市”或“临海”。

4. 编辑说明、特载、专辑、大事记、临海概览、附录等均不选入主题索引。

主题索引

0~9

A

B

C

D

E

F

G

H

J

K

L

M

N

P

Q

R

S

T

W

X

Y

Z

图照索引

表格索引

正文表

附录表